日本の野菜
文化史事典

青葉 高［著］

八坂書房

日本の野菜文化史事典

目　次

［凡　例］

◎本書は、小社刊行の〈植物と文化双書〉『日本の野菜―果菜類・ネギ類』（一九八二年）と『日本の野菜―葉菜類・根菜類』（一九八三年）の改訂合本である『青葉高著作選Ⅰ　日本の野菜』（二〇〇〇年）と、『青葉高著作選Ⅱ　野菜の日本史』（二〇〇〇年〔単行本初版一九九一〕）の「第二部　古典野菜」を底本としている。

◎各々の野菜の作付面積や収穫量などは、農林水産省『野菜生産出荷統計』などに基づき、必要に応じて新しい数値を書き添えた。また、図版は適宜差し替え、追加した。

◎本文中の〔　〕内と、（注）として欄外に小文字で記したものは、編集部による注記である。

◎かつては農林統計の単位が尺貫法であったため、昭和三一年以前の収穫量は貫、昭和四〇年以前の作付面積は町歩《ちょうぶ》で記録されている。本書では重量の貫はトンに換算したが、面積は一ヘクタール＝一・〇〇八町歩と現在の単位とほぼ等しいため、町歩のままで示したものもある。

Ⅰ　野菜と文化

一　文化財としての野菜

野菜の在来品種が近年になって各方面から注目されるようになった。私も昭和二四年以来三〇余年間野菜の在来品種の調査を続けてきた。それは作物として在来品種のもつ特性（遺伝子）の調査と、それらの保存が非常に重要なことだと思われたからである。しかし調査をしているうちに、各地に残されている在来品種は、それがその地に伝わり、一つの品種として成立した歴史を秘めている生き証人であることに気付いた。この意味で在来品種は生きた文化財として価値の高いものであると思う。

文化財といえば単に在来品種だけではない。元来作物というものはいずれも人類が創り出した貴重な文化財である。作物、あるいは耕作は、他の動物と違って人類だけがなし得たものの一つで、いみじくも英語では文化と耕作とに同じカルチュアー（culture）という語をあてている。

戦後文化国家が叫ばれ、文化庁が生まれ、多くの有形、無形の文化財が保存、保護される時代になった。しかしその中に農耕関係の物事はほとんど含まれていない。少なくも焼畑農法のような特殊な農耕法や、数少なくなった地方の在来品種は、何らかの方法でぜひ保護、保存を計るべきだと思う。

以上の理由から私は現在も在来品種の調査を続ける一方、それらの保護と保存とを人々に呼びかけている。その在来品種は戦後の新品種の育成と産地の集団化、品種の統一のかげでつぎつぎに失われ、現在わずかに残っているものも次第に消えようとしている。今もしこれらの在来品種を失えば、同一の品種（遺伝子）を地球上に再び生み出すことは不可能に近い。

私の声は小さく弱いが、近年は同様のことを叫ぶ人もあらわれ、かなり多くの人達が在来品種を文化財として見てくれるようになってきた。

野菜は私どもが毎日口にしている非常に身近なものである。しかし世の中ではとかくあまり身近なものはかえって気にとめないで見すごしていることが多い。野菜については栄養的見地からは近年関心が強くなり、栄養的価値については多くの知識がもたれている。また新聞の家庭欄などでは食品としての野菜については解説も多い。しかし文化財として、あるいは文化との係わりあいについては関心が少ないように思う。そこで本書では野菜について文化との係わりあいという点から見て行きたいと思う。

文化論あるいは文化史ということになれば、たとえ範囲は狭くとも、さらに深い検討がなされなければならないと思う。本書では栽培関係の一研究者にすぎない私の能力の点からも、浅く広く見て行くことにした。

本書ではまず野菜の起原と伝播、およびわが国への渡来から始めて、今までの栽培状況の変遷、生活との結びつき、近年の特殊な栽培技術や問題点などを、野菜の一つ一つの種類ごとにあげて行きたい。なお本書では野菜の形態と栽培法についてはふれなかった。花や葉などの形態について知りたい場合は植物図鑑など、植物関係の図書を見られたい。また栽培技術、栽培法については多くの書籍が出版されている。

二 作物の起原

わが国の野菜の中で、日本原産のものといえば、ミツバ、ウド、セリ、フキなど数えるほどしかない。私たちが日常食べている野菜、例えばダイコン、ハクサイ、ナス、キュウリなど、そのほとんど全部が外国で生まれた作物である。

それらの作物の発祥の地はもちろん一カ所ではない。しかし地球上で作物の生まれやすかった場所はあったようである。作物の発祥地に関わる研究者として有名なバビロフによると、中国地区、インド・マレー地区、中央アジア地区、近東地区、地中海地帯地区、アビシニア地区、メキシコ南部・中央アメリカ地区、南アメリカの西部地区の八地区で作物は多く発祥したとされる（次頁図）。このように地球上で作物の生まれた場所は北緯二〇度から四〇度の間の山岳付近で、しかも文化の早く開けた地に近い地区となっている。作物は人類の英知と永年にわたる試行錯誤の結果生まれた文化財であるから、文化の進んだ地の付近で作物が発祥していることは偶然とは思われない。

バビロフによると、これらの発祥地では、その作物について優性形質の変異体が多くみられ、発祥地から地理的に離れた地に伝播するにしたがい、次第に優位形質が少なくなり、代って劣性形質が増加してくる。そこでその作物の野生のものが現在存在しなくとも、その地域の遺伝形質の状況から、発祥地かどうかはある程度推定することができる。

このような遺伝形質から発祥地を探る生物学的な方法のほか、考古学的、歴史学的、民俗学的な方法も、発祥地やその伝播の様相を知る重要な方法である。有名な『栽培植物の起原』（一八八三年）の著者であるドゥ・カンドルは、遺跡からの出土品や、史書、絵画、その他の記録などと、さらに作物の各地における呼び名、利用法、種々の伝承などの民俗学的な資料から各作物の起原について検討している。

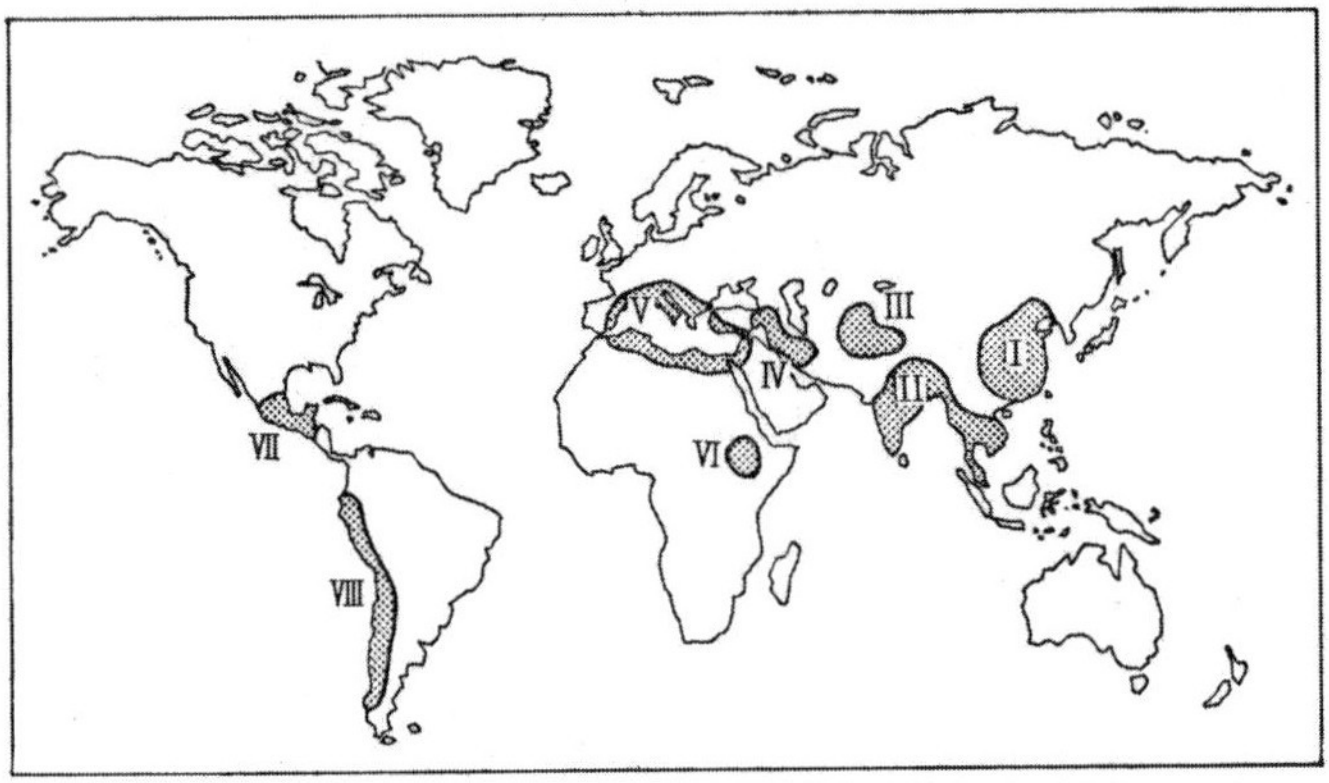

バビロフ（1951）による栽培植物の起原の八大中心地（田中正武氏、1975）
Ⅰ中国地区　Ⅱインド・マレー地区
Ⅲ中央アジア地区　Ⅳ近東地区
Ⅴ地中海地帯地区　Ⅵアビシニア地区
Ⅶメキシコ南部・中央アメリカ地区　Ⅷ南アメリカ西部地区

　このようなさまざまな方法からそれぞれの種類の原産地が検討されているが、何にしても数千年以上も昔のことで、明らかではない場合や、いくつかの説のある場合が多い。本書ではいわば代表的な説を紹介したにとどめたので、起原についてさらに精しく知りたい方は、作物起原に関する専門書を読まれたい（巻末に二、三紹介した）。

　ところで作物はたいていその原産地の環境条件、例えば気候の一年の移り変わりに適応した生活史を失わずに持ち続けている。例えば低緯度地帯の熱帯地方原産のナス、スイカなどは、ある程度の温暖条件で順調に生育し、低温では生長が止まり、霜にあえばひとたまりもなく枯死する。そして日長反応の点では、低緯度地帯原産の作物は短日性か、あるいは日長に左右されない中性植物のことが多い。

　中国大陸のような温帯で、冬は相当低温になる地で生まれたニラなどは、春温暖になると生長を始め、夏に開花、結実し、秋の低温、短日期になると生長が衰え、次第に休眠に入り、冬の厳寒期は地中の株によって年を越し、冬の寒害を回避している。

それとは逆に、夏は雨が少なく高温になり、冬は比較的温暖で、雨もある程度降る地中海地帯とその周辺に野生する植物は、秋に芽を出し、冬を中心に生育し、春の温暖、長日期に開花、結実し、あるいは球根を形成し、夏は種子または球根という休眠態で過ごし、酷暑と乾燥からのがれている。コムギやナタネ、ダイコン、あるいはニンニク、タマネギなどはだいたいこのような生活史をもっている。

作物は原産地から他に移動した後、第二次原生地で品種分化が進み、あるいは品種改良によって原産地を離れた地の環境条件に馴化《じゅんか》した場合、形質はある程度変化するが、原産地で獲得した形質が全く失われることはあまりみられない。各種の作物の栽培品種の形質をみると、日長反応ではかなり変化した例がみられるが、温度適応性については原産地、発祥地で得た形質はほとんど変わっていないように考えられる。例えばタマネギの球を形成するのに必要な限界日長をみると、品種によって一二時間以下の品種から一六時間以上を必要とする品種まであり（タマネギの項、二九三頁参照）、ホウレンソウの花の形成を誘起する日長にしても、品種間で大きい差異がある。しかしタマネギの球を形成するのに必要な温度条件は品種間でほとんど差異がない。また霜にあうと枯死するテンダー・クロップと呼ばれるトマト、キュウリ、ジャガイモ、インゲンマメなどは、品種改良が進んでも、霜にあっても枯れない品種はまだ生まれていない。

以上のような事実から野菜を栽培する立場の私どもにしてみると、その野菜の原産地からその作物に好適な環境条件がだいたい考えられ、栽培管理をする上で役に立つことが多い。

三　野菜の伝播（日本への渡来）

地球上のある地区で誕生した作物は、その後四方に伝播し、やがては世界の各地で栽培されるようになる。ところで作物の伝播は野生植物の伝播と同じではない。野生植物は種子や球根が風や水によって他に運ばれたり、動物の体に付着して、あるいは鳥の腹を通るなどして他に移動する。作物の伝播は野生植物と同じ方法による伝播も少しはあるが、伝播の主体は人の手を通して行なわれる。そこで手から手へという方法で伝わるだけではなく、人の移動、例えば民族の移動、戦争、わが国でいえば江戸時代などの藩の転封などの揚合、種類、品種の移動がおこりやすい。

また作物は一つの文化財として、宗教、制度、学問、芸術、言語などの伝播と関連して移動する。わが国の古代文化は主として中国から直接、あるいは朝鮮半島を経由して渡来した。したがって野菜の伝播もこのルートによって行なわれ渡来したものが多い。

しかし「文化は西から」という中国からの道ばかりではない。「海上の道」と呼ばれる南方からの道もあったといわれる。またヨーロッパからシベリアを経て東北日本にたどり着く北廻りのルートも存在した。例えばソバは東北アジアの原産と考えられているが、加藤普平氏によると、北海道渡島のハマナス野の縄文前期の住居跡や、青森県三戸郡田子町の縄文晩期前半の石亀遺跡からソバのタネが出土している。また石亀遺跡の花粉分析（後述、一九頁参照）の結果から、青森県では縄文時代晩期にソバが栽培されていたものと考えられている。これらの事実からみて、ソバは北アジアからサハリン経由で北海道に渡来したものと加藤氏は考察している。

野菜の場合もカラシナ、キュウリ、ゴボウなどでは、東北アジア特有の品種と同じ形質をもつ品種が東北地方、あるいは北陸地方に残存している。おそらくこれらの野菜も、北廻りのルートでわが国に渡来したものであろう。

時代が下って安土・桃山時代以降には、南蛮船などによってキリスト教、蘭学、ギヤマン、タバコのような西欧諸国の文化が日本に伝わった。野菜についてもカボチャ、ジ

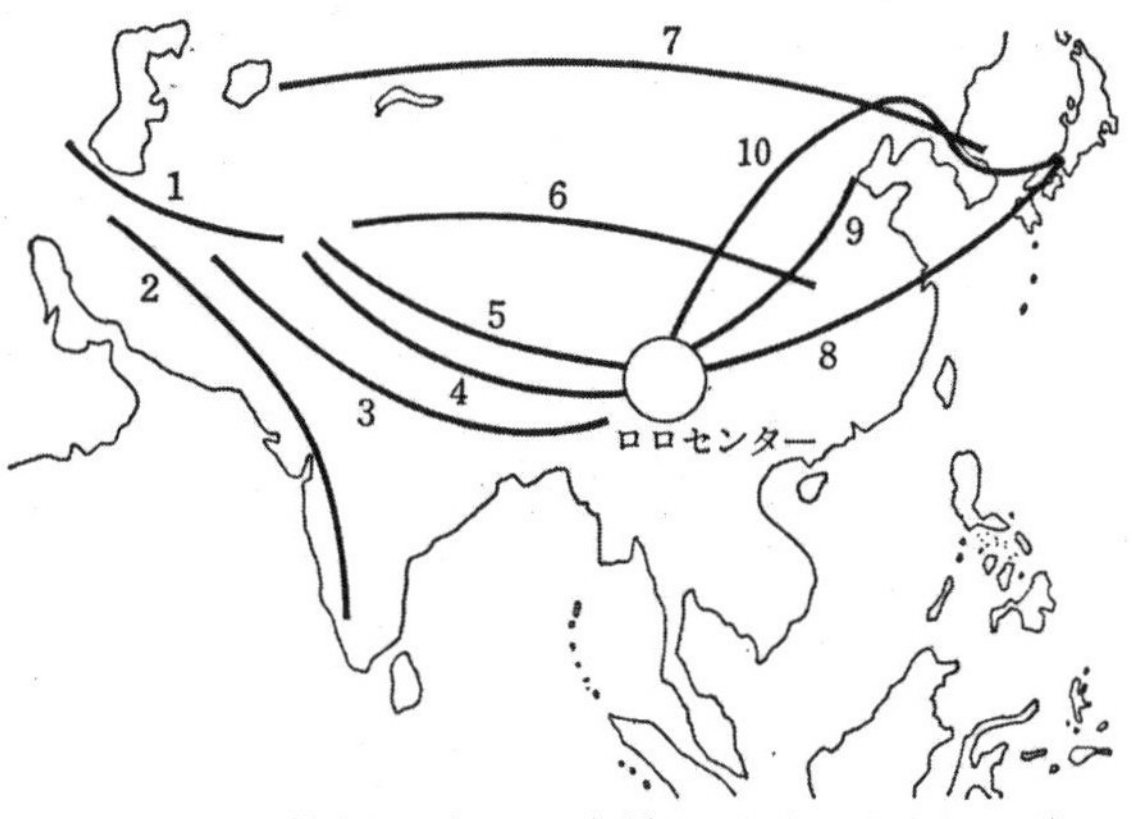

地中海気候農耕文化の東亜への伝播ルート（中尾佐助氏、1951）
1 ペルシアンアーク　2 インディアンアーク
3 ガンジスアーク　4 ヒマラヤンアーク
5 チベッタンアーク　6 トルキスタンアーク
7 シベリアンアーク　8 揚子江アーク
9 チャイニーズアーク　10 モンゴリアンアーク
（注）センターのロロはこの地に住むロロ族から名付けられ、その後雲南、東亜半月弧と読みかえられた。

ャガイモ、トウガラシ、トウモロコシなど、新大陸原産の種類がこの方法で長崎、平戸などにまず入り、その後全国に広まった。

明治時代になって時の政府は積極的に欧米の文化を導入した。野菜についても開拓使、後に勧業寮が欧米の種類、品種を多数導入し、内藤新宿試験場、三田育種場や全国各地で試作し、普及につとめた。今日重要な野菜になっているキャベツ、タマネギ、トマトなどはいずれも明治以降に栽培が本格化したものである。

このように野菜のわが国への伝播、渡来は人の移動や文化交流の一つとしてなされたもので、逆に作物の伝播が行なわれたことは、文化交流の道の存在をも示している。

同様のことは日本の国内における伝播、あるいは伝播の結果生じた品種分布の実情からもいえると思う。

古い時代の作物、例えば在来品種は、農家の自家採種で引き継がれ維持されてきたものが多い。自家採種では採種量が比較的少なく、特別に宣伝も行なわない。そこで市販種子に比べると他への伝播は遅い。例えば山形県の庄内地方では北半部には青茎の、南半部では赤茎のサトイモを栽培している。これをカラトリイモと呼び、わずかずつながら青茎の系統が増加している。サトイモは種子ではなくタネ芋で増殖することもあってか、一〇年余りたって再調査をしたが、栽培地域の変化はわずかであった（次頁図及び根菜類サトイモ参照）。

近年の野菜品種では種子業者による宣伝の効果が大きく、しかも全国的規模で宣伝が行なわれ、一方産地が集団的に形成される場合は品種が統一されることが多い。また市場や消費者の要望が価格に反映することもあって、生産者はすばやくより有利な品種に変えることになる。この結果、数年もたつと栽培品種はすっかり変わってしまうことが多い。そして在来品種は特別にそれを維持してゆこうとする篤志家でもいない限り、新品種の出現のかげでつぎつぎと失われている。

このような実情にもかかわらず、各地にある山間の落人集落と呼ばれる地や離島には、その地独特の品種が残っている例がある。例えば岐阜県の白川郷、福井県大野市に近い河内《こうち》、富山県の平《たいら》村、利賀《とが》村、山形県の温海《あつみ》町一霞《ひとかすみ》には、温海蕪のように地名で呼ばれる独特のカブ品種があって、現在も焼畑栽培という原始的農法で栽培が続けられている。また伊豆の八丈島には、全国でもほかに長崎県の福江島だけにしかみられないシマウリと呼ぶ特殊のマクワウリが栽培されている。これらは、その地域が付近の集落との間で文化交流があまり行なわれない、一種の閉鎖社会であったためと思う。

山形県米沢市には遠山蕪とか窪田茄とか、この地独特の野菜品種が栽培されている。これらの品種は上杉藩が越後から会津を経てこの地に転封した際持参したものとか、その後上杉鷹山侯がもとの任地越後から織物などの文化を取り入れた際、一緒に導入したものと伝えられている。そして遠山蕪にしても窪田茄にしても、現在北陸地方で栽培されている地方品種と似た特性をもち、これらの言い伝えは正しいものと思う。現に遠山蕪のような青首の丸カブは、東北地方では他に例がない。江戸時代の藩は一種の閉鎖社会で独自の文化をもち、藩の転封された場合それにともな

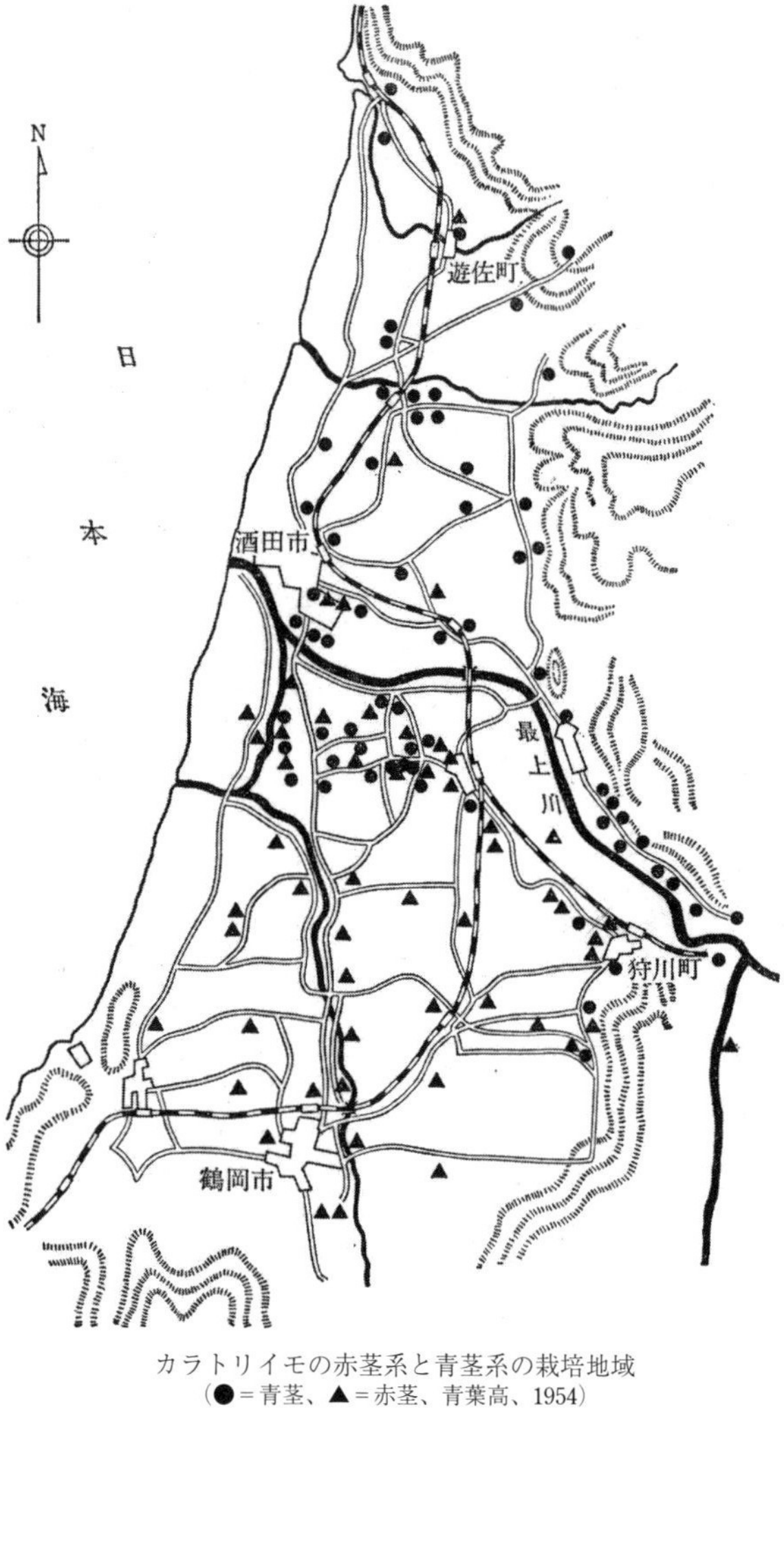

カラトリイモの赤茎系と青茎系の栽培地域
（●＝青茎、▲＝赤茎、青葉高、1954）

って藩の文化も移動している。愛媛県松山市の伊豫緋蕪も同様な契機で滋賀県から移ったものだと伝えられている。

閉鎖的といえば、現在も地方品種の中には桜島大根や大崎菜のように、集落外には一切種子を出さないと申し合わせをしている門外不出の品種もあり、それらは意識的にある地域だけで栽培を続けている。

ツケナ、カブ、ネギなどいくつかの野菜について日本国内の品種分布を調べてみると、東日本と西日本とでは違った品種群が栽培されていることが知られる。この中でネギの場合は西日本では葉葱、東日本では根深葱が栽培され、これは耕土の深さによる点もあると思われる。しかしカブの場合をみると、西日本には和種系品種、東日本には洋種系品種が分布し、これは耕土の深さや気候の違いのためとは考えられない。そして両系の分布境界線はだいたい中部地方の西側付近にひかれ、山陰地方は比較的東日本に似ている（右下図参照）。ダイコンでは北支系品種が東日本に多く、ニンジンの場合金時系は西日本で栽培されている。

野菜の品種分布や名称の東西日本の違いは、言葉やアクセントの場合の東日本型と西日本型の分布地域とかなり一致していて、これは偶然のこととは思われない。これは地形や気象条件の違いというよりも、東西日本が違った文化圏に属していて、中部地方に人間的、社会的境界が存在していた結果だと考えられている。つまり文化交流の程度に応じて野菜の伝播も行なわれたためであろう。

なおシベリア胡瓜、アザミバゴボウ、洋種系カラシナなどは北陸地方から東北、北海道にかけての地域だけに分布している。

以上のような品種分布の問題については拙著『野菜』（法政大学出版局）である程度考察しているし、本書ではあまり立ち入らず、ただ渡来の時期、経路など一般に考えられて

表日本と裏日本を分ける渦性オオムギラインと東西を分けるカブラライン（中尾佐助氏、1967）

いる程度のことを紹介するにとどめた。しかし野菜のわが国への渡来、国内での伝播は文化の渡来、伝播と関係が深く、その道の専門家による本格的な検討がなされてよい問題だと思う。

四　栽培の変遷

(1) 調査の方法

作物の古代の栽培状況を知る方法としては、史書などの文献から判断する歴史学的方法、遺跡などの出土品から判断する考古学的方法、風俗、習慣、伝承、言語などから推定する民俗学的方法があり、私どもの立場からは、現代の作物に受け継がれている遺伝的特性、その分布、他地域の近縁種との類縁関係などから考察する、生物学的あるいは作物学的方法がある。これらの各種の方法を総合してある結論が出されることが望ましい。

例えば考古学的方法では遺跡からの出土品があって初めてその事実があったとし、もし出土品が発見されなければその事実は存在しなかったとしている。作物の例として、イネ籾の遺物または籾跡は弥生時代の遺跡からは発見されたが、縄文時代の遺跡からは発見されなかった。この事実から従前は、わが国の農耕は弥生時代にイネの渡来によって始まったものとされ、縄文時代には農耕は行なわれなかったというのが定説になっていた。しかし焼畑の研究などから一部の研究者は縄文時代農耕論を唱えていた。近年各地の縄文時代の遺跡からヒョウタン、ソバが出土し、さらにイネの遺物の発見も新聞などは報じていて、従前の定説は再検討される時代になっているようである。

なお遺跡では籾や種子などの出土品だけではなく、近年は花粉分析も行なわれている。花粉は植物の種類に応じそれぞれ明瞭な特徴をそなえているうえ、非常に腐朽し難い。そこで年代の明らかな地層から得た花粉を顕微鏡下で調査する、いわゆる花粉分析によって、古代の生物相や栽培植物の様相を知ることができる。

考古学的方法、文献による方法と生物学的検討などの関連を、マクワウリの場合を例として紹介しよう。マクワウリは『古事記』(七一二年)や『本草和名』(九一八年頃)には熟瓜《ほぞち》として記され、『万葉集』(七五九年頃)では有名な山上憶良の子等《こども》を思う歌に「瓜食めば子等思ほゆ……」とあり、当時はウリと呼ばれていた。平安朝時代の作物の栽培の方法が知られる『延喜式』(九二七年)をみると、早ウリは作物の中で最も管理が複雑な集約作物であった。また瓜蔕は薬物として利用されたことが『本草和名』や『和名類聚抄』(九三一年頃、以下『和名抄』と称す)などで知られる。

このウリの種子が各地の遺跡から出ている。元大阪府立大学教授藤下典之氏によると、ヒョウタンの種子は縄文時代の遺跡から出しているが、マクワウリ(メロン)の種子は各地の弥生時代以降の遺跡から出土し、出土した種子の大きさなどは時代によって変化している。まず弥生時代の遺跡から出土した種子は一般に小粒で、しかも大きさにばらつきがある。そして奈良、平安朝時代の遺跡から出土した種子は一転して現代のマクワウリより大形で、モモルディカ・メロンと呼ばれる種類の種子とよく似ている。さらに下って鎌倉時代以降の遺跡から出土した種子はやや小さくなり、現在栽培されているマクワウリと同じ仲間のものと考えられている。これらの事実からして、マクワウリの栽培品種は時代によって移り変わりのあったことが知られる。

藤下氏は遺跡の種子の調査より以前から、全国各地に自生するウリ類を調査していた。その結果、西日本に点在する多くの離島にウリが自生し、それらは交雑試験などによってマクワウリやメロンの仲間であることが確認されている。しかしそれらはいずれも果実が小さく、したがって種子も小さく苦味が強く、食用には適しない。そこで藤下氏はこれらを雑草メロンと呼んでいる。ところでこの雑草メロンの種子は、弥生時代の遺跡から出土した種子と非常によく似ている。この事実からみると、弥生時代に薬用、あるいは食用として栽培したウリが各地で雑草化し、暖かい地域の離島で生きながらえ、現在も毎年荒れた畑などに生

サツマイモ畑の中に実った雑草メロン
(藤下典之氏撮影)

えて来ているものかも知れない。各地の離島のウリを調査している間に、藤下氏は伊豆の八丈島と長崎県の福江島で、平安朝時代の遺跡から出土するモモルディカ・メロンに属するウリが現在も栽培されていることを見出した。おそらくこの二島ではかなり古い時代にこのウリが伝わり、その後新しいマクワウリが栽培されず、古代のウリが現代まで栽培し続けられているのであろう。山間の隔離した集落や離島に古い品種や栽培法が残っている場合の多いことは前に述べたが、このような生物学的調査と考古学的調査、それと文字の歴史との総合的判断で、わが国のマクワウリの歴史は明らかになろうとしている。

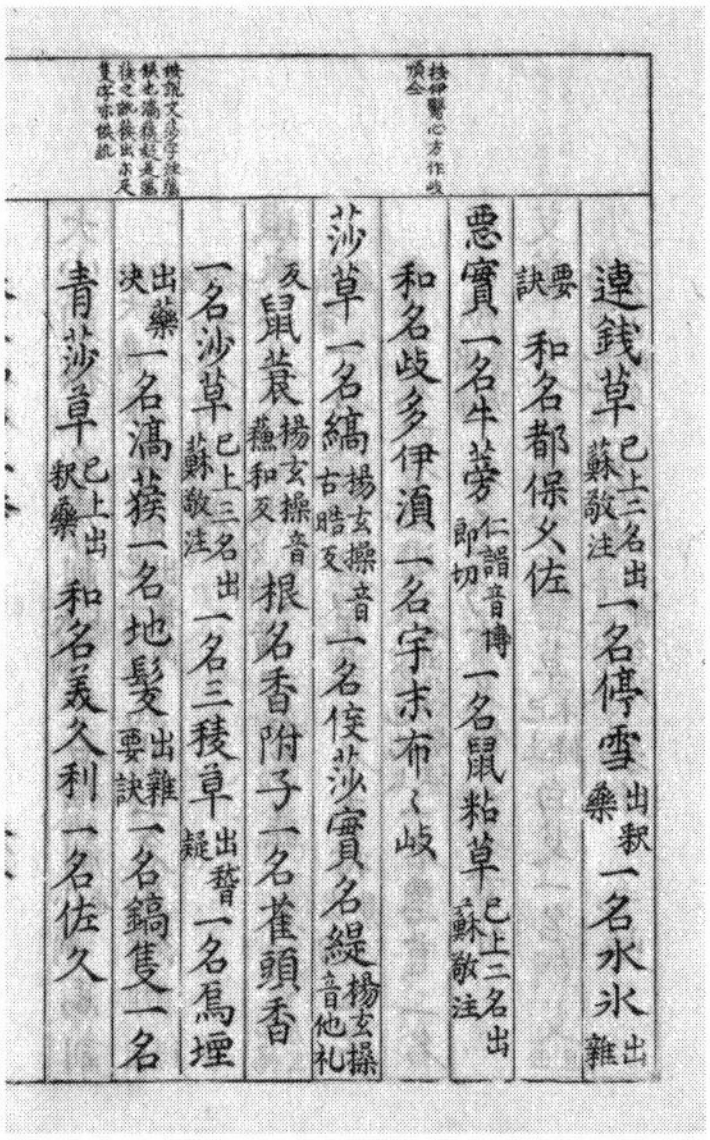

わが国最古の薬物辞典である『本草和名』（寛政8年版）

（2）古代から江戸時代の資料

古代の作物に関するまとまった文献として、平安朝時代初期に薬物について解説し、和名を記した『本草和名』がある。これはわが国で最も古い薬物辞典で、また本草書でもある。また当時の漢和辞典である『新撰字鏡』（八九八年頃）と『和名抄』には多くの作物名があげられ、『和名抄』では後で述べるように作物の分類もなされている。

作物としての野菜の栽培状況を知る上で貴重な資料に『延喜式』がある。『延喜式』は平安時代中期の法典で、五〇巻に及ぶ膨大なものであるが、この中には宮廷に納める作物を栽培した内膳司の記録として、作物の種類、栽培法、所要労力から加工法などが記されている。その中には次の野菜の名が出ていて、かなり多くの種類が当時すでに栽培されていたことが知られる。なお野菜、つまり山野に自生していたものをも採集したらしく、現在の山菜にあたるものもかなり多く含まれている。なおゴボウは『本草和名』にはあるが『延喜式』にはその名がみられない。これは当時薬草としては知られていたが、野菜としてはゴボウはまだ栽培されていなかったためと思われる。

『延喜式』に記されている野菜

瓜、茄子、莧《ひゆ》、薊《あざみ》、蕗《ふき》、蔓菁《あおな》、茎立、薺《なずな》、萵苣《ちさ》、葵、韮《にら》、葱、蒜《ひる》、生薑《しょうが》、蓼《たで》、蘭、芹、蘿菔根《おおね》、水葱《なぎ》、芋茎、生大豆、小豆、芋子、生大角豆、熟瓜、蕓薹《おち》、蘘荷《みょうが》、芥子、冬瓜、薯蕷など（古島敏雄、『日本農業技術史』による）

その後内戦の続く安土・桃山時代までは、カボチャ、トウガラシなど新しい野菜の渡来はあったが、野菜に関してまとまった資料はみられない。

江戸時代になり、平和が続き、多くの農書や本草書が出版された。またこの時代には『雍州府志』（一六八四年）、『張州府志』（一七五二年）、『古今要覧稿』（一八三〇年頃）のような地方誌がまとめられている。農書として最もまとまったものは宮崎安貞の『農業全書』（一六九七年）で、西日本を中心としたわが国の農業の実態と栽培規範が述べられている。これよりやや後期のものとして『成形図説』（一八〇四年）があり、薩摩藩でまとめたものではあるが、全国の農業について記述している。

本書では主に上の二冊によって江戸時代の野菜栽培の実態を紹介した。

この他多くの文献、資料は『成形図説』や喜田茂一郎著『蔬菜の研究』『日本国語大辞典』（小学館）などに紹介されているが、本書では『古事類苑』によったものが多い。『古事類苑』は神宮司庁が明治一一年から約三〇年をかけて、古代から慶応三年までの文献資料を各項目ごとに原文のまま収め、分類してまとめたもので、全体で千巻に及ぶ大百科事彙である。この中の植物の部として二八巻が二冊にまとめられ、稲、麦から庭園樹、野草まであり、野菜についても多くの頁をさいている。

なお主な文献類は一括して巻末に掲げた。

（3）明治以降の統計

明治以降の野菜の生産状況の消長は、農林統計の数字からかなり正確に捉えることができる。農林統計とは農林水産省の統計調査機関が、作物の種類をきめて作付面積、収穫量、出荷数量などを毎年調査し、府県別にこれをまとめたもので、明治一九年の農商務省統計として始められ、以後毎年発行している。野菜についてはまずダイコン、ニンジン、ゴボウ、それにタケノコ、カンショ、バレイショが食用農産物の一つとして初期の統計から記載されている。なおマメ類とショウガ、トウガラシは穀類並びに加工用作物として調査された。

明治四二年からは野菜として調査する種類をふやし、ダイコン、ニンジン、サトイモ（青芋）、カブ、ツケナ、キャベツ、ネギ、タマネギ、ゴボウ、レンコン、クワイ、キュウリ、カボチャ、スイカ、マクワウリ、ナス、トマトの一七種類になった。この調査品目や順序からも、当時は根菜類が重要視されていたことが知られる。

その後大正時代から昭和時代になり、生活程度の向上にともなって一人当たりの野菜消費量が増加し、さらに人口も増加したことによって野菜の作付面積、生産量はともに増加し、戦前の昭和一三年頃が平和時代の安定期ともいえよう。この時期の農林省統計表をみると、大正初期に比べシロウリ、ユリ根、ラッカセイが加わり、クワイが外れ、エンドウ、ソラマメ、インゲンマメを含めると二二品目になっている。第二次大戦直後の昭和二四年頃は、戦前に比べて未成熟ダイズ（エダマメ）、未成熟トウモロコシ、結球ハクサイ、ホウレンソウが加わり、戦時中の食糧難時代の影響をうけ、マクワウリ、レンコン、ラッカセイが外れている。

第二次大戦後平和が戻り、生活程度が漸次向上するにつれ、食生活の洋風化と家族構成の核家族化が進み、野菜の種類別消費量、したがって生産量にも大きい変化が生じた。種類、品種をみると、産地の集団化で品種の単純化が進み、各地に残されていた在来品種が急速に消えて行き、その一方では東南アジアや中国の野菜が栽培されるなど、種類、品種の多様化もみられる。

昭和五五年の農林統計で野菜の種類をみると、戦後間もない時期に比べ、主要野菜の中にレタス、ピーマン、セルリー、カリフラワー、イチゴ、温室メロン、露地メロンが加わり、その他の野菜としてニラ、シュンギク、ブロッコリー、オクラ、ニンニクなど二〇種類がとりあげられている。しかし一方ではシロウリ、ソラマメはその他の野菜に格下げになった。このようにいわゆる西洋野菜（洋菜）と呼ばれたものが、重要な日本野菜になった。

次に種類別の作付面積をみると、終始第一位を占めているダイコンを始め、サトイモ、カブ、ゴボウなどのいわゆる土物と、漬物用、煮食用が主体のシロウリ、ナスなどは減少している。なおカボチャは戦時中主要食糧として大増反したもので、戦後はその反動もあって栽培は急激に減少した。これらとは反対に、食生活の洋風化にともなってイチゴ、メロンのような果物的野菜、レタス、キュウリ、トマト、セルリーのようなサラダ用野菜、ピーマン、ホウレンソウのような栄養価の高い野菜、肉料理にあい、しかも料理しやすいキャベツ、タマネギ、それにビールのツマミとしてよく使われるエダマメは作付面積が増加し、前にあげたようにレタス、ピーマン、セルリー、カリフラワーなどは主要な野菜に仲間入りをするようになった。

なお、昭和三一年までは農林統計の単位は尺貫法で、作付面積は昭和四〇年までは町歩、収穫量は昭和三一年までは貫か石で示された。現在はもちろんヘクタール、トンが単位になっている。本書では貫はトンに換算したが、面積は一ヘクタールが一・〇〇八町歩と両単位がほぼ等しいので、古い資料は町歩のままで示したところもある。

戦後の野菜栽培での大きい変化は施設栽培の急速な発展である。施設栽培は戦前もメロンやイチゴなどである程度行なわれたが、戦後になって適性品種の育成、礫耕、砂耕、水耕栽培など新しい栽培技術の開発で施設栽培は大衆向きの野菜生産の手段になった。それにもまして施設栽培急増の大きい原動力になったのはプラスチック産業の発達で、農業用ビニールやポリエチレンなどが比較的安価に入手できるようになり、生産者も消費者もこれらの恩恵を受けている。しかしその反面、エネルギー消費量の増大やビニール公害など、施設栽培が社会問題化していることも事実である。

近年の、種類ごとの年間の総生産高の中で、施設栽培(トンネル栽培を含む)によって生産された量の割合をみると、温室メロンが一〇〇パーセントは当然として、露地メロン、イチゴは八五パーセント、ピーマン、スイカは七割前後、トマト、ナス、カボチャも四割に近く、葉菜であるレタスも三割近くを占めている。

ビニールトンネル栽培

野菜はわが国では外国と違い新鮮なものを購入して利用することが多い。ただタケノコとアスパラガスは戦前からかなりの量が水煮加工されていた。したがって欧米でみられるような缶詰の丸トマトやマメ類などを常食にすることはほとんど考えられない。

しかし現在は野菜の加工もかなり多く、ダイコンでは全生産高の三割以上が漬物や乾燥ダイコンとして業者によって加工され、トマトでは約四割がジュースなどになり、トウモロコシでも四割以上が缶詰工場にまわっている。近年は戦前と違い、漬物は各家庭ではほとんど行なわなくなり、シロウリ、ナス、キュウリ、ツケナ、カブなどは加工業者によって相当多量が漬物加工されている。なおわが国においても今後は加工野菜の利用がさらに増加するものとみられている。

しかしアスパラガスは戦前と違って生の、いわゆるグリーン・アスパラガスの需要がまし、グリーンの形で大部分が出荷されている。なおエダマメなどのマメ類と、デンプン質のカボチャは、冷凍食品としても品質の変化が少ないので、冷凍ものがかなり出廻るようになり、昭和四〇年代に各家庭に冷凍庫が普及してからは、増加した。

五　野菜の種類名

ダイコンとかタマネギとか野菜にはそれぞれ名前がある。その名がどのようにして生まれたのか明らかでないものも多いが、名称はそれを生んだ社会の状況や人間の生活と関係が深い。キクは漢字の菊の音から出たといわれ、ニラは朝鮮語のピラと語源を同じくするといわれる。マメはマルミ（円実）から出たといわれ、カブは頭、円いものから、ウリはウルミ（熟果）、あるいはウル、潤に通じるとか、朝鮮語 **oi-ori** と同源などといわれる。

野菜の名称にはジャガイモ、カボチャ、オランダイチゴのように、その種類の渡来や伝播の経路から出たものがある。サツマイモ、マクワウリ、ハヤトウリは主な生産地、あるいは品質のすぐれたものが生産されることで有名になった産地の地名から生まれた名称である。品種名の場合は練馬大根、三浦大根、九条葱など産地の地名を冠したものが多い。

野菜の名称はその野菜の特徴から生まれたものもある。ネギはシロネが発達するキ（葱）、ワケギは分球性の旺盛なキ（葱）である。キュウリ、シロウリは黄瓜、白瓜と果実の色から出た名であり、ソラマメはマメが上向きに着くことから出た名といわれる。

ところで、野菜の名称は地方によって異なることが多い。そこで標準的な名称を種類名（植物としては和名）とし、その他は地方名、または別名としている。総じて関東地方の地方名が標準名、種類名になったらしく、地方名の中にはウリ（マクワウリ）、トウガ（トウガン）などのように、むしろ古代の名称が残っている例もある。古代の言葉が地方に残っていることは野菜名に限らない。近年琉球語が日本語の祖語と関係が深いということで注目されている。なお地方名にはカタウリ（シロウリ）、ニドイモ（ジャガイモ）などのように、ある特性を捉えていることが多い。

地方名の使われる地域は文化圏と関係が深い。日本の言葉やアクセントは東日本と西日本との間に明瞭な差異があり、両者の境界は岐阜県あたりにひかれる。これは前にも述べたように、地形とか気象条件の違いによるものではなく、東、西日本に別の文化圏が存在していた結果生まれたものと考えられている。野菜の名称でもカブ（東日本）とカブラ（西日本）、トウナスとナンキン、インゲンマメとサンドマメ、フジマメとインゲンマメなど、東日本と西日本で違う地方名が使われている例がかなりみられる。そして両者の境界は、やはり中部地方あたりにある。

野菜の地方名には日本を二分するほどではないにしても、東北、北海道でトウモロコシをキビと呼ぶように、ある地域で特別の呼び方をするものがかなり多い。トウモロコシをナンバ、ナンバンキビと呼ぶ地域が西日本に多く、九州ではカボチャをボウブラと呼ぶところが多い。そのような地方名の地域性は、やはりある地域が一つの文化圏になっているところから生じたものであろう。

ジャガイモを長野県や新潟県の一部ではコウシュウイモ（甲州薯）と呼び、埼玉、岐阜、静岡の各県の一部ではシンシュウイモ（信州薯）と呼んでいるが、これはジャガイモ文化の伝播経路を示しているものであろう。

野菜の地方名は江戸時代の『成形図説』や下川義治氏の『下川蔬菜園芸』『日本国語大辞典』にもかなり記されているが、地方名に関してまとまったものとして次の二冊がある。

○農林省統計調査部編『農作物の地方名』（一九五一年）農林統計協会
○日本植物友の会編『日本植物方言集・草本類篇』（一九七二年）八坂書房

ともに良著であるが、代表名の使用地区、例えばカボチャの場合、カボチャと平常呼んでいる地方は示していない。

なお江戸時代の方言辞典である『物類称呼』（越谷吾山編、一七七五年）は、江戸時代中期の地方名を知る上で大いに参考になる。

このように野菜の名称や地方名は、野菜の特徴、渡来、伝播の状況、生産状況ばかりでなく、その野菜の栽培され

輸入品のエシャロットの球

ていた地域の文化の交流状況なども示していることが多い。

　野菜の名は日本語以外の言葉の世界に行けば、当然日本とは違う。例えばオニオンはタマネギという和名に対する英名である。ただしトマト、キャベツ、セルリーなどのように、発音は少し違うにしても、もともとは英名であったものが今では日本名になっているものもある。野菜の市場名にはフランス語が比較的多く、オランダガラシは英名のウォーター・クレスよりもクレソンの方が通りがよい。このほかエシャロット、シャンピニオンなどフランス名の用いられてる例がかなりある。

　このように、国が違えば名称が違うのでは不便なことが多い。また学問的には何を指すのか正確に表わす必要がある。この意味で万国どこでも適用する正式の名称として学名がある。学名は人の氏名が姓と名で構成されているように、属名と種名で成り立ち、さらに末尾に命名者名をつけることになっている。例えばタマネギはアリウム・セバ（*Allium cepa* L.）で、アリウムは属名である。そして同じ仲間のネギの学名はアリウム・フィスツロースム（*A. fistulosum* L.）、ニンニクはアリウム・サティヴム（*A. sativum* L.）である。この場合 *A.* はアリウムを表している頭文字である。ネギ属（*Allium*）の植物には、このほかアサツキ、ニラ、ラッキョウなどがある。

　今述べたネギ、ニラ、タマネギなどはそれぞれ分類の単位である種《しゅ》で、前の学名はそれぞれ種名である。動植物とも種は生物分類の基準単位で、違う種の間では交配しても通常子孫（種子）を生じない。たとえ一代目はできても、その一代目は不稔性で、種子をつけない。このことは動物の場合も同様で、ネコとイヌとの間には子供ができず、ウマとロバとの間にできたラバは子供を産めない。

　ところで、同じ種の中でも特性のかなり違う仲間のある場合がある。例えばキャベツは結球するが、この仲間には結球しないケール（羽衣キャベツ）や、花が食べられるカリフラワー、ブロッコリー、葉のわきに小さい球を作るメキャベツ、茎の肥大するコールラビ、葉が着色して美しいハボタンなどがある。これら相互間では交配すると種子ができ、その種子をまくとだいたい両親の中間のような雑種一代目が育つ。この一代目は稔性があり、これから採種すると次の二代目では祖父型、祖母型、中間型などさまざまな型の植物が生じる。

このように一つの種の中に明瞭な変り物がある場合、それを変種（バライティー variety 略して var.）と呼ぶ。

例えばカリフラワー、メキャベツ、それにネギの変種ヤグラネギの学名は次の通りである

カリフラワー　*Brassica oleracea* L. var. *botrytis* L.

メキャベツ　*B. oleracea* L. var. *gemmifera* Zenk.

ヤグラネギ　*Allium fistulosum* L. var. *viviparum* Makino.

野菜の場合、種類として扱っているものはたいていは植物学でいう種である。例えばダイコン、ゴボウ、ナスなど野菜ではそれぞれ種類であり、植物分類では種である。しかし前にあげたカリフラワー、キャベツ、メキャベツなどのように植物学でいう変種が、野菜では種類として扱われるものもある。マクワウリとシロウリ、メロンも一つの種の変種であり、結球ハクサイとカブも植物分類の方からは一つの種の変種になっている。カボチャの場合はこの逆で、通常カボチャと呼んでいるものの中にはニホンカボチャ、西洋カボチャ（クリカボチャ）、ペポカボチャの三つの種が含まれている。

六　野菜の種類と分類

先日テレビを見ていたら、イチゴは野菜か果物かと質問していた。確かに野菜と果物との区別は簡単なようで簡単ではない。私どもは通常、草本性の作物で副食にするようなものは野菜とし、木本作物で果実を食用にするものを果物としている。この見方からすればイチゴは当然野菜である。しかし青果市場に行くとイチゴ、メロン、スイカなどは果物とされ、反対に青ウメは野菜として扱っている。また外国ではイチゴはブドウなどと一緒に小果実《ベリー》としていて、野菜と果物との区別はそれほど固定したものではない。本書では私どもの常識に従って、草本の作物でイネ、ムギの

ような主食にする穀物ではなく、多くは生のまま店頭に並べられるものを野菜とした。

野菜によく似たものに山菜がある。山菜は人の手で栽培したものではなく、山野に自生したものを採取して食用にするもので、販売はしていても作物ではない。野菜という言葉は、もともとは今でいう山菜のような野生のものを呼んだ言葉だといわれる。しかし本書でとりあげた文化という点からみると、栽培するかしないかで質的に非常に違うものと考えられ、本書では人の手で栽培管理して生産するものに限った。野菜の種類はかなり多い。近年注目されている東南アジアや中国で用いられている野菜などを含めると何百種にもなると思う。わが国で市場に出廻るものだけでも一五〇種類前後あり、近年は種類がさらに多様化する傾向がみられる。現在農林統計では主要なものとして三六種をあげている。本書ではわが国で栽培されて来た野菜の中で、比較的重要なもの、話題になるようなものを合わせ約七〇種を選んだ。

このように野菜には種類が多いので、これをいくつかの群に分けた方が便利な場合が多い。例えば、わが国で最も古い漢和辞書である『和名抄』でも作物を穀物、菓蓏《から》、菜蔬の三部に大別し、それぞれをさらにいくつかに分けている。

野菜関係のものを拾うと、穀物の中の豆類としてダイズ、ササゲなどをあげ、菓蓏部の中の蓏類として各種ウリとナスを、芋類としてサトイモとヤマイモをあげている。そして菜蔬部では葷菜類にいくつかのネギ類をあげ、水菜類にセリ、ヒシ、ジュンサイ、園菜類にアオナ、カラシナ、ダイコン、ミョウガ、ショウガなどを、野菜類としてオチ（蕓薹）、ワラビ、ゴボウなどをあげている。なお野菜類というのは現在の山菜のように、自生品を利用するものと思

店頭に並べられた山菜

われるが、この中に蕓薹と牛蒡が入っている。アブラナ類は原生地の中近東ではムギ畑の雑草として知られているが、わが国でも当時雑草化していたものかも知れない。ゴボウは薬用植物として渡来したもので、当時野菜としては栽培されていなかった。ここにでている牛蒡は、あるいはヤマゴボウかも知れない。

さて近年は野菜関係の多くの人たちが、野菜を果菜類、葉（茎）菜類、根菜類の三群に分けている。この分類方法は科学的な根拠が明確ではないし、カリフラワーなどどちらに入れるのか不明瞭で、中間的な種類があり、問題がないわけではない。しかし栽培する側からいうと、果菜類は花ができないと生産物が生まれないのに対し、葉、根菜類は花ができると抽苔（とうだち）し、商品価値が失われる。この点から花が満足にできるような栽培をするか、花ができないような栽培をするか、栽培する上で果菜と葉、根菜との間では大きい違いがある、また収穫物が地中でできる根菜類を栽培する場合は、地上部で生産物ができる果菜類、葉菜類と違い、土壌の性質、例えば礫の有無、耕土の深さなどが産地形成を大きく左右する。このような点から、上記の分類方法は実際上便利なことが多い。

そこで本書でもこの分け方に従い、慣行にならってまず果菜類からとりあげることにした。なおネギ類の種類はいずれもネギ属の植物で、作物としてみると、葉を食べる葉菜ではあるが、食用部分は土の中で生産されるものが多く、この点は根菜に似ている。

II 果菜類

果菜類の中にはナス、トマトなどナスの仲間（ナス科作物）と、キュウリ、カボチャなどウリの仲間（ウリ科）、インゲンマメ、エンドウなどマメ科作物と、イチゴ、オクラなどその他の種類がある。そしてウリ科に属する野菜は一般に蔓性で、雄花と雌花があり（単性花）、花は黄色のものが多いなど、同じ科の野菜は共通した特性をもっている。なお料理ギクは果菜類に入れたが、カリフラワーとブロッコリーはキャベツの仲間として葉菜類にまわした。

果菜類の中にはイチゴ、スイカ、メロンなどのように、完全に成熟したものが食用にされ、未熟の間は商品にされない種類がある。これらの種類は野菜といいながらも、果物的性質が強く、温室メロンは大衆食品ではない。

一方ナス、オクラなどは未熟状態のものが食用にされ、完熟したものはとても食べられない。この仲間にはナス、シロウリなどのように、主に煮食用や漬物用として利用しているものと、キュウリ、トマトなどのように主にサラダとして利用しているものがある。なおマメ類とトウモロコシは未熟のものは野菜として利用するが、完熟のものは穀物として利用している。

果菜類の多くは大衆的必需野菜ではあるが、嗜好品的な面もあり、消費者の所得が豊かになると消費が増すという、弾力性が比較的高い野菜といえよう。そこで生産者にとっては面積当たり収入が比較的多い野菜であり、施設栽培のような設備、資材や労力を多く投入する集約的な栽培の行なわれることが多い。また各種の試験、研究が多く行なわれ、栽培技術の進歩がめざましい。しかし反面では施設栽培による季節性の喪失、エネルギー多用やビニール公害などの問題をもひきおこしている。

ナス（茄）

（1）起原と渡来、栽培状況

ナスはインド東部の原産で、有史以前から栽培化されたとみられている。五世紀にペルシア人により北アフリカまで伝わったが、ヨーロッパに入ったのは一三世紀で、ヨーロッパでは普及しなかった。東南アジアにはかなり古くから伝わり、中国では『斉民《せいみん》要術』（五三〇年頃）に詳しい記述があるので、おそらく五世紀以前に入ったものと考えられ、野菜として普及した。

わが国では正倉院の古文書に、天平勝宝二年（七五〇）六月二一日藍園茄子を進上したとの記録があり、『延喜式』（九二七年）には栽培から漬物加工のことまで記されている。『本草和名』（九一八年）や『和名抄』（九三一年）には「和名奈須比、温めると小毒があるので水で煮るとよい」などとあり、ナスは古代から重要な野菜の一つになっていたことが知られる。ナスはナスビから出た女房ことばとされ、茄は植物を指し、茄子は果実を指すという者もある。

江戸時代にはすでに品種の分化もかなり進んだものとみえ、『農業全書』（一六九七年）には「紫、白、青の三色あり、又丸きあり長きあり……」と記されている。なおナスは古くから普及した野菜だけに茄子紺《なすこん》、茄子鐶《なすかん》、茄子錠《なすじょう》、茄子《なすび》歯《ば》などの熟語が生まれている。また、旧暦七月の孟蘭盆会《うらぼんえ》（近年は太陽暦で月遅れの八月に行なう地方が多い）には、ナスに芋がらなどの足をつけてナスビの馬を作り、精霊棚に供え、盆が終わると川に流したり三叉路においたりして先祖の霊の迎え送りをする習慣が今でも残されている。このようにナスは種々の行事によく用いられた。

ナスは古い歴史をもつ野菜として果菜類の中では作付面積の最も広い野菜であった。しかし、ナスは漬物や煮物用が主で、生食用にむかない点などから第二次大戦後は消費が伸びなやみ、昭和三〇年頃からは作付面積、収穫量とも果菜類の王座をスイカやキュウリにゆずってしまった。

〔注〕平成二三年：作付面積一万ヘクタール、収穫量三三万二四〇〇トン。スイカ、キュウリに次いで第三位となっている。

(2) ナスの色

茄子紺という言葉があるように、わが国でナスの色といえば紫黒色ということになり、この色の濃く鮮やかな果実が好まれている。この色はナスニンというアントシアニンが果実の亜表皮組織などに形成されたもので、光、特に波長の短い光が当たらないとこの色素は形成されない。そこで果実のごく若いうちから黒い袋で果実を被っておくと白い果実になる。ナスの果実は蔕《へた》で被われる部分に生長帯があるので、その日に伸び出した部分は白く、何日も光に当たった部分ほど色が濃くなる。そして蔕に近い部分に何本かの縞模様ができる。近年はハウス栽培が多いが、この場合直達光が当たらなかったりすると、果実の色が鮮やかに発色しない。そこで果実によく光が当たるように葉を摘んで栽培している場合がある。

このアントシアニンの形成は品種の遺伝的特性によるもので、品種によって色のつき方は同様ではない。金沢市近郊で古くから栽培されている蔕紫《へたむらさき》と呼ぶ品種は蔕下の光の当たらない部分も赤紫色に着色する。このため白い部分がないとして歓迎しない地方もあるが、金沢市付近ではこの蔕紫は肉質が軟らかく皮がうすく、色つやがよくて日もちのよいナスとして漬物や煮物用に喜ばれ、また各地で一

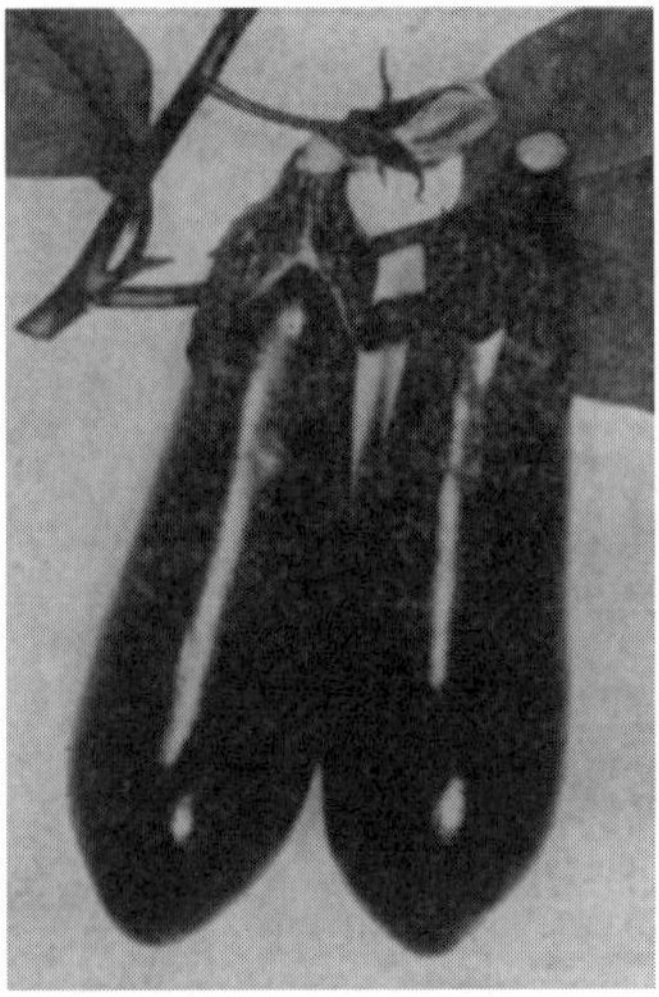

中生真黒茄（坂田種苗研究室）

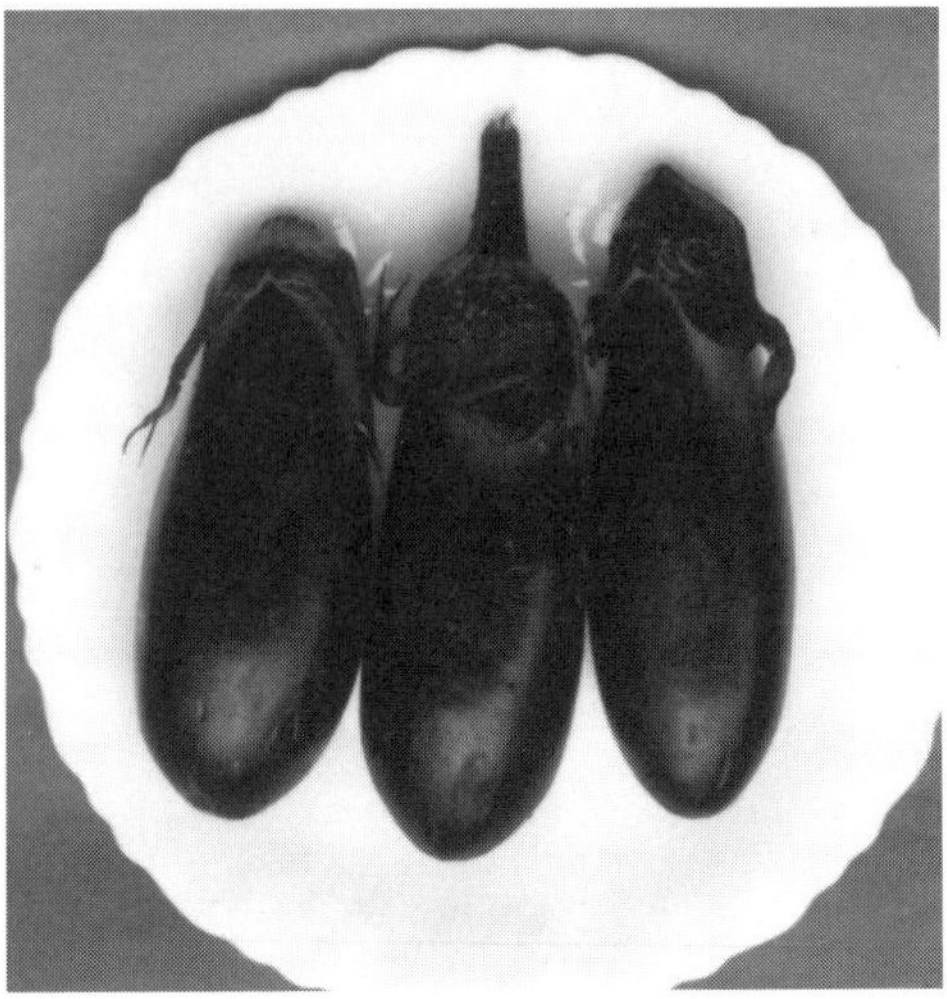

蔕紫

代雑種の親に用いられた。大阪府の泉州《せんしゅう》水茄《みずなす》は色が鮮やかでなく見ばえはしないが、肉質が軟らかいことから近年注目されている。

ナスのなかにはアントシアニンの形成されない品種もある。この場合葉緑素が形成されると淡緑色のいわゆる青ナスになり、葉緑素も形成されないと白色か黄色になる。東南アジアなど外国では白ナスが多い。わが国でも『農業全書』に記されているように、江戸時代から白ナスがあったわけで、現在でも各地に少しずつ残っている。有名なわが国で最初の一代雑種になった埼玉県の玉交茄は、白茄×真《しん》黒《くろ》の組み合わせであった（三八頁参照）。最近生食にも適するという白ナスの品種が育成されたので、今後、市場にもこの白ナスが出回るようになるかもしれない。

白ナス

（3）ナスの品種

ナスは古くから重要な野菜として全国に広まったので多くの在来品種が成立し、それぞれその地方の特産品になっている。園芸試験場で大正一一年に調査した際は、三三品種の在来品種を集めている。藤井健雄氏の昭和二五年の調査では一五〇品種が知られ、同氏の著書ではその中の八七品種をあげている。戦後多くの新品種が育成され、また一代雑種の時代になり、在来品種は次第に消えているが、それでもナスの場合は昔からの在来品種が各地で栽培し続けられている。野菜試験場の昭和五一年の調査では、全国で六七の在来品種が残されていた。これはナスが栄養的にはそれほど価値の高い野菜ではないにしても、各地、あるいは各家庭の料理や漬物の材料としてなじみが深く、日本人の生活とは切り離せない大切な野菜だからであろう。

さてナスの品種であるが、果実の色からは紫黒色品種、青茄、白茄、黄茄があり、形からみると丸茄、中長茄、長茄に分けられる。

丸茄と長茄　まず丸茄であるが、『農業全書』に「丸くして紫なるを作るべし、余はおとれり、丸きは味甘く和らかにして肉実《みじつ》し、料理に用い能く、煮てもみだりにとけくだくる事なし。香の物其外にも専ら是を用ゆべし」とあり、丸茄は全国各地で栽培された。貞享元年（一六八四）の『雍州（京都）府志』の雑菜部には「処々種之或有紫茄、黄茄、白茄之異、然紫色者為佳。其於形状也、或有細長者。民間称長茄。然風味不及円大者。洛東河原之産、為殊絶」とあり、この丸ナスは東河原で栽培された大芹川（鴨茄）と考えられている。鴨（加茂）茄は紫黒色をした中形の丸茄で、京都名物の田楽料理には欠かせないものになっている。なお京都には大芹川茄の他果実が卵形の捥《も》ぎ茄、西院黒《さいいんくろ》茄、山科《やましな》茄などがある。

丸茄は近年まで全国各地で栽培された。前述の園芸試験場の調査結果を見ても、各地の丸茄があげられていた。しかし現在では、各地にあった丸茄は次第に姿を消し、新潟、長野、福島の各県と東北地方の一部など、限られた地域に残っているに過ぎない。新潟県には古くから有名な魚沼巾《うおぬまきん》着《ちゃく》や一日市《ひといち》、島見《しまみ》、大島、十全《じゅうぜん》、梨茄《なしなす》など、大形で水気の多い丸茄が栽培され、現在も一部の品種は栽培が続けられている。また福島県育成の福丸《ふくまる》や新潟県育成の越《こし》の丸《まる》など近年育成された丸茄が新潟、福島県には多く、丸茄の好みは今でも続いている。長野県にも川中島茄、小布施《おぶせ》茄や名前の知られない在来丸茄が多い。山形県の窪田茄は上杉藩が米沢に転封した際越後から取り寄せたナスと言い伝えられ、丸茄に近く、山形県庄内の民田《みんでん》茄もやや丸茄に似ている。

中長の品種は関西を中心にして西日本に多かった。しかし近年は生産性の高い中長果の一代雑種が全国的に広く栽

長茄
（“The Vegetable Garden” 1855）

丸茄
（“The Vegetable Garden” 1855）

長茄

培され、地方色豊かないろいろの形のナスは次第に少なくなっている。

関東地方の好みはいわゆる卵形で、関西に比べると小形の品種が好まれ、代表的な品種は真黒茄《しんくろ》である。真黒茄は名前のように鮮やかな紫黒色で、蔕下は白く、紫黒色がいっそうひきたって見える。なお真黒茄はそれほど古いものではないらしい。

九州から四国の一部地域にかけては長茄地帯で、九州には博多長茄、久留米長、企救《ぎく》長など多くの長茄品種が成立している。これらの来歴は明らかではないが、博多付近は中国やその他の外国船の出入りの多かった地で、おそらく港が博多津《はかたのつ》と呼ばれていた時代に渡来した古い歴史をもつ品種と思われる。

長茄は面白いことに、九州とは最も遠い東北地方でも栽培され、仙台長茄、南部長（岩手県）、河辺《かわべ》長（秋田）などの品種がある。仙台長茄は豊臣秀吉の朝鮮戦役の際、伊達藩

長野の丸ナス

民田茄

民田茄の蔕とり（昭和25年頃）

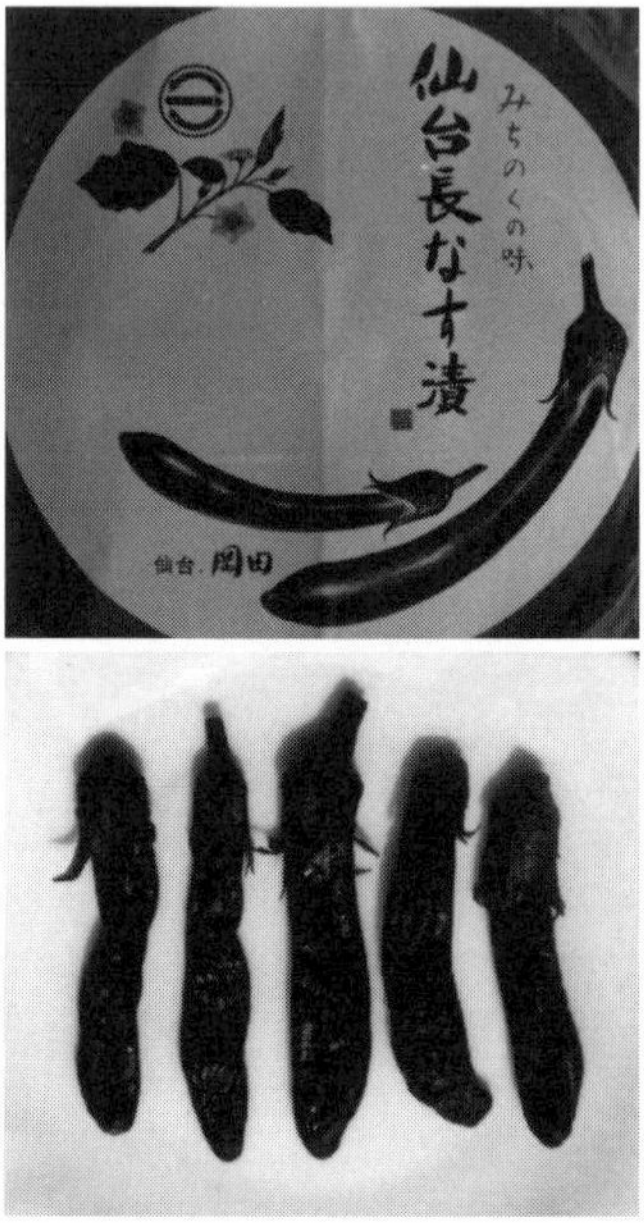

仙台長なす漬

の武士が博多から持ち帰ったものと言い伝えられ、この言い伝えはナスの特性からみても正しいものであろう。ツバメのように先の尖った紫黒色の仙台長茄の漬物は、現在も仙台の名産品としてよく知られている。

早生茄と晩生茄　ナスの場合も早生の品種と晩生の品種とがある。果菜類で早生というのは、花が咲いてから収穫までの日数の短い品種ということもあるが、たいていは花の咲く時期の早晩によってきまる。ナスの場合も本葉が何枚できてから最初の花が着くかが品種によってだいたいきまっていて、少ない葉数で一番花の着く品種は早生ということになる。そしてどの品種も、一番花のあとは一～二葉ごとに次の花が着く性質をもっている。

最も早生の民田茄などは本葉が五～六枚で最初の花が着く。そこで民田茄などは、東北地方や北海道のような夏の短い地方にむいている。九州のように温暖な時期の長い地方では、最初の花の着くのは少しは遅くとも、その後夏中着果し続けるような草勢の強い品種が望ましい。そこで第一花が着くまでに果実を養う茎業が十分生長しているような、本葉一〇枚以上で一番花の着く品種が九州では多く栽培されている（次頁表参照）。

一代雑種の利用　近年果実をとる野菜（果菜類）では一代雑種でない、いわゆる国定種はほとんどみられない。一代雑種のさきがけはナスであって、埼玉県農事試験場の柿崎洋一氏が大正一三年に埼交茄（巾着×真黒）と玉交茄（白茄×真黒）の二品種を育成し、その種子を農家に配布した（埼交、玉交茄は最初は試験場のあった地名に因んで浦和交配一号、同二号と呼ばれた）。これは日本で、というよりは世界で初めての野菜の一代雑種で、この品種は草勢が強くて栽培しやすく収量が多かった。そして柿崎氏は当時、埼玉県の農家の人たちからナス博士と呼ばれた。

これが契機になって、その後多くの府県でナスの一代雑

ナス在来品種の一番花の着く葉節位と栽培地（高橋治氏、1974より）

一番花の節位	主な品種と栽培地
6節	民田（山形），窪田（山形），捥ぎ（京都）
7節	蔓細千成（関東），会津真黒（福島），品治《ほんじ》（鳥取）
8節	早生真黒（埼玉，関東），仙台長（宮城）
9節	山茄（東京），橘田（愛知），蔕紫（石川），古河（三重），大阪長（大阪），熊本中長（熊本）
10節	大市（兵庫），津田長（島根），大才（山口），佐賀長（佐賀）
11節	初月《みかづき》（高知），大芹川（京都）
12節	企救長（福岡）
13節	佐土原《さどわら》（宮崎），長崎長（長崎），博多長（福岡），久留米長（福岡）

（一番花の節位の低い品種は早生，高い品種は晩生）

種が育成され、またスイカやトマトなど多くの果菜類でも一代雑種時代を迎えた。一代雑種はたいていの場合草勢が強く、品種としてすぐれているばかりでなく、採種業者としては親品種を確保しておれば毎年同様な種子を販売できる利点があり、この点からも一代雑種が多くなったと思われる。

（4）ナスの早出し栽培

昔から初物七五日（その年初めての物を食べると七五日寿命が延びること）と言われたように、初物は珍重され、栽培す

茄子（『穀菜弁覧 初編』1889，国立国会図書館蔵）
『穀菜弁覧 初編』は明治期に東京三田育種場で販売した種子の袋を編集した冊子

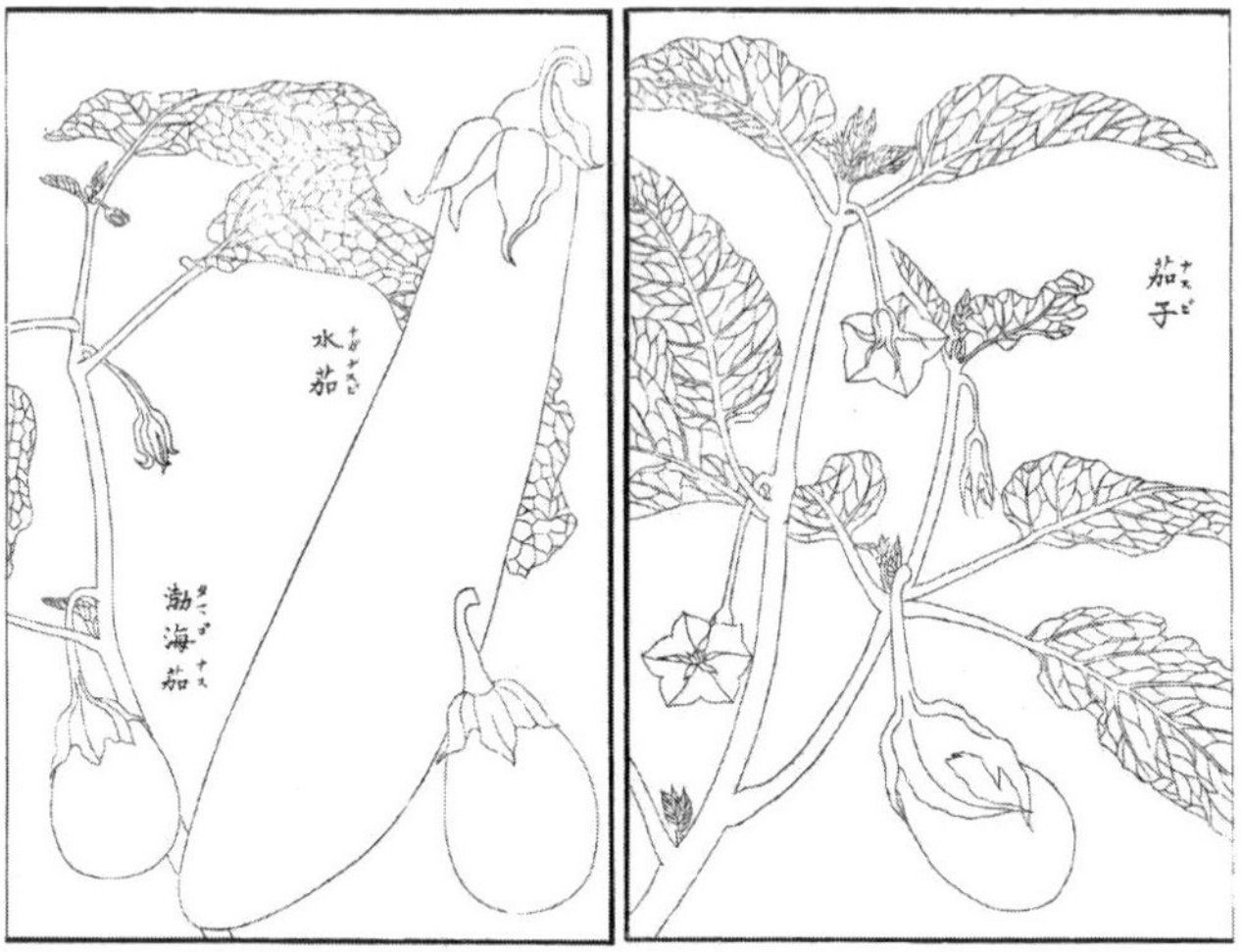

茄子（『成形図説』1804）

る立場の人たちは一日でも早く収穫できるようにいろいろと工夫した。これが促成栽培で、ヨーロッパでは紀元前からローマ帝国で坑栽培が行なわれ、中国では漢の時代から屋廊を覆い火で温めてニラやネギを早出しし、唐代（七四〇年頃）には火室でキュウリを栽培して二月初めに出荷したといわれる。わが国では静岡県の三保の促成栽培が慶長年間（一六〇〇年頃）から始まり、少し遅れて江戸の砂村では寛政年間（一七九〇年頃）、大阪の今宮では文政の頃（一八二五年頃）、京都の聖護院では天保年間（一八三五年頃）に始まったといわれている。

わが国の促成栽培は明治以降洋式の温床や温室利用法を取り入れていっそう発達し、第二次大戦後はビニール産業の発展にともなって飛躍的に増加し、一方野菜の生態的栽培技術の研究と品種改良と相まって多くの作型が開発され、現在のように多くの野菜の周年生産が確保されるまでになった。

ところでナスは重要な野菜であったので、江戸時代から早出し栽培が行なわれたらしい。『農業全書』にも二月（陰暦）の中旬を播種適期とするが、三月初めに雨を待ってまくとかえって早く生じるとか、吸水させた種子を炉端や日向において催芽するなどの方法を述べている。なお貞享三年（一六八六）五代将軍綱吉の時代には過度の早出しは好ましくないとして早出しが禁止され、ナスやシロウリ、ビワは五月節から、マクワウリ、ササゲは六月節からなら売り出してもよいと、早出しの限界を指示している。

昔から一富士二鷹三茄子といい、これは縁起のよい夢の順序とされている。この起こりについては諸説があり、一説にはこれは駿河（静岡県）の名物であるとし、「茄はわが国第一に早く出す所の名産なればなり」としている。また松浦静山の『甲子夜話《かっしやわ》』（一八一〇年頃）第五巻に松平定信の語ったこととして「この起こりは神君駿城に御座ありし時、初茄子の価貴くして数銭を以て買得る故、その価の高きをいわんとてまず第一に高きは富士なり、その次は足高山なり、其次は初茄子なりといいしことなり。云々」とある。前述のようにわが国の促成栽培が駿河の三保で慶長年間に始まったことと関係があるのかも知れない。なお富士は高大なもの、鷹はつかみとるもの、茄子は成すに通じ縁起のよいものとの説もある。

芭蕉句碑

山形県の鶴岡市付近では昔から民田茄が名産品になっていて、今でもこの地方ではナスといえば民田茄を指し、民田茄の辛子漬はこの地の名物になっている。ところで鶴岡市には芭蕉の「珍らしや山を出羽の初茄子」の句碑が三つ残っている。この句は元禄二年（一六八九）六月一〇日（新暦で七月二六日）、羽黒山、月山から下山した芭蕉が鶴岡でまとめた俳歌仙「雪まろげ」の最初の句である。雪深い庄内地方では静岡県のような早出しはできるはずはないが、この時期のナスの味が忘れられずこの立句が生まれたもの

茄（『本草綱目』重訂版 1875）

であろう。なお鶴岡近辺のナスは庄内の産物をあげた『松竹往来』(一六七二年)や『荘内往来』(一七〇〇年頃)にも記され、古くから名産品であったことが知られる。そしてこの品種名の出た民田の付近では初茄子を産土神《うぶすな》にあげる習慣があり、春の重要な農耕行事である早苗饗《さなぶり》をこの村では茄子酒《なすだけ》と呼んでいる。

俗に終り初物と遅出し物も珍重されるが、ナスでは「秋ナスは嫁に食わすな」の諺がある。これは秋ナスの味がよいことを示すものといわれる一方、秋ナスは体を冷やすからとか、秋ナスは種子が少ないので子種が少なくなるのを嫌うからともいわれている。諺ではまた「親の意見とナスの花には無駄がない」ともいうが、ナスでも夏を通じて長期間調べてみると、半分ぐらいの花は果実にならず落ちるものである。

(5) 旬と施設栽培

前節で早出しと遅出し、つまり促成栽培と抑制栽培のことを述べたが、第二次大戦後施設栽培が増加して、いわゆる旬《しゅん》が失われたとの声が高くなっている。それも季を大切にする文人などが言うのは無理がないかも知れないが、日本の「食糧と農業を考える」農政の専門家までが「最近の野菜は旬の味を失い四季に合わせて新鮮な食味を送る特権を忘れ、ハウス栽培のピーマンを四国や九州から東京、北海道の市場にまで運んでいる」と批難している。

野菜を周年生産するための工夫は本格的な施設を使わない露地栽培でもいろいろとなされている。例えばダイコンやハクサイは、せいぜいビニールトンネル程度で周年生産を行なっている。しかし霜に弱いキュウリやナス、ピーマンなどは施設を使わないと一年中生産することはできない。その場合天然の温室である四国、九州などの産地が選ばれるのは理に適っている。もちろん過度の早出しや遅出しには問題があり、近年は農家も省エネルギーのことからも、無理な不時栽培は自粛している。それでも旬を説く人たちは旬のものだけ食べれば、あとの時期の野菜は必要がないというのであろうか。

新聞の家庭欄などでは、野菜の食品としての必要性が時おり解説されている。この点からいうと施設栽培は日本人の食卓を周年にわたって豊かにし、栄養の面では以前よりも好ましい状態を生み出したものとみてよかろう。旬を強調する人たちも新米以外は食べないとか、新茶以外は飲まないわけではなかろう。野菜は米や茶と違って貯蔵性が低い。雪国では大雪で、離島では海が荒れて交通が止まった際、まず不自由するのは野菜であろう。昔の人たちはやむを得ず貯蔵や漬物の方法を工夫し、漬物はその結果として食事を豊かにした。しかし現在他の産地や施設栽培の野菜を食べるのをやめて旬のものだけで我慢せよというのは、何かのためにする論か、感情論か、机上の学問の論のように思われる。

(6) 指宿小茄と温泉熱の農業利用

鹿児島県の指宿《いぶすき》温泉は砂風呂で有名であるが、ここでは温泉熱を利用してナスの早出し栽培を行なっていることでも知られている。この温泉熱利用は明治の末期に玉利喜造氏の着想で植物試験場を設け、各種の作物を試作したことから始まった。そして現在もナスや観葉植物などの生産が温泉熱を利用して行なわれ、観光地指宿の宣伝にも役立っている。

ナスは最初早生千成《せんなり》、ついで都千成が京都から導入され、この中から選抜されたものを、昭和一〇年天皇の行幸を記念して御幸千成と命名し、一時は中国に輸出もした。第二次大戦中は質より量の時代に変わり、御幸千成は姿を消したが、戦後藤井健雄氏が保存していた種子を取りよせて栽培が再開され、現在も栽培を続けている。

米ナスと千両2号
米ナスはヨーロッパ・アメリカ系の品種をもとにして育成された。

本種の果実は光沢のある濃紫色で、若もぎすれば着果数は多く、果実は軟らかで、しぎやき、揚げなすなどにしたものは本種独特の風味をもっている。

近年省エネルギーが各方面で問題になっている。一方わが国には各地に温泉が多く、全国では一四二三温泉があるといわれ、観光地として、また療養地として活用されている。しかし南国の鹿児島県で温泉熱を作物栽培に利用しているのに、他の地方ではほとんど利用していない。山形県米沢市外の小野川温泉では、上杉藩が米沢に転封した、一六〇〇年頃から温泉の廃湯を利用してダイズモヤシやイネの催芽を行ない、その後アサツキの催芽をも行なってきた。近年は電熱利用など施設の設置や制御の簡単な方法があるため、手間のかかる温泉熱利用は忘れられている。

温泉熱の利用方法としては指宿のように、温泉の湯を地下の配管に通して地温を上げる方式と、最近の水耕栽培のように湯が根に直接ふれる形で湯を流し、ここでセリやアサツキなどを生長させるやり方がある。前の方法では湯の温度と量が問題になり、後者の場合は湯の質が利用できるかどうかを左右する。硫黄泉ではたいてい作物の生長は害され、単純アルカリ泉の場合に害が少なく利用できることが多い。

トマト

(1) 起原と渡来、栽培状況

トマトは南米ペルーのアンデス高地に野生種が分布し、原住民の移住にともなって中央アメリカに伝わり、この地域で作物化が進んだものとみられている。メキシコを征服したスペイン人により一六世紀にヨーロッパに入り、最初は観賞用として栽培された。食用に供されたのは一八世紀以降で、野菜として普及したのは欧米においても一九世紀以降である。

わが国には寛文年間(一六六一~七二年)、長崎に伝来したといわれ、狩野探幽の『草木花写生図巻』(一六六八年)に唐なすびとして描かれている。その後明治初年にまず九品種が欧米から導入され、蕃茄(アカナス)の名で試作された。当時は独特の臭いや色をもつなどの点から普及しなかった。明治四二年以降農商務省の統計にのるようにはなったが、当時の作付面積は全国合計で三九・四町歩に過ぎなかった。

大正時代になって北海道と愛知県を中心にして栽培が徐々に増加はしたが、茎葉が臭く、さわると橙褐色に染まり、また栽培品種も小形のペアートマトやチェリートマトと呼ばれる、ホオズキ程度の大きさのトマトが主で、あまり食べる人はいなかった。その後新しい品種もあらわれ栽培は漸次増加し、昭和に入る頃は作付面積も全国で一五〇〇町歩程度になった。それでも収穫量は現在の一〇分の一程度にしか過ぎない。トマトが普通の野菜になったのはこのように近年のことで、年配の人たちはこの移り変わりをよく知っている。

第二次大戦後食生活はかなり洋風化し、サラダ野菜の消費が急激に増加し、これにともなってトマトの消費も増大し、昭和五五年頃の作付面積は一万九〇〇〇ヘクタール、収穫量は一〇〇万トンを超している。またジュース、ケチャップなどトマトの加工品の需要も増大したが、外国で多い果実の缶詰加工は少ない。なお昭和四〇年頃加工トマトの量は全出荷量の二割強であった。

わが国のトマト加工は意外に古く、明治三九年に蟹江一太郎氏が愛知県に加工場を開いたことから愛知県下で始

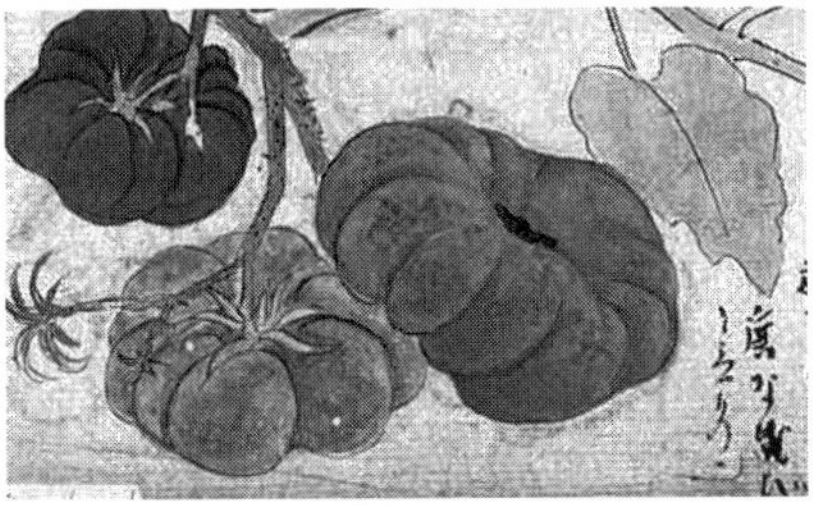

唐なすび
（狩野探幽『草木花写生図巻』1668, 東京国立博物館蔵）

トマト（『中国高等植物図鑑』1974）

加工トマトの無支柱栽培
（北海道農政事務所ホームページより）

まった。しかし、盛んとなったのは第二次大戦後である。

(注)平成二三年：作付面積は一万二〇〇〇ヘクタール、収穫量は七〇万三二〇〇トンとなっている。

(2) トマトの品種

トマトにも沢山の品種がある。まず果実の色をみると、わが国の生食用の品種は皆紅色のいわゆる桃色トマトで、加工用の品種や外国のトマトはたいてい赤色である。トマトの桃色はトマト特有の色素リコピンで、この名はトマトの属名リコペルシクム（*Lycopersicum*）から出たものである。リコピンはカロチンの異性体であるが、ビタミンAの作用はもたない。トマトの栄養価が高い理由の一つはカロチンをかなり含んでいるからである。トマトは果実が十分に肥大し、表面が白くなり、果実の内部がジェリー状の物質で充たされた時期になると、その後は果実をもいでからでもリコピンが形成されて着色する。そこで生産者や市場では消費者にとどくまでの時間を考えて十分に着色しないうちに収穫し出荷するようになり、消費者は十分着色しないものが新鮮なものと考えるようになった。この結果わが国では十分に成熟しない若どりの果実が売買され、家庭菜

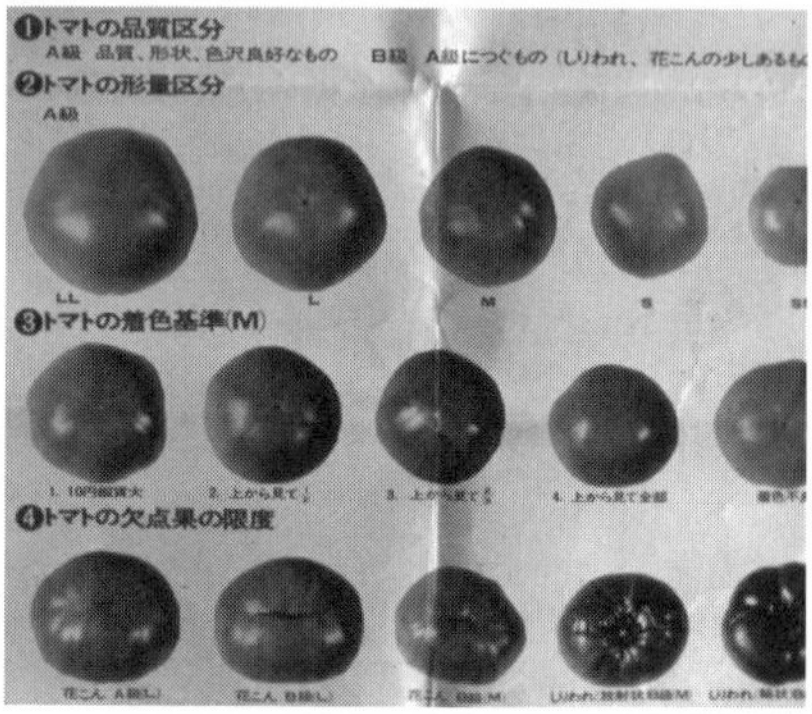

トマト出荷の場合の格付けの例
その方法は，まず果の大きさでLL, L, Mなどに区分し，次に着色の程度で分け，さらに形の乱れなど欠点の有無で格付けする。

トマト（“The Vegetable Garden” 1855）

ミニトマト

園で栽培され、完熟して収穫したものに比べると味が劣る結果になっている。

ところで赤色トマトも桃色トマトも、果肉の色にはあまり違いはない。ただ果皮がカロチンを含んでいると赤くなり、果皮が無色であると桃色になる。したがって桃色でなくてはならないというのは単に見かけ、嗜好に過ぎない。ただ以前栽培された赤色トマトには特有の臭いの強い品種が多く、ポンデローザのようなくせがなく、酸味の少ない品種が桃色であったことからいつの間にか日本では、桃色トマトだけが生食用として栽培されるようになった。

なおトマトにはこのほか燈色の品種や黄色の品種もあり、時には店頭にこれらの色変わりの品種も並べられている。

果実の大きさもさまざまで、大正時代に栽培された小形のトマトから、昭和初期の花形品種であったポンデローザのような大形の品種まである。現在好まれているのは二〇〇グラム前後の中玉品種であるが、近年はまた大正時代に戻ったように小形の果実がミニトマトなどの名で売られている。

加工用には、色素と固形物含量の多い加工専用の品種が栽培されている。その中でイタリア系の品種は果実が長形で、横断面をみると二室しかないもので、これも初期には用いられた。なお加工用品種を除けば、現在栽培されるトマト品種はほとんど全部一代雑種で、近年栽培される多くの品種はいくつかの主要病害に対して耐病性をもっている。これらの耐病性品種はたいてい栽培トマト（*L. esculentum*）に野生種（*L. pimpinellifolium, L. hirsutum* など）のもっているウイルス病や萎凋病などの耐病性遺伝子を導入したもので、これらの野生種との間の交雑によって育成したものである。そしてトマトの品質はあまり低下もせず、耐病性をもった品種になっている。

ポンデローザ　一八九二年にアメリカで発表された古い品種で、来歴は明らかでない。果実は大形の扇球形で子室が多く、果実には縦にひだができやすい。そして花落ちは大きく不正形になることが多く、大きくなりすぎるので現在の市場むき品種ではない。比較的粉質でくせがなく、昭和初期の日本人にはなじみの深い品種である。本種は収量が多く、すぐれた特性をもっているので、本種から愛知トマトや世界一など多くの品種が育成されていて、今でも品種育成の親として用いられている。

福寿二号　大阪府農事試験場で昭和一三年にデリシャス

×ジュンピンクの組み合わせの一代雑種として育成されたトマトで、兄弟品種に当たるフルーツ×ジュンピンクが福寿一号、ニューグローブ×ジュンピンクが福寿三号である。福寿という名は縁起のよい名であるばかりでなく、親品種を思い出させる名であり、生産性の高いすぐれた品種である。そこで福寿トマトの育成が呼び水になり、本種の育成以来各地の農業試験場や種苗会社で多くの一代雑種が育成された。そして多くの育成品種がやがては消えて行った中で、福寿二号のみ近年までトンネル栽培などで栽培され続けている。このように寿命の長い品種は品種の交替の激しい野菜としては実に珍しく、まことに不思議な品種である。現在でもすぐれた桃色トマトである点から、この名に因んだ福寿一〇〇号とか大型福寿などという品種も育成されている。

(3) 実験材料としてのトマト

植物を材料にした実験では、実験材料の選び方が成果を左右することが多い。有名な遺伝の法則を見出したメンデルも、エンドウを材料にしたことが大きい業績をあげた一つの理由であろう。エンドウは肉眼で見分けやすい形質をもち、交配操作は厄介であるが一度交配するとあとは放任しておいても自花受精して結実し、袋掛けなどしなくとも他の株の花粉で受精することはない。この点で、ネギやダイコンなどではとても同様な方法で遺伝の実験はできない。ところで、トマトはいろいろな作物生理の実験材料に用いられている。

例えば花の形成と結実が植物体の栄養条件、特に炭水化物と窒素化合物の含量の関係から支配されているという、いわゆるCN率(関係)説は、トマトを材料にした実験から得られている。クラウス、クレイビル両氏によるこの説は、現在は生理学的にはあまり重要視されてはいないが、園芸の実際面ではこの考え方があてはまることが多い。要するに作物体が若々しく、水や窒素の豊富な状態では花芽は分化しない。といって水や窒素栄養があまり不足でも花は着き難く、たとえ着いてもよい結実は望めない。そして葉がある程度茂り、といって茂りすぎもせず、光合成が十分行なわれる状態のとき開花結実が順調に進む。栽培者はこれらの点をよく考えて栽培管理を行なっている。

次にトマトを材料にした適夜温の研究がある。多くの作物は夜の温度がある程度低い場合に順調な生育をする。これは夜温が低いと夜間の呼吸による消耗が少ないということばかりではなく、昼夜の温度の差がある程度大きい状態で地上部の栄養の地下部や花への転流が促進されるなど、いろいろの理由があるらしい。

このことは、第二次大戦頃アメリカではウェント氏が見出し、この現象を日温度周期性と呼んだ。ちょうど同じ頃、わが国では藤井健雄氏が同様の事実を見出し、この結果は夜冷育苗と呼ぶ技術として育苗の際の温度管理に応用されている。そして偶然の結果か、これらの事実はいずれもトマトを材料にした実験で得られている。

トマトはこのほか、植物ホルモンの検定材料にも用いられている。

（4）トマト栽培に関する研究成果

ウイルス病と弱毒ウイルス　人間の病害では種痘やBCGのようにワクチンの使用で病気を予防できる例が多い。しかし植物ではまだワクチンは知られていない。ただトマトのウイルスには、ワクチンに似た弱毒ウイルスの接種でウイルス病を予防する方法が見出され、近年は農家が実際にこの方法を行なうようになった。

トマトのウイルスにはいくつかの種類があるが、その中でも恐ろしいのはタバコ・モザイック・ウイルス（TMV）で、これに侵されると葉は縮んで斑が入り、生長は阻害さ

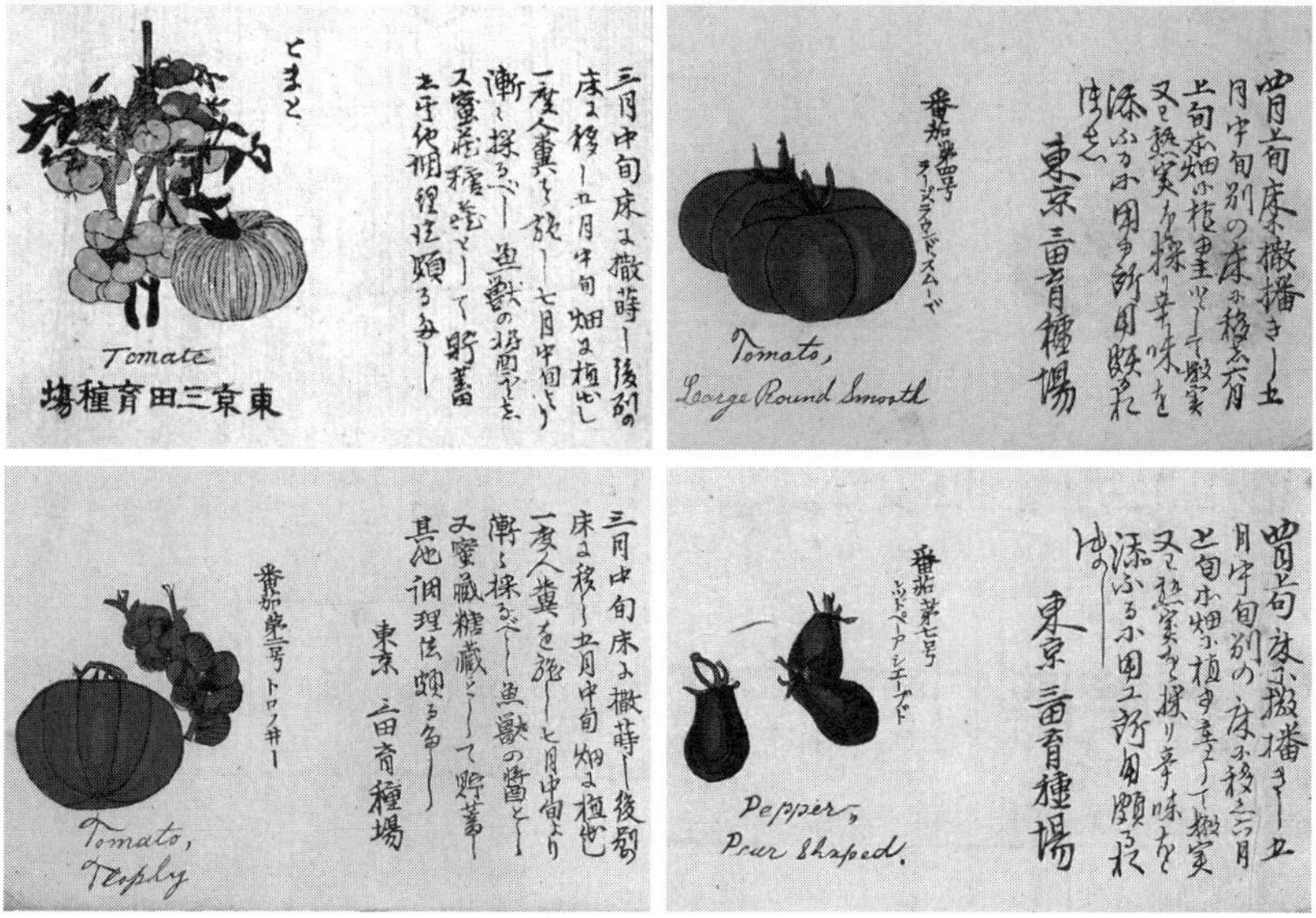

トマト（『穀菜弁覧 初編』1889，国立国会図書館蔵）

れて果実が着かなくなる。この病害は農薬を使っても防除はできず、対策としてはこのウイルスを媒介するアブラムシの駆除と、病原になる病株を抜きとって他への伝染を防ぐ程度しか方法がない。

ところで農林水産省植物ウイルス研究所の大島信行氏らは、タバコ・モザイック・ウイルスを弱毒化することに成功し、そしてこの弱毒ウイルスをトマトの苗に接種しておくと、病状はほとんど現われず、その後普通の毒性をもっウイルスが来ても発病しないことを見出した。ただしこの方法で予防できる機構は人間の場合のような抗体が体内にできるからではなく、植物の場合は干渉作用と呼ばれる特殊な現象によるのだという。このようにその機構などまだ分からない点は多いし、他のウイルス病では同様な事実や予防法は確かめられていないが、これは画期的な病害予防法である。大島氏はこの研究業績で日本農学会賞を受賞している。そしてTMVの弱毒ウイルスによる予防法は、現在作物に対する唯一のワクチン的予防法として静岡県、千葉県などの農家で実際に行なわれている。

トマトの新しい整枝法　トマトはどの葉の葉肢からも側芽が伸び出し、これを放っておくと藪状になる。そこでトマトを栽培する場合は、側芽は全部つみとっていわゆる一本仕立にするか、最初の花房の下の一本だけ側枝を残し、主枝と合せて二本になる二本仕立で栽培している。

青果用トマトの支柱立て栽培

トマトは元来主枝では本葉が八枚前後、側枝では五枚で最初の花房が着き、その後は葉が三葉着くごとに次の花房が着く。このような特性を着花（果）の習性と呼び、果樹や果菜類では着花習性に基づいて整枝や剪定を行なっている。トマトの場合、従来は前に述べた一本仕立の方法で栽培することが多かった。昭和五六年に千葉県農業試験場の青木宏史氏によって連続摘芯整枝法と呼ばれる方法が考案され、栽培農家の間で注目された。

この方法では主枝は第二花房までならせ、第二花房の上は二葉を残して芯を止める。そして二本仕立の場合と同様に第一花房の下から出る強い側枝を残して、それ以外の側枝は掻いてしまう。側枝は五葉で最初の花房（株としては三番目）が着き、三葉で次の花房が着く。この二花房が見えたらまた二葉残して芯を止め、最初（株としては三番目）の花房の下から出た側枝だけを残す。この側枝から前と同様に二花房、それから出る側枝からまた二花房というように花房を着け、これと並行して花房の着いた枝は曲げて下に垂れ下げる。

このやり方では草丈はあまり高くならず、栄養の流れが順調で、果実の肥大がよい。トマトは元来アサガオなどのように物に巻きついて這い上がる植物ではなく、キュウリやエンドウのように巻きヒゲで立ち上がる植物でもない。トマトのこの整枝法は、そういったトマトの本性に従った方法であるので、果実の肥大も順調であるとこの方法の創案者は述べている。このような新しい栽培法も工夫されている。

トウガラシ、ピーマン

（1）起原と渡来、栽培状況

トウガラシの野生はまだ発見されていない。しかしトウガラシはメキシコで紀元前六五〇〇～五〇〇〇年の遺跡から出土し、ペルーでも一世紀頃の遺跡から原住民の使ったと見られる織物に、トウガラシの模様が見出されている。これらの事実から、トウガラシは熱帯アメリカの原産とみられている。

ヨーロッパではコロンブスが一四九三年にスペインに持ち帰ったのが最初で、一六世紀にはヨーロッパ全域に広まり、トウガラシは比較的安価な辛味食品として注目された。

東洋に伝わったのは一六世紀で、インド、東南アジア、中国へと比較的短期間で広まり、一七世紀には東南アジア各地で栽培された。現在インドや東南アジアでは、なくては生活できない重要な香辛食品になり、その消費量は多く、

トウガラシ（『成形図説』1804）

これらの地域は世界第一の生産地になっている。

わが国への渡来は一六世紀頃で、天文一一年（一五四二）ポルトガル人がタバコとともに伝えたとか、文禄年間（一五九三年頃）朝鮮出兵のおり、秀吉が朝鮮から持ち帰ったとか、慶長一〇年（一六〇五）南方から入ったものなどと言われる。いずれにせよ蕃椒といわれるように、中国や日本には南の国から伝わったことに間違いはあるまい。

江戸時代にはかなり普及していたらしく、辛味の少ない伏見甘などの甘味種もすでにあったようである。『農業全書』には果実の色、形、つき方にはさまざまあり、観賞用にもされることが記されている。また『成形図説』（一八〇四年）にはいろいろの形のトウガラシの図があり、果実が垂れ下がり球形で辛味のないピーマン型の甘味種や黄トウガラシもあげている。

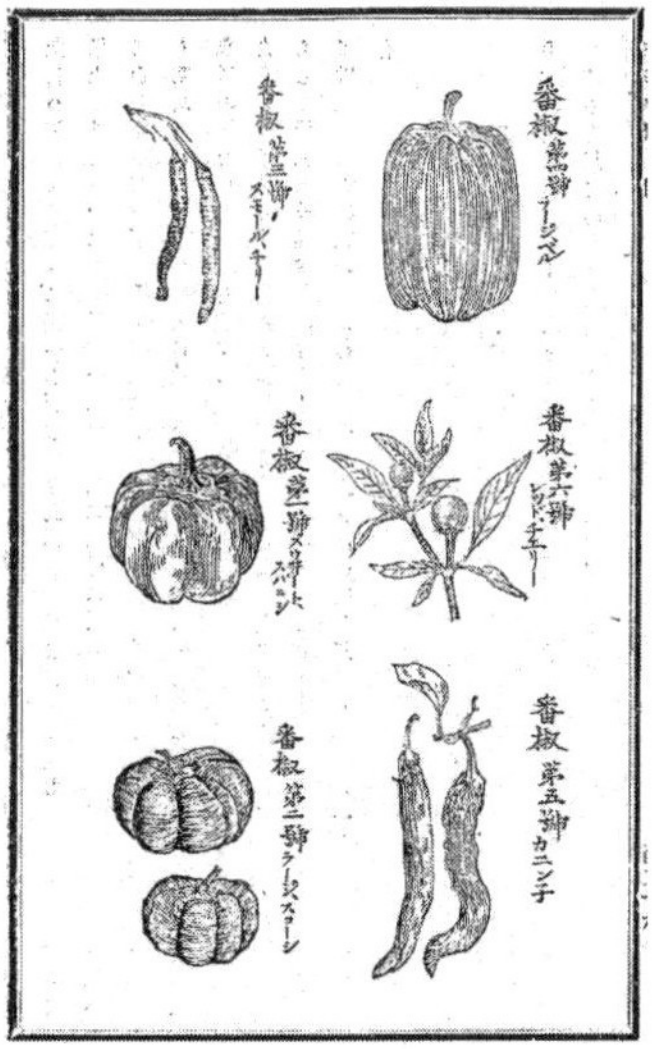
ピーマン（『舶来穀菜要覧』1886）

その後明治初年には欧米から甘トウガラシなど多くの品種が導入された。しかし甘味種は当時はそれほど普及せず、辛味種が香辛野菜として広く栽培された。辛味トウガラシの乾燥品は輸出もされて有利な換金作物になった時代もあり、大正初期以降、一時は二〇〇〇町歩も栽培された。品種は鷹の爪、本鷹などで、茨城、栃木、香川の三県が主産地であった。

未熟のトウガラシは各種のビタミンを含み、しかもその含量が高く保健食品として価値が高い。そこで昭和に入り、甘味種もある程度栽培されるようになった。急速に消費が伸びたのは第二次大戦後で、農林統計には昭和三九年からピーマンとしてトウガラシとは別に載るようになり、反対に辛味種の栽培は漸次減少し、昭和四五年以降はトウガラシとしての栽培状況の数値は統計面から消えてしまった。ピーマンの栽培はその後も急増を続け、昭和五〇年以降の作付面積は一〇年前の二倍以上になり、施設内の栽培だけでも一六〇〇ヘクタールを超している。そして辛味トウガラシの主産地の一つであった茨城県は今ではピーマンの大産地になり、南国の宮崎、高知との三県で全国のピーマン生産高の半数以上を生産している。

このような急速な増加は、ピーマンが香りが高く、油いためなど戦後の洋風化した食生活にマッチしていることと、ビタミンA、Cや無機塩類の含量が多く、栄養価値の高い食品であることが一般に認められたためであろう。一方昭和三一年に発表された緑王など優れた品種の育成、ビニール産業の発達にともなうハウス栽培の増加などがこれに拍車をかけた。

(2) トウガラシの品種と名称

トウガラシには品種が多い。それらは辛味種と甘味種とに大別され、わが国で現在トウガラシというと辛味種を指すことが多く、果実が球形の甘味種はピーマンと一般に呼んでいる。なおトウガラシのことを九州、中国、中部地方の一部ではコショウと呼び、東北、関東、中部、北陸、山陰地方の一部ではナンバンと呼んでいる。唐辛子は関東中心の呼び名で江戸時代に著わされた『成形図説』に九州では胡淑と呼び、東北の国々では南蕃と呼ぶと記してあり、当時の呼び名が現在もそのまま使われているわけである。

辛味種はカプサイシンというアルカロイドを含み、強い

トウガラシ

葉トウガラシ

五色唐辛子

ピーマンと獅子唐辛子

辛味がある。辛味種の果実は甘味種に比べると一般に小さく、上向きに果実が着く。辛味種の中でも品種により果実に大小があり、日本の品種でいうと八房《やつぶさ》は比較的大きく、鷹の爪は小さく、東南アジアにはさらに小形で辛味の強い品種がある。わが国でも近年辛味の強い新しい品種も育成されている。辛味種は通常乾燥した果実を利用するために栽培していたが、一部では葉トウガラシ用としても栽培していた。葉トウガラシとはトウガラシの枝を切って適当に束ねて出荷するもので、若い茎葉や花蕾は佃煮などにすると独特の風味と辛味があり、情緒のある乙な食品であった。近年は佃煮をつくる家庭は少なくなり、葉トウガラシは小売店でもほとんど見かけなくなった。

辛味トウガラシの仲間で、果実の形や色の美しい品種は観賞用として栽培される。例えば五色《ごしき》唐辛子と呼ばれる品種は、果実が成熟するにつれて黄白色から紫色、黄色、橙色、赤色に変わり、一株にさまざまな色の果実が同時に着く。このほか球形の果実の品種や、鮮やかな赤と黄色の果実の着く品種などがあり、鉢植えなどにして栽培されている。

甘味種としては前に紹介したように長形の伏見甘や球形の品種が江戸時代からあり、球形の果実の品種は果実の尻の形から獅子唐辛子、あるいは朝鮮唐辛子などと呼ばれていた。これらの品種は辛味が少ないかまたは全くなく、果実が下向きに着く。『農業全書』にも「その実天に向うあり、地に向うあり」と記されている。しかし、近年は上向きにつく甘味品種もある。

甘味種のうち長くて先の尖った伏見甘は現在栽培が少なく、近年栽培される品種はピーマンと普通呼んでいる球形の品種と、獅子唐辛子、俗にシシトウと呼ぶ長めの円筒形で果皮の比較的うすい品種とである。ピーマンという呼び名はフランス語のピマン piment のなまったもので、今では日本語化している。元来欧米でピマンと呼んでいるものは果実が球形で大きく、果肉の厚い品種のことで、わが国では四国の小豆島などで栽培し、赤く成熟した果実を缶詰にし、ピメントと呼んで販売していた。わが国では欧米型の大果品種と日本在来種との交配で生まれた中果品種や大果品種が現在多く栽培され、これらの甘味品種を総称してピーマンと呼んでいる。ピーマンも完熟すると普通のトウガラシのように果実は赤くなるが、食用にするのはまだ緑色で皮のうすい時期のもので、近年は黄色の品種も変りも

甘南蛮
（伏見甘と万願寺とうがらしの交配種）

紫とうがらし（奈良県の伝統野菜）

のとして人気がある。またピーマン臭が少なく、サラダ用に適する品種も育成されている。

なおわが国の西洋野菜の呼び名には、ピーマンのほか、クレソン cresson（オランダガラシ、英名 water-cress）、エシャロット échalote（英名シャロット shallot）、シャンピニオン champignon（英名マッシュルーム mashroom）、などフランス語から出た呼び名が比較的多く、ラレシ（廿日大根）もフランス語のラジ radis から出た呼び名かも知れない。

獅子唐辛子はもともと関西で多く用いられたものであるが、近年は関東地方でもかなり多く消費されるようになり、シシトウに近いピーマンも多い。なお獅子唐辛子の名は果実の先が獅子の頭に似ているところから出た名で、獅子に因んで甘味種をオカグラトウガラシ、ダイカグラトウガラシなどと呼んでいる地方もある。

(3) 接木雑種（栄養雑種）

子供は両親の性細胞の合体により成立し、子供の遺伝形質は両性細胞の染色体上にある遺伝子の働きにより発現する、というのが現在の定説になっている。したがって接木《つぎき》というのは単なる生活協同体で、台木は地下部にあって主として養分、水分の吸収を行ない、穂木は地上部で光合

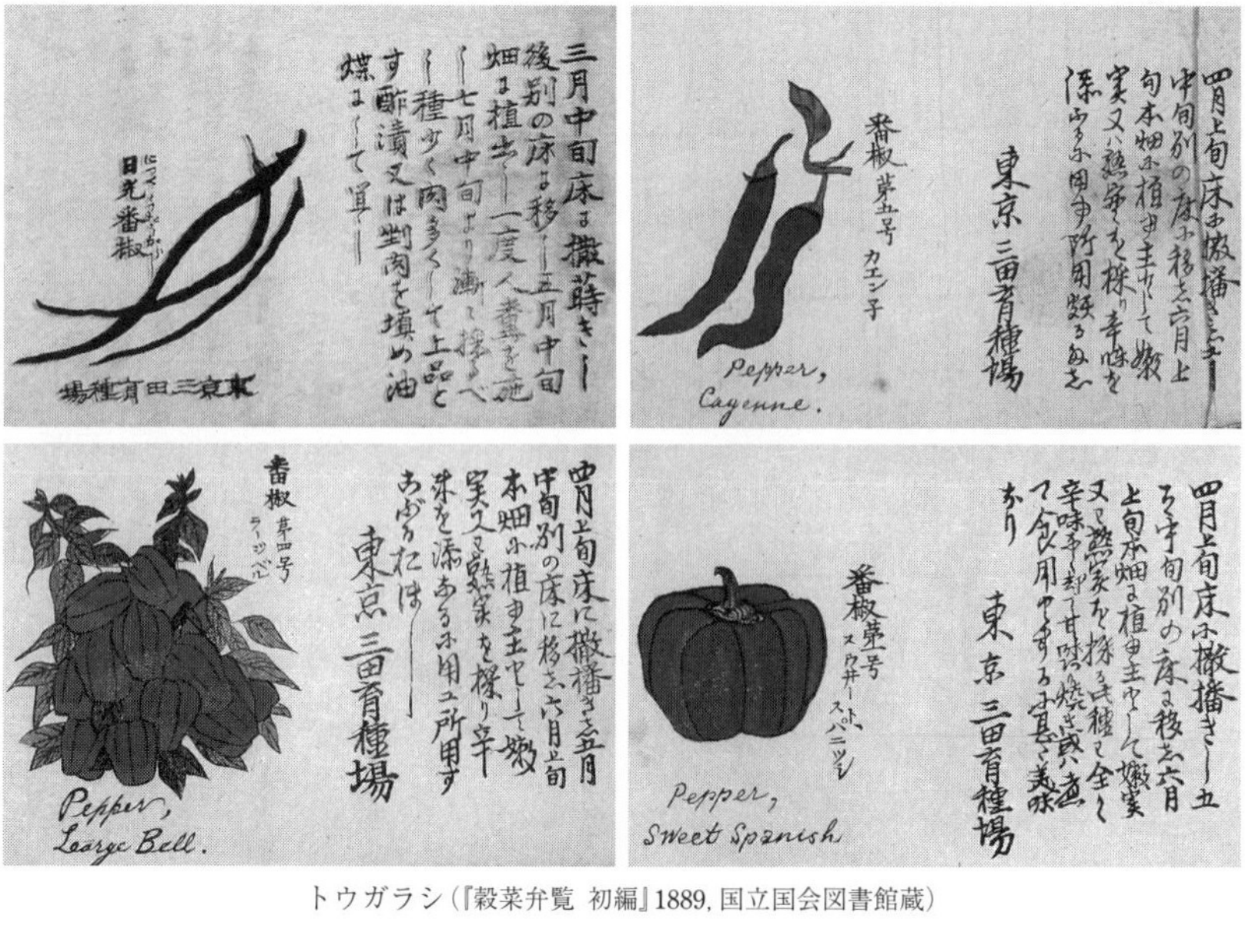

トウガラシ（『穀菜弁覧 初編』1889, 国立国会図書館蔵）

成や開花、結実に関係している。そこで接穂《つぎほ》に着く果実やその内部の種子は接穂の遺伝子によってその形質が決定し、台木の影響を受けることはない。つまりカボチャ台のスイカもユウガオを台木にしたスイカも同様な果実になり、内部にできる種子をまけば次の世代ではやはり同様なスイカができる。別にユウガオやカボチャに似ることはない。このことは果樹や花木など、多くの作物で実証されている。

ところがピーマン、ナス、トマトなどでは、接木をした穂木が台木の影響を直接受けたと思われるような果実が着いたり、その内部にできた種子をまくと台木の形質をそなえた実生の生じることがある。これがいわゆる接木雑種（栄養雑種）である。例えば果実の先の尖っている辛味トウガラシの八房の枝を、球形の果実の着く甘味種のピーマンに接木をすると、三パーセント前後、球形のトウガラシができた。また赤色の果実の着くトウガラシを台木にして黄色果実の着く品種を接木し、できた種子をまいたところ、赤色果実の着く個体が得られ、その次の世代では赤、赤黄、山吹色、黄色の果実の着く個体があり、四種類に分離したとの報告がある。

このような接木雑種の事例はかなり多く報告されている。この場合接木の方法が問題で、接木雑種が成功するためには接穂はごく若いものでなくてはならない。また接穂から生じた葉は展開葉が二枚以上にならないようにつぎつぎに葉を摘みとらなければならない。

この方法は旧ソ連のルイセンコ一派によって始められ、メントール法と呼ばれた。その関係もあって接木雑種は唯物弁証法の理論に合致する事象だとして、その方面の信奉者によって大きく取りあげられ、一時は新しい育種法として注目された。しかしこの事実の基礎になる理論が明確でなく、接木雑種の成功する確率は不確かで、次代における形質の分離には規則性はみられず、またこの方法ですぐれた新品種の育成された事実もない。このため、近年は、学界でも批判的意見が多く、わが国では忘れられている。

なお接木するとキメラ（同一個体の中に遺伝子型の違う組織がお互いに接触して共存する現象、例えば右の枝には白い花、左の枝には赤い花が咲き、源平咲き分けなどと呼ばれるようなもの）の生じることはトマトで古くから知られ、また染色体上の遺伝子ばかりではなく、細胞質が子孫の形質発現にいろいろと影響していることは、広く認められている。

キュウリ（胡瓜）

（1）起原と渡来、栽培状況

キュウリはヒマラヤ山脈の南部山麓のシッキム付近で成立したもので、ククミス・ハードウィッキー（*Cucumis hardwickii*）と呼ばれる植物が原種であろうとされている。ただしアフリカ起原の説もある。キュウリは有史以前に西方に伝わり、古代エジプトでは第一二王朝時代（紀元前一七五〇年頃）栽培されていたらしい。その後周辺地域に広がり、古代ローマでは滑石板を用いて冬も栽培したといわれている。ヨーロッパでは一六世紀頃栽培が盛んになり、温室胡瓜やピックルス胡瓜が分化した。

『本草綱目』（一五九〇年）によると、中国へは張騫《ちょうけん》（紀元前一一四年没）が西域から入れたもので、最初胡瓜と呼び、その後黄瓜とした。この言い伝えは歴史的に確認されてはいない。『斉民要術』では瓜の項の中で、胡瓜について柴を立てこれに絡ませるなど栽培法も記され、六世紀以前に中国に伝わっていたことは確実である。また、東南アジアから華南にも六世紀頃入ったとされ、中国では華北系品種群と華南系品種群とが成立した。

わが国では『本草和名』に胡瓜、小而多汁、和名加良《から》宇利《うり》とあり、『和名抄』では曾波宇里《そはうり》、俗に木宇利《きうり》という と記され、漢名の黄瓜からキュウリの名が出たといわれる。わが国には六世紀頃渡来したともいわれるが、『本草和名』は元来薬物の辞典で古くは薬物として利用したらしく、野菜としてはその後江戸時代末期まであまり重要視されなかった。

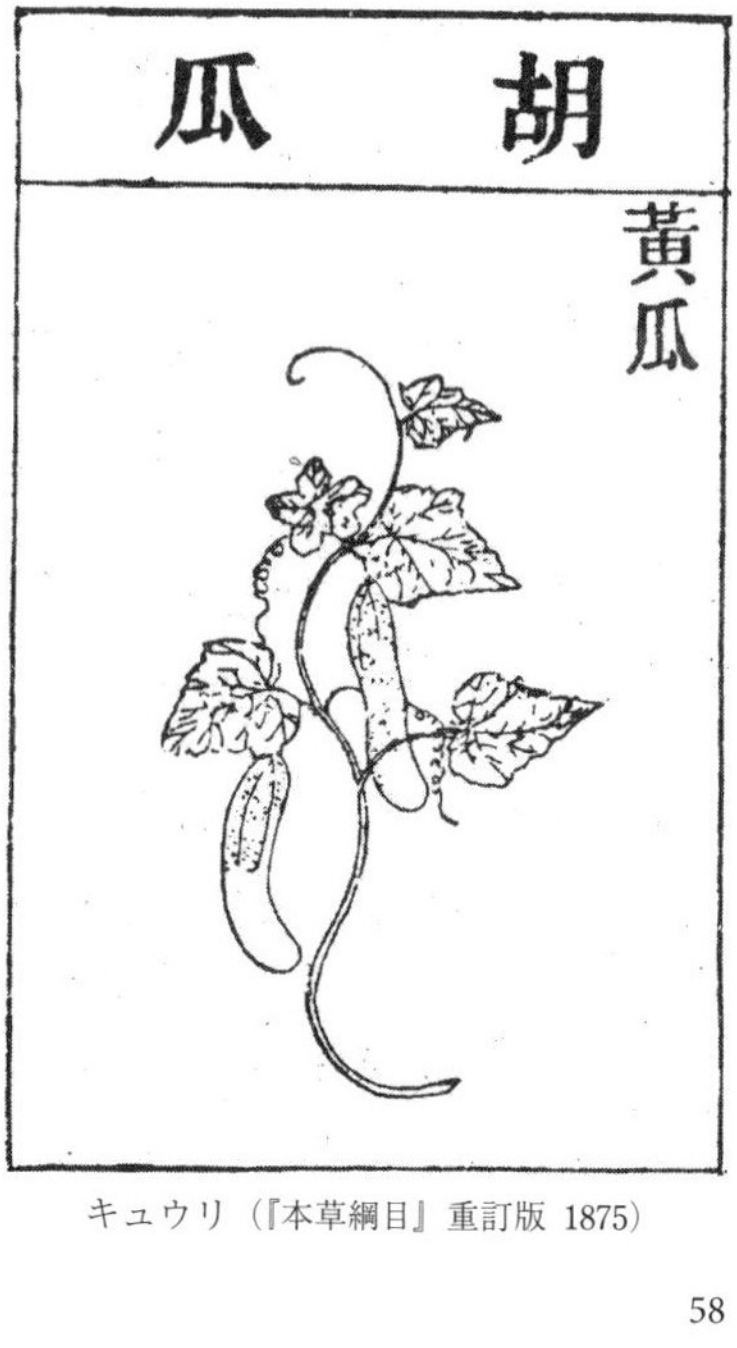

キュウリ（『本草綱目』重訂版 1875）

『農業全書』には「是下品の瓜にて賞翫ならずといえども諸瓜に先立ちて早く出来るゆえいなかに多く作る物なり、都にはまれなり」とし、記述文の長さはマクワウリの一〇分の一以下、ユウガオの四分の一、トウガンの二分の一にすぎない。また『大和本草』には「京畿ニハ越瓜多キユエニ不レ用レ之最下品ナリ、性味トモニ不レ好只塩ヲツケテ茄《ホシモノ》トスヘシ、不レ害レ人」、『菜譜』(一七一四年)では「是瓜類の下品也、味よからず且小毒あり、性あしく只ほし瓜とすべし」とあり、シロウリよりも劣るものとしている。貞享三年(一六八六)の野菜の早出し禁止令には白瓜、真桑瓜はあるがキュウリは見当たらない。一方秋田出身の佐藤信淵は『草木六部耕種法』(一八三二年)で「胡瓜は諸瓜の最初に出来る者にして世上甚だ珍重す。諸瓜の盛なるに及べば人も賞味せずと雖も、此れ亦一個の大用あるものなり、宜しく多分に作るべし」とキュウリの栽培を奨励している。これは『農業全書』などが西日本の農書であるのに対し、佐藤信淵は東日本の農学者であったことと、両者の間に約一〇〇年の時代の隔たりがあったためであろう。寛政年間(一七九〇年頃)から江戸砂村ではキュウリの早出し栽培が始まり、全国各地で地方品種が成立したとみられる。

明治末期の農林統計をみると、明治末から大正時代の作付面積は約九〇〇〇町歩で、シロウリとマクワウリの合計

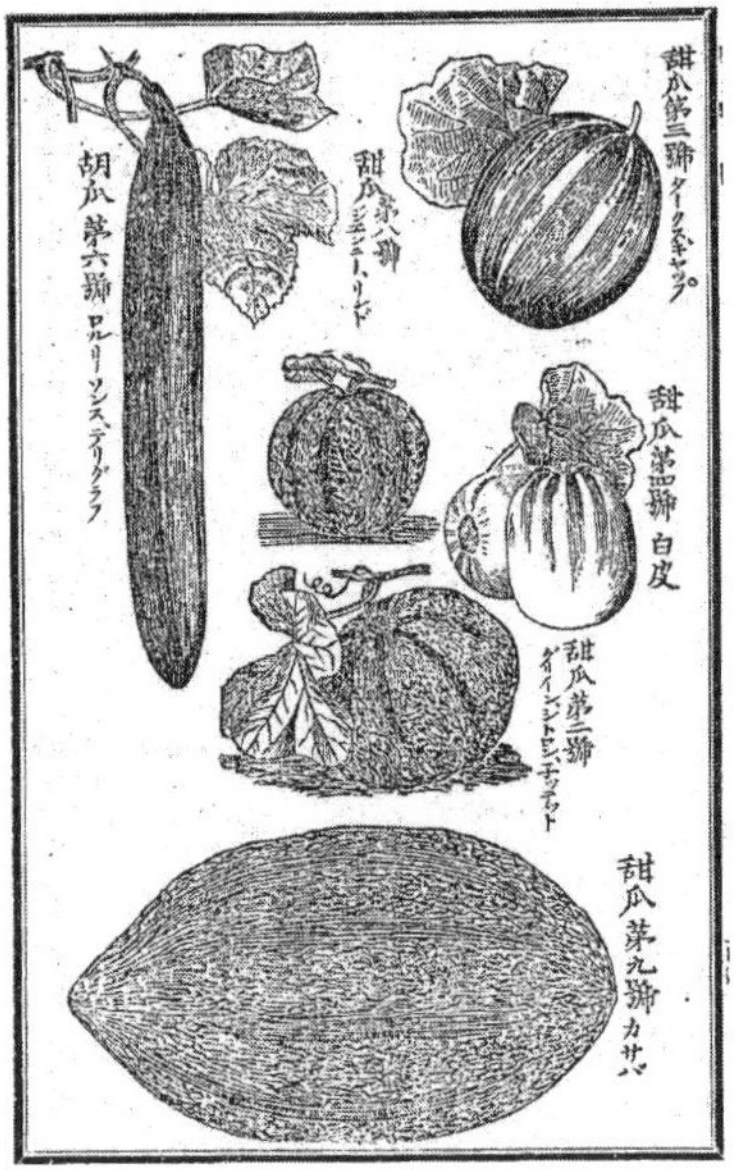

キュウリ(『舶来穀菜要覧』1886)

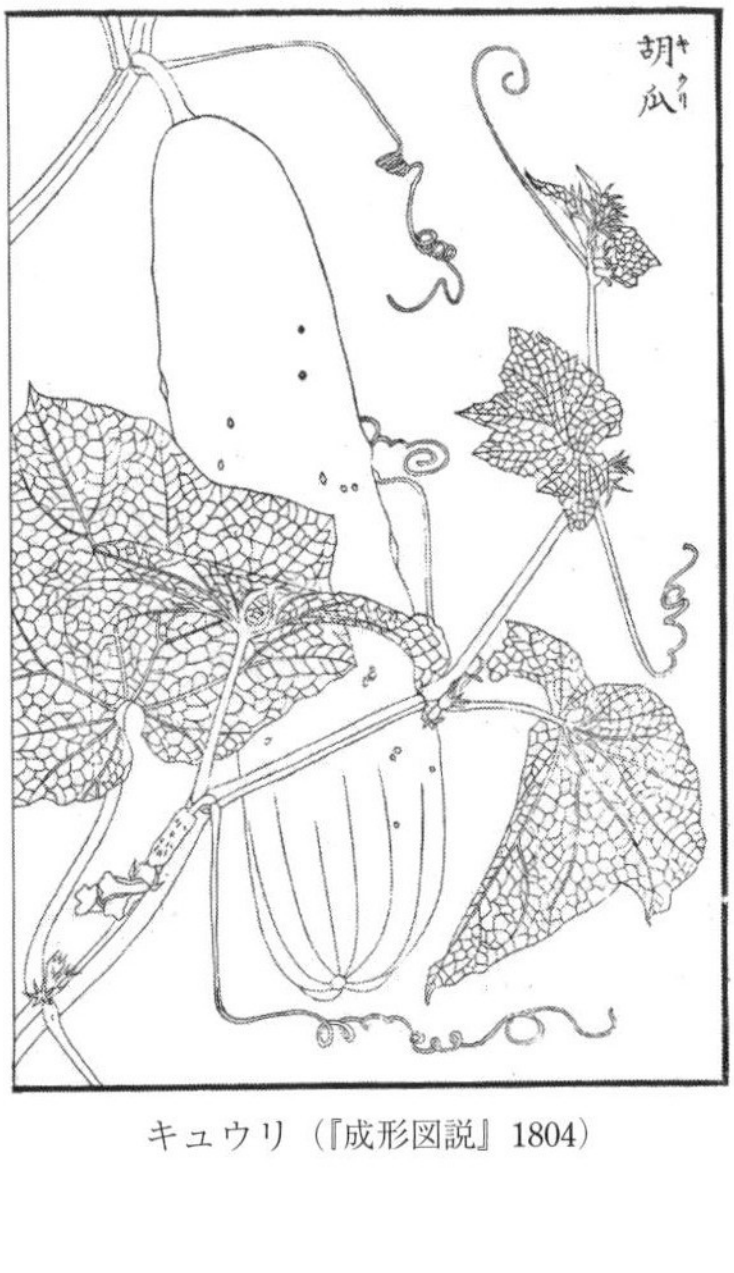

キュウリ(『成形図説』1804)

とあまり違わず、ナスの三分の一強に過ぎなかった。その後トマト、タマネギ、キャベツに次いで高い増加率で増え、昭和一〇年代には二万町歩、昭和五〇年代は二万五〇〇〇ヘクタールを超し、収穫量はスイカ、トマトとの間で果菜類の首位を競っている。第二次大戦後は特に施設栽培が増加し、ハウス野菜の作付面積の約三分の一はキュウリで、施設キュウリの収穫量はキュウリの総収穫量の五割を超している。これはキュウリの品種改良と栽培技術の進歩によって一年を通して比較的安価なキュウリが生産できるようになったことと、一方では食生活の洋風化にともなって従前の漬物材料からサラダ野菜に変わり、キュウリは周年なくてはならない野菜になったからであろう。

（注）平成二三年：作付面積一万二〇〇〇ヘクタール弱。収穫量は五八万四六〇〇トンで、トマトに次いで果菜類の第二位。

(2) キュウリの品種

雌花と雄花の着き方　ウリ類はたいてい蔓性の植物で、この蔓の上に雌花と雄花とが着く種類が多い。植物の中にはナスやダイコンのように一つの花に雌しべと雄しべがあるいわゆる完全花（両性花）の種類と、キュウリのような単性花の着く種類、さらにホウレンソウのような雌株と雄株とが別な種類がある。ウリ類の中にもマクワウリなどのように完全花と雄花の着く種類、品種と、単性花のものとがあり、果実は完全花か雌花からしかできない。ヘチマやマクワウリでは親蔓はどれだけ伸びても親蔓には雌花がさっぱり着かないので、親蔓はある所で摘んで子蔓と孫蔓を出させ、これに雌花が着くようにして栽培している。

雄花（上）と雌花（下）

キュウリでは雌花の着く場所は品種の特性としてだいたいきまっている。本葉六、七枚からどの葉の葉腋にも雌花の着く特性を節成りと呼び、一度雌花が着いてもその後数節は雄花になるものを飛成り、または飛節と呼んでいる。そして飛成りの品種を栽培するときは親蔓はあるところで摘芯し、側枝の雌花を利用している。なお節成りの品種の場合も数節果実が肥大すると、そのあとの数節は栄養不足から落果してしまう場合が多い。

雌花の着き方は品種の特性として決まるだけではなく、日長（一日の昼の長さ）や夜温によっても左右される。一般に日長が短く夜温が低い場合には雌花ができやすく、温暖、長日条件では雄花化しやすい。そこで春先の低温期は夜間菰《こも》掛けして日長を短くすることもあり、低温でよく雌花が着くが、夏季は長日で温暖のため雌花が着き難い。しかし品種によって温暖、長日条件でも雌花の着く品種もあるので、栽培条件に応じて適当な品種を選ぶことが大切である。

単為結果性　普通の植物は種子ができないと果実は大きくならない。しかし中には温州ミカンやバナナのように種子ができなくとも果実の大きくなる種類がある。またタネなしスイカや核なしブドウのように、他の株の花粉やジベレリン処理で、種子ができなくとも果実の肥大する種類もある。このように種子ができなくとも果実の大きくなる現象を単為結果と呼んでいる。

キュウリにも単為結果性をもっている品種がある。そうでない普通の品種は、昆虫の働きで雄花の花粉が雌花に

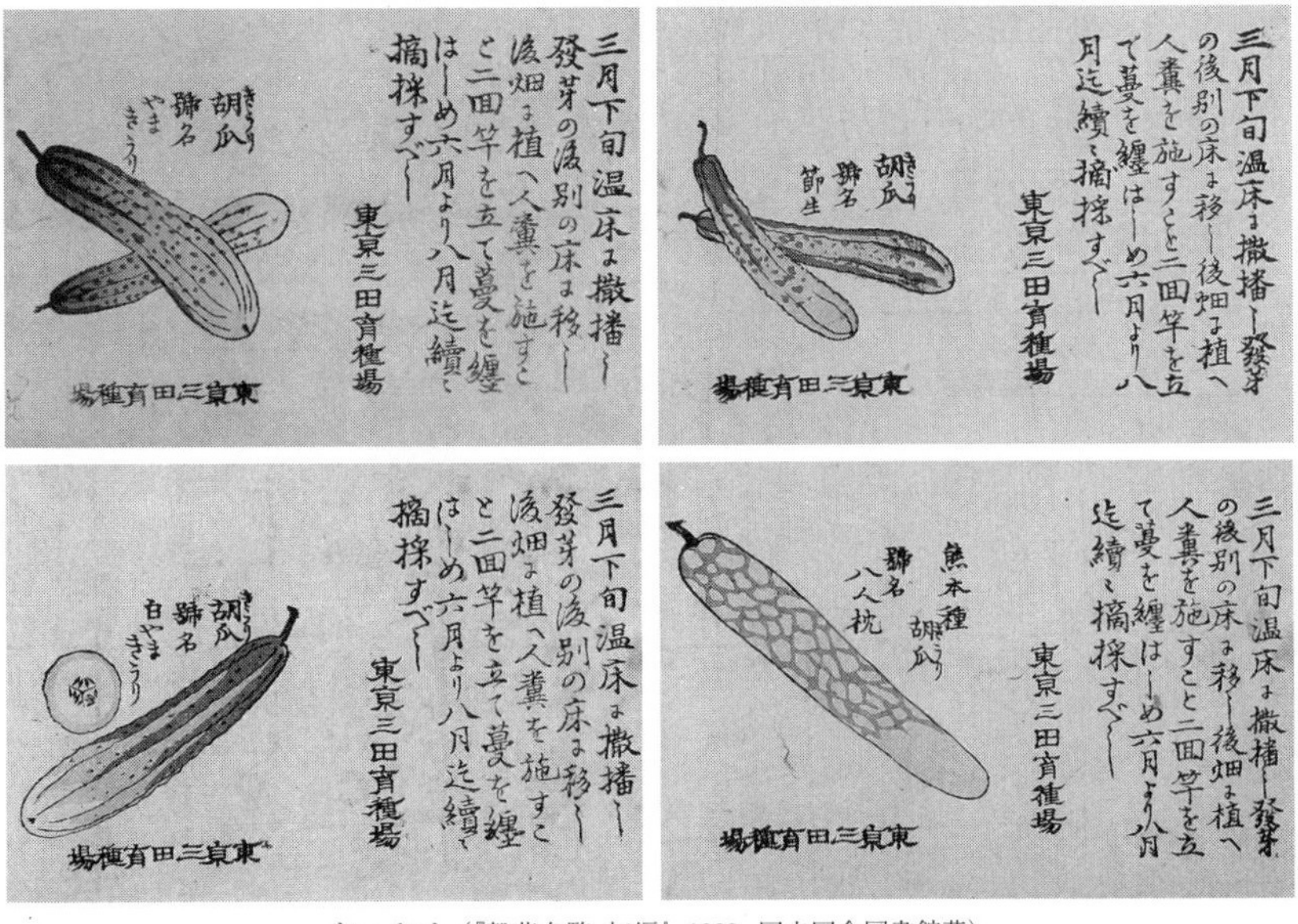

キュウリ（『穀菜弁覧 初編』1889, 国立国会図書館蔵）

相模半白胡瓜（坂田種苗研究室）

外内島胡瓜

四葉胡瓜

授粉され、種子ができると初めて果実が肥大し、受精が不十分であると種子のある部分だけ肥大して曲り果やくびれ果になる。ところで近年はハウス栽培が多い。イチゴは単為結果をしないので、ハウス栽培では中にミツバチなどを放って授粉させている。キュウリでは単為結果する品種を植えておけば、ミツバチの来ないハウスの中でも果実が大きくなる。

華南系品種と華北系品種　キュウリは世界各地で栽培され、品種の数が多い。まずヒマラヤ南部で誕生したキュウリは西方に伝播してヨーロッパに入り、比較的雨の少ない地帯に適応した欧州系のキュウリになり、さらに英国温室型、スライス型、ピックルス型に分化した。一方東洋に伝わったキュウリは、中国で華南系品種と華北系品種として成立した。華南系品種は東南アジアから中国南部で早春に栽培されたもので、節間はつまり草姿はずんぐりし、比較的日長が短く夜温が低いとき雌花が着きやすい。一方華北系品種は節の間が伸びやすく、根の張りが粗く植替えすると植傷みをおこしやすく、比較的温暖長日条件でも雌花は着きやすい。耐暑性は比較的強く、果実の品質は一般に華南系品種よりもすぐれている。

わが国には当初華南系品種が主体で渡来したとみられ、関東地方以西で古くから栽培された。関東地方の馬込《まごめ》半白、相模半白、落合、関西の淀節成などは華南系の品種である。

華北系品種もまた古くからあったらしく、その血をひくと思われる品種が各地に残っていた。例えば聖護院（京都）、金沢節成、加賀節成（石川）、刈羽《かりわ》節成（新潟）、岡部、会津葉込（福島）、南館、外内島（山形）などは華北系の血をひく品種で、第二次大戦直後まではそれぞれの地方の特産品になっていた。

これは春の遅い東北、北陸地方では雪が消える四月過ぎに種子まきが始まる。そこでこの地方では育苗をしないで畑に直接種子をまくか、百床で双葉を開いたばかりの若苗を畑に植え付けることが多かった。このような栽培では短日条件でないと雌花の着き難い華南系の品種は雌花がよく着かない。植替えを嫌う華北系の品種も若苗定植なら支障はなく、雌花はよく着き、しかも肉質が緻密で漬物などに適している。これらの点から華北系の品種が各地で栽培されたが、これらの在来品種の中には果実の下半分が白色の半白系が多く、サラダとしては緑がさえず、その上苦味を生じる品種が多かったので現在ほとんど栽培されていない。

華北系の品種は明治時代以降も何回かわが国に導入され、果実の長い品種から大和三尺などが生まれた。また四葉《すうよう》という品種が、品質がよいことから関西や静岡県などに土着し、このほか大正時代に入った品種は戦後ブームを呼んだ白疣《いぼ》胡瓜の育成に関係した。

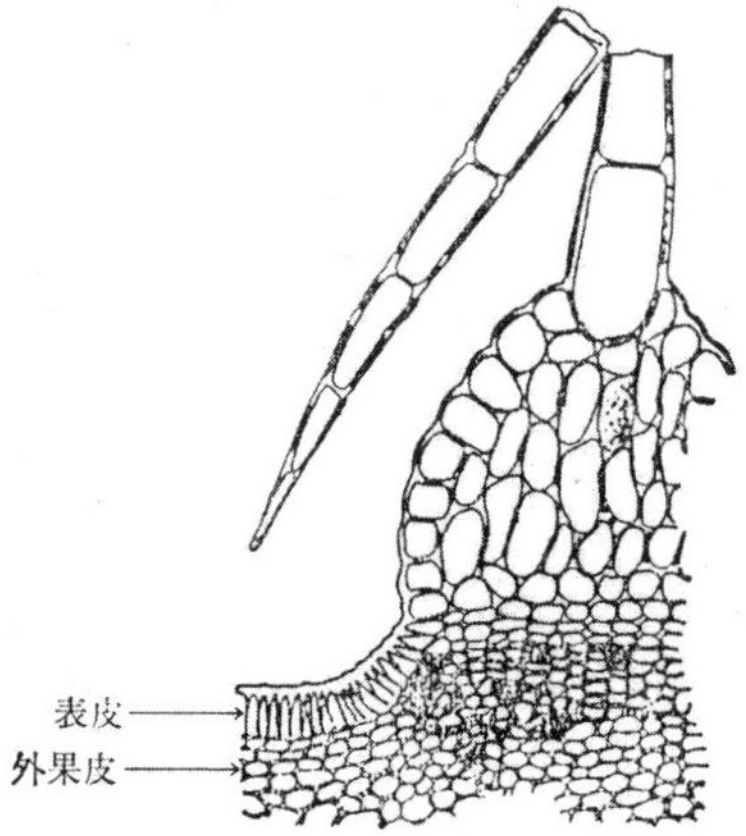

キュウリ果面の疣と刺の断面
（バーバー：ジョーンズら, 1928）

白疣胡瓜　第二次大戦前まではキュウリは春の早出しものが珍重され、華南系の早生品種が主として栽培された。戦後サラダとしてキュウリを周年使用する食習慣が生まれ、遅出しの夏栽培が見直された。夏栽培には華北系品種が適する上に、華北系品種の中には果実全体が緑色で生食用として見ばえがし、しかも食味のよい品種が多い。このことが市場や消費者の間で認識されるようになり、これら品種の一つの特徴であった白疣が注目されるようになった。近年は夏胡瓜ばかりでなく春胡瓜でも白疣品種が好まれるよ

酒田胡瓜

森合胡瓜

加賀太胡瓜

うである。

元来キュウリの果実の表面には多くの突起があり、突起の先端には刺がある。突起は普通疣《いぼ》と呼ばれ、四葉のように突起の著しい品種やほとんど突起物のない品種もある。刺の色をみると、白色、褐色、黒色の品種があり、華南系品種はたいてい黒色で、華北系品種には白色品種が多い。疣には特別の色はないが刺の色が白ければ白疣、黒ければ黒疣と呼んでいる。食べる頃には刺はたいてい落ちているが、戦後の白疣ブームはまだ続いている。

近年、特定の台木品種を用いると果実のブルーム（果粉）が少なくなり、外観がよいとして市場で歓迎されている。しかし、この苗は草勢がやや弱く、ブルームレス胡瓜は味が幾分劣るとして批判されている。

シベリア系品種　わが国のキュウリは大部分東洋系品種であるが、東北日本にはシベリア系の品種が古くから栽培されている。

例えば山形県酒田市では鵜渡《うど》河原《かわら》胡瓜、大町胡瓜と呼ぶ

白疣系（左）とブルームレス胡瓜（右）

短いキュウリが昔から栽培されていた。そしてこのキュウリが漬物用として良質の品種であることが地元では知られていたので、このシベリア系のキュウリが出廻る時期になるとほかのキュウリの価格は値下がりした。この品種は果実が短い楕円形で先半分は白色に近く、疣は低く、褐色の刺は落ちやすい。収穫が遅れると果実は褐色になり、温室メロンに似た美しい網模様が生じる。これらの特性からみて本種はアーリールシアン系と呼ばれるシベリア胡瓜で、ピックル漬に適した品種である。そこで酒田胡瓜の名で全国に紹介したところ加工業者が注目し、ピックルス加工が始まり、節成り性の登録品種「最上」が酒田胡瓜から生まれた。

　その後の調査で、このようなシベリア系品種は酒田市以外にも各地で栽培されていることが知られた。まず北海道南部の渡島《おしま》半島一帯で栽培する及部《およべ》胡瓜は、果実が酒田胡瓜よりやや長いが肉質は緻密で、漬物に適し、熟果の果面には網目を生じる。本種はおそらくシベリア胡瓜と華北系品種との自然交雑で成立した品種であろう。青森県では広い範囲に多くのシベリア系在来品種が残っていて、地胡瓜あるいは糠塚《ぬかづか》胡瓜と呼んでいる。岩手県には地胡瓜と呼ぶシベリア胡瓜があり、宮城県では白石市森合《もりあい》に森合胡瓜がある。秋田県でもシベリア胡瓜が栽培されていたといわれ、山形県では庄内を中心に各地にシベリア系品種が残っている。

　また北陸地方には加賀太（石川県）、高岡太（富山県）などのような、果実が短くて太いキュウリが栽培されている。これらの品種は果面に網目は現われないが、果肉は厚くて肉質がしまり、その特異な特性からみてシベリア系品種の血をひく在来品種とみられる。高岡太胡瓜は俗にドッコ、またはドンコ（太っていて背の低いこと、また胴着の意）胡瓜と呼ばれ、あんかけや刺身のけんなどに用いられている。加賀太（金沢太）胡瓜もこれによく似たこの地特産のキュウリである。なお島根県にもシベリア胡瓜が以前はあったという。

それでは、これらのシベリア胡瓜はいつどこから渡来したものであろうか。その栽培地が日本海側に多く、大陸との地理的関係からみて、おそらくシベリア大陸から日本海を渡って渡来したとみてよいと思う。そして前記のように栽培地域が広いことは、渡来の年代が相当古いことを示している。

北海道の及部胡瓜は天保・弘化（一八三〇～四〇年）の頃から栽培していたと言い伝えられている。品種名の及部は松前町の地名であるが、江戸時代の松前は北海道の玄関口に当たる城下町で、津軽や酒田港などとの間の往来は多く、ロシア船や欧米の船舶も出入りしていた。山形県の鵜渡河原胡瓜の名は『出羽風土略記』（一七六二年）に庄内各地の名産品の一つとして記されていて、酒田胡瓜は少なくも江戸時代から栽培し続けられた品種と考えられる。

マクワウリ、メロン、シロウリ

（1）起原と伝播、日本への渡来

マクワウリとシロウリは共にメロン（ククミス・メロ *Cucumis melo*）の変種でお互いによく交雑する。作物としてはマクワウリとシロウリとは通常別の種類として扱われているが、この点から本書ではいちおう一緒にして見ていくことにし、後にシロウリの項でシロウリだけについてふれることにしたい。

メロンはアフリカのニジェール川沿いのギニアが原産地、または栽培の起原地といわれている。しかしインドが原産地との説や、二原説あるいはインド、ペルシア地方を第二次原生地とする説もある。いずれにせよ古代にエジプト、中央アジアから中国まで広まり、これらの地域で重要な作物として栽培されたことは確かで、多くの記録や聖書、壁画などにメロンのことが残されている。

ヨーロッパでは一四～一六世紀頃には栽培が盛んになり、カンタロープ、冬メロンや網メロンが成立し、網メロンはイギリスでさらに温室メロンとして発達した。アメリカに網メロンが伝わったのは一六世紀で、アメリカでは露地メロンとして発達し、西海岸に近い地区は現在世界第一の露地メロン産地になっている。

中国では『礼記』や『詩経』（紀元前三、四世紀）に瓜とあり、相当古い時代にシルクロードを経て中国に伝わったものといわれている。現在新疆省で栽培されているトルキスタン系の哈密《はみ》瓜は味のよいことで有名であるが、これは中国まで入らなかったものとされている。六世紀前半に山東省を中心に書かれた『斉民要術』には、「長安城東で瓜を作り美味をもって聞ゆ……」という『史記』の中の一部や、「敦煌は古の瓜州の地、美瓜を産す」という『漢書地理志』の一節が紹介されており、おそらく哈密瓜のような中近東系のウリは中国の西部までは入ったものであろう。しかし中国の気候にあわなかったため中国の西部で止まり、中国の中央部や東部では東洋の気候に適応したマクワウリが成立し、マクワウリはさらに二、三の品種群に分化した。『斉民要術』にはまた多くの産地や品種らしいものをあげ、栽培法についても結果習性から整枝法、虫を防除する方法など詳しい記述があり、この時代にはすでに重要な作物になっていたことが知られる。

わが国には有史以前に渡来したことは確実で、弥生時代の各地の遺跡からメロン類の種子が出土している。そしてこの時代の出土種子は雑草メロンと同様な小粒種子が多く、奈良、平安時代の遺跡から出土するものは一転して大形化し、鎌倉時代以降は現在のマクワウリ、シロウリと同程度の大きさに変わっている（藤下典之氏による、後述、七五頁参照）。このように品種の変化があったようであるが、古代のウリがいつどこからどのようにして渡来したのか興味ある問題である。

記録としては『古事記』の景行記の倭建命の熊曾《くまそ》征伐の項で、「熟瓜《ほぞち》の如振り折《さ》きて殺す」と記され、わが国最初の薬物の辞典である『本草和名』と『和名抄』に「熟瓜、和名保曾知《ほそち》」とある。なおホゾチの名は熟果が果梗からとれること、つまりホゾ落ちから出た名といわれる。なお若いマクワウリの果梗は苦味が強く、薬局法では瓜蔕として吐剤、下剤として現在も用いている。また前述のように、『万葉集』の有名な山上憶良の子等《ども》を思う歌に「瓜食《は》めば子等思ほゆ、栗食めば況《ま》してしぬばゆ……」とあり、当時ウリといえばマクワウリを指していたことはこの歌の内容からも確かである。

（２）栽培の変遷

『延喜式』をみると、早瓜の場合蒔坪《まきつぼ》を作って二月に播種することから耕起二回、二人など所要労力が記され、諸作業の合計で四六人を要している。『延喜式』に見られる内膳司の園の中で周密な管理作業をしていたのは野菜であるが、その中でも最も複雑なのは早瓜で、当時マクワウリが重要な作物になっていたことを示している。また文永三年（一二六六）に美乃庄から七月、瓜、茄子を、永富庄から瓜一荷などを荘園の貢物としたことが記されている。

このように古代はマクワウリのことをウリと呼んだが、その後キュウリなど各種のウリが栽培されるようになり、これらと区別できるようアマウリ、アジウリ、マクワウリなどと呼ぶようになったものであろう。江戸時代中期の農書、『百姓伝記』（一六八二年）ではマクワウリとシロウリを合わせてウリとしており、『農業全書』では甜瓜にアマウリ、マクワと振仮名し、甘瓜、唐瓜とも書いている。『物類称呼』（一七七五年）をみると「甜瓜（まくわうり）、西国にてはアジウリ、江戸ではキンマクワ、仙台ではウリ、佐渡ではチンメウと呼ぶ」と記している。

マクワウリ（『穀菜弁覧 初編』1889, 国立国会図書館蔵）

現在でも東北地方や九州にはマクワウリをウリ、あるいはマウリと呼んでいる地方が多い。またアマウリ、アジウリの地方名も全国各地にみられる。これらの地方名はマクワウリの古い時代の名称が地方にそのまま残っているものといえよう。マクワウリの名は応神天皇の時代にウリとともに朝鮮から入ったものとか、美渡国（岐阜県）本巣郡真桑村（現本巣市上真桑・下真桑）で見出されたものとか、同村でマクワウリの生産が多かったため、あるいは味のよいマクワウリの産地として有名であったので江戸時代にこの名が生まれたといわれている（前記のように荘園時代からこの地方ではウリが栽培されていた）。

なお、瓜二つ、瓜実顔《うりざねがお》、瓜の蔓に茄子はならぬ、などの言葉や、瓜子姫の民間伝承が生まれたことは、ウリが日本人の生活に強く結びついていたためと思われる。

マクワウリは江戸時代後期までは非常に重要な野菜であったらしい。『農業全書』などの農書ではウリ類の最初にマクワウリをあげ、栽培法などを詳しく記述している。キュウリがウリ類の代表的野菜になったのは明治時代以降のことである（キュウリの項、六〇頁参照）。

シロウリは漬物用の上質のウリとして根強い需要があり、マクワウリとシロウリは明治、大正時代までは日本人になじみの深い重要な野菜であった。大正、昭和に入ってから西日本ではニューメロンやナツメウリなどと呼ばれる白肉のマクワウリの需要が急激に増加し、従前の銀マクワ、金マクワは東日本、特に東北地方に残された形になった。さらに第二次大戦後は洋種メロンとマクワウリとの一代雑種である〇〇メロンと呼ばれるマクワウリ程度の小果品種と、温室メロンに比較的近縁の露地メロンとが急激に増加し、在来のマクワウリは全国的にみてほとんど姿を消してしまった。一方シロウリも各家庭での漬物が減少したことから業者用の栽培程度になり、野菜の小売店にはあまり現われなくなった。

わが国の温室メロンの栽培は、明治初年にヨーロッパからイギリス系のメロンの種子が導入されたことから始まる。これらの温室メロンは俗にネットと呼ばれる網状の模様をもった美しい外観と、独特の芳香と、とけるような肉質と甘味とを兼ねそなえ、一方栽培技術が難しいこともあって果物の王様と呼ばれ、贈答品として、高級料理店用として小規模ながら栽培が定着した。第二次大戦中は贅沢品として栽培は中断したが、戦後は復活し、国民生活の安定と向上、品種の改良と栽培技術、資材の進歩にともなって栽培は増加した。そこで露地メロンとハウスメロンともども新品種の数は増加し、俗に新品種の戦国時代と呼ばれる有様になった。

農林統計に示された作付面積からメロン類の栽培の消長をみると、調査が始められた明治末年以来マクワウリとシロウリとは別の野菜として示された。大正時代の両者の作付面積の合計はスイカより広く、キュウリよりやや少ない程度であった。野菜の作付面積は総体的に大正から昭和初期に増加したが、その中で、マクワウリとシロウリは伸び悩み、昭和一〇年以降は両者の合計がスイカの三分の一、キュウリの二分の一程度になった。特にシロウリは作付面積が減少して昭和四〇年からは統計から姿を消し、それに代ってメロンが進出した。これにともなって昭和四四年からはマクワウリとメロン、昭和四六年からは露地メロンと温室メロンとして示されるようになった。

(3) メロンの仲間

メロンの変種には前に述べたように東洋で発達したウリとシロウリがある。一方ヨーロッパでは網メロン、冬メロンとカンタロープが成立している。

メロン類の果実はたいてい球形、扇球形か紡錘形であるが、中には変りものとして蛇メロンと呼ばれるような長形の果実の品種もある。果実の大きさは品種によってかなり違い、普通のスイカに近いような大形のものから、後で述べる雑草メロンのようにウズラの卵程度のものまである。昔から栽培されたマクワウリや近年〇〇メロンの名で市販されている品種はたいてい一人で食べるのに適当な大きさであり、温室メロンや露地メロンはたいていそれより大きい。

網《マスク》メロンと冬メロン　網メロンは果実の表面に網目模様を生じるのでこの名がある。この網目は一種の割れ目で、マクワウリでも果実が急激に生長した場合などは、外皮がはち切れていわゆる裂果を生じる。網メロンの網目、いわゆるネットも一種の裂果であるが、この網目が美しく現われるような生長をした場合に、肉質がよく甘味も出る。そこで、ネットが出ることは単に外観が美しいばかりでなく、味のよいことをも示している。戦前はこのネットを美しく出させるために、針で外皮を傷つけ、人工のネットを作ることもあったという。

ネットの出方には土壌水分の多少が関係し、成熟期にはやや乾燥気味にして育てた場合に、ネットも品質もよい果実ができる。元来ヨーロッパ系のメロンは雨の少ない地域で成立した品種であるため、雨の多い東洋、特にわが国で

蛇メロン
(ヘビウリ *Trichosanthes anguina* L.)

栽培すると、まず病害の発生が多く栽培が難しい。メロンは通常温室で栽培するが、温室というのは温かくすることよりも雨の降らない状態で育てることに大きい意義がある。したがって、わが国では夏でも室内でなければ欧州系のメロンは栽培が難しい。なお日本では、果肉の緑色のアールス・フェボリットという品種が以前から栽培された関係もあって、緑肉品種が多い。メロンにはそのほか黄肉品種や紅肉の品種もある。

アメリカで発達した露地メロンの場合も、わが国では梅雨の比較的少ない日本海側の砂丘地帯で栽培が始まり、現在も北海道や、雨の少ない地帯でハウスやトンネル内で栽培している。

冬メロンは網メロンに比べ果実の貯蔵性が高い。特にスペインメロンなどは、事実冬まで貯蔵できる。冬メロン型に入るハネジューメロンは、最初わが国では雨の少ない瀬戸内地方の岡山県下で、温室ブドウと同様にガラス室内で栽培が始められた。近年は梅

アールスメロン

ホームランメロン

ハニーキング

プリンスメロン

タカミメロン

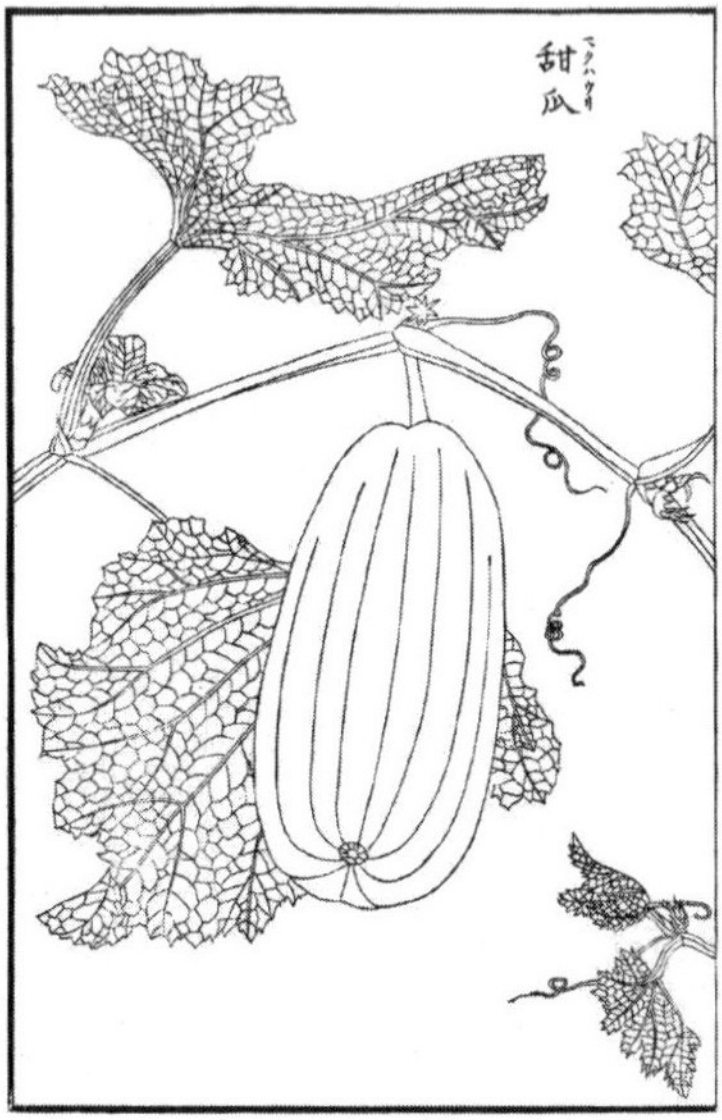

マクワウリ（『成形図説』1804）

雨の少ない青森県で八〜一〇月どりの栽培が急速に広まり、全国のハネジューの七〇パーセントを占めるほどになった。

（注）平成二三年：メロンの作付面積は八一八〇ヘクタール、収穫量は一八万四〇〇〇トン。主な生産地は茨城、熊本、北海道、山形、青森、静岡となっている。

マクワウリ　東洋で成立したマクワウリには、肉質が脆弱で肉が白く、外皮が滑らかで白色の果物的品種と、肉質が粘質で緑色を呈し、外皮は黄緑色でざらつき、間食に適するような品種群とがある。昔から栽培されたのは後者で、成熟しても白緑色のものは銀マクワ、外皮が黄色になる品種を金マクワと呼んでいる。

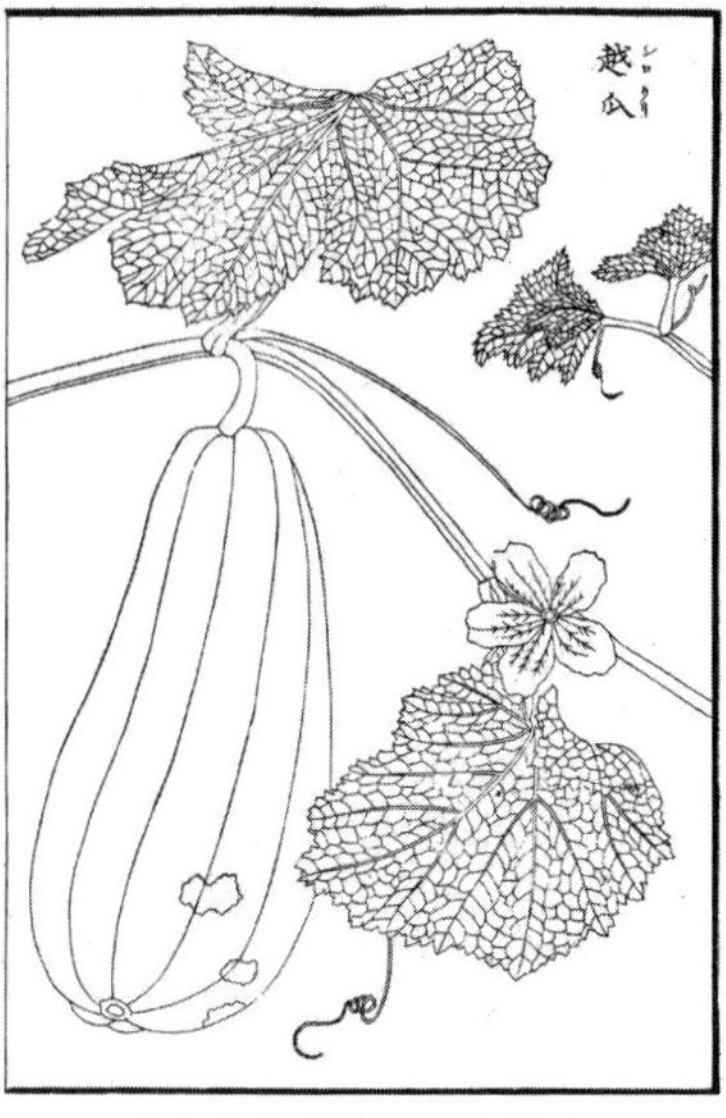

シロウリ（『成形図説』1804）

戦後はマクワウリに代って、わが国の風土に馴化したマクワウリと、欧州系や中近東系との一代雑種が進出し、〇〇メロンの名で広く栽培されるようになった。

シロウリ　中国の南部で成立したとみられるメロン類の一変種で、果実が成熟しても糖を形成せず、したがって甘くならない。

わが国には古代に渡来したとみえ『本草和名』には越瓜、和名都乃宇利、一名羊角、『和名抄』には白瓜、一名羊角、和名之路宇利《しろうり》としている。応永二六年（一四一九）七月二一日の『東寺百合文書』には、二十文しろうり（浅瓜）とあり、果実の色からシロウリ、また軟化をしないのでカタウリと呼ばれた。江戸中期の方言辞書である『物類称呼』には「越瓜《しろうり》、京にてあおうり、大阪にてなうり、相模にてはかたうりという」とある。現在も東北地方ではカタウリと呼ぶ地方が多く、ナウリの名は宮崎県に、アオウリの呼び名は福井、岐阜、愛知県などに残っている。シロウリは肉が厚く質が緻密で漬物に適し、特に酒粕漬、いわゆる奈良漬の代表的な材料になっていて、このことからツケウリ、ナラヅケウリと呼ぶ地方がある。なお愛知県ではカリモリとも呼んでいる。

伊豆八丈島のシマウリ
（藤下典之氏撮影，下に見えるのはスイカ）

貞享三年（一六八六）の徳川禁令考では、白瓜は五月節より売出しのことと定められたように、江戸時代は重要な野菜として早出しも行なわれた。そして戦前までは各家庭で各種の漬物をしたので、シロウリの小形品種は漬物用として需要が多かった。戦後は漬物をする家庭が少なくなり、青果としての需要は減少し、加工業者の求める比較的大形の品種が主体になっている。

（注）平成二一年：作付面積九四ヘクタール、収穫量は五〇〇〇トン。主に徳島と千葉で生産されている。

モモルディカ・メロン　東南アジア方面で栽培されているメロンで、果実は大形であるが甘味はない。藤下典之氏によると、わが国の奈良、平安朝時代の遺跡から出土するメロンの種子は大きさからもこのモモルディカ・メロンと考えられる。鎌倉時代以降の遺跡からは出土しなくなったが、現在も八丈島と長崎県の福江島で栽培している（藤下氏）。

八丈島で古くから栽培しているシマウリはラグビーボールぐらい（二～三キログラム）になり、黒と黄色の縞模様があり、成熟すると割れ、芳香が非常に強い。果肉は甘味がなく砂糖をかけて食べるとバナナのような味がする。よく仏壇に供える。このシマウリがいつごろどのような経路で八丈島に来たものか明らかでない（菊池睦男氏）。

甘味と苦味

シロウリやモモルディカ・メロン以外のメロン類は、果実が成熟すると糖が生成され甘くなる。多くの品種はまず果糖、ブドウ糖が生じ、完熟頃になって蔗糖が生成される。蔗糖の方が果糖、ブドウ糖などより甘味は強く、メロン類の中には比較的早い時期から蔗糖を生成する品種がある。プリンスメロンなど、このタイプの品種は早くから甘くなるので、収穫期が少し早かった場合も甘くない果実が出荷されることは少ない。ただし、蔗糖の甘さより果糖やブドウ糖の甘さの方が上品な甘さといえよう。

果実は収穫したあとでも成分の変化が進む。そして成熟しすぎると果肉は軟化し、舌をさすような刺激物を生じ、いわゆる醱酵と呼ぶ状態になる。網メロン、特に露地メロンの品種は果肉が軟化しやすい。そこで温室メロンの場合は何日頃が食べ頃か出荷された果実にそえ書きしてあることが多い。

メロンの仲間には苦味を生じる品種があり、果梗部は特に苦く瓜蔕として薬用に供されている。いわゆる雑草メロンはたいてい苦味が強く食用には適さないが、完熟期まで

おけば食べられるものがあり、また、薬として利用されたかもしれない。

（4）雑草メロン

日本の各地にメロンの仲間が自生している。土地の人たちはクソウリ、ニガウリ、カラスウリなどと呼び、一部では仏前に供える所もある。しかし多くは雑草として何も利用していない。この自生のウリに注目し本格的な調査を行なったのは元大阪府立大学教授の藤下典之氏で、同氏は調査開始以来約一五年間に全国の一三二の島を踏査し、そのうち七一島でウリの自生を確認している。それらは近年の栽培品が逸出したものではなく、古代に渡来したウリが離島で残存している、いわば史前帰化植物である。しかもそれらは交雑試験の結果などから現在のメロン類の仲間であることが確認され、同氏はそれらを雑草メロンと呼んでいる。藤下氏によると、雑草メロンの自生地は熊本県の天草を南限とし、九州南部や南西諸島には見られない。東限は太平洋側では静岡県、日本海側では島根県で、瀬戸内周辺と西日本に多い。これら雑草メロンは果実がウズラの卵からアヒルの卵程度の小果で、種子も小さく、苦味が強くて食用には適さない。しかしどの雑草メロンも、栽培メロン

やマクワウリとよく交雑して種子を結び、栽培種と同一のククミス・メロと考えられる。

藤下氏はまた、わが国の四八遺跡から出土したメロン類の種子一万四五七六粒について大きさなどを調査し、時代や地方別の栽培品種を考察している。その結果、弥生時代前・中期の遺跡からは、現在の雑草メロンのような小さい種子が多く出土し、またマクワウリ程度のものもある。奈良、平安朝時代の遺跡からは小粒種子がほとんどなく、代って前記のモモルディカ・メロンと思われる大粒種子が出土し、鎌倉時代以降の遺跡からは現在のマクワウリやシロウリ程度の種子が出土している。

したがって、現在西日本の島々に自生する雑草メロンはおそらく弥生時代の前・中期にわが国に渡来したものと考えられる。それでは雑草メロンのような小果品種は何に用いられたものであろうか。薬用、祭祀用ばかりではなく種子または完熟果を食用にしたことも考えられる。現に北アフリカや西アフリカでは、雑草メロンのような小粒の種子をすりつぶして利用しているという。

先年東北地方の遺跡からシソやタデのタネが出土した。新聞の伝えるところではアリが集めたのではなかろうかなどと記され、食用の語は見当たらなかった。シソやエゴマ

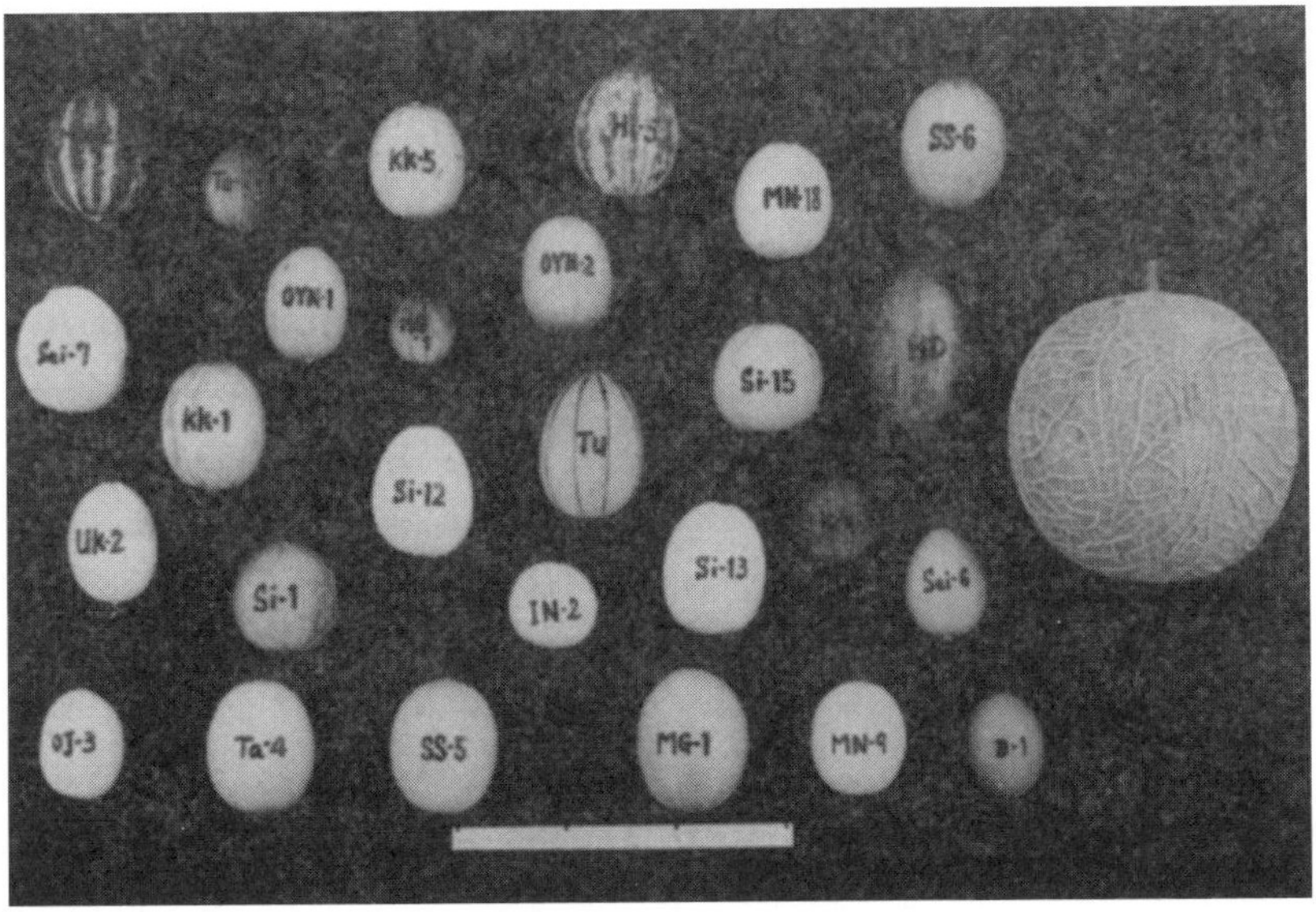

温室メロン(右)と雑草メロンの果実
(ウズラの卵から鶏卵ぐらいの大きさ，藤下典之氏撮影)

は現在も食用に供されている地方がある。アワ、キビは近年まで利用され、明治四四年の農林統計ではヒエが六万町歩栽培されていた。外国の例でいえば、エチオピア地域では現在も直径一ミリ前後のテフ（イネ科の雑穀の一種）が重要な食糧になっている。ところで学者と呼ばれる人たちも、とかく現在の生活を基礎にして物事を判断しやすい。有名な歴史学者といわれる人の中にも古墳時代の状況を現代人の感覚で論じている者がある。雑草メロンのような小さい果実や種子も、あるいは当時大切な食糧の一つになっていたかも知れない。

いずれにせよ、現在各地に自生する雑草メロンはマクワウリ類の、あるいは作物のわが国への渡来事情を示す生き証人といえそうである。なお藤下氏はこれらの雑草メロンが現在の栽培メロンの育種、特に耐病性品種の育成に何らかの点で役立つかも知れないと検討するなど、多方面にわたってめざましい研究業績をあげている。

スイカ（西瓜）

(1) 起原と渡来、栽培状況

スイカはアフリカ中部の砂漠地帯に野生種が分布し、古代にスーダンで栽培化されたといわれる。エジプトでは約四〇〇〇年前の画が残っていて、当時は種子を食用にしたらしい。その後地中海地域で栽培が続けられている間に、果実を食べる作物として発達したものと考えられている。

中国へは一一世紀にシルクロードを経て西域から入り、西瓜の名が生まれた。中国ではあまり普及しなかったのか、わが国への渡来はかなり遅れ、『農業全書』には、「寛永の末（一六四〇年頃）初めて其種子来り。其後ようやく諸州にひろまる」と記されている。また一説には天正七年（一五七九）にカボチャと同時にポルトガル人がスイカの種子を長崎に伝えたとか、一四世紀に僧義堂のスイカの詩があり、当時すでに来ていたともいわれる。その後各地に広まり、天保改革令を出して奢侈を禁止した水野忠邦が老中になった頃（一八四〇年頃）は、「日本総国に西瓜を作らざる処は稀なり」と書かれるほどになった。

明治初年、時の政府は欧米から多くの作物の種苗を導入した。スイカについてもアメリカなどから種子を入れ、『舶来穀菜目録』（一八八三年）にはアイスクリームなど八品種、『舶来穀菜要覧』（一八八六年）にはアイスクリーム、オレンジなど一五品種について特性などが記載されている。そしてこのアイスクリームなどの品種が、現在のわが国のスイカの親品種になった。

大正年代に入ってから奈良県、次いで千葉県の農事試験

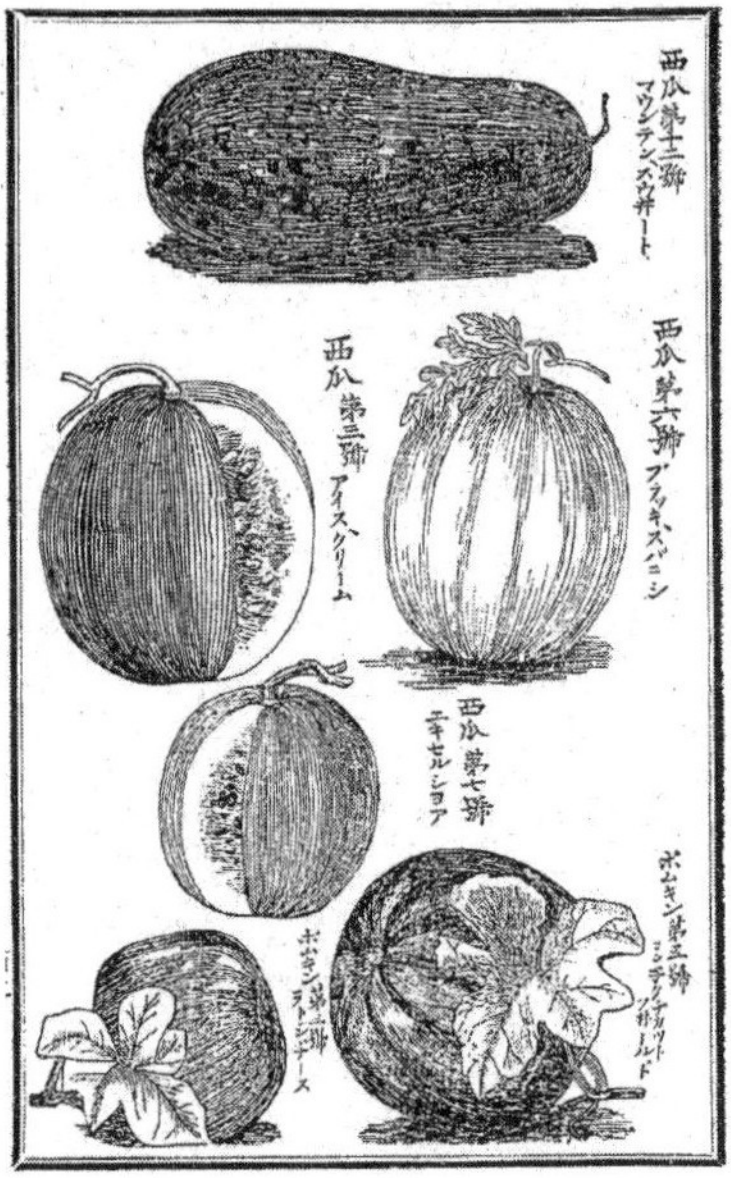

スイカ（『舶来穀菜要覧』1886）

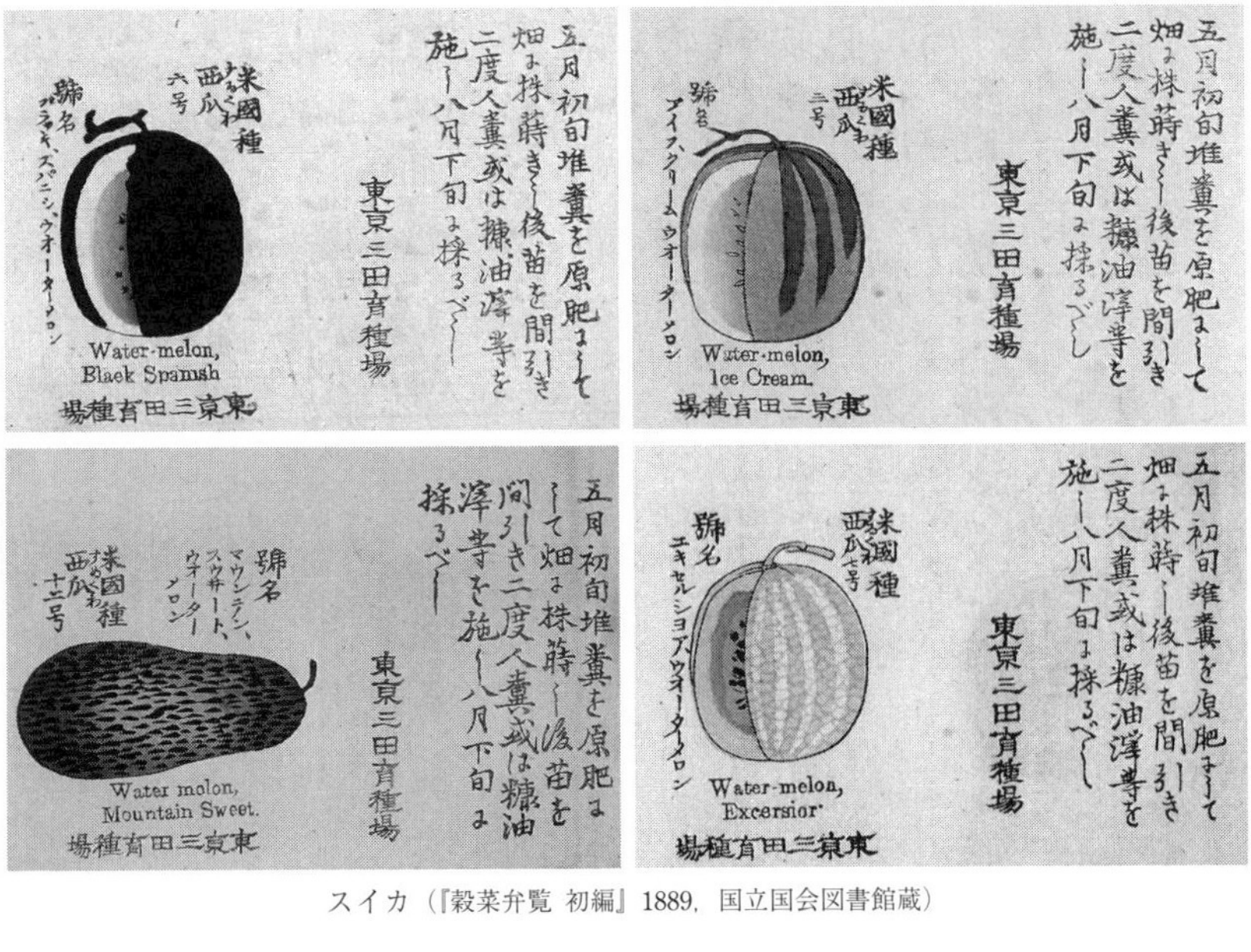

スイカ（『穀菜弁覧 初編』1889，国立国会図書館蔵）

場でスイカの品種改良が始められ、優秀な品種が育成され、関東大震災の年あたりから大衆野菜になり、需要は全国的に増加し、作付面積は急増した。その後も栽培方法の工夫や品種の改良が進み、果肉の色が血の色に似ているなどと嫌われた明治時代以前と違って、夏を代表する果実になった。昭和五五年には、作付面積約三万五〇〇〇ヘクタール、収穫量約一一〇万トンで、共にキュウリやナスなどよりも多く、果菜類の中では第一位を占めている。

なおスイカは果実を食べるために栽培している果菜の一つであるが、中国では種子をも食用にする慣習があり、種子用の品種も栽培されている。また果汁は腎臓病の薬として古くから知られ、果汁を煮つめたものは西瓜糖として販売されている。

（注）平成二三年：作付面積は一万一四〇〇ヘクタール、収穫量は三六万二五〇〇トンで、トマト、キュウリに次いで第三位となっている。

（2）品種の変遷

わが国のスイカがこれほど普及したのは、品種改良の成果による点が大きい。明治初年に導入したアイスクリームなどが各地に定着し、特に奈良県で成立していたいくつかの在来品種が新品種育成の源になっている。奈良県の試験場では大正一三年頃から品種改良に着手し、まず、在来大和種の中からすぐれた品種を選び出した。大正一四年に発表された大和一～四号がそれで、いわば品種改良第一期の成果である。

第二期は一代雑種の育成で、いろいろな組み合わせの一代雑種を作ってその特性を調査した。その結果、大和三号×甘露（この場合は大和三号の花の雌しべの柱頭に甘露の花粉を着けたことを示す）の一代雑種が草勢が旺盛で栽培しやすく、品質もすぐれていた。そこでこの組み合わせの一代雑種を新大和と命名した。現在スイカばかりでなく、あらゆる野菜で一代雑種の全盛時代になっているが、この新大和が一代雑種普及の幕あけになった。

奈良県農事試験場では一代雑種育成と並行して大和三号×甘露の後代から固定品種の育成をも行なった。そして六年間余りも検討した後命名した新大和一号、同三号と旭大和は品質がすぐれていたので、その後の品種改良や一代雑種の親として広く用いられている。このように大和一～四号と新大和二、三号は固定種であるのに、新大和は一代雑種でややこしい。なお旭大和は果実の表面に縞がないが、他の改良品種には縞のあるものが多く、現在も縞のある品種が一般に好まれ、縞王などという品種もある。

一方千葉県の農事試験場でもスイカの品種改良を始め、関東地方のような畑地に適するすぐれた品種を育成し、試験場のあった地名をとって都西瓜、都一号などと命名した。現在も栽培されている旭都西瓜は、奈良県で育成された旭大和と千葉県の都三号との間の一代雑種である。

黒部西瓜　スイカ品種の中の変りものの一つに黒部西瓜がある。これは明治初年に導入したラットル・スネークという大形の品種から、富山県の結城半助氏や稲垣豊次郎氏が育成したものといわれ、楕円形で太い縞があり、一果の大きさが一五キロ前後、時には三〇キログラムにもなる大果品種である。核家族の多い現代向きではないが、今でもマクラ西瓜、ジャンボ西瓜の名で富山県の特産品の一つになっている。

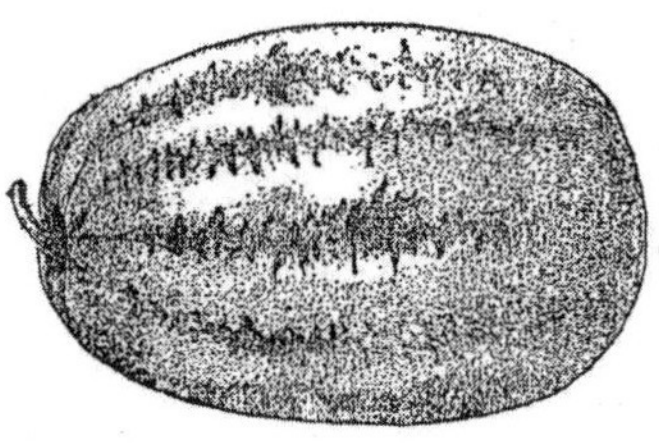

黒部スイカ（篠原捨喜，富樫常治氏，『蔬菜園芸図編』1951，養賢堂）

スイカの雌花（左）と雄花（右）（井上頼数氏，1950）

小形西瓜　黒部西瓜とは逆に小形の品種もある。大正時代に中国から導入した嘉宝や、この嘉宝から育成した祥司西瓜が昭和初期に栽培された。第二次大戦後はこだま西瓜の名で代表される一～一・五キロ前後の多くのスイカ品種が育成されている。

銀大和と黄大和　たいていのスイカ品種は、果実の外皮が緑色で果肉は紅色になるが、成熟しても果肉が白色の品種や黄色やクリーム色になる品種がある。銀大和と黄大和はこのような点から命名された品種で、果実の外皮は緑色である。またスイカ品種の中には外皮も黄色になる品種もある。

タネなし西瓜　第二次大戦後、木原均博士一派の研究陣の研究成果として生まれたもので、要するに三倍体のスイカ品種である。この品種を作るには、まず普通品種（二倍体、染色体数は二二）をコルヒチン処理して四倍体（体細胞の染色体数は四四）の品種を作り、この四倍体品種の雌花の柱頭に二倍体品種の花粉を授粉する。この結果四倍体株に着果した果実の中には三倍体（染色体数は三三）の種子ができ、翌年この種子をまくとタネなしの果実が着く。なおこの逆に二倍体の株の雌花に四倍体の株の花粉を授粉しても三倍体の種子ができるわけであるが、実際問題としてこの組み合わせでは通常種子ができず着果もしない。

三倍体のいわゆるタネなし西瓜の種子は、内部の胚は三倍体であるが、種子の皮は母植物と同じ四倍体で、両者の不調和から、また子葉の形態などから、順調には発芽しない。そこで発芽しやすくするために、種子はまく前に種皮に割れ目を入れたり削ったりしておく。三倍体のスイカは普通のスイカと同様に蔓を伸ばし花を着けるが、花の内部で性細胞を形成する際に、染色体数が奇数倍なので異状がおこる。つまり普通の二倍体植物では減数分裂で染色体が半々になるわけであるが、三倍体植物では仲間のない染色体を生じ、結局減数分裂は順調に行なわれず、正常な胚珠や花粉を形成しない。そこで種子ができず、放任しておくと果実も大きくならず落ちてしまう。それ故普通品種の花

スイカ

スイカ（長野県）

粉を授粉してその刺激で種子の代りをさせ、果実を大きくしている。このように余計な手間はかかるが、種子は粃《しいな》状態で食べるとき邪魔にならない。いずれにしてもこれは三倍体利用という新しい育種の方法であって、この研究結果を発表したアメリカの園芸学会から木原博士らは表彰されている。

(3) 忌地（いやち、連作障害）

スイカは昨年栽培した畑に今年また植え付けると（これを連作と呼ぶ）病害が発生したりして順調に生育しない。このように同じ土地に同じ作物を続けて栽培するとその生育が甚しく不良になり、収穫も甚だしく減少する現象を忌地（いやち）と呼んでいる。

この忌地の原因の一つは病害の関係で、同じ作物が植えられると、畑に残っていた病原菌が早くから寄生して病害が発生する。このほか土壌線虫の増加、土壌栄養の欠乏、地中生物相の変化、有害物質が残される場合などもあり、現在まだ原因の明らかでない場合もある。いずれにしてもスイカ、エンドウ、ナス、トマト、サトイモ、オカボなどでは忌地現象がみられる。

忌地を防ぐには連作をさければよい。スイカ、エンドウなどは六年間ぐらい栽培しなければよいといわれている。しかし耕作面積が狭いとそうもいっておられないので、あとで述べる接木栽培とか土壌消毒とかいろいろの工夫がなされている。耕地の広いヨーロッパなどでは休閑年を設けて二圃式、三圃式というやり方が行なわれるが、耕地の狭い日本ではそれほどの余裕はない。そこで何年間隔かで同じ作物を栽培するような輪作計画を立て、作付けするが、大産地になるとかく休作期間は短くなり、連作もやむを得ぬことにもなる。有名な松島ハクサイの大産地であった宮城県が、忌地のために数年で日本一の座を山形県、ついで茨城県に譲ったように、産地は移動することが多い。近年農林水産省の指導で行なっている指定産地制度や施設栽培は、野菜の計画生産と価格の安定化に大いに役立ってはいるが、また連作障害を起こす原因にもなっている。

連作障害をなぜ「いやち」といい「忌地」と書くのか、そのいきさつは必ずしも明らかではない。「いやち」という言葉は元来は連作を指す弥地であった。『菜譜』をみると、「去年うえたる地に今年又同じ菜をううるを、俗にいや地と云」とあり。「夏の菜はいや地をきらう。秋冬植る菜はいや地をいまず」ともある。『農業全書』ではサトイモの項に「芋は取分けいや地を嫌う物なり」とあり、ゴボウの項では「牛蒡、大根、麻などはいや地を嫌わず、却って旧地をよしとす」と記している。

ところで明治時代の農学書にはいや地病の語が用いられ、大正時代になると弥地病や忌地病と漢字があてられている。そして昭和九年発行の『農業大辞典』ではいやちびょう（弥地病）といやち（厭地、忌地、弥地）の二つの語がともに連作障害の意味としてあげられている。なお近年の農学、園芸学、生物学の辞典ではいずれもいやち（忌地）としている。

これらの移り変わりをみると、いや地（弥地）を嫌う、いや地を忌む——弥地病——忌地病——忌地（厭地、嫌地）と変化したもので、元来のいや地（弥地、連作）とは違って、連作障害を同じいや地（忌地）と呼ぶようになったものと思われる。

なお『農業自得』（一八五六年）の中の土地の選び方のところでは、旧地、恐地《いや》、好地の言葉があり、旧地は連作地、恐地は後作として作るに不適当な地を呼んでいる。例えば「芋は旧地両三年いむ。おかぼ、きび、もろこし、あわ、七、八年いむ。稗、そば等四、五年いむ」と記している（倉島長正氏による）。

このように「いやち」という言葉はまた別の意味でも用いられていてややこしい。

（4）接木栽培

ナシ、リンゴやミカンの品種は実生ではその品種の特性が伝わらない。例えば廿世紀梨の種子をまくと苗は出来るが、この苗を育てても廿世紀とは違う性質のナシになる。そこで枝で増殖するわけであるが、挿木しても発根しないので接木で増殖している。このように果樹や花物では接木は珍しくはない。ところで今では野菜でも接木栽培が広く行なわれ、平成二一年の統計によれば、施設栽培のキュウリやメロンでは六〇パーセント前後、スイカは七〇パーセントが接木栽培である。例えばスイカの場合は、スイカの罹りやすい蔓割病や蔓枯病に強いユウガオやカボチャの台木にスイカの若い芽を接いで育てた苗を植え付けている。また病気に強いばかりでなく、低温でもよく生長するとか、移植しやすいなどの性質をもつ台木が使われる場合もある。

わが国では、昭和二年兵庫県の一農家で始まり、当初はカボチャ台の大苗接ぎだったのが、同一〇年頃から子葉接ぎに変った。現在は接木クリップを使う方法や、ただ押し込むだけの方法など、いろいろと接木の方法が工夫されている。接木については俗に木に竹を接ぐという諺がある。台木に何を使うかを決める場合は、前にあげた病害に強いとか根がよく張るということもあるが、それよりもまず接木が成功し、一つの共同体として順調に生育するような組み合わせでなくてはならない。このように接木が成功するかどうかの性質を接木親和性といい、木と竹とでは親和性がないわけである。この点からキュウリやメロンの台木にはカボチャ、ナスの場合はヒラナス（いわゆる赤茄）というように台木の種類がきまってくる。

俗にカボチャ台に接いだスイカの蔓にはカボチャの味のスイカが着くという。しかし接木苗というのは共同生活体で、カボチャ台に接いでもスイカの蔓の部分はカボチャの性質に変わるものではない。旭都西瓜なら旭都西瓜の特性をもっている。ただカボチャ台は水分や養分の吸収力が強いので。草勢が旺盛になりすぎることがあり、その結果果実が大きくなりすぎて果実の糖度が下がったり、繊維が多くなったり甘味の少なくなる場合がある。

近年は低温期のキュウリ栽培でも行われる等、接木栽培が大はやりである。これは園芸技術の進歩といえば進歩であるが、これほどまでに接木栽培が必要になった現状は異常といえなくもない。

カボチャ（南瓜）

私たちがカボチャと呼んでいるものの中には、実は三つの植物学的な種が含まれている。そして、植物学的に同じ属に属する三つの種の間では相互に交配しても種子ができにくい。しかし野菜としての性質や栽培法、利用法などは三種とも似ているので、以前から一つの種類のように扱われてきた。そこで本書でも次の三種をまとめてカボチャとした。

ニホンカボチャ（ククルビタ・モスカタ *Cucurbita moschata*）
西洋カボチャ（クリカボチャ、ククルビタ・マキシマ *C. maxima*）
ペポカボチャ（ククルビタ・ペポ *C. pepo*）

（1）起原と伝播、日本への渡来

まず西洋カボチャ（クリカボチャ）は南アメリカのペルーとボリビアなどの西部高原地帯の原産で、南アメリカ以外

1, 7：*C. maxima*　2, 4, 5, 6：*C. pepo*
3, 9, 10, 11：*C. moschata*　8：*C. mixta*
カボチャの葉，花と果実（岩佐俊吉氏，1980）

にはなかなか広まらなかった。ヨーロッパに伝わったのはアメリカ大陸発見以後であるが、現在は世界各地で広く栽培されている。

わが国への渡来は文久三年（一八六三）アメリカから入ったのが最初で、その後明治初年にハッパードなど六品種が導入され、北海道を中心に冷涼地で栽培された。

本種はニホンカボチャに比べるとデンプンやカロチンの含量が高く、このため味がよくて栄養価値が高い。導入当初は比較的冷涼地むきの品種が多かったが、近年は暖地でも順調に生育する品種が育成され、沖縄県でも主要品種になっている。後で述べるように、現在わが国の主要品種はたいていこのクリカボチャである。

ソウメンカボチャ

つぎにペポカボチャはメキシコの紀元前七〇〇〇～五〇〇〇年の遺跡など、北米大陸の古い遺跡から出土していて、北アメリカでは古くから栽培されていたものとみられている。

わが国に渡来した年代は明らかでないが、明治初年には八品種がまず導入された。ペポカボチャの中でわが国で以前から栽培されたのは金糸糸瓜（ソウメンカボチャ）と呼ばれた果肉が紐状になるもので、近年若い果実を油いためなどにして食べるベジタブル・マローと呼ばれる仲間も栽培されるようになった。なお食用にはならないが、飼料にするポンキンと呼ばれるものや、オモチャカボチャの名で観賞用として栽培される品種もある。

つぎにニホンカボチャはメキシコで紀元前五〇〇〇年、ペルーで紀元前三〇〇〇年の遺跡から種子が発見され、メキシコ南部から中央アメリカで栽培化されたものとみられる。南北アメリカには古代から広まったがヨーロッパに伝わったのは一六世紀で、その後もあまり普及していない。中国には一六世紀に伝わったと思われ、『本草綱目』に初めて記述されている。

わが国への渡来は天文一〇年（一五四一）頃といわれる。

カボチャ（『本草綱目』重訂版 1875）

江戸時代後期の農政学者佐藤信淵の著した『草木六部耕種法』によると、天文一〇年ポルトガル船が豊後（大分県）に漂着し、同一七年（一五四八）藩主大友宗麟の許可を得て貿易を始めたが、この際カボチャを献じたのがわが国のカボチャの最初としている。そしてこれはシャム（タイ）の東のカンボチャ国で産したものであったのでカボチャと呼んだ。大友宗麟（義鎮《よししげ》）は有名なフランシスコ・ザビエルと交わり、キリスト教の洗礼をも受け、現在の大分市近くの日出の港を開港して貿易を行ない、多くの作物の種子をも導入したといわれる。

しかしこれとは別に、長崎港にはルソン島からカボチャ

オモチャカボチャ

の種子が入り、これはスペイン語あるいはポルトガル語のアボブラAbobraからなまってボウブラと呼ばれた。その後天正年間（一五七三〜九二）には付近の農家で栽培され、唐人やオランダ人に販売するようになった（『長崎夜話草』）。

　その後カボチャは国内の各地に伝播した。佐藤信淵によると、信淵の祖父歓菴翁は筑紫からカボチャの種子を秋田に持ち帰り、秋田では元和元年（一六二〇）に栽培を始めた。京都では延宝、天和年間（一六八〇年頃）に栽培が始まったとされ（『大和本草』）、佐藤信淵によると、寛文年間（一六六五年頃）に津軽（青森県）で栽培していた菊座南瓜の種子を京都に持参し、これを栽培したところ、数年後現在の鹿ヶ谷《ししがたに》南瓜のような瓢形のカボチャに変わったという。なお大正一〇年の各地の在来品種の調査結果をみると、青森県には青森梅田（縮緬系）、青森在来、青森強巻、青森菊座、瀬良沢菊座（菊座系）、青森千成（三毛門系）などの在来品種が栽培され、秋田県には秋田在来があげられ、この地方には多くの在来品種があったことが知られる。たぶんこの地方は江戸時代からカボチャの栽培が多かったものであろう。

　江戸では享保の頃（一七二〇年頃）は栽培する者がまれにいた程度で、一般に普及したのは元文の頃（一七四〇年頃）といわれている。しかし古老の言い伝えでは、三代将軍家光の時代に、北品川東海寺の住職であった沢庵禅師が寛永一五年（一六三八）に居木橋《いるぎばし》の名主、松原庄左衛門にカボチャを作らせたが、これがこの地方のカボチャの始まりと言われ、昭和初期まで関東地方で広く栽培された居留木橋南瓜はここから生まれたという。なお沢庵禅師はダイコンの沢庵漬の創始者として有名である。

菊座系の南瓜（長野県）

カボチャ（『舶来穀菜要覧』1886）

このようにカボチャは三種とも安土・桃山時代以降にわが国に渡来したもので、わが国での栽培歴は比較的短い。しかしカボチャには特別の臭いはなく、栄養価が高くて貯蔵しやすく、栽培がしやすいなどの理由から、比較的短期間に大衆的な野菜になり、カボチャ野郎などというような俗な言葉も生まれている。

(2) 名称の混乱

前に述べたように、カボチャには三つの種が含まれている。牧野富太郎博士はニホンカボチャのうち鹿ヶ谷のような瓢形のものをカボチャ（トウナス）とし、偏球形の普通品種はボウブラとしている。そしてマキシマをクリカボチャ、ペポのうち大形のものをセイヨウカボチャ（ナタウリ）、小形のものをキントウガとしている。園芸学会ではニホンカボチャ（モスカタ種）、セイヨウカボチャ（別名クリカボチャ、マキシマ種）とペポカボチャとし、人により呼び名が少しずつ違っている。

作物には地方名が多く、しかも地域性が明瞭なことがある。昭和二四年に農林省統計調査部で調査した「作物の地方名」と、昭和四一年に日本植物友の会調査の資料によると、ボウブラ、ボウフラの呼び名は九州全域から四国、中国と、石川、富山県の一部に及び、秋田県の一部でもドフ

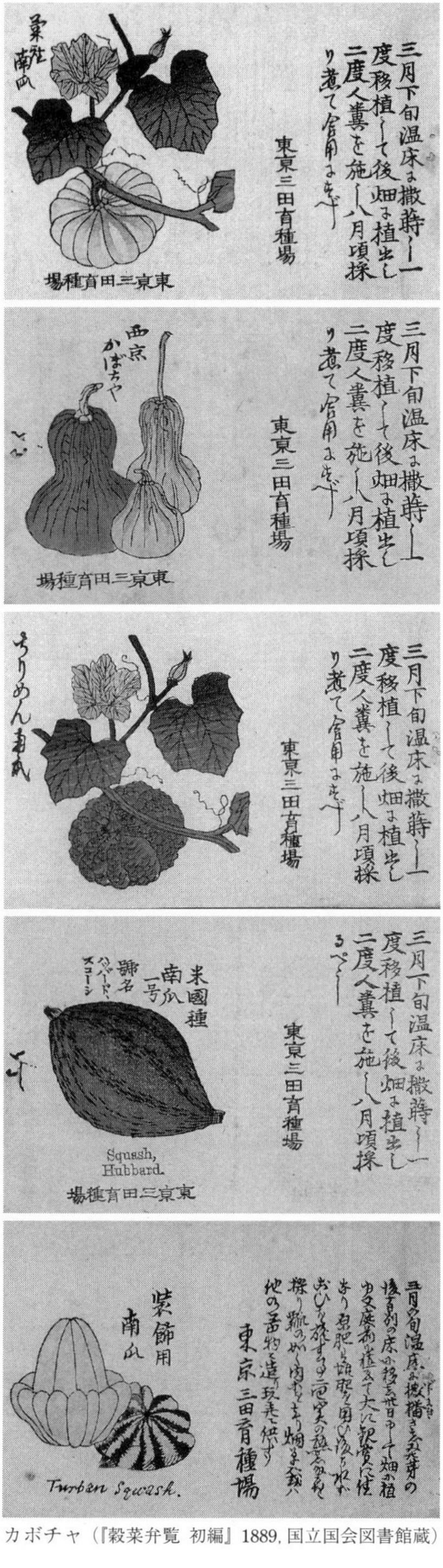

カボチャ（『穀菜弁覧 初編』1889, 国立国会図書館蔵）

ラ、トフラと呼んでいる。ボウブラは江戸時代に長崎に渡来した際呼ばれた名で、長崎から九州や西日本に広まったものであろう。秋田県下で同系の名称が使われていることは、江戸時代に九州から秋田にカボチャを入れたという佐藤信淵の記録が事実であることを示している。

カボチャは大分県に初めて渡来して以来の呼び名で、西日本で広く用いられた。その後一般名として全国的に用いられるようになって地域性はうすれ、西日本ではむしろナンキンと呼ぶところが多い。ナンキンの名の由来は明らかでないが、『大和本草』には「南京ボウブラあり、これはくびあり（中略）、魚膾に加えて生にて食す、南瓜と異れり……」と記され、この呼び名は西日本から三重、岐阜、愛知、富山、石川、福井の諸県でも一部地域で使っている。『和漢三才図会』には唐茄、一名番南瓜として「備前徳利に似、熟すると微褐を帯び、老茄子の形色に似たる故この名あり」と説かれている。関東地方から東北、北海道ではトウナスと呼ぶ地方が多かった。東京語は一般語になりやすいので関東地方のほか西日本でもトウナスと呼んだ地区が多い。しかし近年はカボチャが一般名になったので、関東地方でもトウナスの呼び名はあまり使われなくなった。

カボチャの呼び名は外国でも混乱している。**pumpkin, squash, gourd, vegetable marrow** の区別はあいまいで、未

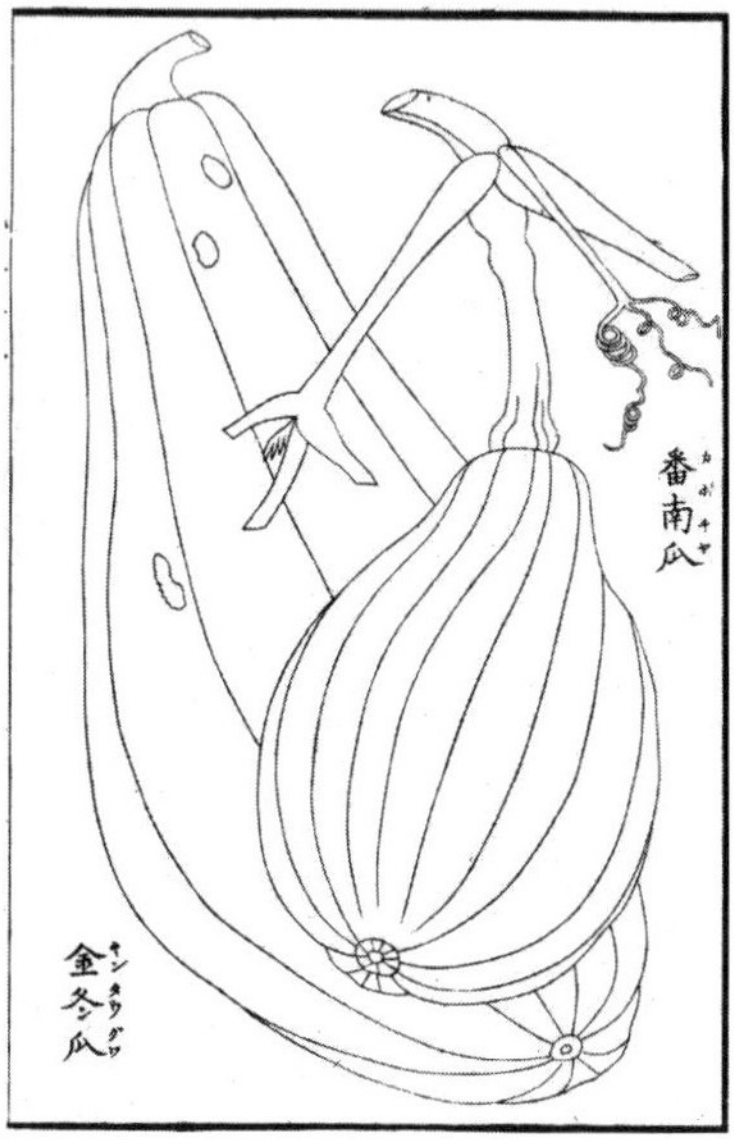

カボチャ・キントウガ（『成形図説』1804）

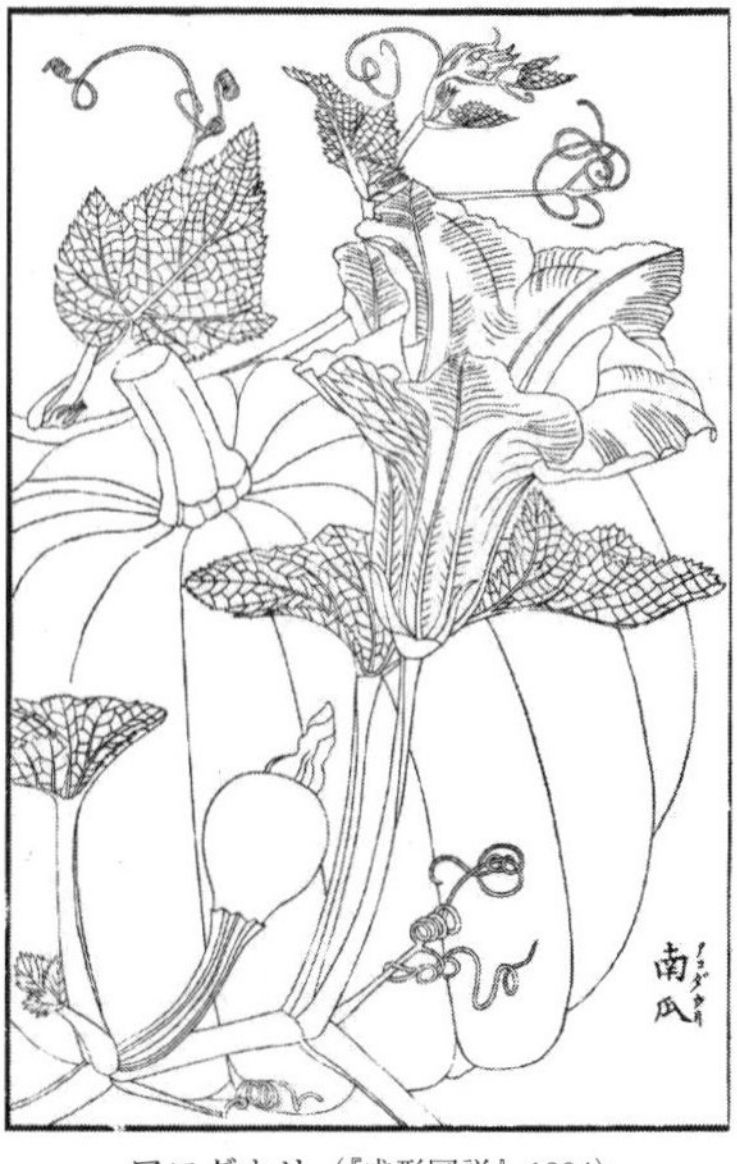

アコダウリ（『成形図説』1804）
『成形図説』では偏球形の普通品種を〈南瓜 アコダウリ〉としている。

熟時食用にするのをスクワッシュ、成熟後食用にするのをパン（プ）キンと呼ぶとしているものもある。

（3）明治以降の栽培状況の変遷

カボチャのわが国での栽培歴はせいぜい四〇〇年あまりにしか過ぎない。しかし特異な臭気もなく栽培もやさしいので大衆野菜になり、冬至に食べると中風に罹らないとか風邪をひかないなどといって、カボチャを食べることが年中行事にも組み入れられている。

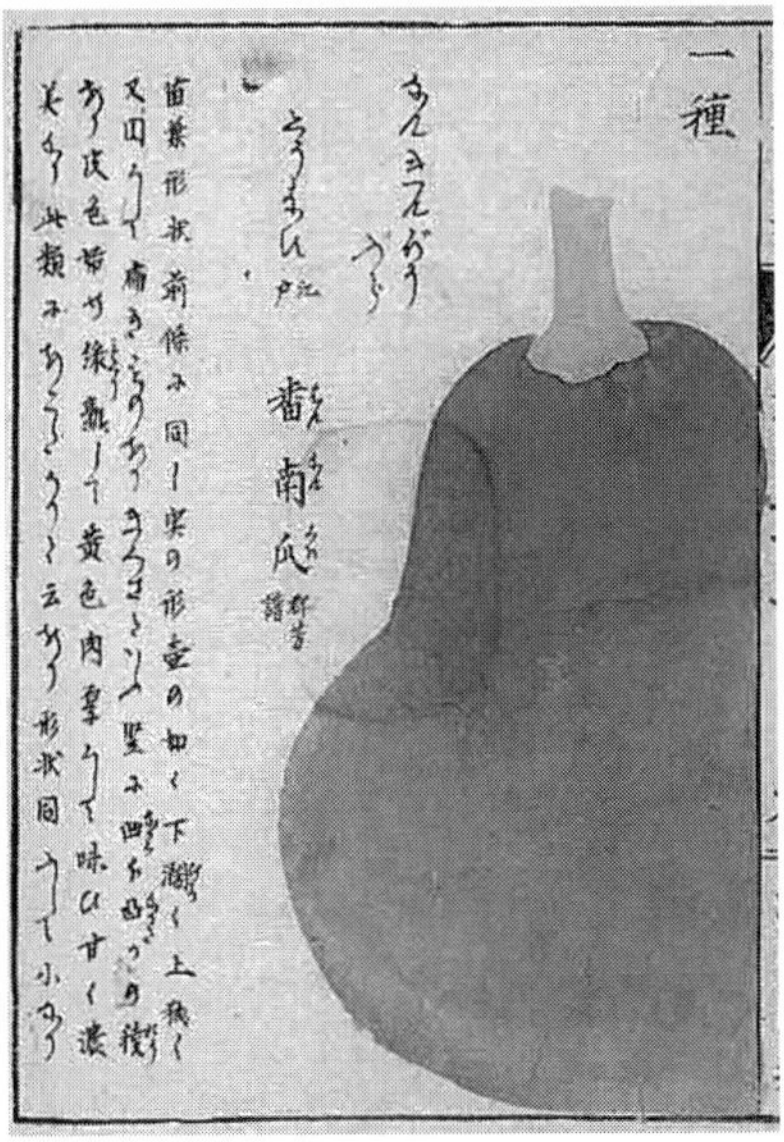

とうなす
（『本草図譜』国立国会図書館蔵）

農林統計をみると、明治の末頃一万三〇〇〇町歩であった作付面積は。大正の終り頃は二万町歩を超し、その後も増加を続けた。その当時の栽培品種はニホンカボチャが主体であったが、昭和に入ってからはクリカボチャの栽培が増加し、ニホンカボチャとクリカボチャとの一代雑種も生まれた。

第二次大戦に際しては食糧増産が当時の農業の至上命令であって、デンプン質食品でカロリー価が高く、カロテンを多量に含み、ビタミンAに富み保健的にもすぐれ、ある程度貯蔵性もあり、栽培がやさしいので、カボチャは家庭菜園でも広く栽培された。このような特性からカボチャは

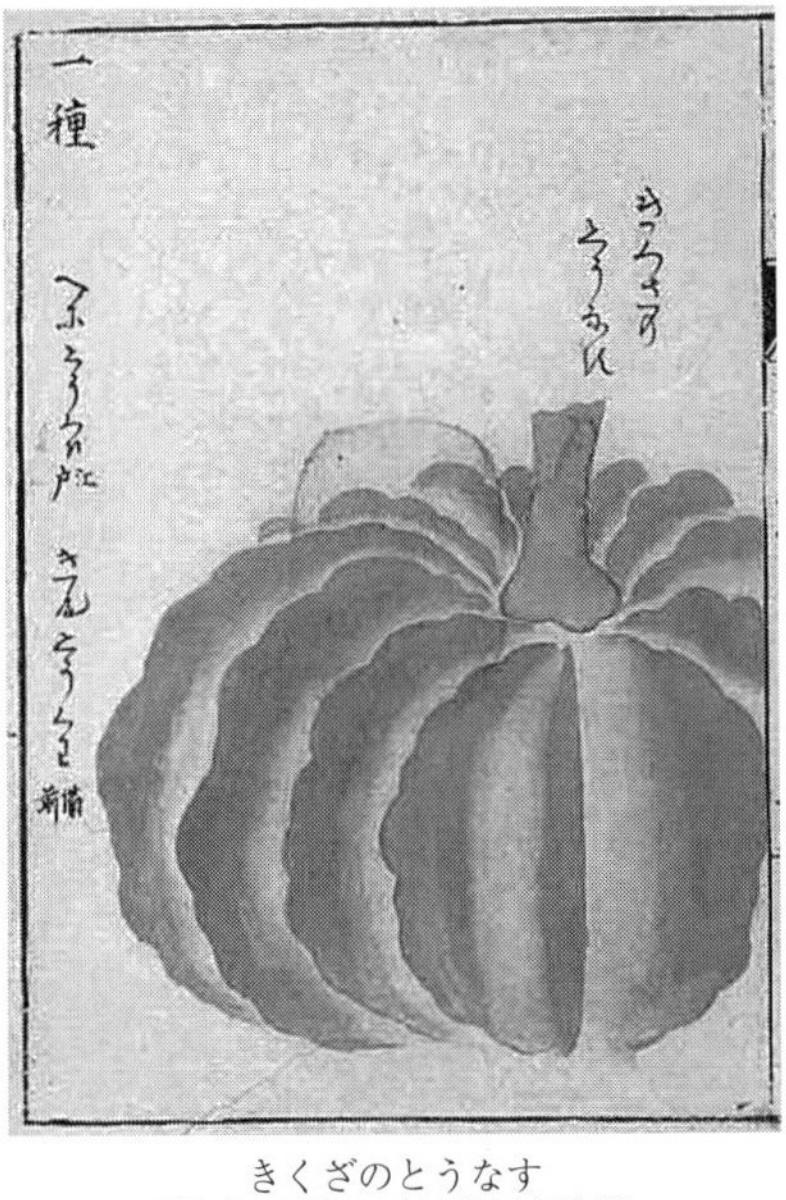

きくざのとうなす
（『本草図譜』国立国会図書館蔵）

サツマイモとともに戦時中の花形作物になり、当時の日本人の飢えをしのいでくれた。

第二次大戦が終わり平和が戻り、生活程度が向上するにつれて食生活の内容は向上し、洋風化し、戦時中の食習慣の反動もあってカボチャは毛嫌いされる時代になり、食糧事情の好転にともなってカボチャの作付面積は急速に減少した。農林統計で作付面積をみると、昭和二〇年の六万五〇〇〇町歩を最高としてその後は漸次減少し、コメの余る昭和五〇年代は一万五〇〇〇ヘクタール前後になり、人口が増加したのにもかかわらず作付面積は戦時中の四分一以下になってしまった。

しかし戦後、東京南瓜の名で世に知られた芳香青皮栗南瓜など味のよいカボチャの出現でカボチャは見直され、さらに良質の品種も育成され、各家庭の消費は一時よりは増加している。これはカボチャがデンプン質食品で冷凍食品としても品質がほとんど変わらず。一方各家庭には冷凍庫が行きわたり、周年味のよいカボチャが食べられるようになったことからもきている。また近年は輸入カボチャも市場に出廻るようになり、昭和五六年の輸入量は五年前の一七倍の四五一トンに達したという。

この間に戦時中に恩恵をうけたニホンカボチャに代ってクリカボチャが主体となり、また近年はペポカボチャに属するズッキーニという品種も家庭菜園で栽培されるようになるなど、品種の移り変わりには目をみはるばかりである。

（注）平成二三年：作付面積一万七九〇〇ヘクタール、収穫量二〇万九二〇〇トン。ニュージーランドとメキシコから一二万五〇〇〇トンを輸入している。

（4）栽培品種の変遷

わが国に最初に渡来したニホンカボチャは、江戸時代に全国各地に伝わり、それぞれの地で栽培され、その間に多くの在来品種が生まれた。大正一〇年、当時の園芸試験場の調査によると、一四三品種が集められたが、実際にはさらに多くの在来品種があったものと思われる。

そのニホンカボチャの中の代表的な品種の一つに居留木《いるき》橋《ばし》（居木橋）縮緬《ちりめん》南瓜がある。居留木橋南瓜は果実が扇球形で一五内外の縦溝があり、果面には瘤状の小隆起があって凹凸で、東京を中心にして各地で栽培された。なお居留木橋に似て果面に瘤状の凹凸のある縮緬南瓜と呼ばれたカボチャは全国各地で栽培されていた。この瘤状の隆起のあまりないものに菊座南瓜があり、菊座南瓜をいっそう大形にしたような福岡県築上郡三毛門の大菊座は三毛門《みけかど》南瓜とも呼ばれた。また果面が白色に近いのが白菊座、白皮南瓜で、縮緬南瓜と菊座南瓜との自然交配で成立したといわれるものに黒皮南瓜がある。黒皮南瓜は果面が菊座南瓜や縮緬南瓜と違って黒ずんだ緑色で、果実の大きさは当時の多くの品種より小さく、早生で、早熟栽培用として暖地で栽培された。近年多くのニホンカボチャが消えてしまった中で、黒皮南瓜の系統の品種は現在も各地で栽培されている。

黒皮のカボチャで果実が瓢形をしている西京南瓜は、京都の鹿ヶ谷を中心に栽培されたので鹿ヶ谷南瓜と呼ばれ、京都の特産品種になっている。果実は大形で大きいものは一〇キロ以上になり、肉質は緻密で甘味が強い。現在青果用としては栽培されていないが、古い伝統をもつ品種として京都府で品種保存に努めている。

鹿ヶ谷南瓜よりさらに長く、直径が一〇～一二センチで長さが六〇センチ以上にもなる品種に、夕顔南瓜と鶴首南瓜とがある。鶴首南瓜は夕顔南瓜よりいく分短く、下半部の種子のできる部分が太くなり、地這い栽培をすると中央部で曲がりやすく、全体が鶴の首に近い形になる。鶴首南瓜と夕顔南瓜はともに肉質が緻密で甘味があり、上半分には種子がないので調理しやすく、貯蔵性も高いすぐれた品種であった。これらは中国から導入したもの、あるいは福岡県の原産といわれている。中国や東南アジアには類似の品種があり、明治初年に導入したスペリアー・クルックネック・ウインターも鶴首によく似ている。戦時中西日本などで多く栽培され、私どもを栄養失調から救い、戦後の食糧事情緩和に貢献した品種の一つである。しかし現在は全く栽培がみられない。

このほか福島県の会津小南瓜、関東の猿島《さしま》南瓜、干潟南瓜、岐阜県の印食《じき》、関西で生まれた鴻池《こうのいけ》蔓無南瓜など、特徴をもつニホンカボチャの品種は多い。しかしこれらの品種は戦後三十余年の間にほとんど全部が姿を消し、わずかに黒皮南瓜の仲間が早出し用として都市近郊や暖地で栽培されている程度になってしまった。なお白菊座など一部の品種は食用としてではなく、スイカなどの台木用として利用されている。

台木用としてはニホンカボチャよりも、クリカボチャとニホンカボチャとの一代雑種が主に用いられている。例えばデリシャス系のクリカボチャを母とし、黒皮系のニホンカボチャの花粉をつけてできた一代雑種が戦前に「土佐鉄かぶと」の名で発表された。これは草勢が強く収量は多く、果実は球形で堅く肉質がよかった。戦後食用としてはさらにすぐれている一代雑種なども育成され、鉄かぶと南瓜は一代雑種新土佐の新しい名で、台木用としてすぐれた特性を示している（接木についてはスイカの項、八二頁参照）。

クリカボチャ、ニホンカボチャ、ペポカボチャは別の種であるので、この三種間で交配しても一代雑種は簡単にできるわけではない。前記のようにクリカボチャを母にし、ニホンカボチャを父にした組み合わせの場合だけ一代雑種ができやすい。そしてこの種間雑種は普通の一代雑種と同様に草勢が強いことが多く、現在青果用として栽培されている品種もある。これらは違う種の間の雑種なので、ウマとロバの雑種のラバや、ライオンとヒョウの雑種のレオポンの場合のように、その雑種には子供（種子）はできない。

最初北海道で栽培されたクリカボチャの品種はハッパードとデリシャスなどであった。ハッパードは斧でなければ割れないほど堅く大きいので、俗にマサカリ南瓜と呼ばれた。このハッパードやデリシャスなどの自然交雑から生まれた栗南瓜が味もよく、大きさ、形とも手ごろであったためわが国に定着し、この種の代表的な和名がクリカボチャになった。

栗南瓜も当初は色や形がさまざまであったが、一時は橙赤色のいわゆる赤皮栗南瓜が主流となり、打木《うつぎ》栗南瓜などいくつかの品種が生まれた。戦後東京南瓜として広く親しまれた芳香青皮栗南瓜が普及するにつれ、赤皮栗南瓜は次第に姿を消した。さらに近年になって、えびす南瓜など黒皮系の栗南瓜に、品質がよく味が安定していて栽培もしやすい品種が生まれたため、青皮の栗南瓜も近年はあまり店頭に出まわらなくなっている。このように栗南瓜でも品種の移り変わりは激しく、また赤皮の品種も少しはでている。

種間雑種の新土佐南瓜

クリカボチャの品種　左上：青皮栗南瓜，左下：土平栗南瓜，右：バターカップ（ターバン型）

クリカボチャの仲間に、ターバンを巻いたような形の果実が着くターバン型と呼ばれる品種がある。例えばバターカップがこの型の品種で、山形県南陽市土平《どだいら》で以前から栽培された土平南瓜もこの仲間である。

元来果実とは子房の大きくなったものであるが、ウリ類の果実はリンゴやナシと同様に、子房とそれをとり巻く花床（花托）とが大きくなったもので、リンゴやナシでいうと食べる部分はだいたい花床で、中の芯の部分が子房、つまり本当の果実である。カボチャの果実も同様に、いわゆる偽果で、食用部分の大部分は子房ではあるが、花床がすっぽりと子房を包んでいる。ところでターバン型の品種ではこの包み方が不十分で、上部に子房の露出している部分がある。前記の土平南瓜は一つが通常五キロ前後。大きいものは一二キログラムにもなる大果の品種で、現在の生活様式にはあわず、今はほとんど栽培していない。

最後にペポカボチャの品種であるが、戦前から栽培されたのはテーブルクインと金糸瓜（錦糸瓜）程度であった。近年になってズッキーニZucchiniという蔓なしの品種が家庭菜園などで栽培されるようになり、店頭にも並んでいる。この品種はイタリアン・ベジタブル・マローと呼ばれる品種群の品種で、外国では古くから栽培されていた。わが国では戦後紹介されたもので、カボチャの仲間はたいてい完熟してデンプン含量が高まった果実を食用に供しているが、この品種は未熟なものを収穫し、油いためなどにして利用している。

以上紹介したようにカボチャでは品種の変遷が激しい。カボチャは一株の占める面積が大きく、単性花で自然交雑をおこしやすく、品種の保存はなかなかむずかしい。それにしても、戦前に広く栽培された多くの品種がすっかり姿を消してしまったのは、何といっても淋しいことである。

ズッキーニ

ユウガオ

わが国で干瓢製造に用いられている丸ユウガオと、酒器などにするヒョウタンは同じ種の植物である。そしてユウガオと呼んでいるものにも果実が円いのと長形のものとがあり、両者の中間形のものもあるはずである。これらは苦味がないので昔から食用として、また干瓢製造用として栽培された。一方ヒョウタンと呼んでいるものはいわゆるヒサゴ形で、この中で大きいものをヒョウタン、小さいのは千成ヒョウタンと呼んでいる。このほかヒョウタンと長ユウガオとの中間の形で、二つに割ると杓になるものもある。これらは苦味が強く、食用には適しない。

おそらくこれらは小形で苦味のある野生種から変りものとして生まれたもので、苦味がなく巨大化したものが丸ユウガオ、長ユウガオで、形がヒサゴ形のものがヒョウタンになったと思われる。これらはいずれも成熟果の外皮は硬く、乾燥させると何かの容器として利用できる。そこで外国ではこれらを総称してボトル・ゴード（壜瓜）と呼んでいる。わが国ではこれに相当する総称はないが、本書ではこれら全体をユウガオと呼ぶことにする。つまりユウガオの中に丸ユウガオ、長ユウガオ、ヒョウタン、千成ヒョウタン、エビサゴなどの変種が含まれているわけである。

(1) 起原と渡来

ユウガオは非常に古い栽培歴をもつ作物で、ペルーでは紀元前一万三〇〇〇年の墓から、メキシコでは紀元前七〇〇〇年の洞穴から遺物が出土し、新大陸でも古代から利用されていたことは確かである。一方東洋では、タイで一万六〇〇〇年前の遺跡から、中国では紀元前一二世紀の遺跡から遺物が出土し、わが国でも縄文時代前期の遺跡から、種子や果皮が出ている。またエジプトでは紀元前三五〇〇～三三〇〇年の遺跡から発見されるなど、ユウガオは世界各地で非常に古い時代から栽培されていたわけで、このような作物はほかに例がみられない。

これらの事実から原産地はインドとする説、新大陸説などがある。しかし大方の意見はアフリカ原産で、新大陸にはアフリカの海岸から海流によって果実が運ばれ、栽培化されたものと考えられている。なお現在アフリカ系とインド系があり種子の毛の有無で判別でき、中国や日本のものはインド系といわれている。しかし簡単に類別できないとの意見もある。

文字の歴史でみると、中国では紀元前五世紀の『論語』に匏瓜の語があり、三世紀に書かれた『荘子』には大瓢種と記され、当時すでに普及していたと考えられる。『斉民要術』では瓜類とは別に独立して瓠の項を設け、葉は食用にされ、種子は燭の材料となり、果肉からは干瓢を作り、果実の外皮は容器となると述べ、栽培法をも説明している。これらの記述からすると、当時、重要な作物の一つであったものと思われる。

わが国では各地の遺跡の調査でヒョウタンの種子や皮の出土した例が多く、その年代は弥生時代から縄文時代に及んでいる（表参照）。昭和三六年に発見され、現在もなお、調査が続けられている福井県鳥浜の貝塚遺跡からは、縄文時代前期と思われる堆積層からヒョウタンの頭部片と種子四粒とが緑豆の種子などとともに出土している。これらからみて、ユウガオは非常に古い時代にわが国に渡来したことが知られる。

ヒョウタンの渡来については、仲哀天皇（二〇〇年頃）の

ヒョウタンの発掘状況（矢嶋良太氏、1979より）

出土地	文化期	出土物
奈良県唐古遺跡	弥生式前期	ヒョウタン・米・ユウガオ・マクワウリなど35種
〃	弥生式後期	ヒョウタン・米・ユウガオ・マクワウリなど
新潟県千種遺跡	弥生式後期	ヒョウタン・米・マクワウリ
長野県箕輪遺跡	縄文式晩期	ユウガオ・米・豆類・アサなど
埼玉県真福寺遺跡	縄文式晩期	ヒョウタン
仙台市旧飛行場敷地	縄文―弥生―土師期	ユウガオ・米・エンドウ・マクワウリ・ウメ
千葉県湊町北原遺跡	土師―須恵期	ヒョウタン・米・ユウガオ・大麦・マクワウリなど
山梨県江曾原遺跡	土師期	ヒョウタン・米・大麦・小麦・豆類など
茨城県福田貝塚	縄文式後～晩期	人面つきヒョウタン型土器
千葉県多古田遺跡	縄文式後期末	ヒョウタン・ヒョウタン型の一木作りの杓子
福岡市四箇A地区	縄文式後期	ヒョウタン種子4粒，外果皮
福井県鳥浜貝塚	縄文式早・前期	ヒョウタン種子4粒，頭部1点および緑豆など

時代に朝鮮から伝わり、近江の木津で栽培したと言い伝えられ、記録としては『日本書紀』の仁徳天皇の一一年（三二三）一〇月茨田堤《まむたのつつみ》の造築の項に匏《ひさご》のことがでている。少し長いがその部分を次にあげよう（黒板勝美編『訓読日本書紀』第一一 岩波文庫）。

又北の河の撈《こみ》を防がむとして、以て茨田堤を築く。是の時に両処の断間《たえま》有りて乃ち壊れて塞ぎ難し。時に天皇夢みたまはく、神有り。誨えて曰く、武蔵の人強頸《こわくび》、河内の人茨田連衫子《ころものこ》、二人をして以て河伯《かわのかみ》を祭らしめば、必ず塞ぐことを獲むと。則ち二人を覓めて得たり。因りて以て河神を禱る。爰に強頸泣き悲みて、水に没りて死りぬ。乃ち其の堤成りぬ。唯衫子全匏両箇《おおしひさごふたつ》を取りて、塞ぎ難き水《かわ》に臨みて、乃ち両箇の匏を取りて水中に投げ入れて請いて曰く、河神祟りて、吾を以て幣と為す。是を以て今吾れ来れり。必ず我を得むとならば、是の匏を沈めて、な泛《うか》ばせそ。則ち吾れ真の神と知り、親ら水中に入らむ。若し匏を沈むることを得ずば、自ら偽の神と知らむ。何ぞ徒に吾が身を亡はむや。是に飄風《つむじかぜ》忽ち起りて、匏を引き水に没む。匏浪の上に転《ま》いつつ沈まず。則ち遠く流る。是を以て衫子死なずと雖も、其の堤且た成りぬ。是れ衫子の幹《いさみ》に因りて、其の身亡びざらくのみ。故れ時人其の両処を号《なず》けて強頸断間《こわくびのたえま》、衫子断間《ころものこのたえま》と曰う。

『本草和名』には苦瓠、和名爾加比作古とあり、別に甘瓠の語もある。『和名抄』では杓、瓢、和名奈利比佐古として瓠、匏の字があり、飲器とすべしとある。なおこの注には瓢は古くは比佐古といい、木勺の専名としている。『源氏物語』や『枕草子』にあるゆふかほは壺蘆なりといわれる。『今昔物語』、『宇治拾遺物語』には天から授かった瓠の中から米の出る伝承がのっていて、当時フスべは幸を呼ぶ容器とされていたことが知られる。

なお『延喜式』では遠江（静岡県）と常陸（茨城県）の大匏を交易雑物として記載し、各地でユウガオが栽培されていたことが知られる。これらのことからみて、ユウガオはわが国でも古代から栽培され、弥生時代には栽培がかなり普及していたものと考えられる。

（2）品種と栽培状況

中国の『斉民要術』にもユウガオに甘きと苦きとあると記されているが、明代の随筆『五雑俎《ござっそ》』に、甘きを瓠、苦きを匏とし、匏は食すべからずとある。わが国でも『和《わ》爾雅《じが》』（一六八八年）には壺盧、匏瓜、懸瓠、苦瓠、敗瓢、匏子、蒲盧とあり、『和漢三才図会』では瓠（長果、越瓜状）、懸瓢（瓠蘆の一、長柄腹あり）、匏（無柄大扁円形）、壺（短柄の匏、大腹）、蒲蘆（壺の細腰のもの）などと区別している。しかしその区別は書物によってくい違いがある。その後苦くなく食用にするものを扁蒲、苦く酒器などにするのを瓢簞というようになった。なお瓢簞の言葉は一簞（竹製の食器）の食、一瓢の飲から出た言葉で、瓢を瓢簞というのは誤りだともいわれる。

いずれにしてもユウガオには容器を得るためのものと、食用のものとがあったことは確かである。『農業全書』にも「瓠、夕顔とも言う。丸き長き又短きもあり。又ひさくにするはつる付の方いかにも細長く、末の所丸し。長き方を柄にして水を汲み……。又丸く大きなるは水を泳ぐに用ゆべし。炭取にし、或は器物とし、菜のたねなどを入れ置きてよし。又腰のほど細きは古より酒器に用ひ来れり。ひさごに苦きと甘きと二色あり。甘き物わかき時、色々料理に用ひ、干瓢にして賞翫なる物なり」と記述され、食用にする長ユウガオの図が載っている。

このようにユウガオは江戸時代までは容器用として、食用として、干瓢製造用として栽培されていた。なお世界各地で食用にはされているが、干瓢として食用に供している

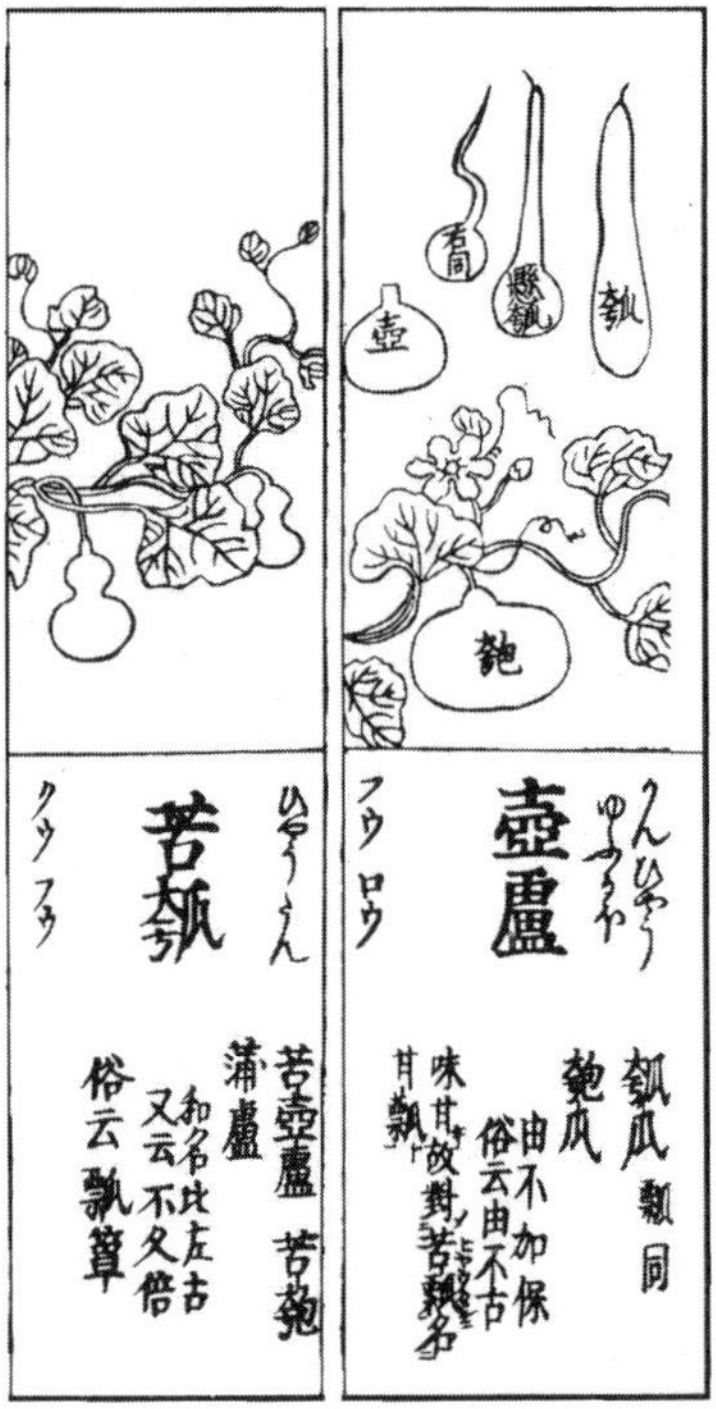

ユウガオ（『和漢三才図会』）

長ユウガオ（『農業全書』1697）

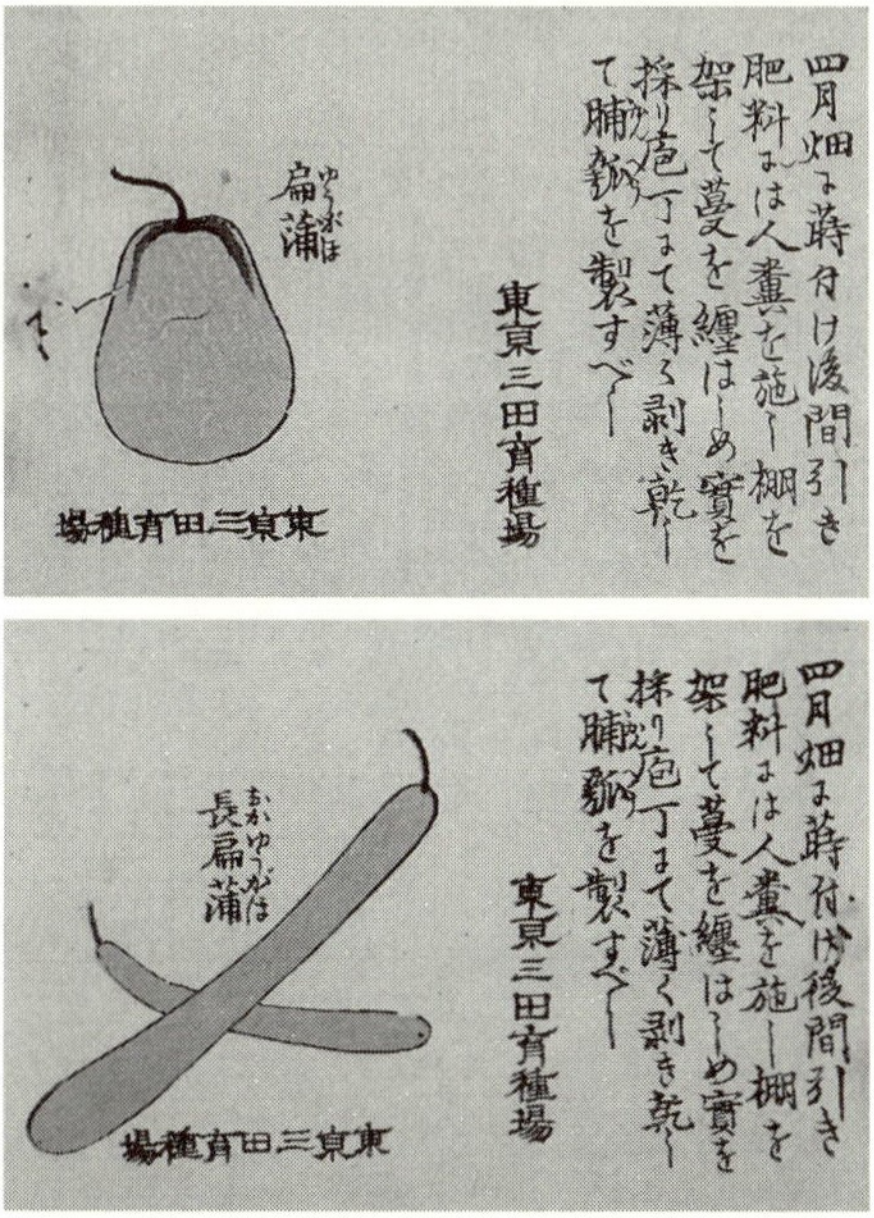

ユウガオ（『穀菜弁覧 初編』1889，国立国会図書館蔵）

のは中国と日本だけだといわれる。

現在容器としての栽培はなく、ユウガオの栽培はそれほど多くはない。農林統計では昭和三三年に臨時に調査され、近年は隔年に調査されている。昭和三三年の調査では、北海道から九州まで各県で少しずつは栽培し、その合計は約九〇〇町歩で、一〇〇町歩以上栽培しているのは栃木、茨城、岡山の三県であった。私が戦争前後に住んでいた岡山県では、多くの家庭で少しずつ栽培し、果肉の中央部まで薄い円板状に切って乾燥し、干瓢としても利用していた。昭和四〇年以降の作付面積は全国で三四〇〇ヘクタールを超し、その九割近くは栃木県で、次いで茨城県の一割弱となっている。

栃木県のユウガオは干瓢製造用で、干瓢作りは約三〇〇年前に壬生城主鳥居忠英侯が農事振興のため旧領の江州（滋賀県）水口に近い木津村からユウガオの種子を求め、壬生町黒川のほとりで栽培させたのが始まりといわれている。その後栽培は広まり、明治一〇年頃から関西を中心に県外に出荷するようになり、栃木県は干瓢の大産地になった。現在の栽培地も上三川町、下野市、壬生町など宇都宮市の南部地域で、この地域では米に次ぐ重要な農作物になっている。

栽培品種はしもつけしろとしもつけあおという丸ユウガオで、果実が四～六キログラムになった頃収穫する。果実は剝皮器に刺し、回転して果肉をヒモ状にむいて竿に吊し、炎天下に並べ、一日で乾しあげるのが白い良品を作るコツで、干瓢乾燥の風景は栃木県の夏の風物詩になっている。近年の消費は業務用が主で、各家庭での消費は減少気味で、栃木県ではユウガオの料理方法を工夫するなどして、各家庭での消費の増大のため宣伝を行なっている。

なお東北地方や北陸地方では畑の隅などに棚を作り、『農業全書』の図にあるような長ユウガオを栽培する風習があり、果実は主に煮てたべている。

ヒョウタンは現在は容器としての利用より観賞用または愛翫用として家庭内で栽培されることが多い。品種としては大形のヒョウタン、小形の千成ヒョウタンや杓形の果実の着くものなどである。

ヒョウタンは昔から酒器その他の容器や杓として利用され、文人を始め多くの人の目をひいた。松尾芭蕉は中国の賢人許由にならって瓢を愛用し、瓢は多くの俳人から句によまれた。また豊臣秀吉の千成瓢簞の馬印はよく知られ、また瓢簞から駒、瓢簞ナマズ、瓢簞の川流れなど、いろいろのたとえや俚言にもなっている。

瓢簞の作り方にはいろいろの流儀がある。普通は蔓についている果梗の部分に孔をあけ。水中に二週間前後浸し、この間に内部の種子と果肉をていねいに取り出す。水からあげた果実は一〇日前後乾かし、この際石鹼水で洗ったり塗料を塗るなど、種々工夫がこらされる。なお『農業全書』には、よく熟した果実を逆さにして土中に埋めておくと、果実は黄色になり、種子を出すとよいと記されている。

（注）平成二二年：かんぴょうの作付面積は七六ヘクタール、収穫量は二七八トンとなっており、その九八パーセントを栃木県で生産している。

ヒョウタン

長ユウガオ

ユウガオの花

トウガン

トウガンはインドの原産で、熱帯アジアから中国には古くから分布していた。中国では三世紀前半に華南、華中を経て華北に入り、古くから栽培されたものとみられ、五世紀には記録がある。『斉民要術』には耕種法などが述べられ、近年になっても珍重され、煮食が主であるが、冬瓜蒸し、砂糖漬、味噌漬などいろいろの料理に用いられている。

ヨーロッパには一六世紀に、アメリカには一九世紀に伝わったが普及しなかった。現在でもほとんど栽培はなく、トウガンは東洋特産の野菜といえよう。

わが国には仁徳天皇の時代に朝鮮から伝わったと言い伝えられている。『本草和名』には白冬瓜、一名冬瓜、和名加毛宇利《かもうり》と記され、『和名抄』や『延喜式』にも出ていて、粕漬、醬漬にしたことが書いてある。

江戸時代の農書の『農業全書』ではキュウリの二倍程度、『百姓伝記』ではキュウリと同程度の長さの記述がある。

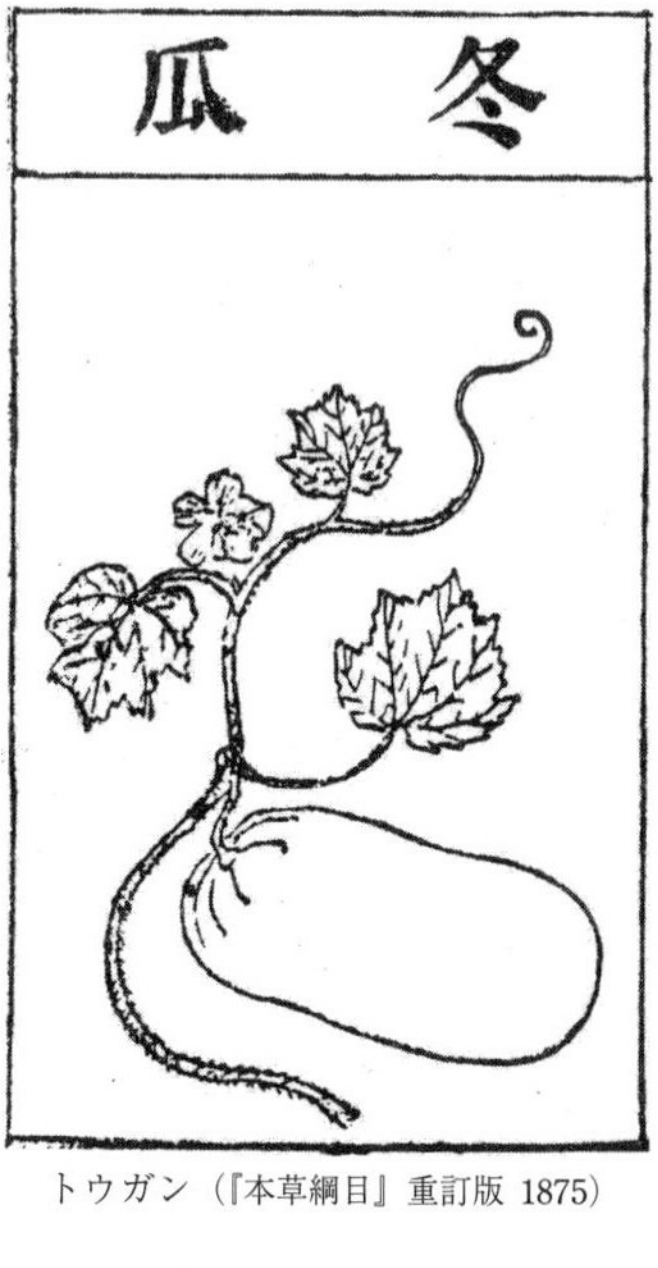

トウガン（『本草綱目』重訂版 1875）

しかし第二次大戦後はトウガンの栽培は減少し。昭和三三年の調査では全国で四五〇ヘクタール弱しか栽培していない。このうち三〇〇ヘクタールは愛知県で、主として早生品種を栽培している。このほか各府県とも少しずつは栽培し、近年は沖縄県で栽培が多い。

トウガンは収穫後涼しい場所におくと、翌年の三〜四月まで貯蔵でき、この点から冬瓜、寒瓜の名が生まれた。『物類称呼』によると、トウガンの名はトウガ（冬瓜）から訛ったもので、関東地方などでトウガンと呼んだため、いつの間にかトウガンが正式の名称のようになってしまった。関東地方では大根のことをダイコと呼ぶのに、冬瓜のことをトウガンと呼ぶと『物類称呼』では揶揄している。昭和二四年に調査したトウガンの地方名をみると、沖縄、九州、四国、中国地方と東北地方という広い範囲でトウガと呼び、関東地方から隔たった地方には古くからの名称が残っていることが知られる。なお『本草和名』に出ているカモウリは、京都の地名から出た鴨瓜、加茂瓜であるとか、トウガンは果実の若い間は毛が多いのでケモウリといい、これがカモウリに変わったとかいわれる。現在も関西を中心に北陸地方。九州の一部ではカモウリと呼び、北陸地方の一部ではカモウリが訛ってカンモリとか、カモリと呼んでいる。なおトウガンの若い果実に生えている毛は完熟期にはなくなり、果実は真白なろう物質で被われるようになる。

トウガンは味が淡白でみそ汁の実やあんかけ、三杯酢などにして食べることが多く、また肉詰めにも用い、砂糖漬にしたものは冬瓜糖として薬用にもされている。果実が大形で暗緑色になる品種は、名前のように冬期に利用される

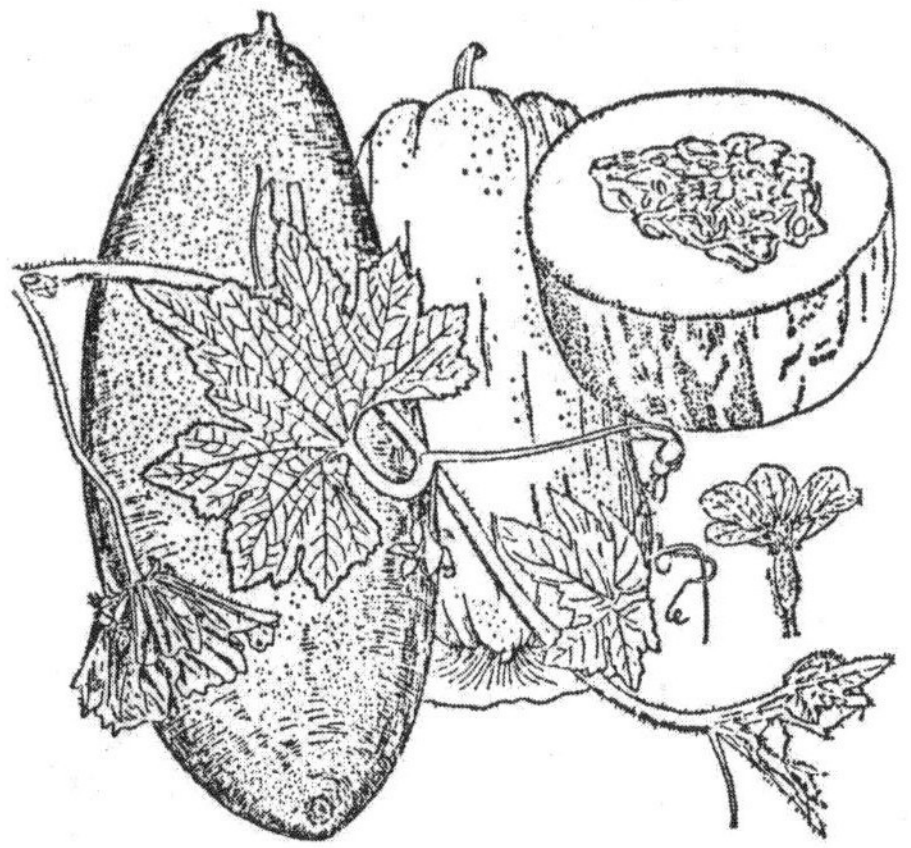

トウガン（岩佐俊吉氏, 1980）

トウガン

が。近年はむしろ小形で早生の品種を春先に出荷することが多い。なお熱帯地方では若い葉や蕾も食用にされ、種子は薬用に供されている。いずれにせよ、第二次大戦後はトウガンが店頭に並ぶことは少なくなり、トウガンの味は多くの人から忘れられてしまった。

（注）平成二二年：作付面積二二六ヘクタール、収穫量約一万五〇〇〇トン。主な産地は愛知、沖縄、岡山、神奈川となっている。

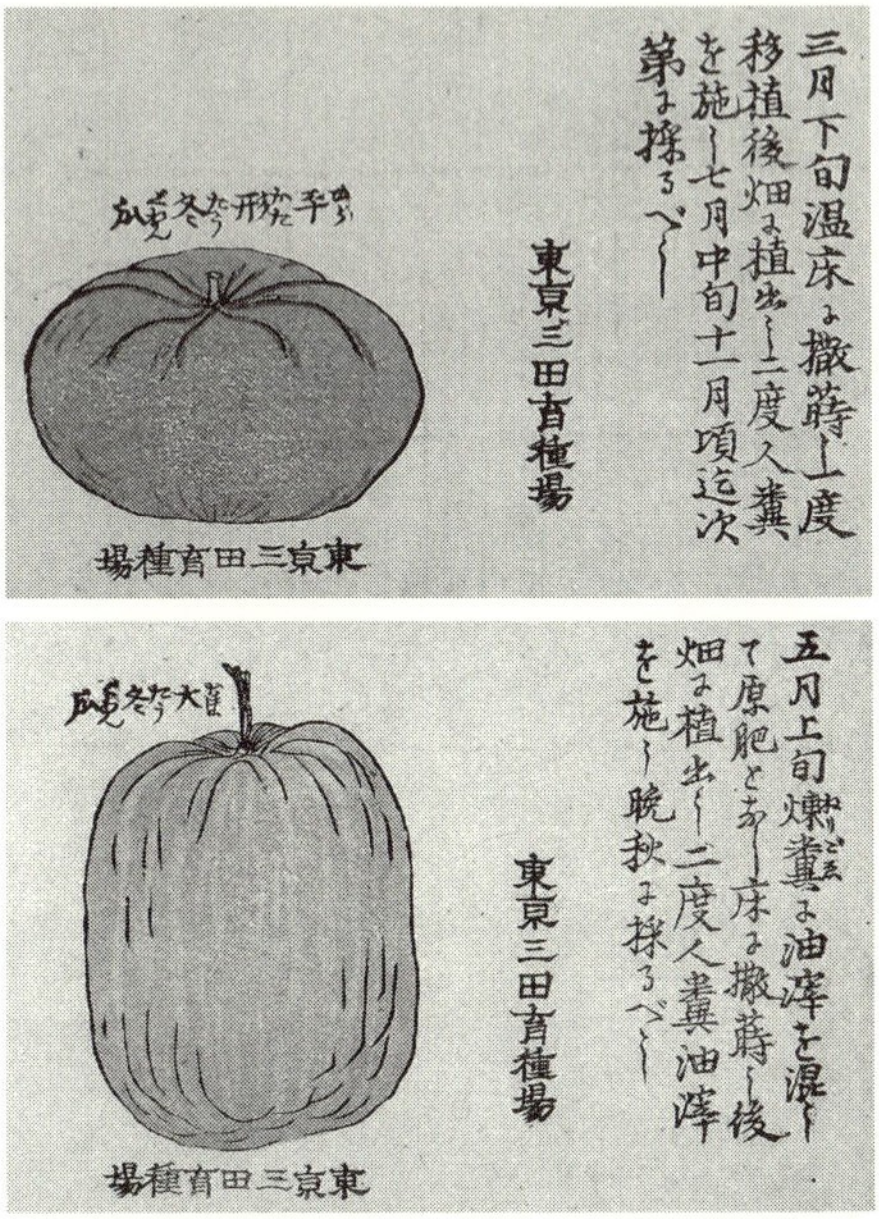

トウガン（『穀菜弁覧 初編』1889，国立国会図書館蔵）

ヘチマ

ヘチマは熱帯アジアの原産で西部アジアのアラビア地方が栽培の発祥地といわれている。しかしアジアのほかアメリカやアフリカにも野生があるともいわれ、世界各地で栽培されている。

中国では一〇世紀までは記録がなく、一六世紀に書かれた『本草綱目』には絲瓜、天蘿として、南方より中国に渡来し、やがて常蔬になったと記され、南方の地から渡来したことから蛮瓜とも呼んでいる。現在も、中国から熱帯アジア一帯では野菜として一般に栽培されている。

わが国に伝わった年代は明らかでないが、『多識編』（一六一二年）に倍知麻《へちま》の名が初めて出ており、『和爾雅』七巻には糸瓜（ヘチマ）、布瓜、蓏瓜、天羅、蛮瓜の名で記述されている。また『柳葊雑筆』の中の東海道路の記に、寛文五年（一六六五）のこととして袋井（静岡県）で行水のとき、むさき（きたない）糸瓜を出したと出ている。これらによるとヘチマは江戸時代初期に渡来し、やがてヘチマの繊維が垢すりとして用いられ、また静岡県では当時からヘチマを栽培していたことが知られる。また『日本博物学年表』によると、文政四年（一八二一）一一月二七日に糸瓜水五升を薬用として幕府に献じた記録がある。

ヘチマの和名の起原は明らかでないが、糸瓜は果実から繊維がとれるところから出た名で、鹿児島、宮崎、広島、香川などの諸県の一部では今でもイトウリと呼び、信濃（長野県）ではイをぬかしてトウリと呼んでいる。そしてトは、いろは歌ではヘとチとの間にあるのでヘチマの名が生まれたともいわれる。『成形図説』によると鹿児島県ではヘチマを食用にすることが多く、ヘチマを長ウリと呼び、東国ではアサウリとも呼んだ。

ヘチマの若い果実は漬物などにすると独特の風味がある。南九州や沖縄県では食用にする専用の品種があり。ヘチマは大衆的食品になっている。しかしヘチマは、野菜としてよりも成熟した果実の繊維を利用するために栽培する場合が多かった。農林省統計表では、工芸作物として明治末期から昭和初期まで作付面積と収量があげられていた。繊維は成熟した果実を清水に一週間ほど浸漬し、軟化した果肉や皮を洗い落としたあと、種子を取り去り吊して乾燥した

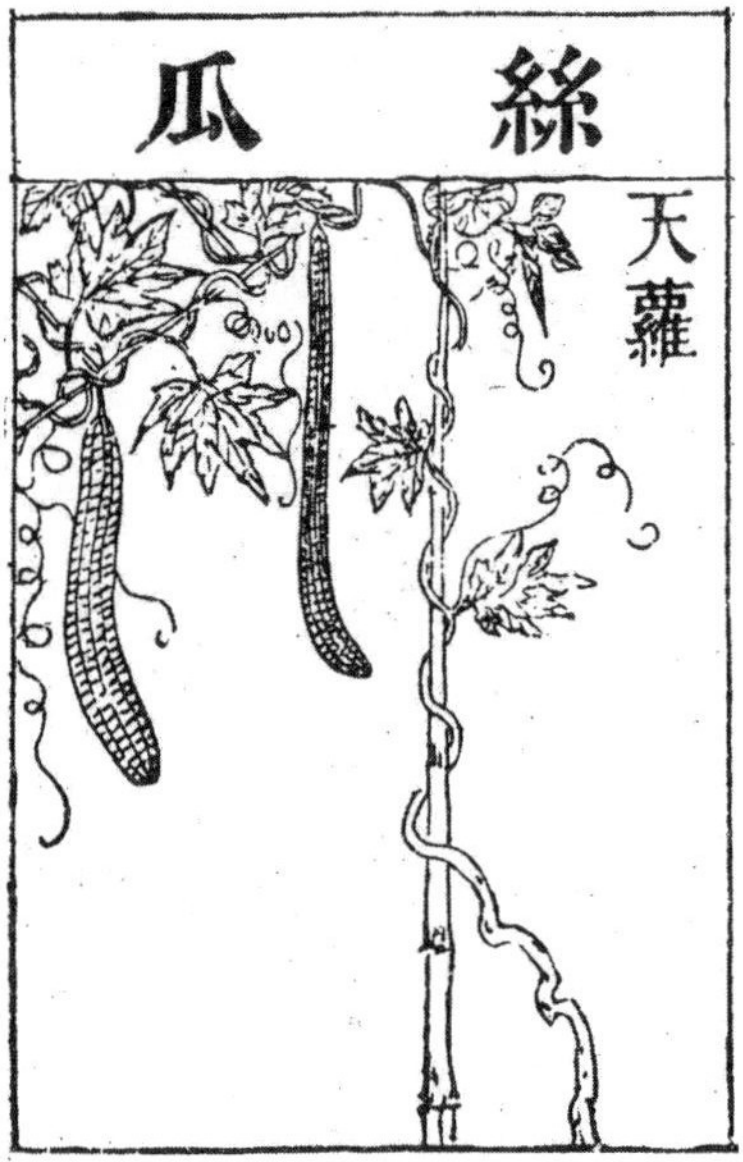

ヘチマ（『本草綱目』重訂版 1875）

ヘチマ（『成形図説』1804）

ヘチマ

もので、洗滌用、靴の敷皮、洋服などの芯、風呂場の垢すりなどに用いられ、一時は輸出もした。

ヘチマの蔓を三〇センチほどで切り、瓶にさし込んで七〜八日おくと一株で一〜三・五リットルほどの液がたまる。この液は糸瓜水《へちますい》として薬用に供され、俗に八月の明月の夜とると効果が高いといわれている。この液は洗濯用にも使われ、皮膚を美しくするので化粧用にもなる。小野蘭山の著書（一八四四年）にも「俗に美人水という」とあり、大正、昭和初期にはヘチマコロンという化粧水があった。近年は小学校の夏休みの観察として根圧の調査に用いられることが多い。なおヘチマの種子は多くの油分を含むので、油脂原料としても用いられる。

ヘチマの花

明治末年頃は全国で二〇〇町歩近い栽培があり、その大部分は静岡県で占められていた。その後大正初めと昭和八、九年頃一時栽培の増加した時期もあったが、昭和になってからは作付面積は減少し、特に第二次大戦前後からはほとんど栽培されなくなり、昭和一七年以降は農林省統計表から姿を消してしまった。

ニガウリ（ツルレイシ）

原産地は明らかでないがインドには自生品があり、おそらく東インド付近の原産と考えられている。熱帯アジアから熱帯アフリカまで広い範囲で栽培されている。南ヨーロッパでは古くから栽培されているが、それは観賞用が主で、野菜としてはほとんど利用しない。中国では一五～一六世紀に南方から伝わり珍重された。

わが国では『多識編』、『和爾雅』、『大和本草』や『和漢三才図会』に記されており、おそらくは一五〇〇年代の末頃渡来したものと思われる。『農業全書』ばかりでなく、鹿児島県で書かれた『成形図説』にも記述がないところからみて、重要な野菜とはみられていなかったものであろう。

近年沖縄県では栽培熱が高まり台風の被害のない冬期間を中心にしたハウス栽培が多く、人工交配も行なわれている。蔓性の作物なので、支柱を立てる場合と地這栽培とがあり、昭和六一年頃から新品種の育成も行なわれていた。一方消費面ではスタミナ食品として宣伝され、料理方法の周知にも努力が払われている。例えば、ニガウリ（ゴーヤ）を刻み、豆腐を加えて油でいためたゴーヤ・チャンプルは、沖縄の代表的家庭料理の一つ。近年は首都圏の店頭にもニガウリが並ぶようになった。

ニガウリは若い茎葉や亀形をした種子も食用になるが、主体は果実の利用である。果実は成熟すると着色してさけ、内部から緋紅色の種衣が顔を出す。果実は外面に瘤状突起があって一見奇妙な形や色を呈し、蔓性の観賞植物としても栽培される。また種子を包む赤い種衣は甘く、戦前は関東地方でも子供などの好物になっていた。野菜としての利用は、開花後一五～二〇日程度の若い果実の果肉である。ただそのままでは名前のように苦いので、剝皮して塩水につけ、いく分苦味を抜いて、煮物やあげ物、肉詰などにして用い、またピックルス加工することもある。なおツルレ

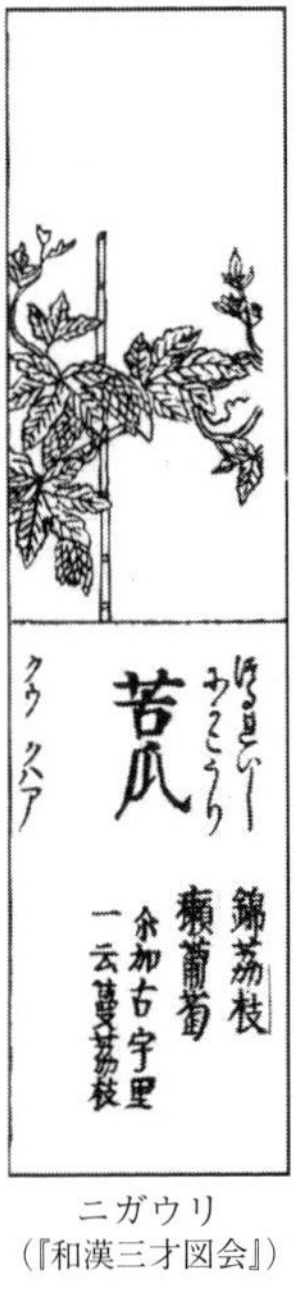

ニガウリ
（『和漢三才図会』）

ニガウリ（『舶来穀菜要覧』1886）

イシの名は、南方の果樹である茘枝《れいし》に似ているところから出ているといわれる。

ニガウリの中には果実の長さが五〇センチにもなる長形果のものからインドで栽培される七〜一〇センチのものまであり、以前内地で栽培されたものは長さが一五センチ程度のものであった。また果実の表面の瘤状が著しく条溝状になるものや、あまり突起のはっきりしないものがあり、かなり突起のあるものが好まれている。果実の色では緑色のものが普通であるが、中には黄白色のものもある。近年栽培されるものは収量が多く、品質がよくやや長目の緑色果の品種で、瘤状突起がある程度あるものが多い。

（注）平成二一年：作付面積九三七ヘクタール、収穫量約二万三〇〇〇トン。沖縄をはじめ、鹿児島、宮崎、熊本、群馬など各地で生産されている。

ニガウリ

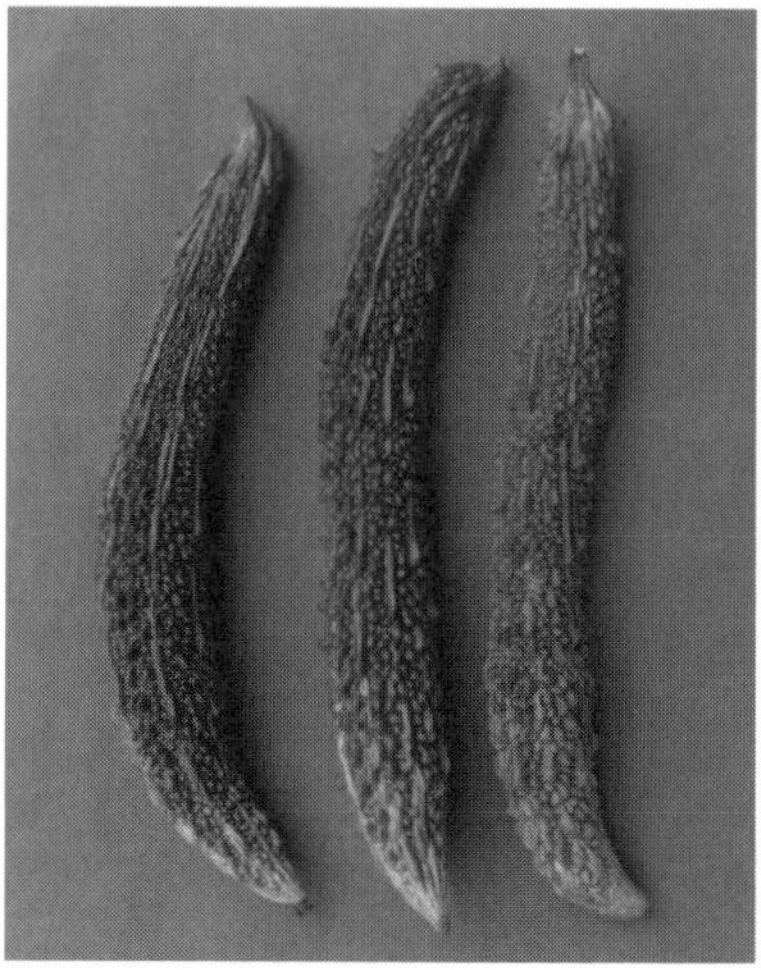
ニガウリ

ハヤトウリ（隼人瓜）

南メキシコ、中央アメリカ付近の原産で、この地域では果実ばかりでなく若い茎葉や塊根をも食用にし、重要な作物であった。しかし他地域への伝播は比較的遅く、西インド諸島からブラジルに伝わったのは一八世紀で、栽培地域はあまり広まらなかった。ヨーロッパに伝わったのは一八〇六年といわれ、中国にも一九世紀の初め頃伝わり、一九世紀には東南アジア一帯に広まった。

わが国には大正五年（一九一六）に鹿児島県の矢神氏がアメリカから導入し、鹿児島県で試作し、大正七年玉利喜造氏が薩摩隼人に因んで隼人瓜と命名した。当初の隼人瓜は緑色果の品種であったが、その後大正一三年に白色果の品種も導入された。

ハヤトウリ

ハヤトウリは多年生の草本で、果実の中には長さが五～六センチ、幅三～五センチという大きい種子が一個あり、ウリ類の仲間では変りものといえる。本種は短日性植物で秋の日が短い時期にならないと雌花が着かない。しかも本種は寒さに弱く、霜にあうと地上部は枯れる。そこで、鹿児島県や沖縄県のような秋の遅い地域でないと十分な収穫は望めない。暖地では一株から数百果もとることができる。東北地方でも夏の間はよく茂り、九月以降になると沢山の果実が着くが、その果実の大部分が十分大きくならないうちに霜が降りる。暖地では宿根性で、関東地方でも蔓を地際近くで切って盛土でもしておけば株は年を越し、翌年また芽を出す。

ハヤトウリの種まきの方法は普通の野菜と違っていて果実をそのまま砂の中などに埋めておく。やがて芽が出たら果実ごと植え付ける。蔓は一〇メートル以上にもなり、一株で二〜三メートル四方にも広がるので、庭先の日陰にもなる。

ハヤトウリの未熟な三〇〇グラム前後の果実は酢漬などの漬物、煮食、バターいためなどに適し、また若い茎葉は野菜として利用できる。そして漬物にした果実は歯切れがよく、独特の風味があり、今後、日本向きの加工法の工夫が望まれる。特にパン食にもむくような加工品ができれば、英名のチャヨテの名で沖縄県など南国の特産品になるかもしれない。なお塊根には一八パーセント前後の炭水化物を含み、かなり大株にもなり、飼料としても利用価値が高い。また蔓からは繊維がとれるという。

枝豆（ダイズ、マメモヤシ）

(1) ダイズの起原と伝播、栽培状況

枝豆（エダマメ）は未熟なダイズの種子をゆでて食用にする場合の呼び名で、作物としてはダイズと別のものではない。

ダイズは約四〇パーセントのタンパク質と二四パーセントの炭水化物、一七パーセントの脂肪を含み、しかもタンパク質は栄養的に価値の高い形態のもので、俗にダイズは畑の肉といわれている。ダイズは栽培歴が古く、食物としてすぐれた特性をもっているので長い歴史の間に利用の方法がいろいろと工夫されている。例えば煮豆、豆腐、納豆、モヤシ、枝豆などさまざまな形で直接食用とし、また味噌、醤油というわが国で最も重要な調味料の主要な材料にもなっている。こうしてダイズは日本の食事を豊かなものにしており、この点からも非常に価値の高い食品ということ

ができる。またダイズは飼料、工業用、肥料などにも用いられ、重要なタンパク質、脂肪の資源作物になっている。

ダイズの原種は中国西部、シベリアから日本にも野生するツルマメ（ノマメ）といわれ、このツルマメは古代から食糧にされた。ダイズとして作物化されたのは旧満州、シベリア、アムール川流域とされている。中国では耕作起原の伝説の王である神農のまいた五穀の一つとされ、その栽培は四〜五〇〇〇年以前から始まったともいわれ、古来重要な畑作物であった。『斉民要術』には禾穀類の中で粟、黍《きび》についであげられ、菽といい、白大豆、黒大豆の品種のあることや栽培法が詳細に述べられ、古くから備荒作物として重要視されたとして栽培を勧めている。以来中国、特に東北部では重要な作物となり、わが国では第二次大戦前までは中国産のダイズを多量に輸入していた。

わが国では各地に野生していたツルマメを古代から利用していたとみられ、『万葉集』巻二〇には防人丈部鳥《はせつかべのとり》（上総出身）の「道のべの 荊《うまら》の末《うれ》に這保麻米《はほまめ》のからまる君を離れか行かむ」の歌があり、このはほ豆はツルマメだといわれている。

ダイズがわが国に渡来したのは縄文時代、あるいは弥生時代初期とみられ、『日本書紀』の神代上に「保食神《うけもちのかみ》の腹の中に稲生れり、陰に麦及び麻米《まめ》が、小豆生れり」と五穀起原の言い伝えが記されている。「正倉院文書」には天平宝字五年（七六一）、十文買生大豆一囲直、とあり、『本草和名』には於保末女、『和名抄』には一名菽、音叔、和名萬米とある。『大鏡』や『延喜式』などにも関西に産地があったこと、栽培には労力が一段に一三人必要であったことなどが記され、ダイズは当時ムギとともに重要な畑作物であったことが知られる。

江戸時代の農書をみると、『大和本草』には「五穀の内稲につぎて大豆最も民用の利多し」とあり、『農業全書』では大豆《まめ》として黄、白、黒、青の四色あり、大小あり、形では

ダイズ（『本草綱目』重訂版 1875）

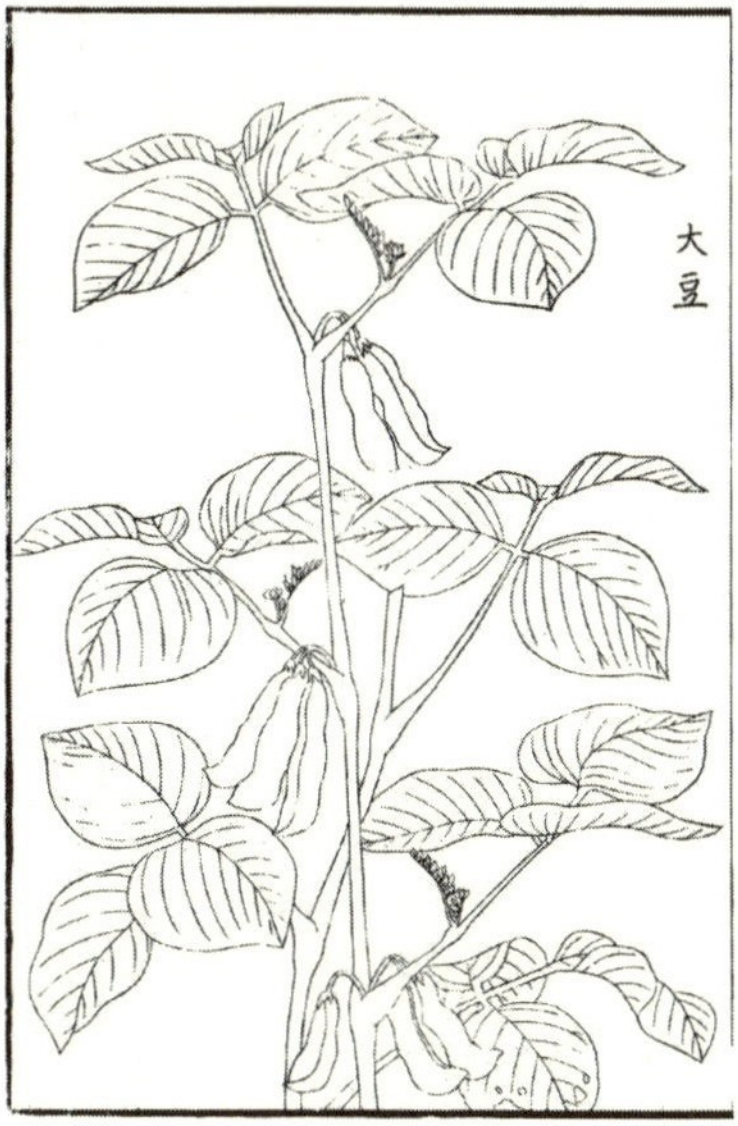

ダイズ（『成形図説』1804）

丸きと平、早生と晩生など品種の多いことや栽培法を詳しく述べ、いや地を嫌い同じ土地に植ゆるべからずとし、菓子にすることや料理法にもふれている。また『成形図説』では品種の多いことや栽培法のほか、モヤシの作り方を図入りで説明している。

　その後第二次大戦前までは、多量のダイズを輸入しながらも国内でも相当量生産し、統計によると大正年代までは約五〇万町歩で約五〇万トン生産した。戦後は栽培が急激に減少し、昭和五一年頃は作付面積が約八万ヘクタールで、生産量は一〇万トン程度まで落ち込み、その後はまたある程度増加している。

　ダイズが欧米に知られたのは奇妙に思われるほど遅く、一七世紀末から一八世紀の初めである。アメリカにはヨーロッパからも伝わったが、有名な黒船のペリー提督も一八五四年に日本から持ち帰り、農商務省でダイズの試作を始めたのは一八九六年である。しかしアメリカでの生産は二〇世紀になって急激に増加し、現在では世界第一のダイズ産出国になった。わが国で使用するダイズの約九五パーセントは輸入品であるが、その約七割はアメリカ産のダイズで、現在中国のダイズは日本の輸入ダイズの一割にも達していない。なおダイズを英名でソイビーン（soybean, soyabean）というが、ソイとは醤油のことで、ダイズが醤油の重要な原料であり、醤油がダイズを主な材料として製造するものであることが欧米でもよく知られていたから、この名が生まれたものであろう。

（注）平成二三年：作付面積一三万六七〇〇ヘクタール、収穫量二一万八八〇〇トンとなっている。

（2）枝豆としての利用

　枝豆としての利用がいつ頃から行なわれたのか明らかでない。『延喜式』には内膳司からの生産物として生大豆六把との記録があり、平安朝時代から用いられていたの

エダマメ

かも知れない。鎌倉時代の文永三年（一二六六）七月、美乃庄の貢納物として瓜、茄子、子芋、枝大豆等三籠とあり、枝豆という呼び方が当時はあったかと思われる。さらに時代は下るが、『本朝食鑑』（一六九七年）には八月一五日の中秋明月に芋子と莢豆を食べるとあり、『和漢三才図会』には黄大豆を莢葉若き時食す可しとある。なお明和の頃（一七六五）枝豆売りが始まったともいわれる。わが国では古くから節分にはマメをまき、マメガラを戸口に立てるなど、主要な年中行事にダイズが用いられた。またマメはマメ本、マメ柿など小さいことを表わす言葉として広く使われている。これはダイズが重要な、しかも普遍的な食品として古くから用いられた結果と思われる。

枝豆も同様に古くからいろいろの行事に用いられた。例えば陰暦八月一五日の芋明月に対して、陰暦九月一三日夜の月見は豆明月と呼ばれ、枝豆を月に供える風習が広く行なわれている。山形県や新潟県などは枝豆をよく食べる地方であるが、ここでは七夕の眠り流しや陰暦七月二六日夜月を拝む、いわゆる六夜待ちのときなど、夏から秋の諸行事には、必ず枝豆を用いている。

なおこの地方では枝豆の独特の食べ方がある。まず生のまま剝き出した未熟のダイズを炊き込んで豆飯にしたり、若莢のまま汁の実にして莢をとり除きながら中のマメを食べたり、茹でて剝実にし、これをすりつぶして団子にしたものをあんかけにしたり、これに塩、砂糖を加えて菓子代りにもしている。

いつから始まったか明らかでないが、枝豆はビールのつまみとしてなくてはならないものになった。近年のビールの消費量が急増したことにともなって枝豆の消費は増大し、また一年中利用されることに対応して促成、抑制栽培、冷凍貯蔵などが行なわれるようになった。農林統計には未成熟ダイズとして昭和一六年から計上され、昭和四六年からはエダマメとされ、昭和五〇年頃以降の作付面積は、一〇年前の約二倍になって一万ヘクタールを超し、昭和五五年には一万四一〇ヘクタールになった。大きい生産県は千葉、埼玉、山形、新潟など東京周辺に多く、愛知、静岡両県も早出しものの生産県になっている。西日本には東日本に比べると大きい生産県はない。

（注）平成二三年：作付面積一万二八〇〇ヘクタール、収穫量六万六一〇〇トンとなっている。

（3）ダイズの品種

ダイズの原種はツルマメとされ、ダイズにも半蔓性の品種と矮性の品種とがある。アメリカには半蔓性の品種が多く、有名なガーナー氏らによって日長効果が発見されたいとぐちになって注目されたビロキシも、晩生品種で半蔓性になりやすい。このビロキシは五月七日にまくと花を着けるまでに一二〇日もかかり、半蔓性になるが、九六日おくれて七月上旬にまいた場合は、まいてから六〇日ばかりで開花した。この事実はビロキシの開花が播種期には関係なく、ある日長の時期（この場合は昼が短い状態）になると花が咲くことを示していて、結局ビロキシは短日植物である。わが国のダイズはたいてい矮性品種で、かなり長日条件でも開花する。しかし緑肥として開花期頃に刈り取って肥料にする場合は、短日性で半蔓性の品種の方が、茎葉がよく伸長するので都合がよい。

ダイズでは古くから多くの品種が分化していたとみえ、『斉民要術』にも白大豆と黒大豆ありと記され、わが国の『農業全書』にもマメの色、形などさまざまあることが書かれている。現在全世界の品種数は一〇〇〇以上といわれる。そしてダイズはさまざまな用途に用いられるので、用途に応じて適当な品種が選ばれる。例えば納豆用には比較的小粒な品種が用いられ、正月の煮豆には黒色の品種が用いられる。モヤシ用には大粒種が、キナコには緑色品種が適している。変わったところでは茎の帯化した、いわゆる石化ダイズが生花の材料に用いられる。

どのダイズ品種も未熟期に収穫すれば枝豆として食べられるが、枝豆として販売する場合は株を抜き取り、葉の大部分と根を除き、枝付きの若莢として出荷する習慣があるので、それに対応して適品種が選ばれる。まず枝分れが多く莢が密に着き、莢は大形で鮮緑色を呈し、毛は少ないものが枝豆用として見ばえがする。マメは茹でたとき緑色の品種が好まれ、奥原一号とか、白鳥とか枝豆専用の品種が育成されている。味はもちろん最も重要な条件であるが、香りも大切である。

地方の在来品種の中には莢付きがあまりよくなかったり、莢の外観はいく分見劣りするが、味の特にすぐれている品種がままある。例えば山形県庄内地方のダダチャ豆や新潟県などにあるニオイ豆は莢に毛があり、成熟した種子は淡褐色で皺があり、外観はあまりよくない。しかし香りが高く甘味があり品質がよい。なおスイートコーンや砂糖エンドウなど、種実の糖分の多い品種は乾燥後皺ができやすく、皺のできることと含有成分との間には何らかの関係があるかも知れない。新潟県にはまた「イウナヨ」という品種がある。普通のダイズ品種の葉は三枚の小葉をもっているが、この品種は五葉片をもついわゆる五ツ葉ダイズで、種実は淡緑色を呈し味がよい。そこでこの枝豆品種のことは他人に言うなよというところからこの品種名が生まれたという。

枝豆の味は収穫後急速に落ちる。特に枝や葉の着いていないとき、温度が高いときはこの傾向が激しい。したがって収穫後はなるべく早めに加熱した方がよいし、購入する際は新しいものを選んだ方がよい。このことは成分の分析結果から立証されている。よく地方の名産品として東京などに輸送されることがあるが、収穫後時間を経過したものは生産地で食べたような風味でなくがっかりすることがある。なお近年は冷凍品が多く出廻っているが、収穫後あまり時間をおかないで冷凍加工したものは、生のものとほとんど変わらない味をもっている。このことから枝豆の冷凍品が広く用いられている。

（4）マメモヤシ

ダイズの野菜としての利用法の一つにマメモヤシがある。モヤシとは芽《もや》し、あるいは生《おや》しの意味といわれるが、要するに種子を暗所で発芽させ、まだ本葉がほとんど開かな

ケツルアズキの豆モヤシ

い時期に食用にするものを呼んでいる。モヤシは暗所で発芽した若芽なので緑色にはならず、この点から古代は黄巻、または蘗と呼ばれた。

　モヤシとして食用にしているのはダイズだけではない。アズキ、ソバ、リョクズ（緑豆、近年はケツルアズキを用いることが多いという）などは以前からモヤシにして利用している。近年は、牧草として有名なアルファルファ（ムラサキウマゴヤシ）もモヤシとして人間の食用に格上げされている（四四九頁「苜蓿 2ウマゴヤシとムラサキウマゴヤシ」の項参照）。なおオオムギのモヤシはいわゆる麦芽として酒類の製造に用いられ、ウドなどの軟化した若芽をもモヤシと呼んでいる。

　モヤシの中で私どもの生活に最もなじみの深いのは緑豆モヤシで、中国料理にはなくてはならないものになっている。これらのモヤシは、ビタミンC補給源として栄養的に価値の高い食品で、日露戦争の際はマメモヤシのおかげで壊血病が予防できたといわれている。

　モヤシの作り方には大きく分けて二種類ある。一つは緑豆の場合行なわれる方法で、まず桶か樽に種子を入れ、水をはって十分吸水させ、十分吸水したら水を落として酸素を与え、乾かない状態にして発芽、生長に適する温度に保つ。種子はまもなく発芽し、やがてモヤシができる。この場合は胚軸が曲りくねっているので束ねることはできない。そこで種皮を洗い流して適宜計って、売買するので、俗にハカリモヤシと呼ばれる。近年は一定量をポリ袋などに入れて市販している。

　もう一つの方法はダイズやソバなどで行なわれるもので、まず畑や砂の床などにぎっしり種子をまき、水をかけ、発芽に適当な温度と水分を保って発芽させ、本葉が出始める頃胚軸を地際から切り取るか抜き取る。この場合は軸が真直ぐに伸びているので、軸を束ねて出荷している。

『成形図説』によると、鹿児島県では古くから七～八歳の子供の髪を生《おや》すのを祝う意味で、正月の七草の一つとしてマメモヤシを用いた。これは冬に湧水などの浅い流れにダイズの種子をまき、わらの菰《こも》を敷いて作ったという。東北地方には温泉が多いが、山形県米沢市外の小野川温泉などでは、昔から温泉の廃湯を利用してマメモヤシを作り、生野菜の少ない雪国の長い冬の栄養食品として人々が買い求めていた。また青森県の浅虫温泉では、温泉地熱を利用してソバのモヤシを作り、温泉宿の食膳にのせている。

マメモヤシはわが国では古代から薬用として用いた。わが国で最初の薬物辞典である『本草和名』には、大豆黄巻、和名末女乃毛也之、とある。『医心方』にも同様に記載され、『薬経太素』や『和漢三才図会』には豆糵、黄巻、萬米乃毛夜之として、黒大豆の芽生五寸長のものを乾燥して服用すると膝痛などに効くとある。

『重修本草綱目啓蒙』（一八四四年）には大豆黄巻、クロマメモヤシとし、京都宇治の黄檗山《おうばくさん》（寺院の名）では黄豆モヤシを油でいためたものを巻煎《けんちぇん》と呼び食用にしていることを載せている。これは地面にまくか、菰の上にマメをまき、上に二枚の菰をかけ、流れの中におけば生じやすしと栽培法をも述べている。マメモヤシは僧院では油あげにして用い、「食用は皆黄大豆の芽なり、薬用は黒大豆の芽なり」と結んでいる。

これらによると、古代はもっぱら医薬用として黒大豆のモヤシが用いられ、江戸時代になってからは食用にも用いられ、特に寺院などの精進料理の材料として黄大豆のモヤシが用いられるようになった。この習慣は、現在もある程度続けられている。

インゲンマメ

(1) 起原と伝播、栽培状況

インゲンマメの野生種は中央アメリカ高原に分布していて、旧ソ連のバビロフは南メキシコから中央アメリカの地域を第一次の原生地、南米のアンデス地帯を第二次原生地としている。栽培はこれらの地域で始まり、原住民の間ではトウモロコシを補う重要な食糧になっていた。ヨーロッパにはアメリカ大陸発見以前に伝わっていたともいわれ、古くから種実用、莢用など品種が分化していた。現在も欧米の各国では甘いデンプン質のマメとして、また家庭菜園用の野菜として広く利用されている。中国では『本草綱目』に記載があり、この時期以前に伝わっていたことは確かで、現在中国はインド、ブラジルなどと共に世界の主要な生産国になっている。

わが国には、江戸前期の帰化僧隠元禅師によって承応三年(一六五四)に中国から伝えられたといわれている。しかしこれより以前から渡来していたとの説もある。『大和本草』には「この種近年異国より来る」とあるが、当時はまだあまり普及していなかったらしい。『和漢三才図会』には載っているが、『農業全書』ばかりでなく『成形図説』にも多くのマメ類について説明しているのに、インゲンマメの記述はない。

インゲンマメの普及は明治初年に欧米から多くの品種を導入し、各地で試作してからのことで、『舶来穀菜目録』には莢用品種が主体で、フランスその他の国から入れた四八品種の名があげられている。これらは北海道を始め各

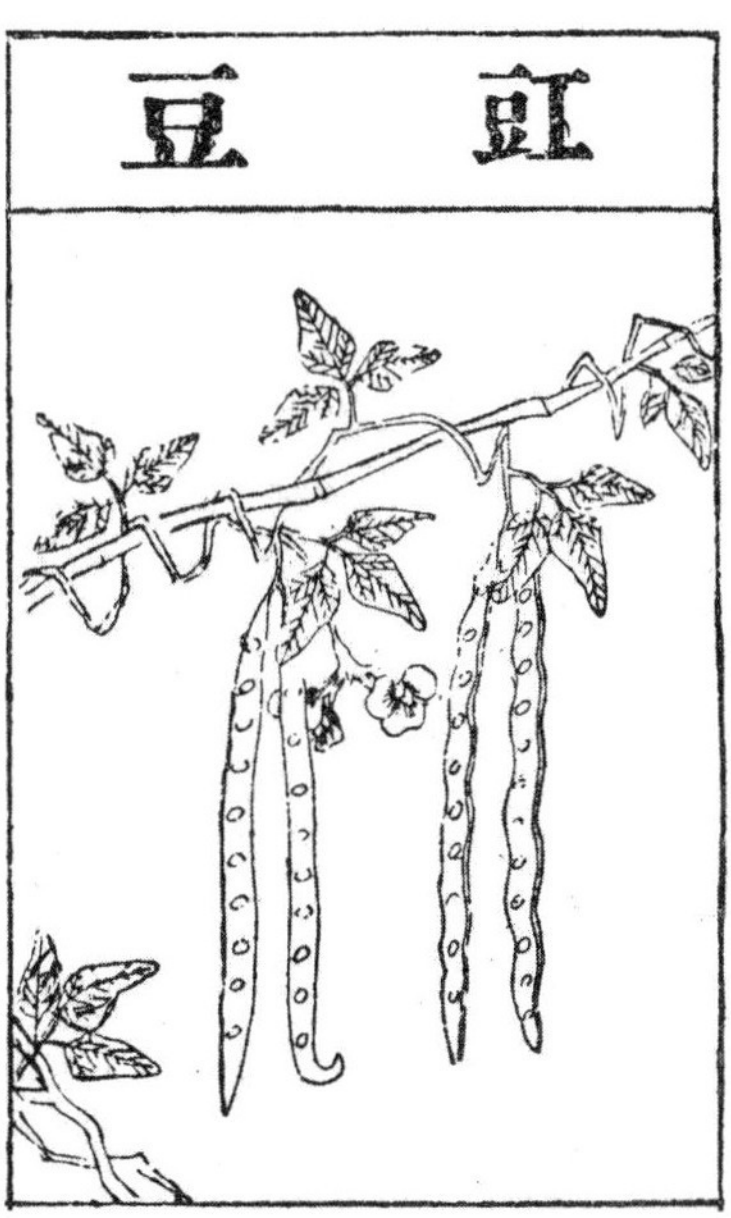

インゲンマメ(『本草綱目』重訂版 1875)

地で試作され、栽培の定着したものも多く、大正一五年に書かれた下川義治氏の著書には三七品種、昭和一九年刊行の『園芸大辞典』では五〇品種が、ほとんど全部原名で記載されている。ただしこれらの大部分は乾燥種実用として栽培され、莢用としては蔓性のケンタッキーワンダーなど数品種が栽培されてきたにすぎない。

昭和五五年現在、わが国のインゲンマメの作付面積の約九割は乾燥種実用で、そのまた約九割は北海道で栽培されている。そして莢インゲンの栽培は一万ヘクタール余りで、エダマメにも及ばない。インゲンは元来冷涼な条件でよく結実する。そして莢インゲンは収穫に多くの人手を必要とするので、一戸で大面積の栽培はむずかしい。このため比較的近郊地帯で手労働の期待できる場所で産地が成立している。東日本では福島県と東京の近県などに産地がある。収穫期間が長く家庭菜園用に適している野菜で、全国各地で栽培されている。

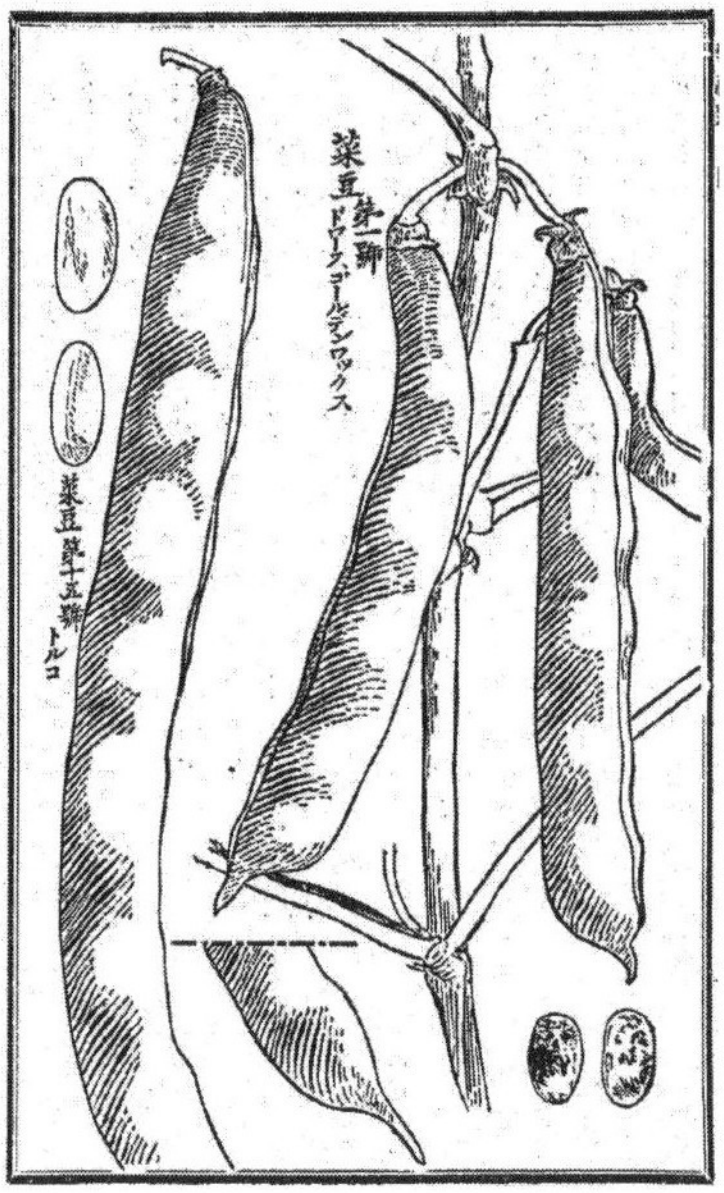

インゲンマメ（『舶来穀菜要覧』1886）

（注）平成二三年：作付面積六四三〇ヘクタール、収穫量四万二六〇〇トン。主な産地は千葉、北海道、鹿児島、福島となっている。

(2) 名称と品種

インゲンの名はこのマメをわが国に伝えたとされている

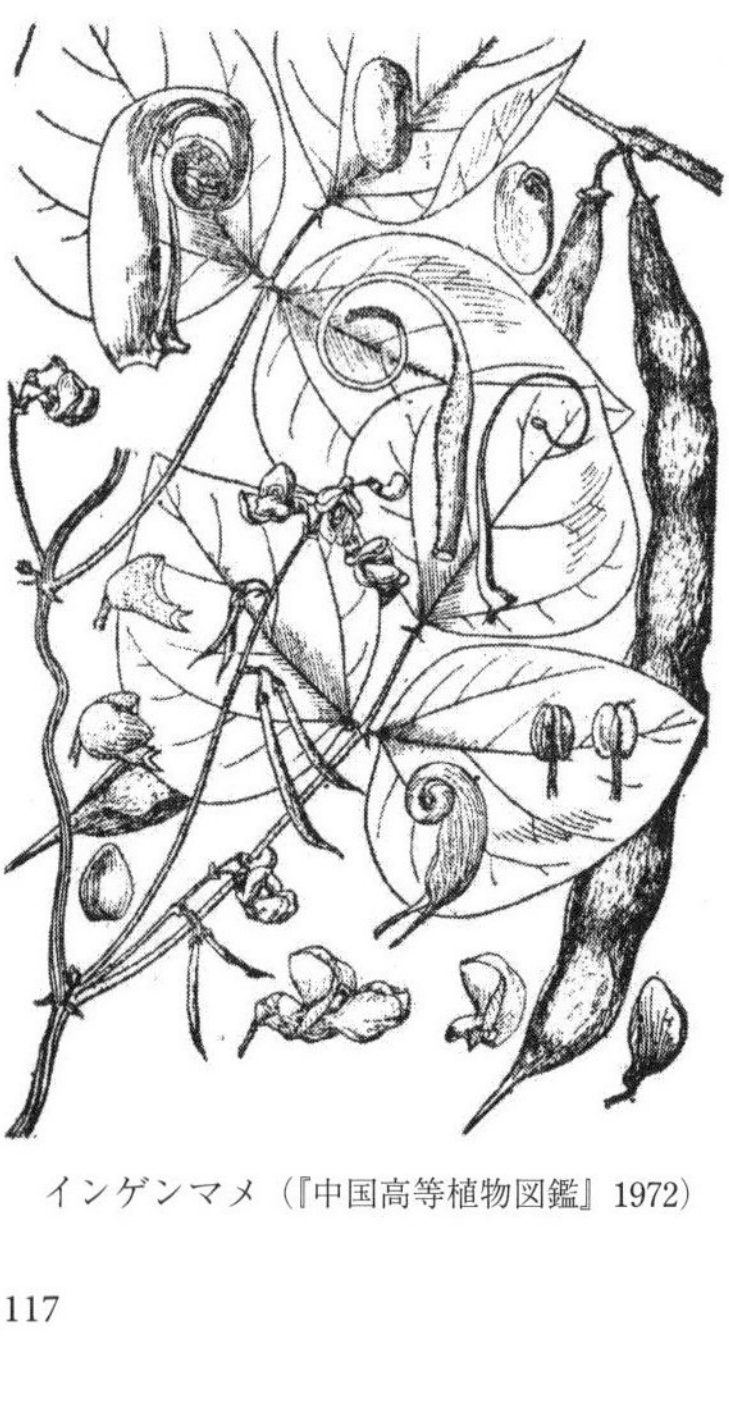
インゲンマメ（『中国高等植物図鑑』1972）

隠元禅師の名に因んだもので、地方によっては別の地方名で呼んでいる。まず関西地方ではインゲンマメはサンドマメ、あるいはササゲと呼び、フジマメをインゲンマメと呼んでいる。サンドマメ、ニドマメ、あるいはニドナリ、サンドナリと呼ぶのは関西ばかりではなく、東北、中国、四国地方などにもある。北海道と東北地方ではインゲンマメをササゲと呼び、本来のササゲはアズキササゲ、セキハンササゲなどと呼んでいる。中部地方や西日本にもインゲンマメをササゲと呼ぶ地方がある。

インゲンマメには品種が多く、アメリカのヘドリックは一九三一年に三四三品種をあげている。この中には蔓性の品種と矮性の品種があり、種実用品種の大規模栽培や施設内の栽培、短期間で収穫を終わらせる栽培では矮性品種が適している。長期間収穫を続ける場合の莢用品種としては、莢が軟らかく収量も多い蔓性のケンタッキーワンダー、通称ドジョウインゲン、尺五寸インゲンが主要な品種になっている。

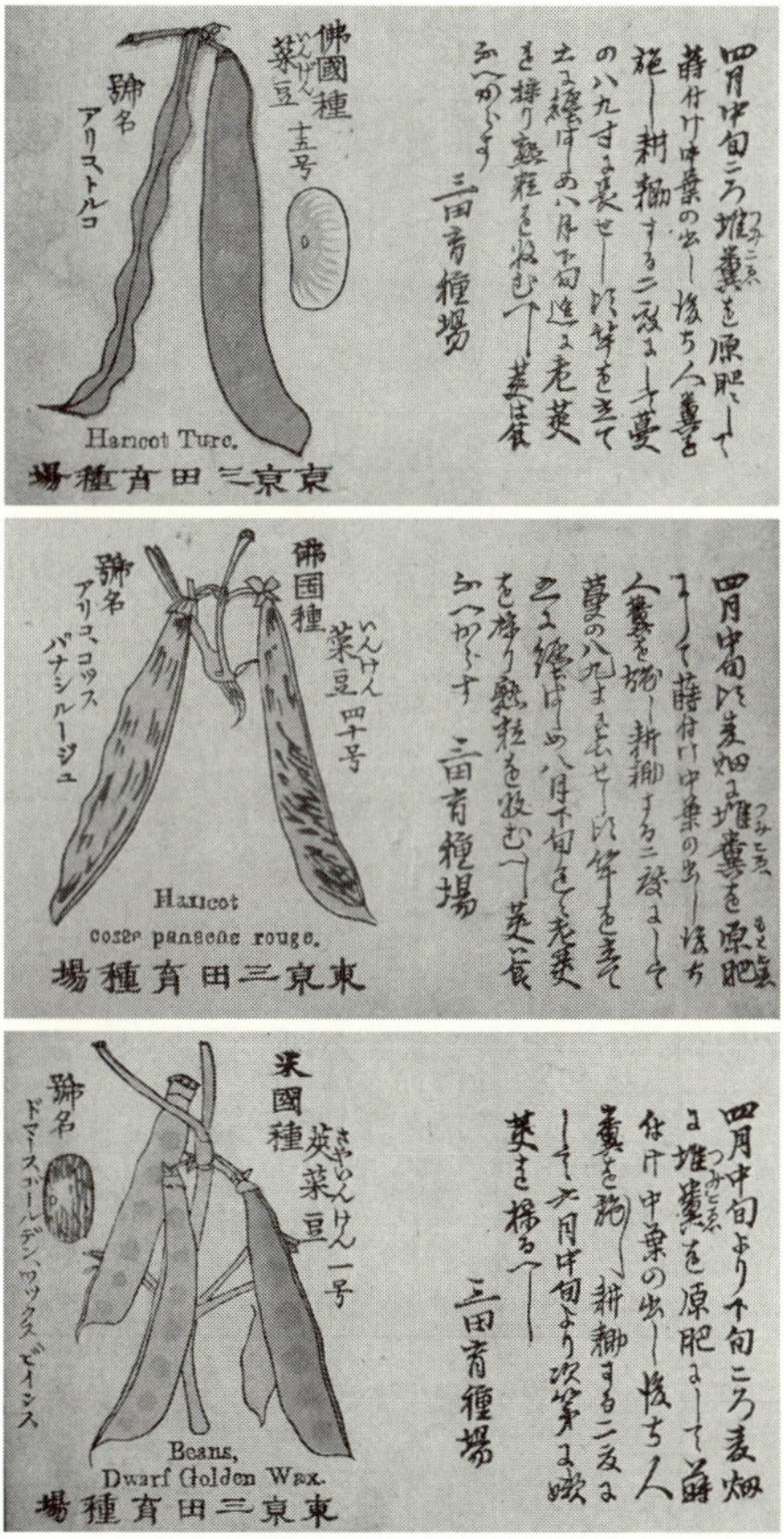

インゲンマメ（『穀菜弁覧 初編』1889, 国立国会図書館蔵）

莢用品種の多くは莢が緑色である。しかしインゲンマメの中には莢が黄色の品種があり、ワックスドビーン、日本では黄莢インゲン、東北地方の一部ではタマゴササゲと呼んでいる。黄莢インゲンは一般に質が軟らかいが日持ちが悪く、サラダ用にしても緑色品種が好まれ、現在のところ黄色インゲンはあまり栽培されていない。

インゲンマメには前に述べたように多くの品種がある。わが国で栽培される品種には原名で呼ばれるものもあるが、渡来後わが国で何とはなくつけられた呼び名の品種が多い。例えばケンタッキーワンダーは莢の形からドジョウインゲン、尺五寸インゲンと呼び、また種実の色や模様から茶白《ちゃじろ》インゲン、黒白《くろしろ》インゲン、虎豆、貝殻豆、金時、鶉《うずら》豆、紅絞《べにしぼり》、霜降《しもふり》などの品種名が生まれている。北海道で乾燥種実用として広く栽培される品種としては大手芒《おおてぼ》、大福《おおふく》などがある。

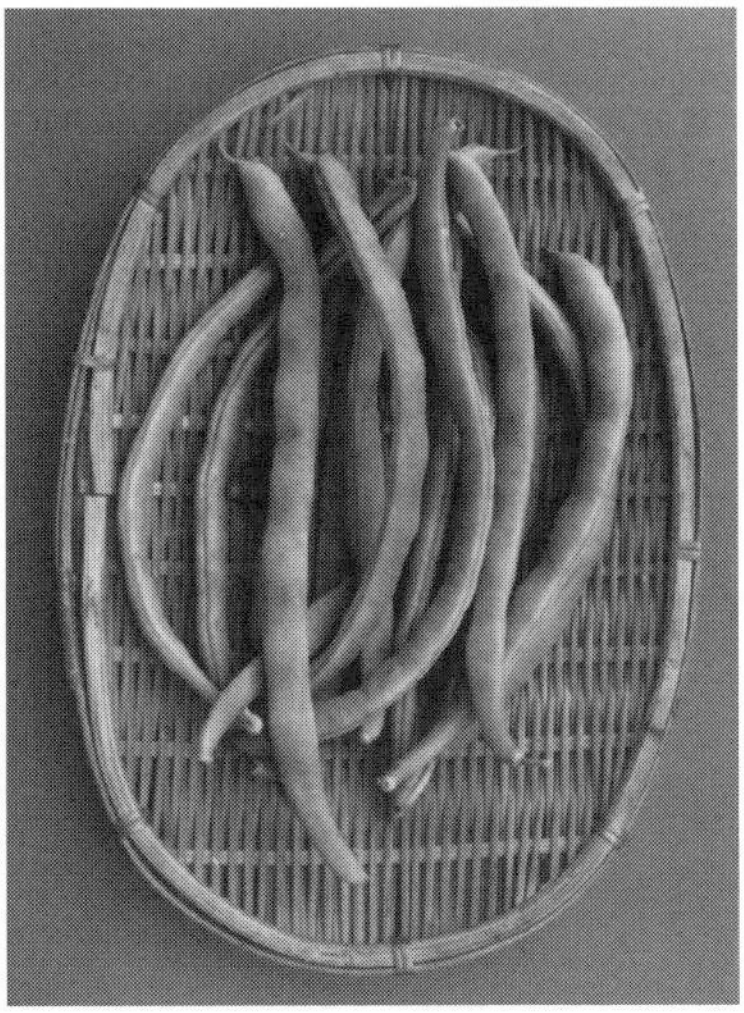

インゲンマメ

虎豆（二系統）

大手芒

ケンタッキーワンダー（ドジョウインゲン）

ベニバナインゲン

南米の原産といわれ、わが国には江戸時代の末頃渡来した。元来冷涼地に適した野菜で、東北地方でも平地では夏に開花した花はたいてい落ち、温度がやや下がった頃になって初めて結実するようになる。このため本種は北海道と長野県の一部で栽培されているにすぎない。

若莢や若い種実は野菜としても利用できるが、多くは扁平で腎臓形をした完熟種実を甘納豆などに加工する目的で栽培しているものである。なおベニバナインゲンの花は特徴のある朱赤色で、花紅豆、ハナマメと呼ばれ、観賞用としても栽培される。

ベニバナインゲンには赤花の品種と白花の品種があり、赤花品種の種実は紫紅色となり、白花品種の種実は白色である。加工用には白粒種が好まれるので、北海道の道南地方で集団的に栽培しているのは、この白花のベニバナインゲンである。

ベニバナインゲン（赤花）

ベニバナインゲン

ベニバナインゲン

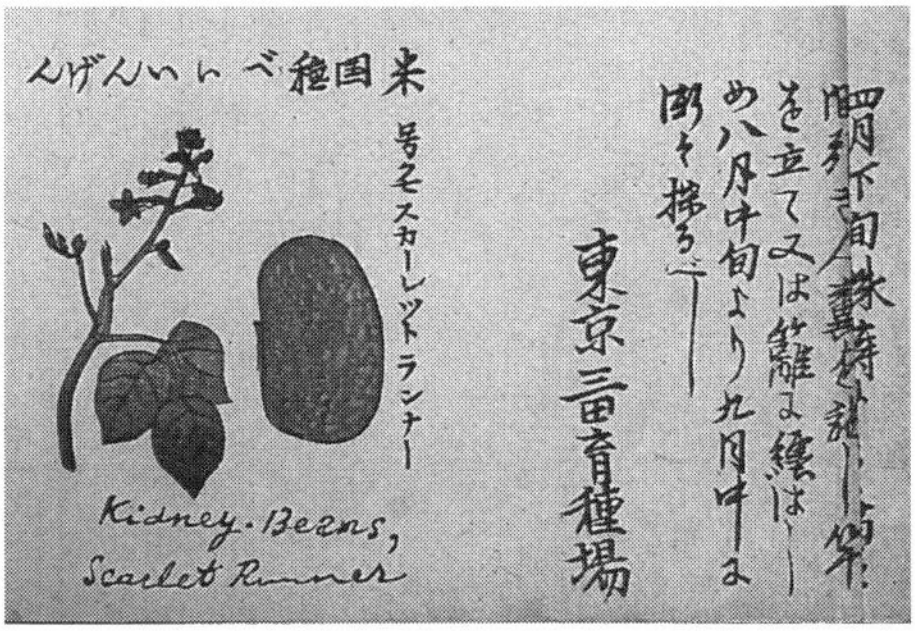

ベニバナインゲン（『穀菜弁覧 初編』1889，国立国会図書館蔵）

ライマメ

南米のペルーでは紀元前五〜六〇〇〇年と思われる遺跡からライマメの遺物が出土し、メキシコには紀元前五〜六〇〇年頃の記録が残っている。またライマメの野生品が中南米の各地で見出され、ライマメが熱帯アメリカの原産であることは間違いない。

ライマメがヨーロッパに伝わったのはコロンブスの新大陸発見以後のことで、南米ペルーの首都リマ付近で白人によって発見され、そこからヨーロッパに送られたことからライマメ（lima bean）と呼ばれた。その後ヨーロッパから世界の各地に伝わり、東洋へはスペイン人によりまずフィリピンに伝わり、フィリピンからアジアの各地に広がった。

わが国には江戸時代の末期に渡来し、『草木図説』（一八五六年）にはアオイマメの名で記載されている。この名は豆の形から出たものと思われ、徳川家の御紋に似ているとしてゴモンマメとも呼ばれた。

明治初年にもインゲンマメの一種として種子が導入され試作されたがあまり広まらず、北海道や東北地方でわずかに栽培されたにすぎない。山形県南陽市の一部の農家ではライマメの大粒種を栽培し、山形県の庄内地方には小粒種が栽培されている。ただし両品種ともその来歴は明らかでない。これらは美味な煮マメとして家庭内で利用している程度で、大規模な栽培はみられない。現在わが国で用いられているライマメはすべて輸入品である。

一般にライマメと呼ばれているものの中には大粒種と小粒種とがあり、大粒種はファセオルス・リメンシス ***Phaseolus limensis***、小種粒はファセオルス・ルナタス *P. lunatas* という別の種で、小粒種は通常シーヴ・ビーン（sieve bean）と呼ばれる。しかしこの二つは一つの種内の変種だとする説もある。

前記の二群とも、蔓性品種と矮性品種があり、山形県に土着しているのはいずれも蔓性品種である。次に種実の色は白色が普通であるが、緑色、紅色の斑点のあるものなどさまざまあり、緑色品種は経済栽培にも用いられている。いずれも種実は扁平な腎臓形で、レンズマメとも呼ばれ、他のマメとは一見して区別できる。

ライマメの剝実や完熟種実は特有の香りがあり、マメ類の中で最も美味なものとされ、シュガービーン、皇帝マメとも呼ばれる。アメリカでは一九八〇年代頃に消費が増大し、作付面積はインゲンマメの三分の一程度に達し、冷凍ライマメはエンドウに次いで生産高が多くなった。また家庭菜園でもよく栽培されている。剝実《むきみ》用としての種実は、

ライマメ（『大植物図鑑』1925）

ライマメ（小粒種と大粒種）

肥大が終わってまだ莢の黄変しない頃莢をもぎとり、莢のまま、あるいは剥実にして出荷している。完熟種子を収穫する場合は莢が黄褐色になってから行なうもので、雨にあうと種子が莢内で発芽するので遅れないように収穫する。小粒種では収穫が遅れると莢が自然に裂開し、種子が落ちることがある。

ライマメは若莢も煮食用として利用できる。なおライマメは、ファセオルナチンと呼ぶ青酸を含む物質が微量含まれるので、料理の際は煮汁は流した方がよい。

ライマメは元来暖地性の野菜であって、霜のない期間が四ヵ月以上ある所でないと収量は少ない。しかし高温で乾燥すると落花が多くなる。といって雨の多い所は適しない。山形県で県内に土着していた品種とアメリカから輸入した品種を同一条件で試作してみると、輸入種は種実の充実しない秕《しいな》が多く、また雨にあうと種実が収穫前に莢内で発芽しやすい。特に蔓なし品種は莢が湿りがちでこの傾向が著しく、収量は山形在来種にとても及ばなかった。こうしてみると山形県で約半世紀栽培を続けている間に、この在来品種は日本の気候風土にある程度馴化《じゅんか》したものと思われる。外国野菜の日本への導入について参考になる一事例と思われる。

エンドウ

(1) 起原と伝播、栽培状況

エンドウは石器時代から利用されたのではないかといわれる古い作物で、バビロフは中央アジア、近東を発祥の地とし、地中海沿岸を第二次中枢としている。ギリシア・ローマ時代にはすでに栽培され、古代にインドから東洋にも伝わった。アメリカにはコロンブスにより一五世紀末に伝わり、先住民の重要な食糧になった。欧米諸国では中世までは主として種実を穀物として利用していたが、その後は次第に未熟の種実と莢の利用が多くなっている。

中国では『斉民要術』に豌豆の記載があり、唐の時代に西方より伝わったものといわれている。

わが国では『和名抄』には野豆、豌豆、和名乃良末女として記され、『多識編』には乃良麻米、異名胡豆とある。『庭訓往来』（一四〇〇年頃）には豌豆の音になぞらえてか園豆とあり、古くから栽培されたらしい。『物類称呼』には畿内にてノラマメ、東国にてエンドウ、伊勢にてブンドウと呼ぶとある。しかしあまり重要な作物にはならなかったらしく、江戸時代の農書には詳しい記述はない。

明治一六年発行の『舶来穀菜目録』をみると米国、仏国、濠州から二七品種のエンドウを導入し、これらの種子は北海道を始め各地で試作された。また別に明治中期に入ったブラック・アイド・マローファットから碓井という剝実エンドウ用品種が生まれるなど、外国の品種がわが国に定着し、冷涼地には三十日絹莢、暖地には仏国《ふっこく》大莢など莢エンドウの栽培も行なわれるようになった。しかし栽培の主体は穀類としてのエンドウで、明治末頃は全国のエンドウの作付面積は三万町歩、昭和初期には六万町歩に達した。

第二次大戦後は食糧事情が好転したこともあって、穀類としてのエンドウの栽培は少なくなり、昭和四〇年以降は作付面積が六〇〇〇ヘクタール以下に減少し、昭和四五年からは統計面から姿を消してしまった。乾燥種実用のエンドウはその六割は北海道で生産され、この種実は菓子や煮豆として加工されている。未熟どりのエンドウには莢用と剝実用とがあり、この産地は乾燥種実の場合とは逆に、鹿児島県（全国の二割以上生産）、和歌山県など暖地で多く栽

エンドウ（『本草綱目』重訂版 1875）

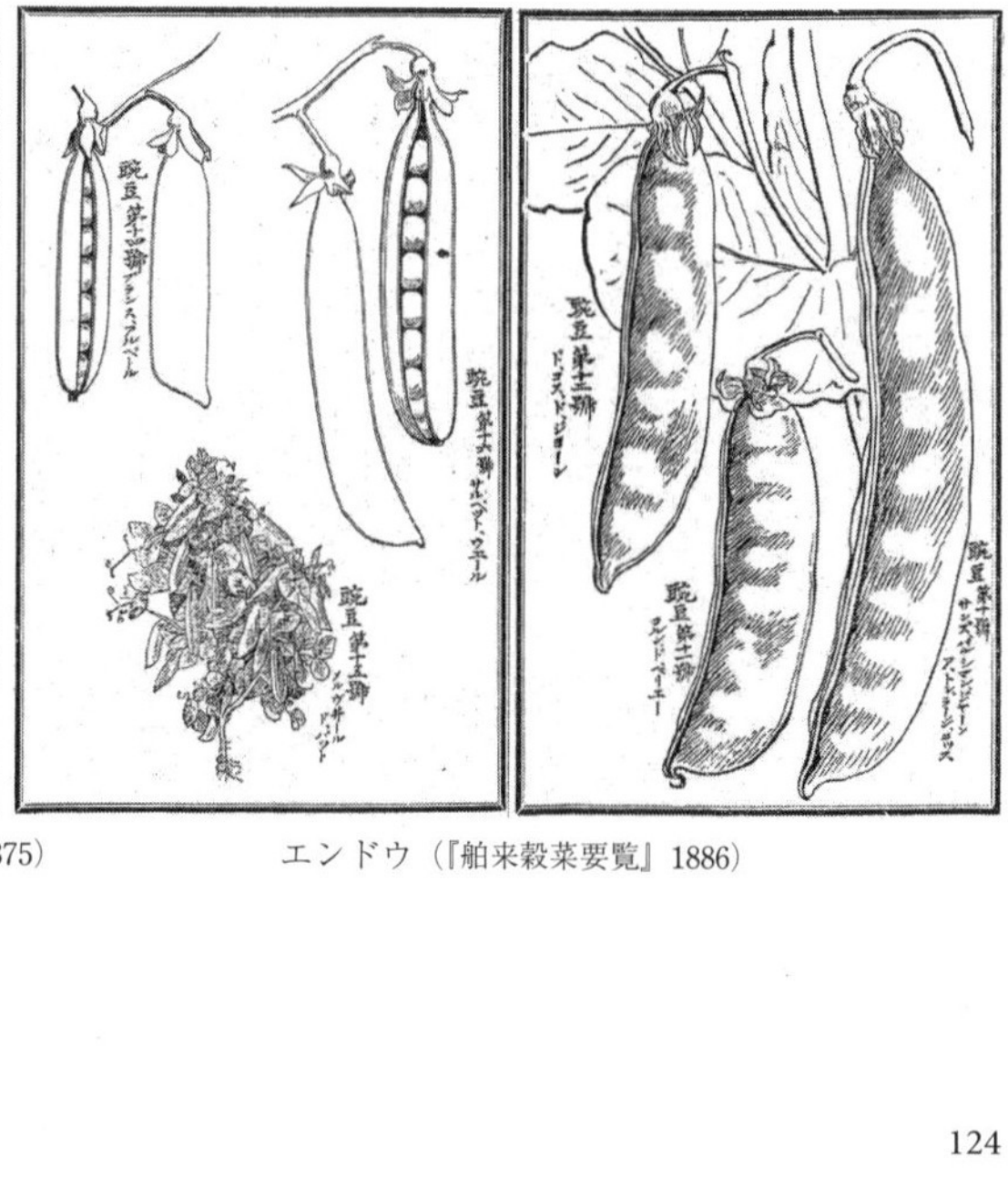

エンドウ（『舶来穀菜要覧』1886）

培されている。

エンドウの地方名をみると、ニドマメ（北海道、東北）、サンドマメ（東北、関東地方の一部）。サンドナリ、ヨドマメなど栽培回数から出た名前と、三月マメ、ユキワリなど時期を示した名が多く、ブンドウマメと呼ぶ地方も多い。岐阜県の一部では『和名抄』と同じでノラマメと呼んでいる。

（注）平成二三年：作付面積四〇六〇ヘクタール、収穫量二万七二〇〇トン。主な産地は鹿児島、和歌山、愛知、福島となっている。

三十日絹莢（上），仏国大莢エンドウ（下）

（2）エンドウの品種とメンデルの実験

エンドウには、主として乾燥種実を穀物的に利用する品種と、野菜として利用する品種があり、また緑肥用の品種もある。野菜としてのエンドウには、若莢用の品種と剥実用の品種があり、中国南部や東南アジアには葉を食用にするため栽培する品種もある。従来の莢用品種は種子のごく若いうちに収穫しないと莢が硬くなるので、まだ平たい若莢のうちに収穫した。しかし近年、種子が剥実エンドウに近い大きさになっても莢の軟らかい品種が育成され、ス

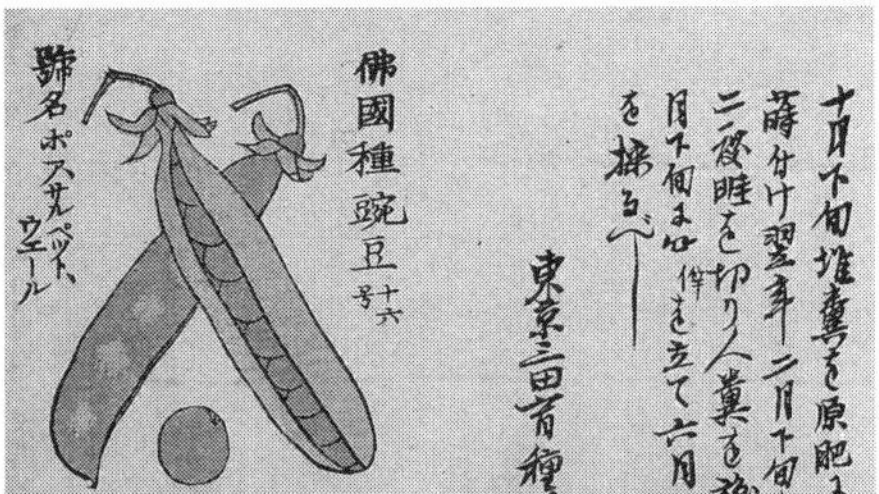

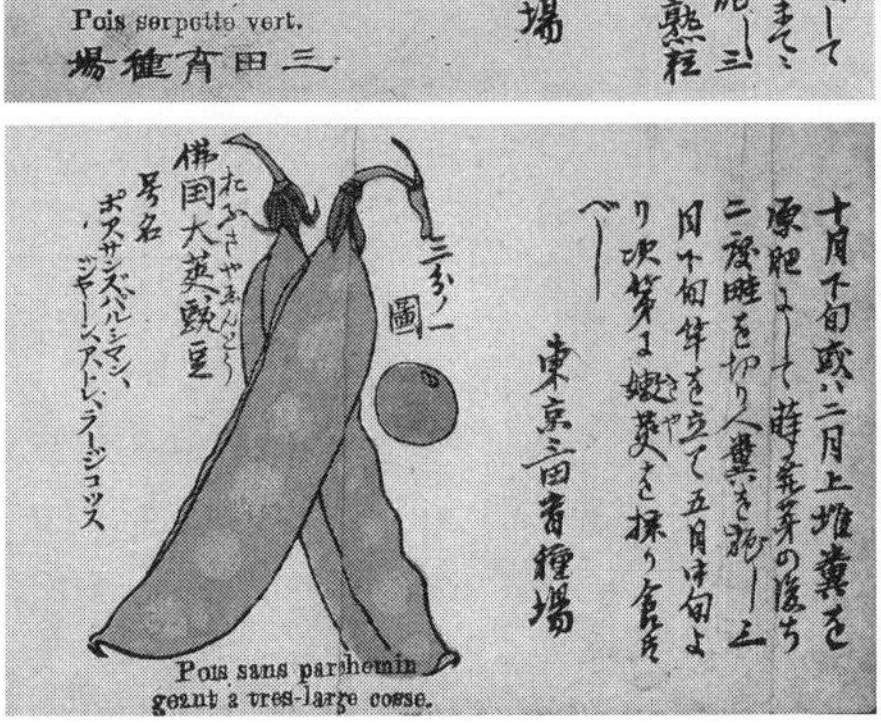

エンドウ（『穀菜弁覧 初編』1889，国立国会図書館蔵）

ナップピー（スナップエンドウ）の名で市販されている。剥実エンドウは緑色、デンプン質の丸粒種で、以前は主として莢付きのまま市場に出ていた。近年は剥実にして出荷されるものが多い。また壜詰、缶詰にしてグリンピースとして周年各種料理に用いられている。

観賞用として栽培されるスイートピーはエンドウとはまったく別の種類であるが、エンドウの品種の中には花が鮮やかな紅紫色で矮性の品種もあり、観賞用として栽培してもよい。

エンドウの品種の多くは草丈、種子の色、種子に皺のあるなし、花の色などで、それぞれ特有の形質をもっている。遺伝の法則を見出したメンデル（G. J. Mendel）は、エンドウの花色や粒の特徴などが見分けやすい形質であることと、エンドウは放任状態ではその花の花粉の自花授粉で種子を結ぶ性質があること、雑種を作った場合雑種は正常に生長して種子を結ぶことに注目し、わざわざエンドウを実験材料に選んだ。そしてメンデルがエンドウを材料植物に選んだことが、偉大な法則の発見できた理由の一つといわれている。

今のチェコ、モラヴィア地方で生まれたメンデルは、神学を勉学し、ブリュンの僧院で教師をするかたわら、種々の実験や調査を行なった。僧院の畑に植えられたエンドウについて種子の形が円いか角張っているか、花の色が赤紫色か白色か、また種皮の色や胚乳の色などの形質の異なるものの間の雑種を作り、雑種一代目（F_1で表わす）とその自殖により生じた二代目（F_2）の形質を調査した。そして八年間にわたる綿密な観察と卓越した新しい考え方による考察によって、有名な遺伝の法則が生まれた。この研究結果は一八六五年の二、三月の二回「雑種植物の研究」として、ブリュンの博物学会で発表し、紀要に印刷されて各所に配

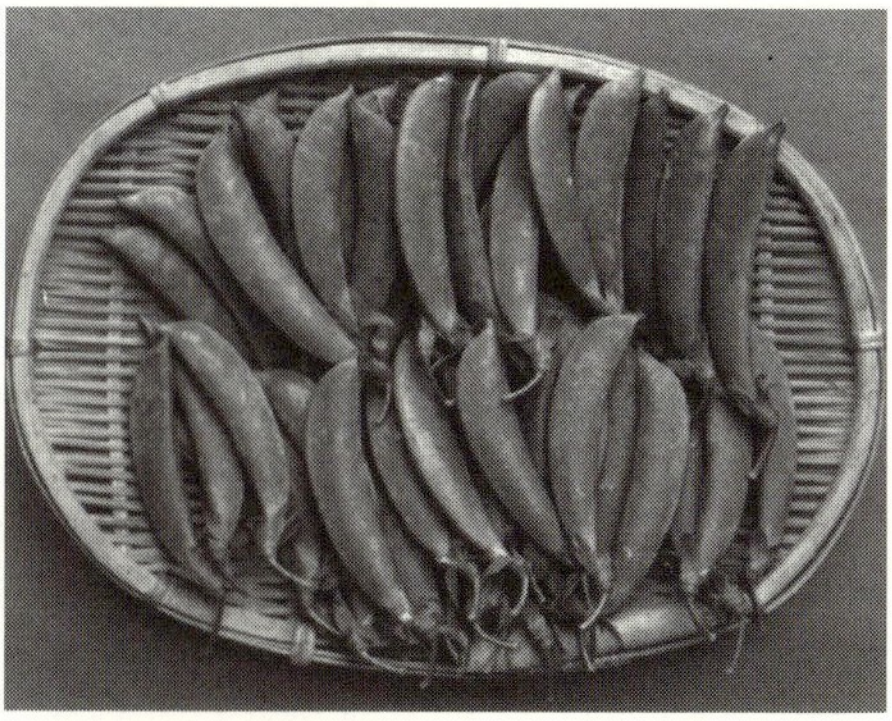

スナップピー

布もした。しかし、この研究結果が、当時誰も主張しなかったまったく新しい学説であったことと、メンデルの名があまり知られていなかったことから、当時は誰からも認められなかった。

そして論文発表から三五年目の一九〇〇年（メンデルはすでに一八八四年一月六一歳で永眠している）オランダのド・フリース、ドイツのコレンス、オーストリアのチェルマックの三人の学者のそれぞれの実験結果から、メンデルの業績の重要さが認められた。この一九世紀最後の年に劇的に再発見されたメンデルの考え方は、遺伝学の最も基礎になる法則になり、このいわゆるメンデリズムはその後の遺伝学発展の扉を開くものになった。そしてエンドウはこの生物学上の大法則の発見を導き出した材料植物として後世にまで記憶されるに違いない。なおメンデルは、エンドウによく似た特性をもつツルナシインゲンについてもエンドウと同様な実験を行ない、「雑種植物の研究」の後半でその研究結果を報告している。

ソラマメ

ソラマメの野生種は確認されていないが、古い栽培歴をもつ作物であることは間違いない。原産地についてはエジプト説、ペルシア説、カスピ海南部説などがあり、バビロフは中央アジアか地中海地域を原産地としている。古代にヨーロッパから北アフリカに伝わり、エジプトでは墓の棺の中から見出されていて、エジプトでは四〇〇〇年前から栽培されたとみられている。

『本草綱目』に胡豆とあり、中国には張騫により西域から導入されたといわれている。王楨の農書（一三一三年頃）に初めて記され、明代には全国的に普及していたらしい。

わが国には天平八年（七三六）聖武天皇の時代に、インドの僧菩提仙那が中国を経て来日した際、行基に伝え、兵庫県武庫村で試作したと伝えられている。記録としては『多識編』に初めて見られ、蚕豆、曾良末米、一名胡豆とある。

ソラマメ（『本草綱目』重訂版 1875）

『農業全書』では「その利麦とひとしき作物」として、マメ類の中では大豆に次いで多くの字数をついやしている。当時ソラマメにはすでに二、三の品種が分化し、ソラマメは麦と合わせて飯としてもよく、餅をも作り、粥にすることもあって米の代りになり、凶作の年には飢えを助け、また味噌の材料にしたり、菓子にも加工された。そしてソラマメは害虫や台風の被害もなく、作柄が安定していると記している。

明治初年欧米から一三品種を導入し、わが国のソラマメ品種は多彩になった。明治末の作付面積はサトイモに次いで多く、野菜の中では第三位で四万町歩を超していた。ソラマメは江戸時代以来、穀物的な性格をもつ重要な作物であったためか、大正初期の農林統計では穀類の一つとして扱っている。昭和一〇年頃から作付面積はやや減少し始めたが、第二次大戦後は乾燥ソラマメとして栽培が一時増加した。これも食糧難時代の影響と思われる。しかし昭和三五年頃からは、乾燥種実用も未熟莢用もともに栽培が減少し、昭和四〇年すぎには両者の合計で二万ヘクタール以下になり、昭和四五年からは統計面に計上されなくなってしまった。おそらく代用食としての乾燥種実は米の余る時代では必要度が落ち、野菜としての未熟ソラマメは、剝皮をする手間が嫌われて大衆野菜ではなくなり、消費が減少したものであろう。

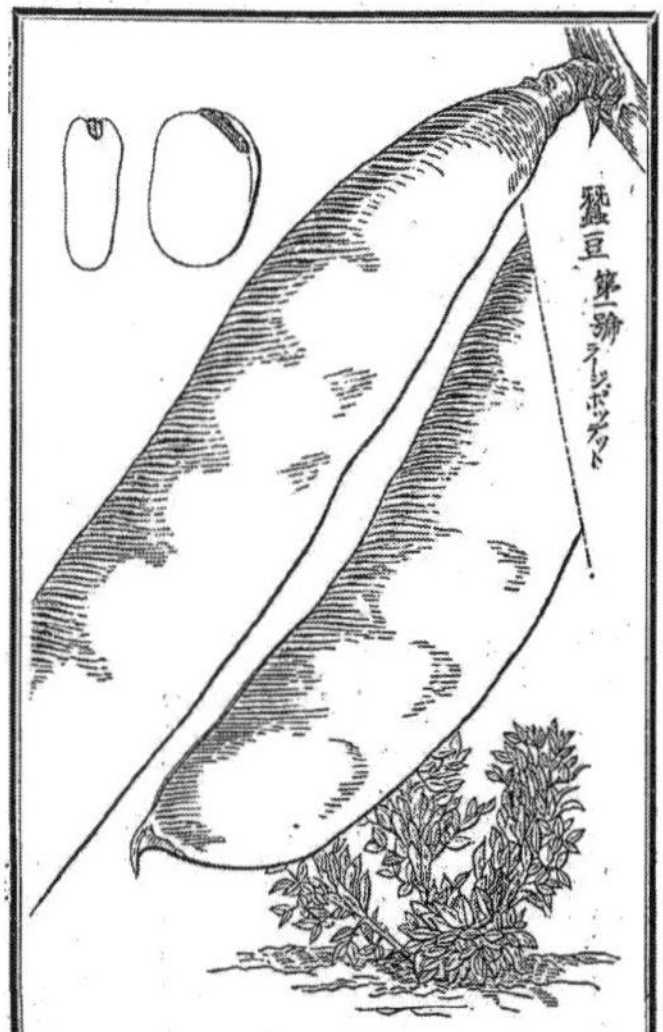
ソラマメ（『舶来穀菜要覧』1886）

ソラマメは『農業全書』にも「大坂に多し」と記され、

第二次大戦前後までは大阪府、兵庫県が本場であった。また西日本一帯に多く、香川県では季節の野菜として新豆を食べる習慣があり、一莢に六~七粒も入る香川県特産の品種「さぬき長莢」が成立し栽培されている。香川県の作付面積は昭和初期には二〇〇〇ヘクタールに近かったが、昭和五〇年代には約六〇ヘクタールに減少している。東日本では房州と、東北では宮城県で多く栽培されたが、近年は千葉、愛媛、鹿児島の三県が四〇〇ヘクタール以上の産地になっている。

ソラマメの名は莢が天を向いて着くところから生まれたもので、中国では莢の形が老蚕に似ているので蚕豆という。ソラマメの地方名をみると、若どりの実が春を知らせるということからか、四月豆《うづきまめ》、五月豆《さつきまめ》、夏豆、雪割豆など季節と関係した名が多い。また豆の形からオタフクマメと呼ぶ地方が多く、またケツマメ、ヘコキマメなどと呼ぶ地方もある。

ソラマメは未熟の種実が各種の和食料理に用いられ、乾燥した種実は油でいためたりして菓子用やツマミに用いられ、若莢は通常利用しない。ソラマメはタンパク質を多く含んで栄養価が高いので、製粉したものは各種の加工食品になっている。ソラマメにはある程度のアルカロイドが含まれ、昔は薬物としても利用した。

（注）平成二三年：作付面積二一三〇ヘクタール、収穫量一万八六〇〇トン。主な産地は鹿児島、千葉、茨城、愛媛となっている（いずれも四〇〇ヘクタール以下）。

ソラマメ

ソラマメの花

フジマメ

インド、インドネシアなど熱帯アジアに野生があり、インド原産の可能性が高い。インドでは三〇〇〇年前から栽培されたとみられ、八世紀にはアフリカにも伝わった。中国では古くから栽培され、莢の形が蚕の蛾の触角に似ているところから蛾眉豆と呼ばれた。

わが国には隠元禅師によってインゲンマメと同時に（一六五四年）中国から伝わったと一般にいわれているが、鵲豆については古くから知られていた。まず『新撰字鏡』（八九八年頃）には蔨、鹿豆、天豆、阿地万女とあり、『本草和名』には藊豆、一名鵲豆、和名阿知末女、『和名抄』には藊豆、和名阿知萬女とあり、その解説書では、花が藤に似ていて今俗に藤豆と呼ぶとある。『多識編』には藊豆、阿知末女、また比良末米というとある。保元元年（一一五六）の『穀類抄』にもアジマメの名があり、隠元禅師による伝来は二回目、または数回目の渡来かもしれない。ただし『農業全書』では稨豆を八升豆、扁豆、とう豆ともいうとして別のハッショウマメ（ハチショウマメ）としている。これが正しいとすると『本草和名』などに出ているアジマメはハッショウマメで、隠元禅師により伝来したという言い伝えは正しいことになる。

フジマメの名称は、花がフジの花を逆さにしたような形であるところから出たものである。フジマメには赤花品種と白花品種があるが、赤花品種の種実は黒紫色と淡色の斑があり、それが鵲《かささぎ》の羽の模様に似ているので鵲豆と書き、これをフジマメと呼んでいた。なおハッショウマメの種実

フジマメ（『中国高等植物図鑑』1972）

にも同様の模様がある。

フジマメの呼び名は複雑で、『物類称呼』では眉児豆、京にてインゲンマメ、江戸にてフジマメ、西国にてナンキンマメ、上総ではサイマメ、伊賀ではセンゴクマメというと記している。『重修本草綱目啓蒙』にはこのほかカキマメ、カンマメ、ツバクラマメ、トウマメ等の名が出ている。近年の地方名をみると、関西ではインゲンマメ、その訛りのインギンマメ、九州ではナンキンマメ、金沢市周辺では晩秋までやたらになるのでダラマメと呼び、地方によっては千石《せんごく》マメ、八升マメ、トウマメ、源氏豆などとも呼んでいる。

フジマメには前に述べたように白花種と紫赤色の花が着く赤花種とがあり、赤花品種の中には長藤豆、長野藤豆、台湾藤豆などの品種がある。フジマメの多くの品種は蔓性であるが、西日本や愛知県では矮性の品種も栽培している。

フジマメは西日本で多く栽培され、東日本ではほとんど栽培されない。北陸地方は本種の栽培の多い地域で、富山県では紅花で早生の蔓性品種が栽培され、摘芯する栽培技術が生み出されている。ところで隣りの石川県の金沢市、小松市の付近では富山県とは違って白花系の品種が多く栽培されている。フジマメは病害は比較的少なく栽培はやさしいが、アブラムシの被害はうけやすい。

フジマメは若莢を油でいためたり、油あげと一緒に煮て食べたり、漬物にすることもある。石川県ではインゲンマメより高価で取引きされ、夏から晩秋まで食用に供されている。

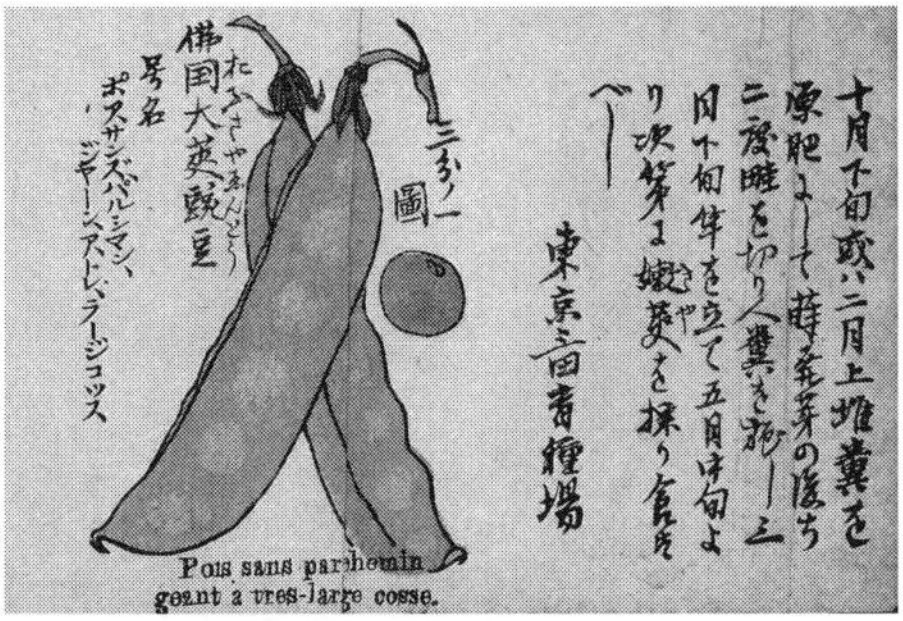

フジマメ（『穀菜弁覧 初編』1889, 国立国会図書館蔵）

フジマメ

ササゲ

ササゲは熱帯アフリカで作物化したものとされ、古代にエジプト、アラビア、インド、地中海地域に伝わった。中国へはシルクロードによって伝わったといわれ、わが国には中国から古代に渡来したとみられる。

『古事記』（七一二年）には佐々義、『本草和名』には白角豆、大角豆、佐々介、『和名抄』には大角豆、和名散々介とある。『日本書紀』の継体天皇の代の記録に「荳角皇女（娑佐礎と云う）を生む」とある。また東大寺の寛平年間（八九〇年頃）の日誌に大角豆という名が記録され、『延喜式』には栽培概要などがあり、『物品識名』には裙帯豆としてのっている。『農業全書』には豇豆《ささげ》とあり、蔓性と矮性、豆の色では白色、青色、赤色、莢の長さでは長短があるなど、多くの品種の分化していることが記され、栽培法など詳しく記述している。これらの点からみてササゲは、古代から重要な作物の一つであったことが知られる。

ササゲ（『中薬大辞典』1978）

ササゲには乾燥種実を食用にするハタササゲと若い莢を野菜として利用するジュウロクササゲとの二つの変種がある。もともとのササゲは乾燥種実用であるが、欧州では飼料や緑肥用としても栽培される。

ハタササゲは乾燥した種子を菓子や餡《あん》にしたり、アズキと同様飯にまぜて赤飯にするなど、穀物として利用する。ミトリササゲ、アズキササゲ、セキハンササゲ、テンコウササゲなどと呼ばれるのはこのハタササゲである。なおササゲとは莢が上に向かって着くところから出た名で、捧ぐと同義の言葉といわれ、テンコウササゲも天向ササゲと思われる。第二次大戦後一時栽培が増え、全国で一五〇〇町歩ほど栽培された時期もあったが、その後減少し、近年は最盛期に比べると半減している。

ジュウロクササゲは若莢を食用にする変種で、関東では十六ササゲ（関西では十八ササゲ）、三尺ササゲ、ミズラ、メズラなどと呼んでいる。ミズラの名は御髪《みずら》ササゲが略されたもので、莢が髪のように垂れ下がるところから出た名といわれる。九州、四国や関東の一部ではフロウ、布良宇《ふらう》と呼び、欧米ではアスパラガス・ビーンと呼んでいる。

ササゲ

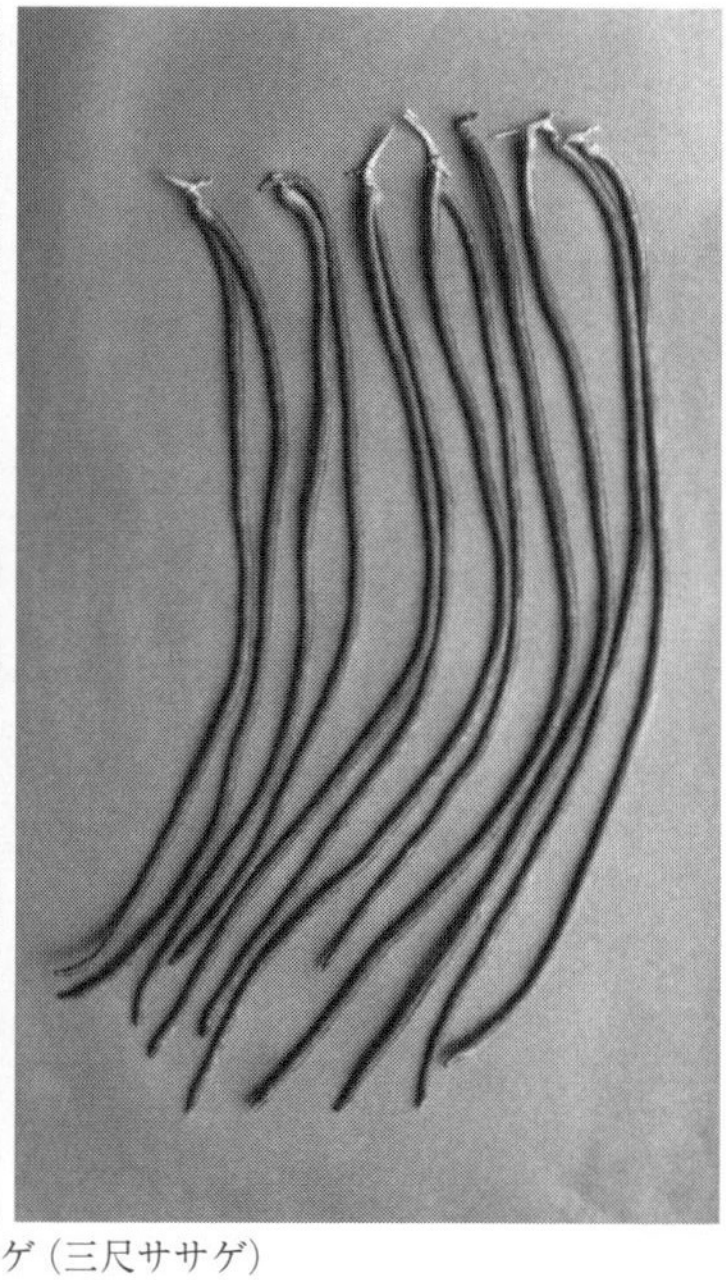

ジュウロクササゲ（三尺ササゲ）

ナタマメ

熱帯アジアの原産で、現在も各地に野生がみられる。わが国に渡来した年代は明らかでないが、『多識編』に初めてみられ、江戸時代中期の辞書である『和爾雅』には刀鞘豆、鞘豆、『本朝食鑑』には刀豆、奈多末女とあり、『和漢三才図会』にはその薬効が記されている。

ナタマメの和名は莢の形と大きさからでたもので、太刀《たち》豆《まめ》ともいい、英名のソード・ビーン（sword bean）と同じで、高知県の地方名タテワキ、九州の地方名刀佩《たちはぎ》、タテワキは漢名の挾剣豆と同義といえよう。

ナタマメには蔓性の品種と矮性の品種があり、種子と花の色では白色の品種と紅色の品種がある。

なお矮性のタチナタマメは西インド諸島の原産といわれる別の種で、ナタマメの変種とする者もある。野生型のハマナタマメはわが国の暖地から東南アジアの各地に野生し

ハマナタマメ

ナタマメ

ている。これらの種には、カナバリンというアルカロイドが含まれ毒性がある。

ナタマメは大形な種実をキントンなどに加工して食用にもするが、それよりも若莢を漬物材料にするため栽培することが多い。いわゆる福神漬は干しダイコン、ナス、レンコン、タケノコ、シソ、サンショウなど七色の野菜をまぜるところから、七福神に因んでこの名がでたもので、福神漬には必ずナタマメの若莢をスライスしたものが入っている。

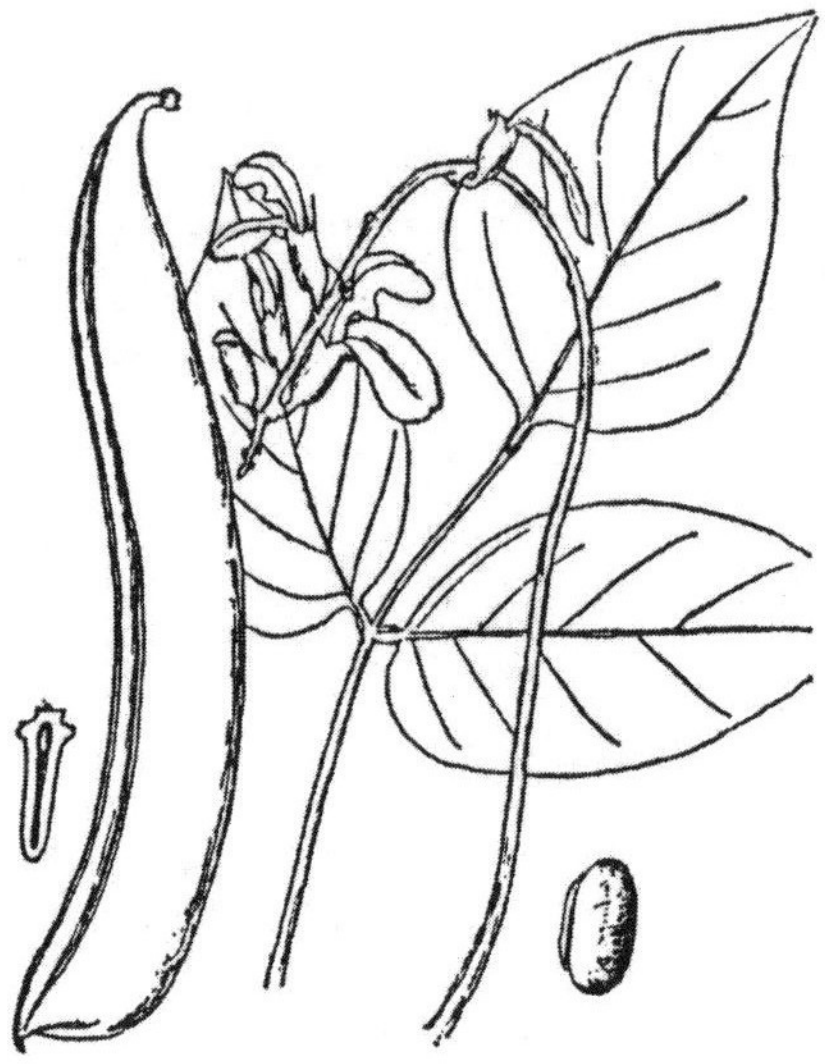
ナタマメ（岩佐俊吉氏, 1980）

イチゴ（オランダイチゴ）

(1) 起原と渡来

イチゴの名のつく植物としてはキイチゴ、ナワシロイチゴなど多くの種類がある。しかし現在イチゴといえば、通常オランダイチゴを指すので、本書ではオランダイチゴを単にイチゴとした。イチゴは一八世紀後半にバージニアイチゴとチリーイチゴとの種間交雑から成立した作物で、種類としての歴史はまだ二〇〇年あまりにしかならない。
イチゴ属 ***Fragaria*** 植物は世界各地に分布し、ヨーロッパでは古くから野生のイチゴを摘んで食べる習慣があり、一四世紀頃からは野生種の栽培も行なわれた。一六二九年、アメリカの東部や中部に野生するバージニアイチゴがイギリスに伝わり、一方南米チリーのチリーイチゴが一七一五年にフランスに伝わった。一八世紀の後半にイギリスで上記の二つの種の間の交雑が行なわれ、二種間の雑種の育成に成功した。この雑種はアナナスイチゴと呼ばれ、このアナナスイチゴはイチゴとしてすぐれた特性をもっていたため、各方面から注目された。そこでイギリス、フランス、ドイツにおいて同様な交雑育種が盛んに行なわれるようになり、やがて現在のオランダイチゴの多くの品種が成立した。一方アメリカにおいても大規模な交雑試験と育種が進められ、一九〇九年には、その後多くのすぐれた品種の育成親になったハワード一七が作出された。

なおわが国にもノウゴウイチゴ、シロバナノヘビイチゴ、エゾクサイチゴというイチゴ属の植物が野生している。しかし夏の登山者が摘んで食べる程度で、育種材料としての検討はまだほとんど行なわれていない。これらの野生種とオランダイチゴとを交雑すると、両者の染色体数が違っているのでその雑種は花が咲いてもタネができず実は大きくならない。

イチゴはわが国には嘉永三年（一八五〇）オランダ人によって伝えられ、オランダゼリ（パセリ）、オランダミツバ（セルリー）、オランダキジカクシ（アスパラガス）、オランダナ（キャベツ）などと同様にオランダイチゴと呼ばれた。しかし栽培は広まらなかった。その後明治初年に欧米から何

わが国に野生するノウゴウイチゴ

オランダイチゴとノウゴウイチゴの不稔結実

回も苗を導入したが、種子と違って当時の船便では輸送途中に枯れることが多く、結局導入は不成功に終わった。その後明治二七年にやっと導入に成功し、明治末頃から各地で栽培が始められた。

当時新宿の勧業寮で欧米からの種苗の導入と試作に当たっていた福羽逸人氏は、フランスから取りよせたゼネラルシャンジーのタネから実生を育成した。その実生は果実が非常に大きく味もよく、すぐれた特性をそなえていたので新品種として発表した。これが福羽苺で、明治三二年（一八九九）のことである。

福羽逸人氏は安政三年島根県津和野に生まれ、明治五年一六歳で福羽家の養子になり、その年、内藤新宿試験場の実習生になり、農学を学んだ。明治一八年から二年間フランスとドイツに留学し、西欧の園芸学を学び、種苗の導入と試作にも関係した。その後新宿試験場が宮内省の所管となり、新宿植物御苑と改称され、福羽氏は宮内省技師として同苑で勤務し、その間に『蔬菜栽培法』を著すなど、わが国の園芸界の草分け的指導者であった。なお同苑の新宿御苑としての大改造は、福羽氏がフランスのアンリー・マルチネーの意見をとり入れて行なったもので、明治三九年に改装が完成している。このように福羽氏は現在の新宿御苑の生みの親でもある。そして福羽氏の育成した福羽苺は果実の長さが七センチ、重さが七〇グラムにもなる世界有数の大果品種で、しかも促成栽培に適する特性をもち、わが国のイチゴ栽培に大きく貢献した。世界的に有名なイチゴの研究者、育成者であるアメリカのグロー氏の著書にも、福羽逸人氏の写真とともに福羽苺のことが紹介されている。

(2) 戦前のイチゴ栽培の状況

わが国のイチゴ栽培の先進地となった静岡県では、明治四〇年頃種苗商から苗を取りよせて久能などで栽培した。大正初年、たまたま石垣の間に植えられたイチゴの早く成熟することが見出され、有名な久能山の石垣栽培が始まった。その後エキセルショアーとビクトリアから、福羽とビクトリアへと栽培品種が変わり、防寒用に菰を掛けていたのを菰の上にさらに布を掛ける方法に改良した。また山頂に貯水池を造って灌水施設を設け、大正一四年からは自然石の石垣からコンクリート板を使う方法に改め、作付面積も大正一二年当時の六町歩から昭和一四年には六〇町歩になった。

この静岡県のイチゴ栽培に刺激されて、兵庫県や神奈川県下では早出し栽培が、千葉県市川市では露地栽培が行なわれるなど、各地でイチゴの栽培が広まった。しかしその頃から日中戦争が始まり、第二次世界大戦へと発展し、やがて食糧増産が切実な問題になってイチゴの栽培は停頓し、作付面積は激減した。

(3) 戦後のイチゴ栽培の発達

第二次大戦が終わり平和が戻り、やがて生活程度が向上するにつれてイチゴへの関心が高まり、一九三三年育成されたフェアファックスや一九四五年育成されたダナーのようなすぐれた品種が導入され、これらが育種親にもなり、わが国でも宝交早生や紅鶴など、すぐれた新品種が育成された。またあとで述べるようなイチゴの生態的特性の研究成果が実際栽培にも応用されて、株冷蔵による促成栽培など新しい作型が開発され、ビニール産業の発展にともなう施設栽培の増加ともうまく一致して、ほとんど一年中イチゴが生産できるような周年生産体系ができ上がった。近年のイチゴのハウス作付面積は野菜の中で第一位を占め、イチゴ総収穫量の八五パーセントは施設内で生産されている。また一方では食生活の洋風化にともない、生食野菜の消費が増加したこともあって、イチゴの消費は増加し、例えば京浜地区の市場のイチゴの取扱い額をみると、昭和五〇年代は二七〇億円に近く、リンゴの取扱い額を凌駕している。なお欧米ではイチゴは加工用に供されるのが多いが、わが国では生食用が主体で、加工される数量は年々増加しているものの、全生産高に占める加工向け数量の割合は、昭和四〇年の八・六パーセントから、昭和五二年は五・六パーセントに低下している〔国産に限れば平成二四年は二・八パーセントだが、加工用の約八割は輸入物が占めている〕。

(注) 平成二三年:作付面積六〇二〇ヘクタール、収穫量一七万七三〇〇トン。主な産地は栃木、福岡など。

イチゴの果実(女峰)

（4）研究の成果と栽培技術の進歩

花芽形成期の調節　イチゴの果実の着く第一歩は、花芽の形成から始まる。生長点が葉を形成する状態。いわゆる葉芽では開花、結実は望めない。イチゴの花芽の形成については、江口庸雄博士の昭和七年から一四年にかけての一連の研究業績の発表がある。それによると、ある程度の大きさのイチゴの苗は、昼の長さ（日長）が一二時間以下の短日で、温度が一七度より低い状態になると花芽を分化（形成）し、花芽形成がある程度進んでからは、むしろ温暖で長日の条件で花の生長が進む。事実イチゴの花芽は九月末から一〇月頃に形成を始めるが、これは結局、秋に日が短くなり、温度が低くなることからおこるわけである。そして翌春暖かくなり、日長も長くなる五月頃開花する。このようにイチゴは日長、温度の季節変化によく適応した生活史をもっているわけである。

　先に述べた事実がさっそく実際のイチゴ栽培に応用された。例えば静岡県では八月中旬頃苗をとって富士山麓の標高八〇〇～一〇〇〇メートルの山畑に植え付け、花芽の形成を早くさせ、ある程度花芽の形成が進んだ時期にこの苗を平地に移し、久能山麓のような温暖な条件で栽培し、早く果実を収穫する栽培法を考案した。この場合花芽の形成状態を確かめるため普及員などの技術者が解剖顕微鏡で数株のイチゴ苗の生長点を調べ、山から下げる時期を決めていた。この山上げ育苗の方法は、その後他の府県でも行なうようになった。

　また近年になって埼玉県下では黒い寒冷紗をイチゴ畑に張って日射を遮り、低温にして花芽の形成を促し、その苗を早出し栽培に用いる方法を工夫している。また鉢植えで育苗し、イチゴの生長をある程度抑えて花芽の形成を促す方法も各地で行なわれている。

休眠の調節　イチゴが冬季に休眠するということに戦前は誰も気づかなかった。第二次大戦後、アメリカから導入したダナーが、味がよく酸味もある程度あることや、その新しい名前からか関東地方の消費者の間で爆発的な人気を呼んだ。またダナーの果実は比較的しまっていて輸送しやすく店もちがよく、生産者側からも好まれ、その栽培が急激に増加した。そこでこの品種の早出しをしようとして一一月あたりから施設に入れ、保温や加温をしたところ、ダナーはほとんど生長せず、新しい葉はすくんだような状態になってしまった。これを矮化現象と呼んだが、調べてみるとこれはイチゴが休眠状態にあるからだと分かった。そして冬の低温期を経過するとダナーは正常に生長する。要するに、多くのイチゴ品種は冬季に休眠し、冬の低温にあって休眠から覚める。しかし中には休眠性の弱い品種があり、わが国で促成に用いていた福羽苺は、たまたま休眠性の弱い品種であった。このため、休眠のことは問題にならなかったわけである。つまりイチゴはもともと温帯性の植物で、秋になりある程度の低温と短日条件になると休眠に入り、冬の低温期を経過することで休眠が破れ、春の長日条件もまた休眠からのめざめを促す。

そこでダナーの果実を早出しする方法として株冷蔵法が考案された。まず一一月中頃に掘り上げた株をダンボール函に入れ、零度前後の冷蔵庫に入れ、三〇日間ほど経過後取り出してハウス内に植え付ける。ここで保温または加温すると、ダナーはだいたい正常に生長してやがて開花し、翌年の一、二月から収穫が始められる。この方法が栃木県など北関東から宮城県あたりまで広まり、ダナーの生産は増加した。その後点灯して長日条件にしたり、ジベレリン処理をして休眠から覚めさせる技術も生まれ、休眠を打破して早出しする促成栽培法が広まった。

次に別の早出しの方法としてイチゴを休眠に入らせない方法が関西で開発された。まずイチゴの花芽の形成がある程度進んだ頃を見計らい、一〇月末頃に点灯と保温をして短日、低温にならないように管理する。するとイチゴは本格的な休眠に入らないまま生長を続け、その間に花を開き結実する。この方法はいわば徹夜をさせる方法なので、イチゴの株は疲れやすく、いろいろの問題もある。

第三の方法はいわば睡眠薬を飲ませたように眠り続けさせる方法で、株の長期冷蔵法と呼んでいる。まず花芽の形成が相当進んだ二月上旬頃に畑のイチゴの株を掘り上げ、これを段ボール函に入れて零度～マイナス二度の冷蔵庫に入れる。この温度を厳重に守らないと氷って腐ってしまったり、あるいは反対に伸び出したりする。この株を半年以上も冷蔵し、九月上旬頃取り出して畑に植え付ける。植え付けられたイチゴの株は春の到来とばかり芽を伸ばし花を開き、一〇月から一一月には収穫できる。この果実は元来は六月頃収穫されたはずのもので、いわば遅出し栽培であるが、季節的には普通の早出しよりいっそう早い時期の収穫で、超促成ともいえる。この方法は東京オリンピックの開催年の前年頃始められたもので、生のイチゴがオリンピックの開かれた一〇月には出荷され、外国から来た人も驚いたという。

遅出しの工夫　以上のような花芽の形成と休眠の調節、それに保温、加温栽培で一〇月頃から翌年の六月までは生のイチゴが食べられる。したがって七月以後がイチゴの端境期であるが、七月頃は冷涼な多雪地帯の露地物が出廻っている。例えば新潟県の六日町付近や山形県の米沢市付近は有名な豪雪地帯で、根雪の消えるのが遅い。そこでこの地域でイチゴを栽培すると、余計な手間はかけないで遅出しができ珍重される。以前は遅い時期のイチゴは見向きもされなかったが、近年は周年需要があり、これらのイチゴは越路《こしじ》苺、山形苺の名前で比較的高価に販売されている。

イチゴ品種の中には四季成り苺といって、一年中つぎつぎと花が咲き実の着くイチゴがある。四季成り苺は以前からあったものであるが、ランナー（匍匐枝《ほふくし》）がほとんど発生しないため株の増殖が困難で、大栽培には適さず、家庭菜園に植える程度であった。ところが戦後福島県の大石俊雄氏がランナーの発生する四季成り苺を育成した（同氏はスモモなどでも新品種を育成）。そこでこの大石四季成り苺を栽培すれば、普通イチゴの結実しない夏の期間でも生のイチゴが収穫できる。ただしこの品種は果実が少し軟らかくて遠距離輸送はむずかしく、また収量はそれほど多くない。現在夏の観光地の付近などで主に栽培されている。

このようにイチゴは現在ほとんど一年中食べることができる。これは生産者のさまざまな工夫と努力の結晶であるが、それらの栽培は基礎的な研究や品種改良の成果の上に成り立ったものということができよう。

なおこのほかウイルスフリー株（ウイルスに罹っていない株）の育成と増殖の方法、ミツバチなどをハウス内で飼育して授粉を助ける方法、温度管理や水管理、施肥の方法など多方面にわたって研究の成果があげられ、実行に移されている。

イチゴの子株，ランナーの発生状況

トウモロコシ（スイートコーン）

(1) 起原と伝播、栽培状況

トウモロコシの野生種はまだ発見されておらず、作物化の起原も明らかではない。しかし非常に古い時代にアメリカ大陸で成立した作物であることは間違いない。メキシコ南部では紀元前五〇〇〇年の遺跡から野生型のトウモロコシが発見され、紀元前二〇〇〇年頃は作物化したとみられる事実があり、その間にいくつかの野生種との交雑などで現在のトウモロコシは生まれたとされている。またペルー発祥説、ボリビア発祥説もあり、多元説もある。

キューバで初めてトウモロコシを見たコロンブスが、一四九二年にスペインに持ち帰ったのがヨーロッパでの最初である。その後三〇年間でヨーロッパ各地からアフリカにまで伝わり、アフリカの各地には一六～一七世紀の間に広まった。東洋には一六世紀初頭にポルトガル人により伝えられ、インドからチベット経由で中国にも入った。『本草綱目』には玉蜀黍、玉高粱として記載されている。

トウモロコシ（『本草綱目』重訂版 1875）

日本には天正七年（一五七九）ポルトガル人が長崎に伝えたのが最初で、江戸時代にある程度広まった。『農業全書』には記述がないが、『成形図説』には紫紅色でねばるもの、黄白色でねばらぬもの、紫赤色ではぜるものの三種類のあることと、食べ方や菓子、焼酎の原料になることなどを記述している。

明治初年には穀菽類の一つとして種実が導入され、また別にアメリカから北海道に入り、北海道で盛んに栽培された。トウモロコシは乾燥した種実を穀物として食用や飼料にしたばかりではなく、穀物用の品種の未熟の雌穂を収穫して、焼いたりゆでたりして食べることも多かった。

第二次大戦後、未熟トウモロコシ用の甘トウモロコシ（スイートコーン）のすぐれた新品種がアメリカから導入され、昭和二五、六年から未熟トウモロコシ用の栽培は急激に増加し、昭和五〇年代の収穫量は戦前の二倍半以上になっている。なおこの中には青果用ばかりでなく、加工用のものも含まれている。加工用向けの量は近年急速に増加し、昭和五二年の未成熟トウモロコシの出荷総量に占める加工向け量の割合は四七パーセントを超している。加工されるスイートコーンの約三分の二は壜缶詰で、残りが冷凍加工である。

トウモロコシ（『成形図説』1804）

これらの生産地をみると、スイートコーンの四割以上は北海道で生産され、夏から秋の北海道ではトウモロコシ、いわゆるキビが名物になっている。スイートコーンは収穫後比較的短時間で食味がおちるので、東日本では千葉県を始め北関東や長野、山梨の両県など京浜市場に近いところが産地になっている。関東地方に比べると西日本ではスイートコーンの生産は比較的少ない。

（注）平成二三年：作付面積二万五〇〇〇ヘクタール、収穫量二四万三〇〇〇トン。北海道が生産の四八パーセントを占め、次いで鹿児島、千葉、茨城、長野、山梨となっている。

（2）名称

わが国での古い記録としては『多識編』に玉蜀黍、多末岐比、『和爾雅』には玉蜀黍（ナンバンキビ、タマキビ）として記されている。これはおそらく中国の『本草綱目』に出ている玉蜀黍、玉高粱によった言葉であろう。江戸時代中期の方言辞典である『物類称呼』には畿内にてナンバンキビ（南蕃黍）また菓子キビ、東国ではトウモロコシ、越後ではマメキビ、奥州の南部ではキミ（黍はモロコシという）、備前ではサツマキビというとしている。『成形図説』には豆《まめ》黍《きび》とし、珠黍（『多識編』）、唐諸越（『本朝食鑑』）、郷麦、御麦、戎菽、蕃麦（以上『群芳譜』）、包子米（『盛京通志』）、薩麻黍、高麗黍などの別名をあげ、薩摩藩では唐黍《とうきび》というと記している。

その後、関東語が標準語とされることが多いため、トウモロコシがこの作物の代表的な名称となり、関東地方を始め全国的にトウモロコシと呼ぶようになった。しかし現在でもこの作物の大産地である北海道や東北地方、それに北関東、九州、四国の一部では『成形図説』出版当時の鹿児島県と同様トウキビと呼び、北海道と東北地方では『物類称呼』にあるように単にキビと呼ぶ地域が多い。最初長崎に渡来した頃、これが南方から入ったため南蕃黍と呼んだが、今でも西日本ではナンバンキビと呼ぶ地域が多く、関西、中国、四国では単にナンバと呼んでいる。

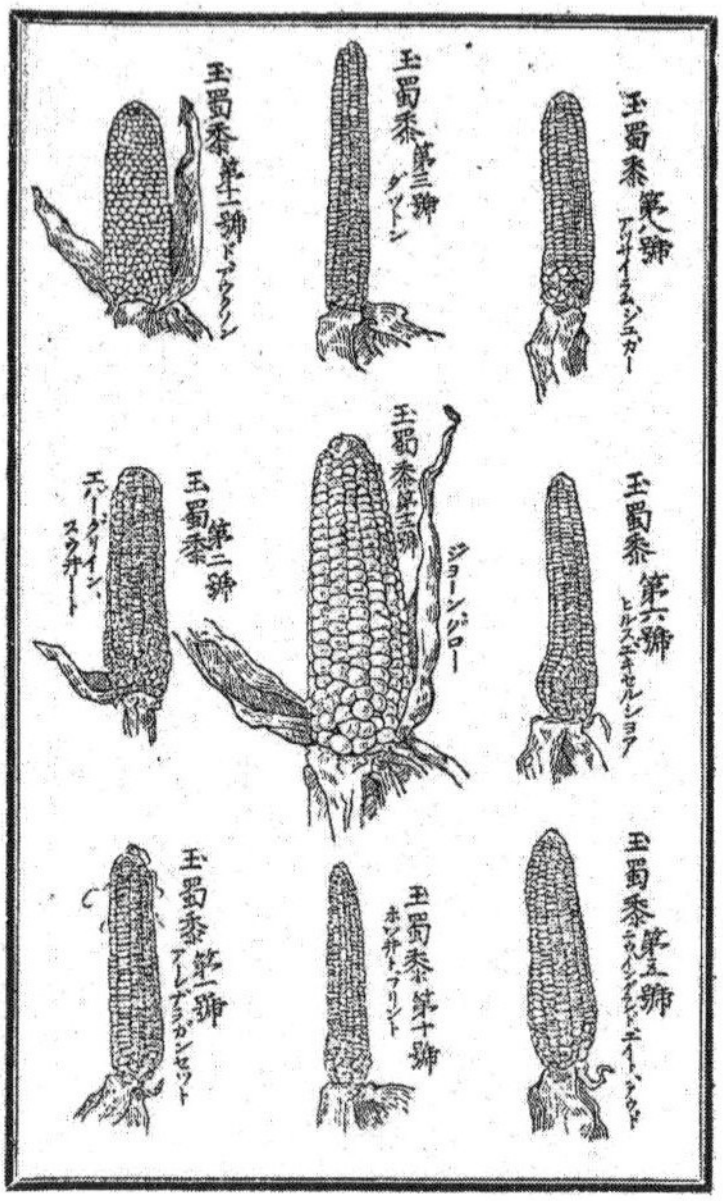

トウモロコシ（『舶来穀菜要覧』1886）

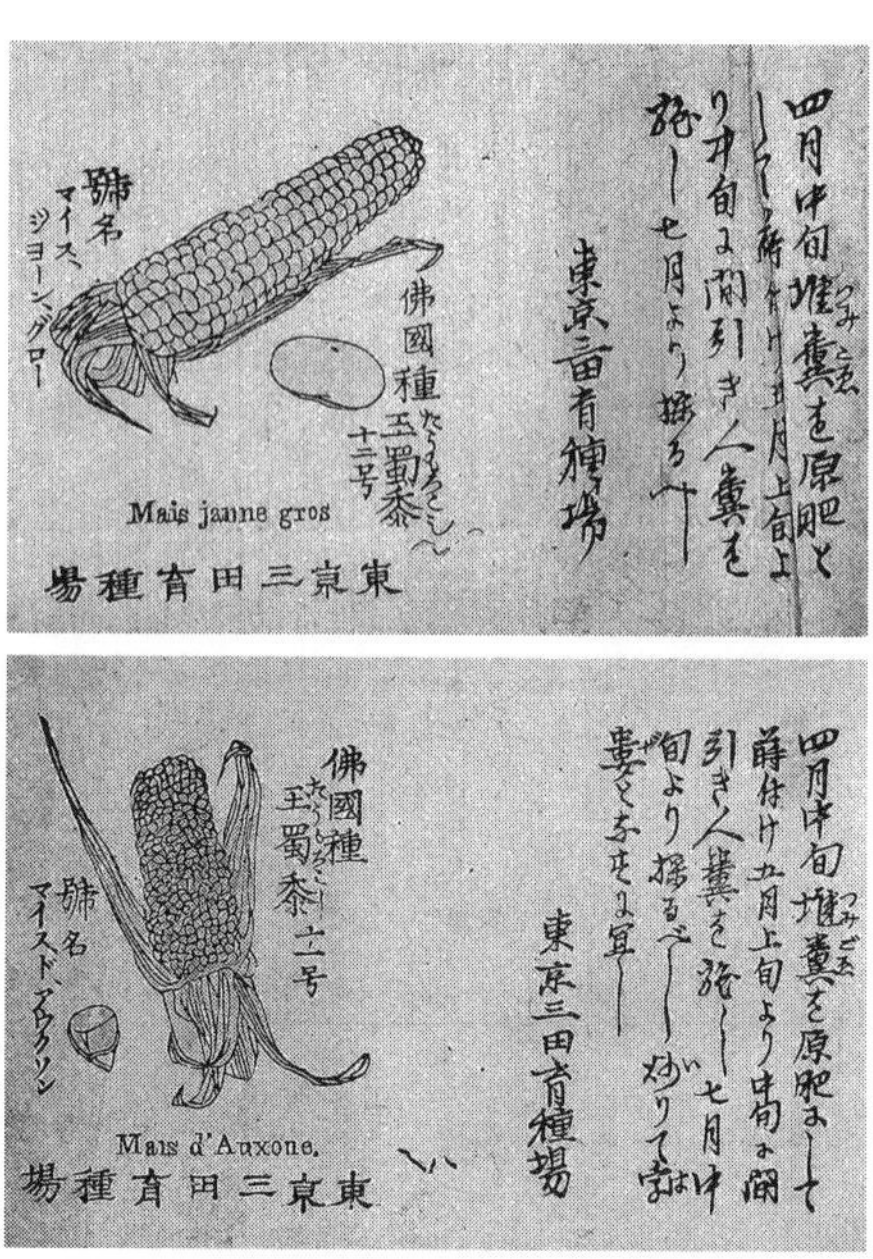

トウモロコシ（『穀菜弁覧 初編』1889, 国立国会図書館蔵）

(3) 種類と品種

トウモロコシには七つの変種が知られている。わが国で古くから栽培したのは主として硬粒種（かたつぶ種、フリントコーン）で、主に穀物として利用した。第二次大戦後は畜産の振興にともなって飼料用として多くのトウモロコシを輸入しているが、外国産の飼料に頼るわが国の畜産のあり方が問題になっている。飼料としては種実のほか、種実の成熟する前に茎葉を刈り取って生のまま与えたり、サイロにつめておいて秋から冬の牛馬の飼料にする青刈りトウモロコシがある。青刈り用には馬歯種（デントコーン）が用いられる。この品種は種実が比較的軟らかく、成熟すると収縮して馬の歯のような形になるところからこの名がつけられている。

　種実が、中、小粒で、成熟しても胚乳の炭水化物がデンプンにまでならず、糖分の形で残っているのが甘《あま》トウモロコシ（甘味種、スイートコーン）で、未熟のものを野菜として、あるいは加工原料として利用している。スイートコーンも種実が成熟すると皺ができるが、糖分を多く含む品種の種実が乾燥すると収縮して皺ができることは、エンドウのシュガーピー、エダマメの一部の品種でもみられる。

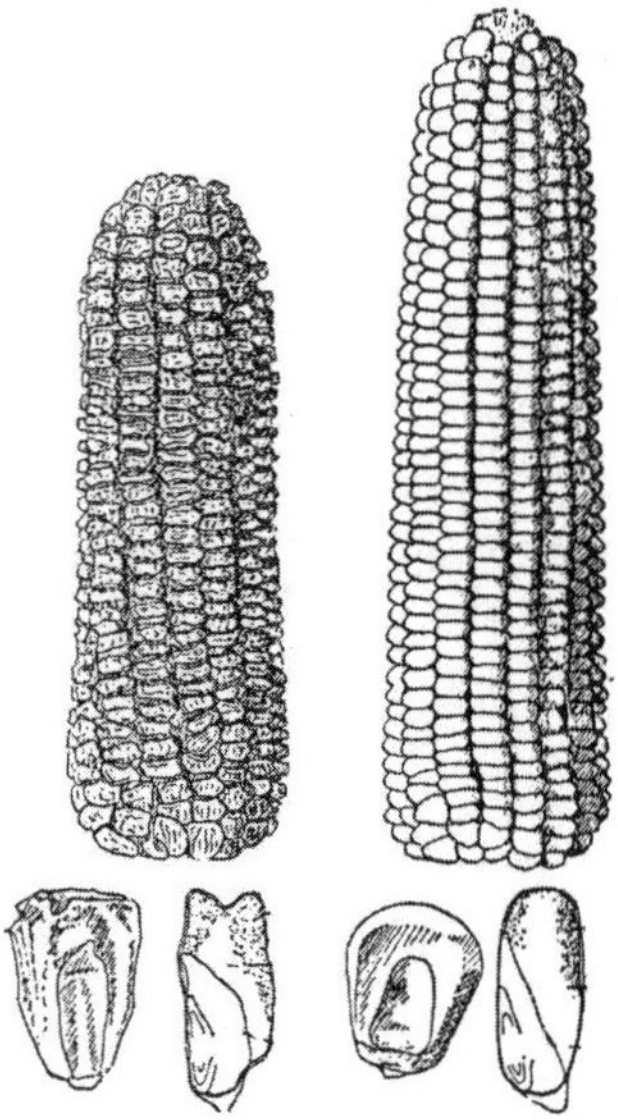
トウモロコシの種実：(左) あまつぶ種, (右) かたつぶ種 (山崎義人, 石井勇義編『園芸大辞典』誠文堂新光社 1953)

　近年はこのほか爆裂種（ポップコーン）が家庭菜園などで少し栽培されている。この種類は種実の胚の周囲に含水量の異常に多い部分があり、炒《い》ると水が蒸発して内部の圧力が高まり爆裂する。近年ポップコーンを栽培し、とれた種実を爆裂させて菓子をつくる家庭がみられる。

　トウモロコシにはたくさんの品種がある。スイートコーンでは昭和二四年にゴールデン・クロス・バンタムという一代雑種の種子が輸入され、やがてその親系統も導入されてわが国でも一代雑種の採種ができるようになった。そしてこの品種の導入以来、スイートコーンが本格的に栽培されるようになった。ゴールデン・クロス・バンタムは従前のトウモロコシの品種に比べると草丈が低く、家庭菜園でも栽培しやすく、甘味が強く、従前のトウモロコシのイメージを変え、これ以来スイートコーンの名が一般に広まった。

　その後さらに、甘味が円やかで日持ちのよいハニー・バンタムなどの種子が輸入され、広く栽培されている。このようにスイートコーンでは、外国で育成された一代雑種の種子が外国で採種され、わが国の農家ではその輸入種子をまいて栽培している。

（4）一代雑種種実の採種と栽培

現在栽培されているスイートコーンは、ほとんど全部が一代雑種である。これは一代雑種の生産性が固定種よりもすぐれているからであるが、それよりもスイートコーンでは比較的少ない労力で容易に一代雑種の採種ができるからである。トウモロコシは上図のように茎の頂部に雄花の穂が着き、茎の中ほどの葉のわきに雌花の穂（これが食用に供される）が着く。雌花穂は開花期になると花柱が伸びて穂の先に柱頭が出て来る。トウモロコシの毛と呼ばれるのはこの花柱で、トウモロコシの一粒一粒から一本ずつ出ている。この毛の先の柱頭に、上の雄花穂の花粉が着くと受精して種実ができる。そこで、初めから一代雑種を作ろうとする二系統（仮にA×Bとする）を畑に隣りあわせて植えておき、雌親とするA系では雄花の開花前に雄花穂を切りすてる。もちろんこの場合、AB以外の品種は近くに植えて

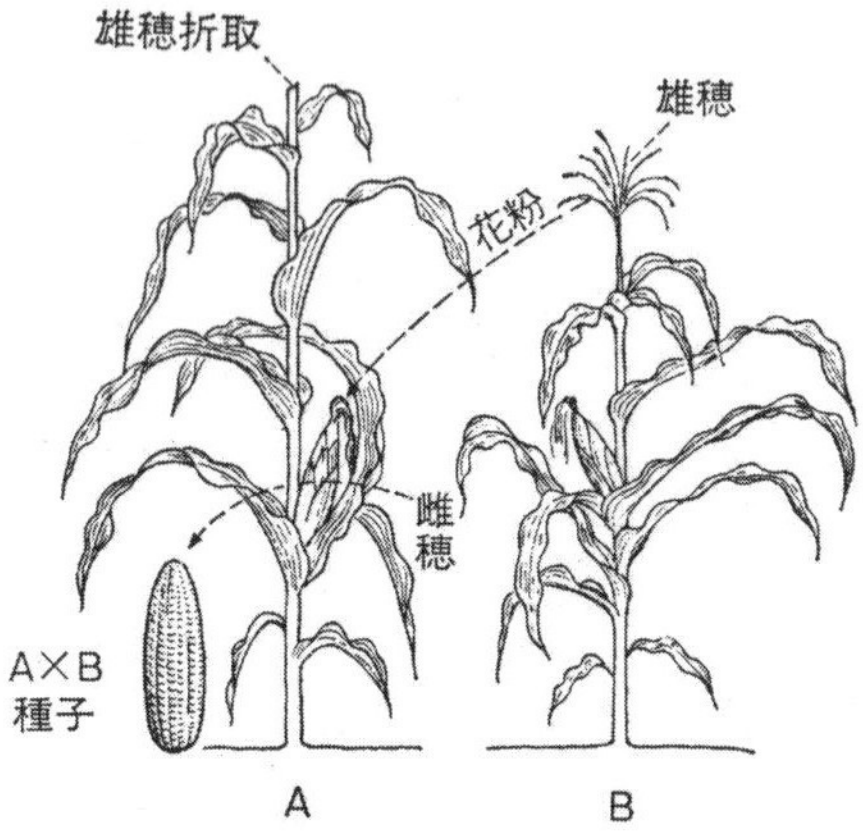

トウモロコシの一代雑種（A・B），および採種の方法（井上頼数氏，1950より）

スイートコーンの株（上に雄花が見える）

おかない。このようにすると雌花穂の柱頭には隣りのB系の花粉が風によって運ばれ、受精してA×Bの性質をもつ種実ができる。このように雌親の雄花穂を切る作業だけで、あとは風の働きで一代雑種の採種ができるので。労力が比較的高価なアメリカでも、実用的な採種ができるわけである。

昔の農業では、栽培する農家自体が採種を行なっていた。そこで栽培と採種とを毎年繰り返す間に、新しい品種が農家の手によって生まれてきた。これがいわゆる在来品種である。そしてこの在来品種はその土地の環境条件や必要性、

スイートコーン

嗜好性などにうまく適合した特性をそなえていた。ところが近年は、採種は栽培地とは別の場所で種苗会社が行なうので、栽培と採種とは離れてしまった。特にスイートコーンのように、わが国の風土とはまったく違う外国で採種したタネを輸入して栽培するものでは、栽培地の環境や条件に適した品種とは限らないし、また新品種の成立することもない。栽培者はその品種の特性に合わせて環境を作ってやる程度である。

また加工用のスイートコーンの栽培では加工業者との契約栽培が普通で、特にスイートコーンは収穫後短時間内に第一次加工を行なわないと品質が低下するため、工場ができて初めてその近傍に産地ができるという関係になっている。つまり栽培者は、加工業者の栽培計画に従って栽培するだけとなりやすい。このようにして園芸も企業化している。

ホウキグサ（ホウキギ、トンブリ）

近年ホウキグサの種実がトンブリの名で店頭に出荷され、ジャパニーズ・キャビアーなどといって食通の人たちの間で話題になっている。

ホウキグサは中央アジア、および西アジアからロシアのステップ地帯にかけて野生がある。中国では地膚と呼んで古くから栽培し、種実は地膚子《じふし》（地夫子）の名で強壮薬、利尿薬として古くから用いられた。

わが国には最初は薬用として中国から渡来したものと思われ、古代の薬物を記述した『本草和名』や『和名抄』に地膚、一名地葵、和名爾波久佐《にはくさ》、一名末伎久佐《まきくさ》、末木久佐と記されている。ニハクサの名は『本草和名』より古い『万葉集』にも「にはくさに　村雨降りてこほろぎの　なく声きかば秋づきにけり（作者不詳）」とある。また日本最古の漢和辞書、『新撰字鏡』にも地膚、爾波久佐、阿加久佐の名がでており、『延喜式』には武蔵国と下総国から地膚子を薬用として献進したことが記されている。これらの記述からも、ホウキグサが古くから薬用として栽培されていたことが知られる。

日本に薬用植物として渡来したキク、アサガオなどが、導入後は食用あるいは観賞用にも用いられたように、ホウキグサもいつの間にか食用にも利用され、また茎は草箒《ぼうき》として利用されるようになった。『本朝食鑑』には箒木（波宇岐木）として葉を食用にすること、茎は草箒としてすぐれていることが述べられ、一種、奥州津軽に産するものは木は大きく、実は豆のようで、炒って果としていると記している。これをみると、現在秋田県を中心にした東北地方でこの果実を食用にしているが、この習慣は江戸時代から続いていることが知られる。なお現在も植物としての正式の名称、和名は江戸時代用いられた種名のホウキギで、例えば『牧野植物図鑑』ではホウキギ、一名ニワクサ、ネンドウ（土佐方言）と記され、ホウキグサの名はでていない。

江戸時代の代表的な農書である『農業全書』ではハハキギ（ハハキクサ）とし、別名としてホウキグサの名が出ている。そして近年は一般にホウキグサと呼ぶので、本書ではホウキグサとした。また『成形図説』では地膚をニワクサと訓じ、両書とも野菜としてとりあげ、大小二種類あることと、若い茎葉は和えもの、あつものなど種々料理して食することや、種実は地膚子として薬用に供されることなどを記し、屋敷内などに植えるように勧めている。しかし種実を食用にすることにはまったくふれていない。これは両書とも、九州など西日本の農業を中心にして書かれた書物であるからかもしれない。

第二次大戦前は『農業全書』に書かれているように、全国の到るところで庭先などにホウキグサが数株植えられ、草箒として利用された。なお草箒とする場合は茎が枯れると折れやすくなるので。まだ茎の固くなりきらない八月ごろ抜き取り、陰干しし、葉が落ちた頃適宜束ねて箒にした。なお翌年のタネとしては種実は完熟させた方がよいが、種実を食用にすることはほとんどみられなかった。そこでホウキグサの種実がこぼれて野生化することもあったらしい。わが国の暖地の海岸、特に瀬戸内の塩田跡地帯やその付近に自生するイソボウキは、ホウキグサの野生化したものといわれ、栽培するホウキグサと比較すると開張性で、草丈はいく分低く、枝はジグザグし、葉に毛がある。

第二次大戦後は自給自足的な生活がすたれ、ホウキグサを栽培する家庭はほとんどなくなった。ただ秋田県、青森県と山形県の庄内地方では草箒を作るためばかりではなく、

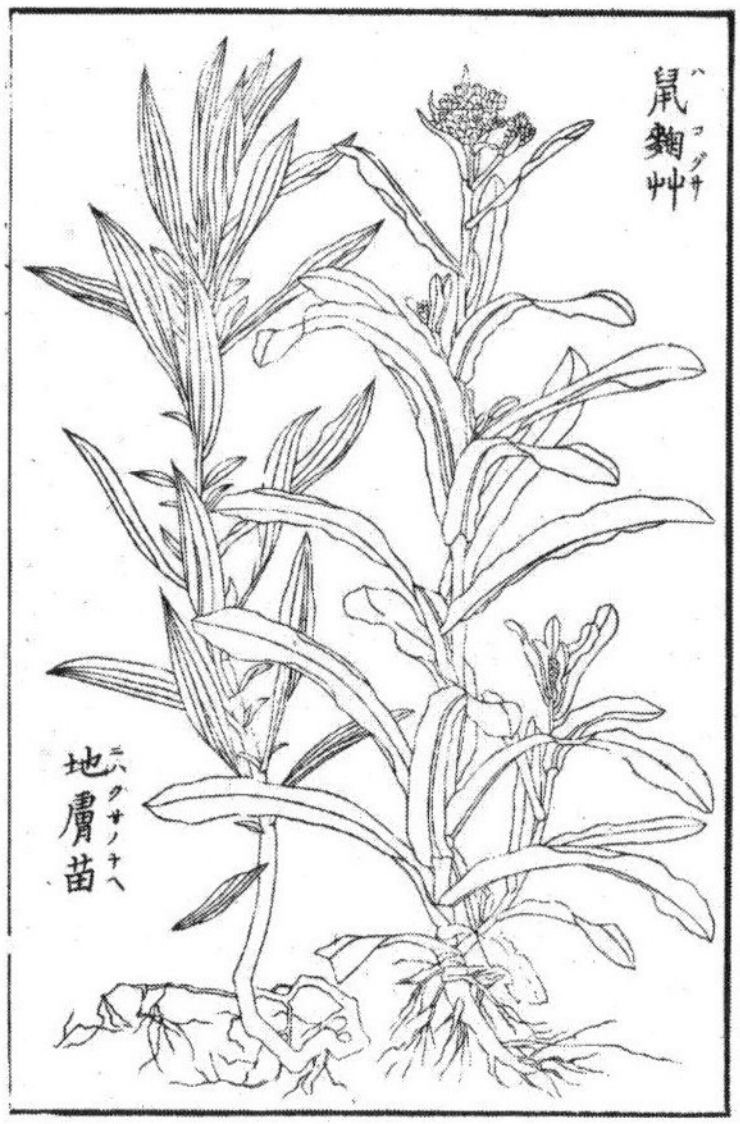

ホウキグサ（左・『成形図説』1804）

ホウキグサ（『中国高等植物図鑑』1972）

ホウキグサ

トンブリ

種実を食用にするために栽培している。秋になると、庭先に広げた蓆でホウキグサの種実を干す風景がよくみられた。

　ホウキグサの種実（実は果実）を加工して食べられるようにしたものを秋田県ではトンブリ、八戸ではズブシと呼んでいる。この半透明の粒のトンブリは、以前は自家用かせいぜい知人に贈る程度で販売されることはなかった。ところがトンブリの独特な味が全国的に知られ、ロシア特産でイランなどから輸入している高級食品のキャビアーに似ているということで、昭和二五年ごろから商品化されるようになり、秋田県北秋田郡比内町とその周辺に産地が生まれた。比内町は秋田犬で有名な大館から、盛岡や十和田湖南口に通ずる花輪線を少し入ったところの田舎町である。ホウキグサはまだ品種はあまり分化していないが、ここでは浅利という品種を栽培し、果実が肥大してもまだ青味が残っているうちに刈り取り、種実をおとし、四～五日間日干しした後陰干しして貯蔵する。このままでは皮を被っているので、種実を三〇分間ほど煮てから水に漬け、両手でもんで剝けた果皮を洗い流すとトンブリになる。トンブリはあまり貯蔵ができないので、食べようと思う都度加工したものを出荷している。近年は缶詰加工や真空パックにしたものを出荷している。また東京のデパートなどでは計り売りもしていた。

トンブリの名称は形がトンボの目玉に似ているので、この地方のトンボの方言であるダンブリが訛ったものとか、ホウキグサの土佐方言ネンドウと、秋田県の魚の卵の方言のブリコが結びついて生まれた名だともいわれる。秋田県ではハタハタが冬の魚として有名であるが、海岸に打ちよせられたハタハタの成熟卵をひろい上げたものをブリコと呼んで市販もしている。これは脂肪が多く硬い皮で歯ごたえがあり、トンブリの歯ざわりはこのブリコに似ている。

トンブリに酢みそを混ぜ、温かい飯にかけて食べたり、ナガイモの千切りとキクの花とだいこんおろしとトンブリとを混ぜ、醤油をかけたり、クルミをすりつぶし、塩、砂糖を入れてトンブリと混ぜ、豆腐と一緒に食べるなど、食べ方はいろいろと工夫されている。何にしてもプリプリと音がする歯ざわりと、淡緑色で淡白な風味は独特なもので、畑のカズノコ、山のカズノコとかジャパニーズ・キャビアーなどと呼ばれ、秋田県特産の珍味になっている。

なおホウキグサの中で、矮性で、草姿が整った円形になり。秋の紅葉が美しい系統は、コキア（ホウキギ属）の属名で花壇の縁どりなどに植えられている。

料理ギク（食用ギク）

（1）起原と渡来、栽培状況

料理ギクとして食用に供しているキクは、観賞用のキクと違う別の種類ということではない。キクの中で苦味がなく、味や香りがすぐれ、収量が多いなど食用に適した品種、系統を選び出したものである。

観賞用に栽培されるキクは中国で唐時代以前に生まれた。その成立過程はキクの形態的、生態的特性や染色体数などからいろいろと検討されている。北村四郎氏によると、おそらく北中国のチョウセンノギク（染色体数がn〈性細胞〉で九）と中国南部のシマカンギク（nで一八）との自然交雑が華中でおこり、2n（体細胞）で二七の個体が生まれ、この染色体が何らかの原因で倍加し、染色体数が五四内外の現在のキクが生まれたものと考えられ、その年代は唐の時代、またはそれ以前の六世紀頃と推定されている。中国では薬

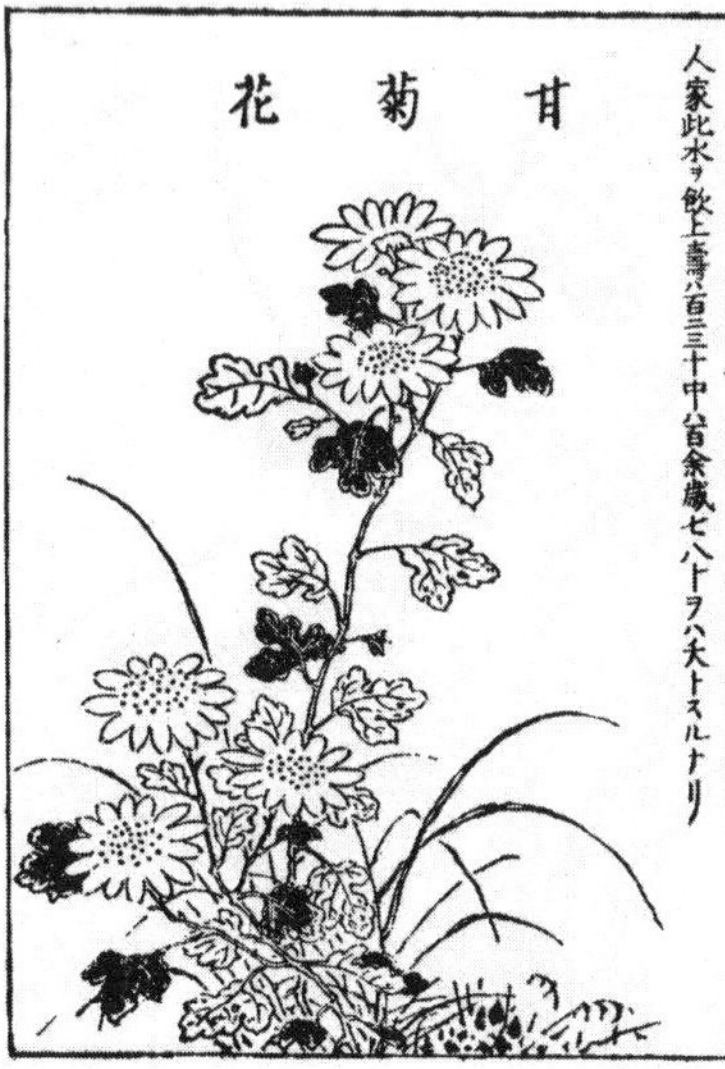

料理ギク（『絵本野山草』1755）

用として、また観賞用として栽培が広まり、品種分化も進み、宋の時代には大輪菊も成立していた。やがて花や葉を食用にしたり、花を乾燥して菊茶を作るようになった。

わが国にキクが伝来した年代は詳らかではないが、『万葉集』にはキクの語句がなく、『古今集』以降の歌や文章には多くみられる。しかし一説には『万葉集』にある藤袴《ふじばかま》はキクを指したものともいわれる。『類聚国史』（八九七年）には桓武天皇の時代の延暦一六年（七九七）一〇月の曲宴酒酣という御製に「菊乃波奈……」とあるが、これがわが国で菊の文字の使われた最初といわれる。『本草和名』には菊花、和名加波良於波岐とある。また『和名抄』には加波良與毛木、可波良於波岐、俗に音でキクというとある。『延喜式』には甲斐、近江、下野、若狭、阿波、讃岐より黄菊花を貢ぐとあり、『甲斐風土記』にも菊を納めた記事があるという。『源氏物語』（一〇〇五年頃）には一二ヵ所に菊の名が見え、これは植物名としては一〇番目に多いものになっている。また藤原時代にはキクの花を菊酒にした記録があるという。丹羽鼎三氏はキクは天平時代に渡来し、その後もしばしばキクの品種が中国から伝えられたものと推定している。ただしこの時代のキクは貴族社会や神社仏閣で栽培された程度で、庶民とは縁遠いものであったと思われる。

時代は降って、豊臣秀吉の桃山御殿にはキクの写生図があり、安土・桃山時代にはキクの栽培は相当広まっていたことが知られる。江戸時代になると平和が続いたこともあり、キクは庶民の花になって栽培は大衆化し、やがては世界に誇れるような大輪菊や、伊勢菊、江戸菊など、多くのタイプが分化し、すぐれた品種が育成された。

キクの花が食用にされるようになったのは、キクの栽培が大衆化されてからのことと思われ、料理ギクの誕生はそれほど古いものではないらしい。甘菊という言葉は四〇〇年ほど前から見られ、芭蕉の句集には元禄四年（一六九一）

近江堅田の作として「蝶も来て酢をすう菊の膾《なます》かな」や「折ふしは酢になる菊のさかな哉」の句があり、当時関西地方ではキクの花をなますなどにして食べていたことが知られる。小野蘭山の著書『本草綱目啓蒙』（一八〇三年）にもキクの花を食べることが記されている。また『重修本草綱目啓蒙』には、「キクには薬食用と観賞用とあり、薬用と食用は甘菊で、和名アマギクは料理ギクともいい、本邦のアマギクは皆黄菊で、薬舗の菊は奥州仙台より出る。夏菊を用いることもあるがよろしからず」と記してある。

　キクの花の食用化は、おそらく京都を中心にした関西で始まったものと思われ、滋賀県の坂本付近では近年まで料理ギクを栽培していた。下川義治氏の著書によると、大正末期当時は東京の南葛飾郡小松川村、南足立郡梅島村、長野県上高井郡綿内村、青森県八戸町などは料理ギクの本場で、主として黄色品種を栽培し、菊海苔をも製造していた。

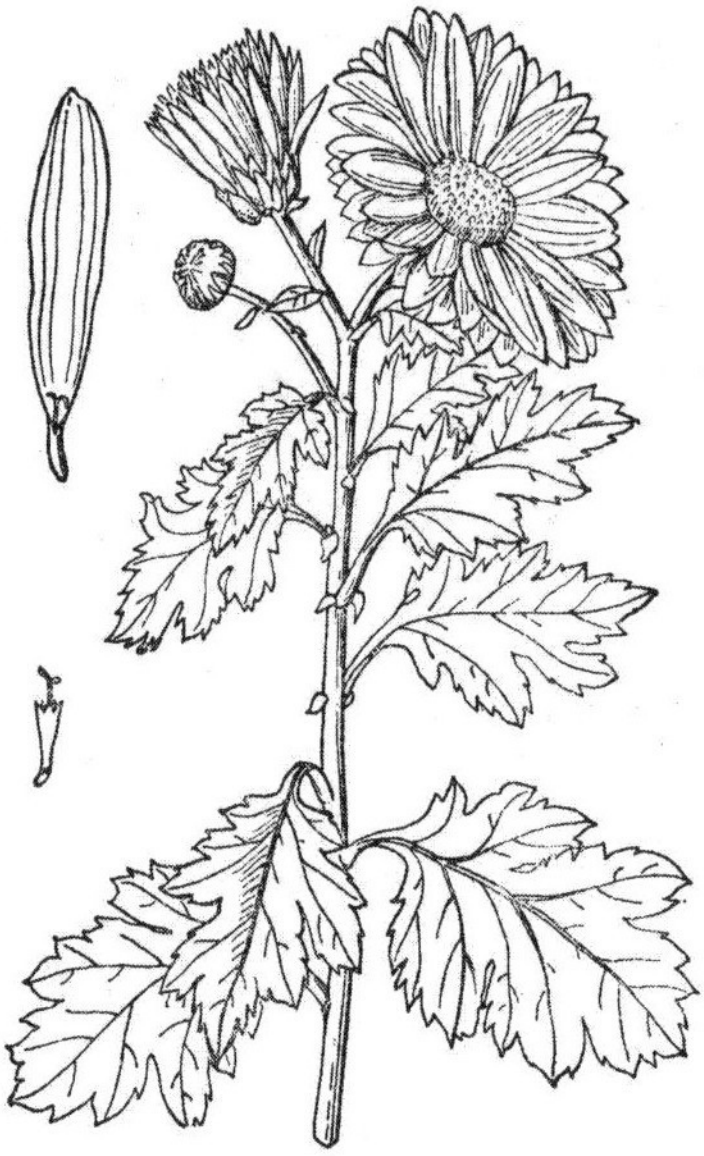
料理ギク（『中国高等植物図鑑』1972）

　第二次大戦前後の食糧難時代には、料理ギクの栽培は減少し、従来のキクの産地は消えてしまった。そして各家庭菜園で料理ギクを栽培していた北関東以北の地で料理ギクの栽培が続けられ、戦後キクの花が野菜として店頭で販売されていたのは、新潟県以北の東北地方に限られていた。それも付近の青物店に出荷する程度で特別の品種もなく、単にキクとして売られていた。それらの中で県外出荷までしていた唯一の産地は青森県八戸市外の相内《あいない》付近で、ここでは古くから伝わっていた阿房宮《あぼうきゅう》を栽培し、八戸市など県内で販売するばかりでなく、菊海苔として県外にも出荷していた。それでも料理ギクの在来品種は東北地方や新潟県の各地にかなり残っていて、筆者が昭和三〇年頃集めただけでも五〇系統ばかりにのぼった。

　戦後平和な時代になり、生活程度が向上するにつれて都市における料理ギクの需要が生まれ、五月〜一二月までが主体ではあるが、暖地などの不時栽培も行なわれ、周年キクが出荷されるようになった。近年の主な産地は愛知県と新潟、山形、岩手の東北の各県で、東京市場の年間取扱い高は昭和五二年以降は毎年二三〇万トンを超している。

（注）平成二二年：作付面積一三六ヘクタール、収穫量一一三二トン。主な産地は愛知、山形、青森となっている。

(2) 品種と食べ方

料理ギクとして栽培される品種は何といっても苦くなく、味がよくなくてはいけない。ただし料理キクの中にはツマモノとして色、形、香りだけで商品になる小輪菊があり、この場合には苦くても支障はない。花弁を食用に供するものなので花弁が大きく数が多く、花弁の採りやすい八重咲きの平弁菊が収量が多く、料理ギクとして適している。しかし管弁の品種でも、味と香りがよいということから栽培されているものもある。

岩手大学の遠藤元庸氏は各地の料理ギク一四一系統を集めてその特性を調査した。その結果異名同種もあり、結局食用に供されるものが六〇品種、ツマモノ用のキクが一三品種で合計七三品種であった。この中には開花期、花色、花型などについてさまざまのものが含まれているが、食用に供する品種の中で阿房宮などのような秋開花するものが四五パーセント、八～九月咲きが三七パーセント、湯沢菊などのような夏ギクが一八パーセントであった。花の色で分けると黄色品種が七割近く、赤が三割近くで白色の品種は一割にも達しなかった。花のタイプからいうと、八割は平弁種で管弁種は二割足らずであり、花の大きさからみると九割は中輪菊で、一割弱の品種は整枝をすれば大輪の花が咲く品種であった。

遠藤氏はこれらの料理ギクの染色体数をも調査しているが、それによるとツマモノ用の蔵王菊のような小輪菊には五三か五四染色体の品種が多く、反対に染色体の多いものでは新潟県のカキノモトなど六五染色体の品種まである。作物の中には基本数の整数倍のものしかみられない種類が多いが、キクは基本数九の整数倍でない五三、六五のようないわゆる異数体が多く存在する。しかし阿房宮や湯沢菊など六倍体の五四染色体をもつ品種が最も多く、全体の約四割を占め、これに次いで五六染色体をもつ品種が多く、その他延命楽など六四染色体の品種もある程度存在した。

次に代表的な料理ギクの品種について簡単に説明する。

阿房宮　料理ギクとして古くから知られている品種で、青森県八戸市に近い相内の付近で約五〇ヘクタール栽培されている（平成一六年には四四ヘクタール、生産者はおよそ六〇人であった」。本種は天保年間（一八三五年頃）八戸の七崎屋半兵衛という豪商が、大阪で黄宝珠と軍勢という二品種の苗を五両で買い求めて帰り、八戸でこの黄宝珠からタネをとり、その実生苗を育てたところ阿房宮が生じたといわれている。また一説には稲葉文大夫という者が黄宝珠の実生から得たものとか、南部藩主が京都九条家の観賞菊の阿房宮をもらいうけて栽培したところ、苦味がなくて芳香と甘味があるので食用として広めたものともいわれる。いずれにせよ非常に古い品種であることは間違いない。普通のキクの品種は年月がたつと草勢が衰え栽培できなくなるものであるが、この阿房宮は二〇〇年以上栄養繁殖によって栽培し続けたわけで、非常に珍しいケースだと言われている。なお七崎屋半兵衛が買い求めたという軍勢は後日晴嵐と呼ばれ、やはり食用にされた紅紫色のキクとされている。

　阿房宮は淡黄色の平弁の中輪菊で、花着きがよく、一〇月中旬から一一月上中旬に開花する。八戸市付近では以前は花梗をつけたまままさっとゆで、皿に盛ってだいこんおろしをそえて醤油をかけた「作り菊」にした。花からむしった花弁はゆでて三杯酢にしたり、味噌汁にも入れる。またおろしで和えたり焼き魚のあしらいにしたり、あるいはたいた米飯にゆがいた花弁をのせ、青味をそえて食べることもある。しかし相内の阿房宮は生の出荷より菊海苔（乾し菊）の産地として有名で、菊海苔は八戸の名産品として全国各地に出荷されてい

料理ギク（カキノモト）

菊海苔（干し菊）

る。まず出盛り期にキクの花を収穫し、花弁をむしって笊《ざる》に入れて蒸し、円い入れもので海苔状にしたものを蓆《むしろ》に広げて乾燥すると菊海苔ができる。菊海苔はたくさん重ねて荷造りすることもあるが、近年は二〜三枚ずつビニール袋に入れて出荷することが多い。菊海苔は湯で戻すと、いつでも三杯酢などにできる。

キクの花の貯蔵法としては菊海苔のほか塩漬、酢漬、梅酢漬などがあり、葉もてんぷらとされ、八戸市付近では阿房宮などの料理ギクの色や香りが一年中食卓をにぎわしている。

料理ギク（モッテノホカ）

袋菊　山形県、新潟県と秋田県の一部では淡い紫紅色の管弁のキクが、苦味がなくて甘く香りが高いということで食用に供されている。品種名は新潟県ではカキノモト、オモイノホカ、山形県庄内地方では延命楽、村山地方ではモッテノホカ、あるいは茶箋と呼んでいる。しかしこの地方では単にキクといえばこの管弁の袋菊を指している。同じ袋菊でも系統によって花弁の色に濃淡があり、また花の大きさも同じではない。遠藤氏の調査によると染色体数の異なるものも含まれている。開花期は一一月頃でやや遅いが、このキクが出廻ると他の黄色品種は値段がおちる。このキクは収量が黄色品種より少ないこともあって県外出荷は少ないが、近年は東京のスーパーなどにも少しは見られるようになった。

夏菊　近年料理ギクの需要が通年あるので、夏菊の栽培が増加している。以前から栽培された夏菊としては秋田県の湯沢菊があった。湯沢菊は黄色の平弁種で花はかなり大きく、実用性の高い品種であった。近年はさらに味がよい品種など、新しい夏菊が観賞菊の中から見出され、作付面積が拡大している。

山形市郊外で栽培する蔵王菊は花の直径が四～五センチ、重さが二～三グラムの小輪菊で、食用としてではなく業務用のつまものとして用いられる。味は苦いが香りがよく、鮮やかな黄色が美しい。露地栽培でも七月上旬から開花するが、ハウス栽培での早出しも行なわれている。

オクラ

オクラの原産地をドゥ・カンドルはアフリカとしている。オクラは世界各地の熱帯地方で広く栽培されているので、インド起原説や新大陸起原説まである。バビロフは東北アフリカを原産地とし、エジプト、小アジアを第二次中心地としている。

アメリカには一八世紀に伝わり、栽培が広まったのは一九世紀以降である。

わが国には幕末期に渡来したといわれ、明治六年の記録が最初のものとされている。わが国ではアメリカから渡来したとしてアメリカネリと呼んだが、現在ではむしろ英名のオクラが日本名になっている（アメリカではグンボとも呼ぶ）。なおアメリカネリのネリとはトロロアオイ（黄蜀葵、タモ）のことで、根に多量の粘質物を含むところからトロロアオイと呼ばれた。トロロアオイは中国原産の植物で、

トロロアオイ（『本草綱目』重訂版 1875）

根は紙をすく際の粘着剤として、また食品などの粘着剤として用いている。このため以前から栽培されていた。トロロアオイはオクラに比べ草丈がいく分低いか、花の形などはよく似ている。両種とも熱帯の花として近年よく知られているハイビスカスと同属の植物とされていたが、近年は近縁のアベルモスクス属の植物だとする人が多い。オクラは花の形ばかりでなく、高温を好むこともハイビスカスによく似ていて、霜にあうと枯れ、種子は二〇度以下ではほとんど発芽しない。

オクラは戦前から野菜の一つとして園芸書には載っていた。しかし食用としてはほとんど栽培されなかった。ただ物好きな人たちが観賞用として栽培したり、コーヒーの入手が困難であった戦時中は、オクラの完熟種子がコーヒーの代用品として珍重された程度であった。

第二次大戦後、台湾、東南アジアなどでの生活の経験者が内地に帰還し、これらの人たちが食べなれたものとしてわずかに栽培し始めた。また高知県あたりで夏のハウスを活用できる野菜として高温性のオクラが選ばれ、栄養豊富な食品として宣伝し、料理法などを説明した印刷物を添えてパック詰めして出荷した。戦後のサラダの利用が増えてきた時期でもあり、これが消費者にうけて爆発的な人気がおこり、消費量の増大にともなって鹿児島県から秋田県まで各地に産地が生まれ、昭和五一年からは農林統計にも隔年でのるようになった。その後も栽培はなお増加し昭和五五年の全国の作付面積は六五七ヘクタール、収穫量は一万トンを超している。

オクラは低温に弱いことを除けば栽培は比較的容易で、夏は家庭菜園でも作りやすい。茎が伸び花が咲き出したら開花後四～七日の若い莢を毎日摘んで出荷あるいは食用にする。莢は通常断面が五角形であるが、円形の品種や八角形の品種もあり、近年は一代雑種の品種も育成されている。収穫期が遅れると莢が硬くなり、味もおちる。莢はアオイ類に共通のペクチン、ガラクタン、アラバンなどの混合物の粘質物を含み、切るとねばねばする。オクラはタンパク質とビタミンを含み、食品として価値が高い。オクラはおろしてとろろ式にしたり、生、あるいはさっと湯を通してスライスし、酢の物、和えもの、サラダ、あるいはバターいためなどにしている。

なおオクラの花は大きい黄色い花であるが一日花で、本種の完熟した莢は生け花の材料にもされる。

（注）平成二二年：作付面積七四九ヘクタール、収穫量一万二〇〇〇トン。主な産地は鹿児島、高知、沖縄となっている。

オクラ

Ⅲ 葉菜類

葉菜類、つまり主として茎葉を食べる野菜は、いわば野菜の代表である。というよりは元来葉菜が野菜で、根菜や果菜は主食あるいは準主食であった。葉菜は一般にナと呼ばれ、茎葉を食べる種類にはツケナ、キクナ（シュンギク）、スイゼンジナ、ナツナ（フダンソウ）、ツルナ、ヒユナなどの名がつけられ、野草でも茎葉を食用にするものはナズナ、ニガナ、アズキナ、アマナ、ゴマナなどと呼ばれている。

葉菜の中にはハクサイ、キャベツ、ホウレンソウ、レタス、タマネギ、ネギなどのように、非常に重要な種類が含まれている。しかもまた、前にあげたアズキナなどのように、現在も山菜として自生品を採取して利用しているものや、ウド、セリ、フキ、ミツバなどのように、わが国で自生品から栽培化して野菜の一つになった、日本原産の野菜もある。このようなことで、葉菜には種類が多い。そこで本書では、従前からの慣行にしたがって葉菜類を菜類、生菜および香辛菜類、柔菜類、軟化菜類、ネギ類の五群に分けた。

葉菜類の多くは貯蔵性が劣り、したがって新鮮さが重要視される。とくに軟弱野菜と呼ばれるホウレンソウなどは萎れやすく、萎れると商品性が極端に低下するかまたは失われる。このため葉菜類の産地は従前は消費地の近傍に成立することが多かった。近年は大都市の周辺には生産地が求めにくいので、産地は自然都市から遠くなり、このため産地に野菜の品温を下げて品質の低下をふせぐため（予冷とよんでいる）の冷却装置を設けたり、輸送や販売を低温条件で行なうようにもなっている。

一　菜類

菜類とは茎葉を食べるアブラナ科の野菜で、この中にはハクサイ、キャベツのように、わが国ではダイコンに次いで生産高の多い野菜が含まれている。これらの野菜は、栄養素の含有パーセントはそれほど高くはないにしても、摂取量が多いので、日本人にとって非常に重要なビタミンや繊維素の供給源になっている。

菜類のナという言葉は、元来飯や酒と共に食べる食品の総称で、菜は魚、肴と同義語であった。本居宣長の『古事記伝』を見ると、仁徳天皇が吉備国で菘を採った時の歌の中の阿袁那《あおな》について、「これは今世に云う菜なり、今も青菜とも云なり。那とは凡て魚菜の総称なる故に菘をば古は分て阿袁那と云しなり、今は菘に限りて那とはいうなり」と註釈している。

菜類はアブラナ科の植物で、いずれも黄色、稀に白色の十字形の花を開き、莢をつける。なおカリフラワーとブロッコリーは花梗や花蕾を食べる野菜で果菜類ともいえるが、これらはキャベツ類の変種で、花蕾は葉菜と同様に利用されるので、従前からの慣行に従って菜類に含めた。

菜類には次にあげるような三つの基本種と、それら相互間の交雑で成立したと考えられる三つの二次種とがあり、それらの中でクロガラシとアビシニアガラシ以外の種類はわが国で栽培している。

菜類の分類

ゲノム種	性細胞の染色体数	主な種類
Aゲノム種	一〇	ハクサイ、ツケナ、カブ
Bゲノム種	八	クロガラシ
Cゲノム種	九	キャベツ、カリフラワー
ABゲノム種	一八	カラシナ、タカナ
ACゲノム種	一九	洋種ナタネ、ルタバガ
BCゲノム種	一七	アビシニアガラシ

註　ゲノムとは生物が生存するために欠くことのできない染色体の一組を言う。例えばハクサイはAゲノムと呼ぶ一〇染色体をもっている。

これらのアブラナ属の作物は変異性に富み、次の表に示すような平行的な変異がみられる。そこで、例えばハクサイなどのAゲノム種で、根が発達したものがカブであるように、同一ゲノム種でも別の部分が特に発達したものは、別の種類として扱われている例が多い。

なお本書ではAゲノム種の中で結球するものをハクサイ、不結球のものをツケナとし、カラシナ、タカナは別の種類とした。しかし種の判別がむずかしいこともあって、ABゲノム種のカラシナ、タカナや、ACゲノム種のカブレナ、芯摘菜など、茎葉を利用するアブラナ類をすべてツケナと呼ぶ場合も多い。

菜類にみられる平行的変異と種類・品種

特に発達した部位	Aゲノム種	Cゲノム種	ABゲノム種	ACゲノム種
基本型	アブラナ	ケール	カラシナ	洋種ナタネ
葉（結球）	ハクサイ	キャベツ	タカナ	ハクラン
茎	——	コールラビ	搾菜	——
花茎・花蕾	苔菜・茎立菜	カリフラワー ブロッコリー	大心芥菜	カブレナ
側枝・分枝	京菜	メキャベツ	セリフォン	——
根	カブ	——	根芥子	ルタバガ

ツケナ

（1）起原と伝播、栽培状況

アブラナの野生種ブラシカ・キャンペストリス *Brassica campestris L.* は地中海地域、中央アジアから北欧までの広い範囲に野生し、バビロフは地中海地域をツケナの原生中枢とし、近東および中央アジアを二次的中枢としている。ツケナはその後東方に伝わり、中国で野菜として発達した。この点からいうと、ツケナの原産地は中国といってもよい。

李家文氏によれば、中国では『詩経』（紀元前五世紀頃）に葑として記され、二世紀頃の著書には体菜に似た南方小白菜の菘が記されている。『新修本草』（六五九年）にはハクサイの原始型ともいえる不結球の大白菜、牛肚菘が記されている。なお、『斉民要術』（五三〇年頃）では葉用の芸薹《あぶらな》として簡単に記述している。

わが国で古くからツケナを栽培したことは確かであるが、呼び名が混乱していてまぎらわしい。

まずアオナであるが、『日本書紀』には持統天皇の七年、産業を奨励して「桑 紵 梨 栗 蕪菁《あおな》等草木を殖え以て五穀を助ける」と記されている。平安時代の『新撰字鏡』と『本草和名』では菜《さい》の部で阿乎奈とし、『和名抄』（園菜）でも阿乎奈、『類聚名義抄』では蔓菁アヲナ、蔓菁根カブラ、蕪菁アヲナ、蕪菁子ナタネと区別し、室町時代の『節用集』でも蕪菁《あおな》としている。なお『延喜式』では蕪菁の栽培概要を示し、供奉雑菜などとしても各所に蔓菁の字句が載っている（カブの項参照）。なお江戸時代の書物でも蕪菁をカブラナあるいはアオナとしているものがある。

次に花茎を利用するツケナに茎立《くきたら》がある。『万葉集』の東歌に「かみつけの さぬの九久多知をりはやし あれはまたむに ことしこずとも」とあり、『倭訓栞』で「万葉のくくたちは莟心をいう。茎立の義也」と説明している。また『和名抄』では「薹 和名久々太知、俗に茎立」と二字を用い、『類聚名義抄』（草）では茎立ククタチと記してある。『延喜式』では茎立四把と二、三月の供奉雑菜にあり、『拾遺和歌集』（一〇〇七年）にもくくたちの語がある。なお室町時代の『下学集』では茎立《くくたち》、『節用集』では茎立《くきたち》と呼んでいる。

第三に種子をとるツケナ芸薹（蕓薹）がある。『本草和名』

（菜）と、『和名抄』（野菜）では乎知（オチ）とし、『延喜式』には「神祭雑給料蕓薹二斗、蕓薹二合」などと種子に関すると思われる記録がある。

　第四の菘は読み方が多く混乱している。『古事記』の仁徳天皇が吉備国に行幸しその地の菘菜を採った時の歌として「やまがたに　まける阿袁那もきびびとと　ともにしつめば　たぬしくもあるか」とある。しかし『新撰字鏡』では太加奈、『本草和名』（草）では多加奈、『延喜式』でも菘《たかな》、『節用集』でも菘菜《たかな》としている。しかし『和名抄』では辛芥を多加奈、『類聚名義抄』でも辛芥をタカナとしている。

　菘の読み方は江戸時代になってもまだ混乱し、多くは『農業全書』のようにウキナ、ハタケナとしているが『多識編』では「古保禰、今案宇岐那」、『毛吹草』では白菘《しろがらし》、菘《からし》とふりがなしている。

　このようにツケナは奈良時代以前にわが国に渡来し、利用法からアヲナ、ククタチとオチが分化していた。ただしタカナとの区別は不明確であった。

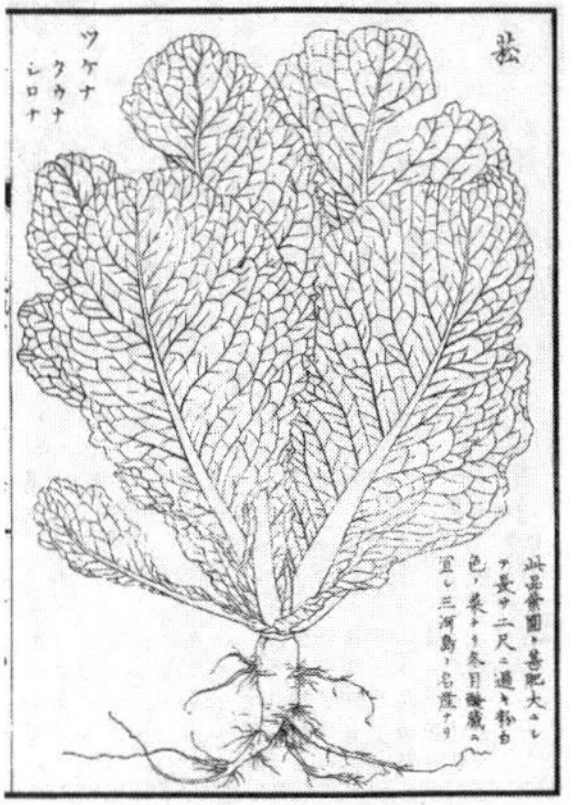

菘（『日本産物志』1873）

　江戸時代の農書『百姓伝記』ではからしとくくたち、『農業全書』では菘《うきな》、油菜、芥を区別してそれぞれ短い記述がある。これをみるとツケナはそれほど重要な作物ではなかったらしい。それでも江戸時代に京都の水菜など各地に特産的なツケナ品種が生まれ、江戸時代末期には中国から唐菜《とうな》が伝わり重要さを増した。明治初年には山東菜《さんとうさい》と体菜《たいさい》

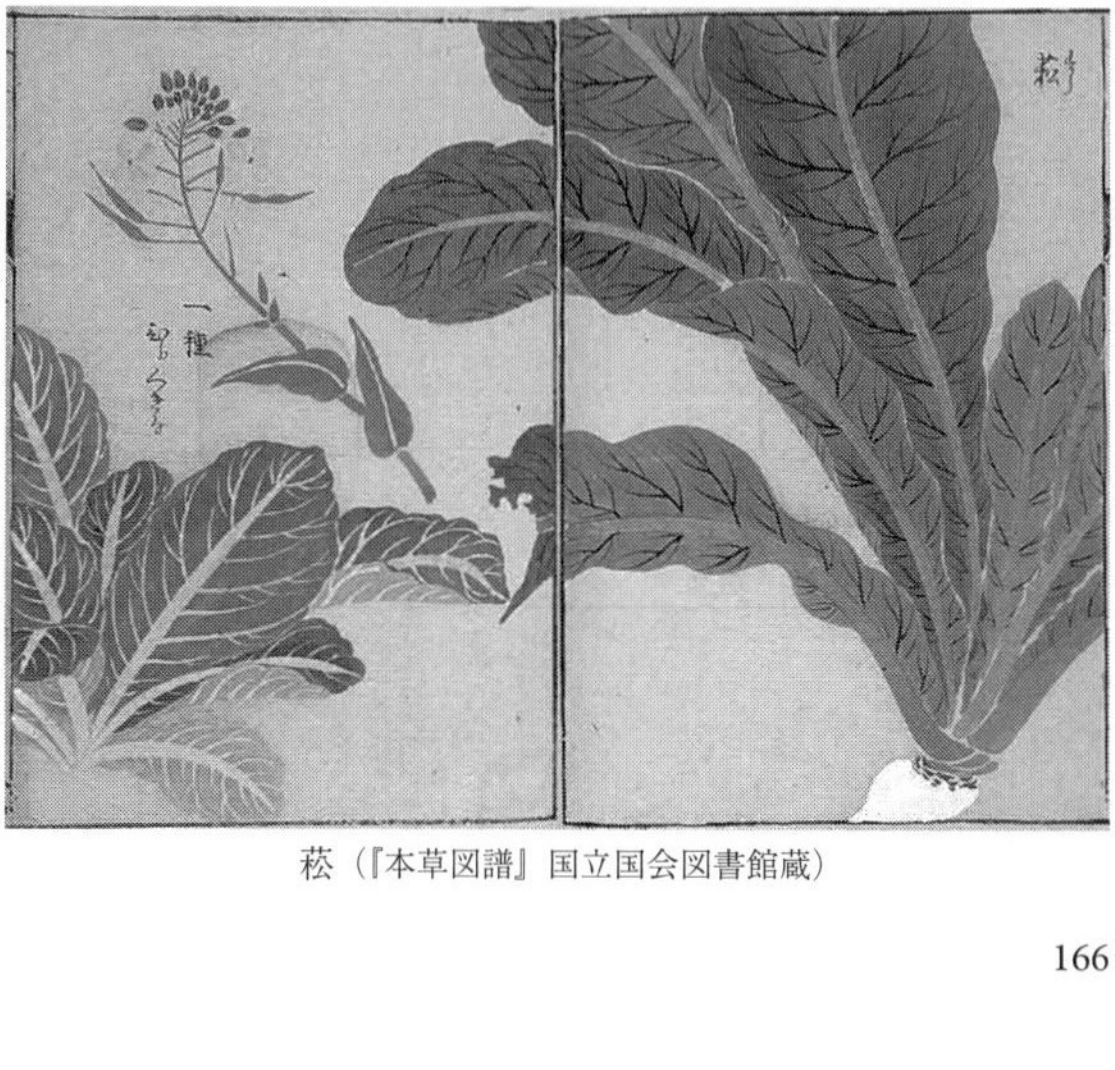

菘（『本草図譜』国立国会図書館蔵）

が導入され、体菜は杓子菜、ホテイ菜の名で比較的短期間に普及した。

農林統計で明治以後の栽培状況の推移をみると、明治末頃のツケナの作付面積はナスとほぼ同じ約二万ヘクタールで、重要な野菜の一つであった。その後大正・昭和と統計面での数字は増加しているが、これは当時栽培が始まったハクサイのためで、昭和一六年ハクサイとツケナとを分けた年の作付面積は、明治末年と同程度の二万ヘクタール足らずであった。その後栽培は幾分増加したが、昭和四四年の二万二七〇〇ヘクタールを最後に農林統計からは姿を消した。その後昭和五一年からは園芸統計としてこまつなとつけなとして調査を再開したが、両者の合計で一万ヘクタール強にすぎない。それでも昭和五五年までの四年間で作付面積は約一〇〇〇ヘクタール増加している。

このように結球ハクサイ以外のツケナは、古くから栽培された大衆的野菜ではあるが、貯蔵性や輸送性が劣るなどで、特産的な漬物用栽培以外は大量生産されず、家庭園芸的な軟弱野菜として栽培が続けられている。

(2) 種類と自生種

ツケナは変異性に富みさまざまの変りだねがあり、次のような群に分けられている。

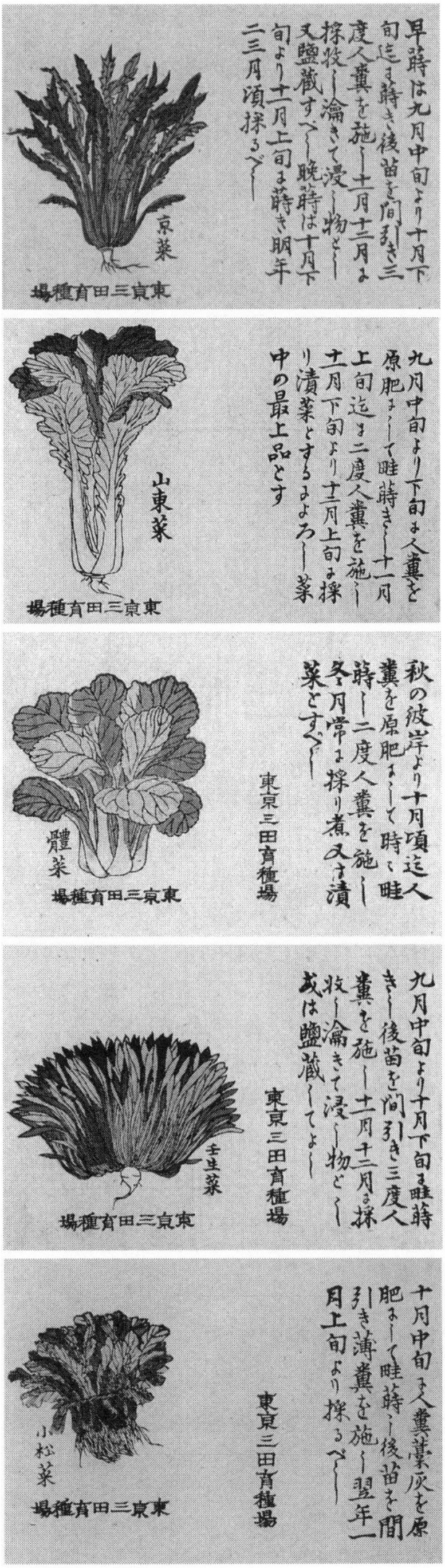

（上から）京菜，山東菜，体菜，壬生菜，小松菜
（『穀菜弁覧 初編』1889，国立国会図書館蔵）

アブラナ群　*Brassica campestris* L.
カブナ群　*B. campestris* L. var. *rapa*
体菜群　*B. campestris* L. var. *chinensis*
ハクサイ群　*B. campestris* L. var. *pekinensis*
如月菜群　*B. campestris* L. var. *narinosa*
水菜群　*B. campestris* L. var. *japonica*
雑種群　前記変種間の交雑による中間的のもの
【付】　洋種ナタネ　*B. napus* L.

アブラナ群　最初のアブラナ群は最も原始型に近いもので、京都で菜の花漬にするナバナなどがこの群に入る。茎立菜と呼ばれ、春先花茎を食べるものにはこの群に近いものが多い。茎立菜は平安時代から栽培されたツケナであるが、同じ茎立菜と呼ばれるものでも時代が違い場所が違うと同じものとは限らない。札幌茎立菜と山形茎立菜とは違い、地方によっては折菜《おりな》、苔菜《とうな》、タネサキなどともいう。近年中国野菜として宣伝されている紅菜苔《ほんつあいたい》は紫紅色の茎立菜であるし、後で述べる水掛菜も一種の茎立菜である。

カブナ群　カブナはカブの仲間で葉がよく生長するもので、根もある程度肥大する。現在一般によく知られている

紅菜苔

山形茎立菜

ナバナ（千葉県）

野沢菜は長野県下高井郡野沢村で宝暦年間（一七五〇年頃）に京都から持ち帰ったカブから生まれた品種といわれ、現在カブナを代表する品種である。根がかなり肥大し、漬物にする葉は葉柄の断面が丸く多肉で、漬物にすると独特の歯ざわりと風味がある。冷涼地で漬けたものは特に味がよく、近年は関東地方や東海地方などでも栽培されている。このほか長野県の稲扱菜《いなこきな》、源助蕪菜、山梨県の鳴沢菜、長禅寺菜など、各地にその地特産のカブナがある。

体菜群　体菜《たいさい》はタイナ、葉の形から杓子菜《しゃくしな》とも呼ばれ、昭和初期までは漬物用として全国的に広く栽培された。近年また復古的に栽培しているところがある。近年中国野菜として栽培され、店頭にも並べられているパクチョイ（中国小白菜）もこの仲間で油いためや漬物などに用いられる。葉柄が白色のものと緑色のものとがあり、青軸白菜《ぱくちょい》、白軸白菜、あるいは青梗菜《ちんげんつぁい》、白梗菜《ぱくげんつぁい》と呼ばれている。

ハクサイ群　第四のハクサイ群には結球するものと不結球の品種とがあり、結球性のハクサイは別の種類として扱われている。広島県特産の広島菜は慶長末年に、失脚前の福島正則が京都から持ち帰ったツケナから改良されたも

野沢菜

野沢菜漬

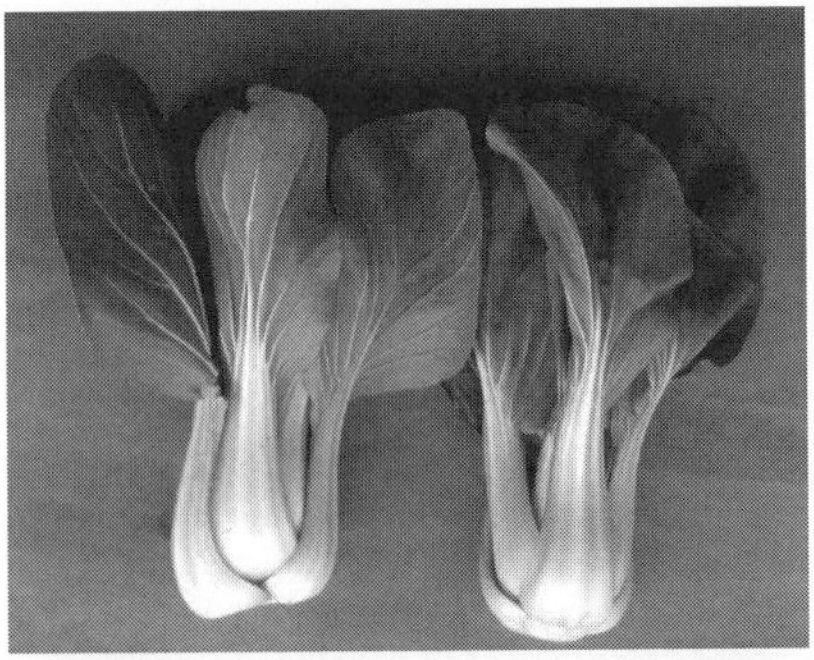

青梗菜（チンゲンツァイ）

のといわれ、葉柄の幅広い不結球の漬物向きの品種である。大阪地方に多い大阪シロナは体菜に似ており、山東菜は結球ハクサイに近く、いわゆる半結球の品種、系統である。

如月菜群　如月菜《きさらぎな》つまりタアツァイの仲間は昭和一〇年代にわが国に伝わったツケナで、近年栽培がみられる。如月菜からわが国で育成されたビタミン菜は葉が濃緑で栄養価値が高いとして家庭菜園などで栽培されている。

雑種群　小松菜はカブナや茎立菜に近縁の品種といわれている。しかしカブナ群やアブラナ群とも違っていて、おそらくいくつかの品種間の交雑で成立した品種であろう。小松菜は『成形図説』に下総国葛飾郡小松川地方（現在東京都）で産したところから出た名で、「茎円《まろく》して微《すこし》青く味旨し」とある。江戸名産に葛西菜《かさいな》というツケナがあったといわれ、小松菜はこの後代と思われる。小松菜は現在関東地方で多く栽培され浸し物などに用いられ、春に出荷されるものは鶯菜《うぐいすな》とも呼ばれる。鶯菜の名は古くからあり、永禄二年（一五五九）四月降雹の際鶯菜は被害が大きかったとの記録がある。現在小松菜にはたくさんの系統があり、

広島菜

如月菜（タアツァイ）

小松菜

周年栽培されている。

水菜群　水菜《みずな》群はわが国特産の種類で、本書では次に別に取りあげることにする。

洋種ナタネ群　私たちが平常ツケナと呼んでいるのは実はここにあげたアブラナの仲間だけではない。別の種類としてあげるカラシナの仲間や、野菜用の洋種ナタネもツケナと呼ぶ場合が多く、時には葉用のダイコンもツケナと呼んでいる。

洋種ナタネの中には春先抽出する花茎が味がよく、野菜として用いられるものがある。関東北部から福島県などでは芯摘《しんつみ》菜、茎立菜、五月菜、カブレ菜（縮葉性）と呼ぶ洋種ナタネを以前から栽培し、北関東では市場にも出荷している。

（3）水菜（京菜）群と水掛菜

水菜群の特性　水菜《みずな》（地方では京菜と呼ぶ）はわが国独特のツケナである。本種は千筋《せんすじ》京菜とも呼ばれるようにたくさんの枝分れをし、一株から六〇〇～一〇〇〇葉の根葉を生じ、千筋京菜の名は決して誇張した名ではない。したがって株は大きくなり、よく生育したものは一株が六キロ近くになる。葉身は狭く、欠刻が深く、葉先が尖り、風味は独特で、他のツケナ類とは性質がかなり違っている。壬生菜《みぶな》は京菜から生じた変種で、分枝性や風味は京菜によく似ているが、葉の縁に欠刻がない。

水菜群のもう一つの特徴は種皮型が中国から渡来したツ

カブレ菜

広葉京菜（水菜）

ケナと違う点である。アブラナ類の種子の皮を薄く切って顕微鏡下で観察すると、種皮の表皮の形態に二つの型のあることが分かる。一つは中国のツケナ類の場合で、水を加えても皮膜状である（これをB型と呼ぶ）。ところが水菜群の水菜、壬生菜や、これら品種との交雑で関西で成立したと思われる酸茎菜《すぐきな》、天王寺蕪、聖護院《しょうごいん》蕪などの種皮は、水を加えた場合表皮が水胞状になる（これをA型と呼ぶ）。このことは近藤萬太郎氏や渋谷茂氏によって知られたことで、これを種皮型と呼んでいる。

このように京菜は、外形的に他のツケナ類と違っているばかりでなく顕微鏡的形質でも他のツケナと明確に区別できる。そこで以前はブラシカ・ジャポニカ ***B. japonica*** という独立種とされた。しかし体細胞の染色体数が他のツケナと同じ二〇で相互によく交雑することなどから、現在はアブラナの変種とされている。

呉耕民氏は水菜は中国起原としている。しかし中国ではあまり栽培されていない。いずれにせよ水菜はわが国で成立したツケナとみてよいと思う。それではこのわが国独特のツケナはいつどのようにして生まれたのであろうか。

わが国での栽培　京都ではかなり古くから水菜を栽培していた。『雍州府志』（一六八四年）には土産の項に「水菜東寺九条辺専種レ之、元不レ用二糞穢一而引二入流水於畦間一耳。故称二水入菜一……」とあり、『本朝食鑑』にも水入菜は葉茎甚だ柔脆美味で京都の野珍とするとあり、水を畦間に入れた一種の灌漑《かんがい》栽培をするところから水入菜と呼ばれたことが知られる。また『菜譜』には「京都の水菜味すぐれたり」とあり、『毛吹草』と『一話一言』にも京都の名産品として水菜をあげている。『常憲院殿御実紀』には「天和三年（一六八三）十二月八日此日両山の霊廟に京菜を推薦せらる。

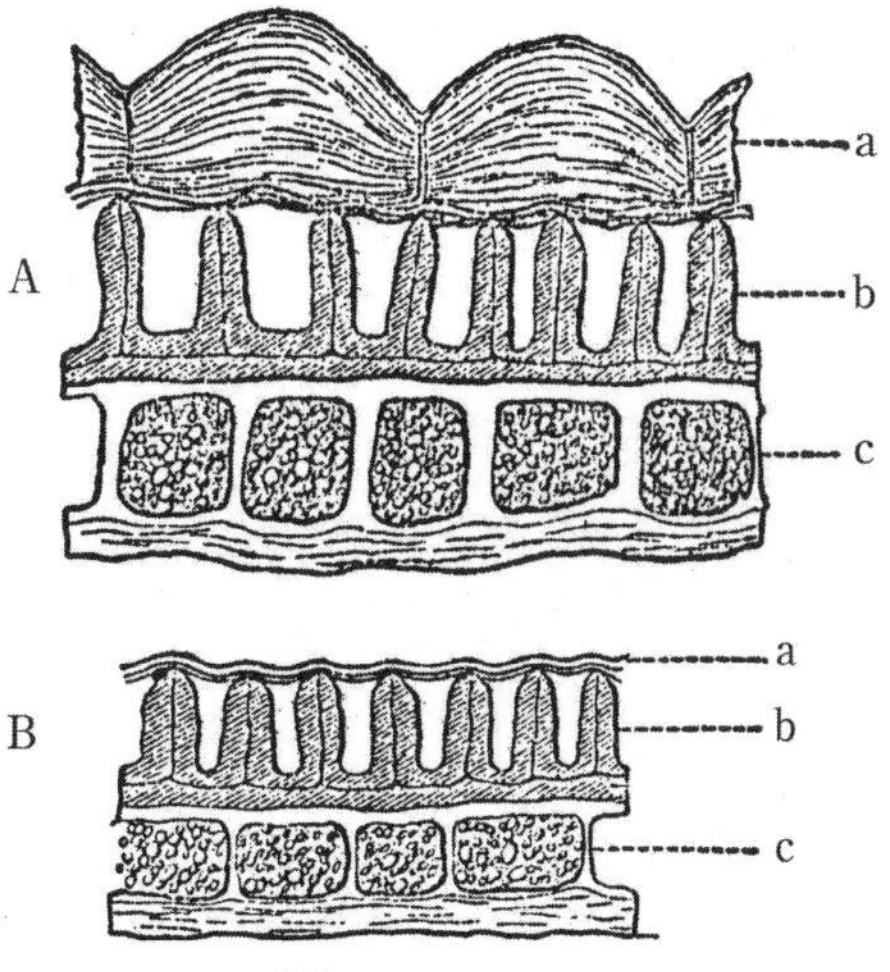

ツケナの種皮型　（上）A型　（下）B型
a 表皮　b 棚状細胞　c 内胚乳
（近藤萬太郎氏『農林種子学』養賢堂，1934）

水菜は之を田舎では京菜という」とあり、当時水菜は京都以外の地でも栽培され、京菜と呼ばれたことが知られる。

この三〇〇年前の水菜が現在の水菜と同じかどうかは明らかでないが、少なくとも現在の水菜は当時の水菜の後代であることは間違いない。なお水菜や壬生菜については高嶋四郎氏の『京野菜』（淡交社、一九八二年）に詳しく記述されている。

水掛菜　ところで畦間に流水を引き入れてツケナを栽培する方法が現在も各地で行なわれ、それらのツケナは水《みず》掛菜《かけな》と呼ばれている。京都の水入菜は単に灌水して生長を促し、品質のよいものを生産する方法だったと思われるが、現在の水掛菜は多雪地帯で冬期間比較的水温の高い湧水を畦間に入れて雪を消し、地温を高めて早出し栽培をしている。例えば新潟県南魚沼郡大和町付近では湧水の出る所が各所にあり、集落ごとに一二度前後の湧水を利用してその集落独自のツケナを栽培し、大崎菜、大月菜などとして出荷している。この付近の元祖とされる大崎菜はその起原が古く、寛文年間（一六七〇年頃）湧水利用の方法を知ったとか、文政年間（一八二〇年頃）信州野沢や今の栃木県から種子や栽培法を学んだものといわれている。明治三三年からは共同出荷体制が整い、出荷状況や単価などが細かく記録されている。近年はビニールで被覆し、以前より早く一月頃から出荷し、独特の風味をもつ大崎菜は下りもののホウレンソウなどより高く売買されている。なお栃木県の日光市、今市《いまいち》市では、現在も大谷《だいや》川の伏流水を利用し、野口菜を水掛栽培している。

大崎菜

大崎菜の水かけ栽培（瀬古龍雄氏）

静岡県の御殿場《ごてんば》の水掛菜は明治一九年頃新潟県に学んで始めたもので、ツケナの種類は大崎菜と違い和種ナタネに似ている。富士山から出る一三度前後の湧水は、御殿場と反対側の山梨県富士吉田市や都留《つる》市でも利用され、富士山麓の水掛菜栽培は新潟県より規模が大きい。

これらの水掛菜は春先の緑葉野菜の少ない多雪地帯の山村で、自然の恵みの湧水を利用した生活の知恵として生まれたもので、現在は現金収入源にもなっている。

なお積雪地の特殊なツケナに雪菜がある。山形県米沢市や新潟県の多雪地帯では体菜に似た長岡菜を秋に播種し、株を晩秋に掘上げて畑の隅に寄せ植えし、菰《こも》をかけて積雪を待つ。株は積雪下で寒さから保護され、自己の呼吸熱で伸び出す。積雪下で伸びた花茎は雪の下の暗黒状態で黄白色になり、肉質軟らかく独特の香味があり、野菜の芸術品といわれる。

（4）自生種とその起原

わが国には野生に近い状態で生育しているツケナやカブが各地にある。例えば青森県八戸市の蕪島では江戸時代からカブが自生し、春は島が黄金色になり、蕪島の名はここから出たといわれる。牧野富太郎博士によりこの植物はノラナタネと命名されたが、根はある程度肥大する。戦後ノラナタネは絶滅し、現在は別のアブラナの種子を播いて昔と同様島を黄金色の花で飾っている。本種の来歴は明らかでない。

ヒッチ蕪と弘法菜　山形県西置賜《にしおきたま》郡小国町の付近、幅二キロ、長さ一五キロにわたる地域にツケナが自生し、根が幾分太るところからヒッチ蕪と呼んでいる。ヒッチとはフッセ（東日本の方言）と同義語で自然に生ずることをいい、ヒッチアズキ、ヒッチ子などの言葉がある。ヒッチ蕪は俗に弘法大師からの授かりものと言い伝えられ、凶荒の年や戦時中は採って食用にした。本種は荒らした耕地に生え、林の中などには生えない。葉は開き、切込みが深く毛が多く、野生アブラナに似ている。昭和五〇年頃の調査時も自生していた。

新潟県南魚沼郡大和町には弘法菜と呼ぶツケナが自生していた。本種も毛が多く葉身の基部に切込みがあり、食べると苦い。大月菜の成立に関与しているといわれる。

島菜　石川県能登半島沖四キロの舳倉《へぐら》島には各所に島菜《しまな》と呼ぶツケナが自生し、島では春先に野菜として利用している。島菜は葉が濃緑色で開張性、欠刻があり毛が多く、特異な形態をしている。抽苔《ちゅうだい》は比較的遅く、苔は辛味がある。本種の来歴は明らかでないが、舳倉島は独特の風習のある島といわれる（清水誠一氏、山辺守氏による）。

平家蕪　兵庫県の日本海側、城崎《きのさき》郡香住《かすみ》町御崎《みさき》付近には古くからカブが自生し、土地の人は寿永四年（一一八五）壇の浦の戦に敗れた平教盛とその家来がこの地に上陸した際、このカブを食べたとして平家蕪と呼んでいる。本種も葉は開張性で欠刻があり毛は多く、粗剛な感じがする。

戦時中の食糧難時代ばかりでなく、現在も自生品を採って利用している。本種は山を拓くと自然に生えるといわれ、荒れた耕地には一面に自生する。なお、福井県の越前海岸で有名な房咲きスイセンが、この御崎にも、前述の舳倉島にも自生している。

菜種島の在来ナタネ　鳥取県の浦富《うらどめ》海岸に近い菜種島には在来ナタネが自生している。本種については約三〇〇年前の『稲葉民談記』（一六八八年）に「菜島、巨濃郡浦住の沖にあり、此島山の頂にいつの代よりや有けん、菜の種自らはえちりて暮春艶陽の比には、菜の花爛漫と咲乱れ……」とあり、古くから現在まで生育を続けていることが知られる。清水誠一氏によると本種は原種アブラナに似て、根は太くならない。

正月蕪　島根県仁多《にた》郡横田町には正月蕪と呼ぶ自生カブがある。葉は開張性で欠刻があり、有毛で根はある程度肥大する。土地の人は年末から正月にかけて採り食用にし、このことから正月蕪と呼んでいる。

自生種の起原　これら自生種の起原は明らかでない。これらは根の肥大程度に差はあるにしても、どれもカブ、ツケナと同じアブラナの仲間であることは間違いなく、一種の帰化植物であろう。ハマダイコンの場合も栽培品の逸出説と本来の自生品とする説があるが、自生アブラナでも二つの見方ができる。

前に記したようにこれらの自生種はいずれも葉が開き欠刻があり有毛で、アブラナの原始型に似ている。これらの種皮型を調査したところいずれもB型で、日本の品種との間で、これまであまり交雑はしていないらしい。

私どもの周辺に普通にみられる人里植物や耕地雑草の中には、古代に穀物などの渡来に随伴して渡来したものが多く、前川文夫氏はこれらを史前帰化植物と呼んでいる。アブラナ類は地中海地域ではムギ畑の有名な雑草で、日本にも随伴雑草として渡来したものもあったものと思う。現在の自生アブラナの中には栽培種の逸出したものもあるかとは思うが、雑草として渡来し、現在まで生存し続けているものもあると思う。自生種が日本海側と、日本海側と交流のあった地に多い点や、兵庫県の御崎と舳倉島にスイセンが自生していることは、自生アブラナの渡来の路を示しているのかもしれない。

なお平安時代の『和名抄』を見ると、蔓菁《かぶ》、辛芥《からしな》、蘿菔《だいこん》は栽培する野菜、園菜としているが、蕓薹は莧《ひゆ》、薇蕨《わらび》と同じく野菜（自生品を採取したもの）としてあげ、茎立菜も『類聚名義抄』では菜でなく草としている。あるいは当時自生状態のアブラナがあって、それを利用することもあったのかもしれない。

石川県舳倉島の島菜

平家蕪

正月蕪

ハクサイ

（1）起原と伝播、日本への渡来

現在ハクサイと呼んでいるのは結球ハクサイのことで、その起原であるが、中国においてまず原始型に近いツケナから不結球のハクサイが生まれ、それが改良されて結球ハクサイができた。したがってハクサイの原産地は中国である。

李家文氏によると、七世紀頃華北で栽培されていたカブと、華南で栽培されていた体菜群のツケナとが揚州で自然交雑し、ハクサイの原始型が生まれ、一一世紀頃の『本草図経』には不結球性の大白菜、牛肚菘のことが記されている。このハクサイは体菜群と違い葉は大形で有毛、縮みがあり、繊維質でなかった。

そして一一世紀の『清異録』には結球性のハクサイが示され、一四世紀の『輟耕録』には大きいものは重さが一五斤（約九キロ）と記録されている。なお一六世紀には半結球性の花芯大白菜が生まれ、一八世紀には結球性大白菜の記述がある。

なお李家文氏によると、近年人為的にカブと体菜群品種とを交雑させてハクサイを育成することに成功し、前記の事実を確認している。

不結球のハクサイは江戸時代後期に日本に渡来し、『長崎見聞録』（一七九七年）に唐菜《とうな》が、『成形図説』（一八〇四年）に白茎菜が記されている。唐菜からはその後長崎白菜が生まれた。

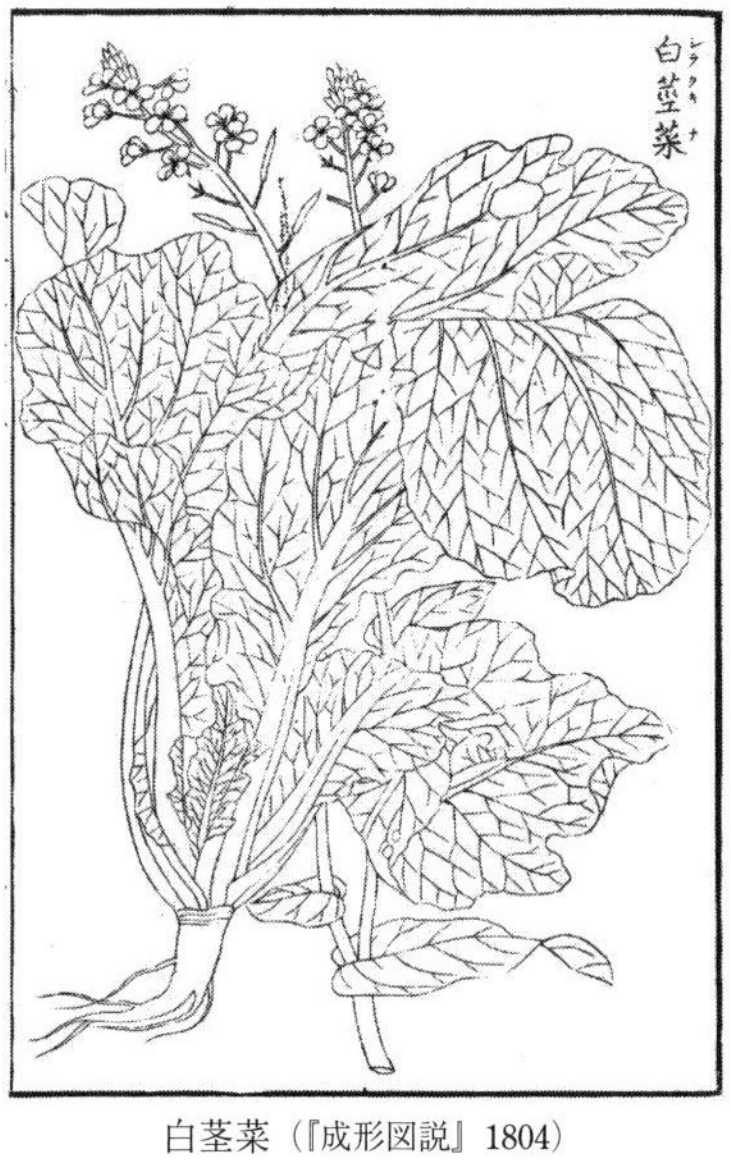

白茎菜（『成形図説』1804）

結球ハクサイがわが国に初めて渡来したのは慶応二年

（一八六六）といわれる。明治八年には中国から三株の山東結球白菜が入れられ、これから後に愛知白菜が成立した。明治初年の導入野菜の目録にハクサイはみられない。明治二八年日清戦役の際、仙台師団の岡崎参謀が中国から結球ハクサイの種子を持ち帰り、宮城農学校の沼倉吉兵衛氏によって試作された。沼倉氏は明治三八年からは仙台養種園でハクサイの栽培と採種に専念し、この頃中国各地から多くのハクサイ種子が導入された。大正五年には青島《ちんたお》総領事らによって再三ハクサイ種子が入り、山東、包頭連《ほうとうれん》、芝罘《ちいふう》などの山東系のハクサイ、とくに芝罘白菜がわが国のハクサイの原型になった。

（2）栽培の変遷

ハクサイ栽培の発展　沼倉氏はその後もハクサイの採種と栽培指導を続け、松島湾内の馬放島《まはなし》でのいわゆる隔離採種で、他のツケナ類と交雑しない種子の採種に成功し、松島白菜が誕生し、宮城県におけるハクサイ栽培が定着した。その後大正一三年には宮城県のハクサイは横浜に出荷され、仙台白菜としてその名が全国的に広まった。

沼倉氏に協力していた渡辺顕二氏は大正一一年から独自にハクサイの育種に着手し、それまでの集団淘汰の方法から、勝れた個体を選び出し網室内で自家授粉で採種する純系淘汰をとり入れ、純度の高い品種の育成に成功し、大正一四年松島純一〜三号を発表した。これらの品種は宮城県を全国一のハクサイ産地にしたばかりでなく、わが国のハクサイ栽培と採種の道を開いた。その後一代雑種の時代に

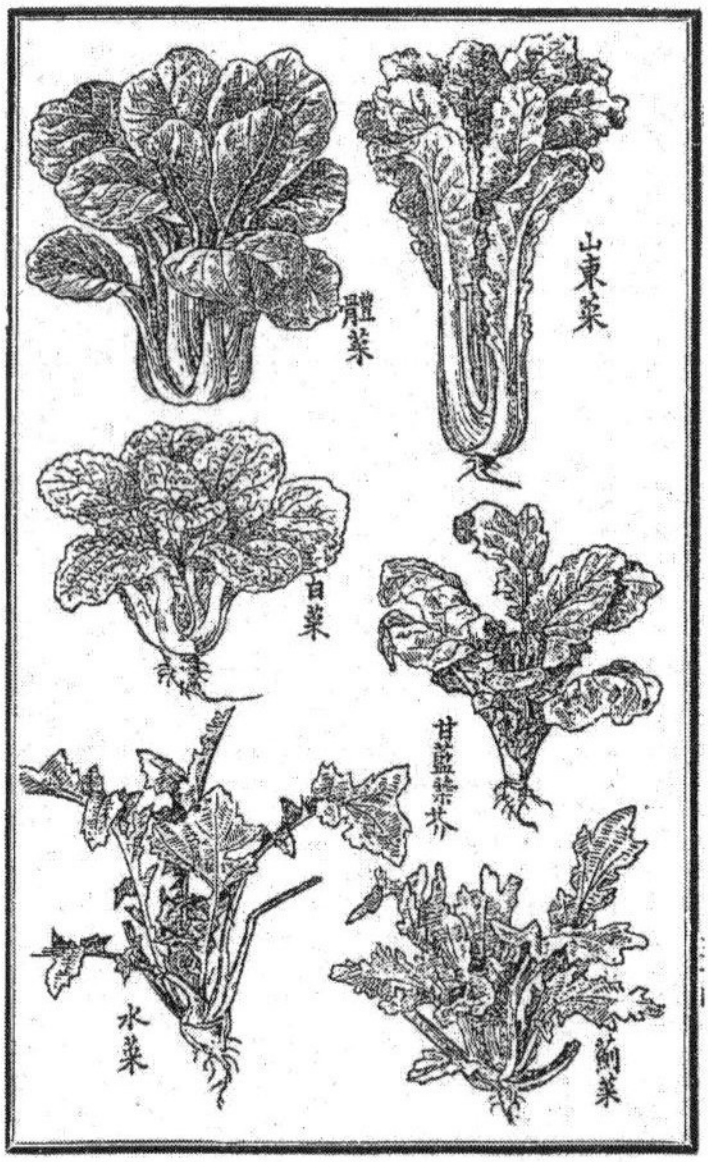

ハクサイ（左中,『舶来穀菜要覧』1886）

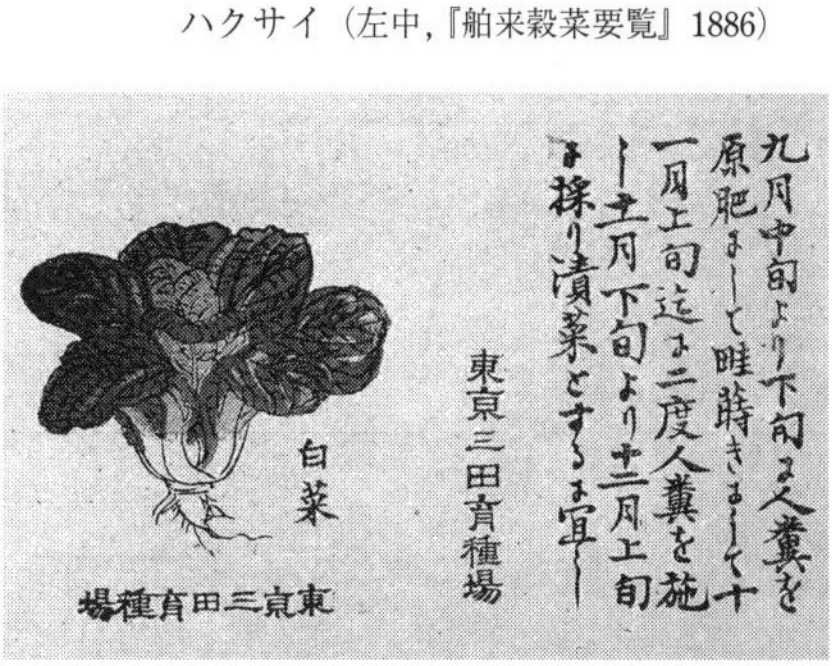

ハクサイ（『穀菜弁覧 初編』1889, 国立国会図書館蔵）

なったが、松島純二号は育成後五〇年たった昭和五〇年頃にもその特性を熟知して作りなれた人たちによって栽培し続けられていた。

一代雑種採種法と品種改良　この頃までのハクサイの育種は従前の品種の中から勝れたものを選び出す方法によっていたが、昭和になってからは品種間の交配で新しい品種を育成する方法に変わり、例えば松島燕号と松島純二号との交配から昭和一五年松島新二号が育成された。この品種も一代雑種ではない固定種であるが、現在も採種が続けられている。

宮城県のハクサイ栽培は連作の関係もあってこの頃から軟腐病とウイルス病が多発して、面積当り収量が減少し、戦時中の畑の荒廃がこれに拍車をかけ、昭和二五年頃から日本一の座は茨城県に移り、全国的にも耐病性品種の育成が待望された。この要望で生まれたのが下山義雄氏育成の下山千歳白菜で、昭和二三年に育成され、農林省登録品種になり、その後一時期新品種の育成親として活躍した。

昭和二六年伊藤庄次郎氏らによる自家不和合性利用の一代雑種採種法がキャベツで世に出、これと併行して進められていたハクサイでも次いで発表され、この新しい優秀な品種の育成法の開発でハクサイは一代雑種の時代を迎えた。

ハクサイ（王将）
近年はハクサイも小形化の傾向があるが，以前は王将などのような3～4キロになる良質の品種が多く栽培された。

ハクサイ（松島新2号）
近年の耐病性品種は作りやすいが，味は劣るといわれる。そこで，味がよい松島新2号や純2号のような固定品種は今でも作り続けられている。

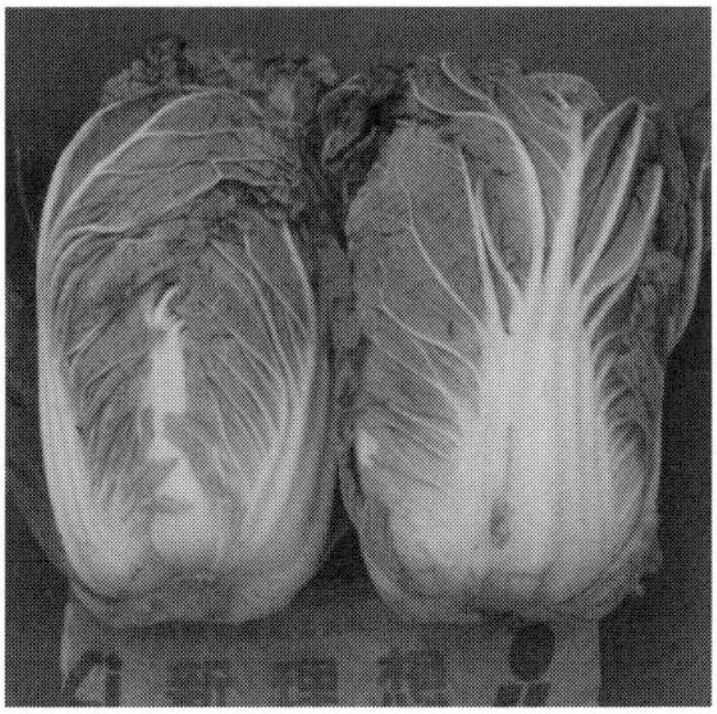

ハクサイ（新理想・茨城県）

自家不和合性というのは生殖能力は正常でも自分の株、系統の花粉では受精できず、隣の別の株、系統の花粉を授粉すると受精し種子を結ぶ性質で、自家不和合性のある系統、例えばA系統と、別のB系統とを畑に一列おきに植えておくと、人の手を用いずに、昆虫の働きでA系統にはA×Bの種子、B系にはB×Aの種子、つまり一代雑種の種子が採れる。

また農林省園芸試験場では軟腐病やウイルス病に強いハクサイの育成を進めていたが、これらの病害に強いキャベツの性質をハクサイに取り入れることに成功し、昭和三一年平塚一号が発表された。この品種はそれ自体は野菜として普及するほどの勝れたものではなかったが、強い耐病性をもつことから一代雑種の片親には必ずといってよいほど用いられるようになり、種苗会社や試験場で多くの耐病性品種が育成された。

このようにわが国のハクサイ栽培の進歩発展の跡を見ると、採種法と品種改良の歴史ともいえるほど育種の成果は大きく、先覚者のハクサイ栽培発展への貢献は大きい。現在も芝罘系以外の新しいハクサイ導入や、近年問題になってきた根瘤病抵抗性品種の育成などが進められている。

近年の栽培状況　勿論品種改良以外の面でも工夫や改良はなされた。高冷地利用の夏ハクサイの作型の確立、野崎春蒔白菜など適当な品種の育成と温床育苗などを組合せての春ハクサイの栽培、練床《ねりどこ》育苗や鉢育苗による移植栽培の普及などでハクサイ栽培は周年化と安定化が進んだ。しかし第二次大戦後の労力節約と清浄栽培の要望から有機質肥料が不足がちになり、地力が低下し、指定産地制度などからおこりやすい連作障害が問題になっている。

消費面を見ると各家庭でのハクサイの漬込みは以前と違いほとんど行なわなくなり、ハクサイの消費は以前より減少し、一人当り年間消費量は昭和四五年の七キロから昭和五五年には四キロ余りに落ちこんだ。それでも鍋物の普及などでハクサイはダイコンに次ぐ作付面積と収穫量を維持し、キャベツと共に最も重要な葉菜であることに変わりはない。

農林統計でこれまでの推移をみると、ハクサイとして統計面に載ったのは昭和一六年以降で、当時の作付面積は二万五〇〇〇ヘクタール余、収穫量は五〇万トン弱であった。第二次大戦中は一時栽培が減少したが戦後は増加し、昭和四三年には作付面積五万ヘクタール、収穫量一九〇万トン弱にまで増加した。しかしその後は米飯食の減少に伴ってハクサイの消費は減少し、昭和五五年の作付面積は三万八五〇〇ヘクタール、収穫量は一六二万トン弱となっている。

昭和五五年現在、全体の約八割を占める秋冬ハクサイの大産地は茨城県で、全国の収穫量の四割近くを生産し、夏ハクサイでは長野県が全国夏ハクサイの生産高の約八割を生産している〔平成二三年もほぼ同じ状況である〕。

近年は指定産地制度などで計画生産が進められ、技術の進歩や品種の改良でハクサイ生産は安定化している。それでも生産時期が冬に集中していることや大量貯蔵が困難なこともあり、気象災害などによる豊凶で価格変動をおこしやすい。例えば昭和五四年の一、二、三月の東京都の一キロ当り卸売価格は一五円、一四円、二九円（年平均は五〇円）であったのが、昭和五五年の一、二、三月は一三四円、一八四円、二〇四円（年平均は七〇円）と前年の一〇倍ほどに高騰した。これは極端な例ではあるが、ひどい価格変動は社会問題にもなっている。

（注）平成二三年：一人当りの年間消費量二・七キロ。作付面積一万八一〇〇ヘクタール、収穫量は九〇万トン弱となっている。

カラシナ

（1）起原と伝播、栽培状況

葉が大きく漬物や煮食に用いるタカナと、カラシを採り苔菜《とうな》として食べるカラシナとは別の種類とする場合もある。しかしこの二つは古くから同一種として扱われることが多く、植物学的には共にブラッシカ・ユンケア *Brassica juncea* Czern. と呼ぶ一つの種の変種なので、本書では両者を含め、カラシナとした。

カラシナはアブラナとクロガラシ（ブラッシカ・ニグラ *B. nigra* Koch）との合成で成立した種で、染色体の数は性細胞でアブラナは一〇、クロガラシは八、カラシナは一八である。カラシナの野生種はまだ発見されておらず、原産地については諸説がある。バビロフ等の説を総合すると、地中海地域に野生するアブラナ類とクロガラシとが中央アジアで自然交雑し、その結果生まれたものと考えられている。

その後油用のものはインドで、野菜用のものは中国で品種が分化した。

　中国でのカラシナの栽培歴は古く、『礼記』（紀元前二〇〇年以前）に芥醤とあり、『斉民要術』（五三〇年頃）では蜀芥、芥子とし、葉用の蜀芥は漬物にし、乾菜にもされ、両者とも子実用の栽培も記されている。中国では葉用のタカナは南部、セリフォン類は華中、根芥子は華北、また榨菜は四川省で成立するなど、多彩な品種分化がなされた。

　カラシナは古い時代にわが国に伝わった。ただしタカナに対する漢名は混乱している。まずカラシナについては『本草和名』（菜）に「芥、白芥子和名加良之」、『和名抄』では園菜に「辛菜、和名賀良之、俗用芥子、根細而甚辛、薫好通二口鼻之気二」とあるほか薑蒜の部に「芥　和名加良之、味辛帰レ鼻者也」とある。『類聚名義抄』では辛菜カラシ、辛芥タカナとあり、カラシとタカナを同じ項にあげている。なお室町時代の『下学集』では辛《からし》、芥《からし》、『節用集』では芥《から》子《し》とある。

カラシナ

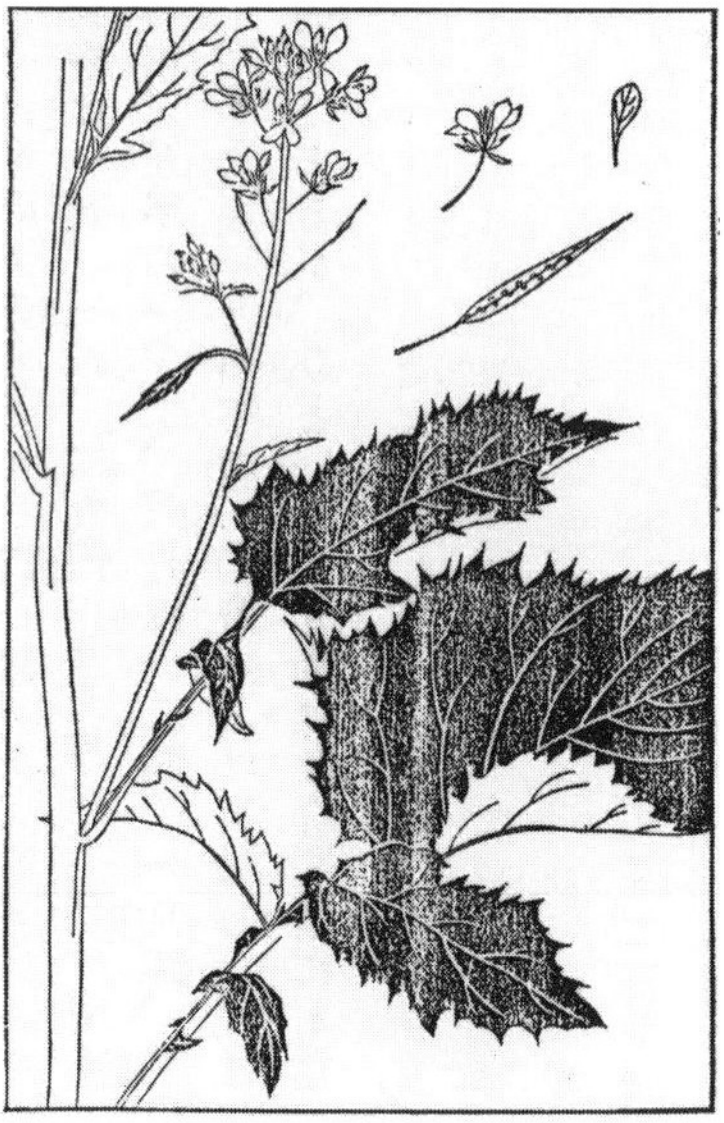

カラシナ（『増訂草木図説』1907）

　タカナについては『新撰字鏡』に菘、菜名太加奈、『本草和名』（菜）では菘、牛肚菘、和名多加奈とし、辛菜はカラシとし、『節用集』では菘菜《たかな》としている。しかし牛肚菘は不結球のハクサイで、わが国でも江戸時代には菘はウキナ、ミズナ、ハタケナなどにあてている。ただし『毛吹草』では越後の白菘《しろがらし》、筑後の菘《からし》を名産地とし、菘の読み方は混乱している。

　いずれにせよ平安時代にタカナと呼ぶ野菜があったことは確かで、『延喜式』では菘菹《たかな》三石とありタカナは漬物に用いられている。芥子は『東大寺要録』に貞観三年（八六一）

芥子三升、また芥子一合と記され、『延喜式』にも芥子三升とか山薑、芥子各二升、芥子四升五合など各所に記され、芥子の子は種子を指す言葉である。

バビロフが中国と日本をカラシナの第二次原生中枢と見たように、わが国でも多くの品種が分化した。これはカラシナがかなり重要な作物であった結果と思われる。

江戸時代の農書にはカラシナとタカナを同類の作物とみていたものが多い。『百姓伝記』では「からしを蒔事、たかな共云」とし、『農業全書』では芥《からし》の項に「此たねも色々あり、まず青紫白の三色あり、又高ながらしとて茎甚だ高く枝葉ことの外さかえ、葉の広き事芭蕉のごとし」とある。『重修本草綱目啓蒙』の芥の項には「大芥一名オオバガラシ、トクワカナ（讃州）、タカナ（九州）葉長大にして二尺許（六〇センチ）」とあり「花芥はイラナ、葉の欠刻の深細なる者をチリメンナ（紀州）、八丈ナ（勢州）、紫芥一名アカガラシ、白芥一名江戸ガラシ、形状芥菜に同くして只苗微白を帯び、子色黄なり、薬にはこれを用ゆ」とあり、白芥とは今でいう黄芥子を指したようである。白芥子は元来は西域から中国にも入った種子の白い胡芥子であったが、この種類はわが国では栽培されなかったらしい。『農業全書』にある青紫白は葉の色から呼んだ。

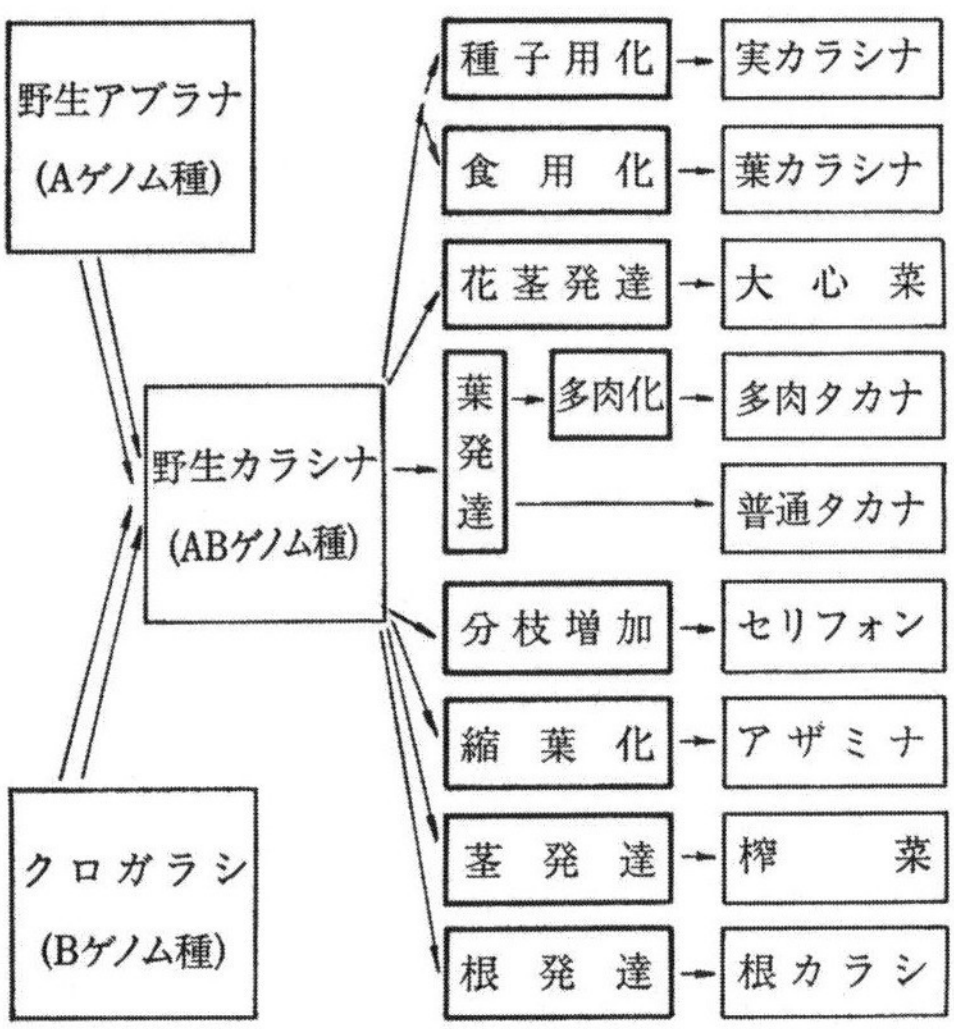

カラシナ類（AB ゲノム種）の利用部分の発達と種類の分化

（2）在来品種と自生種

明治以降もカラシナとタカナは自給用野菜として、またカラシ粉の原料として戦前まで全国各地で栽培されていた。近年野菜試験場の調査による『野菜の地方品種』では全国で三〇ばかりの品種があげられている。

これらの在来品種の特性をみると、九州を中心にした暖地では葉に毛がなく多肉で欠刻のない南方型のタカナ品種

高菜漬

カツオ菜

青菜

が多く栽培され、東北地方から北海道には葉に欠刻があり、毛が多く種子は黄色の北方型のカラシナが多く栽培されている。

現在市場に出荷されている有名なものは北九州と山形県のタカナで、このほか関東地方では葉芥子菜とカラシ粉用のカラシナが販売用として栽培されている。

カツオ菜と三池高菜　北九州を代表するタカナはカツオ菜と三池高菜で、カツオ菜はチリ鍋などに入れると味がよく、鰹節の代わりになるというところからこの名が生まれた。生長した下葉から掻きとって出荷し、鍋物のほか雑煮、漬物などに用いる。北九州以外紀州などでも栽培されている。三池高菜は明治末頃中国から導入した青菜《せいさい》と土着の在来紫高菜との自然交雑で生まれた漬物用の品種で、三池炭田の発展に伴い昭和七、八年頃三池高菜と呼ばれるようになった。九州にはこのほか山潮菜《やましお》、阿蘇高菜、久住《くじゅう》高菜などがあり、久住高菜などは関東から入ったものといわれ、カラシナに似ている。

青菜　明治末期に中国から導入された青菜《せいさい》は明治四一年山形県に伝わり、この地で栽培と採種法が工夫されて定着し、山形県特産の山形青菜になった。現在日本海の飛島《とびしま》で採種が行なわれ、県内で漬物加工されるばかりでなく県外にも出荷されている。

　このように暖地型のタカナが山形県に定着したのは、東北地方一帯で以前からタカナ類が栽培されていたためで、現在でも芭蕉菜、大葉高菜、葉芥子菜などと呼ばれる品種が東北地方各地で栽培されている。

　関東地方とくに北関東ではカラシナの抽苔した花茎を葉芥子菜として食用にし、東京市場でも四月を中心にカラシナが毎年一五〇〇トン内外出荷されている。なおタカナは東京市場では昭和三〇年代まではほとんど出荷されていなかったが、その後少しずつ春を中心に出荷されるようになった。

中国のタカナ類　近年中国ブームにのって多彩な中国のタカナ類が紹介されている。例えば結球高菜、葉柄の肥大する瘤《こぶ》高菜、京菜に似たセリフォン、肥大した花茎を食べる大芯菜などは種苗カタログにも載っている。このほか根の肥大する根芥子、中国料理に用いられる榨菜《ざあつぁい》もある。榨菜は茎と葉柄が異常に肥大する種類で、これを乾燥し香料や酒で漬け込んだものがいわゆる榨菜で、わが国でも中国から輸入している。

芭蕉菜

大葉高菜

結球高菜

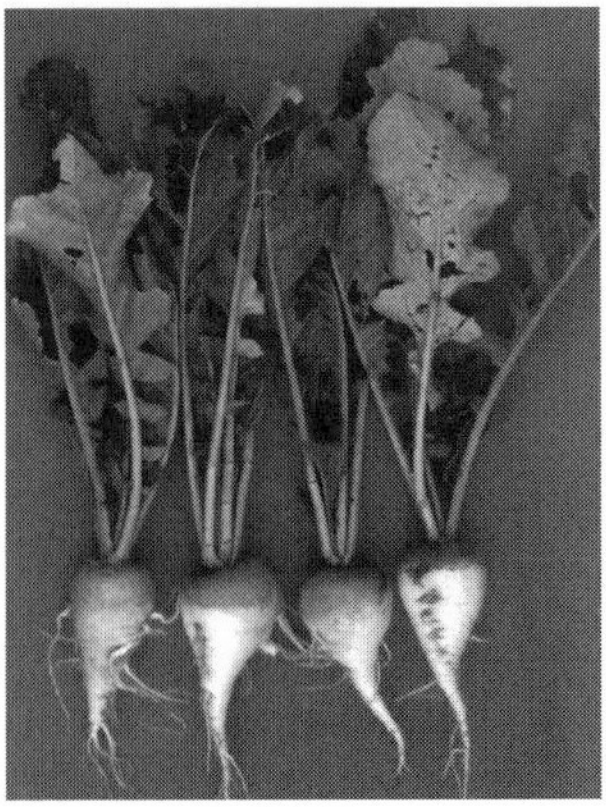
根芥子

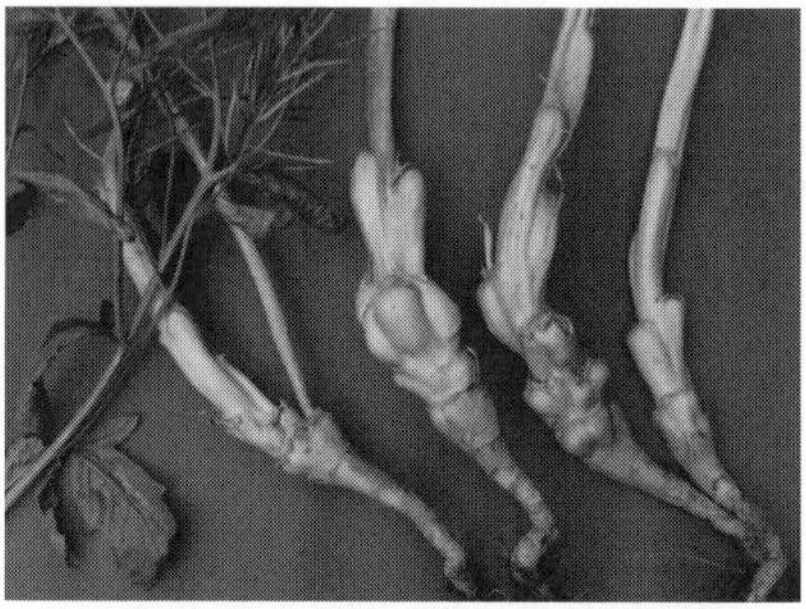

搾菜

カラシナの自生種　カラシナにも自生品がある。埼玉県の荒川堤では一〇年ほど前からカラシナが生え、今では長さ二〇キロにもわたる自生地になった。地元の主婦たちは摘草ができ喜んでいるが堤防管理者は堤防保全の立場から絶滅させたいと悩んでいる。同様に大阪では大和川の堤防に、九州では筑後川にカラシナが自生している。

カラシナは種子が休眠性をもち自生しやすく、東京都内でも鉄道沿線などに自生している。河川の堤防は以前と違い草刈をする者も少なく、日当りはよし、カラシナが占領したものであろう。

キャベツ（タマナ、カンラン）

(1) 起原と伝播、日本への渡来

キャベツは地中海沿岸やヨーロッパの大西洋沿岸の岩場などに自生する野生種から進化したものと考えられ、一九七五年頃に水島宇三郎氏らはこの野生種の自生状況を確認している。

この野生種は有史以前から利用され、紀元前六世紀頃地中海に侵入したケルト人により栽培化された。二世紀にはいくつかの型が記録されているが、これはおそらく現在のキャベツなどの原始型ともいえるケールであったと推定される。結球したキャベツは少なくとも八世紀の末までは確認されていない。一三世紀にイギリスで結球性のキャベツが記録され、この頃から各国で改良が進められた。一六世紀初めにはイギリスで縮葉型のキャベツが栽培され、赤キャベツも一五七〇年にイギリスで初めて記録された。

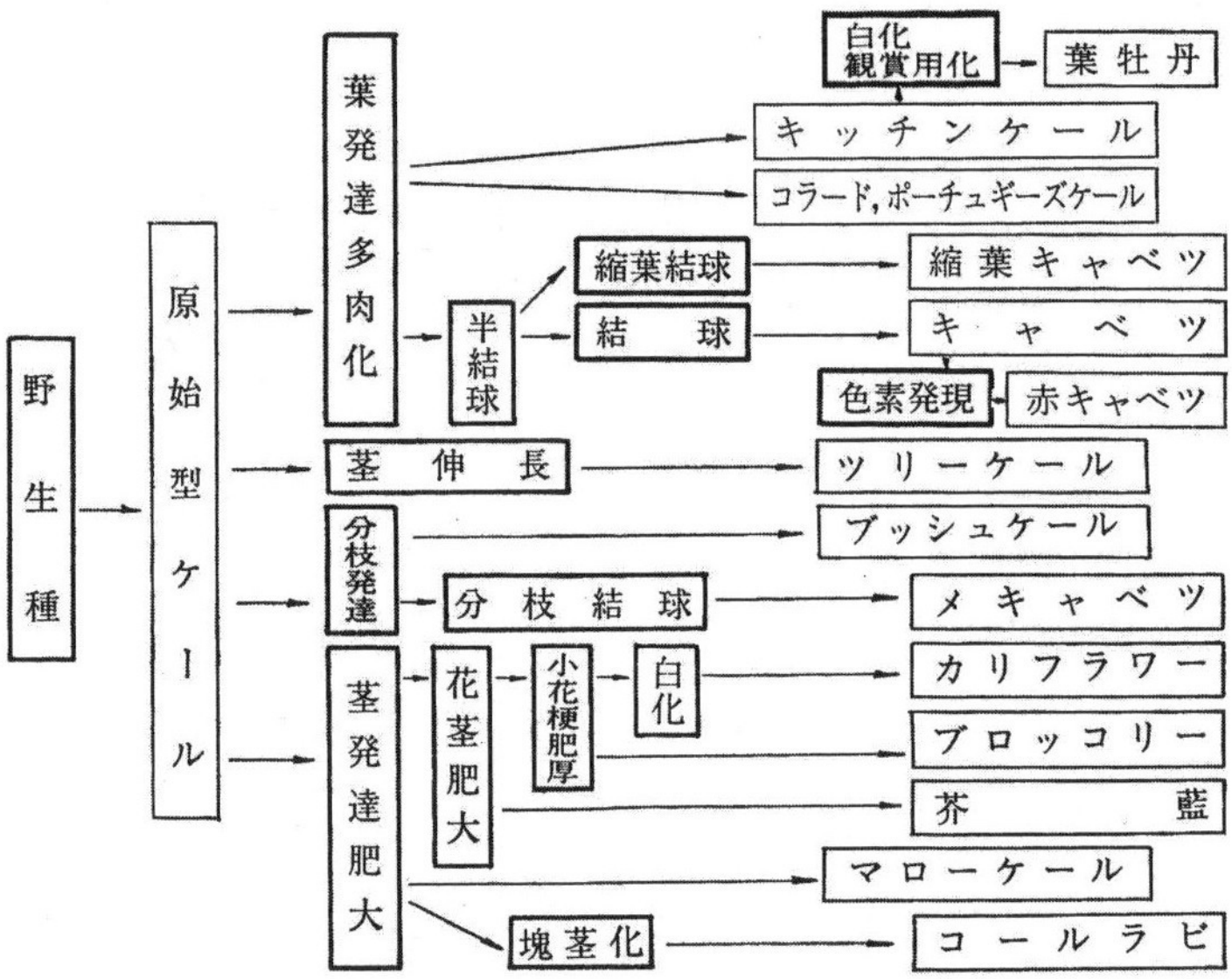

キャベツ類（Cゲノム種）の利用部分の発達と種類の分化

一六世紀中にはカナダに、一七世紀にはアメリカに伝わり、アメリカでその後品種改良が進んだ。

中国へは一七世紀にオランダから華南に入り、別に華北には陸路中央アジアから入った。

わが国には宝永年間にオランダ人により長崎に入り、『大和本草』（一七〇九年）に「蛮種紅夷菘《おらんだな》、葉大にして無光、白けたり、花は淡黄色大根の花の如し、味佳、うえて後三年にして花開く、是菘の類なり」と記されている。この記述からみると渡来したのは不結球または半結球のケールで、紅紫色の系統だったと思われる。味よしとあるが、わが国では花物として改良が進められ葉牡丹が生まれた。

結球性のキャベツがわが国で初めて栽培されたのは安政年間（一八五五年頃）で、横浜や函館でわずか定着したという。明治七年には勧業寮が欧米から種子を取りよせ山形など五県で試作させた。また別に北海道にも欧米から伝えられ、北海道開拓使は栽培に成功し注目された。明治二六年の『蔬菜栽培法』には近年東京近在にて多く培養し、普通の蔬菜店にも販売するものありと記され、栽培を奨励している。

(2) 栽培の発展

わが国でのキャベツ栽培の定着は民間育種家による日本

向きの品種の育成に負う点が大きい。特に東京の中野藤助・庫太郎父子による中野早生と静岡の石井次郎氏による豊田早生が大正五年に育成され、また愛知県の野崎綱次郎氏は野崎早生を育成した。これらの品種は秋まき初夏どり栽培の場合、苔《とう》立ちか従来の欧米品種より著しく遅く、春先の葉菜の端境期の葉菜として注目され、キャベツ栽培増加のきっかけになった。また岩手県では南部甘藍が生まれ、大正時代には北海道と長野県に次ぐ全国有数の産地になった。

この頃から種苗業者や各県の農事試験場などでキャベツの品種改良が進められ多くの品種が育成された。戦後にはまた葉深《ようしん》という耐暑性が強く品質の良い品種が台湾から導入され、高冷地での栽培試験と相まって夏キャベツの作型が確立された。

現在までのキャベツの品種改良で特筆すべきものは、自家不和合性利用による一代雑種の採種体系の確立で、昭和二六年にタキイ種苗会社の伊藤庄次郎氏らが大峯甘藍とサクセッションとの間で交雑させたOSクロスは、そのすぐれた特性と均一性からアメリカ種苗会で金賞を受賞した。自家不和合性を利用する一代雑種の育成（一七九頁参照）は、既に戦前禹長春氏らによりほぼ構想が考えられてはいたが、第二次大戦のため実行は中断していた。伊藤氏らは引き続いてハクサイ、カブなど他のアブラナ科野菜の一代雑種をほぼ同様の方法で育成し、現在主要なアブラナ科野菜では一代雑種でない、いわゆる固定品種はほとんど用いられていない。

このようなすぐれた品種の育成と生態的特性の研究から多くの作型が開発され、品種、播種期、栽培地と栽培法の組合せで周年出荷できるようになり、キャベツは導入以来約一〇〇年ですっかり日本の野菜、それも最も重要な野菜の一つになった。

生産状況を農林統計でみると、明治四二年の全国作付面積は二〇一七町歩であり、ナスやツケナの約十分の一、収穫量は三万三〇〇〇トンであった。大正元年には作付面積は二三〇〇町歩に増え、その後大正一一年には六〇〇町歩弱と急増した。昭和に入っても作付面積は増加し続け、昭和九年には一万ヘクタール、同二六年二万ヘクタール、同四三年には四万六〇〇〇ヘクタールになった。

その後作付面積は幾分減少したが収穫量は昭和元年の一〇万トンから昭和三八年には一〇〇万トン強となり、その後も増加し続け、昭和五五年の作付面積は四万二七〇〇ヘクタール、収穫量は一五五万トンを超している。

キャベツの作型は春キャベツ、夏秋キャベツ、冬キャベツに分けられ、指定産地制度が設けられて計画的に生産され、市場には毎月ほとんど同程度のキャベツが出荷されている。春キャベツの主産県は千葉、神奈川、茨城、愛知、兵庫、福岡など大都市周辺の県で、夏秋キャベツは群馬県の嬬恋《つまごい》などと長野県の八ケ岳山麓などの高冷地で耐暑性品種が栽培され、群馬、長野の二県で全国夏キャベツ生産高の約五五パーセントを占めている。冬キャベツは逆に愛知県の渥美地方、千葉、神奈川県など、比較的暖地が主産地になっている。

（注）平成二三年：作付面積三万三七〇〇ヘクタール、収穫量一三七・五万トンとなっている。

嬬恋のキャベツ畑（群馬県）

（3）呼び名と用途

わが国におけるキャベツの呼び名は時代とともに変わっている。江戸時代の『大和本草』で紅夷菘《おらんだな》と呼んだのはケールとしても、明治初年の『舶来穀菜要覧』では漢名の甘藍をあげ、はぼたんと振り仮名し、一名ボタン菜、椰菜、た

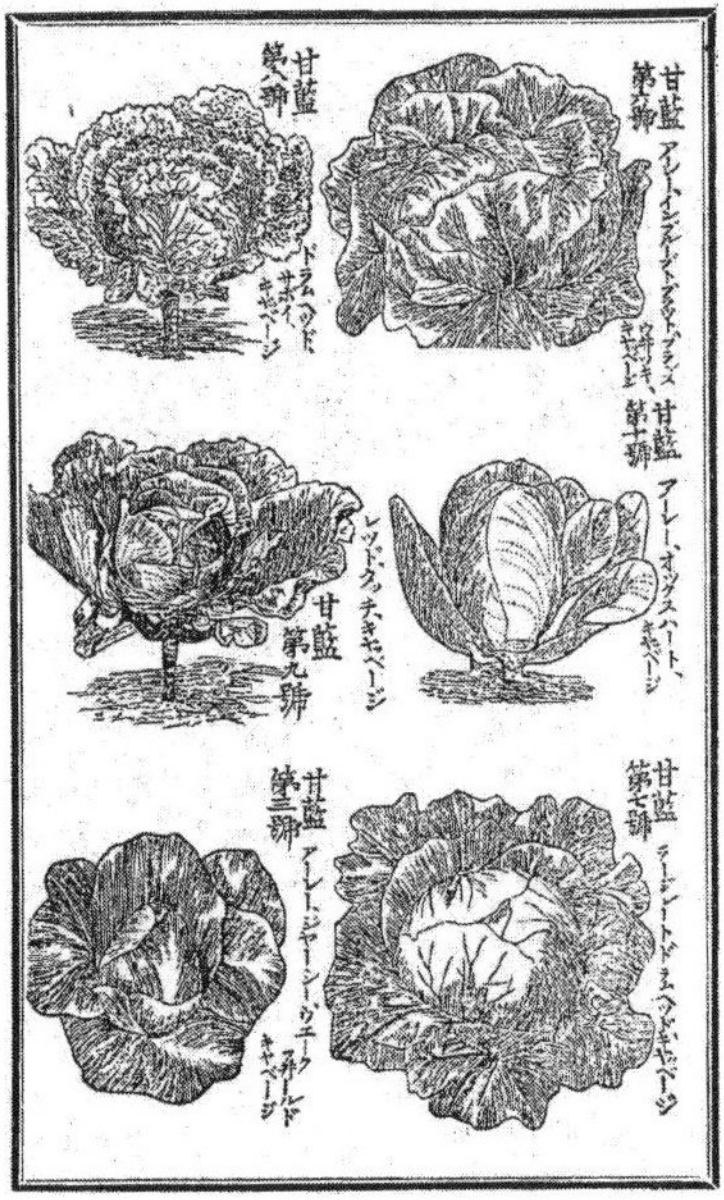

キャベツ（『舶来穀菜要覧』1886）

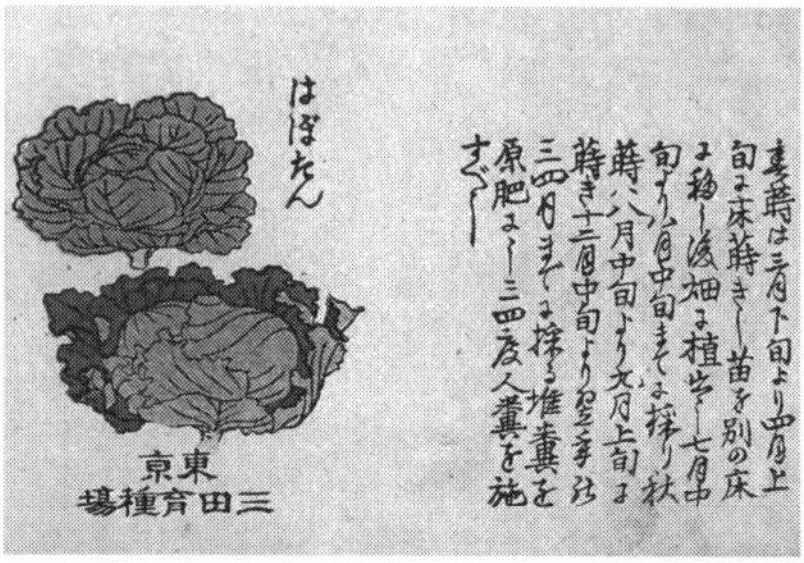

はぼたん（『穀菜弁覧 初編』1889, 国立国会図書館蔵）

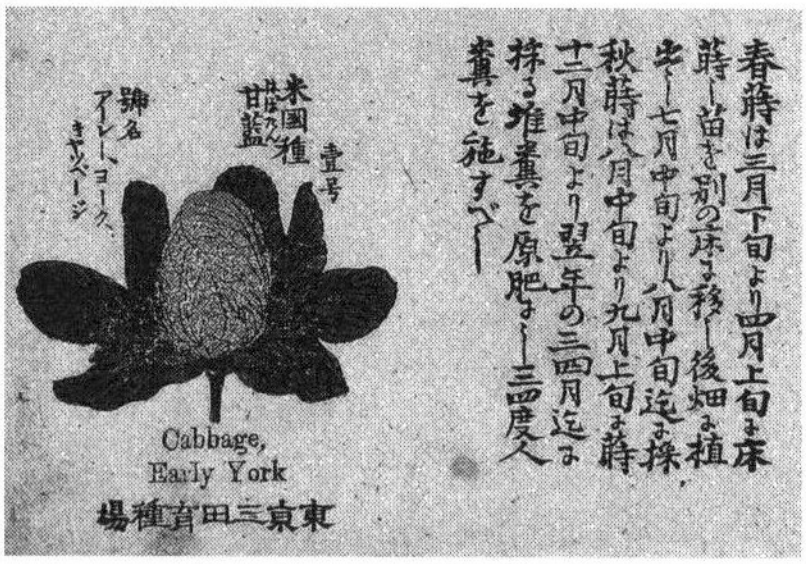

甘藍（はぼたん）1号（『穀菜弁覧 初編』1889）

まな、英名キャベッジとしている。これ以来、甘藍《かんらん》の名が一般に用いられ、園芸関係者は昭和四〇年頃まで甘藍とした。現在でも緑葉甘藍、球茎甘藍、子持《こもち》甘藍などとカンランの名は使われている。

しかし一般にはタマナと呼ぶ者が多く、昭和二七年発行の『園芸大辞典』ではたまなとしている。農林統計では市場の呼び名を取り入れたためか明治時代は甘藍であるが、大正時代には甘藍《キャベッジ》とし、昭和に入るとキャベージ（甘藍）と変え、昭和二〇年代からはキャベツとした。戦後は仮名書きが流行する時代となり、キャベツが一般名になり、

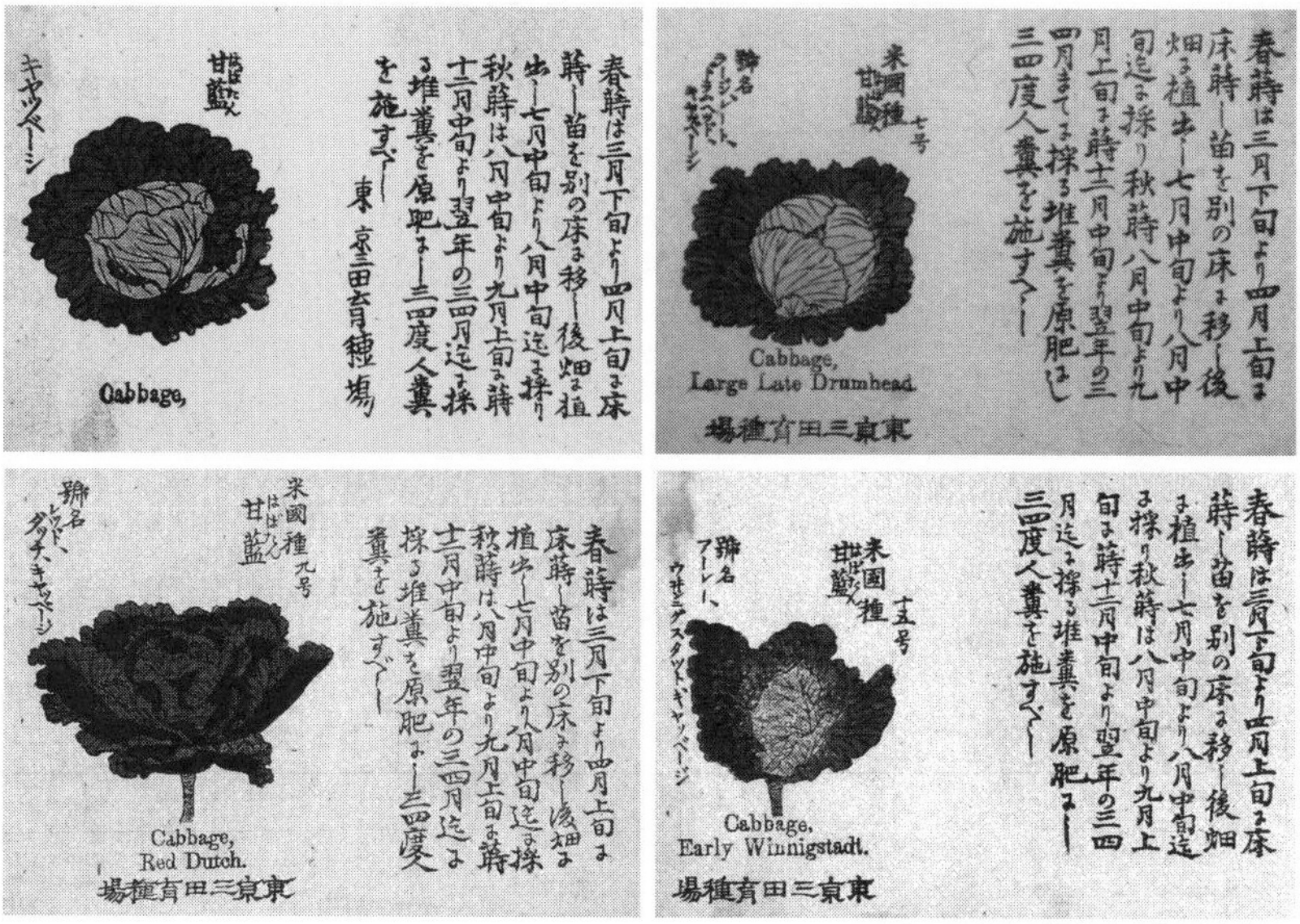

キャベツ（『穀菜弁覧 初編』1889, 国立国会図書館蔵）

チリメンキャベツ

葉が縮れている変りものは一般に質が軟らかく見た目も美しい。パセリ，エンダイブ，羽衣キャベツ，サニーレタスなどは縮葉性の品種である。チリメンキャベツも葉肉が軟らかで甘味がある。

キャベツ

紫キャベツ

園芸学会編『園芸作物名編』でもキャベツ、別名カンラン、タマナとしている。

欧米で最も重要な葉菜とされているキャベツはわが国でも煮食、油いため、漬物など各種の料理に用いられ、洋風、和風、中華風など用途が広い。近年はサラダとして生食することも多い。キャベツの品種選択では肉質などの点から煮食用と生食用とは区別するのが合理的である。総体的に近年は生食向きの緑色系の葉質の軟らかいものが好まれ、品種育成もその方向に向っている。なお近年は家族数が以前より少なくなっていることから以前のような大球でない、せいぜい一キロ半程度の小球品種が好まれるようになった。それでも小売店では大きすぎるとして半分または四つ切りにしたりして販売している。

生食用には赤（紫）キャベツも用いられ、その需要が近年増加している。市場では普通のキャベツと別に扱っていて、東京都中央卸売市場の赤キャベツの取扱高を見ると、昭和三九年は年間三〇〇トン足らずであったのが昭和四五年は七五〇トン、昭和五五年は一五五〇トンとなり、この一五年間で約五倍に増加している。なおサラダ用には葉の縮む縮緬《ちりめん》キャベツ（サボイキャベツ）も軟らかくて適し、このキャベツも近年注目されている。

カリフラワー、ブロッコリーと芥藍

（1）起原と伝播、栽培状況

カリフラワー（ハナヤサイ）、ブロッコリー（イタリアンブロッコリー、ミドリハナヤサイ）と芥藍《かいらん》は主に花茎が食用に用いられるキャベツの変種である。キャベツの野生種は地中海から大西洋岸に野生するが、地中海東部から小アジア地区では花茎の肥厚するものが紀元前六世紀頃から知られていた。一世紀のプリニウスの記録によると、ローマ人はこのスプラウト・カリフラワー sprout cauliflower を栽培し、それは貴重なものとされた。これがカリフラワーの祖型《そけい》で、これからキプロス島か地中海南部でカリフラワーが生まれた。それは多分突然変異による白化（アルビノ albino）で花蕾が発育しなくなり、花梗《かこう》や小花梗が肥厚したものと思われる。ドドネウスは一五五四年にカリフラワーを図示し、その種子はキプロスから取りよせたもので、他の場所では寒さのため採種が難しいと記述している。イギリスでは一六六〇年頃までは完全な花蕾にならなかった。ドイツではその後多くの品種が育成された。カリフラワーの品種改良はデンマークで進み、ヨーロッパでは重要な野菜になった。アメリカでは一九世紀初期から栽培が始まり、二〇世紀になって重要さを増した。

それとは別にカリフラワーに発達する前の緑色のものがイタリアで発達し、いわゆるスプラウティング・ブロッコリー sprouting broccoli になった。ブロッコリーという言葉は枝を意味するイタリア語で、スプラウティング・ブロッコリーは、葉腋《ようえき》から幾つかの多肉な枝を生ずる。ブロッコリーにも緑色系ばかりでなく白色や紫色の系統もあるが、

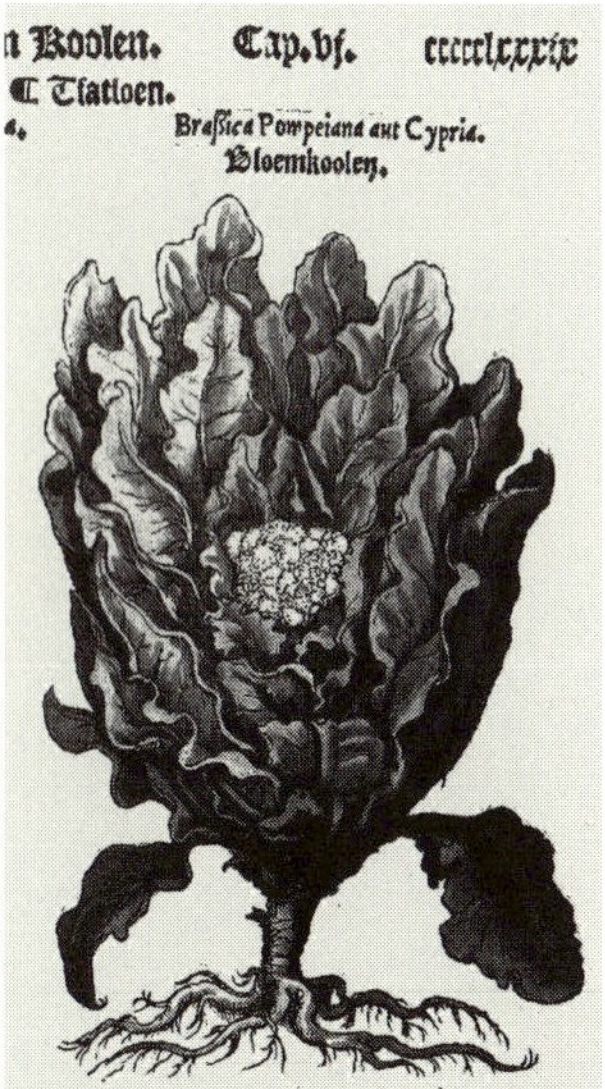

カリフラワー
（ドドネウス『本草書』1554）

最も多いのは緑色系である。

ブロッコリーはなぜか他の国には伝わらず、イギリスには一七二〇年、アメリカには一八〇六年になってやっと紹介され、イタリアンブロッコリー、イタリアンアスパラガス、スプラウティング・ブロッコリー、グリーン・ブロッコリーなどと呼ばれた。このようにイタリアから他の欧米諸国に長年伝わらないでいたことは驚くべきことだといわれている。

アメリカではその後次第に普及し、一九二五年頃からスプラウティング・ブロッコリーは重要な野菜の一つになり、冷凍野菜用としても栽培され、現在は単にブロッコリーと呼ぶことが多い。

地中海で生まれた原始型のカリフラワーは早い時期に東洋にも伝わり、インドでは早生で小形のカリフラワーが生まれた。またさらに東南アジアに伝わった原始型のものから芥藍《かいらん》が成立した。芥藍は一種の苔菜で、花は白色のものが普通であるが、キャベツと同様黄色の系統もある。

カリフラワーは明治初年に初めて導入され、『舶来穀菜要覧』には花椰菜《はなはぼたん》、英名カウリフラワー七品種、きだちはなはぼたん、英名ブロッコリー二品種が載っている。これ

カリフラワー（“The Vegetable Garden” 1855）

カリフラワー

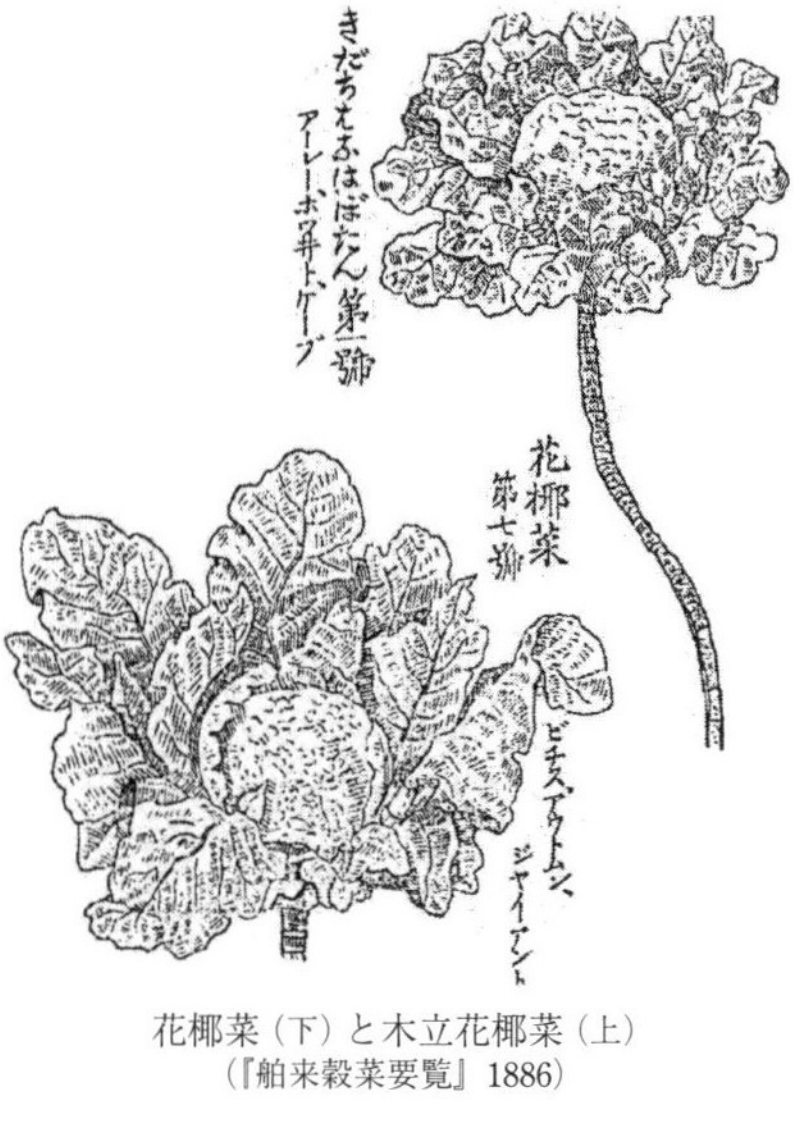

花椰菜（下）と木立花椰菜（上）
（『舶来穀菜要覧』1886）

以来各地で試作されたが採種が困難なこともあってなかなか普及せず、房州と遠州などの暖地でわずかに栽培された。大正、昭和になり外国から新品種が入り、国内でも独自の品種が育成され栽培は幾分増加した。

第二次大戦後食生活の洋風化と生活水準が上ったことでカリフラワーの消費は増加し、一方新品種の育成、栽培技術の向上などで次第に求めやすい価格になり、昭和三〇年頃から需要は急速に高まり、高級な西洋野菜というイメージから大衆的な一般野菜になった。

農林統計を見ると昭和三三年の全国の作付面積は六〇五ヘクタール、収穫量は一万トン弱であった。昭和四〇年からは農林省統計表に載るようになり、当時の作付面積は一〇九〇ヘクタール、収穫量は一万八八〇〇トンでその後は逐年栽培は増加し、昭和五五年の作付面積は五七五〇ヘクタール、収穫量は九万トン弱とカリフラワーの栽培はこの一五年ほどの間に約五倍に増加している。

今いうブロッコリーは、欧米での普及が遅れたため明治初年には導入されていない。わが国に入った年代は明らかでないが、篠原捨喜氏によると戦前から静岡県などでわずか栽培され、採種も試みられた。本種の栽培が始まったのは昭和二五年頃で駐留軍の特需として需要があり、東京、静岡を中心に栽培された。その後昭和三五年杉山直儀氏らや篠原氏によって新しい品種の特性が紹介され、その栄養価値の高いことなどから各地で栽培試験や品種改良が進められ、昭和四〇年頃から生産は急激に増加した。東京都中央卸売市場の年間取扱高を見ると、昭和三九年は二三四トン、同四五年は一二五四トン、同五五年は三五三九トンでこの一五年ほどの間に約一五倍に急増している。

農林統計を見ると昭和三一年は二三ヘクタールに過ぎなかった。昭和四九年からは正式に園芸統計に載せられ、当時の作付面積は八一五ヘクタールであった。その後も栽培は急増を続け、昭和五五年は二三一〇ヘクタールで約二万余トンを収穫している。

（注）平成二一年：カリフラワーの作付面積一三七〇ヘクタール、収穫量二・五万トン弱。ブロッコリーの作付面積一万三四〇〇ヘクタール、収穫量一四万トン強となっている。

(2) 特性と採種

カリフラワーとブロッコリーは特別の香臭もなく食味がよく、各種洋風料理やサラダ風などに用いられる。栄養的には緑色のブロッコリーが白色のカリフラワーよりすぐれているといわれ、近年はブロッコリーの消費が増えている。

キャベツも低温経過が不十分な場合は花が退化するが、カリフラワーは元来花が退化した作物で、奇形的に発育した花蕾が食用に利用されている。もし温度の関係などで蕾《つぼみ》が発育して花蕾の表面が粒状になったり、毛羽立ったり、葉片が現われたりすると野菜としては商品価値がおちる。採種の場合は大苗にして秋から翌早春に花蕾を形成させ、冬の低温に十分にあわせて正常な花を形成させて採種している。この際花蕾は寒害をうけやすいので採種は暖地で行なっている。

芥藍は近年の中国ブームで宣伝されており今後家庭菜園などでは普及するものと思われる。

（3）名称

『舶来穀菜要覧』には花椰菜《はなはぼたん》、英名カウリフラワーときだちはなはぼたん、ブロッコリーを別種類としてあげ（前述）、福羽逸人氏も『蔬菜栽培法』で花椰菜《はなやさい》と木立《きだち》花椰菜とは別種類として説明している。しかしこの木立花椰菜は晩生で越年性の花椰菜を呼んでいたので次第に木立花椰菜という言葉は使わなくなり、それらは花椰菜《はなやさい》の品種とみるようになった。ハナヤサイの名は本種の特性を示す適当な名称として一般に親しまれてきたが、戦後の片仮名流行に同調してカリフラワーの名が使われ始め、近年は園芸学会編『園芸作物名編』でも種類名はカリフラ

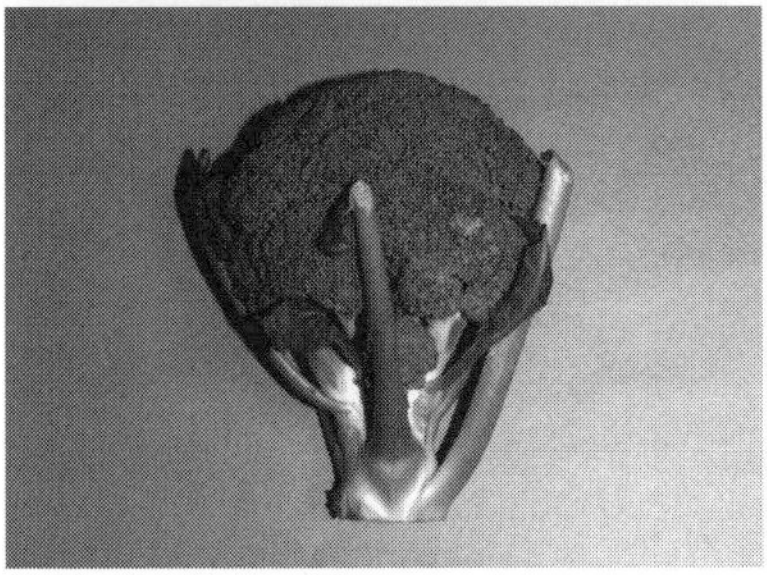

ブロッコリー

ブロッコリー（紫色系統）

芥藍

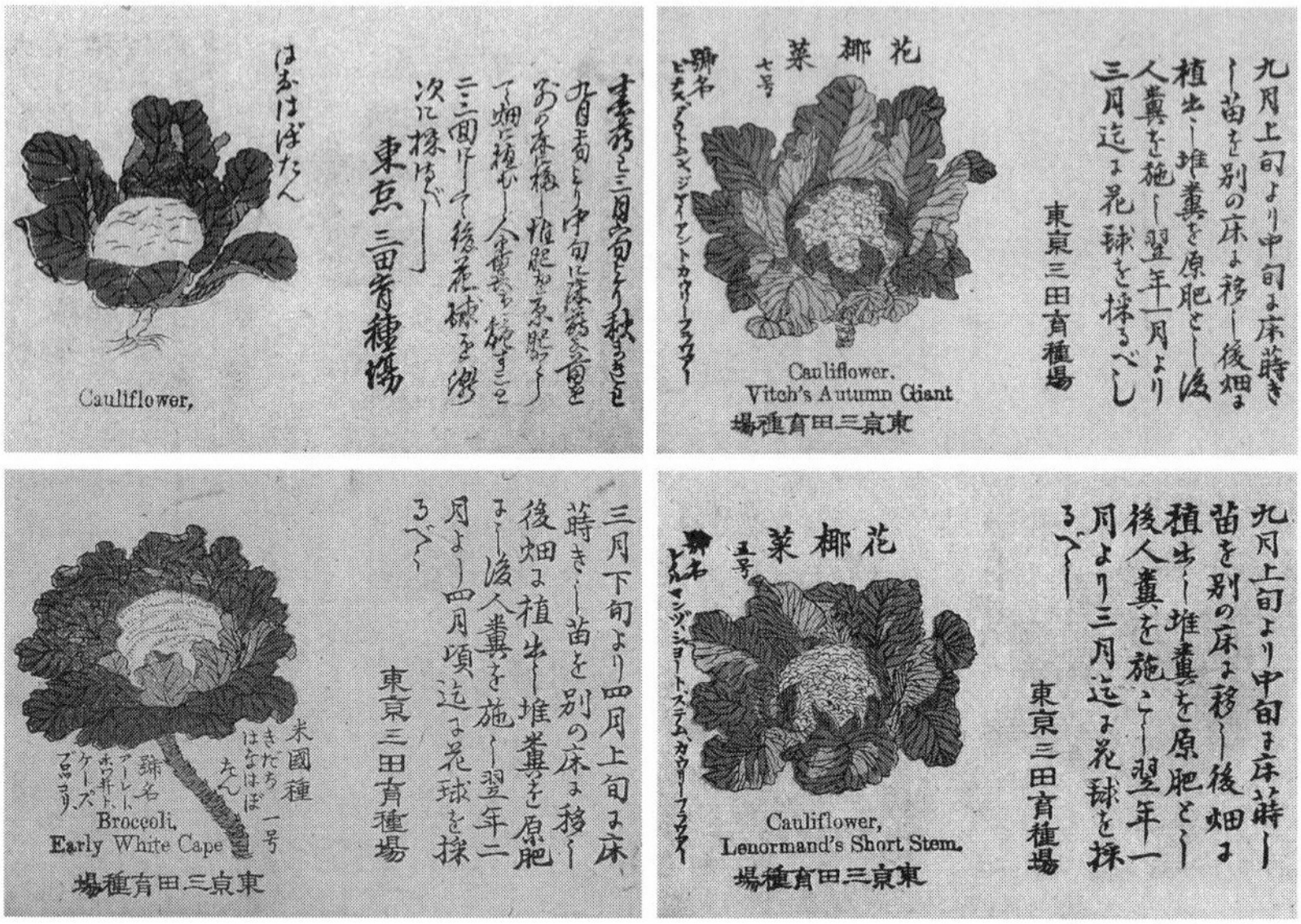

カリフラワー，ブロッコリー（左下）（『穀菜弁覧 初編』1889，国立国会図書館蔵）

ワー、別名ハナヤサイとし、農林統計などもカリフラワーとしている。

現在ブロッコリーと呼んでいるものはカリフラワーとは別の変種で、元来はスプラウティング・ブロッコリー、イタリアンブロッコリーと呼ばれた種類である。わが国ではこの和名としてメハナヤサイ、ミドリハナヤサイと呼んでいた。しかし現在は正式名称をブロッコリー、別名イタリアンブロッコリー、ミドリハナヤサイとしている。

要するに以前はブロッコリーの名は晩生のカリフラワー、木立花椰菜の英名であったのに、現在は別の変種、イタリアンブロッコリー、ミドリハナヤサイの呼び名、しかも正式名になったわけである。

キャベツの仲間【付】ハクラン

(1) ケール（緑葉甘藍、羽衣甘藍）

ケールは不結球のキャベツで変種名のアセファラは無頭を意味し、紀元前にヨーロッパでキャベツの野生種から最初に栽培化されたものはケールの原始型のようなものだったと思われる。その原ケールは変異性に富み、結球性のキャベツや花茎の発達するブロッコリーなどを分化した。

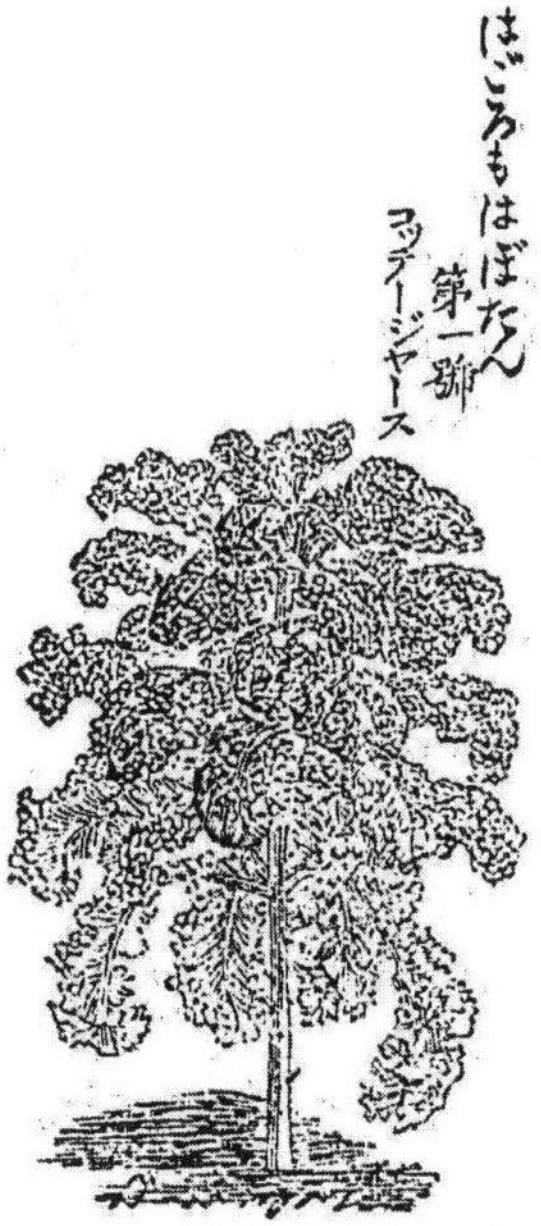

ケール（『舶来穀菜要覧』1886）

現在のケールは原ケールがさらに巨大化し縮葉化したものと推定されるが、現在のケールの中にもさまざまなタイプがある。例えば葉の縮れた縮葉系、茎の肥大するマローケール、直立性のツリーケール、暖地性のコラードなどである。

江戸時代にわが国に渡来した紅夷菘《おらんだな》というのはおそらく紅紫色のケールだったと思われる。このおらんだなは長崎付近で栽培され、食用としてよりも花物として改良され、葉牡丹が生まれた。『重修本草綱目啓蒙』には甘藍、草ボタン、ボタンナとし、「葉は潤大にして厚く色緑にして白を帯ぶ、冬春の交り紫色に変じ……牡丹花の如し、故にハボタンと云う」とあり、葉牡丹は江戸時代にわが国でケールから生まれた。現在葉牡丹には縮葉系（名古屋系）と丸葉系（江戸系、大阪系）とがあり、共に正月の飾りに用いられる。

ケールとしては明治初年に初めて導入され、はごろもはぼたん（新名）一名ちぢみはぼたんの和名がつけられ三品種記載されている。しかしこの縮葉系のケールはその後あまり栽培されなかった。近年ケールは栄養的に価値が高いということで青汁用などとして栽培がすすめられ、緑葉甘《かん》藍《らん》、羽《は》衣《ごろも》甘藍とも呼ばれている。

コラード Collard も近年種苗カタログなどに出ている。コラードと呼ばれる系統は暖地系のケールで、この名は

ケール

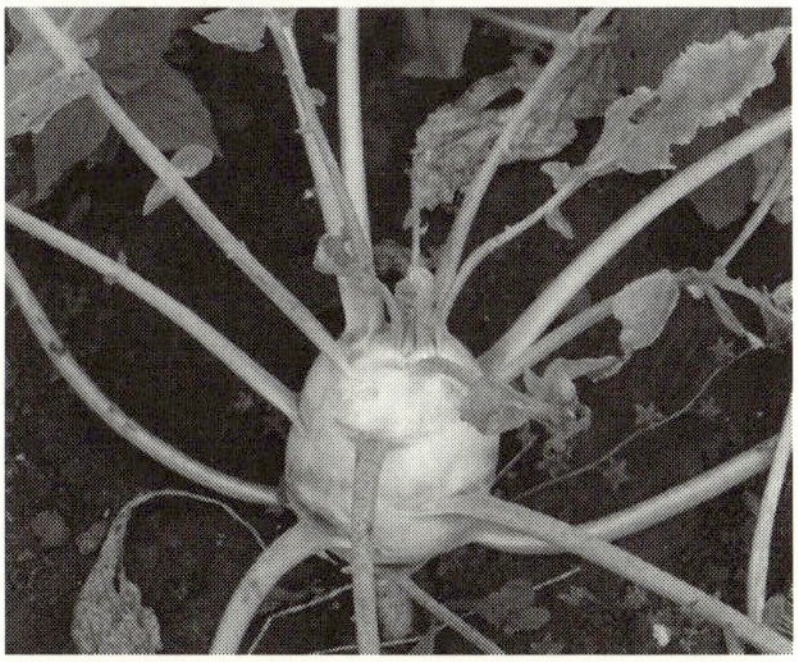
コールラビ

メキャベツ

ハクラン

Colewort（キャベツ草）の訛りだといわれる。わが国で栽培されているコラードは丸葉系である。

（2）コールラビ（球茎甘藍）

ケールの中の茎の肥大するマローケール系のものから改良され、茎がカブ状に肥大するもので、コールはキャベツ、ラビはカブの意である。

コールラビはフランク王国のカール大帝（七四二～八一四年）の頃出現したものといわれ、一六世紀頃からはヨーロッパ各地で栽培された。中国へは中世に伝わり、現在擘《はく》藍《らん》の名で各地で栽培され、中国料理によく使われる。台湾でも栽培が多い。

わが国には明治初年に初めて導入され、かぶらはぼたんという新名がつけられた。その後蕪菁《かぶら》甘藍《かんらん》または球茎《きゅうけい》甘藍《かんらん》と呼ばれたが現在はコールラビを正式名としている。近年家庭菜園などで多少は栽培されている。

（3）メキャベツ（子持甘藍）

メキャベツはキャベツと違って側芽が球になり、主茎の先は球にならない。メキャベツの起原は明らかでないが、キャベツから、もしくはケールから突然変異で生じたものとされている。一六世紀にベルギーで成立し、一六二三年にはスイスで鶏卵大のメキャベツが得られたとの記録がある。ベルギーのブリュッセルで、品種改良が進められ、ブラッセル・スプラウトと呼ばれる。一八二一年にはフランス、一八五四年にはイギリス、一八〇六年にはアメリカに伝わり、一九世紀には各地に普及した。

わが国には明治初年（一八六八）に導入され、『舶来穀菜要覧』にはこもちはぼたん（新名）、一名ひめキャベィチと記載している。

導入以来大衆的な野菜にはならず、現在も業務用の西洋野菜の域を脱していない。東京都中央卸売市場の取扱高を見ると、昭和二九年の一六〇トンから昭和三九年には一〇六二トンに増加した。しかしその後はむしろ減少し、昭和五五年の取扱高は三〇五トンになっている。主産地は静岡県で、全体の約八割を占めている。なお同年の全国作付面積は二〇一ヘクタール、収穫量は二二九〇トンである。

【付】ハクラン

ハクランはキャベツの仲間ではないが、便宜上ここにあげた。ハクランはハクサイとキャベツ（甘藍）との種間雑種の染色体を倍加した複二倍体で、ハクランと命名され、キャベツとハクサイとの中間的な特性をもっている。

性細胞の染色体数をみるとハクサイは一〇、キャベツは九で、体細胞はその倍の数である。そこで両種の種間雑種を作ると、性細胞の合体、つまり一〇と九の接合により生じた種間雑種の体細胞は一九染色体をもつ。種間雑種はこのままでは正常な性細胞ができず種子ができないので、薬品を用いてこの種間雑種の染色体数を倍加し、体細胞で三八にすると、おおむね順調に一九染色体の性細胞が形成され、受精すると三八染色体をもつ胚《はい》、種子ができる。これがハクランである。ハクランは洋種ナタネと同じ染色体数、ゲノム（一六四頁参照）の種で、ハクランと洋種ナタネやルタバガとの間でも容易に交雑し、種子ができる。

ハクランは葉の質がキャベツより軟らかでサラダに適し、漬物にしても独特の味がある。現在は採種量が少ないなどであまり普及していないが、ハクラン育成の親であるハクサイとキャベツの品種をいろいろと変えて組合わせるなどで、さらにすばらしいハクランが生まれる可能性があり、レタスのようなハクランなどの育成が進められている。

二 生菜類と香辛菜類

第二次大戦後食生活が変化し、肉類と乳製品を多く用いるようになって、生食用野菜と香辛野菜の消費が目にみえて増加した。

生食用野菜はほとんど加熱しないので野菜中のビタミンCなどは破壊されず栄養価値が高い。ただし煮て食べる野菜に比べると生食野菜は見た目ほどには摂取量は多くない。この点から栄養価を過大評価してはいけないといわれる。

香辛野菜はそれ自体の栄養的価値はそれほど高くはないが、食物の味に変化を与え、食欲をそそり、食生活を豊かにする重要な野菜である。欧米では古くから香辛料（スパイス）獲得のため海外探検に出かけた。

近年は家庭で用いられる香辛料の種類が増え、セージなどは家庭で栽培する者もある。しかし本書ではごく近年栽培されるようになった種類はとりあげなかった。

チシャ

(1) 起原と伝播、日本への渡来

チシャ（ラクチュカ・サティヴァ *Lactuca sativa* L.）はキク科の野菜で、欧州の温帯一円からアジア西部、アフリカ北部の広い地域に分布するラクチュカ・スカリオラ *L. scariola* L. から生じたというのが定説になっている。バビロフは中国、インドと近東の地中海地域を原生中枢とし、ボズエルは近東地区を発祥地としている。

作物としての最初の記録は古代のエジプトの墓から見出されたものといわれ、地中海地域では古くから栽培し、ペルシアでは紀元前六世紀の記録がある。ギリシア、ローマ時代には一般に普及し、ギリシアの哲学者アリストテレス（紀元前三二二年没）もチシャを賞味したという。

チシャには多くのタイプがあり、立ちヂシャは地中海のコス島で成立したので今でもコス・レタスと呼んでいる。

立ちヂシャはその後イタリアからフランスに入り、品種改良が進んだ。玉《たま》ヂシャは一六世紀に欧州の地中海地域で成立し、フランスとオランダで品種改良が行なわれ、多くの品種が生まれ、広く栽培されるようになった。

チシャがアメリカ大陸に入ったのはコロンブスの新大陸発見（一四九二年）以後のことで、一九世紀末頃にはアメリカでも品種改良が進み、二〇世紀になって西海岸地区に、後には東部にも大きい産地が生まれた。なお現在わが国で栽培しているレタスの多くはアメリカ産の種子によっている。

一方インドと中国にはペルシア方面から伝わり、東南アジアと日本には中国から伝わった。中国では唐の孟詵（七一三年頃）の『食療本草』に萵苣の名が出ている。また『嘉祐本草』（一〇五七年）には白苣とあり、これは搔《か》きヂシャとされている。萵苣の名については『清異録』（一〇〇〇年頃）に「咼国使者来漢、隋人求得菜種、酬之甚厚、故因名千金菜。今萵苣也」とある。つまり咼の苣から萵苣とした。なお咼はヒマラヤ地方の民族の名であるがその場所は明確でなく、年代にも問題がある。

わが国では天平六年（七三四）五月の『造仏所作物帳』に苣一万四五三七把とあり、七七一年の『奉写一切経所解』の五月の項に萵苣の名がみられ、奈良時代以前からチシャを栽培していたことが知られる。なお『万葉集』一八巻の「知左のはな、さける……」とあるのは、萵苣ではなく、山ちさ、エゴノキだとされている。

『新撰字鏡』には苣、知佐、萵、知左、『和名抄』には園菜の部に苣、和名知散、『漢語抄』に萵苣を用ゆとある。『延喜式』には萵苣半把（生菜料）萵苣六葉（好物料）など各所に記され、また一段耕作の所要労力は三九人半で、育苗した苗を植付けて栽培したことなど栽培概要が記録されている。これらをみると、チシャは当時重要なしかも普及した作物であったことが知られる。なお『類聚名義抄』には苣、

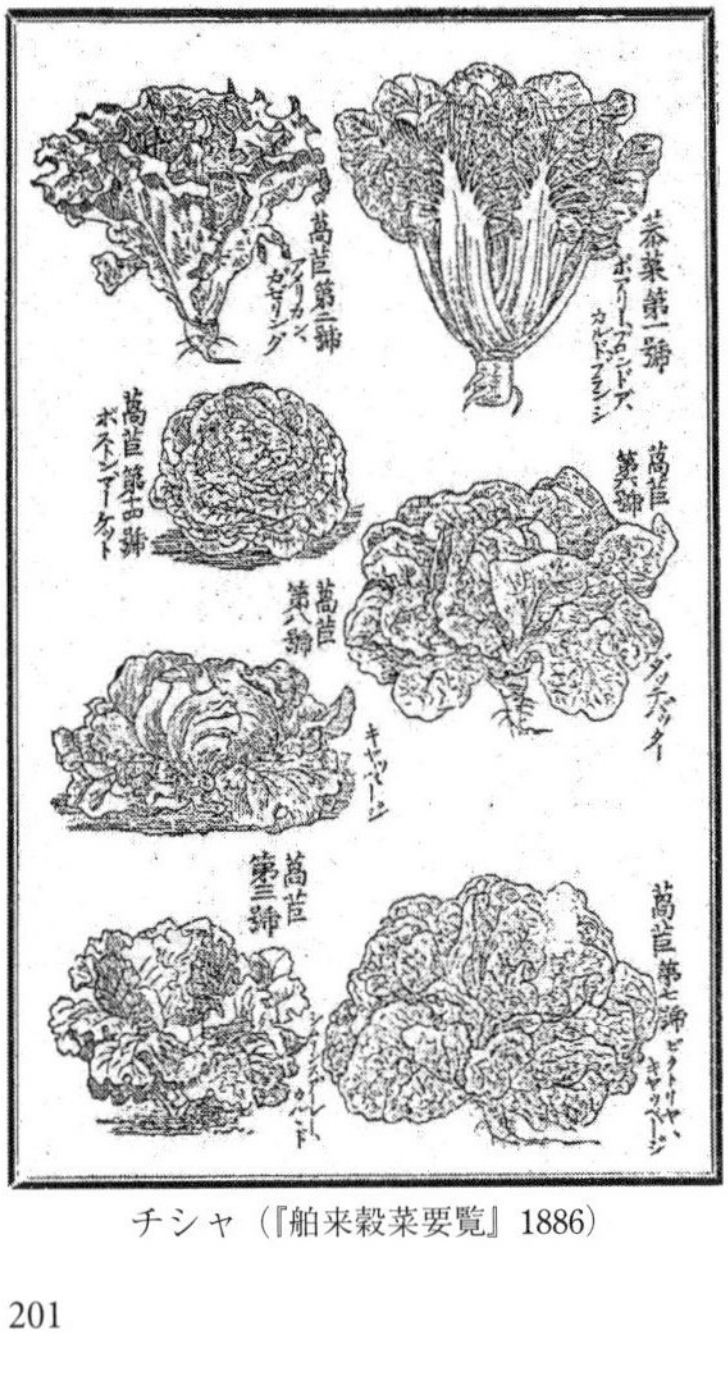

チシャ（『舶来穀菜要覧』1886）

俗にチシャ、萵チサ、室町時代の『下学集』には萵（ちしゃ ちさ）とあり、平安時代の終り頃からチサが訛ってチシャと呼ぶようになったらしい。

　現在栽培されている玉ヂシャやサラダナは奈良時代から栽培されたチシャとは別の玉ヂシャで、玉ヂシャは文久二年（一八六二）にアメリカから初めて渡来した。当時栽培は広まらず、明治初年に玉ヂシャ一四品種、立ちヂシャ三品種、チリメンヂシャ三品種が導入されて各地で試作されたことからわずかずつ栽培するようになった。そして現在チシャといえばこの玉ヂシャをいい、古くから栽培されていた掻きヂシャはほとんど栽培されていない。このようにチシャは非常に古い作物であり、また非常に新しい野菜である。

　チサの名は乳草《ちちくさ》から出たものといわれる。チシャの仲間は茎葉を切ると白い乳液を出し、この点は多くの人が注目したらしい。学名のラクチュカも英名のレタス lettuce も乳を意味するラテン語 lac または lactis から生まれたといわれる。そしてこの乳液はラクチュカリン等の混合物である。なお現在わが国で半結球の玉ヂシャをサラダナと呼んでいるが、サラダとは元来生野菜料理のことで salad はラテン語の salatam つまり salted-herb（塩をかけた野菜）から出た言葉といわれる。

　チシャは古くから広く栽培された野菜であるが、地方名はカキナ、トウナと呼ぶ所が一部ある程度で少ない。これはチシャがムギ、ナスなどと同様古くから普及したためと思われる。

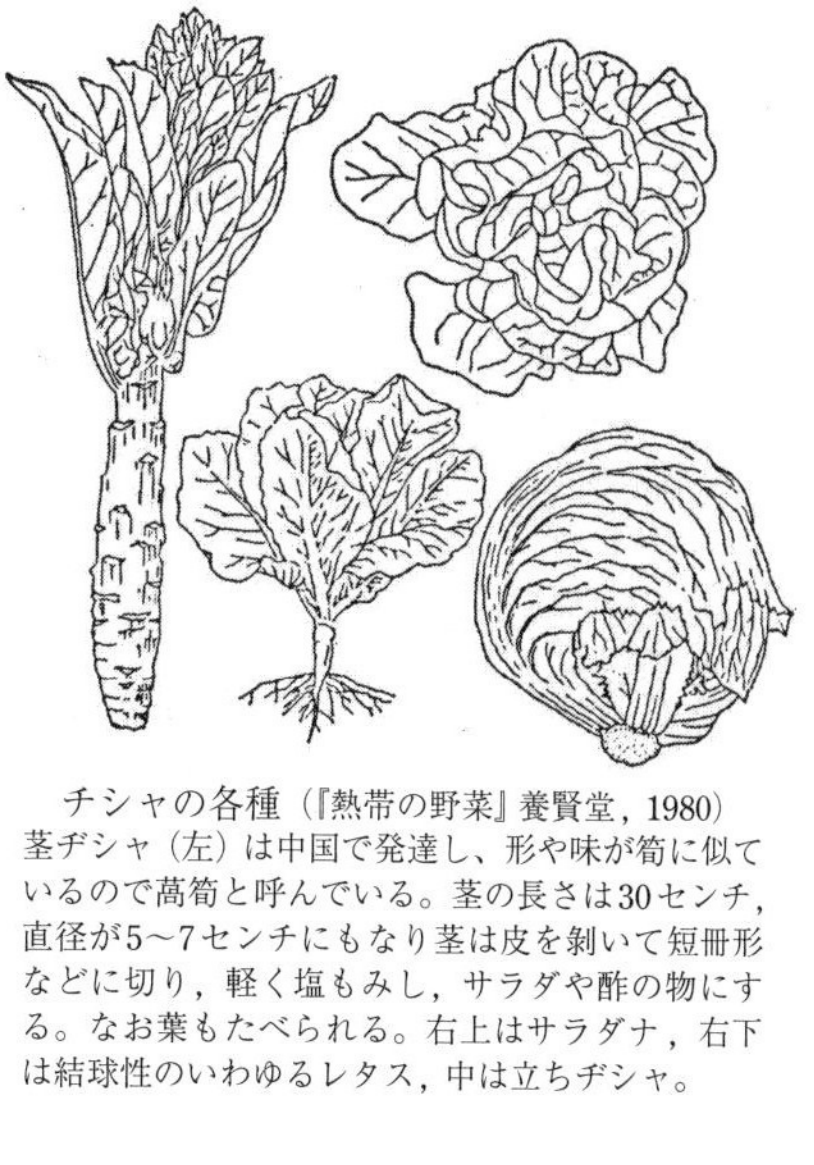

チシャの各種（『熱帯の野菜』養賢堂，1980）
茎ヂシャ（左）は中国で発達し、形や味が筍に似ているので萵筍と呼んでいる。茎の長さは30センチ，直径が5～7センチにもなり茎は皮を剝いて短冊形などに切り，軽く塩もみし，サラダや酢の物にする。なお葉もたべられる。右上はサラダナ，右下は結球性のいわゆるレタス，中は立ちヂシャ。

(2) 栽培状況

　チシャは奈良、平安時代の書物や『延喜式』の記録などからみて、当時主要な作物であったことが知られる。その後も同様に栽培されたものと思われ、江戸時代の農書にはチシャは必ず記述されている。例えば『農業全書』では菜類にホウレンソウ、フダンソウに続いて萵苣《ちさ》があげられ、「ちさ種々あり。葉の丸きあり、長きあり……緑色なるあり、うす黒きあり、紫もあり……」と品種の分化していることや栽培法を詳しく述べ、料理法と採種法にもふれている。

また新しく渡来したホウレンソウを赤ヂシャ、唐ヂシャ、フダンソウを唐ヂシャ、エンダイブをオランダヂサ、キクヂサ、苦チシャ、チコリーを野生苦チシャと呼んだが、これはチシャが古くからよく知られた主要な野菜であったことを示している。

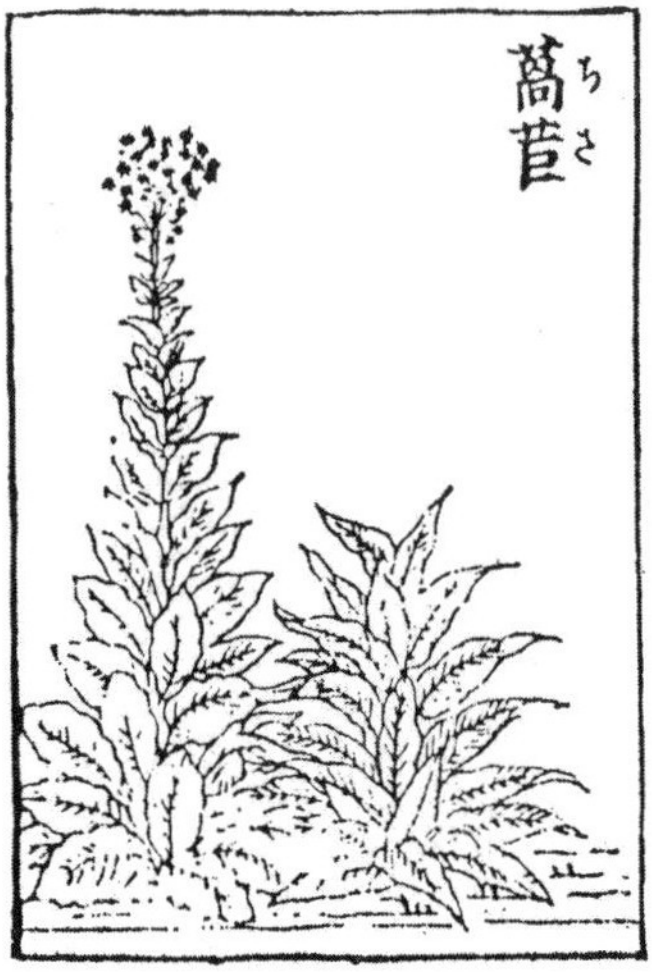

チサ（『農業全書』1697）

わが国で古くから栽培したチシャは中国の萵苣と同様掻きヂシャであった。『農業全書』の「四月とうのたちたるを折りて皮をさり水に漬け、苦みをぬかし酢に浸し、膾のつまにし紫蘇漬などにして珍敷き物なり」の記述とチシャの図を見ると、当時のチシャが現在の掻きヂシャや茎ヂシャと同系のものであることが分かる。

このような掻きヂシャは昭和初期までは全国各地、特に関西、九州など西日本で多く栽培され、関東地方の農村でも普通にみられた。その後掻きヂシャの栽培は減少し、現在はほとんどみられない。昭和三三年の農林省の調査では福井県に二ヘクタールと和歌山県にわずかの栽培が記されている。

明治以降に栽培が始まった玉ヂシャは京浜地区と阪神地区で栽培が広まり、当時の主要品種ワヤー・ヘッドの栽培と採種が定着し、洋風料理の添え物として広く利用されるようになり、いつの間にかサラダナの名称が生まれた。なお昭和一五年予定されたオリンピックのためレタスの清浄栽培の準備が進められたが、生食の習慣は生まれないままオリンピックは日中戦争のため中止になった。

第二次大戦後進駐軍によるレタスの特需と、東京都調布と大津市での礫耕によるレタス栽培が契機になり、玉ヂシャの栽培と研究が始まった。その後食生活の洋風化に伴ってサラダ野菜の消費が増加し、アメリカからの新品種の導入、高冷地での栽培など栽培技術の進歩、昭和三九年の東京オリンピックの開催などで玉ヂシャ、いわゆるレタスの生産は急増した。なおレタスは従来のサラダナに比べ輸送性が高くまた近年の予冷（一六二頁参照）、低温輸送の発達もレタスの消費増をおこした一理由とされている。

昭和三三年の調査では全国の作付面積は八〇〇ヘクタール強で収穫量は一万二〇〇〇余トンに過ぎなかった。オリンピックの開かれた昭和三九年からは農林省統計表にも載り、当時の作付面積は一七三〇ヘクタール、収穫量は約三万トンで、昭和五五年には一万八四〇〇ヘクタール、約三八万トンになり、この約二〇年間に生産高は約三五倍に増加した。

レタスの生産状況を県別にみると、長野県が全国生産の約三五パーセントを占め、二位の茨城県を大きくひきはなしている。なお長野県では夏秋に出荷し、冬季は静岡県、香川県など、春は茨城、兵庫など都市近隣の県で栽培が多い〔平成一三年の状況もほぼ同じだが、長野は春にも出荷が増えている〕。

なお近年は結球が緩やかで葉の縮むリーフレタスの消費が増加し、全国で五〇〇ヘクタール以上栽培されているという。このほか立ちヂシャ、茎ヂシャ、ミニレタスなども

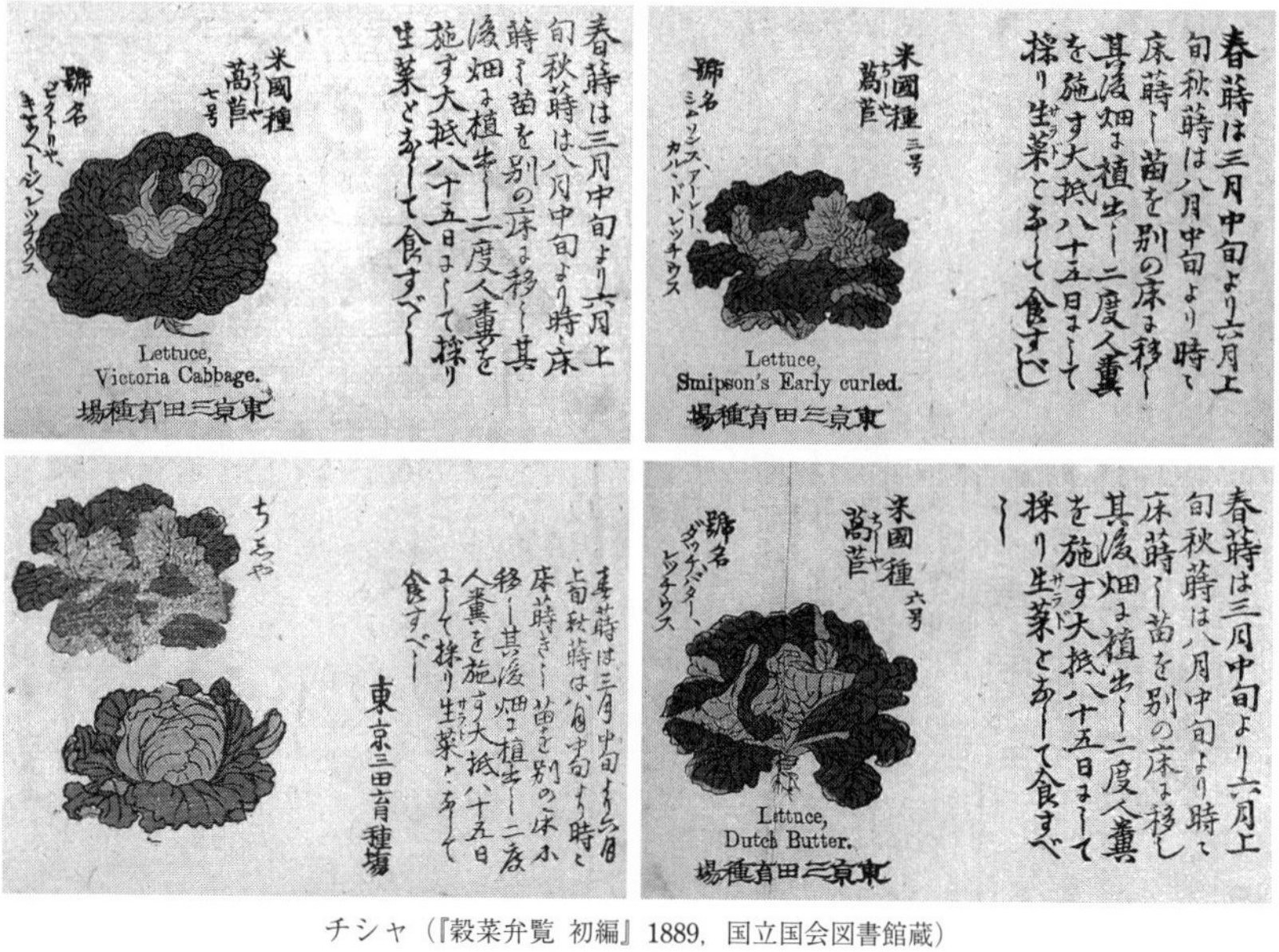

チシャ（『穀菜弁覧 初編』1889，国立国会図書館蔵）

店頭に並ぶようになった。

（3）チシャの種類と品種

チシャには掻きヂシャ、立ちヂシャ、葉ヂシャ、玉ヂシャの四変種があり、玉ヂシャには、バター・ヘッド型とクリスプ・ヘッド型の二型がある。

第一の掻きヂシャは茎が伸びるので、下の葉から順次つみとって和え物、浸し物などにする。中国で成立したチシャで、わが国で古くから栽培したチシャはこの系統である。江戸時代には葉の形や色の異なる品種が分化していた。これらのチシャは昭和になってからほとんど栽培されなくなり、在来品種の大部分は失われた。

わが国のチシャは『農業全書』で記述しているように茎も食べ、この茎をチシャトウ（萵苣苔）と呼ぶ。掻きヂシャの仲間で茎が特に太くなり、主に茎を食用にするものを茎ヂシャと呼ぶ。近年種苗カタログにも出ているアスパラガスレタス、あるいはセルタスというのはこの茎ヂシャである。

第二の立ちヂシャは葉が立ち、緩く結球する。立ちヂシャはコス・レタスと呼ばれるが、戦後進駐軍が礫耕栽培したのは主にこのコス・レタスである。近年野菜のカタログに

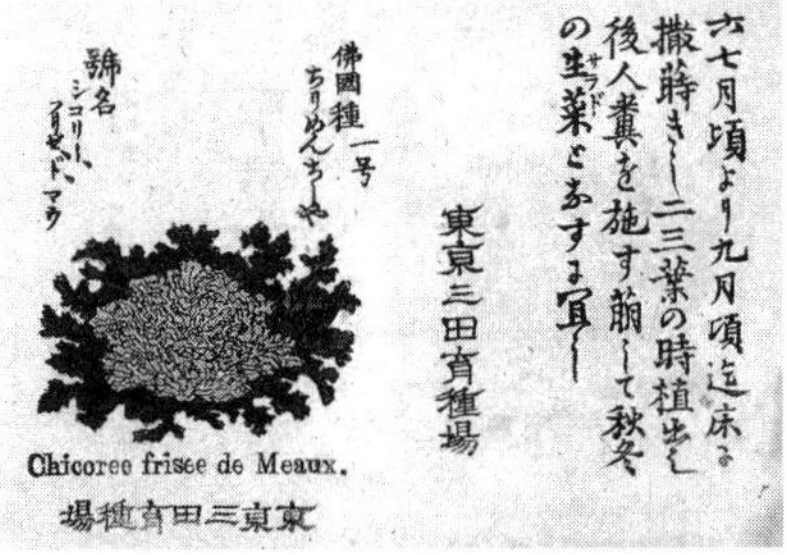

葉ヂシャ（縮緬ヂシャ）（『穀菜弁覧 初編』1889）

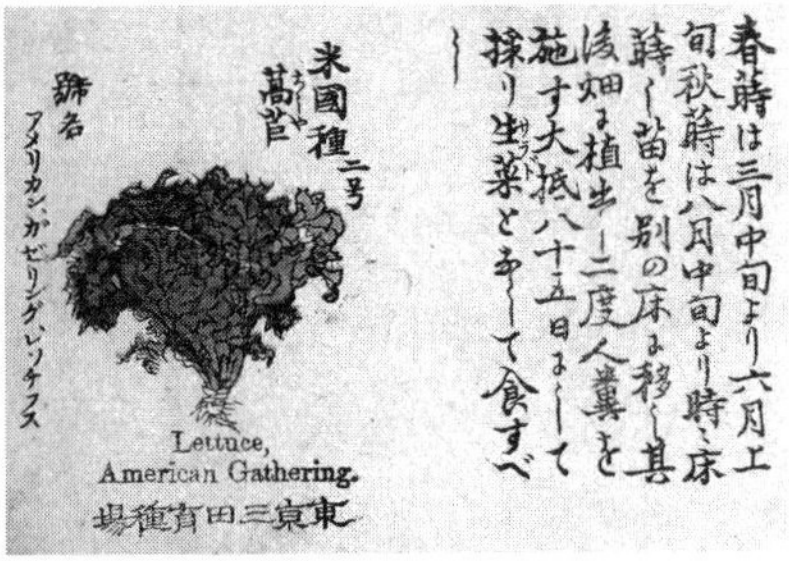

立ちヂシャ（『穀菜弁覧 初編』1889）

葉ヂシャ（おんばこヂシャ）（『穀菜弁覧 初編』1889）

立ちヂシャ（コスレタス）（『穀菜弁覧 初編』1889）

載るようになったが、まだまとまった生産はない。

第三の葉ヂシャはリーフレタスで、近年サニーレタスなどの名で店頭に並んでいる。葉ヂシャは結球はしないが葉は縮れて軟らかく、歯ぎれがよく、縮緬《ちりめん》ヂシャとも呼ばれる。

リーフレタスは結球性のレタスよりも栽培がやさしく、特に盛夏期や厳寒期の生産にむき、近年は消費者からも評判がよい。リーフレタスには紅色の品種と緑色の品種とがあり、現在は紅色品種の生産が多い。なおサニーレタスの名は紅色系統の商品名で、品種名ではない。

第四の玉ヂシャは結球する。この仲間で結球は緩く、葉は薄くてバター状の光沢があり歯ざわりの軟らかいものをバター・ヘッド型という。大正、昭和期にかけてわが国で栽培されたチシャはこのタイプで、いつかサラダナと呼ばれるようになった。わが国のサラダナの主要品種はワヤー・ヘッドで、栽培と採種を繰返している間に、ある程度わが国の風土に適応した性質の江戸川黒種《たね》と呼ばれる品種が東京都江戸川区で育成された。

玉ヂシャの第二の型のクリスプ・ヘッド型はかたく結球し、葉は厚く、ある程度波状に縮れ、生食にむいている。現在わが国で栽培されているのは大部分このクリスプ・ヘッド型のチシャで、わが国ではこの型のチシャを単にレタスと呼んでいる。

レタス（“The Vegetable Garden” 1855）

レタス

(4) レタスの採種と品種育成

どの作物にしても、栽培に当ってはその地域の気候風土に適応した性質をもつ品種を用いることが望ましい。長年その地域で栽培と採種を繰返している間に成立したいわゆる在来品種は、この点から貴重なものといえよう。ところでわが国で栽培しているレタスは、そのほとんど全部がアメリカで育成されたグレートレークス系などの品種で、外国で採種したそれらのタネを輸入して栽培している。

チシャはもともと中近東の雨の少ない地域で成立した野菜で、雨の多いわが国では栽培にも問題があり、採種はさらにむずかしい。東洋で何千年か栽培し続けた掻きヂシャにしても降雨は採種の障害になる。江戸時代の『農業全書』でも、「種子を取るには花咲き実らんとする時末を折りかけ置くべし。其まま置きたるは粃多し。蚊花を吸う故に実り少なし。梅雨の時分外に有りて花房雨を受けて黒く朽るが故也」と降雨によって採種の妨げられることを記述している。

チシャの採種がわが国ではむずかしい理由の一つは、チシャの花芽は高温と長日条件で形成され、その結果チシャは梅雨期から夏にかけて開花結実する点にある。チシャと違い東洋で発達したダイコン、カブ、ゴボウなどは、いずれも冬の低温期を経過すると花芽が形成され、春に開花し結実する。そしてチシャはある程度の高温で花芽ができる性質をもつが、元来は冷涼な気候を好む野菜で、日本の夏は温度が高すぎて株が腐るなどの障害をおこしやすい。わが国の園芸学の草分けともいわれる福羽逸人氏は明治二六年の著書の中で、チシャは採種の困難なことが品種改良を遅らせていることを指摘し、開花株上にガラス鐘をかけると採種ができると図示して説明している。

サラダナでは前にも述べたようにわが国で採種が行なわ

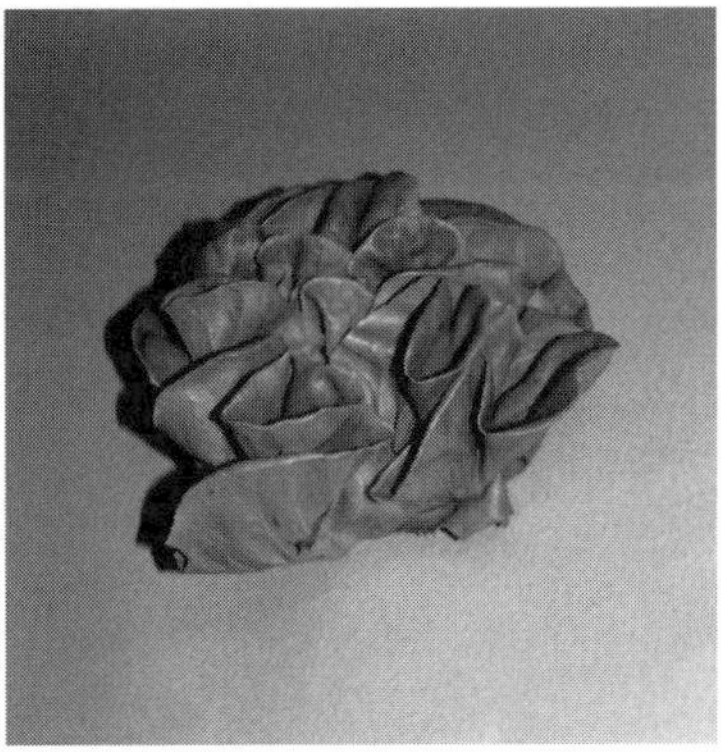

サラダナ

サニーレタス畑（群馬県）

れ、江戸川黒種や岡山サラダナなどいくつかの品種が育成されている。レタスについても近年ジベレリン処理や日長処理などで花の形成を早め、採種を可能にする方法が工夫され、幾つかの新品種が発表されている。それでも実際の採種となると問題が多く価格も割高になる。それにひきかえアメリカでは品種改良が日本よりも進んでいて、すぐれた特性をもつ品種が数多く育成されている。そこでアメリカの品種の中から日本の気候風土や作型に適した品種を選び、そのタネを輸入して栽培することになる。しかし今後はわが国においてもわが国の実情に適した品種の育成と採種がなされるよう、検討が進むことが望ましい。

なおチシャのタネは採種後二カ月間前後休眠する性質があり、光、特に赤色光が当ると休眠が破れる性質をもっている。

エンダイブとチコリー

エンダイブの学名はチコリウム・エンディヴィア *Chichorium endivia* L.、チコリーの学名はチコリウム・インティブス *C. intybus* L.で、両種共にキク科のチコリウム属に属する野菜で、両種はよく混同される。

フランスでは両種共チコリーとも呼び、軟白したチコリーの芽はアンディブ、別名フレンチ・エンダイブと呼ばれる。明治初年に外国から導入した作物について記述した『舶来穀菜要覧』では、エンダイブの英名をエンダイブ、仏名をチコリーとしている。最近のアメリカの書物ではチコリーをフレンチ・エンダイブ、エンダイブをチコリー・エンダイブ、またはエスカロールと呼んでいる。

わが国でもキクヂシャの名が両種の総称として用いられたり、市場でチコリーをアンディブ、エンダイブをチコリーと呼ぶなど、名称が混乱している。両種ともキク科の植物で、青色がかったタンポポに似た花を開き、よく似ている。しかし葉の形は違い、またエンダイブは一、二年草、チコリーは多年草で、この点をみれば両種は簡単に区別できる。

（1）エンダイブの起原と伝播、栽培状況

エンダイブの原産地は南ヨーロッパの海岸地帯とされる。ドゥ・カンドルは地中海地方でチコリウム・プミルム *Cichorium pumilum* Jacq. という野生種から生じたとしている。古代エジプトで食用にし、ギリシア時代には既に縮葉系と広葉系との二系統が栽培されていたという。聖書にはチサ等とエンダイブとをパンに入れて食べたとある。このようにヨーロッパでは古くから食用にされた。

東洋への伝播ははるかに遅く、ヨーロッパ人により一七世紀以降に伝えられた。

わが国では『大和本草』（一七〇九年）に「蛮種、紅毛萵苣《おらんだちさ》葉無レ光其葉形与二萵苣一異、其味相似生ニテ亦可レ食。四五月碧花ヲヒラク。単菊ニ似タリ。朝ニ開キ暮ニ萎ス。冬春稈《わら》ニテ葉ヲ巻キ包メバ其間久クシテ葉繁生シ色白ク潔シ。葉形欠刻深ク与二他草一甚異ナリ冬春ニ茂盛シ久而難レ老其生レ葉亦多矣味頗佳シ」と記されているのが最初で、おそらく一七世紀末頃渡来したものであろう。さらに一八〇一年にはオランダ人かポルトガル人により長崎に伝えられ、オランダヂサ、チリメンヂサ、アンディヒー（オランダ名 Andijvie か）と呼ばれた。『草木図説』と『重修本草綱目啓蒙』にはハナヂサ、キクヂサとして生食、煮食並びに佳とある。明治に入り『舶来穀菜要覧』にはチリメンヂシャ一名ハナヂシャとして三品種の名称と図をあげている。

エンダイブには縮葉系と広葉系とがあり、普通栽培されているのは縮葉系である。通常夏の終りに播種し、苗を本畑に植付け、秋の末頃からワラで簡単に葉をしばって軟白している。

エンダイブは冬を中心に店頭に並べられ、キクヂシャ、

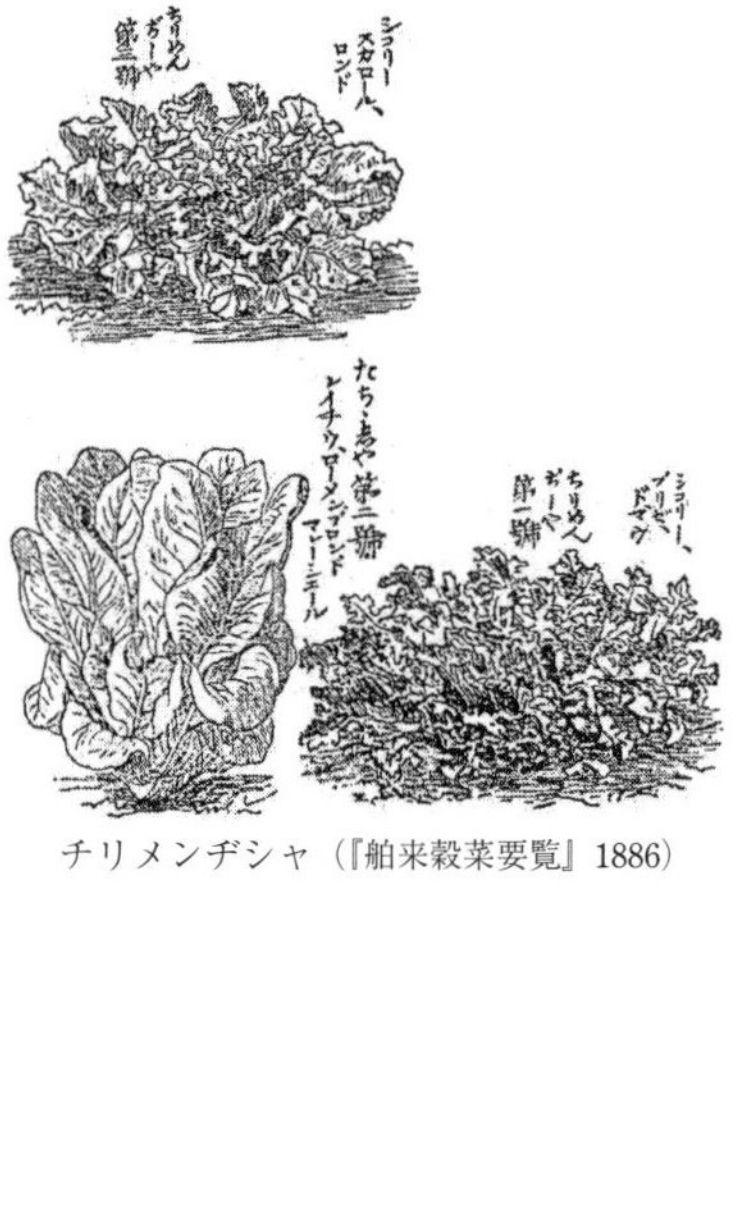

チリメンヂシャ（『舶来穀菜要覧』1886）

メリケンサラダ、チコリ、シコレなどと呼ばれている。葉先の緑の部分は硬く苦味が強いので除き、軟白した部分をサラダにすると、少し苦味があり歯ぎれがよい。煮食、漬物にも用いられ、薬用にもされるという。

わが国での栽培はまだ小規模であるが、昭和四五年から東京都の市場年報に記載されるようになり、昭和五五年の取扱高は約二五〇トンになっている。

(2) チコリーの起原と伝播、栽培状況

チコリーはヨーロッパ全域から北アフリカ、アジア中、北部に野生型が広く分布し、地中海地域か西アジアで作物化されたといわれている。ギリシア時代にチコリーの記載はあるが、栽培されたかどうかは明確でない。一七世紀にはフランスやイギリスで記載されているが、ヨーロッパではさらに古くから利用されたらしい。アメリカには一八世紀に渡った。

わが国には江戸時代に入ったともいわれるが明らかでない。明治時代にチコレの名が初めてみられるがその後栽培はあまりされていない。

チコリーは通常初夏に播種し、養成した株を秋の末に軟化床に植付けて若い葉を軟白し、白い筍状の芽を冬から春に収穫する。チコリーはキクニガナ、野生ヂシャとも呼ば

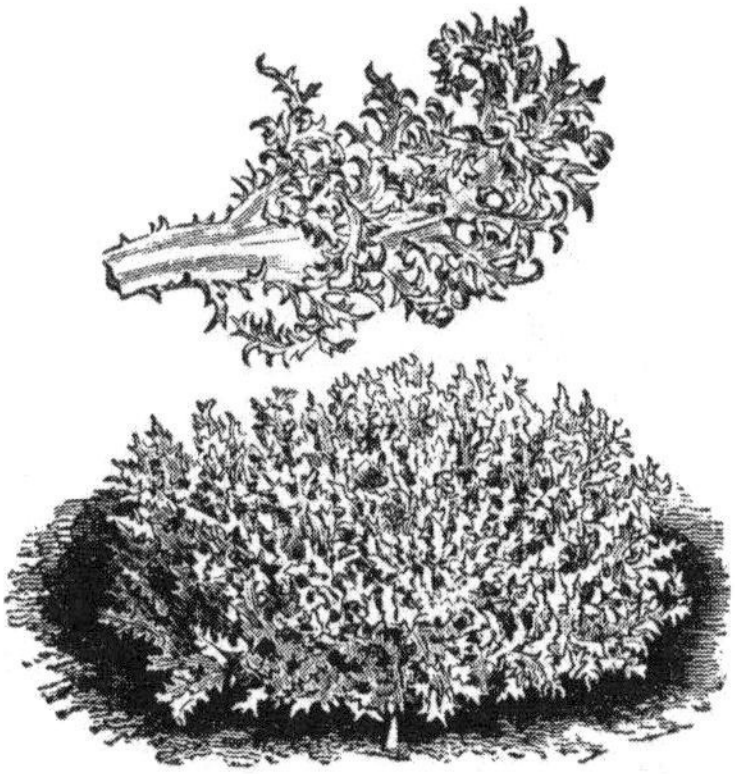

エンダイブ（"The Vegetable Garden" 1855）

エンダイブ　縮葉品種のほか広葉品種もあり，広葉品種はシチューやスープなどに用いられる。縮葉品種は秋の末に葉を上に集めて束ね，11月なら1週間，1～2月の低温期では1ヵ月間ほど日光を遮って軟白する。軟白しても葉先の緑色部はやや硬く苦味があるので除き，軟白された内部や基部の葉をフレンチ・ドレッシングや塩，マヨネーズなどを加え，サラダとして食べる。

チコリー（"The Vegetable Garden" 1855）

れ、サラダとして利用し、煮食もされる。なお、葉が紅紫色でレタス状に結球する種類が、トレビスの名で売られている。

　チコリーは根も煮てたべられるが、根の太る品種があり、ウマヂシャ、コーヒーダイコンと呼んでいる。この太い根を乾燥して粉末化したものはコーヒーの代用品や料理の苦味づけに用いられる。チコリーの花は鮮やかな藍色で美しいが、開花は午前中だけで夕方には閉じる。

チコリー

セルリー（セロリ）

セルリーはセリ科の二年草で、野生種がヨーロッパ中南部からコーカサス、エジプトと広い地域の石灰分の多い湿地に自生している。エジプトでは紀元前一九〇〇～一八〇〇年にミイラの装飾に用いられた。ギリシア、ローマでは古くから薬用、香料、調味料に用いられ、紀元前四八〇年頃の貨幣の模様にセルリーの葉のデザインがある。しかしこれらは野生植物を用いたらしく、栽培の記録があるのは一六世紀以降で、最初イタリアで始まり、次いでフランスやイギリスに伝わり、その間に軟白の方法も工夫された。

　アメリカに伝わったのは一九世紀に入ってからであるが、アメリカは現在世界有数の産地になっている。

　中国へは七世紀に伝わったともいわれ、一〇世紀の『唐会要』に胡芹として記されている。しかし栽培されたのは一七世紀以降で、現在は原始型に近い、葉が細く香りの強い芹菜という品種が普及し、重要な野菜の一つになっている。

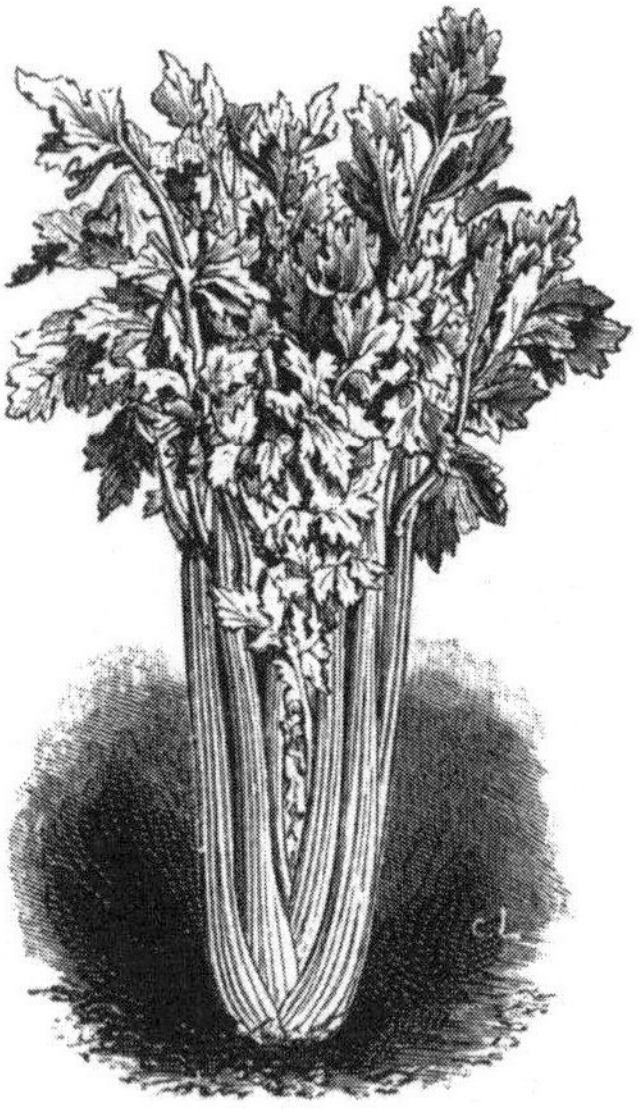

セルリー（“The Vegetable Garden” 1855）

　わが国には豊臣秀吉の朝鮮出兵の際に渡来したといわれ、塘蒿の字が用いられた。『本草綱目啓蒙』の人参の項にキヨマサニンジン、一名セリニンジン、ヤマゼリ、ヤマニンジンとし、加藤清正が朝鮮から持ち帰ったもので、広島の毛利元就の城跡に多く生ずるとあり、『本草図譜』には「加藤清正朝鮮にて人参の種と偽られて持かえり今世に伝う。故に名づく」とし、せりにんじん、セルデレー（オランダ名）とし、きよまさにんじんの図がある。ただし福羽逸人氏は清正ニンジンをパースニップとしている。その後オランダ人が長崎に伝え、オランダミツバと呼ばれた。『舶来穀菜要覧』には塘蒿《おらんだみつば》として米国より入った五品種の解説や栽培法を記している。なおこれとは別に旧横浜に近い子安《こやす》地方の堤塩吉氏は外人から種子を入手し、慶応二年から外国船向けの栽培を始め、明治五年には作付面積が五ヘクタールほどになった。

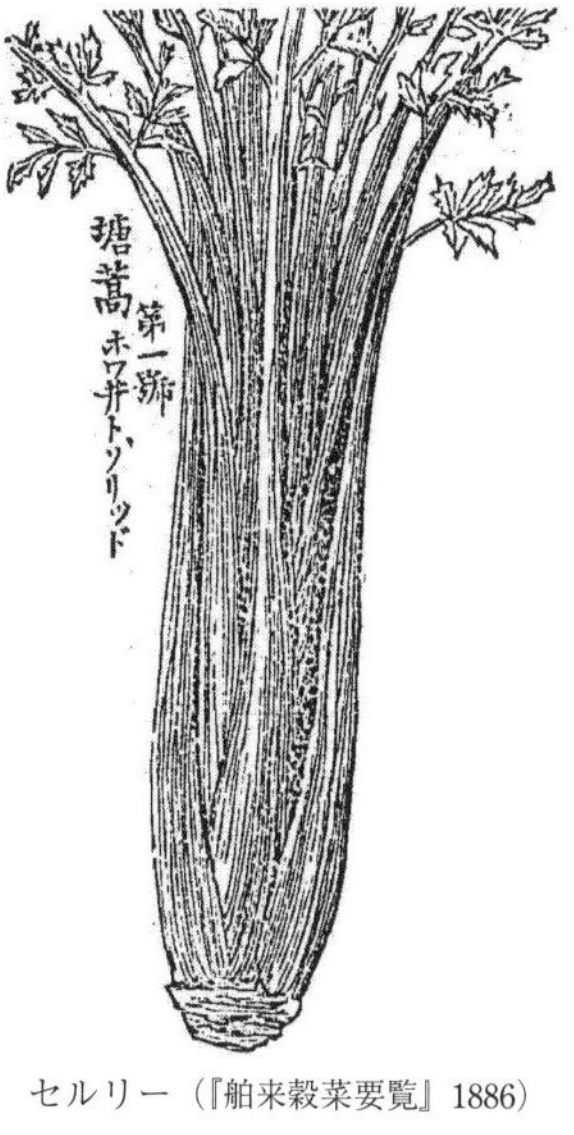

セルリー（『舶来穀菜要覧』1886）

　セルリーは香辛野菜、生食野菜として主に葉柄を利用するが、その香りがあまりに強いためわが国ではほとんど利用されなかった。それでも昭和七年欧米から新品種が入り、この前後から長野県南安曇《あずみ》郡穂高町で栽培が始められた。

　第二次大戦後食生活の洋風化に伴ってセルリーを食べる者もでき、経済の高度成長の波にのって昭和三〇年代から消費が急激に増加し、その結果昭和四〇年から農林省統

セルリー

計表に載るようになった。当時の作付面積は全国で三一〇ヘクタール、収穫量は九〇〇〇トン弱で、この作付面積は昭和三三年の臨時調査時の約二倍になっていた。その後栽培は毎年増加し、昭和五五年の作付面積は一〇四〇ヘクタール、収穫量は五万トンに近い。栽培の最も多いのは夏作を中心にした長野県の四五〇ヘクタール、次いで冬作を中心にした静岡県の一九〇ヘクタールと、この両県で全国生産高の七割近くを占めている。

戦後の消費の増加は食生活の変化と生活程度の向上による点が大きいが、栽培方法や栽培品種も関係している。戦前はセルリーは多肥を必要とし栽培が難しく、軟白が必要で生産費が嵩《かさ》み、高級野菜として扱われていた。また軟化のため自然に黄色になる品種が主に用いられ、新聞紙、ワラ、板囲い、瓶つとを巻いたり土寄せするなどで軟化をした。戦後はキュウリなどのサラダ野菜で緑色品種が好まれる時代になり、セルリーも黄色品種から品質がよく生長のよい淡緑色や緑色の品種に変り、軟白作業はほとんど行なわなくなった。そしてセルリーも以前に比べれば単価が安く、かなり大衆的な野菜になった。近年はさらに栽培のやさしい野生型に近いミニセルリーや葉を主に利用するスープセルリー、芹菜《きんつぁい》が家庭菜園などで栽培され、スープやシチューなどに用いられている。

セルリーの変種に根が肥大する根セルリー（セルリアック）がある。これは一七世紀の初め頃イタリアで初めて記載された野菜で、わが国でも戦前から栽培されていた。セルリアックも香りが高く、根を刻んでスープやシチューなどに用いられる。

（注）平成二三年：作付面積六一八ヘクタール、収穫量三万二〇〇〇トン。長野、静岡両県で生産高の約六割を占めている。

パセリ

セリ科の二年草で、地中海沿岸地帯の砂礫地に自生し、紀元前四～三世紀にギリシアで記載があり、当時すでに丸葉系と縮葉系とが分化していた。ギリシア、ローマ時代には薬用や香味料として用いられ、ギリシアではオリンピックの優勝者にパセリの葉で作った冠を与え、その栄誉をたたえたという。二～三世紀からは食用にも使われたらしい。

栽培はイタリアで始められ、九世紀にはフランスに伝わって栽培された記録がある。一三世紀には北ヨーロッパ、一六世紀にはドイツ、イギリスで一般化し、一七世紀にはヨーロッパ全域で欠かせない香料野菜になった。

アメリカには一九世紀の初め頃伝わり、急速に普及した。中国には一七世紀に伝わったがそれほど普及しなかった。

わが国では『大和本草』にオランダゼリとして記載されているのが最初とされ、当初長崎で栽培された。『本草図譜』にもオランダゼリとして載っている。

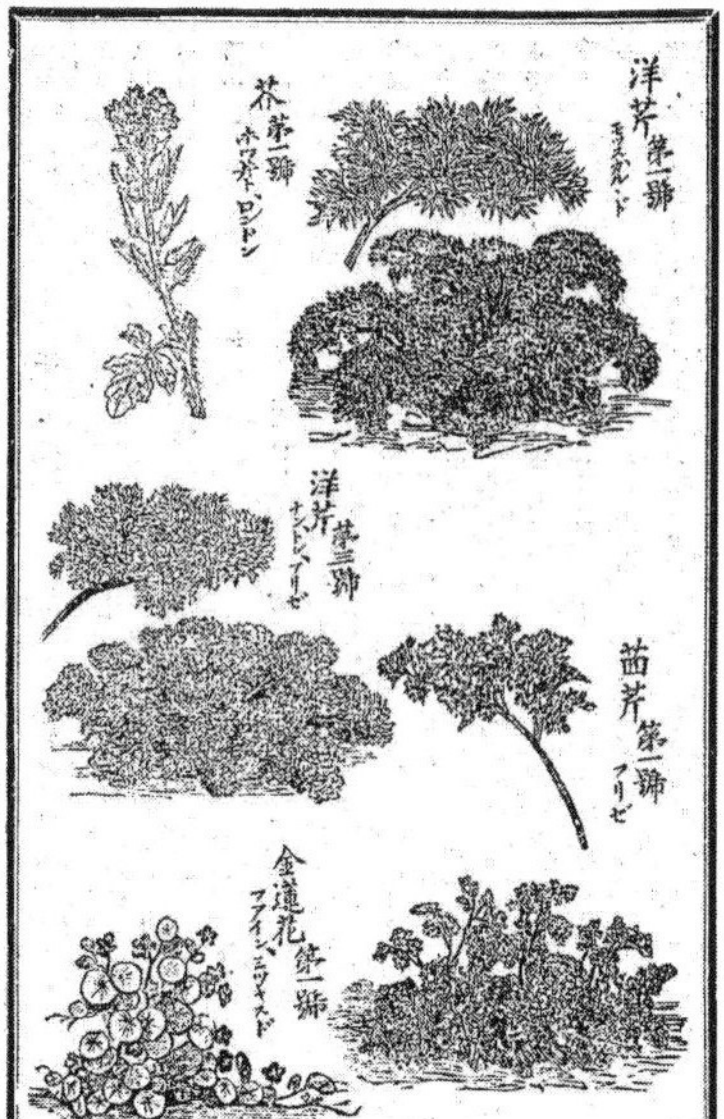

パセリ（『舶来穀菜要覧』1886）

明治初年欧米から種子が導入され、『舶来穀菜要覧』には洋芹、オランダゼリとして三品種の解説をしている。その後のわが国の園芸書にはパセリーとして載るようになり、各地で細々と栽培され、第二次大戦前に洋風食の添え物として日本人にもなじみ深いものになりかなり普及した。

しかし細かく刻んでスープに入れるなど食べる野菜になったのは第二次大戦後で、その後消費はわずかずつながら増加している。農林統計協会の昭和三三年の調査では全国の作付面積は一四七ヘクタール、収穫量は一二六〇トンであった。その後昭和四〇年からは園芸統計として調査され、当時の作付面積は三八三ヘクタール、収穫量は三八〇〇トン、昭和五五年の作付面積は六一五ヘクタール、収穫量は一万トン弱に達している。栽培は千葉県、長野県、静岡県などが多い県で、このほか全国の家庭園、窓際園でもよく栽培されている。

なおセルリーにセルリアックがあるように、パセリにも根の肥大する変りものがある。

（注）平成二二年：作付面積二一九ヘクタール、収穫量三七〇〇トン弱となっている。

パセリ

コエンドロ（コリアンダー）

コエンドロは地中海地方東部原産のセリ科の一年草で、シリアを原産地とする人もある。非常に古い時代にアフリカやインドにまで伝わって栽培され。エジプトでは紀元前二五〇〇年頃のパピルス書に記され、コエンドロの種子は紀元前一〇世紀の墓から出土している。聖書ではイワキ（莞、莞荽）としてチサ、エンダイブなどとパンに入れたとあり、『千一夜物語』では愛の妙薬として出ている。

ギリシアでは紀元前四六〇年頃薬用として栽培したことが記され、ローマでも古い記録がある。イギリスには紀元前五〜一世紀頃伝わり、栽培品が逸出して野生化している。

インドでは古くから栽培して各地に輸出し、二〇世紀になってもインドの輸出作物の一つになっている。中国には前漢の時代張騫《ちょうけん》（紀元前一一〇年頃）が西域から持ち帰り、胡荽と呼んだ。宋時代以降の物産誌には必ずみられ、『斉

コエンドロ
(“De Historia Stirpium” 1542)

民要術』ではツケナ類の次にあげ、芽出し、間引き、採種法など栽培法を詳しく述べている。なお中国では現在も広く栽培されている。

わが国では『和名抄』に香辛野菜としてあげ、「胡荽一名香荽、魚鳥膾尤為レ要、和名古仁之」とある。なおコニシは胡荽《こすい》の音から転じた名といわれる。『延喜式』には供奉雑菜として胡荽五升、胡荽二合、正月～一二月などと記され、タネを香辛料として用いたものとみえる。また内膳司の耕種園圃で栽培され、一段当り種子二斗五升、総労力二八人などと栽培概要が記され、当時主要な栽培作物であったことが知られる。

江戸時代の『多識編』では古仁志《こにし》としているが『重修本草綱目啓蒙』では胡荽、コニシ、コエンドロとし、「蛮種長崎より伝え来り今処々に栽《う》ゆ、八月種を下す……」とあり、これを見ると江戸時代に再度オランダなどから渡来したものと思える。なおコエンドロの名はポルトガル語の **coentro** から出た。また、属名 *Coriandrum* や英名のコリアンダー **coriander** は **koris**（カメムシ）から出た名で、本種がカメムシのような特殊な香臭をもつところから出たといわれる。

『農業全書』には菜の部に胡荽として「食物等の悪臭をよく去るものなり。……又魚肉などの悪気を殺す、不時に用ある物なり、必ず少し作るべし」と簡単に記述している。しかし『東雅』（一七一七年）には「今の如きは是等の物を食に充る事は聞えず」と食用にはしなかったことが記されている。

セリ科の野菜にはセルリー、セリ、ニンジンなど香臭の強い種類が多く、本種も特殊な強い臭をもっている。このため魚肉等の臭消しなどに用いられたようであるが、食用としてはあまり好まれず、古くから栽培されたものではあるが普及していない。しかし東南アジア諸国では若い葉は香味野菜として食用に供され、タネは薬用、香辛料として広く用いられている。わが国でも近年はセルリーなど香臭の強い野菜があまり嫌われなくなっているので、コエンドロも今後栽培されるようになるかもしれない。

なおコエンドロでは品種はまだあまり分化していない。現在のところ茎葉が淡紫紅色で紫青色の花の咲く系統と、茎葉が淡緑色で花は白色の系統とがあり、種子が大粒のものと小粒のものとがある。

コエンドロ

ハマボウフウ

ハマボウフウは日本全土、台湾、中国の海岸砂地に自生し、わが国では古くから野菜として栽培してきた。セリ科の宿根草で独特の芳香がある。

平安時代の『本草和名』と『和名抄』には草の部に「防風、和名波末須加奈、一名波末爾加奈」とあり、野生品を利用したらしい。『延喜式』ではハマオオネと呼び、典薬の項に諸国進年料雑薬として駿河国防風十斤、伊豆国防風十五斤、相模国防風三斤、上野国防風六十斤とあり、防風の根は野菜としてではなく、薬物として用いられた。元来防風とはハマボウフウとは別の中国産の薬用植物で、それとは別のものとしてハマスガナ、ハマニガナと呼んだらしい。しかし海のない上野国《こうずけのくに》のものは栽培品であろうか。

江戸時代の『物類称呼』では「防風、畿内及芸州、信州にて山にんじんという。按ずるに今野菜となすものは浜防風なり。江戸の市にあるもの相州鎌倉より多く是を出す。茎葉太くして胡蘿蔔《にんじん》に似たる物真の防風なり」とあり、防風と浜防風との両者が栽培されていた。『重修本草綱目啓蒙』でも薬物としての防風について詳しく述べ、最後に「又別に浜防風あり、春中菜店に嫩葉を貨り食品とす。故に八百屋防風とも云り。又伊勢防風とも云う。海浜に自生す。常州、羽州、奥州、肥前の五島より薬舗に出す。是菜類にして防風に非ず」とあり、ハマボウフウは薬物にもされた。

『農業全書』では菜類に防風として「是は薬種の防風にてはなし。海浜の和らかなる白砂に生ず、其茎あかく、その葉も其香も防風に似たる物なり。茎を取りてわりて膾の具に用い、或は酢に浸して食う。甚だ其香よく味よし……大邑に近き所は多く実を蒔きて作り市町に出すべし」と要領よく記述し、市販をすすめている。

ハマボウフウがいつ頃から野菜として栽培されたか明らかでないが、江戸時代には市販され、早出し栽培も行なわれた。五代将軍綱吉の貞享三年（一六八六）野菜の過度の早出しは好ましくないとして早出し禁止令が出され、ナス、シロウリは五月節より販売が許された。この禁止令で「ぼうふう二月節より……節に入候日より可レ致レ商二売之一」とあり、二月節（太陰暦）以前は販売が止められた。なお防風は江戸時代に珊瑚菜とも呼ばれたが、昭和五五年頃でも一キロ当り二〇〇〇円という高級野菜であった（日本料理の高級食材となったことが災いして、全国の自生地の多くは荒らされてしまったが、現在、自生地復元に取り組む地域も出てきている）。

ハマボウフウ

ハマボウフウの栽培は大正時代以前から埼玉県が本場で、現在も埼玉ものが圧倒的に多い。ハマボウフウは前年とれたタネを春にまき、養成した株を軟化床に伏せ込み、葉が一二〜一三センチに伸びた頃日光にあて、葉は光沢のある緑色に、葉柄は鮮やかな紅色に色づけし、基部から切って束ねて出荷する。出荷量の多いのは一二月から五月までで、八〜一〇月が少ない。昭和五五年の東京都中央卸売市場の取扱高は約五〇トン、約一億円である。

ハマボウフウは刺身のツマ、吸物の具、酢の物などに用いられ、独特の香りと緑と紅色との対比が美しく珍重される。なおハマボウフウは根茎も食べられ、ロシアには根茎の肥大する品種があるという。

ハマボウフウでは品種改良はあまり進んでいないが、葉の形など変りものが多く、一般に丸葉系よりは切葉系が喜ばれている。

ミョウガ

ミョウガはアジア東部温帯地方原産のショウガ科の宿根草で、台湾には自生するが熱帯アジアには自生しない。わが国では本州から沖縄まで野生がある。

中国では古くから栽培され、『斉民要術』には「蘘荷は樹陰の地によし……十月中に穀《あわ》、麦《むぎ》の糠《あわぬか》で覆い二月にその糠を掃き去る……」とわが国の農書でみられるような栽培法や、塩、苦酒での漬物の方法などを記述し、当時栽培していたことが知られる。しかし近年はほとんど栽培せず、ミョウガは日本独特の野菜になっている。

三世紀に著された『魏志倭人伝』には「薑、橘、椒、蘘荷あるも、以て滋味となるを知らず」と記されて、平安時代の『本草和名』(菜)には、白蘘荷、和名女加、『和名抄』では園菜に和名米加、赤色者為佳とある。『延喜式』には内膳司の耕種園圃で栽培し、一段に種子三石、総労力三五人などと栽培方法を記述し、塩、汁槽で漬物にしたことや、蘘荷漬が納められた記録がある。これらの記録からみると、ミョウガは平安時代かなり重要な野菜として栽培されていた。室町時代の『下学集』と『節用集』には蘘荷《ミヤウガ》とあり、この頃には呼び名がメガからミョウガに変り、その後茗荷《みょうが》のあて字が用いられるようになった。

　江戸時代の農書をみると、『親民鑑月集』には夏茗荷と晩茗荷の別が記され、『百姓伝記』ではミョウガは粮《かて》の助けにはならないが各戸必ず植えているもので、秋茗荷と夏茗荷とは栽培法で相互に変るものとしている。『農業全書』にはミョウガは陰地を好むので、普通の場所に植えた場合は上に棚を設け、蔓性の作物を作るとよいなどと記している。

ミョウガ（『成形図説』1804）

　ミョウガの名は芽香の義といわれるが、一説にはミョウガは妹香《めが》、ショウガは兄香《せか》から出た名ともいわれる。江戸時代には茗荷の字が用いられ、江戸早稲田と牛込の茗荷は勝れて大きく美味だとの記録があり、現在も茗荷谷の地名は残っている。

ミョウガ

　現在私たちがミョウガと呼んでいるのはミョウガの花、

正確にいうと花穂で、花穂の中にはいくつかの花があり、黄色い花弁が開く。花穂は地上茎の基部から出た地下茎の先端に形成され、ミョウガの子として地上に現われる。黄色い花の中の葯《やく》にある花粉は正常に発芽するが、ミョウガの染色体数が五五という五倍体のためか、わが国の栽培では温暖期間が短すぎるためか、ミョウガは通常種子を結ばない。ごく稀に結実し種子が成熟すると多肉質の莢《さや》が割れ、内側の紅色な莢の中に白い皮膜をかぶった黒色の種子がある。この種子をまいて育てると数年で親ミョウガになる。

ミョウガではミョウガの子（花ミョウガ）ばかりでなく、若い芽がミョウガダケとして出荷されている。なお江戸時代にはミョウガの茎葉を乾燥したもので軍用の草鞋《わらじ》を作った。昭和初期に関東地方の農村ではミョウガの茎葉を乾かしてわら草履の材料にした。

近年栽培は急激に増加し、昭和五五年の全国作付面積はミョウガダケを合せて一七四〇ヘクタール、収穫量は八二〇〇トンとされている。東京都中央卸売市場の同年度の年間取扱高は一四〇〇トン強で、これは昭和四〇年頃の二倍半に近く、近年のサラダナの取扱高と大差がない。このうち七五〇トンは群馬県産で、栽培の中心は榛名山西部の倉淵村〔現・高崎市倉渕町〕陣田地区で、陣田ミョウガとして知られている。群馬県のミョウガの作付面積は約三〇〇ヘクタールといわれ、全国の出荷量の五割を超している。

なお東京都にはこのほかミョウガダケが四〇〇トン弱出荷され、これもこの一五年間に約一・五倍に増加している。

ミョウガの出荷で近年注目されることは、周年出荷の傾向が強くなったことで、昭和四〇年頃は六月から一一月迄の六カ月間だけしか出荷されていなかった。それが昭和五五年には一二月を除く一一カ月間出荷されている。それはミョウガの花の形成と日長、温度との関係の調査や、株の休眠の研究などを応用した早出しや遅出し栽培が行なわれるようになったことばかりでなく、沖縄県のような暖

ミョウガダケ

地での栽培と出荷が増加したことにもよっている。そうはいっても不時栽培のミョウガは業務用のツマ物などが主体で、市場での取扱高の九割以上は七月から九月までの三カ月間に集中している。

ミョウガの花芽形成や結実と外的条件との関係は、近年、琉球大学の安谷屋信一氏をはじめ、各方面から検討されている。

ミョウガダケはミョウガの株を床に伏せ込んで芽を伸したもので。春先は畑の株から出たものも利用できる。ミョウガもミョウガダケも独特の芳香と幾分の辛味があり、薬味、ツマ物ばかりでなく、汁の実、漬物にも用いられる。俗にミョウガを食べると物忘れをするといわれているが、確たる根拠はない。

（注）平成二二年：作付面積五二六ヘクタール、収穫量五五〇〇トン弱。昭和六〇年頃から高知県のハウス栽培で周年出荷され、出荷量の八割を高知が占めるようになった。

ショウガ

（1）起原と伝播、栽培状況

ショウガはショウガ科の宿根草で、バビロフはショウガの原産地をインド、マレー地方としている。しかし野生のショウガはまだ見出されていない。古くからアジア暖地の広い地域で栽培され、世界的な香辛野菜になっている。

ヨーロッパには古くインドから伝わったといわれ、紀元前三世紀にはギリシア、ローマで知られていた。フランス、ドイツには九世紀頃、イギリスには一〇世紀に伝わり、一三世紀にはアフリカにも伝わった。一三世紀に東洋を訪れたマルコ・ポーロの『東方見聞録』にはショウガのことが記され、ヨーロッパではその後中国など、東洋から多くのショウガを輸入した。アメリカ大陸に伝わったのは新大陸発見後で、アジアからメキシコに入り、ジャマイカなどはその後ショウガの産地になった。

中国では孔子の時代（紀元前五〇〇年頃）に常食されたことが記され、『春秋』（紀元前四八〇年頃）にも記述があり、ショウガが中国に伝わったのは非常に古いことが知られる。『斉民要術』には薑は毒を防ぐ菜で、三月に植え九月にとり、アワガラと共に貯蔵するなど、栽培と貯蔵の方法を記述している。中国ではこのように栽培法が進歩し、品質のよいショウガの産地としてヨーロッパでも知られ、昭和五五年には、世界第一のショウガ生産国になっている（平成二三年の統計では、インドに次いで世界第二位）。

日本には少なくとも三世紀より前に中国または南方から渡来した。三世紀のわが国の実情を記した『魏志倭人伝』には「薑、橘、椒、蘘荷などあるも以て……」と記されている。

ショウガ（『本草綱目』重訂版 1875）

わが国の記録としては天平宝字二年（七五八）の正倉院文書中に生薑の名があり、『新撰字鏡』には干薑、久禮乃波自加彌、『本草和名』では草の部に、『和名抄』では園菜に薑、和名久禮乃波之加美と記されている。『古事記』では神武天皇が登美毘古を撃たんとする時の歌「みつみつし、くめのこらが、かきもとにうえし波之加美、くちひくわれはわすれじ、うちてしやまむ」にハシカミ（ハジカミ）の名がある。これは端赤みの意との説もあるが、歯蹙で、辛辣な味のものを指し、『古事記』のハジカミは山椒《さんしょう》で、呉国より伝わったショウガをクレノハシカミと呼んだともいわれる。

『延喜式』には六〜八月に生薑八房を、正月に干薑を、また稚薑三斗を漬物用に納めたなどの記録や、内膳司では一段の栽培に種子四石、総労力七八人を要するという栽培概要を記録し、当時ショウガは主要な野菜として多肥、集約な栽培がなされていたことが知られる。なお『節用集』には生薑《シャウキャウ》（ハジカミ）、『下学集』には生薑《シャウガ》とあり、乾薑に対して生薑を室町時代からはショウガと呼んだ。江戸時代には生姜とも書かれ、『親民鑑月集』には生姜苛としている。

シヨウガ（『成形図説』1804）

江戸時代の農書を見ると、『親民鑑月集』と『百姓伝記』には半日は陰になる畑がよいなど栽培方法が記され、また『農業全書』には薑《はじかみ》として「しょうがはすぐれたる上品の物なり、論語にも不撤《すてず》して食すとあり」とし、乾姜にして薬屋に売ったり、根際が赤くなり紫薑と呼ばれるようになったのは料理によく市町に売るなど利潤多きものとし、旱《ひでり》と寒気を嫌うなどと栽培法と貯蔵法を述べている。『成形図説』では「此種大小柔硬の品あり、九州、四国わたりに産《いでたる》は大にして柔に、尤も辛辣なり、関東地方のもの皆小なり、中に柔硬両種あり、柔にして筋少きを良とす」と品種にふれている。

芝神明宮の生姜市（『東都歳時記』1838）

大ショウガについては『重修本草綱目啓蒙』に「一種長崎のオオショウガと呼ぶあり、形最も肥大にして佛掌薯《つくねいも》の如し、辛味少《すくなく》して糖漬に可なり、薬に入るるに堪えず」とある。大ショウガはその後明治三〇年頃と昭和一一年にも台湾から導入している。

　ショウガの産地としては『延喜式』に遠江国と越前国の名があり、江戸時代の書物では山城、肥前長崎、因州長柄、三河、遠江、豊後、甲斐など多くの地名がみられ、関東以西の各地で栽培されたことが知られる。

　江戸時代には八朔《はっさく》（八月一日）を生姜節句として各地の神社で生姜市が開かれ、江戸では九月一六日に芝神明宮で生姜市を開いた。寛文五年（一六六五）正月、将軍家の仰出に葉生姜は三月よりとあり、これは現在の芽ショウガの早出し禁止令と思われる。このように江戸時代にはショウガは大衆食品として早出し栽培まで行なわれた。なおショウガは薬用としても広く用いられている。

明治以降の栽培状況を農林統計からみると、明治四二年頃の全国の作付面積は約二六〇〇ヘクタール、収穫量は二万五〇〇〇トン前後で、大正時代も二五〇〇～三〇〇〇ヘクタール栽培された。府県別にみると静岡、埼玉、愛知の三県が二〇〇ヘクタール以上で多く、静岡県は明治末頃は八〇〇ヘクタール以上栽培した時期もあった。

ショウガ
（"D'Histoire Naturelle Médicale" 1879）

昭和年代になり統計表からは外れ、第二次大戦後園芸統計として昭和三九年から根ショウガと葉付ショウガを別に調査している。当時の根ショウガの作付面積は三四四〇ヘクタール、収穫量は五万八〇〇〇トン、葉付ショウガは九三〇ヘクタール、一万五〇〇〇トンで、その後統計に表われた数字は年による変動が激しい。昭和五五年の根ショウガは四一九〇ヘクタール、七万九二〇〇トン、葉付ショウガは六一七ヘクタール。一万八〇〇〇トンで、大正時代の約二倍の作付面積になっている。

根ショウガの主な生産県は千葉、高知、長崎の三県で、この三県で全国の生産高の約七五パーセントを占め、熊本県がこれに次いでいる。葉付ショウガの栽培は千葉県が断然多く、千葉一県で全国の収穫量の半分以上を生産し、茨城、栃木、愛知県が続いている。

（注）平成二三年（統計は一本化されている）：作付面積一九五〇ヘクタール、収穫量五万四二〇〇トン。主な生産県は高知、熊本、千葉の順だが、高知県が全体のほぼ半分を占めている。

（2）品種、作型と利用の形

ショウガは利用部分や利用法、それに品種名もからみ、いろいろの呼び名がある。

まず品種であるが、ショウガは開花することが少なく、ほとんど種子を結ばず、塊茎をタネにして栄養繁殖で増殖している。このため変りものの出る機会が少なく、品種はあまり分化していない。通常塊茎の大きさから小ショウガ、中ショウガ、大ショウガの三品種群に分けている。一般に小ショウガは早生で、これには赤味の濃い金時や東京の地名からでた谷中《やなか》などがあり、東日本に多く、中ショウガには三州など、晩生の大ショウガには印度ショウガがある。長崎県では大ショウガを中心に八〇〇ヘクタールの栽培があり、大ショウガは色が淡く辛味が少なく、漬物やガリに使われる。

根ショウガ　ショウガは茎の基部が肥大してできた塊茎が食用にされるが、葉付きでない塊茎だけのものを根ショウガと呼び、普通は茎葉の黄ばむ秋に掘上げ、冬は地中で貯蔵して随時出荷している。そして早出し栽培ではビニール被覆などで肥大を早め、七月頃から掘上げて茎葉を切り、いわゆる切りショウガとして出荷する。この若ショウガは各種色が淡く比較的軟らかで辛味は少ない。根ショウガは各種の漬物に加工し、各家庭で料理や香辛料に使われ、金時種などは干し薑とされる。なおガリは大ショウガの塊茎を薄

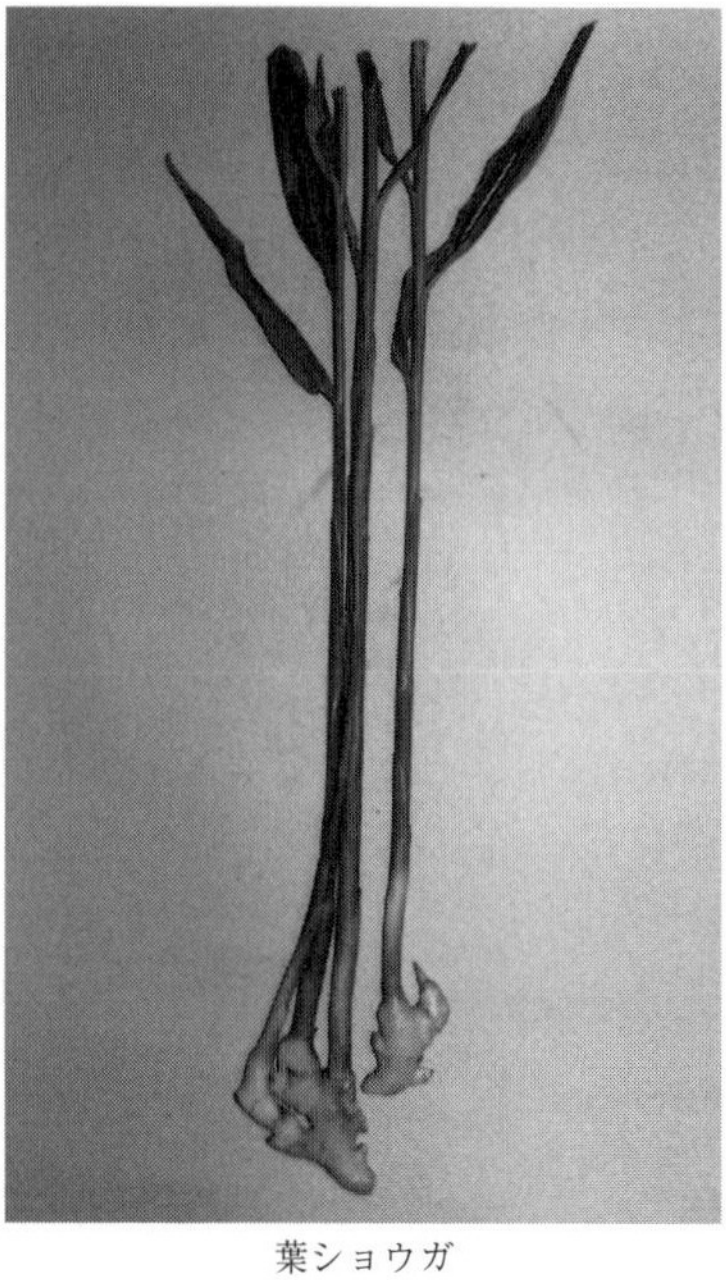

葉ショウガ

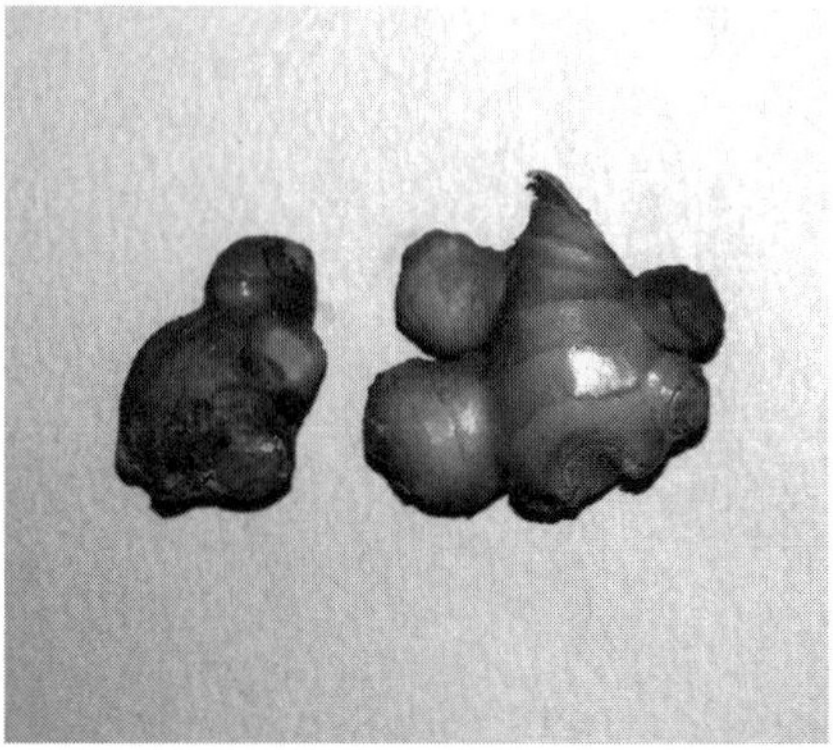

根ショウガ

く切り甘酢に漬けたもので、生寿司には欠かせない香辛料になっている。

葉ショウガ　葉ショウガは本年肥大した塊茎に茎葉を着けて出荷するもので、葉で新鮮さが示される。五月頃から出荷が増え、出盛りは六月から八月までで、よく用いられる谷中種は盆ショウガとも呼ばれる。葉ショウガは周年需要があるので、温床やトンネル内などで早出しや遅出し栽培も行なわれ、三葉程度葉が開き、新ショウガが小指大に肥った頃順次出荷している。これらの栽培で用いられた夕ネショウガは、収穫時もだいたい植付け当時の形で残っていて、新ショウガより繊維質で硬いが辛味は強いので、俗にヒネショウガ、または古ショウガと呼び、香辛料として用いられている。

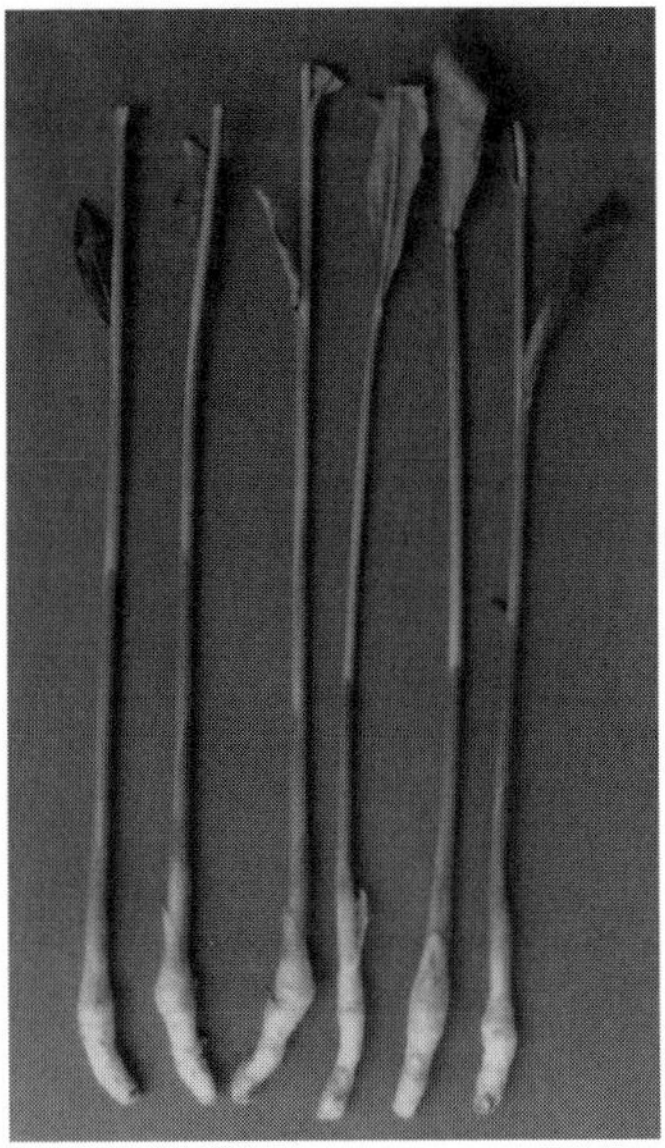

萌しショウガ

軟化ショウガ　三番目の型は軟化ショウガで、タネショウガを温床内に伏せ込み、暗黒下で生長させ、茎葉が一五センチほどに伸びた頃日入れと称して日光をあて、茎元を紅色にし、葉がわずか開き始める頃収穫する。軟化ショウガは萌《もや》しショウガ、芽ショウガ、その形から筆ショウガ、棒ショウガとも呼ばれる。軟化ショウガには小形で早生の金時や谷中種が用いられ、このことから軟化ショウガを谷中ショウガと呼ぶこともある。軟化ショウガは刺身のツマや漬物などに用いられ、量的にはそれほど多くないにしても周年需要がある。

ショウガは栄養価値が特に高いわけではないが、結晶性のジンゲロンと揮発性のショウガオールを含み、独特の辛味と香りをもち、食欲を増進させる大衆的な香辛野菜である。わが国では古くから栽培されてきただけに梅酢漬など種々の加工法も工夫され、魚や肉類の煮物には臭消しとして用い、また菓子、清涼飲料の香辛料や薬用にも用いられ、わが国の食生活には欠かすことのできない野菜の一つになっている。

ワサビ【付】ワサビダイコン

(1) 起原と栽培状況

ワサビはアジアの温帯原産のアブラナ科の野菜で、わが国では北海道から九州まで深山の清い渓流の浅瀬に自生している。中国でも利用はするが、日本特産の野菜で、学名もエウトレマ・ジャポニカ *Eutrema japonica*（Miq.）Koidz.、（以前は *Wasabia japonica*）とつけられている。

平安時代の『本草和名』の菜の部に山葵、和名和佐比、『和名抄』（薑蒜）にも和佐比とし、『漢語抄』の山薑の出所は未詳と付記している。『延喜式』には各所に山薑として若狭、越前、丹後、但馬、因幡、飛騨の諸国から献納されたと記され、平安時代には自生品を利用していた。なお『類聚名義抄』にはワサヒとあるが『下学集』と『節用集』にはワサビとあり、室町時代にはワサビと呼ぶようになったことがわかる。また漢名は山葥菜がワサビで、山葵は誤用だといわれている。

『著聞集』には後堀河天皇の即位の時（一二二一年）丹波の桑原の料地からワサビを献上したことが記され、『日蓮大上人御書全集』（一二七〇年）には現在の静岡県富士郡上野村の南条時光が日蓮の聖寿のお祝いにワサビと河海苔、八頭芋を贈ったことに対する礼状があり、ワサビは上層社会では香辛料として珍重されていたことが知られる。

(2) 産地の成立と栽培状況

ワサビは自生品の採取の間に次第に半栽培の形をとり、やがて栽培化されたものと思われる。『本朝食鑑』（一六九七年）には二月に播種するか旧根を植えると三、四月に苗葉が生じ、種子は小さいので根を植えた方がよいなどと栽培法を述べている。これをみると一六〇〇年代には栽培が始められていたことがわかる。

『増訂豆州志稿』（一八〇〇年）によると、静岡県天城山中では従前からワサビが自生していたが、田方郡湯ケ島の板垣勘四郎が安倍郡有東木村のワサビの栽培状況を見て、天城山中岩尾で明和年間（一七六四～七二年）にワサビを試作し、好結果を得、爾来大いに繁殖したと記され、これが伊豆天城でのワサビ栽培の始まりとされている。

なお安倍郡大河内村有東木では、慶長年間（一六〇〇年頃）に自生のワサビをとってきて井戸の湧き水で試作したといわれる。

『和漢三才図会』にはソバの薬味にワサビが欠かせないとの記述が、また、『芸備国郡志』には「魚膾に加え鳥羹に和え、蕎麦麺に入れる」とあり、一七〇〇年代にはワサビの利用が大衆的になっていたことが知られる。文化年間（一八〇四～一八一八年）江戸深川で鯖の生臭味を消すためワサビを用い。文政（一八一八～三〇年）の初めの頃、江戸の寿司屋がワサビを挾んだ握りずしを考案した。このワサビずしは天保の改革で贅沢品として禁止されたが、ワサビの消費は次第に普及し、全国各地にワサビの産地が生まれた。

大正末期頃の有名な産地としては静岡県天城山中の伊豆ワサビ、同安倍郡、榛原《はいばら》郡の静岡ワサビ、長野県穂高町の信州ワサビ、島根県の三瓶《さんべ》ワサビ、石州ワサビ、奈良県の大和ワサビなどがあげられ、古くは富山県の立山ワサビ、石川県の白山ワサビも有名であった。大正一四年に内海一雄氏が全国の各府県に照会したところ、青森県から佐賀、大分県まで三〇府県でワサビを生産し、量的には静岡、長野の二県が断然多く、奈良県、島根県がこれに次ぎ、全国の生産高は当時で三〇〇万円弱であった。ただしこの調査で生産県に入っていない山形県でも小規模な栽培はあった。

栽培法は各地で工夫され、中国地方で行なわれるような自然の渓流をそのまま使う方法から、石を積み上げてワサ

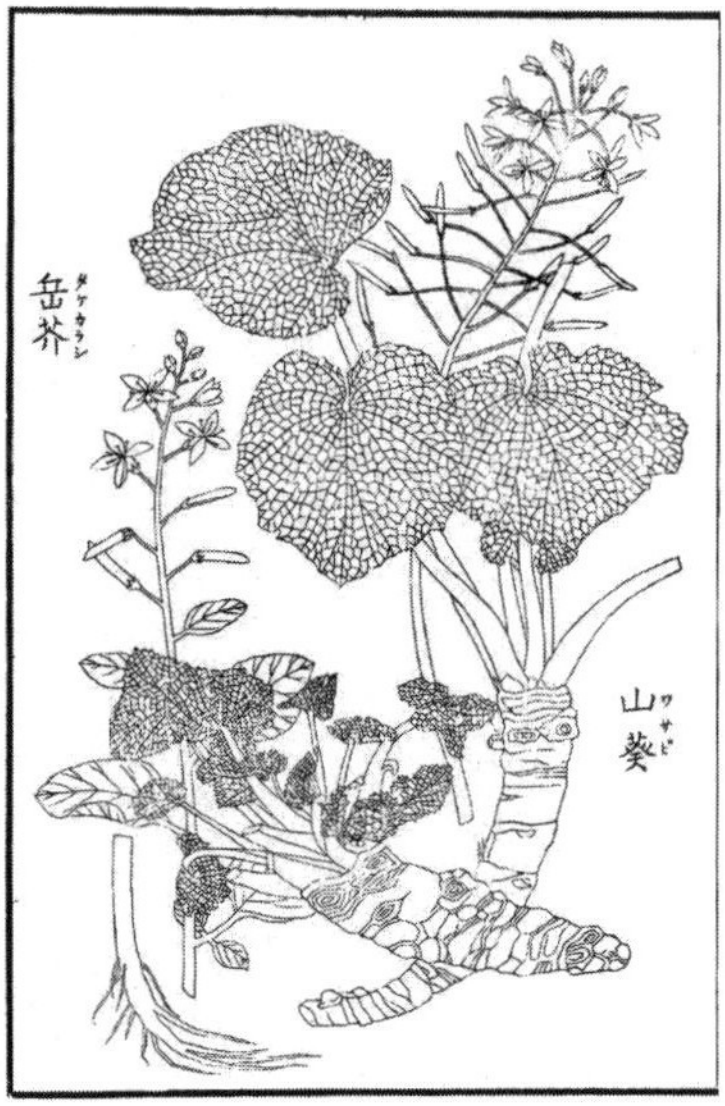

ワサビ（『成形図説』1804）

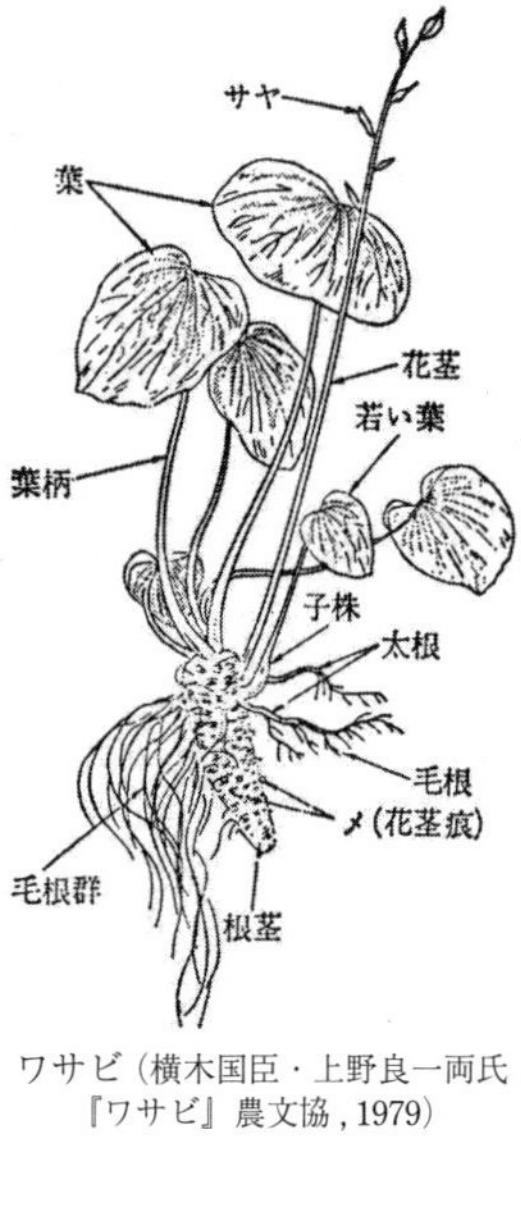

ワサビ（横木国臣・上野良一両氏『ワサビ』農文協，1979）

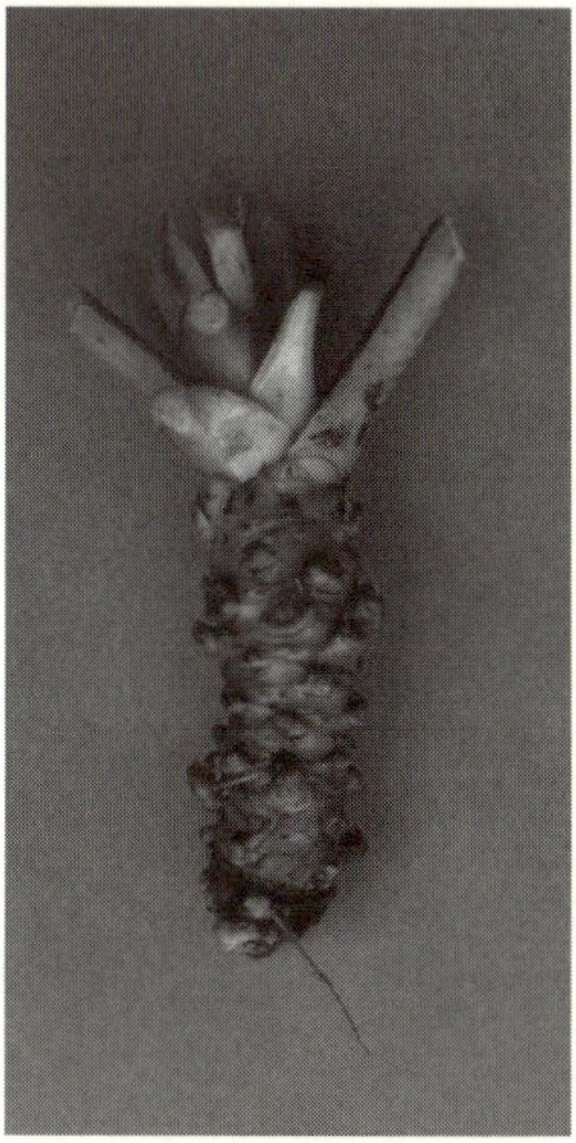
ワサビ

ワサビの花

ビ田を築く地沢式、多くの石を積み平らなワサビ田を築く畳石式と、伏流水を利用する平地式などの方法が考え出された。

畳石式は明治三四年に伊豆天城の石工、平井熊太郎氏が考案してよい成績をあげたもので、最も進歩した栽培法といわれている。

長野県南安曇《あずみ》郡穂高町では明治三年頃からワサビを栽培していた。この地方は犀川《さいかわ》と高瀬川の合流点に近く、以前は川底だった地で、地表下二メートルも掘ると一面に豊富な伏流水が湧き出す。そこで草刈場としていた地帯に高畦を作り果樹を植えたが、偶然畦間に植えたワサビの生育がよかった。そこで土を掘上げワサビ田にしたところ好結果が得られ、さらに工夫して平地式ワサビ田が生まれた。大正七年以来販路が開け、作付面積は急激に増加し、良田を掘ってワサビ田にする者も現われ、昭和三〇年代の終り頃には作付面積は一〇〇ヘクタールを、生産高は一〇〇〇トンを超す全国有数の産地になった。

この産地は豊富な北アルプスの雪どけ水に恵まれているが日陰樹が少なく、品質がやや劣るといわれ、近年は黒い寒冷紗《かんれいしゃ》をはって栽培している。近年は観光地化され問題もある。

ワサビの生育に適する水温は一二～一三度で、一年中八～一八度の清流が流れる所でないと正常に育たない。もし夏など気温が三〇度を超し水温が一八度以上になると軟腐病などの病害が発生し、全滅しかねない。水質も問題で有機物や鉄、硫黄が多いと生育を害する。したがってワサビの栽培は水に恵まれ、人里離れた所で始めて成り立つ。

ワサビの栽培状況は昭和四一年から園芸統計にのるようになった。各産地の作付状況は年によりかなり変動があるが、全国の生産状況にはあまり増減がない。昭和四一年は全国で五七〇ヘクタールで三三七〇トン生産し、昭和五五年は五五二ヘクタールで二八四〇トン収穫している。生産は静岡県と長野県が断然多く、この二県で全国生産高の八割近くを占め、島根、山梨、岩手、東京、山口の各都県も栽培を続けている。

現在ワサビを食用にしているのはわが国と台湾だけといわれるが、都市化と過疎化のはざまで生産条件は次第に困難になっている。

（注）平成二〇年：作付面積三八五ヘクタール、収穫量二九三二トン。主な生産県は長野、岩手、静岡で、長野県が全体の三五パーセントを占めている。

（3）ワサビの特性

ワサビには青茎種と赤茎種など二、三の品種が分化している。静岡県では県の農業試験場わさび分場を伊豆に設置し、品種改良や栽培試験を行ない、ワサビ産業の維持振興を図っている。

ワサビの辛味は配糖体シニグリンによるもので、ワサビがすりおろされ空気にふれると酵素の働きで生成される。そこでかじっただけではむしろ苦い。商品とされる根ワサビは本来は茎で、茎から出ている葉柄は茎ワサビといいワサビ漬の材料に用いられる。根ワサビと呼ばれる茎についている側芽を掻いたものが苗としてワサビ田に植付けられ、一〜二年、時には三年後に収穫される。

ワサビは水湿の多い畑で栽培することがあり、これを沢ワサビ（水ワサビ）に対して畑ワサビと呼んでいる。畑ワサビは沢ワサビに比べ品質が劣る。岩手県、島根県、山口県には畑ワサビが多い。

茎ワサビ（葉ワサビ）

ワサビダイコン
（『舶来穀菜要覧』1886）

【付】ワサビダイコン

俗に畑ワサビと呼んでいるのはワサビダイコン（ホース・ラディッシュ、市場名レホール）で、アブラナ科の作物であるがワサビとは全く別の種である。昭和初期から北海道と長野県で栽培されている。店頭に出ている粉ワサビ、練ワサビはこのワサビダイコンの粉末に他の香辛料を加えたもので、本当のワサビではない。栽培は容易で家庭菜園にも植えられ、またこの根が店頭に出ていることもある。

ワサビダイコンは冷涼な時期には深い欠刻をもつ葉が出るが、高温期には別の植物のような全縁の丸葉になり、移植した場合にも切葉が出る。

（注）平成二二年：栽培はほぼ北海道のみに限られている。

シソ【付】エゴマ

(1) 起原と伝播、栽培状況

シソはヒマラヤからビルマ、中国にかけて自生するシソ科の一年草で、アジアの温、暖帯で広く栽培されている。中尾佐助氏によるとチャ、キリ、ウルシ、エゴマ、シソなどは照葉樹林農耕文化を特徴づける作物で、シソの栽培地は照葉樹林農耕文化の伝播の跡を示している。中国でも古くから栽培され、『斉民要術』には荏《え》の項に蘇は荏の類と記されている。

シソのわが国への渡来は非常に古く、近年各地の縄文時代の遺跡からシソの種実が出土している。例えば岩手県和賀郡江釣子《えづるこ》村〔現・北上市〕鳩岡崎遺跡の縄文時代中期初頭とみられる層から出土したシソのタネは発芽力があり、栽培調査からそれがシソであることが確認されている。『本草和名』では菜の部に「蘇和名以奴衣、一名乃良衣」とあり、『和名抄』では荏として、「其実白者白荏、和名衣、其実黒者曰レ蘇、和名乃良衣一名奴加衣、此二物雖二一類一其状不同耳」とあり、エゴマとシソが同類の作物であることを記している。『延喜式』の内膳の項に漬年料雑菜に荏裏二石六斗とあるのはシソといわれ、典薬の部には諸国進年料雑菜として伊賀国蘇子一升、尾張国紫蘇子五升などと記されている。これを見るとシソは当時野菜としても薬物としても利用された。『節用集』には紫蘇《しそ》とあり、室町時代には漢名の音読でシソと呼んだ。

江戸時代前半に出版された『農業全書』では菜類の一つとして紫蘇をあげ、栽培法、品種、用途、実のとり方、乾燥貯蔵法などを多くの字数をあてて詳しく述べている。『本朝食鑑』には魚肉の毒を去るものとし、『成形図説』では表裏紫色のチリメン紫蘇は梅漬や薬用に用ゆとあり、当時梅漬にもシソが用いられた。シソはこのように日本人の日常生活と深く結びついた野菜となって現在まで栽培されている。

戦後商品としての生産も増加し、昭和五一年からは園芸統計として作付面積と収穫量が示され。昭和五一年は全国で六三五ヘクタール、七〇〇〇トンを収穫した。昭和五五年の作付面積は一〇〇〇ヘクタールを超し、収穫量

鳩岡崎遺跡の出土種子から成育したシソ
写真のシソは現在のシソよりも草丈が低く，葉の表は緑色，裏は鈍い赤紫色であった。なお新潟県下でも約2500年前の土器と共にシソの実が出土している。

シソ（『成形図説』1804）

は一万一六〇〇トンに増加している。主な生産県は、愛知、和歌山、群馬の各県で、芽物生産県とウメ生産県で多い。近年〔昭和五五年頃〕の東京都中央卸売市場では葉ジソを約五〇〇トン、穂ジソを約一〇〇トン扱っていた。

シソは病虫害が少なく栽培はやさしい。種子は休眠するので芽ジソ栽培ではこの点に注意が払われている。代表的な短日植物で、秋には小さな株でも花がつく。この点から日長の影響を調査する植物生理の実験材料としてよく用いられる。

（注）平成二二年：作付面積六九一ヘクタール、収穫量九〇一五トン。主な生産県は愛知、大分、静岡で、愛知県が全体の四一パーセントを占めている。

（2）用途と品種

シソは芽ジソ、葉ジソ、穂ジソとシソの実として利用される。芽ジソは発芽して間もないシソの幼植物を刺身のツマなどに用いるもので、白身の刺身には赤ジソの赤芽（俗称ムラメ）を、赤身の魚などには緑色の青ジソの芽が用いられる。穂ジソもツマとして用いるもので、通常は花蕾の三割程度が開花した穂を摘みとる。また一部実になったものを用いることもある。葉ジソ（オオバ）は青ジソの若い葉を摘んだもので、刺身や天ぷらのツマに用いる。葉を摘む時期が遅れると硬くなり商品にならなくなるので毎日摘まなくてはならない。

シソの花と葉
青ジソの若葉は香りが高いので，鮨の具，酢の物，薬味などに用いる。このため周年需要があり，露地栽培だけでなく，施設内でも栽培され，冬は花の形成を抑えるため点灯して長日条件にして生産している。穂ジソで3割くらいの花が咲いた花ジソは，刺身や洗いなどの魚の添え物にしている。

梅干やショウガ、チョロギなどの着色には赤ジソの葉が用いられ、この場合は茎ごと切り取り束ねて出荷し、使う際に葉をもぎとる。シソの実は芳香をもつ。ペラルチンという油分を含み、漬物やつくだにとして食用にし、各種漬物などの香料として、また防腐剤として用い、タバコの味付けにも用いられる。

シソはその用途に応じて品種が選ばれる。シソの品種については江戸時代の『農業全書』や『大和本草』でも記述している。シソには葉や花の紅紫色な赤ジソと、葉が緑で花は白い青ジソとがあり、赤ジソには葉の表裏とも赤いものと裏面のみが赤いものがある。また葉に縮みの生ずる縮緬《ちりめん》ジソと縮みのない並葉の品種があり、野菜としては多くの場合縮緬系が喜ばれる。現在園芸的には色と縮みとを組合せて赤縮緬、紫、青縮緬、青、裏赤、ダルマ、霜降《しもふり》などの品種がある。

牧野富太郎博士は葉の表裏とも赤紫色のもの、葉の表面は緑で裏面が赤紫色のもの、葉の両面が緑色のものに分け、さらにそれらを縮葉のものと縮まないものに分け、合計六つのフォルマに分類している。なお前にあげた岩手県出土の縄文時代のシソは、草丈が低く葉に縮みはなく、緑の交った赤ジソであった。

赤ジソ

【付】エゴマ

『和名抄』にはイヌエ（シソ）とエ（エゴマ）は同類で、種実が黒いか白いかの違いだと記してあり、現在の植物分類学でも両種は同一種の変種とされている。わが国のエゴマは葉は縮れず花は白花で、シソと違った特異な臭気をもつ。

エゴマ

しかし中尾佐助氏によると、東南アジアではシソとエゴマはあまり区別していない。

中国やわが国では古くから両種は別の作物とし、エゴマは専ら油脂用作物とされた。中国の『斉民要術』には荏の項で、紫蘇にもふれているが、荏油は癖がなく、絹布に塗るには大麻油にまさるとある。わが国でもシソより古くから栽培されたらしく、シソをイヌエ、ノラエと呼んだ。

荏油は油紙やカラカサ用に適する乾性油で、ナタネが油用作物として多く栽培されるようになった一七世紀頃までは、わが国の第一の油脂作物として重視された。『農業全書』には白蘇《ゑこ》（上方にてはゑごまという）として、その用途、栽培法、収穫、調製法などを述べた上、土地多き所にては広く作るべしと栽培を勧めている。現在でも四国、九州や北陸地方の焼畑などで栽培され、有名な岐阜県の白川郷ではエゴマの油で味付けした焼畑カブをこの地独特の味覚としている。

シソの仲間にはエゴマのほかトラノオジソとレモンエゴマがあり、わが国の本州、四国の山地に自生している。トラノオジソは白花の、レモンエゴマは淡紫紅色の花をつけレモン様の香りをもつ。これらの種が元来日本の野生種か、エゴマの逸出したものかは明らかでない。

三　柔菜（軟弱葉菜）

ホウレンソウやシュンギクなどで代表される緑黄色の葉菜で、ビタミンA、Cや無機質の給源として価値が高い。この種類の葉菜は一般に軟らかで、輸送性と貯蔵性が劣り、以前は都市近郊で生産されることが多かった。近年は都市周辺が住宅地化し、その結果産地はかなり遠方に拡散している。それでも道路網が整備され、予冷施設が設けられて低温輸送が行なわれるようになり、以前よりもむしろ新鮮な形で店頭に届いている。近年品種や規格が単純化する反面、種類は多様化する傾向がみられ、本書でもツルムラサキやアシタバなど新しい種類も加えた。

ホウレンソウ

(1) 起原と伝播、栽培状況

ホウレンソウはアカザ科の一年草でその野生種はコーカサスからイランにわたる地域にみられ、ペルシア（今のイラン）で栽培が始まったものとされている。その後イスラム教徒によって東西に伝えられ、ヨーロッパではまずスペインに一一世紀までに伝わり、イギリスには一四世紀、フランスには一六世紀に伝わり、やがてヨーロッパ全域に広まった。

アメリカに渡ったのは一八〇六年以後であるが。アメリカでは重要な野菜の一つになった。特に二〇世紀の初め、缶詰加工がおこり、ホウレンソウ缶詰の栄養価値の高いことが一般に認められ、消費が増加し、これに伴って栽培が大規模化し、一九二〇年代には一〇年間に作付面積が六倍にも増加した。ホウレンソウ缶詰を握ったポパイの漫画は、

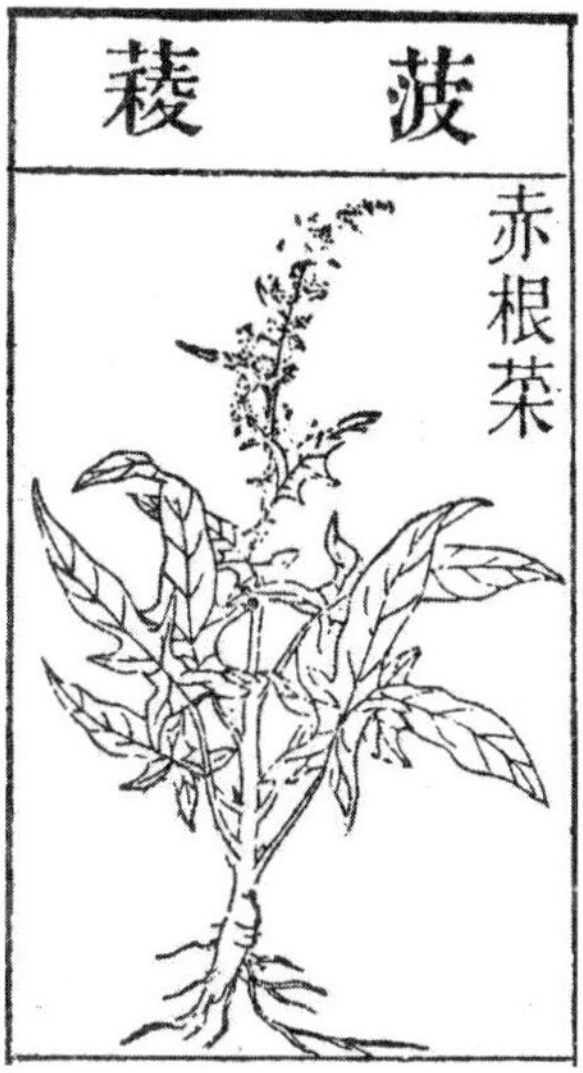

ホウレンソウ
（『本草綱目』重訂版 1875）

わが国でもホウレンソウへの認識を高めた。
　中国にはヨーロッパよりも古くから伝わっていたことは確実で、シルクロードを経て漢の時代に渡来したとの説もある。『本草綱目』には劉禹錫の『嘉話録』に此の菜西域頗陵国より来る。今誤って菠稜と呼ぶとあり、また一〇世紀頃の『唐会要』には唐の太宗の六四七年に尼婆羅国（ネパール）から献じられたことが記されている。これらの記述からみて、ホウレンソウは唐の時代に伝わったものであろう。その後中国各地に広まり、特に華北で盛んに栽培されるようになり、この間に東洋種が成立した。なお頗陵国はネパールの地名であるが波斯《ペルシャ》と誤り、『農政全書』には菠斯草と記されている。わが国でも一般に菠薐草は波斯《ペルシャ》草であると記述しているものが多い。

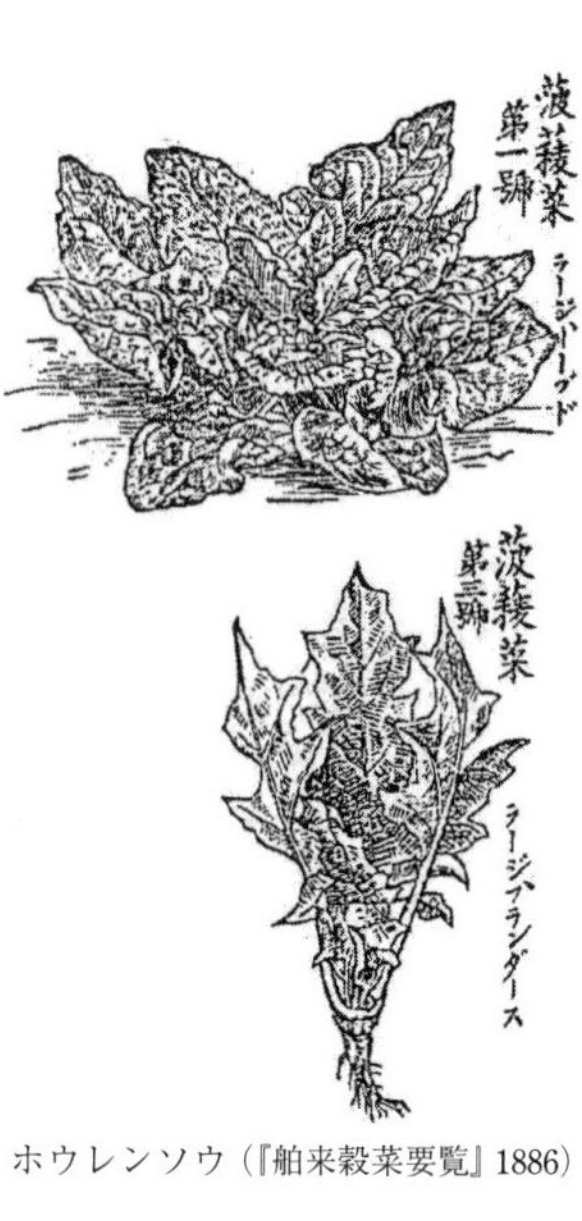

ホウレンソウ（『舶来穀菜要覧』1886）

わが国では『多識編』（一六一二年）に「菠薐、今案加良奈」とあるのが最初といわれ、すでにカラナの名で知られていた。また俳書『毛吹草』（一六三八年）に肥前と薩摩では鳳蓮《ほうれん》草《そう》と呼ばれ、和え物に用いられたことが記され、当時九州では栽培していた。これらをみるとホウレンソウは一六世紀頃中国から渡来したものと思われる。なおホウレンは菠薐の唐音とか、訓音の誤りとか訛りとかいわれている。『本朝食鑑』や『大和本草』、『菜譜』では菠薐としているが『農業全書』では菠薐草、ほうれん草として栽培法などを述べ、ホウレンソウは月を越さないと発芽しないといわれるが、月初めに播種したら月半ばに発芽したと試作の結果を記している。また『大和本草』には「性冷利なので多食すべからず、人を益せず微毒あり、婦人がカネで歯を染めて其の日ホウレンソウを食えば死す」などとあり、当時はまだ大衆的な野菜ではなかったことがしられる。

このようにして中国から渡来した東洋種が日本に土着したが、それほど重要な野菜にはならず、品種もほとんど分化しなかった。

西洋種は文久年間（一八六二年頃）にフランスから導入されたのが最初で（『植物渡来考』）、明治初年にはアメリカから四品種が導入された。しかし西洋種は日本人の嗜好にあわず、普及しなかった。

（2）近年の栽培状況と利用

その後大正末期から昭和初期に愛知県中島郡稲沢村治郎丸で、在来の東洋種と洋種のホーランジアとの間の自然交雑品種「治郎丸」が育成され、これが豊産で日本人の好みにも合い、愛知県下から全国各地に普及し、この頃から洋種も次第に栽培されるようになった。

昭和に入りホウレンソウが栄養価値の高い野菜であることが認識され、消費が増加し、昭和一六年からは農林省統計表にも載るようになり、また中国から導入した品種「禹《う》城《じょう》」から夏用の品種が育成されるなど、品種の改良も進められた。

第二次大戦後全ての野菜で周年生産が進められ、ホウレンソウでも従来の、秋にまいて冬を中心に収穫する作型だけでなく、春まき栽培も多くなり、春まきに適する西洋種や、西洋種と東洋種との雑種の栽培が増加した。一方では消費者の東洋種に対する執着はうすくなり、現在では西洋種と東、西洋種間の一代雑種一色になり、多量のホウレンソウのタネを欧米の諸国から輸入している。

生産状況の推移を農林統計でみると、昭和一六年の全国の作付面積は八四三〇ヘクタール、収穫量は八万トン弱であったが、昭和五五年は二万三八〇〇ヘクタール。約

ホウレンソウ

三五万トン強で、ホウレンソウの生産はこの四〇年間に約四・五倍に増加した。

生産の多いのは埼玉、千葉、群馬の各県で三万トン以上、次いで愛知県の二万トンで、このほか全国各地に産地ができている。ホウレンソウは鮮度の落ちやすい軟弱野菜で、近年は各地で減圧予冷をして品温を下げ、低温輸送をするなどして鮮度保持につとめている。それでもホウレンソウは都市近郊で多く栽培されている。

ホウレンソウは元来冷涼な気候を好む野菜なので、夏期の栽培では高冷地等で雨除け栽培するなど特別の工夫が必要である。ホウレンソウはまた酸性土壌では生育が劣る野菜としてよく知られ、栽培の場合はこの点の配慮が必要である。

ホウレンソウはビタミンA、Cやミネラルを多く含み栄養価値が高い。お浸しや和物、煮食など和風、洋風、中国風の料理に用いられ、重要な緑黄野菜である。ただしシュウ酸を含み結石の原因になる恐れがあるといわれ、特に洋種の場合はゆで汁は流した方がよい。

（注）平成二三年：作付面積二万一八〇〇ヘクタール、収穫量二六万三五〇〇トン。主な生産県は千葉、埼玉、群馬である。

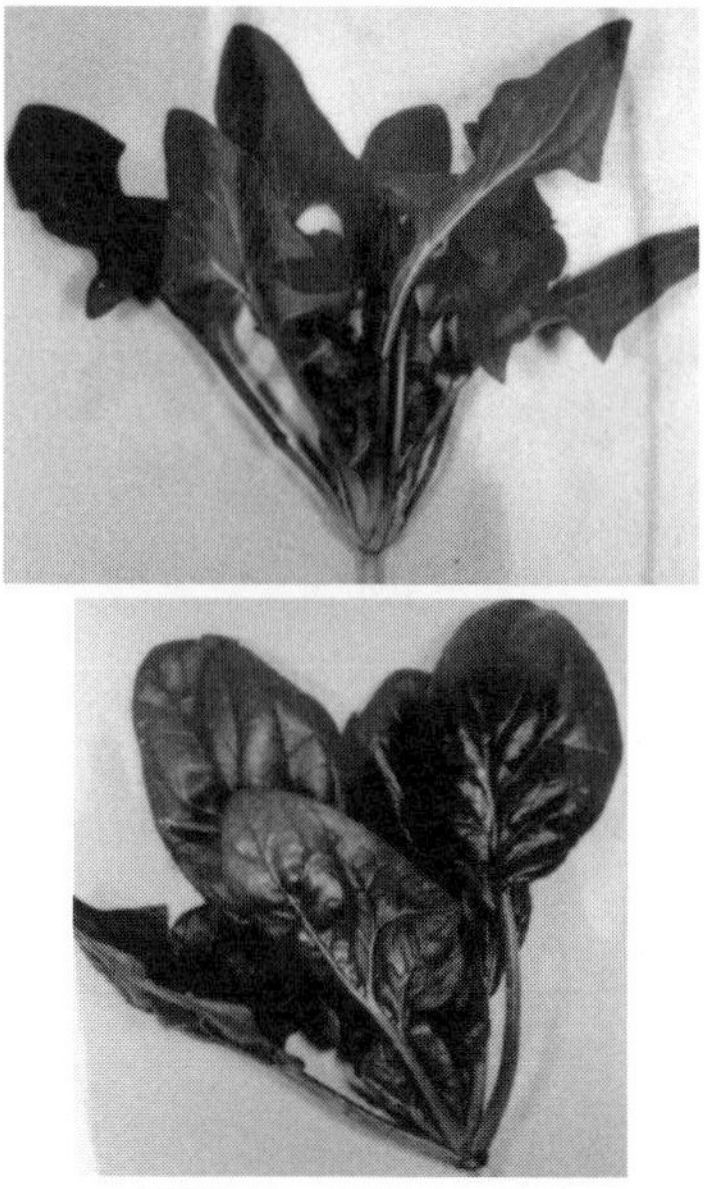

東洋種（上、品種名：日本）と西洋種（品種名：バイキング）

（3）品種群と採種

東洋種と西洋種　ホウレンソウには東洋種と西洋種との二品種群がある。江戸時代以来わが国で栽培したのは東洋種で、葉はうすく、欠刻が深くて葉先が尖り、根の上部が濃紅色で、このためホウレンソウは赤根菜とも呼ばれた。東洋種は西洋種に比べてアクが少なく日本人の好みに合っていた。なお東洋種のタネには二本の刺《とげ》があり、一般に刺《とげ》種《だね》品種と呼ばれている。

西洋種は葉に欠刻が少なく厚くて波状に縮む品種が多く、根元の赤味が淡く、土くさいとして日本人の好みに合わなかった。しかし東洋種より収量が多く、それに春の抽苔が遅く春まき栽培に適している。タネには刺がなく俗に丸種《まるだね》品種と呼んでいる。近年は両品種群間の交雑から育成された品種が多く、丸種でも葉に欠刻があったり、土臭さが少ない、両群の中間的な特性をもつ品種が出回っている。

日長反応性と採種　ホウレンソウは昼の長さ、いわゆる日長が長くなると花ができて抽苔（薹《とう》立ち）し、抽苔した株は茎が硬く商品にならない。そして春まきの場合は日が長い時期なので抽苔しやすい。洋種にはホーランジヤとかキングオブデンマークなどという品種があるように北欧で育成された品種が多い。北欧は夏の昼の長さが一六時間以上になり、そこで育成された西洋種は相当長い日長にならないと抽苔せず、春まきに適している。ただし西洋種は抽苔しにくいので採種はむずかしい。そこで北海道で少しは採種しているが多くのタネを北欧の諸国から輸入している。

ホウレンソウには雄株と雌株とがあり、東洋種では雌雄株は見分けやすいが西洋種では中間型もあり見分けにくい。そして東洋種の雌雄比は一対一であるが、西洋種は中間型があるため純粋雄は全体の半分より少ない。

植物にも雌雄異株の種類は相当多く、野菜でもアスパラガス、フキ、ナガイモなどがある。植物の場合も性を決定する性染色体が確認されている種類も多く、雄株がＸＹ、雌株がＸＸのＸＹ型の植物や、雄株が染色体数の一つ多いＸＯ型などがある。ホウレンソウでは六対の染色体の中にいわゆる性染色体と呼ぶような特別な形をした染色体はみられないが、雄株の一番長い第一染色体が性を支配している。

雌雄株のあることは一代雑種の採種には都合がよい。例えばＡ品種×Ｂ品種の一代雑種のタネをとる場合は、Ａ品種とＢ品種とを並べて植えておき、抽苔が始まって雌雄株の区別ができるようになったら、Ａ品種の雄株を全部開花前に抜取る。両品種の花が咲く頃にはＡ品種の残った雌株の花の柱頭に隣のＢ品種の雄株の花粉が風の働きで授粉され、人手をかけなくともＡ×Ｂのタネがとれる。ただし中間型の多く現われる系統は採種親には用いにくいので、採種親に用いる品種はある程度限定される。

シュンギク

（1）起原と伝播、日本への渡来

シュンギクはキク科の一年草で原産地は地中海沿岸地帯とされている。ヨーロッパでは観賞用として栽培したが、野菜としては利用していない。野菜としての利用は中国で始まったとみられ、この点から中国原産との説もある。

中国では『嘉祐本草』（一〇五七年）に茼蒿の名が初めてみられる。また、古くから野菜として普及していたことが『本草綱目』に記され、五～六世紀の書物にも記載があるともいわれる。中国への渡来の時期や経路は明らかでないが、東南アジアやインドでも広く栽培されている。

わが国では『尺素《せきそ》往来』（一四八一年以前）に初めて春菊の名が見られ、室町時代以前に渡来したといわれ、鎌倉時代という者もある。

野菜としてその後の記述は江戸時代の辞書『和爾雅』（一六八八年）で、菜蔬の部に茼蒿、コウライギク、シュンギクと振り仮名し、またの名蓬蒿と記している。栽培についての最初の記述は『百姓伝記』で、二、三行の記述の最後に「土民このみて作るものならず」とある。しかし『農業全書』では『本草綱目』の記述をあげ、「苗の時浸し物あえ物となして味よし、冬春たびたび作り用ゆべし、花も又見るにたえたり」と簡単に記述している。『大和本草』、『菜譜』などにも同様のことが簡単に記述され、当時ある程度普及していたにしても、それほど重要な野菜ではなかったらしい。

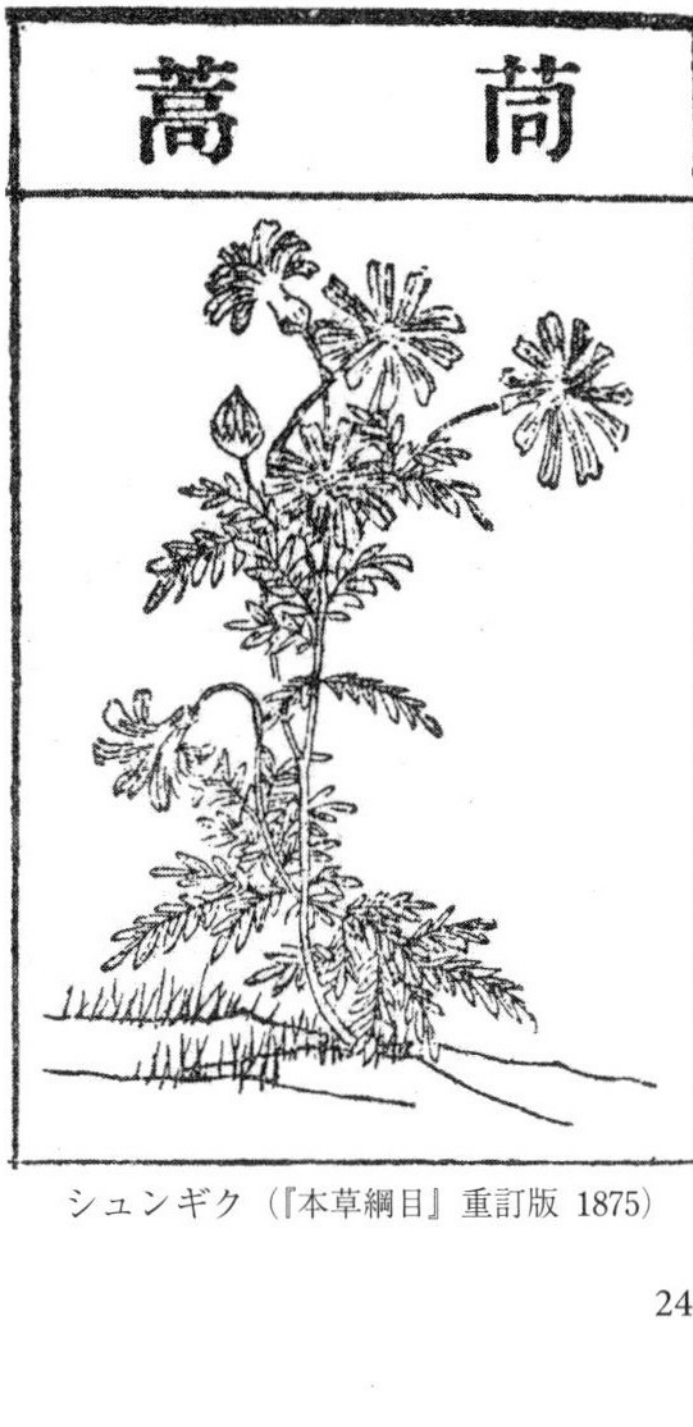

シュンギク（『本草綱目』重訂版 1875）

（2）名称と地方名

茼蒿の名は蒿《よもぎ》に似ているところから出たものといわれる。『和爾雅』や『農業全書』に出ているコウライギクは蒿萊（ヨモギとアカザ）菊の意ともいわれる。しかし『和漢三才図会』では形気が蓬蒿と同様なので蓬蒿ともいうとしながらも高麗菊の字をあてている。なお春菊の名は春開花し菊に似ているところから出た名と説明している。

シュンギクには多くの地方名がある。江戸時代の方言集『物類称呼』には茼蒿、近江彦根にてロウマ、京、大坂にてコウライギク、またキクナ、関東にてシュンギクとある。『重修本草綱目啓蒙』には同蒿、シュンギク、コウライギク（京）、ムジンソウ（出雲）、フダンギク、キクナデシコ、ルスン（呂宋）（伊勢）、フダンソウ（肥後）、ロウマ、ロウマギク（長州、防州）、ツマジロ（加賀）、サツマギク（濃州）、リュウキュウギク（讃州）、オランダギク（阿波）、ノビスマ（伊州）、シュンギク（東国）、シソギク（越前）などあげている。『成形図説』には上記の地方名のほか志古通《しこっ》菊（松前）の名もあがっている。

シュンギク（『成形図説』1804）

これらを見るとシュンギクは南方から渡来したものらしく西日本で多く栽培され、当時はまだ外来野菜として扱われたことが知られる。また無尽《むじん》草や不断菊《ふだんぎく》の名はシュンギクが随時タネをまけば何時でも利用できるところから出た名と思われる。

昭和二四年のシュンギクの地方名の調査結果をみると、西日本では広い範囲でキクナと呼び、鳥取、三重、愛知の各県の一部では近年でもムジンソウ、滋賀、島根、山口、福岡の各県の一部ではロウマ、新潟県の一部ではカラキクと呼んでいる。

（3）近年の栽培状況と品種

シュンギクの栽培が比較的多かったのは阪神地区、北九州、山陽地方で、京浜地区以外の東日本ではあまり栽培されなかった。昭和三三年の農林省の調査では、全国の作付面積が八〇〇ヘクタール弱で、東京、岡山、大阪、福岡、愛知の都府県で栽培が多かった。第二次大戦後洋風や中国風の料理が普及し、香りの高いニラ、セルリーなどは消費が増加した。シュンギクの消費量も肉料理や鍋料理の増加に伴って増加し、昭和三九年からは園芸統計に載るようになった。当時一一〇〇ヘクタールであった全国の作付面積は昭和五五年には約三〇〇〇ヘクタールになり、収穫量は約四万六〇〇〇トンで、この二〇年間で生産は数倍に増加している。これはシュンギクが栄養価の高い緑黄色野菜として周年生産され、単価は比較的安く大衆的な野菜であるためであろう。特にすき焼や鍋料理には欠かせないもので、消費は一二月を中心に冬季に多い。

（注）平成二三年：作付面積二一五〇ヘクタール、収穫量三万三七〇〇トン。主な生産県は千葉、大阪、群馬、茨城である。

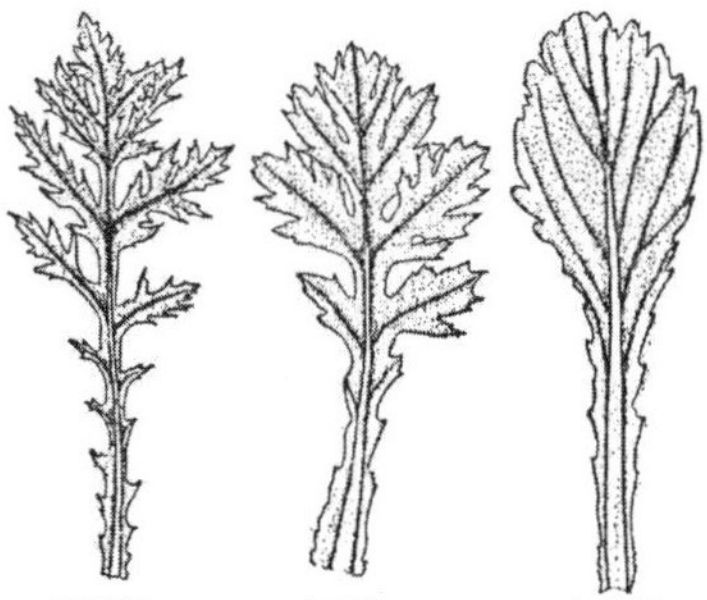

シュンギクの品種
（河野照義氏『蔬菜栽培全編』養賢堂，1953）
大葉種は葉が横に広がり葉肉は厚く，耐寒性と耐暑性はやや劣る。しかし抽苔が遅く収量は多い。小葉種は反対に葉の切込みが深く立性で寒さには強いが収量が少ない。

品種と栽培　シュンギクは栽培起原が比較的新しく品種はあまり分化していない。通常、普通種（在来種、セリバシュンギク）と大形で葉の欠刻の少ない中国大葉種（オタフク種、リュウキュウシュンギク）とに大別され、後者は染色体の数が普通種（性細胞で九）の二倍の四倍体品種といわれている。オタフク種は西日本で多く栽培され、昭和三三年の調査で

シュンギク

は佐賀県では作付面積の約九割、愛媛県では二割はオタフク種であった。

わが国で多く栽培されている普通種にも大葉種、中葉種、小葉種（細葉種）があり、最も多く栽培されているのは中葉種である。なお、シュンギクでは葉の大きさとは別に株の立性のものと枝の出やすい株張り性の品種とがあり、関西では中葉で株張り性の品種が多く栽培されている。

シュンギクは江戸時代から不断菊、無尽草と呼ばれたように、つぎつぎと播種すれば周年食べられる。現在はハウスなどの施設を利用し冬を中心に周年出荷している。シュンギクの収穫では根ごと抜き取る方法と株元から刈り取る方法とがあり、刈り取った場合は残った株からまた伸び出した茎葉を数回収穫することができる。シュンギクは病害や虫害が比較的少なく栽培がやさしい。つぎつぎと収穫できる点からも家庭菜園に適した野菜である。

台湾大葉シュンギクの花

シュンギクのタネは成熟当時から二カ月間ほど休眠する。このため採種した七月頃はまいても発芽しない。そこで休眠から覚める九月頃までは前年産のタネを用いている。

シュンギクは花も美しい。普通品種はヒマワリなどのように周囲の一列だけが舌状花の黄色い一重咲きであるが、変りものが生じやすい。『重修本草綱目啓蒙』に「菊花に似て大きさ一寸余、弁ごとに元黄末白く内に黄心あり。又全く黄色なる者あり。又元白くして末紫なる者あり、爪《つま》紅《くれない》と呼ぶ。一種細葉にして白花を開く者あり、銀高麗《ぎんこうらい》という。一名鹿菊《しかぎく》、朝鮮菊、松前菊」と記されている。シュンギクを栽培しているとこのようないろいろの変異個体が現われ、八重咲きのものも生ずることがある。

フダンソウ

フダンソウ、食用ビート、サトウダイコン（甜菜《てんさい》、シュガービート）と飼料用のビートは皆ベタ・ヴルガリス *Beta vulgaris* L. という種の変種である。そしてベタ・ヴルガリスはヨーロッパからアフリカ北部、アジア西部に広く自生するハマフダンソウから生じたものとされている。バビロフは近東地方をフダンソウの発祥地としているが、南ヨーロッパ原産とする者もある。

フダンソウはアカザ科の二年草で、シシリー島でギリシア人により紀元前一〇〇〇年頃から栽培され、紀元前三〇〇年頃には葉色が濃緑色のもの、淡緑色のもの、赤色のものに分化していた。その後ヨーロッパ一帯に広まり、一六世紀には葉柄の広幅の系統や色の変った系統が成立した。

中国には古い時代に西域から華南に伝わり、七～九世紀の唐の時代にはすでに相当普及していたらしい。陶弘景の『名医別録』（五五六年以前）に藜草は湖南で甜菜と称するとあり、蘇敬の『新修本草』（六六〇年以前）には南人これを蒸食すとある。なお掌禹錫の『嘉祐本草』にも記載されている。

わが国では、『本朝食鑑』に唐苣として莙蓬菜、藜菜の漢名をあげ、近代華より伝来し処々に多くあり故に唐苣《とうぢさ》と称すとして特性などを記述している。同じ頃出版された『農業全書』では「莙蓬《ふだんそう》、上方にてはとうぢさともいう、又の名甜菜」として栽培法を記述し、四季絶ずあるゆえに不断草と名付るなるべしと記している。同様の記述は『和漢三才図会』や『菜譜』にも記され、これらの記述や唐苣、不断草の日本名が生まれていたことからみて、フダンソウは一七世紀かそれ以前にわが国に渡来し、一七世紀末頃は各地で栽培されていたものと思われる。

その後明治初年には葉が大形で黄緑色、葉柄が広く太い洋種系一品種を導入している。

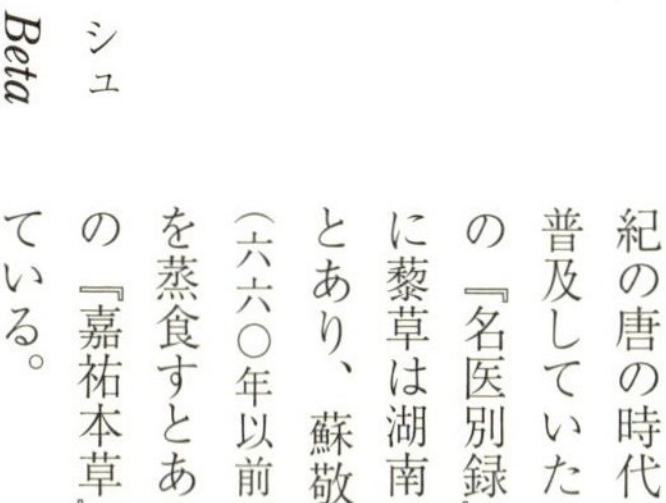
甜菜（『砂糖の文化誌』（2008）より）

フダンソウにはいくつかの品種がある。わが国で以前から栽培していたのは小葉系で、葉はあまり大きくなく葉柄の基部が淡紅色になる。現在も地方ではこの系統か洋種系との中間型の系統が栽培されている。近年野菜のカタログに出ているのは白茎の大葉系で、葉柄の基部が紅色にならない。葉柄が特に肥厚し、葉が縮むものはスイス・チャードと呼ばれ、この葉柄はアスパラガスのように調理される。このほか錦葉種と呼ばれる赤紫あるいは黄色になる品種があり、観賞用、装飾用として栽培され、南米チリで発達したとしてチリフダンソウとも呼ばれる。

フダンソウは元来低温にも比較的強いが耐暑性もかなりある。そこでツケナやホウレンソウなどの育ちにくい夏の葉菜として重宝がられる。関東、関西ではあまり栽培されていないが東北地方では市場にも出荷され、九州でも比較的多く栽培されている。

フダンソウには地方名が多い。フダンナ、イツモナ、ツネナ、ネンジュウナ、不精菜などは不断草と同じ意味の名と思われ、東北、北海道や西日本の各地で使われるナツナは夏菜である。東北、関東、中部地方の一部で使われるカキナは、下葉から順次掻きとって食べることから出た掻き

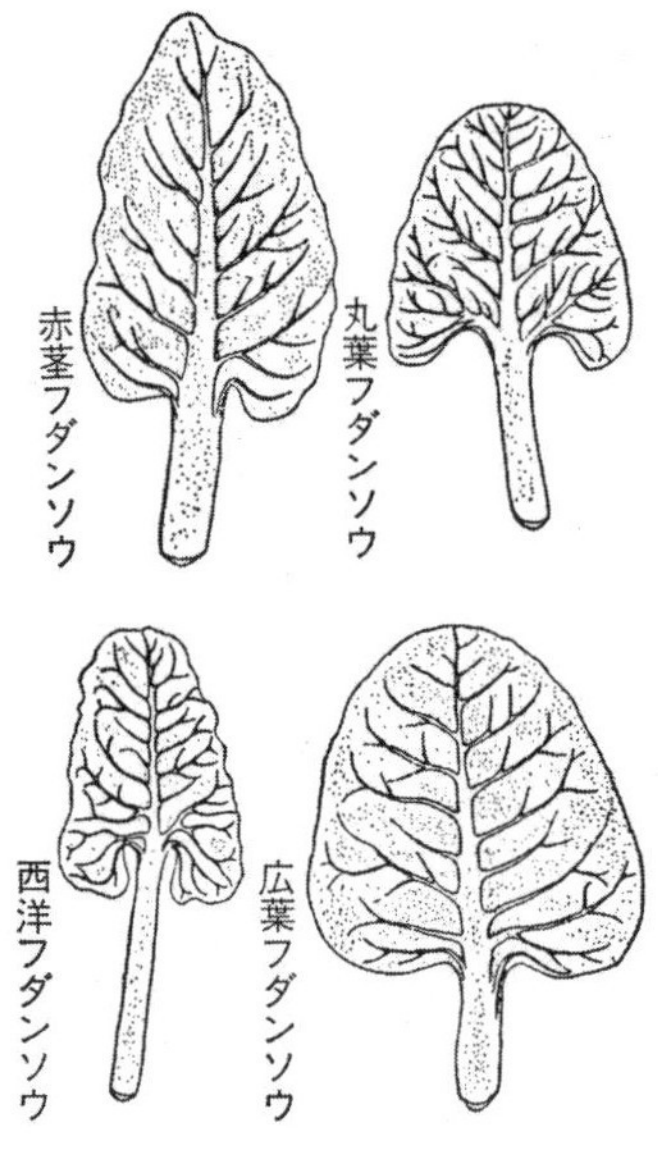

フダンソウの品種
(河野照義氏『蔬菜栽培全編』養賢堂，1953)

フダンソウ（在来種に近いもの）
野菜の花のできる条件はさまざまで，一定の葉数になると花芽ができる種類，日長の影響や温度の影響で花芽のできる種類などがある。フダンソウは植物体がある大きさにならないと低温に遇っても花芽を形成しない。そこで一夏生長した株は越冬後の春の温暖期に抽苔し開花結実するが，秋の末に播いた小苗は，冬を越しても抽苔しない。

菜で、甘味があることからアマナ、ウマイナ、ゴマイラズ、カツブシナなどの地方名もある。チョウセンナ、フランスナは唐苣《とうぢさ》同様外来の野菜であることを示したもので、フレンセ、ヒダンソ（鹿児島県）、フラソウ（和歌山県）など理由不明の地方名もある。

フダンソウは浸し物、煮食などにしてくせがない。栽培はやさしく、外側の生長した葉から順次収穫ができ、家庭菜園に適している。唐苣の名もわが国で古くから栽培していた掻きヂシャと同様に下葉から掻きとって食べられるところから出た名であろう。

オカヒジキ

オカヒジキは日本、中国、シベリア大陸からヨーロッパ南西部に分布し、オカヒジキの学名サルソーラ・コマロヴィー *Salsola komarovi* Iljin のコマロヴィーは旧ソ連の植物分類学者の名である。また属名サルソーラは塩を意味し、本種はシュウ酸ソーダを含みナトリウム含量が多く、以前は焼いて炭酸ソーダを製造した。

わが国では全国各地の海岸砂地に自生し、古くから野菜として利用したらしい。オカヒジキを食用にし始めた年代は明らかでないが、少なくとも江戸時代初期には栽培していた。山形県庄内地方で一六七二年に記された『松竹往来』の物産品の青物の部に、北俣《きたまた》の岡ミルが載っている。北俣は海岸から二〇キロメートルも離れた鉱泉のある山間の集落で、オカヒジキが自生したとは思われない。おそらく庄内海岸に自生していたオカヒジキをとってきてここで栽培し、これが庄内の名産品になったものであろう。

オカヒジキはアカザ科に属する一年草で、緑色の茎に円柱形で多肉質の葉が互生し、その形状は海藻のヒジキに似ている。オカヒジキ、オカミル、ミルナなどの名はここから出たもので、山形県では一般にヒジキと呼んでいる。『本草図譜』(一八二八年序)には「ホウレンソウの一種、海辺砂地によし。春実をまく。苗葉煮て食うべし」とあり、おかみる(江州)、くがひじき(奥州松前)、おくひじき(羽州米沢)、まつみる、エンケモン(蝦夷)と地方名をあげている。このうち江州と米沢は海岸から遠い地方で、たぶん栽培したものであろう。

オカヒジキの株と果実

米沢を中心にした置賜《おきたま》地方は現在もオカヒジキ栽培の中心地である。言伝えによると最上川が重要な交通機関であった江戸時代に、舟着き場であった和郷村宮崎(現在南陽市)で誰かが栽培し始め、同村砂塚の長谷部蔵平氏らがオカヒジキの栽培と普及に努めた結果現在のように広まったという。

オカヒジキの栽培については福羽逸人氏が『蔬菜栽培法』で「味脆柔にして浸物にして食すべし」などと記述したのが最初で、喜田茂一郎氏も「五~六寸に伸びれば摘み蔬菜とす、八月まで採収し得べし」と書いている。

オカヒジキは作物としての栽培歴が新しく、品種はほとんど分化していない。ところで栽培種は従来オカヒジキの一種と考えられていたが、実はハリヒジキとの二種類がオカヒジキとして栽培されていることが織田弥三郎氏らによって指摘された。北村四郎氏らによるとハリヒジキは北海道、アジア大陸北部などに分布し、果実の翼部が発達している。オカヒジキの果実(通常タネと呼ばれている部分)は倒円錐形で、萼《がく》や小苞片と一体となって離れにくく、従来は苞や茎の一部まで付着した果実をタネとして扱っていた。近年ハリヒジキと呼ばれているものは果実の部分が苞片から離れやすく、タネの取扱いや播種はやりやすい。このハリヒジキとされているものの正しい名称や由来はまだ詳かでない。

オカヒジキは海岸砂地に野生する植物ではあるが、かなり水湿を必要とする。夏になると開花するが、これは短日植物のためで、冬にハウス内で栽培すると小さいうちに花ができ、茎は硬くなる。そこで点灯して日長を長くして花の形成を抑えて栽培している。従前は山形県の特産野菜であったが近年は高知県、長野県や東京の近県でも栽培するようになり、「四訂 日本食品標準成分表」に分析結果が示されている。

オカヒジキの若芽は軟らかで独特の歯ざわりがあり、鮮やかな緑色で食卓に彩りをそえる。主な調理法としては辛子和え、酢みそ和えやヒヤシなどが珍味とされ、近年はサラダとしても用いられる。この際ゆで過ぎると鮮やかな緑と歯ざわりが失われる。

オカヒジキの野生状態（山形県庄内海岸）

オカヒジキ（栽培）

オカヒジキとハリヒジキ

ツルムラサキ

（1）起原と伝播、栽培状況

ツルムラサキは熱帯アジアまたはアフリカの原産といわれるツルムラサキ科の植物で、旧大陸の熱帯地方では広く野菜として利用している。ヨーロッパには一七世紀の終り頃伝わり、一九世紀の初めには栽培された記録がある。しかし野菜としては普及していない。

中国では『本草綱目』に落葵として三月に植え嫩苗《とんびょう》は食される。蔬にしても肉を和えてもよい。実の大きさは五味子ほどで、熟すれば紫黒色になり、実をもんだ汁は紫色で物を染めるが、この色はあせやすいなど、ツルムラサキの形態や特性、栽培法などを詳しく述べている。中国ではツルムラサキを古くは多く利用したようであるが、現在はあまり栽培していない。

ところで近年湯浅浩史氏は『斉民要術』で蔬菜類の最初にあげている葵をツルムラサキとした。従前は『斉民要術』の葵はアオイ科のフユアオイかなどといわれ、定説がなかった。『斉民要術』には葵に紫茎と白茎との二種あり、夫々にまた大小の種類があり、その花は赤紫色など、特性や栽培方法の記述がある。それをみると葵をフユアオイとするよりもツルムラサキとする方が妥当と思われる。葵の解説の中に胡葵、落葵の言葉がでているが、落葵は同書の樹木類の染料植物の項で、「落葵の子《み》をよく蒸して生布《あらぬの》でその汁を絞り、その汁で染める」と記され、これは明らかにツルムラサキである。さらに栽培法の記述などから中柴新氏は湯浅氏の説を支持し、『斉民要術』の葵は落葵と同じツルムラサキと主張している。ただし葵は三月に収穫するなど疑問な点もある。

わが国では『本草和名』に落葵 和名加良阿布比とあるのが最初の記述で、当時薬物としてツルムラサキは知られていた。ただし現物が栽培されたかどうかは明らかでない。なお唐葵の名は当時アオイの名をもつ植物が既にあったことを示している。

葵については天平六年（七三四）五月の造仏所作物帳に葵一七〇把とあるなど、『延喜式』には各所に葵の名がみられ、『和名抄』には園菜の一つとして苣、蕗などと共に葵が載っ

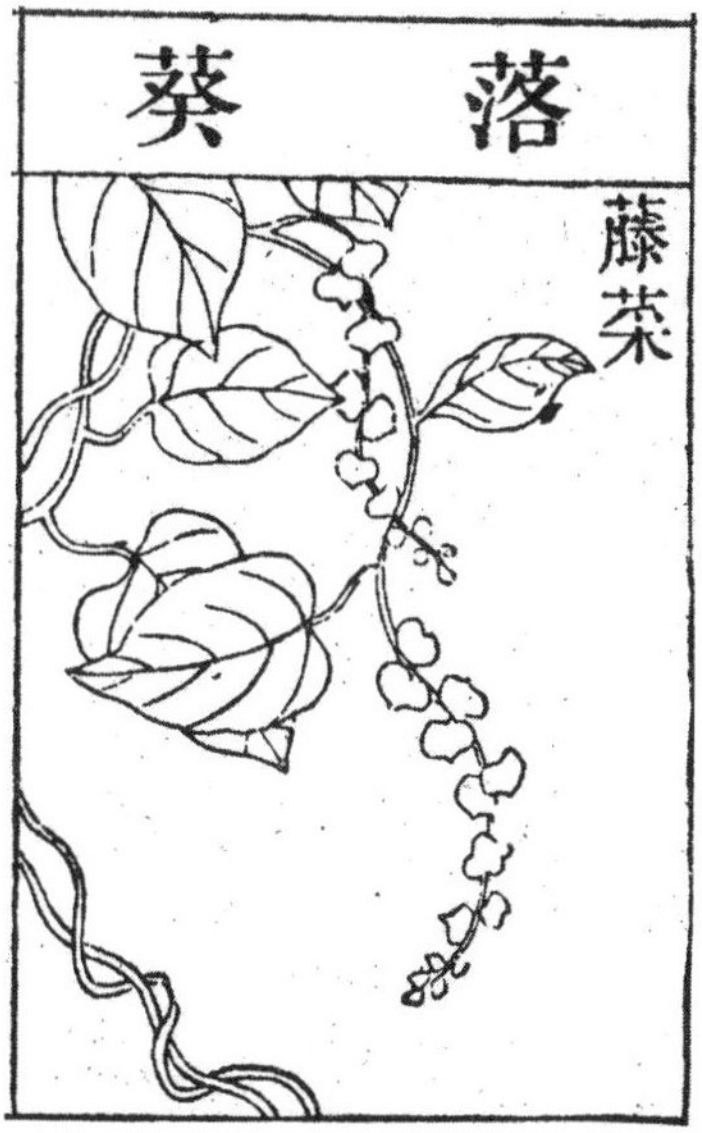

ツルムラサキ（『本草綱目』重訂版 1875）

ている。この葵については従来から前にあげたアオイ科のフユアオイと比定されている。

　フユアオイは中国を中心に北部温帯から亜熱帯にわたって原産し、亜熱帯地域や中国全土で栽培され、葉を野菜とした。『延喜式』の葵の記録を見ると、五月に四把とか一七〇把とあるなどツルムラサキよりもフユアオイとするのが妥当なように思われる。フユアオイはわが国には古く朝鮮半島の帰化人によってもたらされ、江戸時代にも薬用として渡来した。わが国では野菜としてはあまり普及しなかったが、フユアオイの変種のオカノリはまれに栽培され、葉を食用にしている。フユアオイは元来暖地性のものであるが海岸地方に自生するものがあり、青森県八戸市の蕪島では群落を作って自生している（石田實氏による）。江戸時代末期の『本草図譜』では葵、冬葵として「古は五菜の一にして食用す。単に葵というは冬葵《かんあおい》を指すなり、其葉菜となして柔滑なり」と記している。

　わが国でツルムラサキの名が記された最初は『多識編』（一六一二年）で、菜の部に「落葵、布布岐、今案、豆留牟良作岐」とあり、当時わが国では菜として栽培されたとみられる。『重修本草綱目啓蒙』では落葵、ツルムラサキ、一名

フユアオイ

ツルムラサキ（蔓性種と矮性種）

紫草とし、果実の汁で深紫色に染められることを記している。しかし食用にはふれていない。『広益地錦抄』（一七一九年）には落葵《らくき》として葉は菜としてよし、つる菜に似たりとあり、『菜譜』では園菜の一つとして「三月に植うべし、わかき苗も茎もくらうべし、其実紫黒色なり」と野菜の一つとして記述している。『本草図譜』では落葵、つるむらさき、からあおいとして形態などを述べた後「奥州の人多く栽て嫩苗を採り菜となし食す」とある。

このように江戸時代にはツルムラサキは野菜としても栽培された。しかしその後あまり普及せず主要な野菜にはならなかった。『農業全書』などの農書には記述されておらず、むしろ染料植物や薬として用いられたらしい。

明治、大正時代以後も園芸関係の人たちはツルムラサキを野菜として承知はしていた。例えば昭和九年発行の『農業大辞典』ではつるむらさき（落葵）として特性や栽培法をあげ、嫩芽は夏季中採収でき、多肉で和え物に供されると記している。戦後間もない時期に刊行された『蔬菜種類編』で、並河功氏は簡潔な記述をしている。しかし沖縄や鹿児島県の一部などのほかでは経済的な栽培は行なわれなかった。

第二次大戦後、須東妙子氏の食品学的研究、宮崎敏彰氏や中柴新氏の熱心な普及活動によりツルムラサキは家庭菜園を中心に栽培されるようになり、近年は東北地方などに産地もできて青果店の店頭にも出荷され、種苗カタログにも載るようになった。またツルムラサキがビタミンAの含量が多いなど栄養価値の高い食品であることが明らかにされ、「四訂 日本食品標準成分表」にも載せられ、料理方法も工夫され、やがて野菜としての地位を確立しようとしている。

（2）名称、系統と利用法

ツルムラサキの名称については問題が多い。まず学名であるが従来は茎葉と花の色が紅紫色のものをバセラ・ルブラ *Bassela rubra* L.、茎葉が緑色で白花のものをバセラ・アルバ *B. alba* L. とし、二つの種として扱う場合が多かった。しかし、近年の植物分類学関係の報告では赤茎種も青茎種も同一種バセラ・ルブラとしている。なお牧野富太郎博士は江戸時代に渡来した青茎系をバセラ・ルブラの変種アルバとし、明治になって渡来した赤茎系のものをバセラ・ルブラとしている。

ツルムラサキは古い時代中国で盛んに栽培されたらしく中国名は実に多い。中柴新氏によると落葵を代表的な名称とし、藤菜、天葵など約四〇の別名がある。

つぎに本種の和名ツルムラサキは蔓性のムラサキの意である。江戸時代には野菜としてよりもむしろ染料として用いられ、例えば奈良県御所市の葛木一言主神社では江戸時代から大祭に供える御幣を本種の実で染める神事が行なわれ、武州川越では明治初年に本種を染料として栽培したといわれる。このように本種は紫色の染料として用いたので、古くから知られているムラサキとは別の、蔓性のムラサキということでツルムラサキの名が生まれた。なお赤茎系のものをシンツルムラサキ、青茎系で巨大型のものをアオバノツルムラサキと呼ぶ者もある。

沖縄では古くからツルムラサキを栽培し、その間にジュビン、ジビル、スッパナーなど一〇以上の地方名が生まれた。なお中柴氏は野菜用のツルムラサキをバセラと呼ぶことを提唱している。

ツルムラサキの花

赤茎系のツルムラサキ

ツルムラサキは東南アジアなど広い地域で栽培され、かなり多くの系統が成立している。それらは色素の有無、程度で濃紫紅色、淡紫紅色と緑色系があり、伸び方では蔓性と矮性（半蔓性）、茎の太さで細茎系と太茎系とがあり、蔓性品種は左巻きにからみつく。中柴氏はアフリカ、スリランカ、インド、バングラデシュ、シンガポール、沖縄から入手した一〇系統ばかりとわが国の在来種とを試作し、それらを藤菜《ふじな》、ジャンボ菜、千手菜《せんじゅな》、神菜《じんさい》の四系に分けている。近年店頭に出ているものは主に青茎、矮性の太茎系で、中柴氏のいうジャンボ菜に近い。

ツルムラサキは元来多年草とされるが、寒さに弱いのでわが国では春まき一年草として栽培している。熱帯原産の植物で、種子発芽の適温は二五度前後、生長も温暖条件で進み、温床内などで育苗した苗を定植する栽培方法がとられる。低緯度地帯原産の植物のため短日条件で花が形成され、特にジャンボ菜と千手菜はわが国の夏の長日条件では開花が遅れ、採種がむずかしい。ツルムラサキは吸肥性が強いといわれ、連作すると生育が劣る。

ツルムラサキには独特のぬめりがあり、汁の実、和え物、お浸し、いため物やピクルスなどに向いている。栄養価が高く便通を整えるなど保健的な食品といえよう。

わが国には、以前から野菜の一つとして知られながら普及しないでいたスイゼンジナ、ツルナ、ツルムラサキなどがあった。その中でオクラは戦後急速に普及して普通野菜の一つになり、オカヒジキも現在は各地で栽培されるようになった。ツルムラサキも今後特性の調査や栽培法の工夫など、基礎的な調査と消費面での周知対策がとられれば、いっそう普及するものと思う（本稿については中柴新氏から多くの資料や教示をいただいた）。

（注）平成二二年：ツルムラサキは地域特産野菜の統計調査に上げられ、主な生産地は福島、宮城、徳島、千葉となっている。

スイゼンジナ

熱帯アジア原産のキク科の多年草で、東南アジア一帯と南中国、台湾で栽培されている。わが国では九州など暖地で栽培され、沖縄、奄美大島、九州南部では時に自生品がある。

わが国への渡来は平賀源内の『物類品隲』によると、宝暦九年（一七五九）にオランダから入り、スイゼンソウと呼ばれた。小野蘭山は「水前草は一名ハルタマ（紀州）、……此葉を採り熱湯中に入れば柔滑にして水前寺苔の如し、故に水前草と名付く」と記している。このような名前がついたことで熊本市の水前寺地方で湧水を利用して栽培され、水前寺菜と呼ばれるようになった。

スイゼンジナの葉は幾分多肉質で軟らかく、表面は緑色であるが葉の裏は紫紅色をしている。そこで台湾では紅菜と呼んでいる。短日性植物で、日本中部の気候では開花前

スイゼンジナ

に霜がおり開花しない。室内で育てると一月頃開花はするが、普通は挿木で増殖している。寒さに弱いが根株を室内にとりこめば越冬する。

わが国では南九州のほか石川県の金沢市付近でも金時草《きんじそう》と呼び、株を保温下で越冬させて栽培している。

茎葉に独特の香りがあり、煮ると粘質物を生ずる。汁の実、お浸し、和え物、三杯酢などにすると味も香りもよい。

なおスイゼンジナは葉の色が特殊で美しく、珊瑚花の名で観賞用としても栽培されている。

アシタバ

(1) 起原と栽培状況

アシタバは日本の中、南部の海岸近くに野生するセリ科の多年草で、千葉県の房総、神奈川県、静岡県伊豆、愛知県、和歌山県などにも自生する。しかし伊豆七島、とりわけ八丈島のアシタバが有名で、八丈島では古くから食用に供していた。

『大和本草』の菜蔬の部に「鹹草、あしたと云草八丈島の民多くうえて朝夕の粮に充つ。彼島米穀なき故なり。江戸諸州にもあしたをうう」とありアシタまたは明日草《あしたぐさ》と呼んでいる。『重修本草綱目啓蒙』にはハチジョウソウ、アシタバ、トウダイニンジン、イヌサイキ、海峯人参《かいほうにんじん》の名をあげ「本八丈島より来る。今市中に多く伝え栽ゆ」と江戸で栽培されたことを記している。しかし『農業全書』や『菜譜』などの農書ではとりあげていない。『甲子夜話』には

「あした草は今日種をおろせば明日に生ず、蕪大根の如くに作り常食とす、是を食すれば疱瘡を免かる」とあり、またタネをまいて一〇日たっても発芽しなかったなどと記している。

『八丈物産志』にはアシタ草は根葉とも食べ、島の人は平常の食糧にこれを麦などに混ぜて食べるとある。八丈島の流人近藤富蔵の『八丈島実記』（一八五五年頃）第一巻には「アシタは蒔年をマキハナといい二年目を小花《こばな》といい三年目になると引《ひき》ハナと名づく。茎葉根みな食す。民の飢年を救うに益あり、此草島の方言アシタ、又《また》アイダ、多く種をまき根葉ともに飯にまぜ、或は菜蔬として食す」とある。

アシタバの荷姿

なお八丈島では、昔源為朝が「我なくも、行末守れ鹹草《あしたぐさ》、はもする人のあらんかぎりは」の歌を残したと伝えられている。

（２）特性と用途

アシタバは草丈が一メートル前後になり、ハマウドに似ている。しかしアシタバは茎や根を切ると黄色い液汁を

アシタバ

出すので区別できる。タネをまいた翌年頃から食用にされ、三年目ぐらいから開花する。若い光沢のある葉は軟らかく、一月から九月までが旬である。味はニンジンのようで幾分塩気があり鹹草の名がつけられた。半陰地が適するが近年は焼畑などに一〇～一一月に播種する。アシタバのタネは二〇度前後でよく発芽する。

アシタバはお浸し、和え物、鍋物などに用いられ、新芽は刺身のツマやサラダとしても用いられる。なおアシタバはいくぶんアクがあり、ゆでた場合はしばらく水につけておくとよい。近年食品成分表にも載せられた。

近年は島内で食糧にするばかりでなく京浜市場に出荷している。なお家畜の飼料にもなり、乳牛に食べさせると牛乳の出がよくなるといわれている。

ヒユ

ヒユは明治以降、野菜としてはほとんど栽培されていないが、古くは野菜として広く栽培された。ただしヒユの仲間には食用あるいは観賞用として栽培される種類が多く、野菜としてのヒユの比定では明確でない点がある。例えば岩佐俊吉氏は熱帯野菜のヤサイビユを *Amaranthus gangeticus* として記述している。『野菜園芸大事典』やわが国の植物図鑑ではヒユ *A. magostanus*（*A. inamoenus*）を食用として栽培するものとし、明治以降渡来した熱帯アメリカ原産のアオビユ *A. retroflexus* も食用にされるとしている。そこで以下あまり細かい区別はせずヒユ類としてみてゆきたい。

ヤサイビユはインドの原産で、その学名はガンジス河付近のヒユを意味している。野生種はまだ発見されていない。インド全域で古くから栽培され、その後東南アジアや中国に伝わった。わが国に古代に渡来したヒユが本種かどうか明確でない。近年バイアムの名で栽培されているのは本種である。

わが国では『本草和名』の菜の部に「莧実一名馬莧、莧菜、糠莧、赤莧、和名比由」とあり、『和名抄』では野菜に莧、比由がある。『延喜式』には内膳の部に供養雑莧として莧四升、五～八月とあり、栽培されたとも考えられる。

現在わが国にはヒユ、アオビユ、イヌビユなどいくつも

ヒユ
ヒユはハゲイトウの仲間で，食用のヒユには紅色の品種もある。なお中南米の熱帯高地では，ヒモゲイトウの種子が古くは重要な穀物にされ，儀礼食にも用いられたという。

の種が自生し、それらは食用にも供され、『本草和名』の別名は別種かもしれない。ヒユとスベリヒユとは区別はされたが併記していることが多い。例えば『物類称呼』では「莧、ひゆ、東国にてひやう……馬歯莧、相模にていぬひやう、江戸にてすべりひやう」と記している。

ヒユの栽培に関して『農業全書』では「莧種々数多し、二月に種子を下し三月の末うゆべし、其色青きあり……料理には青きを用ゆべし、味もよし」と品種や育苗する栽培法などを述べている。『菜譜』では是亦夏日の佳品なりとし、品種や茎を摘みとるとまた若い茎葉が伸び出すことなどを簡単に記述している。『本朝食鑑』などでも莧菜を野菜として食べることや色の変りものを記している。

このようにヒユは普通の野菜として周知されていたがそれほど重要視はされなかった。

大正以降の蔬菜園芸書ではヒユをあげているものは少ない。河野照義氏の著書と『野菜園芸大事典』で簡単に記述している程度である。

近年中国野菜や南方野菜が注目されるようになり、ヒユもバイアムの名で種苗カタログにのり、栽培記事も紹介されるようになった。バイアムはジャワホウレンソウとも呼ばれ、ビタミンAや鉄分などを含む健康野菜で、お浸し、

和え物、汁の実などにすると風味があり、葉菜の少ない夏の野菜として価値が高い。ただヒユは野草に近い感じがする。

わが国に自生するヒユやイヌビユは古い時代に渡来したいわゆる史前帰化植物の一つである。帰化植物というと戦後日本に渡来したセイタカアワダチソウなどが有名である。前川文夫氏によると現在住宅地の周辺や路傍、耕地に生えている人里植物や耕地雑草の多くは、人間の生活に付随して生存しているもので、本来の野生植物ではない。それらは古い時代に渡来しわが国に土着した帰化植物、いわゆる史前帰化植物である。その中にはムギなどに随伴して渡来した冬生活型のナズナ、ハコベなどと、イネなど東南アジアの作物に随伴して渡来した夏生育型の種類とがあり、前記のイヌビユやスベリヒユ、イヌタデ、エノコログサなどは第二群の史前帰化植物である。

四　軟化菜類

光のあまり当らない条件のもとで生産される野菜で、芽物、もやしと呼ばれるものがある。たいてい黄白色で質が軟らかく、独特の色と風味をもっている。軟化野菜にはウドのように根株を伏せ込んで軟化する株軟化と、アスパラガスのように土寄せして軟化するもの、豆もやしのように種子を暗所で発芽させたもの、カイワレ大根のように密植状態で生長させる芽物などがある。アスパラガスは第二次大戦後、軟化しないいわゆるグリーンの物がたくさん生産されているが、本書では一応軟化菜の群に入れた。ウドやミツバなどは柔軟菜としている人もある。

ウド

（1）起原と栽培状況

ウドは日本、朝鮮と中国東北部に野生するウコギ科の宿根草で朝鮮半島や中国でも救荒作物としてまた山菜や薬用として古くから利用している。しかしウドはわが国で栽培化されたもので、数少ない日本原産野菜の一つである。近年中国では栽培が広まっているが、欧米ではウドの名で伝わったもののあまり栽培されていない。

わが国では『新撰字鏡』に「独活、宇度」とあり、『本草和名』には草として宇止、一名都知多良と記している。『和名抄』にも草の部に記され、ウドは当時野生品を薬用にした程度で、栽培はなかったようである。『延喜式』には典薬の項に大和国独活廿五斤、伊賀国独活廿斤、或は独活《つちたち》一両、摂津、伊勢国など各地からウドが進ぜられた記録がある。『下学集』には独活（どくくわつ　うど）とあり室町時代

ウド（『成形図説』1804）

にはウドと呼ばれた。

　ウドが栽培化された年代は明らかでないが、江戸時代の農書にはウドは必ず出ている。たとえば、『百姓伝記』には「ウドの種二色、三色見えたり、田舎に作るは育ちて茎の青色なるがよし」と品種や栽培法を記し、「芽ウドを早くとるには秋の末早く刈り取るか押倒し、土をかぶせ、ごみあくたをかぶせ置べし、ごみあくたを厚くきせ置けば正月下旬、二月には若木大きに出るなり」と今の促成軟化栽培法を記述している。これをみると当時東海地方ではウドがかなり栽培されていたものとみえる。

　『農業全書』にも「三四月芽立を生ず、貴賤あまねく賞味するものなり」とウドの特性や栽培法を記し、市街地の付近では多く栽培して市販するように勧めている。

　『本朝食鑑』には株を囲って春萌え出た紫色の苗をメウドと呼び、ゆでて用ゆとある。なお江戸時代には漢名の土当帰の字も用いられたが、土中のものを独活《どくくわつ》、地上に出るとウド、尺以上になるとシカと呼ぶとも記されている。

　ウドの盛土軟化の方法は江戸中期から後期に現在の京都市堀之内、大阪府三島郡、愛知県中島郡と東京の吉祥寺と上井草で始まり、京都の場合は弘化・嘉永の頃（一八五〇年頃）までに現在のような品種と方法の基礎が確立した。しかし江戸時代に贅沢禁止令が出たりしてそれほどは広ま

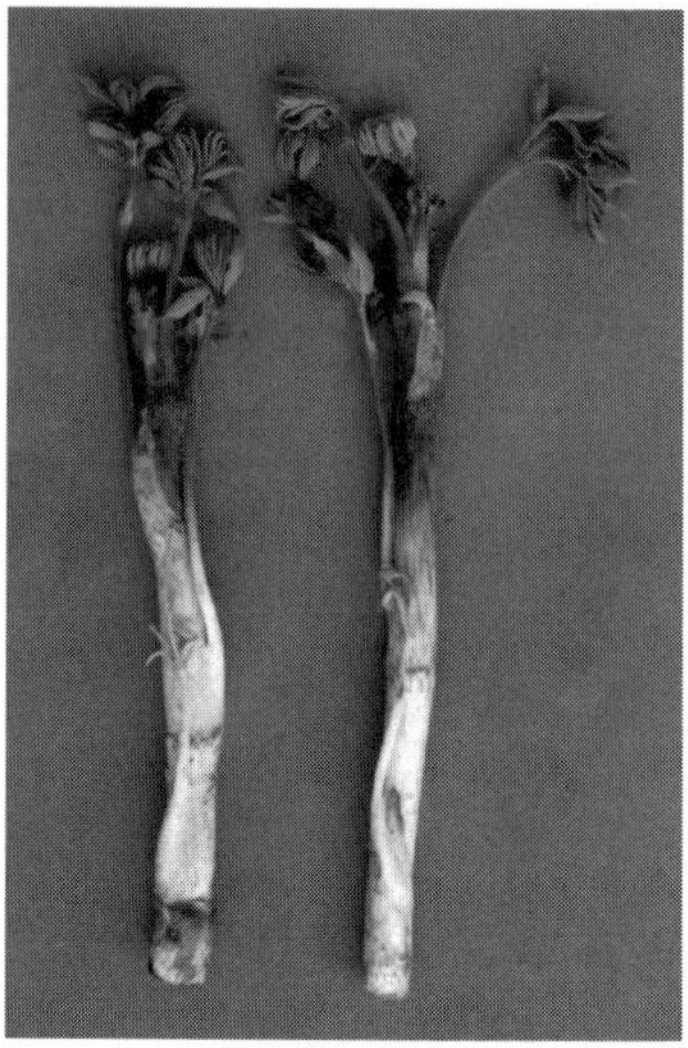
山ウド

らず、小規模のまま明治、大正と伝わり、この間に品種と栽培法の改良が進められた。

例えば早出しに適する寒ウドが明治維新前に山陰地方で用いられ、明治一三年には関東地方でも栽培され、寒ウドを窖《むろ》に入れて一一月中旬から収穫がなされた。軟化の方法も従来の盛土軟化から株を養成してその株を伏込んで加温する方法が始まり、大阪府下では小屋掛けで、東京では深い地層を利用した地下窖を利用する軟化栽培法が成立した。

第二次大戦中は軟化栽培は中断したが、戦後は再び盛んになり、ウドの産地は復活し、品質がよく収量が多い愛知紫が育成され、軟化窖の改善、株冷蔵やジベレリン処理による収穫時期の調節技術の開発などにより周年生産体系が確立し、消費は急速に増加した。

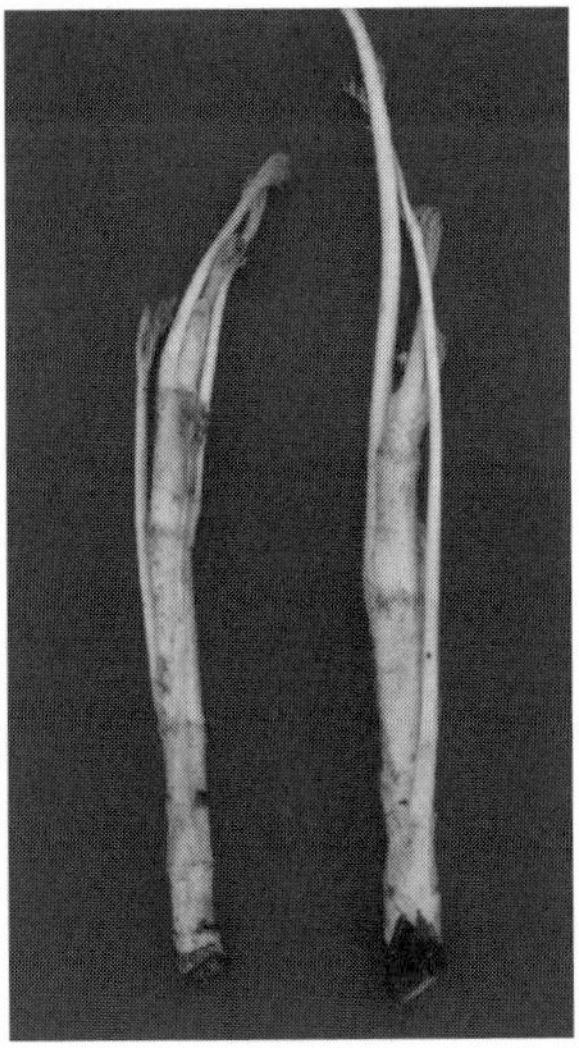
軟白ウド

農林統計の数値は年による変動が大きく疑問もあるが、伏込み軟化の床面積は昭和三三年の一九ヘクタールが昭和五一年は七八ヘクタール、昭和五五年は三九ヘクタール弱になり、昭和五五年の収穫量は伏込ウドが五〇〇〇トン、盛土ウドが三五〇〇トンになっている。東京都中央卸売市場の取扱高は昭和三九年は三三〇〇トン、昭和四五年は四四〇〇トン、同五五年は三一〇〇トン、金額で約一〇億円になっている。

山ウド（左）とヤマブキショウマ（中）ミヤマイラクサ（右）
山ウドは山菜の中の代表格として栽培化が進み，現在は山どりのものは少ない。そして写真のヤマブキショウマなども，やがては栽培化されるかもしれない。

近年はアスパラガスがホワイトからグリーンに変ったように、ウドでも下半部を軟化しただけの緑化ウドが山ウドの名で出荷され好評を得ている。群馬県では昭和四六年からいわゆる山ウド栽培を始め、昭和五五年の作付面積は一七〇ヘクタール、生産高は九〇〇トンに近くなり、さらに増反が予想されている。今後栄養の面からもこのグリーンウドの消費は一層増加するものと思う。現在盛土ウドの生産は群馬県が断然多く、伏込み軟化は東京都が多い。東京が全国一の生産都府県になっているのはウドぐらいであろう。

（注）平成二二年：作付面積は伏込ウドが二八七ヘクタール、露地盛土ウドが一一九ヘクタール、収穫量は伏込が二八八六トン、露地盛土が五九三トン。東京の伏込ウドの収穫量は栃木、群馬、秋田についで第四位となっている。露地盛土ウドの生産は群馬と埼玉で全体の約六割を占める。

⑵ 軟化栽培と休眠

軟化栽培　軟化ウドの周年出荷技術はわが国で独自に開発したもので、長年にわたる工夫と努力の成果である。

第一に軟化の方法であるが、暗黒で温暖な状態にするため栽培地の実情にあった方法が工夫された。まず畑に株を植えその上に土を盛り、伸びて来る新芽を軟白する盛土軟化がある。次に株の伏込み軟化では株養成畑で一年間養成した根株を掘上げ、この株を窖内に伏込んで軟白ウドを生産する。

窖の作り方は地方によって違い、東京では関東地方特有の深い地層を利用して深さ四〜五メートルの地下窖を掘り、その中にウドの根株を伏込む。こうして一年中ほとんど変らない地中の温度を利用して周年軟化ウドを生産している。耕土の浅い大阪では合掌式の大きな草ぶきの小屋を作り、その中央を浅く掘ってウドの根株を並べ、土とワラや乾草などの加温材料を上に積み上げ、その上に板を並べて重石をおき、草の醗酵熱でウドの芽を生長させた。昭和二〇年代まではウド軟化の大きい小屋があったが近年はあまり見られない。愛知県やその他の産地では幅六〇センチ、深さ五〇センチほどの溝に株を伏込み、醸熱材料で加温して軟化している。ウドの株から出た芽は一カ月あまりで六〇センチほどになり、良い株であれば一株から一〇本内外の芽がとれる。こうして軟化ウドができる。

品種　つぎに品種であるが、ウドの品種はわが国で野生ウドから選抜して育成したもので、弘法、坊主、与左衛門、庄兵衛白、紫など日本的な品種名がついている。近年は東京、大阪、愛知などで品種改良が進められ新品種が生まれている。

ウドの品種を大別すると寒ウドと春ウドとに分けられる。多くのウド品種は春ウドで、冬の低温期を経過すると休眠が破れ、春の温暖期になると芽が伸び出す。これに対し寒ウドは休眠が浅いので、加温すると一一月頃から芽が伸び出し、冬の最中に収穫できる。寒ウドには白芽のものと赤芽のものがあり、下川義治氏の著書によると白芽寒ウドは北海道亀田郡七飯《ななえ》村の産で、寒ウドは早出しができる貴重な品種である。

今津正氏らはウドの休眠が低温処理やジベレリン処理で破れることを実験的に明らかにした。現在はこれらの方法が実際栽培にとり入れられ、春ウドでも早出しができるようになった。今津氏らはまた、各地の栽培品種と全国の一九地点から山ウドの株を集めて大阪で栽培し、それらの特性を調査した。その結果大まかにみて東北地方型と関東以南型とに大別でき、北方型は茎が細く茎葉に毛が多く、開花期が早い。種子と株の休眠の程度を調べたところ、南方型のウドは概して休眠が浅い。これらの調査結果から今津氏は、寒ウドが北海道原産とされていることを疑問視している。

総じて南方の亜熱帯、暖帯の植物は休眠をしないか休眠が浅い。高緯度地帯では冬の低温が厳しいので冬は生長を停止していた方が寒さの害をうけない。そこで比較的高緯度地帯の温帯植物は秋から休眠に入り、冬の低温経過で休眠が破れ、春の温暖期に芽が伸び出す種類が多い。

ウドは品種の選択、軟化の方法と休眠性の調節で周年収穫がなされている。寒ウドを用いたり、休眠打破をして加温すれば早出しができる。反対に遅出しの際は、早春の芽出し前の株を掘上げて冷蔵庫に入れ、冬の状態を引き伸ばし、収穫しようとする時期の四〇日ほど前に冷蔵庫から出し、軟化窖に伏込む。この方法でいわゆる夏ウドがとれる。ウドの出盛りは三、四月を中心に一一月から五月までであるが、このような方法で現在は一年中出荷が続けられている。

ウドは特有の香りと歯ざわりをもち、古くから和え物、酢の物、吸物、ツマ物などとして和風料理に欠かせないものになっており、近年は洋風の、サラダにも用いられる。ウドは数少ない日本原産の軟化野菜である。

アスパラガス

（1）起原と伝播、栽培状況

アスパラガスは南ヨーロッパから西アジアにかけての地域、特に小アジアなどの塩分の多い海岸などに自生し、ヨーロッパでは二〇〇〇年前頃から野生品の利用や栽培をしていた。ローマ人は薬用や食用にした記録があり、その後全ヨーロッパに広まり、重要な野菜の一つになった。アスパラガスはユリ科の宿根草で、食用アスパラガスの学名アスパラガス・オフィキナリス *Asparagus officinalis* L. のオフィキナリスは薬用を意味している。アメリカには移住民によって伝わり、カリフォルニア州は現在全アメリカの作付面積の約二分の一をもつ大産地になっている。中国には一九世紀の末頃ヨーロッパから伝わった。

わが国にはオランダ人によって天明年間（一七八〇年頃）より前に長崎に伝わり、わが国に野生するキジカクシに似ているのでオランダキジカクシと呼び、主に観賞用として栽培した。なお現在観賞用として鉢植えなどにされるアスパラガスとテンモンドウは、同じ属の植物である。

その後明治四年には北海道開拓使がアメリカから導入し、札幌官園で栽培し、また明治一六年には青森県でも試作し、松葉ウドと呼んだ。三田育種場でも三品種を導入し、野天門と呼び、石勺柏の字が用いられた。

アスパラガスの本格的な栽培は大正一二年に北海道の岩内町で約四〇ヘクタール栽培したことから始まり、大正一四年には缶詰加工も企業化した。アスパラガス栽培はその後順調に発展し、昭和一五年頃は全国の作付面積が約二〇〇〇ヘクタールになった。これらはほとんど全部缶詰用のホワイト・アスパラガスで、このように加工原料生産

アスパラガス（『舶来穀菜要覧』1886）

を主体とする野菜はほかに例がない。しかし第二次大戦後になり輸出はとだえ、アスパラガスは贅沢品として消費は激減し、終戦頃の作付面積は全国で七〇ヘクタール程度になってしまった。

戦後諸事情は一変してアスパラガスの栽培は復活し、グリーン・アスパラガスの消費が急増して昭和四〇年頃は作付面積が五〇〇〇ヘクタールを超し、昭和五五年には六四〇〇ヘクタール、収穫量は二万六六〇〇トンになった。

このうち約六割は北海道で生産されるが、北海道では今もホワイト・アスパラガスの栽培が多い。そして全国生産高の約二割を生産している長野県ではグリーン・アスパラガスを栽培している。残りの二割は東北地方など全国各地で生産している。戦後はグリーン・アスパラガスの消費が増大したが、それでも全生産高の約五割は加工向けで、缶詰加工したアスパラガスは輸出もしている。しかし輸出量の数倍の約二〇〇〇トンの製品が輸入されている。

（注）平成二二年：作付面積は六四九〇ヘクタール、収穫量は三万一四〇〇トン。生産地は北海道（一八パーセント）、長野（一一パーセント）、佐賀（一〇パーセント）となっている。

（2）栽培の特異点

アスパラガスは宿根性の野菜で雄株と雌株とがあり、加工用の軟白栽培が多いなど、普通の野菜とはかなり違ったところがある。

収穫年限と栽培法　アスパラガスは播種後二年目頃から収穫が始められ、六～七年で最盛期になり、二〇年もすると株が弱るので更新する。そこで、同じ圃場に一年に数回作付けして、狭い所から多くの収入を得ようとする近郊園

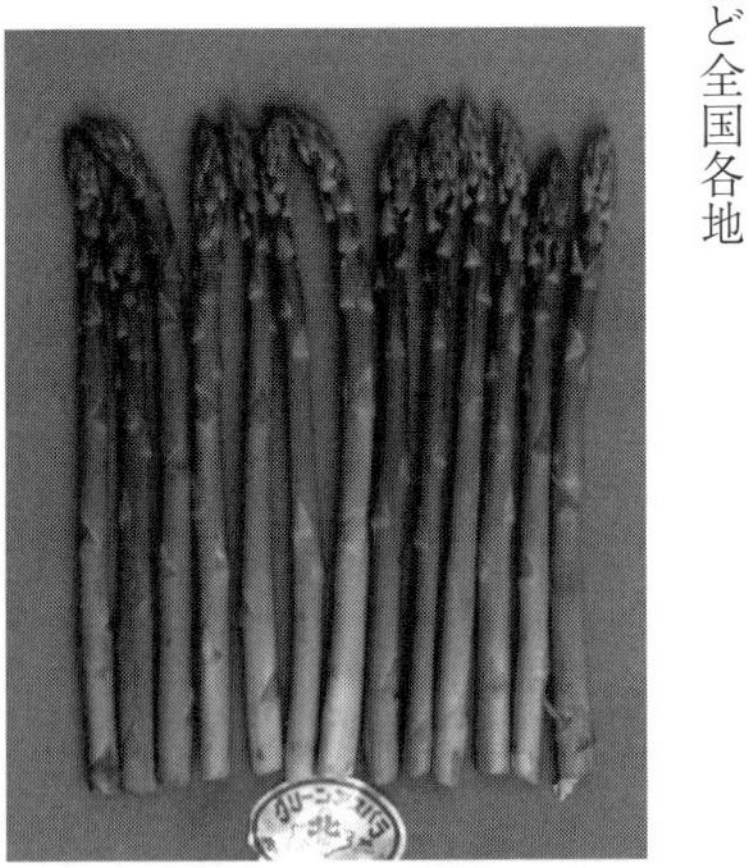

グリーン・アスパラガス

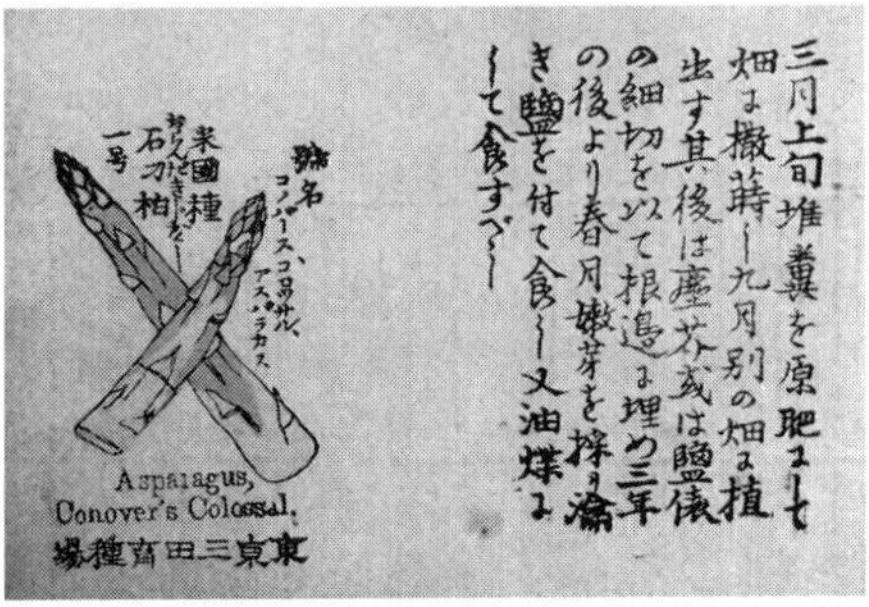

アスパラガス（『穀菜弁覧 初編』1889, 国立国会図書館蔵）

芸地帯には適した作物でない。北海道や長野県に産地が生まれたのは、気象条件や土質が適しているばかりではなく、アスパラガスが永年作物、宿根性の作物であることからきている。

アスパラガスには細めのイモのような多くの貯蔵根があり、その貯蔵栄養で萌え出た若芽が食用になる。そこで収量をあげるためには充実した根株を養成することが必要で、この点からいうとなるべく収穫をひかえめにして株立ちを多くし、葉の貯蔵栄養生成を盛んにすることが大切である。一般には三年目の収穫期間は二週間ぐらい、四年目は四週間、五年目以降は八週間ぐらいとし、その後出た芽は伸ばして葉を茂らせている。

出て来た新芽が光に当り帯紫緑色となる、これがいわゆるグリーン・アスパラガスである。加工用のホワイト・アスパラガスをとる場合は、若芽に光が当らないように高さ二五センチ程度、カマボコ形に盛土し、春から初夏にかけて萌え出た芽が地上に出ないうちに根元から切り取る。盛土の中の芽は光が当らないので黄白色になり、幾分細く、収量はグリーンの場合より幾分少ない。収穫した若芽は品質の変化しないよう数時間のうちに加工場に運んで熱処理する。そこで缶詰用の場合は加工場の近傍で栽培することになり、たいていは加工業者との契約栽培を行なっている。

アスパラガス

グリーン・アスパラガスは土寄せはせず、芽が二〇センチほどに伸びた頃切り取る。この場合も切り取り後時間かたつと品質は低下する。

アスパラガスの根株はよく張っているが、この根株を床に伏込んだり、養成した株の上にビニールで被覆するなどして早出しや遅出しも行なわれる。なおアスパラガスの株には弱い休眠性があり、冬の低温を経過すると休眠から覚める。

雌雄性　アスパラガスには雄株と雌株とがあり、両者はほぼ同数生ずる。栽培の点からは、雄株は芽の太さは雌株より細いが、萌芽数が多いので結局収量は雄株の方が多い。しかし現在のところ花が咲くまでは雌雄株は見分けられない。そこで若苗で見分ける方法や全株を雄株にする方法が検討されている。

アスパラガスの雌雄性は人類に似て雌はホモ（XX）雄がヘテロ（XY）で、X花粉で受精すると雌になり、Y花粉で受精すると雄になる。もし遺伝子構成YYの超雄系統ができるとその花粉で受精した種子からは雄株だけができるわけで、近年この方法を具体化する研究が進められている。

アスパラガスはアスパラギンというアミノ酸など多くのタンパク質やビタミンAなどを含み、栄養価が高く、特にグリーン・アスパラガスが栄養的にはすぐれている。ホワイト・アスパラガスは水煮して瓶詰や缶詰にされたものが各種の洋風料理に用いられる。グリーン・アスパラガスは冷凍加工もされて周年サラダやスープの実などに用いられる。アスパラガスは味がよく、比較的高級な野菜として取引きされている。

タケノコ

(1) タケの仲間

タケノコはタケ類の若い茎の総称で、わが国では普通モウソウチクの若い茎を指している。タケの仲間は四五属二〇〇種ばかりあり、以前はイネ科のタケ亜科に分類されていた。近年はタケ科を独立させている人もいる。タケは東南アジアに多く、オーストラリア、南アフリカから中国、日本に分布する。材として利用価値が高く、建築材料、イカダ、床板材、家庭用具などに用いられ、南方では重要な植物資源になっている。しかしタケを食用として植えているのは中国と日本といえる。

食用にされるタケノコはバンブー・シュートと呼ばれ、タケ類を代表するバンブーサ属 *Bambusa* に属する刺のある刺竹と、デンドロカラムス属 *Dendrocalamus* に属する大麻竹などが南方の主要種で、大麻竹のタケノコは乾燥品として中国などで利用されている。

　わが国で栽培しているのは、フィロスタキス属 *Phyllostachys* に属するモウソウチク、マダケ、ハチクなどで、モウソウチクはタケノコが太く大形で、出る時期が早く、わが国でタケノコとして栽培しているのはこのモウソウチクである。生長した幹は直径一五センチ以上にもなり、肉が厚く、各種の工芸品の材料にもなる。中国の江南地方の原産といわれ、江南竹と呼ばれ、温帯南部の気候が適し、わが国では岩手県以北では生育がむずかしい。しかし熱帯や亜熱帯では生育が不良で、南日本はまず生育の適地といわれている。

　マダケはタケノコに苦味があるため苦竹と呼ばれ、生える時期が遅い。タケノコの皮に斑点があり一見して判別できる。ハチクはタケノコの出る時期がモウソウチクとマダケとの中間で、タケノコの皮は紫色をおびている。ハチク（淡竹）の名の由来は明らかでない。

　わが国ではチシマザサのタケノコも食用にされる。このササは本州中部以北の高山や北海道に野生し、雪のため根元が曲ることが多く、ネマガリダケと呼ばれる。栽培はされないが、このタケノコは味がよく高級な山菜の一つで、産地の名から月山筍《がっさんだけ》などと呼ばれることが多い。なおチシマザサとは別にネマガリダケの和名をもつササがあるのでまぎらわしい。

モウソウチク

タケノコ

ハチクのタケノコ

（2）渡来と栽培状況

モウソウチクのわが国への渡来の経緯についてはいくつかの説がある。『江南竹記』（一八三七年）によると元文元年（一七三八）三月、薩摩の島津吉貴侯が、近年漢土から入手したというモウソウチクを琉球から入れ、鹿児島市の磯の御殿に植えたのが内地での栽培の初めとされている。しかし、京都山城のタケ栽培は文明二年（一四七〇）唐の国から取りよせたタケを長岡京市の海印寺《かいいんじ》に植えたことから始まったとか、明暦、寛文の頃、琉球から薩摩を経て近畿地方に伝えられたともいわれる。

『古今要覧稿』ではモウソウチクの特性を記して、正徳の頃（一七一三年頃）琉球から薩摩に移し植えたのが今は四方にひろまった、と記している。なお同書では孟宗竹《もうそうちく》と紫竹とを混同している記述があり、『大和本草』でも「寒竹、冬筍生ず、孟宗竹とも云、色黒く細し」とし『重修本草綱目啓蒙』でも冬筍の出る、垣にもする小竹を紫竹、寒竹、孟宗竹としている。

このように冬タケノコの出るものをモウソウチクとしたため、名称が混乱したのかもしれない。なおモウソウの名の由来であるが、昔中国に孟宗という孝行者がいた。寒中母親がタケノコを食べたいというので竹林に入り探したところ、孝行の徳によりタケノコを得た。この故事から冬タケノコの生える竹を孟宗竹と呼ぶようになったという。

『武江年表』（一八四九〜五〇年）によると、江戸では安永八年（一七七九）薩摩藩の品川の邸前に琉球産のモウソウチクが植えられて皆から珍重された。また『塵塚談』には明和の頃（一七七〇年頃）は皆から珍しがられたモウソウチクが、文化の頃（一八一〇年頃）には江戸に大きい竹藪が諸所にできたと記されている。なおタケノコは太く、丈が一尺四五寸で二尺廻りのものが八百屋で売買されたとも記されている。

これらの記述をみると、モウソウチクは一七世紀か一八世紀に中国の江南地方から琉球を経て本土に入ったものと思われる。なおハチクは『多識編』（一六一二年）に波知久とあり、一六世紀頃渡来したと思われ、マダケも一七世紀に渡来したといわれる。ただし大分県の丹生遺跡では弥生時代の水田の杭にマダケが使われていたといわれている。

モウソウチクはわが国に渡来後全国にひろまり、明治一四年に缶詰が内国勧業博覧会に出品されて好評を得たことから缶詰加工が盛んになり、中国やアメリカに輸出もした。これに伴って各地に産地が生まれ、大正八、九年に政府の栽培奨励策により作付面積は急増し、昭和初期には作付面積が一万ヘクタール、生産高は八万トン前後に達した。その後昭和一三年から四六年までは野菜として載せられたが、作付面積はこの間漸減した。最近の園芸統計によると、昭和五五年の竹林面積は五万五五〇〇（うち園地は一万四〇〇〇）ヘクタール、収穫量は一七万八八〇〇トンとされている。昭和初年に生産の多かったのは京都、福岡、徳島県などであったが、近年最も多いのは福岡県で、徳島、熊本県がこれについで多い。このうち加工仕向け量は昭和四六年頃は全収穫量（七万五一〇〇トン）の約五〇パーセントであった。昭和五五年の加工数量は一二万トン以上とされている。

このようにモウソウチクは野菜としてあげてはいるが林木に近く、加工仕向け量の非常に多い特殊な野菜である。しかし竹林に有機物を入れて加温し、一二月末に探り掘りする早出し栽培も行なわれ、他の野菜に似た面もある。

なお中国料理などに用いられる乾燥タケノコは、毎年約四〇〇〇トン、金額にして四〇億円ばかり輸入している。

（注）平成二三年：収穫量は三万二二一七トン、主な生産地は福岡、鹿児島だが、消費量の八六パーセントは輸入品が占めており、その大半は中国産である。乾燥タケノコの輸入は三〇〇〇トン弱となっている。

フキ

(1) 起原と栽培状況

フキはキク科の多年草で、日本、中国、サハリンなど東洋に広く分布している。中国でも古くから食用にしたらしいが栽培化はわが国で進み、数少ないわが国原産の野菜である。

フキに関する記録としては天平勝宝二年（七五〇）五月の東大寺正倉院文書に蕗拾圍とあり、『新撰字鏡』（草）に蕗、不々支、『本草和名』（草）には欵冬としていくつかの別名をあげ和名也末布々岐、一名於保波、また菜の部に梠茎菜、一名蕗伏、和名布々岐とある。『和名抄』では園菜として蕗音路、和名布々木とし、崔禹錫の『食経』に蕗は葉が葵に似て円く広く、その茎は煮て食べるとある。『下学集』には欵冬《ふき》《くわんとう》、『節用集』には蕗《ふき》とあり、室町時代にはフキと呼ばれた。『延喜式』では内膳司の耕種園圃で栽培され、一段の栽培には種子二石、総労力三四人を要すと施肥のことなどが記されている。また典薬の部では相模国から欸冬花九斤（五・四キロ）武蔵国から欸冬花十両が納められた記録や内膳司には雑菜として蕗二石五斗が漬物用として献ぜられたことが記されている。

これらの記録をみるとフキは平安時代には園菜として栽培され、漬物として貯蔵もされ、花（フキノトウ）は薬用として利用されるなどかなり普及していたことが知られる。

江戸時代の農書をみるとフキはかなり重視されている。『百姓伝記』では水フキなどフキの品種や秋冬の管理の大切な事を述べている。『農業全書』では栽培法や料理法を述べ「市町近き所は是を売りて利潤多き物なり、纔かのせばき畠にても他の菜のおよぶ事にあらず」と販売作物として勧めている。この他『大和本草』や『菜譜』などにも詳しい記述がある。

フキは関西で消費が多く、愛知県や大阪府に産地が形成された。しかしその他の地方では自給を主にした栽培が昭和期まで続いたらしい。これはフキが山菜として野生品が利用されたためでもある。昭和三三年の作付面積調査では愛知県の二一〇ヘクタール、大阪府の九〇ヘクタール以外は五〇ヘクタール以上の栽培県はなく、全国合計で約九〇〇ヘクタールであった。

第二次大戦後ビニール産業の発展に伴ってフキの施設栽培が増加し、また愛知県で始まった株冷蔵による早出しや遅出し栽培が大阪府など他の産地に広まり、フキの生産は次第に増加した。フキの主産地の愛知県で連作障害や産地の移動があり昭和三〇年代後半に作付面積が一時減少した

ふき（『本草図譜』国立国会図書館蔵）

フキ

が、昭和五〇年代はまた増加に転じ、昭和五五年の全国の作付面積は一二〇〇ヘクタール弱になっている。現在も主産地は愛知県で約二五〇ヘクタール栽培し、収穫量は全国の四分の一を超す一万余トンで、大阪、徳島の府県がこれに続いている。

フキは葉柄を浸し物、煮食などにし、また伽羅蕗のように煮つけるなど各種の和風料理に用いられる。関西では春の野菜として欠かせないもので、関西市場の取扱高は関東に比べ人口の割合には多い。フキの薹《とう》も春を告げる食品で、東京都の市場では年間に六〇トンも扱っている。

（注）平成二二年：フキの作付面積は七一三ヘクタール、収穫量一万四四〇〇トン。主な生産地は愛知（三九パーセント）が群を抜き、続いて群馬、大阪、福岡となっている。

（2）品種

フキの品種はそれほど多くはないが、江戸時代の前期にはすでに水蕗などが成立していたことが『百姓伝記』などの農書に記されている。大正末期の園芸書では尾張早生など七品種があげられ、現在最も栽培の多いのは愛知早生で、このほか大阪の水蕗などがある。

わが国のフキ品種については全国の野生フキ二一二点と栽培品種三点について今津正氏らが調査している。これによると栽培品種は野生種に比べ大形で芽出しが早い。しかし両者を明白に区別できる点はなく形質は連続的で、栽培種は野生種の中から選抜したものとしている。

今津氏らがこれらの染色体数を調査したところ、わが国のフキには染色体数が五八の二倍体種（基本数は二九）と、八七染色体をもつ三倍体種があることが知られ、栽培種の愛知早生と水蕗は三倍体であった。野生種の中にも三倍体種もあり、九州には概して三倍体種が多かった。巨大な秋田蕗と秋田大蕗は予想に反し二倍体種であった。

フキが雌雄異株であることは案外知られていない。野生種では雌雄の比は大体一対一に近いが、愛知早生は栽培地が違ってもすべて雌株で、種子は結ばず株分けで増殖している。秋田大蕗では雄株もあるが栽培株の八五パーセントは雌株で、放任すると種子もできるが実際栽培では株分けで増殖している。

つぎにわが国の主要品種の成立過程などを紹介する。

愛知早生　愛知県では江戸時代からフキを栽培し販売していた。しかし当時のフキは晩生で、愛知早生の発見後フキの産地になった。

愛知早生（知多早生、尾張早生）は今から一八〇年ほど前、知多郡加木屋村（現東海市）の早川平左衛門の畑で見出された品種といわれ、明治二九年には西枇杷島町、清洲町、甚目寺村などの園芸地帯に導入された。これに伴ってフキ栽培は盛んになり、明治四〇年には愛知県の作付面積は六五ヘクタールになった。その後、油紙障子をかける半促成栽培技術が開発され作付面積は一層増加し、昭和一〇年には四二五ヘクタールに急増した。なお愛知早生は従来の品種より大形で、淡緑色の葉柄の基部は淡赤紫色になり、俗に赤蕗と呼ばれる。この形質は東海地方で江戸時代に書かれた『百姓伝記』に水蕗は「大形で苦味少なく生え出る時茎淡紫のごとし」という記載によく似ている。

第二次大戦後産地は移ったが、ビニールハウス利用が増加し、愛知県は全国一のフキ産地を維持している。なお愛知早生は愛知県ばかりでなく、全国各地のフキ栽培地ではほとんど全部本種を栽培し、このように一種類一品種という例はほかになく、愛知早生発見の意義は大きい。

秋田大蕗

秋田大蕗　東北地方や北海道に大形のフキがあることは古くから知られ、江戸時代の多くの書物に珍奇なものとして記されている。秋田大蕗はその中でも巨大なもので、寛延年間（一七四九年頃）雪沢村の長木沢で見出したものと伝えられている。秋田大蕗が全国的に有名になったのは、当時の秋田藩主佐竹義峰侯が江戸で諸侯にフキのことを話したところ一笑に付されたので、早飛脚で長木沢のフキを江戸にとどけさせ諸侯を驚かせたことからで、以来秋田蕗の巨大なことが全国的に知られた。

秋田大蕗が現在の産地、秋田市仁井田で栽培されるようになったのは天保の頃（一八四〇年頃）といわれ、板囲いをすると葉柄がよく伸びることが知られて囲い栽培が始まり、明治一五年砂糖漬加工が工夫されて市販されるようになり、現在は本種を用いた各種の菓子が秋田の名産品として店頭に並んでいる。

秋田大蕗は葉柄の直径が五〜六センチ、長さが一・三〜一・四メートル、長いものは二メートルにもなる。ただし本種は質が硬く苦味があり、野菜としては用いられていない。

風除け栽培と接触形態形成　フキの栽培では秋田、愛知両県共風除けして栽培している。例えば秋田市仁井田では三月下旬ごろ南北は七〜九メートル、東西は五〜六メートルごとに高さ二メートルあまりの葦簀《よしず》囲いを作り、その内部でフキを栽培している。愛知県でも以前は周囲をワラで囲い上に油紙をのせ、今はハウス内で寒冷紗をかけて栽培している。この風除けによりフキは長く生長する。この風除けは勿論保温効果があるがそれだけとは思われず、その理由は解明されていない。

近年植物体を振動させたり接触させたりすると生長が抑制されることが知られ、そのような現象を接触形態形成と呼んでいる。この現象にはエチレンが関与しているといわれるが、フキの風除けによる生長促進も同様な機構によるかも知れない。

ミツバ

ミツバはセリ科の宿根草で、中国大陸、日本と北米大陸に分布し、分類ではカナダ産のものが標準種で、日本産はその亜種とされている。中国では『救荒本草』（一五八六年）や『農政全書』（一六三九年）に野生の野菊葵を食用にすることが記され、現在栽培もされている。

わが国で野菜としての記録は江戸時代以降であるが、『本草和名』の水勤、和名通加通美《つかつみ》はミツバだともいわれる。『百姓伝記』には覆いをして正月下旬から萌出す早出し栽培法を記し、『大和本草』では栽培法ばかりでなく販売することまで述べている。しかし『農業全書』では栽培法と食べ方を簡単に記述し、当時はあまり重要な野菜ではなかったらしい。

ミツバの栽培は江戸で発達したようで、現在の東京都葛飾区水元町では享保年間（一七二〇年頃）に栽培が始まり、天保年間（一八三五年頃）には醸熱物を利用した早出し栽培が行なわれた。その後ミツバ栽培は千葉県に移り現在の松戸市で軟化栽培の技術が改良され、次第に関東一円にひろがった。一方西日本では軟化をしない青ミツバ栽培が明治以前から行なわれた。

軟化ミツバでは普通五、六月に播種して秋までに養成した株を晩秋に床内に伏せ込み、温暖な暗黒状態で葉柄を三〇センチ程に伸ばし、葉が開く頃光を入れて緑色にし、地際から刈り取って切ミツバとして出荷する。収穫した株からは二番芽が伸び出す。この軟化ミツバ栽培は名人芸的な面が多い。なお根付きの軟化ミツバは根ミツバと呼んで

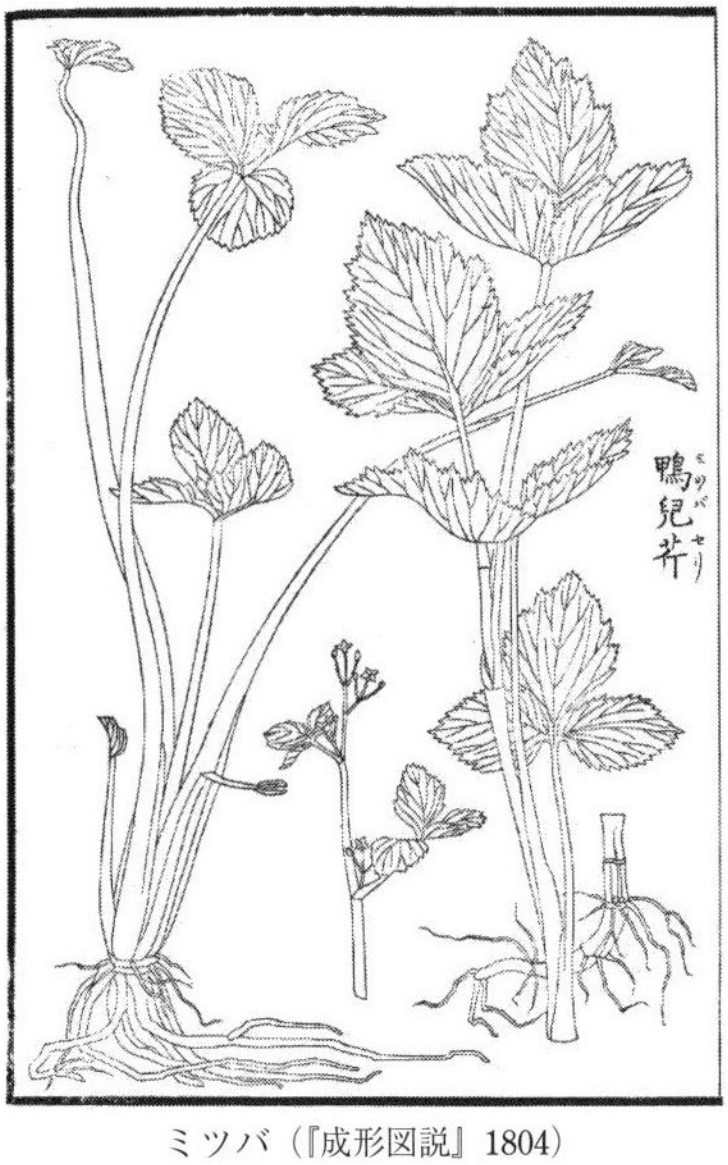

ミツバ（『成形図説』1804）

ミツバ

いる。

青ミツバは大阪府堺市などで砂地に密に播種し、時には葦簀をかけて栽培した。近年はガラス室やハウス内でウレタン片にタネをまき、培養液上にこのウレタンを固定して水耕栽培する産地が増えてきた。ミツバは播種後約六〇日で収穫でき、ハウスは一年間に七、八回も繰返し使用され、周年収穫できる。この栽培法は農業というよりも工業生産に近い。なお切ミツバ用の品種と青ミツバ用の品種は別で、産地ではそれぞれ独自の品種を用いている。ミツバの品種は明確にされていないが、変りものとして赤紫色のもの、三葉の葉がさらに分裂するウシノミツバがある。

全国の収穫量は昭和三三年の調査では青ミツバが四一〇〇トン、軟化ミツバが三一〇〇トンであった。昭和五一年からは園芸統計に載り、昭和五五年は両者を合せて作付面積が一三七〇ヘクタール、収穫量は一万六二〇〇トンで近年生産が増加したことを示している。

東京都中央卸売市場の取扱高をみると、昭和三〇年末頃は根ミツバと切ミツバが共に二〇〇〇トンで青ミツバは数字が出ていない。その後青ミツバの出荷が増え昭和五五年の取扱高は根ミツバと切ミツバは共に一二五〇トンで以前より減少しているが、青ミツバが一一〇〇トンも扱われている。このようにミツバは従来の高級な軟化野菜から大衆的な香辛野菜に変り、消費が増加している。

（注）平成二二年：ミツバの作付面積は一万一一〇〇ヘクタール、収穫量は一万六四〇〇トン。主な生産地は千葉、愛知、茨城で、この三県で全国の約半数を占めている。

セリ

セリはセリ科の宿根草で、日本、中国大陸、東南アジアからオセアニアに及ぶ広い地域の湿地や水辺に野生し、各地で栽培されている。おそらく各地の自生地で野生品の利用から栽培化に進んだものであろう。

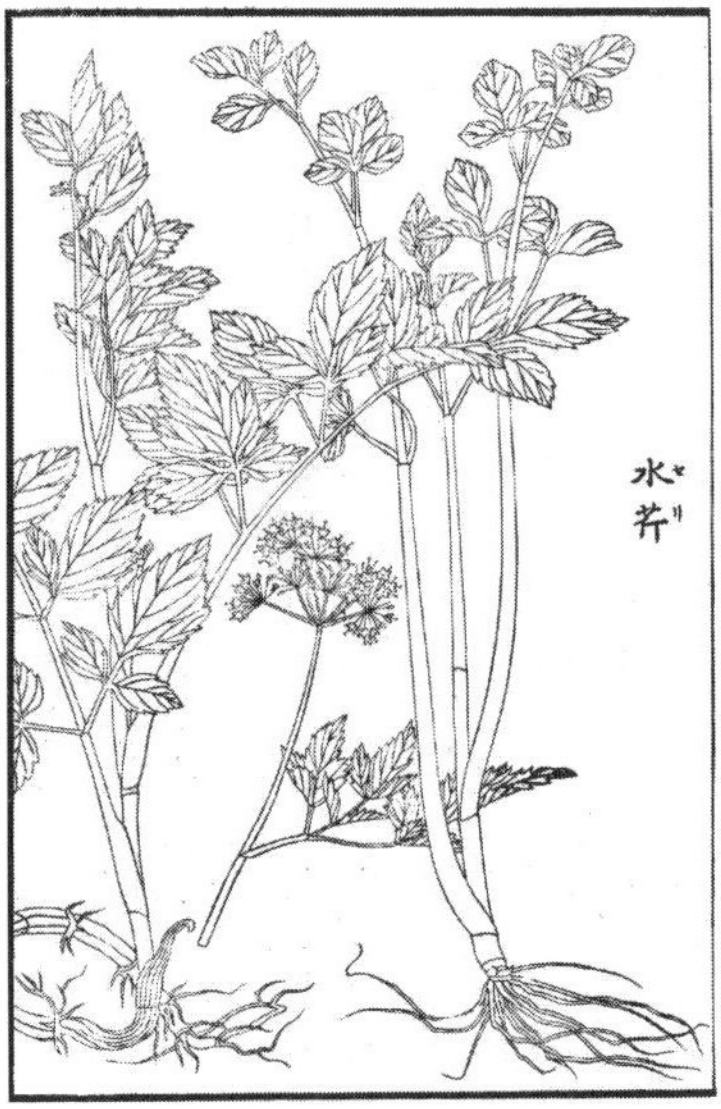

セリ（『成形図説』1804）

中国では紀元前一七～一二世紀に野菜として知られたといわれ、『春秋』（紀元前四八〇年頃）には楚の雲夢の芹の美味なことが記され、『爾雅』にも楚癸の芹とある。古くから栽培もされ、『斉民要術』には栽培法などが記されている。

朝鮮半島でも古くから芹を栽培し、冬は結氷下で収穫し、朝鮮漬キムチには欠かせない材料になっている。

わが国では『日本書紀』の天智天皇一〇年一二月に「みよしのの……あ苦しゑ水葱《なぎ》の下、制利の下、吾は苦しゑ」とあり、万葉集二〇巻には「あかねさす昼はたたひてぬばたまの夜のいとまに摘める芹子《せり》これ」という葛城王の歌

セリ

と「丈夫《ますらを》と思へるものを大刀佩きて、かにはの田居《たゐ》に世理そ摘みける」という薩妙観の歌がある。また正倉院文書には天平六年（七三四）芹三千三百九十六束とあり、『続日本後紀』巻七には京都で卑湿の地では水葱、芹などを作ることが記されている。『本草和名』と『和名抄』では芹の和名をセリとし、『延喜式』では一段に苗五石、労力三四人を要すとし、二月に苗の植付け六人などと内訳を記している。『延喜式』にはまた供奉雑菜として芹四把などとあり、当時セリは主要な水菜として栽培されていたことが知られる。

セリは南北朝時代の国文学者で歌人の四辻善哉《よつつじよしなり》左大臣のよんだ春の七種《くさ》（草）の歌の筆頭にあげられた。七種《ななくさ》の粥とはもともとは七種類の穀物、米、粟、稗《ひえ》、黍《きび》などの粥を正月一五日に食べる行事で、『延喜式』にも記されているが、少なくも江戸時代にはセリなどの七種《くさ》の粥を正月七日に作り、これを食べて邪気を払った。

このようにセリは古くから利用され栽培もされた。しかし水湿地でなければ生育が悪い特性からか、重要な野菜にはならなかった。同様の事情は昭和年代まで続き、昭和三三年の全国の作付面積は一六一ヘクタール、昭和五五年はやや増加して二二一ヘクタール、収穫量は三九〇〇トンである。東京都中央卸売市場の昭和五五年の扱い高は一三〇〇トン弱で以前より増加している。

セリはいわゆるセリ田に八月頃匍匐枝《ほふくし》を切って植付け、水深を調節して伸長を促す。冷涼地帯では湧水などの温水を利用すると野菜の少ない冬に収穫できる。そこで秋田、宮城、茨城、千葉、島根県などの水に恵まれた地域で栽培され、以前は東京の西新井なども有名な産地であった。それらの産地ではその地特有の系統が栽培され、京都、松江、東京などのセリは直立型で生育がよい。

セリは独特の香りがあり緑色で、冬の汁の実、鍋料理などの青味に用いられ、京都ではすき焼の具として欠かせないものになっている。しかし古くから重要な野菜とされながら生産は伸びなやんでいる。これはセリ田を必要とするからでもあろう。『農業全書』には「湿ある圃《はたけ》に作りてさかえ肥えたるは殊に甜し」とあり。現在山口県下では畑ゼリ栽培が行なわれている。今後畑での灌水栽培や施設内の水耕栽培なども検討する必要があろう。

（注）平成二二年：作付面積は九六ヘクタール、収穫量は一五六八トン。主な生産地は茨城と宮城で、この二県で全国の六五パーセントを占める。また、水耕セリの周年栽培に取り組む農家もあらわれている。

五　ネギ類

ネギの仲間、いわゆるネギ属は、五〇〇種以上を含む大きな属で、ネギ属植物はなぜか北半球に分布している。この中にはタマネギ、ニンニク、ネギのように数千年前から栽培された非常に古い作物が含まれている。ＦＡＯ（国際連合食糧農業機関）の調査によると、現在（一九八二年）全世界でのネギ類の栽培総面積は約一七〇万ヘクタール、生産高は約二〇〇〇万トンと推定され、わが国はタマネギの生産では第四位、葉ネギ類では第一位の生産国になっている。

ネギの仲間にはタマネギ、ニンニクのように葉鞘部分が球の状態に肥大したものを利用する種類と、ニラのように緑の葉を利用するもの、緑の部分も白い葉鞘も食用にするネギ、ワケギなどがある。これらはいずれも各種の硫化アリルを含み、独特の臭気と辛味があり、この点から香辛料や薬用としても用いられる。そしてネギ類は硫黄を含むため、野菜としては珍しい弱い酸性食品である。

ネギ類にはまず毒草がないので、野生のネギ類はたいてい食べられ、ギョウジャニンニク（アイヌネギ）やノビルは山菜としてよく知られている。なおリーキ（西洋ネギ）は近年店頭にも出ているが、日本ではあまり普及していないので本書ではのせなかった。

ネギ類にはニンニクやノビルなどのように花軸の上に花はほとんど着かず、その代りに胎芽が着き、この胎芽で増殖する種類が多い。また染色体の三倍体や四倍体など倍数体のみられるものが多く、種なのか変種なのか、研究者によって意見が分かれている種類もある。これらのことからネギ属は進化の過程にある植物群であるとか、老境に入った植物群などといわれている。

ネギ（葱）

（1）起原と伝播、栽培状況

ネギは中国西部あるいはシベリアの原産とされ、ネギより草丈が低く小さい球を作るアリウム・アルタイクム *Allium altaicum* が原種といわれている。中国では『礼記』など、古い書籍に記され、今から二二〇〇年前にはすでに栽培されていたことは確かである。『斉民要術』（五三〇年頃）にはネギの仲間と冬葱と春葱とがあげられ、当時ネギには二群がある程度分化していたものと思われる。中国ではその後華北から旧満州で栽培された太葱群と、華中、華南に多い葉葱群とに分化したが、太葱群はいわば夏葱、葉葱は冬葱ともいえる。

ヨーロッパには一六世紀末、アメリカには一九世紀に伝わったが欧米ではあまり普及せず、ネギは東洋、特に日本で多く栽培されている。

わが国では『日本書紀』（七二〇年）の仁賢天皇の六年九月（四九三年）の記述に、秋葱《あきぎ》の言葉が出ており、『本草和名』（九一八年）では和名岐《き》、『和名抄』（九三一年）では葱、和名紀《き》、冬葱を布由木《ふゆぎ》とあり、ネギは古くから栽培されていたことが知られる。また『延喜式』（九二七年）にはネギをつくるには種子四升、苗一二〇〇把、八七人を必要とし、八月にまき二月に植えることなど栽培法を記述している。

ネギは古くから重要な野菜として普及したこともあって、ネギの古称キから種々の言葉が生まれた。ネギの仲間としては根葱《ねぎ》、刈葱《かりぎ》、分葱《わけぎ》、アサツキがある。根葱の根とは葉鞘の白い部分を指したもので、白ければ白根《しろね》、白根の長いのが根深葱、白根の著しいキが根葱である。現在俗に浅黄色、萌黄色というが、これは元来は浅葱色、萌葱色であった。擬宝とはネギの花、ネギ坊主でここから擬宝珠の言葉が生まれた。またネギの古代の名称がキであったことからネギをヒトモジ（一文字）とも呼んだ。江戸中期の方言辞典である『物類称呼』（一七七五年）によると、関西ではネブカ、関東ではネギと呼ぶとある。

ネギの学名はアリウム・フィスツロスム *Allium fistulosum* という。これは有名な植物分類学者リンネが一八世紀に、株分れをし、葉は明るい緑色で外皮が紅褐色のネギ品種に対してつけた学名で、わが国の葉葱や東北地方の地葱がこれに似ている。その後葉が剛直で膨らみ、葉身が青味をもつ緑色で外皮が白色のネギ品種にアリウム・ブッダエ *A. boudhae* の学名がつけられた。日本の多くの品種、特に一本葱はこれに近い。しかし先の二群は別の種とするほどの違いではないので、現在は両者を含めてアリウム・フィスツロスムとしている。

ネギは中国で二〜三の品種群に分化した後、日本に渡来した。江戸時代の農書『農業全書』（一六九七年）では、ネギ類の最先にネギをあげ、冬のを大葱、春夏のを小葱といい、春夏のネギは株分れすることを記述し、刈葱と分葱にもふれている。また白根の長い根深葱が質がよく、このネギを栽培する場合はあらかじめ深く植えてその後土寄《つちよせ》をすることなど、栽培法を詳しく述べている。また『成形図説』（一八〇四年）では来歴や名称などについて記述し、また美濃や関東の名産地をあげ、薬効などを記している。『和漢三才図会』にも下野州梅沢、下野州鹿沼、濃州宮代などの産地をあげ、蜀山人の『一話一言』では下野栃木村のしころ根葱や、岩槻根葱が佳品と述べている。この記述からみても、ネギは江戸時代には重要な野菜として全国的に栽培されていたことが知られる。

明治時代からは栽培状況が農林統計の数字で示されるが、明治四二年のネギの作付面積は約九〇〇〇町歩で、その後人口の増加と消費増加にともなって昭和初期にはその

ネギ（『本草綱目』重訂版 1875）

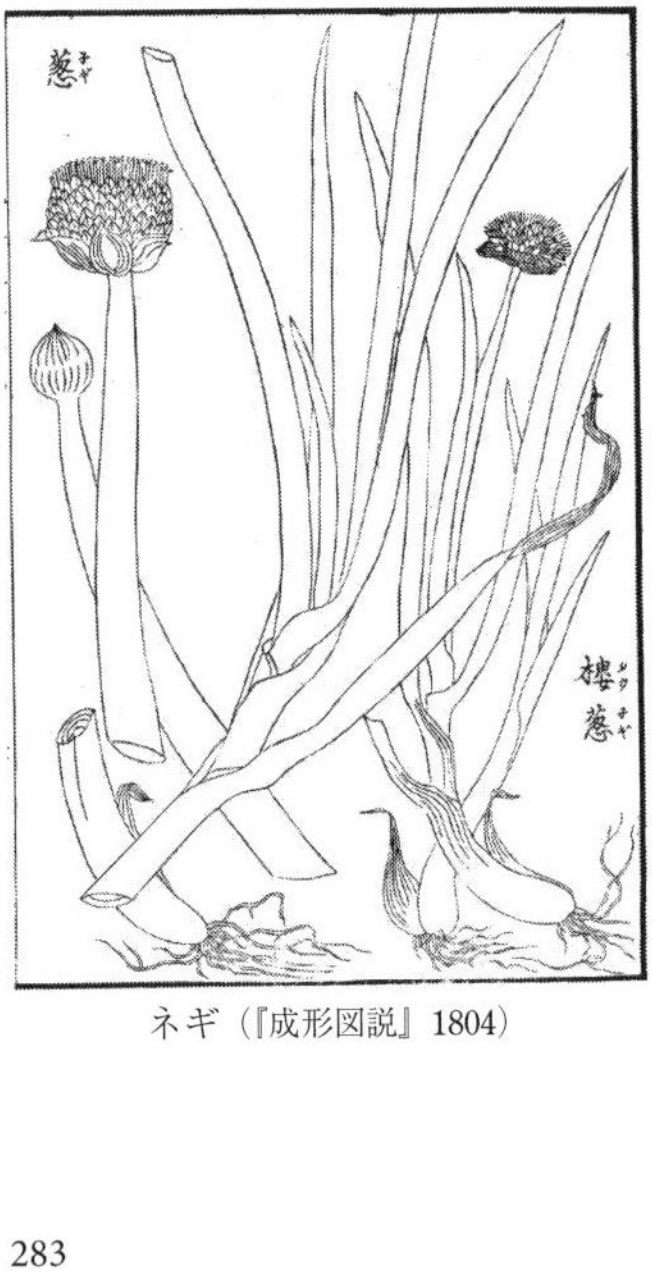

ネギ（『成形図説』1804）

約二倍になり、第二次大戦後はさらに増加し、昭和五〇年代の作付面積は約二万四〇〇〇ヘクタールとなり、収穫量は五五万トンを前後している。戦後食生活の洋風化や核家族の増加にともない、古くから日本人になじみの深いダイコン、カブ、ゴボウ、サトイモ、ナスなどはむしろ一時期より生産高が相当減少している。しかし、古い野菜の一つであるネギは時代による消長、変化の波は少なく、作付面積、収穫量、出荷高とも野菜の中で十指に入る地位を維持し、重要な野菜になっている。これはネギが野菜の中では数少ない酸性食品ではあるが、冬季の保健野菜として、肉料理に欠かせない野菜として、和風料理にも洋風料理にも広く使われ、食生活上なくてはならない野菜になっているからであろう。

（注）平成二三年：作付面積は二万三一三〇ヘクタール、収穫量は四八万五一〇〇トン。沖縄を除く全県で栽培されている。

（2）品種と変りもの

大葱（根深葱）と葉葱　ネギは変異性がそれほど強くないので古い野菜のわりには品種数が多くはない。それでもかなりたくさんの品種や変りものがある。

ネギは中国から日本に渡来した際すでに太葱（根深葱）と葉葱とに分化していたとみられている。葉葱は導入後耕土の比較的浅い関西を中心に西日本で多く栽培され、その他の地域では耕土の深い場所では根深葱が多く作られ、東日本では株分れしない一本葱が栽培されている。名古屋付近では両群の中間型の株分れはするが白根の長い越津葱が親しまれている。

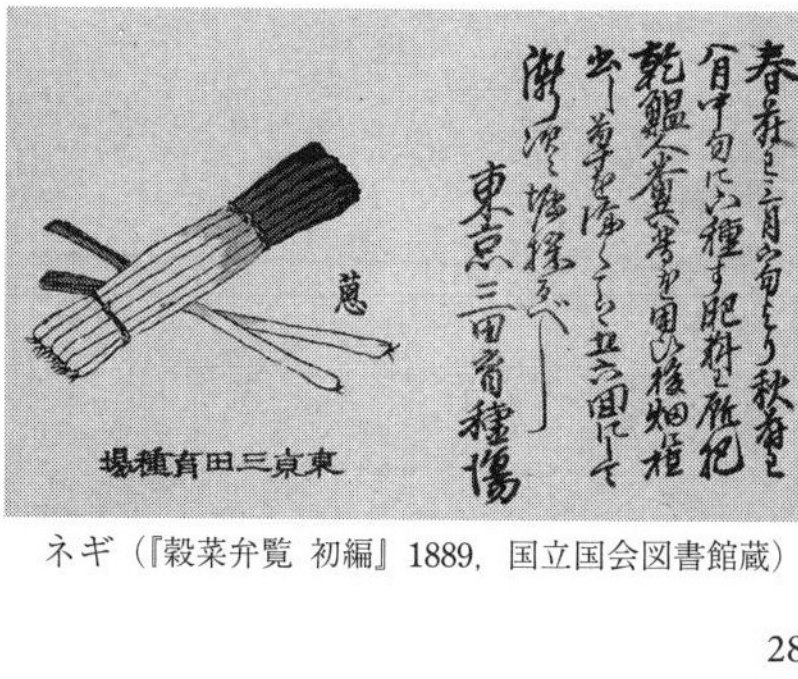

ネギ（『穀菜弁覧 初編』1889，国立国会図書館蔵）

刈葱と分葱　西日本では葉の緑の部分を主に利用する食習慣があるので、ここから刈葱《かりぎ》と分葱《わけぎ》が生まれたものと思う。ただし近年は関東地方でも葉葱を利用することが多くなり。九州産の葉葱が東京の小売店にかなり出廻っている。

刈葱は古くからネギの一種、一品種としてあげられ漢葱の名も用いられている。例えば『大和本草』（一七〇九年）には夏刈りて食するのが刈葱で、これは冬は枯れ、根と葉を冬利用するのが分葱で、これは夏は枯れ、味は分葱が勝ると記している。

刈葱は現在鳥取県の特産品で、他の地方ではこの名はみられない。刈葱は一般にはカレギと呼び、またカリギ、カリネギ、ナツネギとも呼んでいる。現在は昔と違い特別な品種ではなく、関西に多い九条葱の種子を春から秋まで随時まき、播種後一～二カ月の本葉が三葉前後のとき地際から刈り取ったものを刈葱として出荷している。カリギはその後も二〇～三〇日ごとに二～三回刈り取ることができる。刈葱は質が軟らかで、新鮮な緑の葉は刺し身のツマや薬味、吸物の実などとして関西では広く賞味されている。

分葱はネギの品種または変種として扱われてきたが、実は本来のネギではなく、分球性のタマネギと株分れするネギとの間の雑種であるので、本書では別の種類とした。

（3）代表的な品種

九条葱　葉葱の代表格は九条葱で、京都府下紀伊郡東九条村（現下京区東九条）の産といわれている。この付近は現在は市街化して畑はほとんどないが、昭和一五年頃はまだ三六〇ヘクタールほど栽培されていた。現在は関西を中心に九州まで西日本一帯の地域で栽培されている。

口碑の伝えるところによれば、九条葱は和銅四年（七一一）に稲荷神社と共に浪速（大阪）から京都に入ったもので、貞観八年（八六六）の記録に、「水湿《しつ》の地に水葱を植える」とある。しかしこれがネギか水葱《なぎ》かも定かでないし、九条葱の名は江戸時代の農書にはみられない。おそらく明治、大正の頃、産地の地名から九条葱の品種名が生まれたものであろう。なお九条葱には、浅黄ダネと呼んでいる葉の淡緑色の系統と、黒ダネまたは太葱と呼んでいる系統とがある。

九条葱

九条太葱

千住葱　関東地方は昔から根深葱の産地で、例えば鹿児島県で江戸時代に書かれた『成形図説』にも、東武蔵によいネギができ、なかでも埼玉の岩付（岩槻）の産を好品とし、下野（栃木県）佐野、足利、日光および上野（群馬県）のあたりでも良品が出ると記されている。現在も深谷付近など関東地方にはネギの産地が多い。

ところで根深葱の代表格は千住葱であろう。この千住葱は東京都下旧南葛飾郡砂村を中心にして栽培されたネギであるが、千住市場に出荷して好評を得たため千住葱の名で広まったものといわれている。

千住葱の中にもいくつかの系統が分化し、冬でもよく伸び葉が淡緑色で多少株分れするものを千住赤柄《あかがら》、葉の色が濃緑色で、秋から冬の生長はやや劣るが夏から出荷できる一本葱を千住黒柄《くろがら》と呼び、両者の中間的なものが千住合柄《あいがら》（間柄《あいがら》）である。現在わが国で栽培されている根深葱の多くは、千住系の血をひいている品種である。

深谷葱

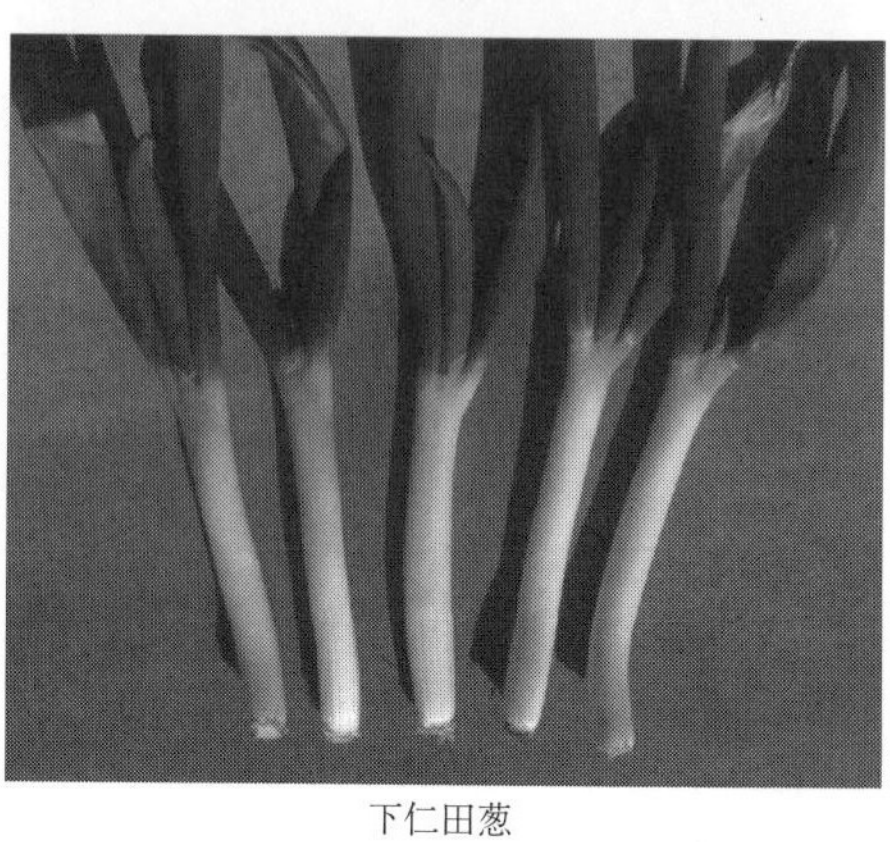
下仁田葱

（4）変りもの

下仁田葱　群馬県甘楽《かんら》郡下仁田《しもにた》地方特産の一本ネギで株分れは少ない。白根の長さは二〇センチあまりであるが、直径が六～九センチになり、太くてずんぐりした特異な形と、肉質が軟らかく風味のよいことで知られている。本種の来歴は明らかでないが、長野県に近い下仁田の天川地区で二〇〇年以上昔、佐藤某という老人によって育成されたといわれ、徳川幕府に献上した記録があり、殿様葱とも呼ばれた。明治四年東京で開かれた万国博覧会に出品して一般に知られるようになり、産地の名から下仁田葱と呼ばれるようになった。

この地方では正月のお飾りに根付きのネギを用いる風習があり、歳暮の贈答品に用いられ、近年は東京のスーパーやデパートなどにも出荷されている。

赤葱　茨城県の那珂川《なかがわ》沿岸の一地域で栽培される赤紫色のネギで、味がよく軟らかいことからこの地の名物になっている。

那珂郡勝田村三反田（現ひたちなか市）では古くから赤葱があったが、これは株分れし、白根は短く味は劣ったという。タマネギでも紫紅色の品種には辛味が少なく、生食に適する品種があるが、このネギも似ている点がある。

坊主知らず葱　ネギは普通春先になると花茎が出てその上に沢山の花が着く。これがいわゆるネギ坊主であるが、

赤葱

ネギの花，いわゆるネギ坊主

坊主知らず葱

この坊主がほとんど出ない不抽苔といってよいような品種がある。それが坊主知らずである。

ネギは坊主が出ると花茎は硬くなるので商品にならない。そこで普通の品種では坊主の出る五～六月は出荷できず、ネギの端境期になる。そこで関東市場では、この坊主知らずが五～六月の市場を独占している。

本種の来歴は詳らかでないが、昔からあった三州、弘法葱などと呼ばれた不抽苔の小形のネギを改良して、千住葱に近いものにしたのが坊主知らずだといわれている。現在千葉県の松戸市付近に多い。種子ができないので株分けで増殖しているが、何とか不抽苔性を維持しながら種子で増殖する方法はないものか検討されている。

ヤグラネギ　花茎の上の、通常花の着く場所に小さな苗の着く変りもので、花はめったに着かず、この形からヤグラネギと呼ばれ、ネギの変種とされている。冬は休眠に入り、地上部はほとんど枯れるが、夏は生長を続けるので家庭用の夏ネギとして全国各地で栽培され、花茎上の苗で増殖している。

ヤグラネギと普通のネギとの雑種を作ると、雑種一代目は普通ネギのように花を着け苗は着かない。その花に稔った種子をまくと、次の代では普通ネギとヤグラ性ネギとに分離する。

このネギは形が変わっているので多くの人たちが注目したらしく、江戸時代の農書や本草書の『本草図譜』（一八二八年序）、『草木図説』（一八五六年）、『重修本草綱目啓蒙』（一八四四年）に朝鮮葱、オランダ葱などとして記載されている。そればかりでなく、エレキの研究や作家として有名な平賀源内の『物類品隲』（一七六三年）にも楼葱、龍爪葱として記されている。また有名な文人大田南畝（蜀山人、一七四九～一八二三年）の随筆集『一話一言』には「楼葱、

ヤグラネギ

一名龍爪葱、和名マンネンネギ又サンガイネギとも云。救荒本草日。楼子葱、苗葉根茎倶似レ葱、其葉鞆頭又生二小葱四五枝一。畳生三四層、故名二楼子葱一。不レ結レ子、但掐二下小葱一栽レ之便活と。此物葉の末に根を生じ又葉を出すこと覇王樹の枝を出すが如し、甚異品なり、東都希にあり。予去年玉川のほとり橘樹村百草村の一農家にて此楼葱を見たり。土人に名を問えばカルワザ葱というと答えし」とある。

　中国でも前述の楼子葱のほか台葱、五反(段)葱、龍角葱、龍爪葱、羊角葱、曲葱、蟠葱などの別名があり、日本でも別名。地方名が多い。例えば昭和二六年農林調査部の地方名調査では、三八種の地方名があげられている。

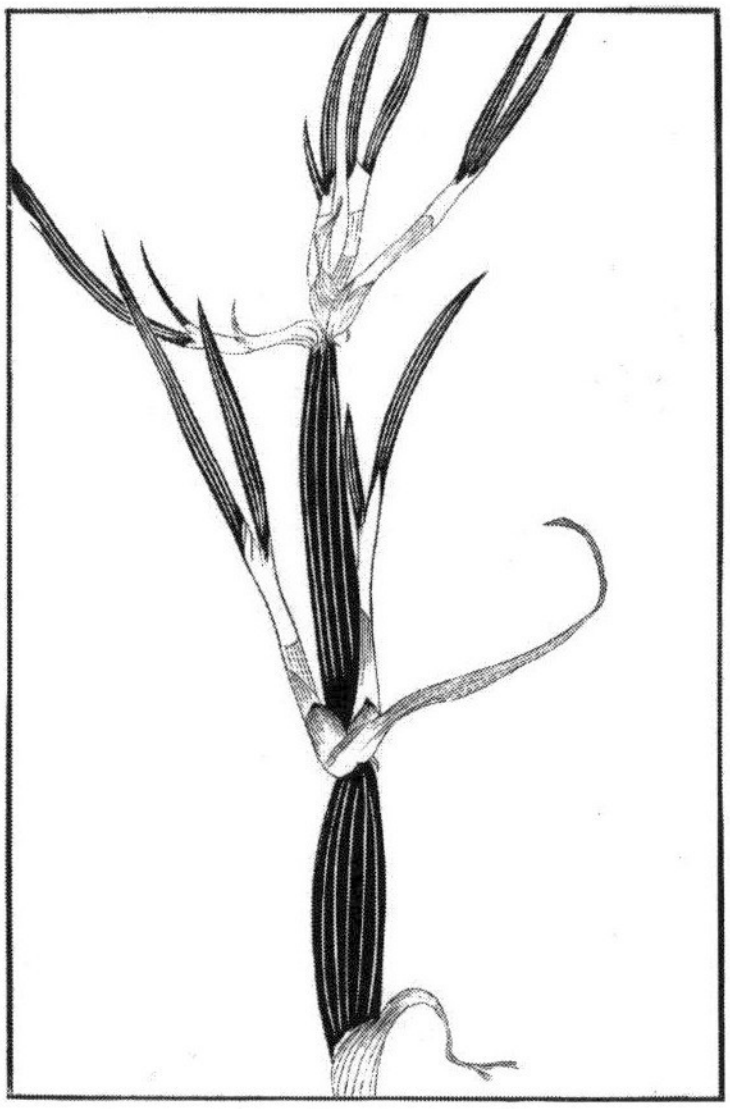

ヤグラネギ(『増訂草木図説』1907)

　まず形の点から楼葱、二階葱、三階葱、三段葱、燈台葱、子持葱、曲り葱、親子葱などがあり、軽業葱、角兵衛葱、大神楽葱、神楽葱、曲葱、くらかけ葱、親不孝葱、てんぐるま葱も同様な見方から出た名であろう。せつき葱、おかい葱、くじう葱、しぼ葱、たけつき根深の名称の由来は明らかでないが、形が奇妙なので外来のものと見た名もある。例えば唐葱(長崎)、天竺葱(山梨)、京葱(滋賀)、東京葱(和歌山、香川)、よそ葱(鹿児島)で、弘法葱(埼玉)も弘法大師が持ち帰ったという言い伝えからであろう。江戸時代の本草書にもオランダ葱(『重修本草綱目啓蒙』)、朝鮮葱(『本草図譜』)の名が出ている。このように、珍奇なものを外来のものとする例はほかでもみられ、タマネギでやぐら性の変種をエジプトタマネギと呼んでいる。しかしこれは、エジプトでは栽培されていない。

　地方名の使われている県名を見ると、佐賀、大分、沖縄の三県以外のすべての都道府県でヤグラネギの地方名があげられ、ヤグラネギはわずかずつではあっても、全国各地で栽培されていたことが知られる。昭和五一年に刊行された『週刊朝日百科　世界の植物』(朝日新聞社)にも東京都下で撮影したという写真がのっていて、東京都内でも栽培が続けられていたことが分かる。

タマネギ（玉葱）

（1）起原と伝播、栽培状況

タマネギは中央アジアのイラン、西パキスタンかあるいはその北西の山岳地帯の原産と考えられている。しかし、まだ野生のものは確認されていない。タマネギの英名オニオン onion はギリシア語のユニス、英語のユニオン union から転訛したものといわれ、分蘖《けつ》、分球しない特徴から生まれた名称といわれている。このことからみると、タマネギの仲間のポテトオニオンやシャロットのような分球性のものから、現在のタマネギは生まれたものとも推定できる。

タマネギは古代にエジプトに伝わり、紀元前三三～二八世紀の第一王朝時代の墓の壁画に描かれ、ピラミッドを築く労働者にはニンニクとタマネギを食べさせたと伝えられ、当時から作物化されていたとみられる。ギリシアでは紀元前一〇～八世紀、ローマでは紀元前五世紀から栽培され、『旧約聖書』や『千夜一夜物語』には食用あるいは精力剤としていくつかの物語に出ている。しかしヨーロッパ一帯に広まったのは一六世紀頃といわれる。

アメリカ大陸には一六世紀にメキシコに入ったのが最初で、アメリカ合衆国では一七世紀から栽培が始まった。その後アメリカでは品種改良が進み、栽培も急速に広まり、現在欧米では最大の生産国になっている。中国の新疆地区では古代から栽培されたが、中国本国へは普及しなかった。中国では一九世紀にヨーロッパから導入以後栽培は急激に増加し、特に揚子江沿岸や山東地区に多く、現在では世界第一位の生産国になっている。

古代の中国で普及しなかったためわが国への渡来は遅く、江戸時代に南蛮船によって伝えられたのが最初で、当時はほとんど広まらなかった。その後明治初年に政府が欧米から多くの品種の種子を導入し、各地で試作したことが契機になり、札幌付近と大阪府で栽培が始まり、やがて普及し、現在のような重要野菜の一つになった。

北海道でのタマネギ栽培　北海道では明治四年に開拓使がアメリカからイエロー・グローブ・ダンバースの種子を取りよせ、札幌市外の札幌郡札幌村で試作したのが始まりである。明治一三年頃、同村の中村磯吉氏は約一町歩のタマネギ栽培を始め、明治一五～一六年には武井総蔵氏が栽培と販売に成功した。この間に採種ができるようになってタマネギ栽培は軌道にのり、やがて土着品種の札幌黄玉葱が生まれた。わが国でタマネギが農林統計にあげられるようになったのは明治四二年以降であるが、当時の全国の作付面積九五二町歩のうち、北海道（といっても札幌村付近だけであったが）での面積は四一四町歩で、全国の四五パーセントを占めていた。

北海道では、第二次大戦前までは、欧米の栽培法にならって種子を畑に直接まきつける方法をとっていた。戦後になって内地の栽培方法と同様に苗を育てて本畑に植え付ける方法に変わり、春先ビニールの施設内に種子をまいて育苗し、この苗を五月頃畑に植え付けている。このほか栽培の機械化など工夫がなされ、栽培地はほとんど北海道全域に広がり、作付面積は急激に増加した。農林統計を見ると戦後間もない頃は七〇〇町歩前後であった北海道の作付面積が、昭和五〇年頃は八五〇〇ヘクタールを超し、昭和五四年の収穫量四四万トンは全国の収穫量の三分の一を超えている〔平成二三年の統計では作付面積一万三〇〇〇ヘクタール、収穫量五七万トンで、どちらも全国の約半数を占めている〕。

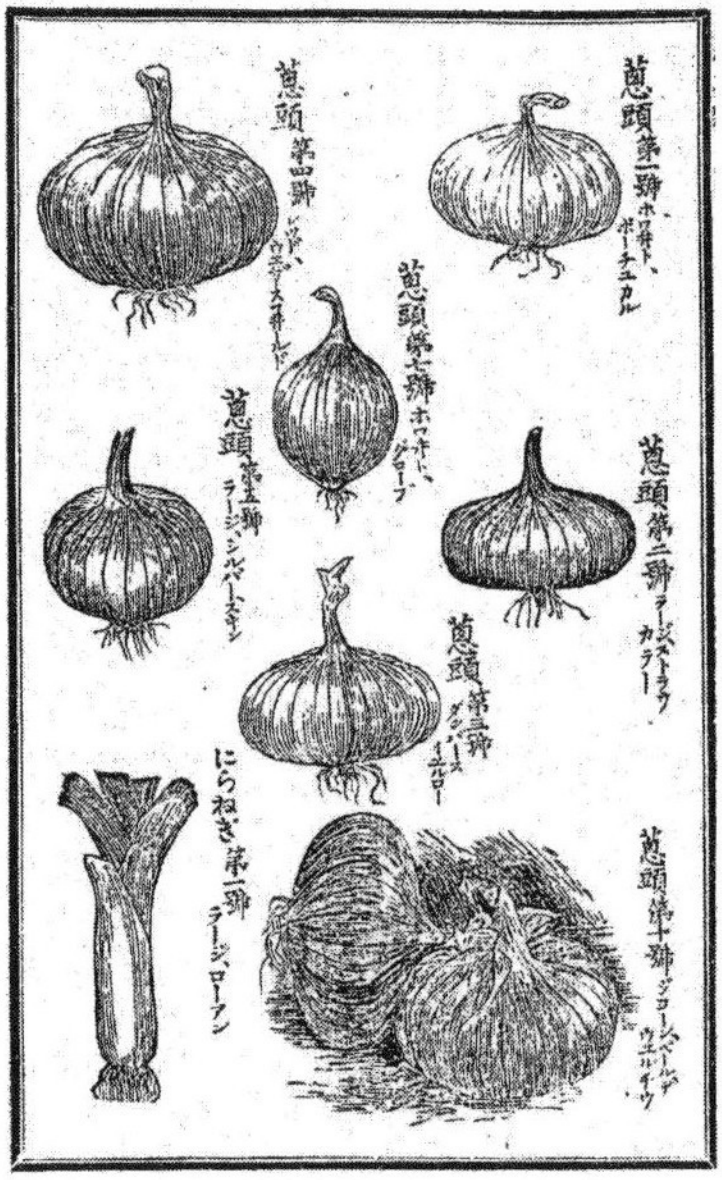

タマネギ（『舶来穀菜要覧』1886）

大阪府を中心にした栽培　明治初年開拓使が多くの府県に種子を配布して試作を行なったが、種子の発芽が悪かったり、春まきと秋まきの問題もあり、栽培はなかなか成功しなかった。大阪府では明治一九年頃、大阪府勧業課の坂口平三郎氏のすすめで、泉南郡田尻村の今井佐次郎氏が多くの品種の中からイエロー・ダンバースを有望種として選び、これを中心に栽培を進め、かなりの収穫を得た。当初はあまり販売できなかったが、たまたま明治二五年大阪府下でコレラが流行した際、タマネギに薬効があるといわれて消費が伸び、一方同氏は採種にも成功して栽培は定着した。同氏は採種の間に品種改良にも努め、いわゆる泉州黄が生まれ、佐次郎、伊太郎親子はその後今井早生をも育成した。また貝塚市の生長弥太郎氏はタマネギ栽培の間に品種改良を進め、早生の貝塚早生を育成した。明治四二年の大阪府のタマネギ作付面積は二四五町歩で北海道に次いで多く、第三位は神奈川県の八三町歩であった。タマネギの栽培地はその後大阪の近県に広がり、採種は和歌山県下で行なうようになり、また愛知県は極早生の愛知白の産地になった。その結果、昭和二四年の全国の作付面積一万七〇〇〇町歩のうち大阪、兵庫、愛知の三県で二割以上を占めていた。昭和五四年の生産高を見ると、北海道は別格として、兵庫県の一六万トンを筆頭に佐賀、和歌山、大阪、香川の各県が五万トン以上の生産県で、愛知県の五万トン弱がこれに次ぎ、関西を中心にした西日本が現在もタマネギの主産地の地位を維持している〔平成二三年の収穫量は佐賀、兵庫、愛知、長崎の順〕。

タマネギは明治初年葱頭の名で栽培が始まった新しい野菜であるが、その後わずか一〇〇年の間に野菜の中では市場取扱い高が第二位、作付面積も上位の重要野菜になった。これはタマネギが特異な臭気もなく、日本人の口になじみやすく、栄養価値も比較的高く、調理しやすく、特に

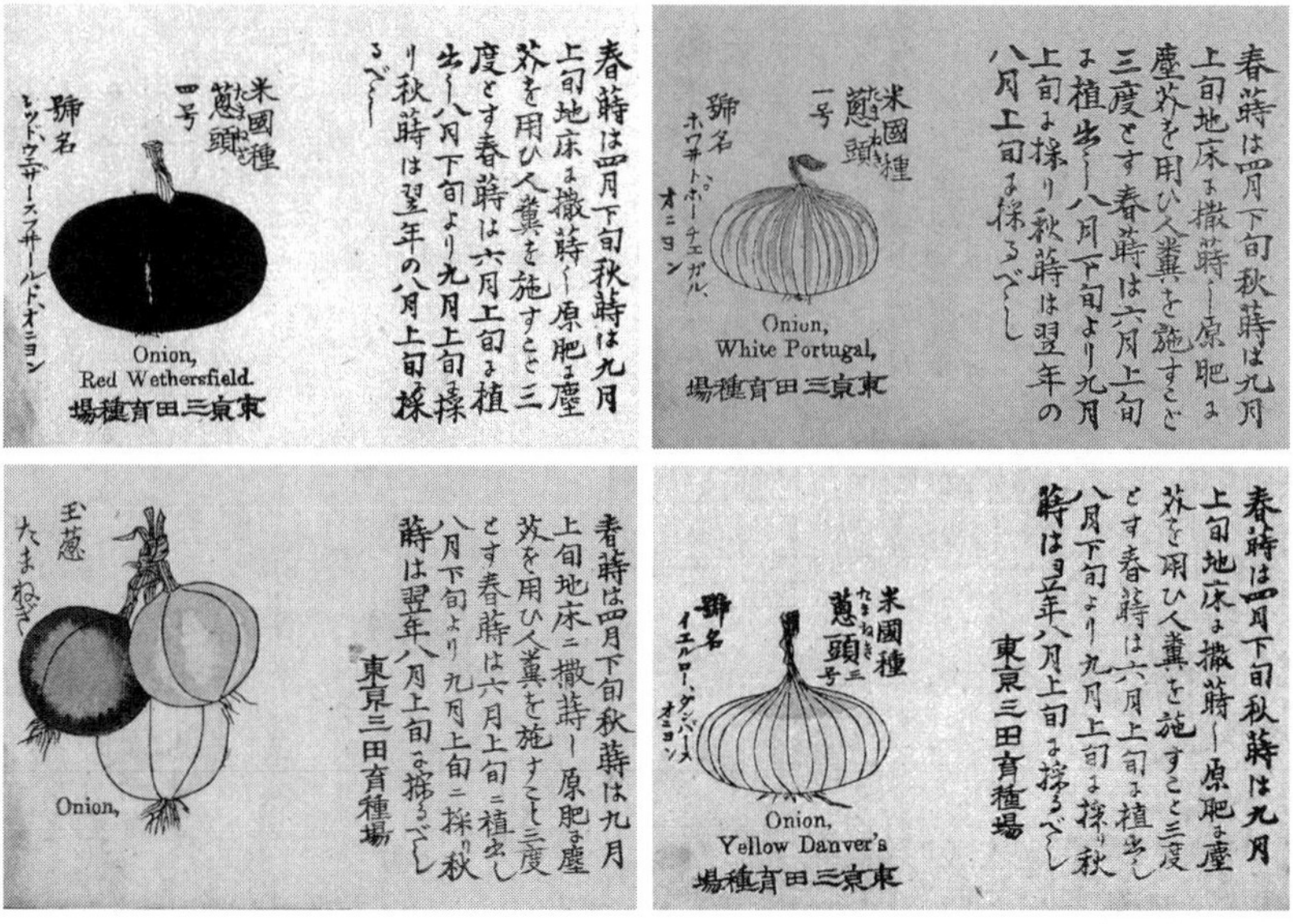

タマネギ（『穀菜弁覧 初編』1889, 国立国会図書館蔵）

肉料理にあうことで洋風化している近代の食生活にマッチし、また貯蔵しやすいこともあって家庭内で使いやすい食品になっているからであろう。なおその陰には、品種改良やいろいろの栽培方法の工夫改善をするなど、比較的低廉な価格で周年市場に出荷できるようにした基礎研究や栽培農家の努力があったことも、見逃すわけにはいかない。

（2）品種と作型

ネギ類はすべて硫化アリルを含み、特有の臭みと辛味がある。そして辛味の程度は品種によって違い、南ヨーロッパで成立した品種はたいてい辛味が少なく甘玉葱と呼ばれ、中東ヨーロッパとアメリカで成立した品種は辛味が強く、辛玉葱と呼ばれる。なおわが国のタマネギの多くはだいたい辛玉葱である。一般に辛玉葱の方が貯蔵はしやすいが、生食用には辛味の少ない甘玉葱が向いている。

タマネギはネギと違って球が太らないと商品にならない。タマネギは元来球が太る素質はもっているが、温度が一五度以上で昼間の長さ、いわゆる日長がある程度以上長い状態にならないと球は太らない。例えば春最初に出荷される愛知白は日長が一一・五時間以上になると球が太る。そこで知多半島のような暖地で栽培すると、春の彼岸前に球が太り始め、まもなく収穫できる。愛知白は球が白色で扁平な品種で、辛味は少なく貯蔵性は劣っている。

大阪府下で成立した泉州黄は、だいたい一三時間以上の日長で球が肥大する品種で、関西で秋まき栽培すると翌年の初夏に収穫できる。一方北海道の札幌黄は、一四時間半程度の日長にならないと球が肥大しない。そこで北海道で春に札幌黄の種子をまくと夏の間生長し、夏の終り頃から球が肥大し、秋に収穫できる。もし関西で札幌黄を栽培すると、球が肥大しないうちに夏になり、低温を好む作物であるタマネギは、球を形成する前に夏の暑さで青立ち状になり枯れてしまう。反対に北海道で泉州黄を栽培すると、秋まきでは冬の寒さでいたみやすく、春まきをすると苗が小さいうちに球が肥大できるような日長になるので、小苗の状態で小さい球を作り、地上部は枯れて収量が少なくなる。

近年はこの点を利用して春に種子をまき、夏までに小球をつくらせ、ペコロスとして販売する栽培も行なわれる。また春まきで得られた小球を九月頃植え付けて、正月前後に収穫する作型が西日本で開発されている。なおこの冬どり栽培では比較的低温で球の肥大する品種が適している。

タマネギの多くの品種は橙黄色であるが、紫紅色になる、いわゆる赤玉葱もある。辛味の少ない赤玉葱は生食用としてサラダの色つけによく用いられる。生食用の赤玉葱の欠点は貯蔵性が劣ることで、長期貯蔵できることがタマネギの好ましい特性でもあるので、普通の煮食用の品種でも貯蔵性は問題になる。近年は単に吊玉や冷蔵庫で貯蔵するだけではなく、貯蔵中の芽出しの遅い品種を育成したり、放射線を照射してタマネギの芽出しを抑える技術も開発されている。

(3) タマネギの仲間

ネギの場合は株分れしにくい一本葱のほかに、九条葱のような株分れする品種があるように、タマネギでも分球する品種がある。その一つはポテトオニオンと呼ばれるもので、球は数個に分かれ、その大きさは普通のタマネギよりいく分小さい。日本では栽培されないが、旧ソ連などでは普通に栽培されていた。もう一つは球がラッキョウ程度のシャロットである。ポテトオニオンは球をタマネギと同じようにして利用するが、シャロットは球だけをニンニクのように香辛料として用いる場合と、葉と若い球とを一緒に葉葱のようにして利用する場合とがある。

タマネギ（札幌黄玉葱）

赤玉葱

ところでシャロット shallot をフランス語でエシャロット échalote というが、日本でもエシャロット（エシャレット）の名で店頭で販売されている緑の葉の着いた野菜がある。外国から輸入した球だけのエシャロットは本物であるが、日本で生産されたものは実はラッキョウである。筆者もこれを本物のエシャロットと誤って紹介したことがあったが、食品や料理の本などでもこれを本物のエシャロット、つまりシャロットだと説明しているものがある。これを栽培している農家はこれがラッキョウであることをよく知っているが、市場でエシャロットの名で扱っているので商品名のようになっている。このように別の作物の名称でラッキョウを販売することは誤解を生じやすく、好ましいことではない（三〇七頁参照）。
（三〇七頁参照）

タマネギのもう一つの変りものにヤグラタマネギがある。これはネギの場合のヤグラネギのように、花茎上に小さな球が着くタマネギの変種で、花もわずか着くことが多い。この花茎上の小球を植えておくと翌年は一人前の球になる。この花茎上の小球はピックルスにしたりいろいろと料理して食べることができる。

ヤグラタマネギによく似たものにセイタカヤグラネギがある。セイタカヤグラネギもヤグラタマネギと同様、花茎上に小球が着き、この小球が利用される。セイタカヤグラネギは実はネギとタマネギとの間の種間雑種と考えられる植物で、本来はタマネギではない。そのことは染色体の形を調べるとはっきりする。肉眼的にはヤグラタマネギの花はタマネギのようにいっぱいに開くが、セイタカヤグラネギの花はネギにかなり似て半開き状であるので、開花した時期に花の形を見ると一目で区別できる。

ヤグラタマネギもセイタカヤグラネギも欧米ではトップ・オニオンとかエジプシアン・オニオンなどと呼ばれている。日本では両種ともほとんど栽培されていない。

シャロット（左）とポテトオニオン（右）

ヤグラタマネギ

セイタカヤグラネギ

ワケギ（分葱）

前に述べたように、ワケギは古くからネギの中の一種類、一品種のように扱われ、植物分類学者の間でもネギの変種とされてきた。しかし近年、その形や生活史ばかりでなく、染色体の特性など、細胞遺伝学的な研究から、分球性のネギと、分球性のタマネギとの間の雑種が起原であることが明らかになり、アリウム・ワケギという学名がつけられ、独立種とされるようになった。昭和五六年の学会の発表によると、ワケギはその特性からみて、ネギが母親で、花粉親が分球性のタマネギつまりシャロットであることが確かめられ、ワケギがネギと分球性のタマネギとの間の種間雑種であることが明らかになった。そこで本書ではネギとは別の種類としてワケギを扱うことにした。

ワケギの名は『和名抄』にはなく、熊澤三郎氏は、凍葱をワケギとみている。ワケギの原産地はシベリア、アルタイとする者もある。しかしその場合のワケギが現在のワケギと同一のものかどうか明らかではない。ワケギがネギとシャロットとの交雑で成立したとすると、むしろ東南アジアあたりで成立したものかも知れない。現に沖縄、長崎、鹿児島の各県など、九州から西日本で多く栽培され、集団産地としては広島県の三原市、尾道市とその周辺が有名である。近年全国的に栽培は増加していて、昭和五三年の作付面積は一〇〇〇ヘクタールを超している〔その後減少し、平成二二年は一四二ヘクタール〕。

ワケギは沖縄など南西諸島では古くから栽培が多く、品種分化も進んでいて、南方型のものから日本型のものまでみられる。その呼び名をみても、この地域ではワケギとネギとの区別が不明瞭で、両者ともビラ、ジビラ（地平）などと呼んでいる。ビラの語源は明らかでないが、この地域でのニンニクの呼び名のヒルは古代朝鮮語のピルに似ているし、与那国島でのワケギの地方名チンダは中国語のチャンア、ツォンアから来た名かも知れない。なおネギとワケギとを区別せず、ビラと呼んでいるのは沖縄本島までで、与論島から北、鹿児島県では両者を区別している（松尾英輔氏）。

関東地方のワケギは西日本のワケギとは特性がいく分違

うばかりでなく、東日本では株分れしやすいネギをワケネギ、またはワケギと呼ぶことが多い。この点から関東市場ではワケギの名が混乱している。

藤枝国光氏らによると、西日本のワケギはたいてい冬は生長が停滞するが、台湾など南方のものは冬も生長を続ける。また南方系には淡紫紅色の系統が多く、ワケギは元来あまり抽苔しないが、南方系にはまったく抽苔しないものが多い。

ワケギは特有の香りと風味があり、ヌタ、汁の実、フグ料理などに欠かせない野菜である。ワケギはネギと分球性のタマネギという別の種類の間の雑種なので、ウマとロバとの雑種のラバが子供を生まないように、ワケギも種子を結ばない。夏はタマネギに似て葉が枯れて小さい球を作るので、この球を分けて八～九月に植え付けて栽培している。

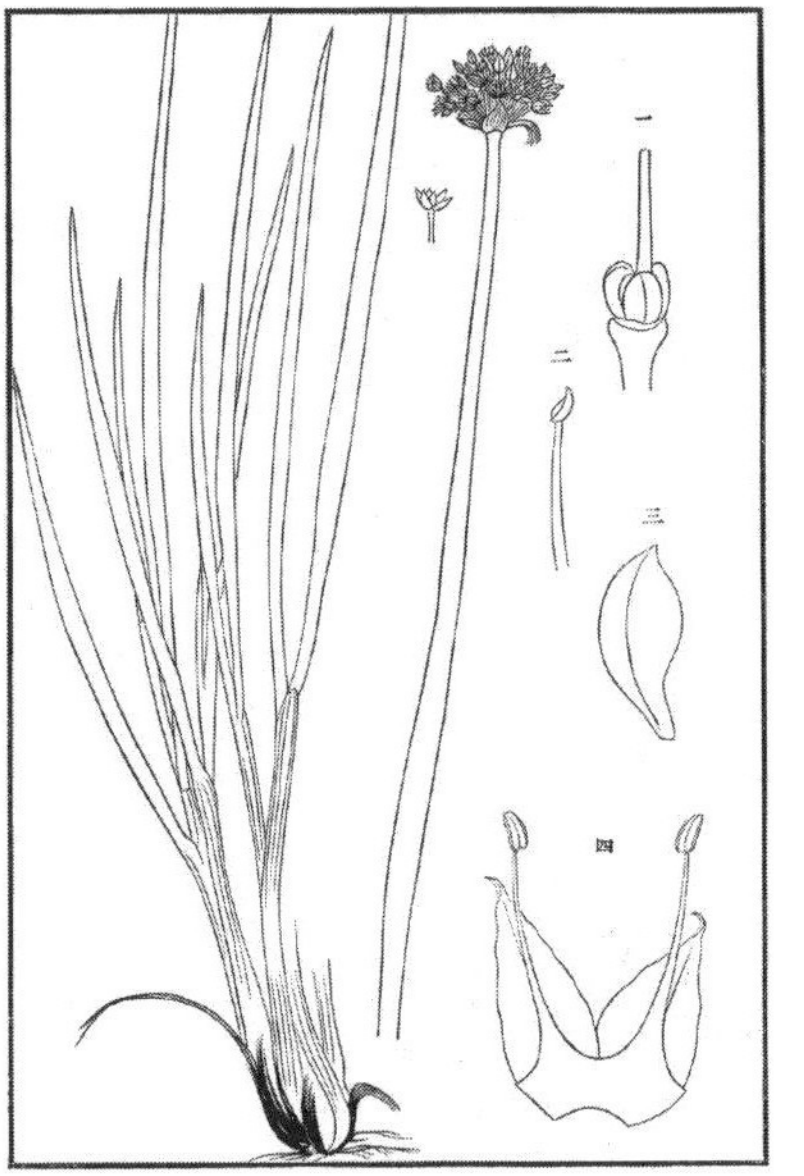

ワケギ（『増訂草木図説』1907）

ワケギ

ニンニク

(1) 起原と伝播、日本への渡来

中央アジアのキルギス地方で、ニンニクの野生植物が採集されたとの記録はあるが確認されていない。またアリウム・ロンギクスピス *Allium longicuspis* という植物がニンニクの野生型だとの説もある。いずれにせよ、ニンニクが中央アジアの原産であることは間違いあるまい。

ニンニクは古代に西方に伝わり、古代エジプトの第一、二王朝時代（紀元前三二〇〇〜二七八〇年）にはタマネギとともに重要な作物として利用されたことが墳墓の壁画に残されている。またニンニクはピラミッドの建造にも役立ったといわれている。ギリシア・ローマ時代にも強精食品として知られ、地中海地域に普及した。またインドから東南アジアへも古代に伝わったらしい。

中国には漢の時代（紀元前一〇〇年頃）に有名な張騫《ちょうけん》が西域から伝え、胡蒜と呼んだことが『斉民要術』に出ており、古代からニンニクを栽培していたことは間違いない。

わが国では『本草和名』には葫、和名於保比留、『和名抄』には大蒜、於保比流、俗に仁牟仁久と呼ぶとあり、ニンニクは古代から栽培されたことが知られる。古代ヒルとはネギ類の総称としても用いられ、またアサツキを指す場合もあったようであるが、通常はニンニクを指したとされている。ヒルの語は『古事記』（七一二年）中巻で応神天皇の御歌として「いざこども野蒜摘みに比流《ひる》摘みに、我が行く道の香ぐはし花橘は……」とあり、『万葉集』（七五九年頃）一六巻には「醤酢《ひしほす》に蒜《ひる》搗きかてて鯛願う、われにな見せそ

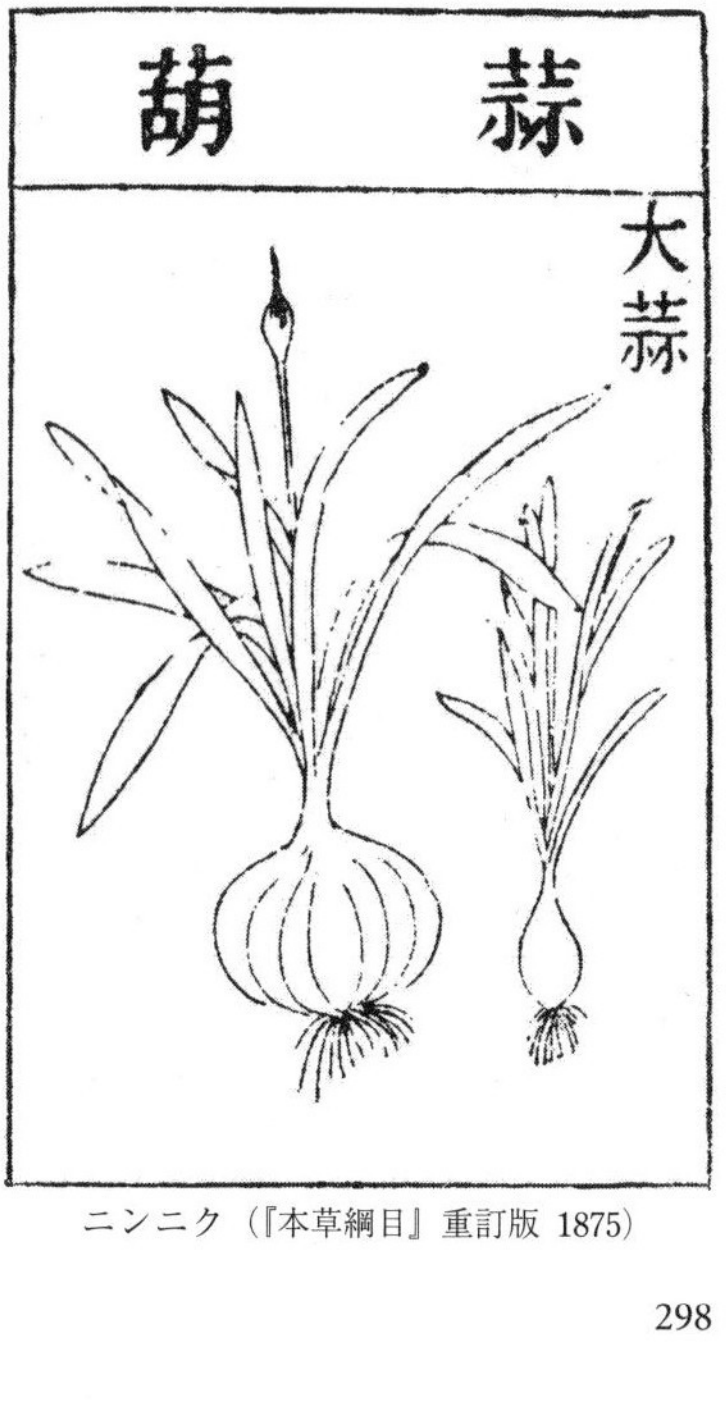

ニンニク（『本草綱目』重訂版 1875）

なぎのあつもの（長奥麻呂）」とのっている。また『延喜式』内膳司の巻に蒜一段種子三石、功九三人、殖六人、除草三四人……と栽培法が記され、蒜房六斗、科塩五斗と貯蔵法にもふれている。『今昔物語』（一一〇八年頃）には風邪の薬として蒜を食べた人の臭気の強いことがあり、『源氏物語』の箒木の巻にも同様のことが書かれている。『本朝食鑑』（一六九七年）にはニンニクは魚鳥の肉のなま臭さを消すとあり、『農業全書』では蒜《にんにく》としてその効能や栽培法を記述している（後述）。なお『物類称呼』には関東ではヒル、関西ではロクトウ、九州ではニンニクと呼ぶとある。このようにニンニクは古くから薬としてよく用いられたようである。

（2）成分と用途

ネギの仲間はいずれも硫黄を含むアミノ酸であるアリイン類を含み、このため特有の臭気がある。どのような基と結びついたアリル化合物が含まれているか、またその種類別の含量はどの程度かはネギ類の種類によって違っている。下の図はアリイン類の種類と含む量の多少を示したもので、この図では右の方の成分ほど臭気が強い。そこで、ニンニクは最も臭気の強いアリシンを多量に含んでいることがこの図で示されている。

なお他のネギ類の成分をみると、ノビルとラッキョウはニンニクに似た成分を含んでいる。しかし肝心のアリシンの量がニンニクより少なく、メチルアリシンとメチルアリルアリシンはニンニクより多い。ネギとタマネギは臭気の強いアリシンなどの成分はほとんど含んでいないので、臭気はニンニクに比べると非常に少なく、普通の野菜として肉類との料理にかかせないものになっている。

昔からニンニク、ニラ、ラッキョウ、ネギ、ショウガを

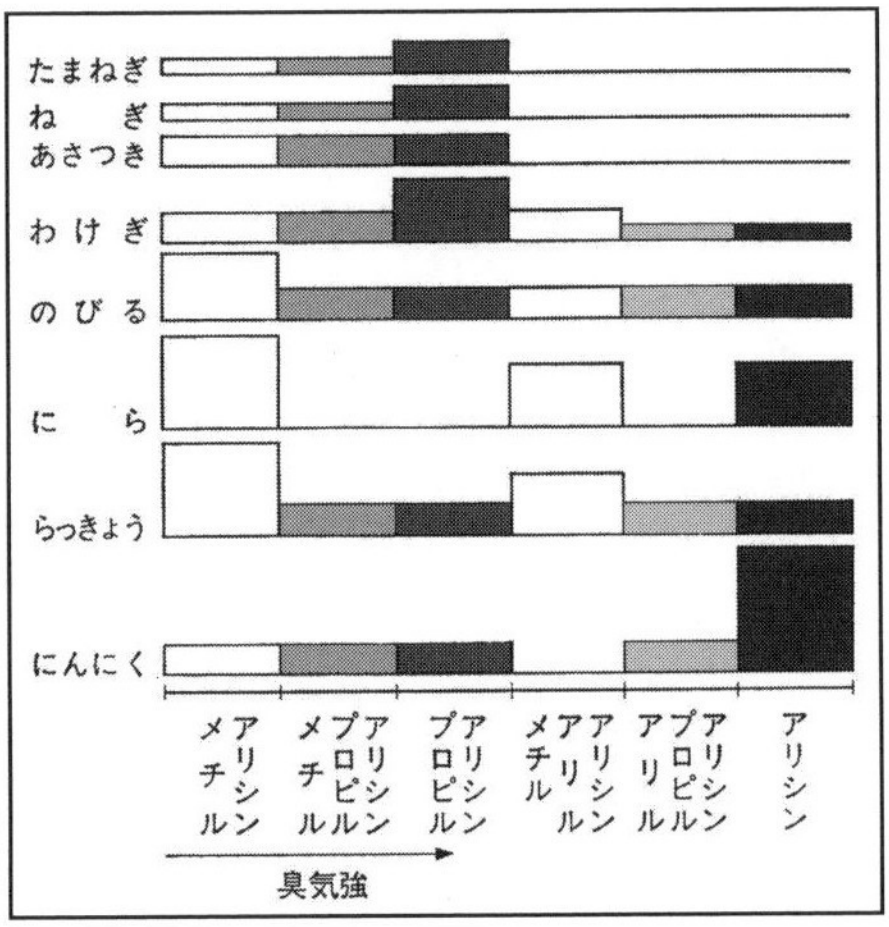

ネギ属植物の成分比
（渡辺正氏，光文社，1973）

五葷または五辛と呼び、これらは不浄な強精食品で、人間の魂を乱し、女色を求めるようになり、心の本体を失わせるものとして仏門の人は食べることを禁じられていた。そこで禅寺では山門に不許葷酒入山門の戒壇石が立っている。

　ところでニンニクに含まれるアリシンは、酵素アリナーゼの働きでアリインから変化したもので、このアリシンが各種の薬効をもっている。まずビタミンB_1と結合してビタミンB_1を活性化し、またタンパク質とも結合して消化しやすい形にする。この点からニンニクを各種の肉類の料理に用いることは理に適っており、またニンニクが薬用にされることにもなる。アリシンはまた、ある種の細菌に対して殺菌作用をもち、このことから古来経験的に食品の毒を消すものとして利用され、近年は薬品にもされている。それもただ人間だけではなく、家畜、家禽に対しても保健剤としてニンニクの粉末を添加することが広く行なわれている。

　近年食生活が洋風化し、肉料理が増加したことにともない、香辛料（スパイス）の種類や使用は急激に増加している。ニンニクはわが国のスパイスの主体で、古くから用いられたショウガやワサビなどとともに広く用いられた。近年は生のニンニクも周年需要があり、また粉末化したものやペースト状にしたものなどが市販されている。

　このようにニンニクは香辛料として、また薬用として一年中使用されている。

　ニンニクを薬として重要視したことは江戸時代の農書からも知られる。例えば『農業全書』では「暑気にあてられぬよう毎日少しずつ食すべし。ニンニクは農家に欠くべからず」と薬効をのべ、また香辛料としても鶏などの肉料理

ニンニク

には欠かせないものとし、「様々効能多き物なり、人家かならず作るべし」と結んでいる。

ニンニクは暑さ負けの予防ばかりでなく、寒地の人たちからも利用されたらしい。東北北部では古くからニンニクの栽培が多く、青森県弘前市外にある鬼神社では、旧暦五月二九日の例大祭にニンニクの市が開かれ、ここで買い求めたニンニクを各人は自宅の戸口にかけて無病息災を祈り、悪魔除けにし、そしてこれを食用にする習慣があった。この風習は現在も続けられ、この例大祭は蒜祭と呼ばれている。この神社には兵庫県赤穂の人たちがここの神社のニンニクで病気が治ったということで、お礼詣でしたときの奉納品も残っている。そして、この神社は今も俗に蒜神社と呼ばれている。

(3) 品種

ニンニクは古い栽培歴をもつ作物であるわりには、品種の数がそれほど多くない。これはニンニクが種子を結ばないことからも来ていると思う。

ニンニクの品種を集めてみると、花茎を出す品種と花茎をほとんど生じない品種とがある。ニンニクの球を収穫するためには花茎はむしろ出ない方が好ましく、花茎を出す品種を栽培する場合は、花茎があまり伸びないうちに花茎を切り取って地下の球の肥大を促している。ところで花茎を出す品種でも、花茎上に花を着ける品種と花をまったく着けない品種とがある。花茎を生じない品種や花をまったく着けない品種はもちろん種子ができないが、たとえ花を着ける品種でも種子ができない。そして花茎上には花の代りのように珠芽が着き、この珠芽を植えておくと翌年ニンニクの小さい球が得られる。ニンニクは通常地下にできる球を横断面が三角形のような一つ一つの球に分け、これをタネ球にして栽培している。いずれにしても種子繁殖ではないので、新しい品種の生まれる機会は少ない。

ニンニクでは花があってもなぜ種子ができないのか、その理由は現在いろいろの面から検討されている。まずニンニクの染色体の数はネギやタマネギと同数の一六であるが、この中には対のない、形の違う染色体が二つある。一方タマネギでは同じ形の二個ずつが対をなす八組の染色体があり、性細胞を作るときには同様な八個ずつに整然と分かれる（いわゆる減数分裂）。ニンニクの染色体では対のない形の違う染色体が二つある。そこで卵細胞や花粉の形成される時期に染色体の減数分裂は順調に行なわれず、正常な花粉はできにくい。また花茎上に着く珠芽や地下の球に栄養が流れて、花は栄養が不十分になり、開花する前に花は奇形化ししぼんでしまう。このほかウイルスやマイコプラズマ（リケッチア様微生物）の寄生している場合があったりして、種子はできない。そこでこれらの障害を防除する工夫をすれば、何とか種子が稔実するだろうと検討が進められている。

　要するにニンニクの品種は、バレイショやサトイモと同様な栄養系（クローン）で、突然変異でも起きない限り新しい品種は生まれてこない。近年は放射線を照射したり、X線処理などで栄養系に突然変異をおこさせて新品種を育成する試みが、キクやチューリップなど多くの作物で行なわれ、ある程度の成果をあげている。

　現在のニンニクの品種をみると、球の色が白色の品種と淡紫紅色の品種があり、球を構成している鱗片の数をみると六個程度のものと一〇個以上のものがある。鱗片の数が多いものはどうしても鱗片が小さいので、鱗片数は六個程度のものが好まれ、加工用としては着色していない白色の品種が好まれる。そこでいわゆるホワイト六片種と呼ばれるような、白色で鱗片数が六個程度の品種が良い品種ということになる。

　わが国では従来ニンニクはもっぱら球を利用していた。中国、台湾や東南アジアでは球ばかりでなく葉や花茎をよく利用し、茎葉は蒜苗《ソアンミャオ》と呼んで煮たり油いためなどにし、蒜苗用の品種が成立している。近年愛知県などに葉をとるニンニクの産地が生まれているが、「ニンニクの芽」（茎に

ニンニクの芽

葉ニンニク

んにく）と称して店頭に並んでいるのは、大半が中国から輸入されたニンニクの花茎である。

またニンニクには暖地向きの品種と冷涼地向きの品種があり、栽培地と作型に応じて適当な品種が選ばれている。

（4）近年の栽培状況と作型

ニンニクは香辛料という性質から、消費される絶対量はそれほど多くはない。このため主要な野菜、一八種類には入らず、農林統計にとりあげられていなかった。それでも昭和三三年に一回調査され、昭和三九年からは隔年統計面に表示されるようになった。その数値を見ると作付面積は年を追うごとに増加し、昭和四七年からは二〇〇〇ヘクタールを超し、昭和五三年には三六〇〇ヘクタールと一〇年前の約二倍になっている。これは香辛料や薬用としてのニンニクの需要が増大したことと、あとで述べる特産地の形成や作型の分化したことの結果と思われる。

これらの栽培地域をみると、北海道と東北地方が多く、特に青森県では昭和四〇年頃から始めた農業試験場での研究と栽培指導の成果がみのり、作付面積が急増した。その結果昭和五三年の作付面積は九〇〇ヘクタールを超え、五年前の一〇倍以上になり、全国の生産高の四分の一以上を生産している。東京都の青果市場報告を見ると、東京市場でのニンニクの年間取扱い高の中で占める青森県のシェアは三五パーセントに達している。青森県に限らず、ニンニクは全国各県で少しずつは栽培され、第二次大戦後は、年末から早春にかけてニンニクの早出しをする、九州や四国の作付面積もかなり多くなっている〔平成二三年、中国からの輸入量が約二万トンで国産の一・五倍となっているが、国内の出荷量はその七〇パーセント以上を青森が占めている〕。

わが国の普通のニンニク栽培では、九月ごろタネ球を植え付けて、翌年の晩春から初夏に収穫している。そして東北地方では冷涼地向きの品種を用い、西南暖地では暖地向きの品種を植えている。冷涼地向きの品種は長い冬の期間を越した後、相当日長（昼時間の長さ）が長くなって、初めて球が肥大する特性をもつ品種であって、一方暖地向きの品種は低温にあまりあわなくとも球が太り、また昼の長さが比較的短くとも球が肥大する品種である。そこで冷涼地向きの品種を暖地で栽培すると、極端な場合には葉ばかり伸びて球ができないし、逆に暖地向きの品種を冷涼地で栽培すると、春先のまだ苗の生長しきらない間に球が太り始め、小さい球しかできない。

このような性質を利用してニンニクの早出し栽培が暖地

で行なわれている。九州や沖縄で栽培している品種は元来早生の品種であるが。その中の壱州早生という品種を選び、タネ球をあらかじめ五度前後の冷蔵庫に二カ月間前後入れておき、このタネ球を九月頃植え付ける。タネ球は間もなく芽を出し葉が茂り、やがて球が太り始め、早い所では一二月から、普通は一月から三月頃までに球が収穫できる。この栽培は暖地でなければ実用化できないので、佐賀、長崎、高知、沖縄などの数県で栽培が行なわれ、従来は東南アジアなどからの輸入品しかなかった冬場の新鮮なニンニクとして、全国の店頭に並べられるようになった。

なおこれとは反対に、タネ球を翌年の春に植え付けて秋に収穫するという新しい作型も考えられ、タネ球を冬を越して翌春まで貯蔵する方法などが検討されている。タネ球の貯蔵適温はマイナス二～三度で、あまり低温にしすぎるとタネ球は低温障害をおこし、また零度以上だと新球の形成が促進されすぎたり、根や芽が伸び出したりする。この栽培は冷涼地に適地が求められるわけであるが、この作型が開発されると秋にも新しいニンニクが食べられることになる。

ラッキョウ

(1) 起原と伝播、栽培状況

ラッキョウは中国からインドシナ半島、インドにかけて野生があり、熱帯アジアでは生育が順調でなく、栽培は中国東部と日本で多い。これらの点からみてラッキョウの栽培は中国の中、東部で始まったと考えられている。中国では三〇〇〇年前から薬として用いられ、『爾雅』(中国最古の字書)に記され、『斉民要術』には薤は一株一球植えにすると大球になるなど、栽培法についてもふれている。ただし薤は今でいうラッキョウではなく、別のものを指すという人もある。

ラッキョウの起原については、近年細胞遺伝学的な研究から検討されている。ラッキョウの多くの品種は染色体からいうと四倍体(体細胞で三二)で、なかには三倍体(二四)の品種もある。西谷信一郎氏によると、四倍体のラッキョウを母として二倍体であるイトラッキョウの花粉を授粉すると、三倍体の雑種ができる。したがってラッキョウはイトラッキョウのような二倍体の種から生まれたものかも知れない。なおイトラッキョウは長崎県の平戸にだけ野生があり、花が美しいので観賞用として栽培されている。

わが国では『和名抄』に薤、和名於保美良、『延喜式』の典薬寮の巻にも薤とあり、古代に渡来して食用あるいは薬用として栽培されていたことは間違いない。なおオオミラの名は古美良に対していわれた名とされている。

『農業全書』には薤（らっきょう、やぶにらともいう）として、味は少し辛いが臭みが比較的少なく、人を補い温める食物として一場所に四～五本植えるなど、栽培法を述べている。そしてラッキョウは歯音ありて気味おもしろき食物とし、煮てもよし、塩味噌や粕に漬け、酢に浸し、酢味噌でもよく、ゆでて酢と醤油に漬けたものは味がよいなどと、多くの食べ方をあげている。これらの記述をみると、現在よりも生活に密着した重要な食物であったのかもしれない。『成形図説』でも精しい説明があり、全国各地でありふれた自家用野菜として栽培されたものと思われる。なお鳥取県や福井県の砂丘畑では江戸時代からラッキョウの栽培があり、明治の後期には県外に出荷も始まっていた。

ラッキョウは現在、いわゆる主要野菜には入っていないが、毎年全国で二四〇〇ヘクタール程度栽培されている。

ラッキョウ（『本草綱目』重訂版 1875）

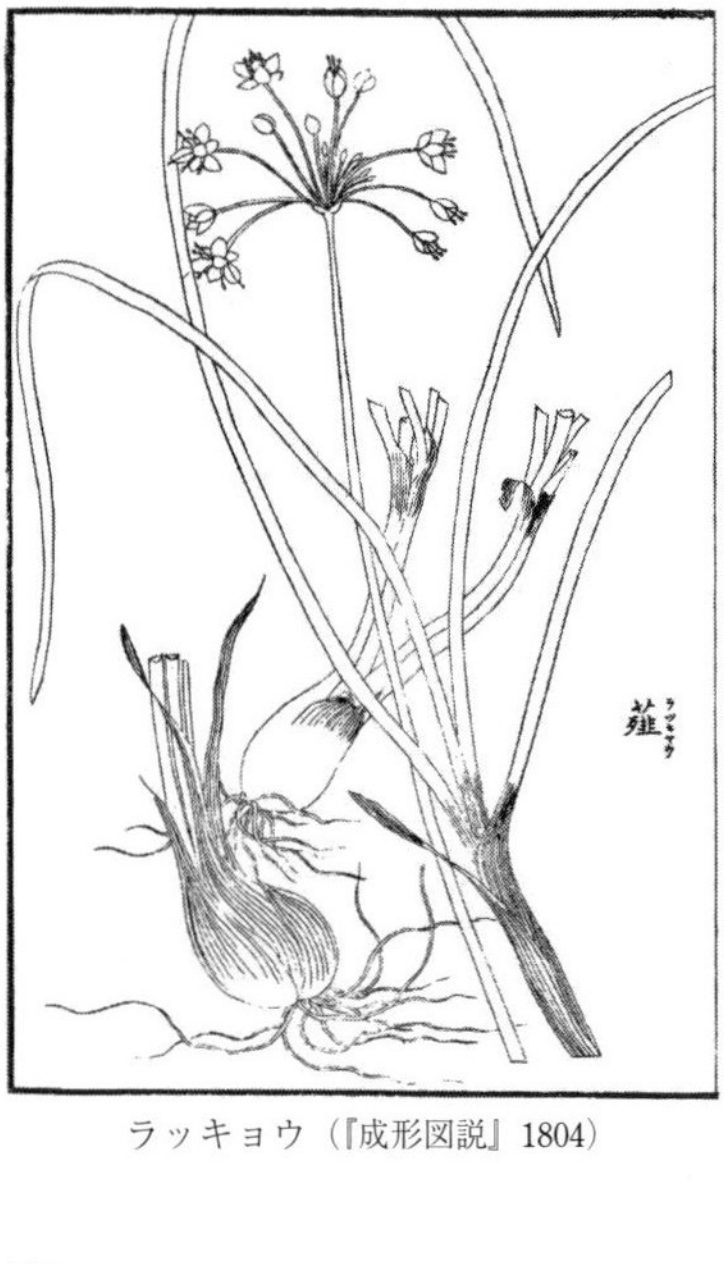
ラッキョウ（『成形図説』1804）

近年の栽培状況をみると、鹿児島、鳥取、福井、栃木の諸県で栽培が多く、千葉、茨城、富山の各県などがこれに次ぐ産地になっている〔平成二二年には九〇〇ヘクタールに減少し、出荷量は宮崎、鳥取、鹿児島の順となっている〕。

　これらの産地の中には比較的大きい球を生産し、各家庭で酢漬などに加工しているものと、いわゆる花ラッキョウ用として小球を生産し、下漬加工程度で業者に販売し、業者が本加工するものとがある。鹿児島県や栃木県などは主に大球を生産し、福井県は花ラッキョウの産地として有名である。花ラッキョウの場合は株を二年間畑に植えたままにしたり、分球性の強い品種を栽培したりして、比較的小さい球を生産している。なおハナラッキョウの名は、球の両端を切り取るところから生まれた言葉といわれ、現在は花の字が用いられている。

店頭の花ラッキョウ漬

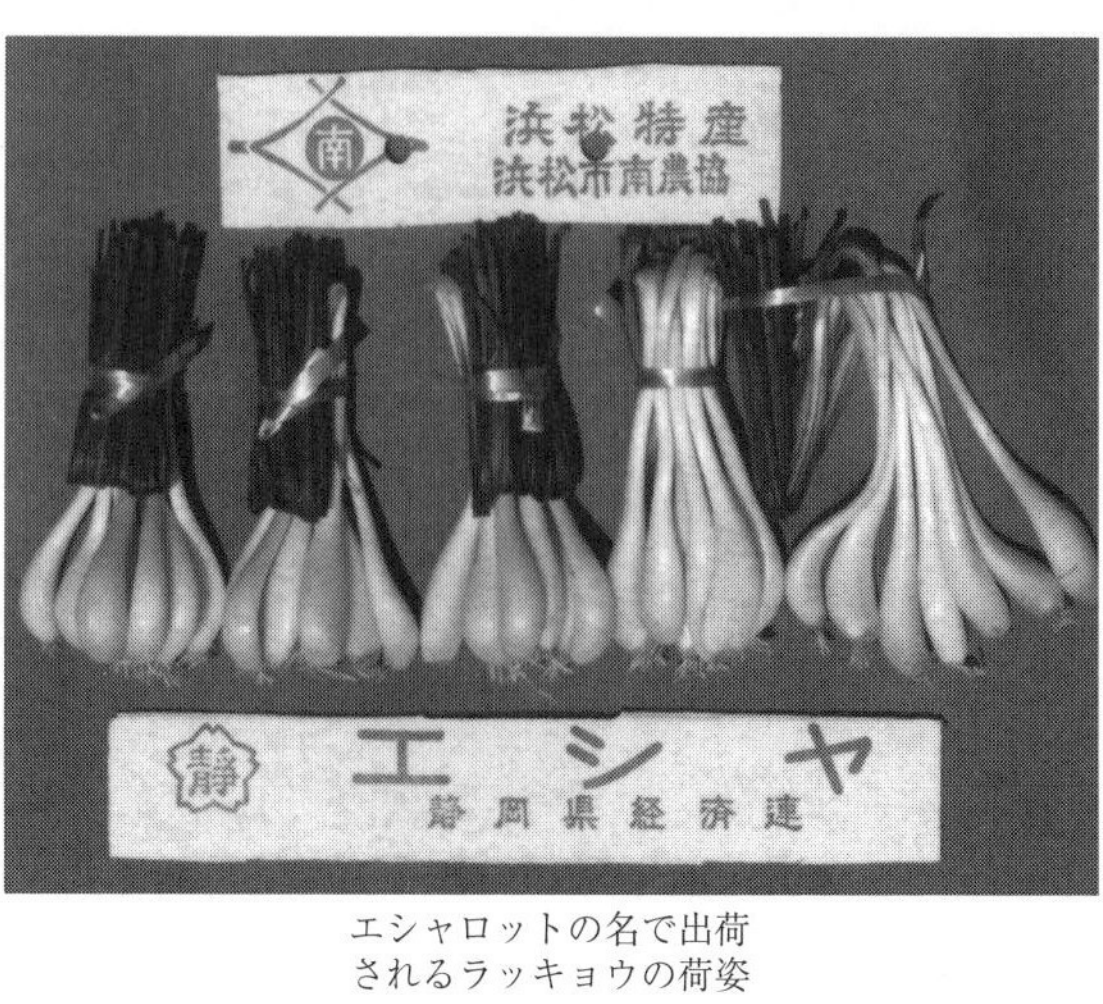

エシャロットの名で出荷
されるラッキョウの荷姿

　ラッキョウは元来九月頃植え付け、七月前後に収穫している。その関係もあって夏の高温と乾燥の害を受けることが少ない。そこで鳥取県、福井県、富山県など日本海側の砂丘地帯では、水かけを全然しないでも枯れることのない格好の作物になっている。例えば福井県の主産地である三里浜砂丘地帯では、約四〇〇ヘクタールの畑のうち二二〇ヘクタールがラッキョウ畑になっている。なお現在では灌水の施設が完備し、必要な時期には灌水できる。

(2) ラッキョウの品種とエシャロット

ラッキョウは染色体数が四倍体（体細胞で三二）の植物で、紫紅色の美しい花は開くが種子は結ばない。そのためもあってか、古くから栽培された野菜ではあるが品種はあまり分化していない。そこで今まではたいてい栃木在来、福井在来というように栽培地の名前が品種名のように用いられてきた。しかし各地で栽培しているものを集めて調べてみると、さまざまな変りものがある。

現在までに名称のあがっているものとしては、鹿児島県など各地で作られているラクダと八房《やつぶさ》、園芸試験場で花ラッキョウ用の品種として導入した三倍体の玉ラッキョウなどがある。なおラクダという言葉は、江戸時代に形ばかり大きくて品質が劣るものをいった言葉で、野菜としてはラッキョウとナガイモの品種にある。いずれも大きく生長する品種で、ナガイモの場合はヤマトイモなどより粘り気が少ない。ラッキョウの場合も同様な意味をもつ品種名だと思われる。

近年エシャロット（エシャレット）の名で店頭に並んでいる野菜がある。前述のように、これは実はラッキョウである。この名前は静岡県浜松市付近の農家が葉付きの生ラッキョウを出荷したところ、市場の人たちが、まちがえてエシャロットと呼んだことから生まれたもので、市場を中心にこの呼び名が用いられるようになった。これが最近の食生活にもうまくあい、珍しもの好きの消費者からうけ、関東市場にも相当多量出荷されている。静岡県では福井県あたりからラクダ系のラッキョウをタネ球として購入し、これを植えて土寄せをして軟化栽培し、エシャロットの名で出荷している。このようにラッキョウそのもので本来のエシャロットではない。エシャロット **échalote** はシャロット **shallot** のフランス名で、小形で分球型のタマネギである。したがって、ラッキョウとはまったく関係のない別の野菜である（タマネギの項、二九四頁参照）。料理関係の本などみると本当のシャロットと間違える人もあり、近年は外国から本当のシャロットも輸入されているし、ラッキョウをエシャロットとして出荷することは好ましいことではない。ただし生で食べるという、ラッキョウの新しい利用法を開発したことは功績である。

ニラ

ニラは東アジアの各地に野生し、中国では少なくとも紀元前後から栽培が始まったとみられている。『斉民要術』には、一度種子をまけば、永年収穫が続けられる無精者向きの野菜であること、年間五回も刈り取れるが、刈り取ったあとには肥料を施した方がよいこと、花も食用にできること、種子の発芽を試みること、冬期の間の利用法と軟化栽培と思われる方法などが記されている。この記述からみても中国の北部では古くから重要な野菜とされていたことが知られる。なお中国では現在も重要な野菜の一つで、例えば呉耕民氏の最近の著書を見ると、花用品種二、葉花兼用種三など一〇品種をあげ、普通栽培や軟化法などを述べている。また中国料理にニラがよく用いられることは周知のことである。

ニラは東南アジアや日本では古くから食用に供しているが、ヨーロッパでは現在もほとんど栽培されていない。聖書の日本語訳にはニラが何カ所も出てくるが、これはリーキのことだろうと言われている。

わが国には古代に中国から伝わり、ニラの名は古い文書にも各所にみられる。例えば『日本書紀』では神武天皇が長髄彦を伐った際の御歌の中に、「計美良比登母登《かみらひともと》　曾泥《そね》賀母登《かもと》　曾泥米都那芸氏《そねめつなぎて》　宇知氏志夜麻牟《うちてしやまむ》」とあり、『古事記』には加美良、『本草和名』と『和名抄』では古美良、『万葉集』では久久美良として出ている。『延喜式』には美良《みら》として一段の栽培にはタネ五石を用い、七五人の人手を要し、八月開花し、九月結実することなど精しい記載がある。なおニラの名の上につけられた加、計、久、古などは辛い意

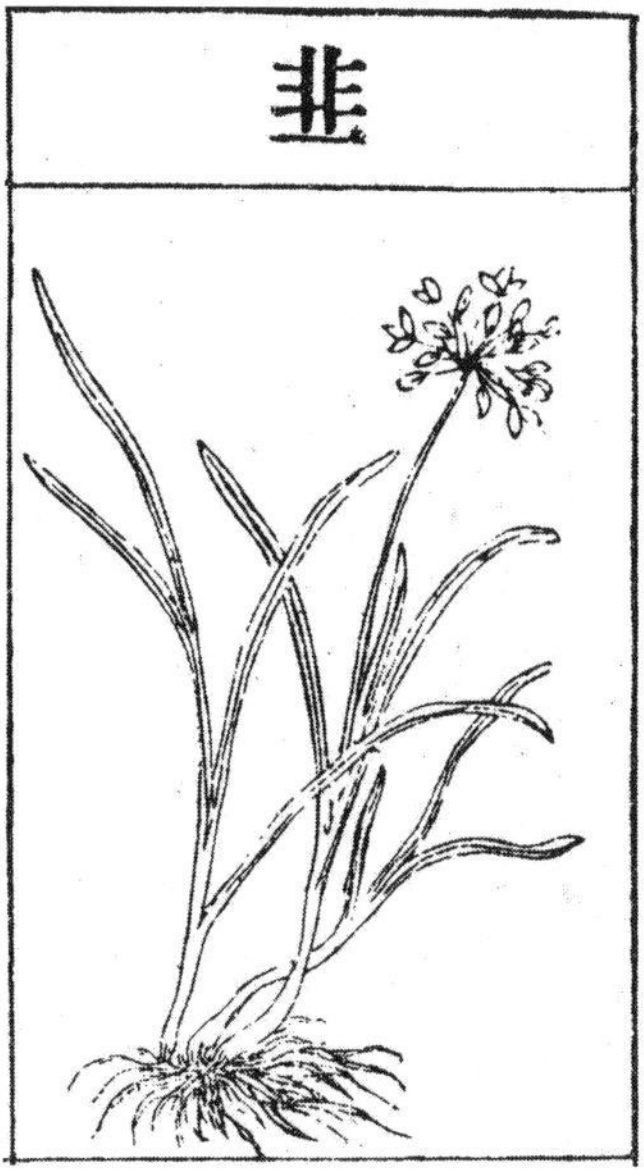

ニラ（『本草綱目』重訂版 1875）

の言葉とされ、ミとニとは浪速がナニワになったように相通じるものといわれる。なお沖縄ではニラをキリビラと呼んでいる。

以上のような古代の記述からみても、ニラはわが国では古くからよく栽培されていたことが知られる。

下って江戸時代の農書『農業全書』をみると、ニラは古代からよく知られたものとし、三葱四薤とか、冬期間保温栽培したものは薤黄と呼ばれるとか、陽起草として人を補い、温むる性のよき菜なりと『斉民要術』などの記述にならった内容になっている。

ニラは栽培がやさしく薬効があり、全国的に家庭菜園で栽培され、そのためもあってか販売を目的とした栽培はあまり行なわれなかった。第二次大戦後、ニラの生態的特性、例えば休眠性などの研究が行なわれ、ほとんど一年中生産できるようになり、また一方ニラ臭があまり嫌われなくなって消費が増大し、関東地方では各地に産地が生まれた。農林統計をみても昭和四七年から主要野菜に次ぐ野菜の一つとして表示されるようになった。

近年の全国の作付面積は二〇〇〇ヘクタールを超え、栃木、茨城、群馬の諸県など東京周辺の地域で栽培が多い。西日本では高知県が早出し産地として多く栽培している程

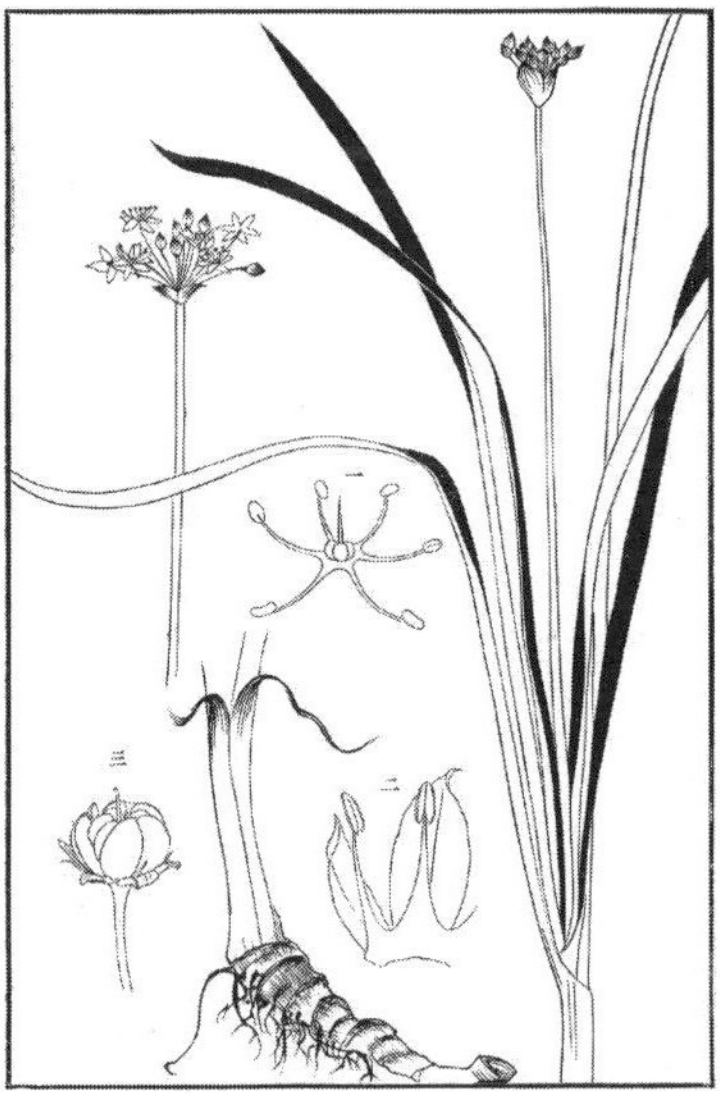
ニラ（『増訂草木図説』1907）

ニラ

度で東日本に比べると集団産地はない。

なおニラは葉ばかりでなく花蕾の若いものも特別の風味があり、ゆでて浸し物にしたり塩漬にしたりする。以前から山形県などでは花蕾が店頭に出ていたが、近年は東南アジアから導入した花蕾用の品種も栽培され、また暗黒下で軟化栽培した黄ニラも店頭に出ている。

（注）平成二三年：作付面積は二二四〇ヘクタール、収穫量は六万四四〇〇トン。高知、栃木の両県で全体の四二パーセントを生産している。

ニラの花

アサツキ

(1) 起原と名称

アサツキの仲間は北半球の温帯地域に広く分布し、ヨーロッパではチャイブの名で二〇〇〇年前にはすでに栽培していたといわれる。欧米では現在も家庭菜園を中心に食用として、また観賞用として栽培されている。アサツキの仲間には変りものが多く、ヨーロッパではアルプス地方のものが代表的なものといわれている。

アサツキはわが国を始め東洋の各地にも野生し、わが国でも古くから利用していたらしい。『和名抄』には島蒜として阿佐豆木と訓ずとされており、また『多識編』（一六一二年）には菅蒜として記述している。

このように古くから利用していたが、作物としての栽培はあまりなかったらしく、『農業全書』ではあげていない。しかし『菜譜』（一七一四年）には小葱の名で述べており、『成

チャイブの花

形図説』では『本草綱目』（一五九〇年）の胡葱はアサツキであること、また東奥ではアサツキと呼ぶものを関東では俗に蝦夷葱と呼び、東北地方に多いとしている。また八～九月に植えると春芽を出し、二～三月に茂るのでこれを食用にし、関東地方に特に多いとも述べている。

アサツキの名は、臭気が他のネギ類より少ないからとか（『和漢三才図会』）とか、根深ネギに対して浅い葱の意（『物類称呼』）とか、ヒルツキ（オオビル、ニンニク）より辛味が少ないので、昼に対する朝の意からアサツキと呼ぶとか、諸説がある。アサツキは全国各地に野生があり、古くから利用していただけに地方名も多い。秋田、山形両県ではよく食用に利用し、アサツキのことをヒロコ、サシビロ、あるいは単にヒロ、またヒルキモト、チモトと呼び、鹿児島県など九州でもセンモト、チモト、京都府の一部ではオトゲ、岡山県の一部ではホイト（乞食）ネブカと呼んでいる。

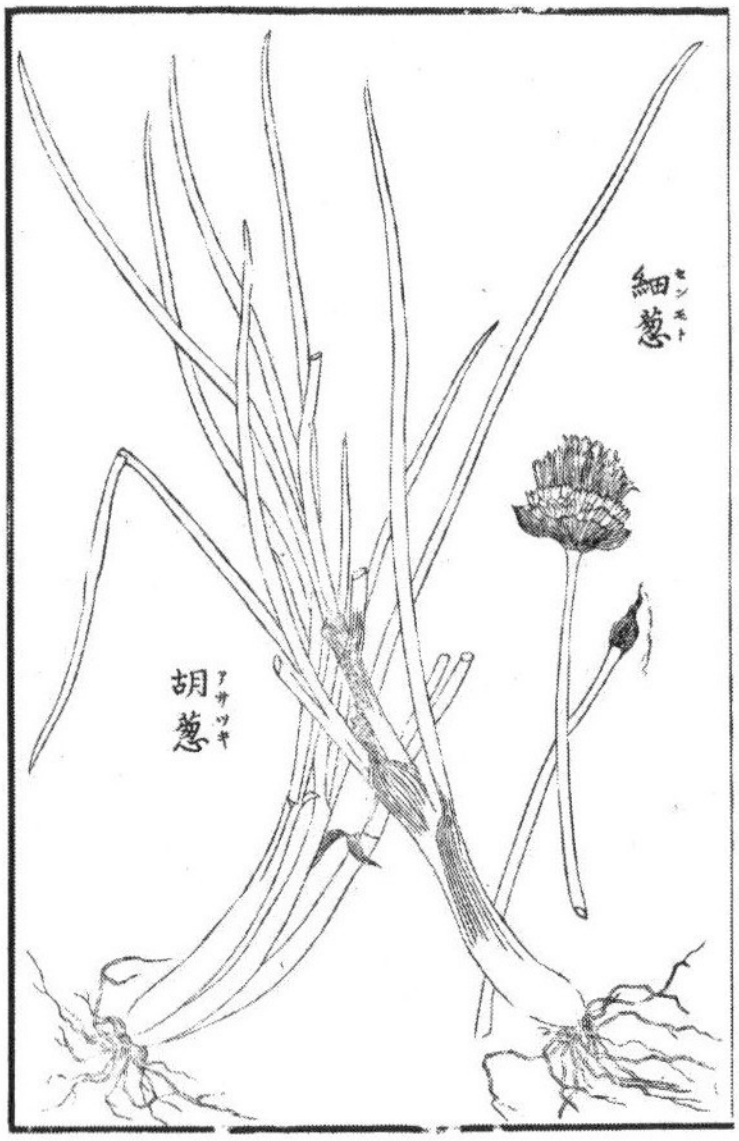

アサツキ（『成形図説』1804）

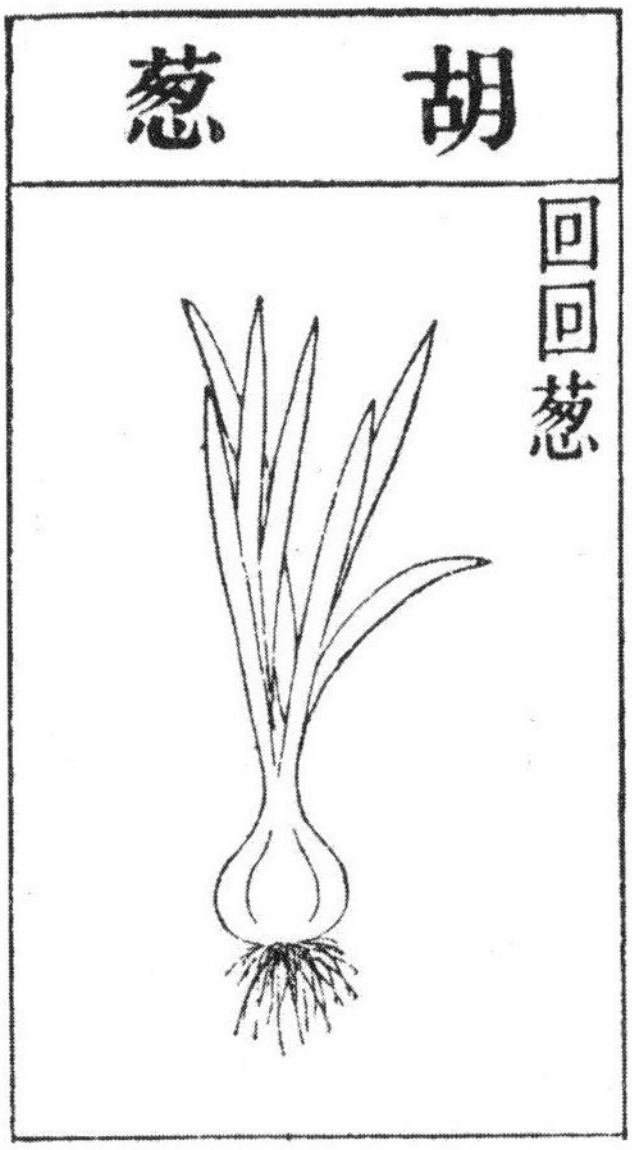

アサツキ（『本草綱目』重訂版 1875）

(2) アサツキの仲間と品種

アサツキは新旧両大陸に広く分布する植物だけに変りものが多く、欧米のチャイブと日本のアサツキとでも形態や花の色などに違いがある。日本に野生するものにも形状や性質の変わっているものがあり、種や変種の呼び方も混乱している。

例えば下の表に示したように、分類学者によって和名に応ずる学名が同じでない。なおこのほかにも変種としてヒメエゾネギ、カブアサツキがある。また大井氏はシロウマアサツキをアサツキの変種ではなく別の種としている。

エゾネギは牧野博士によると、アサツキに比べてやや大形で、花の色はアサツキの紅紫色よりいく分淡く、花の細部の形態にもいく分の違いがある。アサツキは全国各地に自生し、エゾネギは本州中部以北に分布している。両種とも鱗茎と葉が食用に供されている。山形県の酒田市付近では、主として砂丘地でアサツキの軟化栽培をしている。ここでは葉の基部や球根が紫紅色になり、分球が多く二〜三月に収穫する比較的小球のものと、やや大形で軟化した場合には白色で一一月から五月ごろ収穫され、花や球根の色が淡いものとの二系統が栽培され、俗に紫紅色のものをバンバ（婆）キモト、白いものをジジチャ（爺）キモトと呼んでいる。このうち紫紅色になるバンバキモトはアサツキで、白色〜淡紫紅色のものはエゾネギだろうと思われる。

各地で栽培しているアサツキと野生のアサツキを集めて栽培してみると、それぞれいく分違った性質をもっているのが分かる。例えば青森県三戸市で採集したアサツキは夏の休眠が浅くて秋の萌芽期が早く、山形県の吹浦海岸に野生していたアサツキは春の萌芽期が遅かった。なお福島県や宮城県で栽培しているアサツキはよく生長する。

アサツキの染色体数は通常体細胞で一六であるが、三倍体や四倍体のあることが報告され、福島県の西会津や山形県の庄内海岸でも三倍体の二四染色体のアサツキが見出されている。この三倍体のアサツキは、一見したところ普通の二倍体のものと区別できない。

学名＼文献	牧野富太郎 日本植物図鑑	大井次三郎 日本植物誌	北村四郎他 原色日本植物図鑑
Allium schoenoprasum	アサツキ	アサツキ	—
A. s. var. *foliosum*	エゾネギ	—	アサツキ
A. s. var. *bellum*	—	エゾネギ	ベンテンアサツキ
A. s. var. *orientale*	シロウマアサツキ	—	シロウマアサツキ
A. s. var. *shibutuense*	—	シブツアサツキ	シブツアサツキ

アサツキの仲間の学名と和名

このように種としては変異が多いが、作付面積が大きくないためか品種はほとんど分化していない。一般には早生（鬼アサツキ）と晩生（八房）とが区別されている程度である。

近年になって、農林水産技術情報協会では、日本各地のアサツキの系統を集め、その特性調査を行なっている。

（3）利用法

アサツキは主に球を薬味として利用する場合と、葉ネギのように主に葉を食べる場合と、冬に軟化したものを食べる場合とがある。

東北地方では四～五月の新しい球根が太ってきた頃、山野に自生するアサツキを掘り取り、いわゆるシャロットのように薬味として球を食べている。アサツキは秋に植え付けておくと、一二月頃から翌年の早春にかけて土の中で芽が伸び出している。東北地方の各地ではこの時期に雪をのけてアサツキを掘り上げ、水洗いして出荷している。この頃はちょうど生野菜の少ない時期であるし、真白いアサツキの酢味噌和えや三杯酢は味も香りもよく珍味である。福

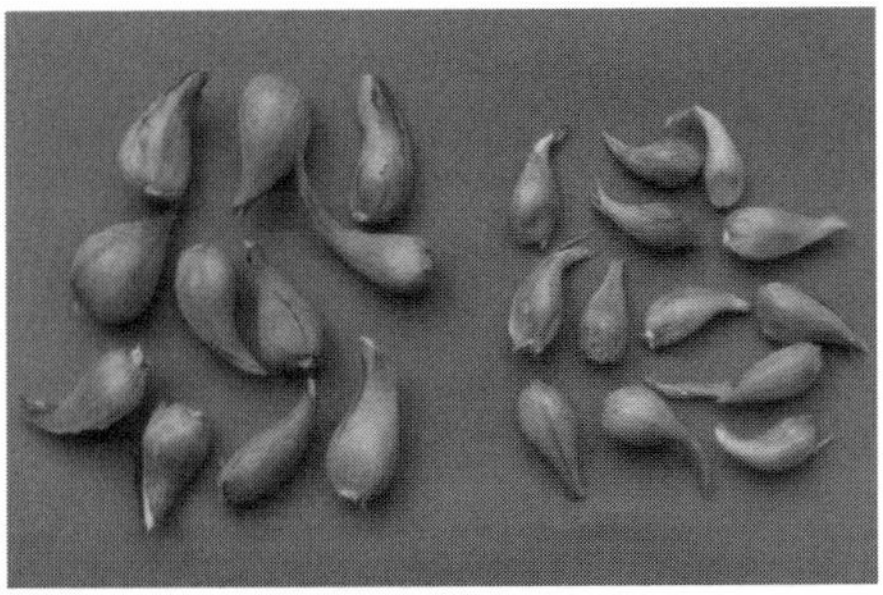

アサツキの球根
（左：ジジチャキモト，右：バンバキモト）

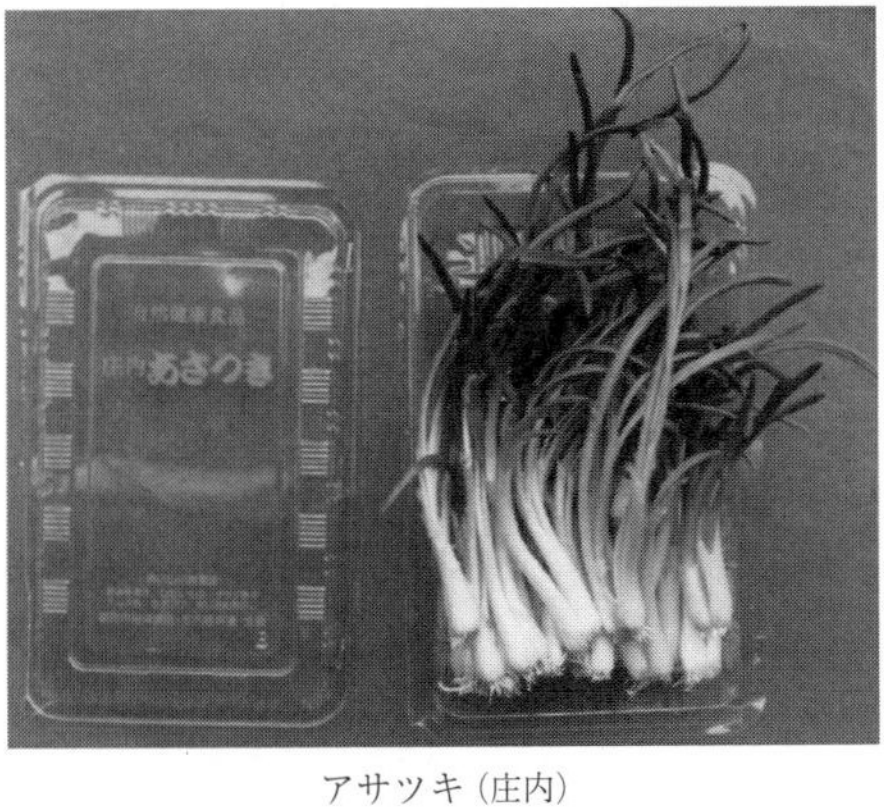

アサツキ（庄内）

白色軟化アサツキ

島県の伊達地方では、鍋で炊いたアサツキ粥が、冬の最中の暖かい食品として今でもうけ継がれている。

東京付近では葉葱のように緑の葉と、場合によっては太り始めた球とを薬味として利用している。ところで関東地方の店頭に出ているアサツキを見ると、正真正銘のアサツキもあるが、むしろ若い葉葱がアサツキの名で並んでいることが多い。特に夏から秋にかけて出荷されているアサツキは、まずネギと思って間違いない。

欧米のチャイブも細葱と同様に、葉葱状のものをサラダとして用い、またシチューや他の種々の料理にハーブとして加えているようである。なおチャイブは紫紅色の花が美しく、花壇の縁どりやロックガーデンなどに好適な草花としても用いられている。

アサツキ（東京の店頭に並ぶもの）

Ⅳ 根菜類

葉菜類は副食物の性格をもつ野菜であった。これに対し、根菜類は貯蔵栄養分を貯えている作物であるところから、古くは準主食的性格が強かった。特に戦時中や凶作年にはサツマイモやジャガイモは主食作物として扱われ、ダイコンやカブは雑炊やカテ飯として穀類にまぜて食べた。

根菜類は地中で生産されるものであって、耕土の深さ、土の組成、例えば礫の有無などが根菜の生産に直接影響する。そこで一般には耕土が深く礫などのないところが根菜類の栽培に適している。

一　直根類

ダイコン、ゴボウなどのように本来の主根が肥大して栄養を貯蔵しているもので、従前は長く大きいものが品質がよいとされた。現在は収穫、調整、出荷、それに各家庭での取扱いに便利な、てごろな長さのものが歓迎され、あまり長くない品種が主体になる傾向にある。それでもゴボウや守口大根のように、まだ一メートル前後のものもある。

作物は移植をすると直根が切れ、切れた部分から出た側根が太って叉状になり、すんなり伸びた根菜はできない。そこで根菜類は直接本畑に播種する方法がとられ、京都の堀川牛蒡のような移植栽培は例外的なものといってよい。

ダイコン

(1) 起原と伝播

ダイコンの原産地については異論が多い。一般にコーカサス地方南部からパレスチナを中心にした地域と推定され、バビロフは中央アジア、インド及び西南アジアを別々のダイコンの原生中枢とした。またダイコンの原種をセイヨウノダイコン *Raphanus raphanistrum* とする説もある。

古代エジプトでは紀元前二七〇〇～二二〇〇年頃にピラミッド建築の際、タマネギ、ニンニクとダイコンとが食物として与えられた。紀元前一三世紀には栽培の記録がある。ギリシア、ローマでは主要な野菜とされ、神への供物に用いられた。

ヨーロッパのダイコンは一般に小形で、普及は遅く、イギリスには一五世紀、フランスでは一六世紀から栽培されるようになった。アメリカには一六世紀に伝わり、品種数が増加したのは一九世紀以降である。

中国には古代に西域から渡来したとみられ、紀元前四世紀頃の『爾雅』に記載があり、蘿蔔、萊菔の名はヨーロッパのラファイと同一起原と考えられている。『斉民要術』では蕪菁の項の中で、蘆菔は根が大きく、角《さや》、根、葉いずれも生食でき、蕪菁とは別であるとしながら、蕪菁に紫花と白花があり、紫花なるを蘆菔というとカブとダイコンを混同もしている。

『本草綱目』では萊菔、蘿蔔、紫花菘、温菘などとし、品種や用途などを説明し、根が紡錘形のダイコンの図をあげている。中国では長い栽培歴の間に華南大根と華北大根とに分化し、華南大根には根用ばかりでなく、莢用や緑肥用の品種もある。

わが国では『日本書紀』の仁徳天皇の歌に、「山背女《やましろめ》の　木鍬持ち　打ちし於朋泥《おほね》　さわさわに　汝か言へせこそ……」とあるのが最初で、正倉院文書には天平宝字六年(七六二)大根とあるという。『本草和名』では菜の部に萊菔、和名於保禰、『和名抄』(園菜)には薑、於保禰、大根の二字を用ゆとある。『延喜式』には種子三斗など栽培概要があげられ、供奉雑菜として蘿菔五十把、蘿蔔味醤漬などの記録があり、ダイコンは古くから栽培され、野菜や漬物として利用された。『節用集』には大根《だいこん》、又蘆菔《ろふ》、蘿菔《らふ》、大根《おおね》とあり、室町時代中期頃はダイコンの名が用いられたことが分かる。

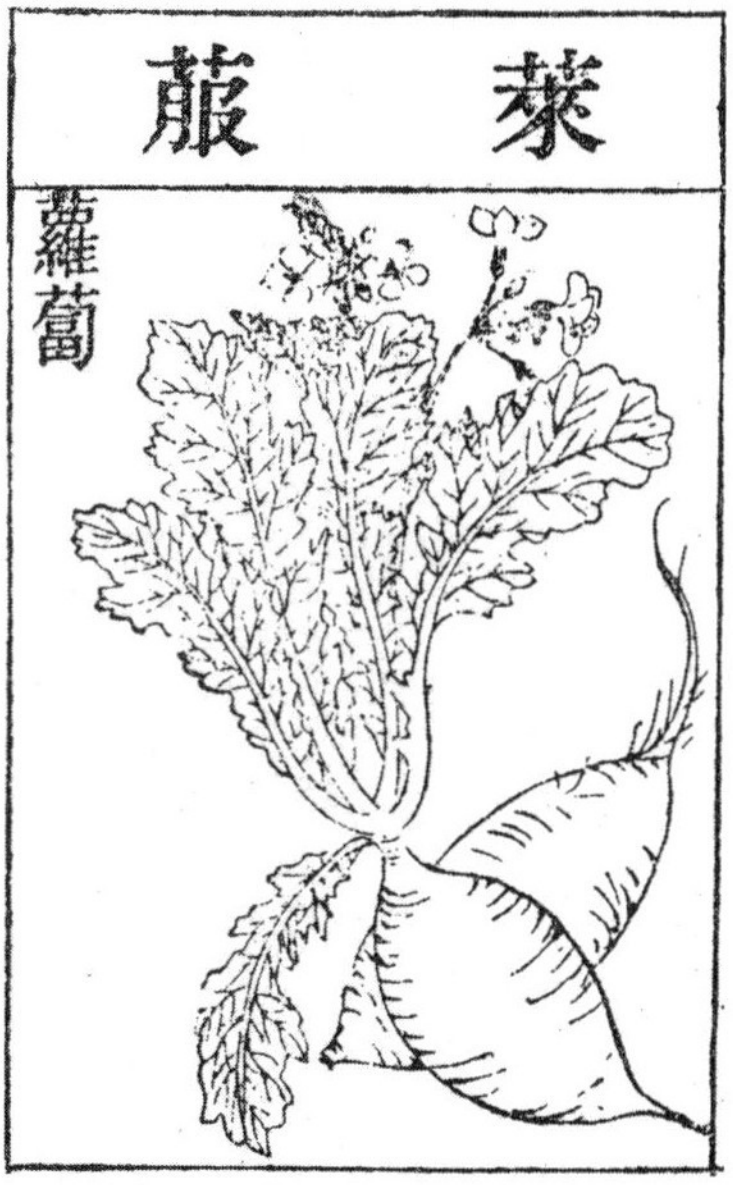

ダイコン（『本草綱目』重訂版 1875）

(2) 栽培状況

江戸時代前期の農書などをみると、いくつかの品種が成立し、作型が分化して、ダイコン栽培はその頃までにかなり進んでいたことが知られる。まず『百姓伝記』では蕺菜の最初に大こんをあげ、種に色々ありて味いも同じからずと品種について記し、夏大根は正月から五月まで、三月大根は八、九月にまき、はだの大根は七、八月にまくと年を越して、正、二月になってもすが入らないと作型をあげ、最も一般的な秋まきは、「寒国では夏土用前にまき、暖国では土用の過るのを待てまき十月廿日過ぎに抜取る」と栽培地との関係も述べている。この書物に書かれた作型分化のことは従来ほとんど指摘されていないが、特筆すべき栽培技術の進歩であったといってよい。『百姓伝記』ではさらに病虫害防除や肥料のこと、冬の貯蔵法のことなども記している。

『農業全書』でも野菜の最初に蘿蔔《だいこん》をあげ、尾張、山城などの勝れたたねを求めてうゆべしとし、宮の前大根、ねずみ大根などの品種名をあげ、畑の耕し方から始めて栽培法を詳細に述べている。品種については『大和本草』には伊吹大根、尾張大根、薩摩大根など九品種、『毛吹草』には蓮台野大根など九品種、『和漢三才図会』にも宮繁の大根など一二品種、『成形図説』では二三品種、うち一二品種は図を掲げて、栽培法、加工法などを詳しく述べている。これらの江戸時代に成立した品種のうち主要なものについては後に紹介する。

『農業全書』ではすべての作物について商品生産の面と凶荒対策を念頭において記述しているが、ダイコンの場合も「唐人は根葉ともに漬けおき朝夕のさいとなし、尤《もっとも》飢を助くると書きたり。いか様山野の菜蔬多き中に是に勝れる物少し、土地多き所にては必ず過分に作るべし」とダイコンの栽培を奨励している。南部八戸で天明の凶作を記した『市川日記』にも凶作の徴候があるとダイコンの作付けをしたことが記されている（石田實、西村嘉両氏による）。

凶作の場合の対策は近年まで続けられ、東北地方ではダイコンの根、葉共乾燥して貯蔵した。ダイコンの葉を乾燥したものはヒバ、ホシバなどと呼ばれ、汁の実、雑炊、カテ飯に用いられ、それは単に代用食であるばかりでなく、栄養的にも、食事に変化を与える点でも貴重な食品であっ

なつだいこん
（『本草図譜』国立国会図書館蔵）

た。山口彌一郎氏の『東北の食習』には、「東北地方でカテ飯といえば大根及び大根葉を混じた飯を指す程、大根は代用食の首位を占めていた」と述べられている。

切干大根　元来は貯蔵法として始まった切干大根は、貴重な貯蔵野菜であった。ダイコンの生産の多かった愛知県では二五〇年ほど前から製造が始められ、一種の鉋《かんな》で削る千切干《せんぎりぼし》、割り干、長割干、上切干、角切干、花切干（輪切干）の方法が考案され、その中で千切干の生産が多い。尾張の干大根が名産であったことは『毛吹草』や『甲子夜話』にも記されている。

明治になってから切干大根は全国各地に売出され、一時は年間七万五〇〇〇トンも生産し、輸出や軍用にも供された。近年は宮崎県が主産地で、田野町を中心にして全国の生産高約四万トンの四割程度を生産している（昭和五五年現在）。切干大根には独特の風味があり、周年生ダイコンの

ダイコンとダイコン葉の乾燥
山形県尾花沢市次年子で撮影。東北地方の山村では昔から冬の重要な食品になっていて，茎取り大根や小瀬菜大根など，主に葉を利用する品種も栽培している。

ダイコンの切干

燻しガッコ

ある現在でもかなり生産されている。なお東北地方では冬期凍結させて乾燥したものを凍み《し》大根と呼んでいる。

漬物は一種の調理法でもあるが、また重要な貯蔵手段でもあった。ダイコンの漬物で有名な沢庵漬は、江戸北品川東海寺の沢庵禅師（一六四五年頃）が始めたと伝えられている。沢庵漬は米の精白の際出る米糠と塩で漬けたもので、当時は上層階級のものか非常用の食品であった。その後糠が庶民のものになり、練馬大根の産地で沢庵漬を製造して売出したことで沢庵漬は大衆食品になり、一時は年々数千樽を売出し、輸出もするようになった。

江戸時代までにはこのように作型が分化し、漬物や切干などの加工法が開発され、ダイコンは米食を主食とした日本人の食生活には欠かせない重要な野菜になった。

ダイコンは正月の歯固めなど行事食にも広く用いられ、春の七種《くさ》の一つスズシロとして七種粥《くさがゆ》にも用いられる。また大根の年夜《としや》、大黒天の縁日に二股《ふたまた》大根を供える大黒祭、煮たダイコンを供養する京都成滝などの大根焚《た》きなどの諸行事があり、シメ飾りに用いたり、違い大根は家紋にもなっている。このようにダイコンは日本人の生活にとけこんでいる。

ダイコンは成分的に特にすぐれた野菜ではないが、摂取量が多く、栄養的に重要な野菜である。なおジアスターゼを含み、米食とのとりあわせは合理的である。そして長い歴史の間に煮食、漬物のほか、おろし、なます、ふろふき、おでん、あら煮など多くの料理法が工夫されている。大根を細く刻んだものを俗に千六本に切るというが、これは繊《せん》蘿蔔《ろふ》のなまりだと『倭訓栞』に出ている。漬物は沢庵漬が有名であるが、粕漬の一種の桜島大根の薩摩漬、守口大根の守口漬などがある。農村では長期用の置漬《おきづけ》を作り、秋田県では燻製大根の漬物、燻《いぶ》しガッコがある。近年は各家庭での漬込みはあまり行なわなくなり、需要は以前より減少している。それでもダイコンは日本人にとってなくてはならない野菜である。

近年の栽培状況　明治以後の栽培状況を農林統計でみると、明治末頃の全国の作付面積は九〜一〇万ヘクタール、大正年代は一〇〜一一万ヘクタールを前後した。昭和元年の作付面積は約一〇万ヘクタール、収穫量は二四〇万トンで、その後昭和四〇年頃まで作付面積は九〜一〇万ヘクタールを維持し、収穫量は漸増して三〇〇万トンをわずか凌駕した。その後は人口増にもかかわらず消費は減少し、昭和五五年の作付面積は七万二五〇〇ヘクタール、収穫量は約二七〇万トンである。それでも作付面積は常に野菜の中の第一位で、二、三位のキャベツ、ハクサイの合計とほぼ等しく、全野菜の作付面積の一一パーセントに当っている。

ダイコンの生産の多いのは北海道と東京近郊の畑の多い府県で、全国どこの府県でも栽培している。また周年生産されているが主体は秋冬ダイコンで、春ダイコンは近郊地、夏ダイコンは高冷地に多い。加工向けダイコンの量は第二次大戦後増加し、全生産高の約四割とみられている。

（注）平成二三年：作付面積は三万四九〇〇ヘクタール（ジャガイモに次いで第二位）、収穫量は一四九万三〇〇〇トン。生産が多いのは北海道、青森県、千葉県となっている。

(3) 品種

世界のダイコンは廿日大根、小大根、黒大根、華北大根、華南大根に大別できる。わが国で古くから栽培したのは華南大根で、その後華北大根が入ったものとみられている。廿日大根は明治以降に渡来し、作付面積は少ない。このほか浜大根、野大根が自生している。

日本のダイコンの主流になっている華南大根は多汁質で、漬物、煮物に適し、米食にあいサラダにはむいていない。耐寒性は劣り、夏から秋の栽培が多い。華北大根は根

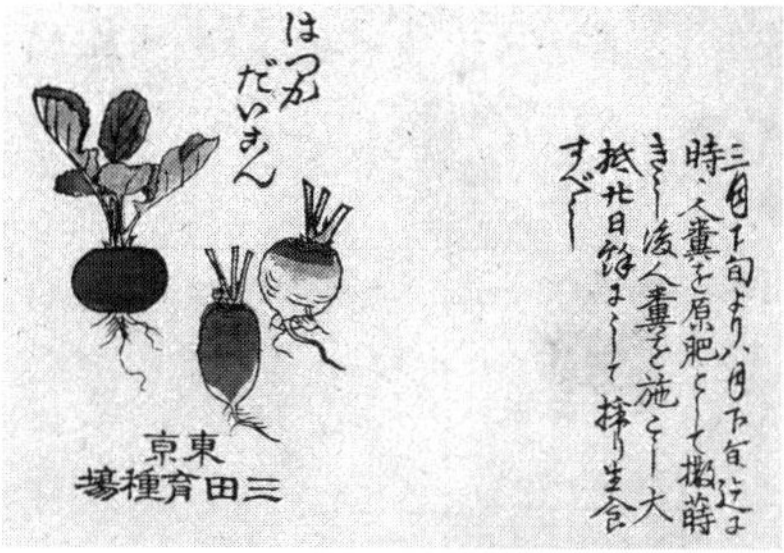

廿日大根（『穀菜弁覧 初編』1889）

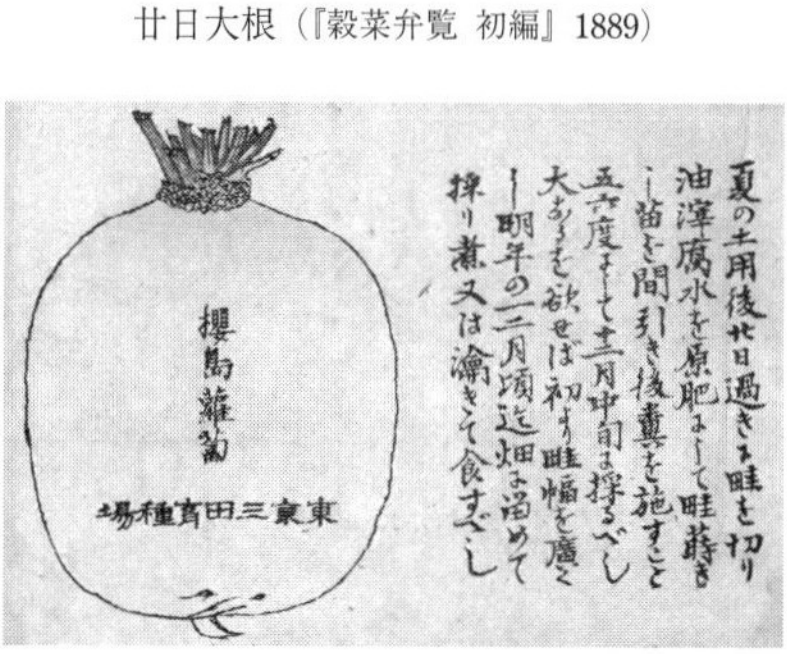

桜島大根（『穀菜弁覧 初編』1889）

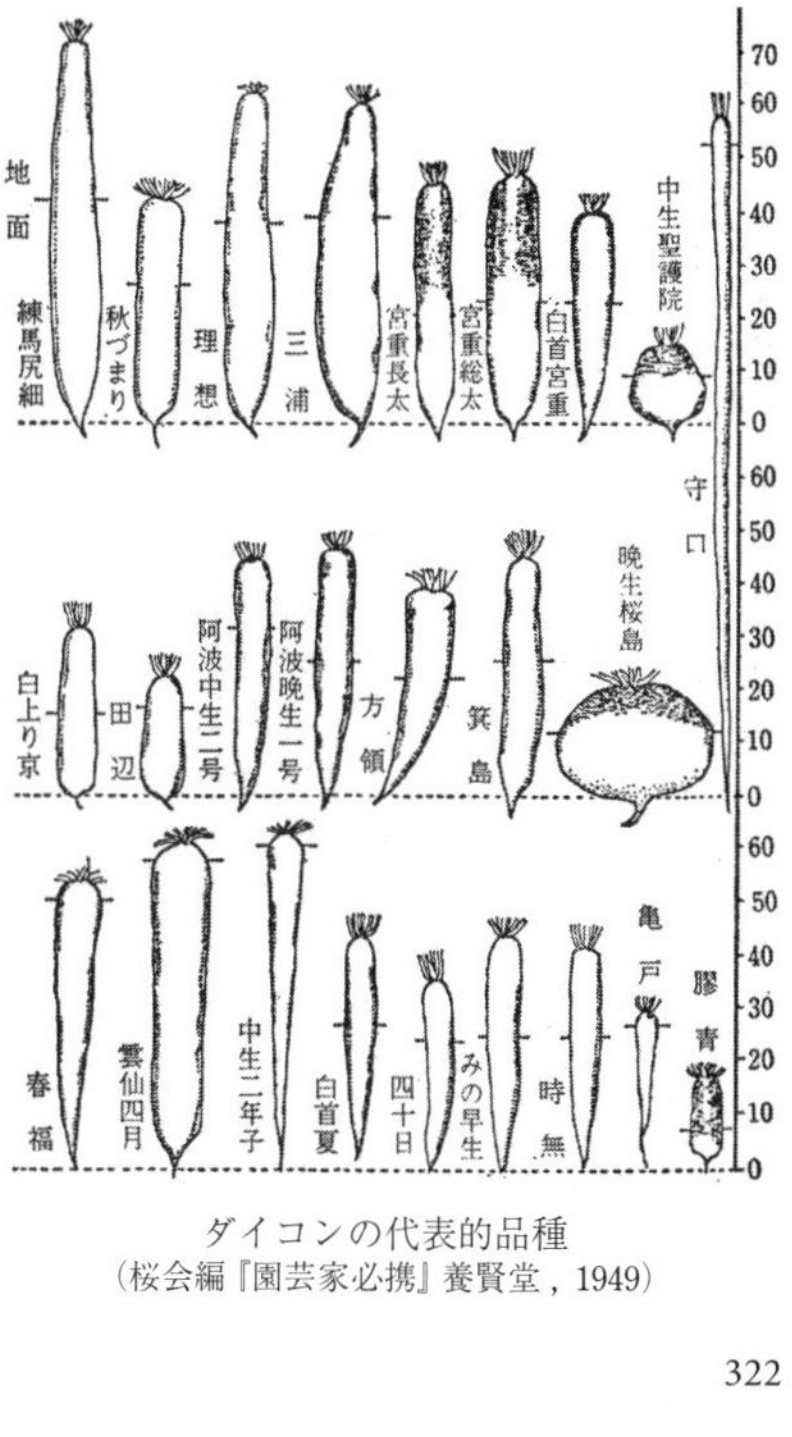

ダイコンの代表的品種
（桜会編『園芸家必携』養賢堂，1949）

が一般に短く、デンプン質で着色品種も多く、漬物や生食用にむいている。低温地むきの品種で、日本では中部地方以北に多い。

　ダイコンには品種が多い。昭和四〇年刊行の『日本の大根』では一〇九品種の写真をあげている。それも単に品種数が多いだけではなく特に変異の幅が大きい。例えば大きさでは重さ一〇～四〇グラムの廿日大根から時には三五キロにもなる桜島大根まである。

　根の形では桜島や聖護院《しょうごいん》大根のような丸大根から宮重《みやしげ》、練馬大根など大部分の品種のような長根種、さらに直径は二～三センチに過ぎないのに長さは一五〇センチ程にもなる守口大根まである。また同じ長根種でも尻のこける尻細練馬、尻まで肉の入る円筒形の大蔵《おおくら》大根、中央部が膨らむ三浦大根等がある。なお根が地中に入る吸込み型の品種と根が地上に抽出する型の品種とがあり、関西など耕土の浅い地域では丸大根か抽出型の品種が栽培される。

　ダイコンには白い膚を思わせる純白の根の品種が多い。しかし青首宮重のように地上部の光の当る部分が淡緑色の品種、濃緑色で内部まで緑色のもの、地上部が紫紅色や紅色の品種、外部は緑で内部は紅色の心裏美《しんりび》大根などがあり、外国には黒いダイコンまである。

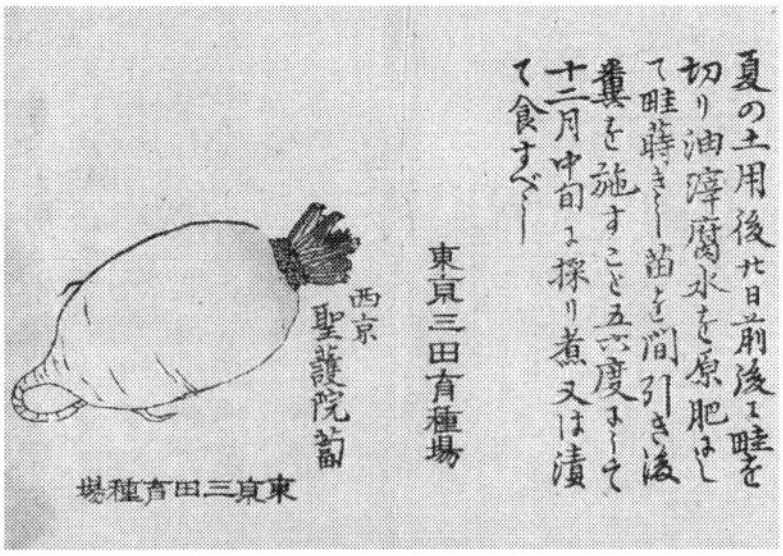

聖護院大根（『穀菜弁覧 初編』1889）

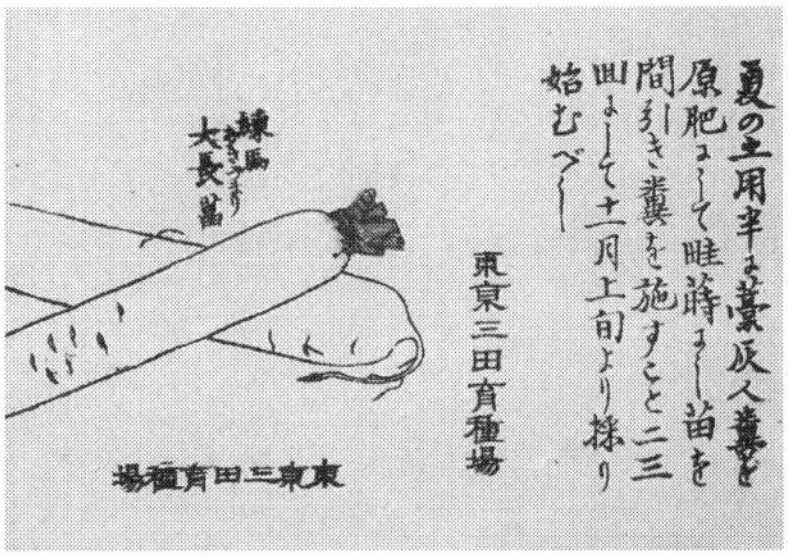

練馬大根（『穀菜弁覧 初編』1889）

尾張宮重大根（『穀菜弁覧 初編』1889）

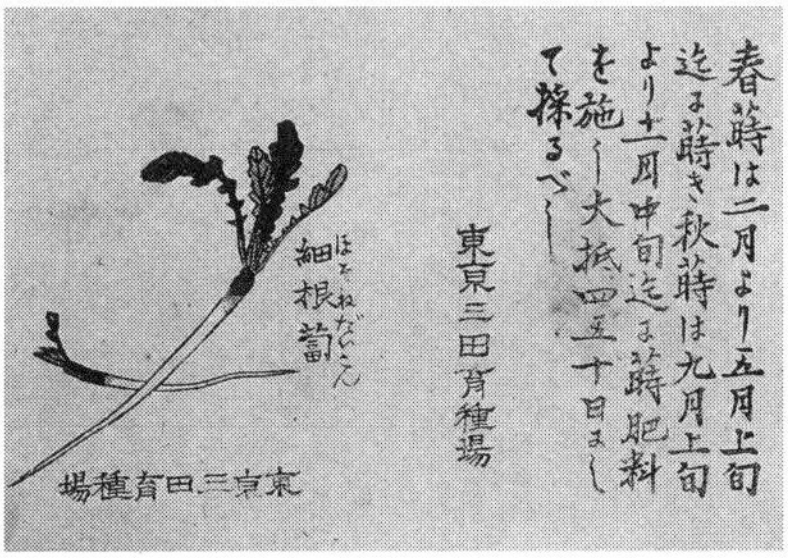

細根大根（『穀菜弁覧 初編』1889）

葉の形もさまざまで、葉の縁に欠刻のある大根葉、オカメ葉、欠刻のない板葉、逆に欠刻の深い人参葉《にんじんば》があり、毛が多いもの、少ないもの、葉柄まで紅色の品種などがある。

ダイコンは収穫までに五〇～六〇日かかるのが普通であるが、廿日大根、四十日大根は名前のように短期間でよく、逆に晩生の品種や年を越す品種は収穫までに一〇〇日以上を必要とする。冷涼な天候を好むが、それでも比較的暑さに強いみの早生大根は夏に栽培が多い。冬は寒風でも傷まない吸込み性の二年子大根が栽培される。また、低温にあうと花芽ができ、花茎が伸び出すと根が硬くなり商品にならない。南方型の品種はわずかの低温で花ができ、二年子大根などは相当長期間低温にあっても花ができないので冬から春に栽培され、近年入った韓国大根も低温

方領大根

心裏美大根

黒大根

岩国赤大根

赤筋大根

支那青大根

に鈍感である。

おろしには辛味の少ない品種が好まれるが、ソバにそえるには辛味の強い品種がよい。切干大根には乾燥歩止まりの高い品種が適し、置漬には質の硬い品種が用いられ、煮食、漬物、フロフキなど用途に応じて適品種がある。葉に毛がなく軟らかで葉のよく生長する品種は葉用として栽培され、南方には莢用品種もある。

このように多種多様の品種があることは、長年の間栽培農家が品種改良に努力したことだけではなく、ダイコンが元来変異性に富んだ野菜であるからだと思う。それにもかかわらず最近市場に出廻る品種の数は比較的少ない。それらの多くは一代雑種で、全国各地、北から南まで同じ品種が栽培される傾向が強い。味よりも外観が重視される傾向もある。

それでも地方にはその地独特の品種がまだかなり残っている。野菜試験場でまとめた『野菜の地方品種』をみると一一〇品種あげられている。しかし戦後失われた品種は相当多く、現在残っている品種も何らかの保護対策を講じなければ逐次消えて行く運命にある。

以下主な品種の来歴を紹介する。

宮重大根　宮重《みやしげ》大根と方領《ほうりょう》大根は日本のダイコンの中核ともいえる品種で、関西の聖護院大根、関東の練馬、鹿児島の桜島大根などは宮重大根かこれと縁の近い方領大根から生まれた品種といわれる。また近年は青首大根として宮重大根の品質のよさが見直されている。

愛知県、特に尾張地方では華南大根の系統のすぐれた品種が古くからあり、これに岐阜、長野両県に分布する華北系の品種とが交雑し、江戸時代初期には尾張独特のすぐれた品種群が成立していたらしい。さらに古く寛正六年（一四六五）には珍奇なダイコンとして尾張のダイコンが時の将軍足利義政侯に献上された。『毛吹草』に各地の名産品の一つとして尾張の大根があげられ、『農業全書』では

宮重大根

尾張、山城などをすぐれたダイコンの産地としている。尾張で書かれた『尤草紙《もっとものそうし》』（一六三二年）では太きものとして尾張大根などをあげ、地元では当時尾張大根の名があったらしい。『大和本草』では尾張大根は長鼠大根と同じからずとあり、この頃には尾張以外の地でも尾張大根と呼ばれた。

『和漢三才図会』（一七一三年）に「尾州宮繁之産大者長三尺（九〇センチ）、周半尺、重五〜七斤（三〜四キロ）」と初めて宮繁（重）の産地が記されている。『渡辺幸庵対話』（一七一〇年）では尾張大根は宮重と云所より作り出すとあり、『張州府志』（一七五二年）には春日井郡の土産として「蘿蔔出二宮重村一、天下以二尾張蘿蔔一為二名産一。就レ中宮重村為二第一一」とある。『愛知県園芸発達史』によれば宮重大根として書かれた最初は『尾張産物志』（一七三四年）で、みやしげ、宮重大根、落合村とある。寛政四年（一七九二）には尾張大納言宗睦卿が宮重大根を献上した記録があり、『尾張名所図会』（一八四四年）では宮重大根の歴史などを記している。

これらの記録をみると、大形で有名な尾張大根の中から出た良質なダイコンとして注目され、享保の頃（一七二〇年頃）宮重大根と呼ばれるようになったものとみられる。

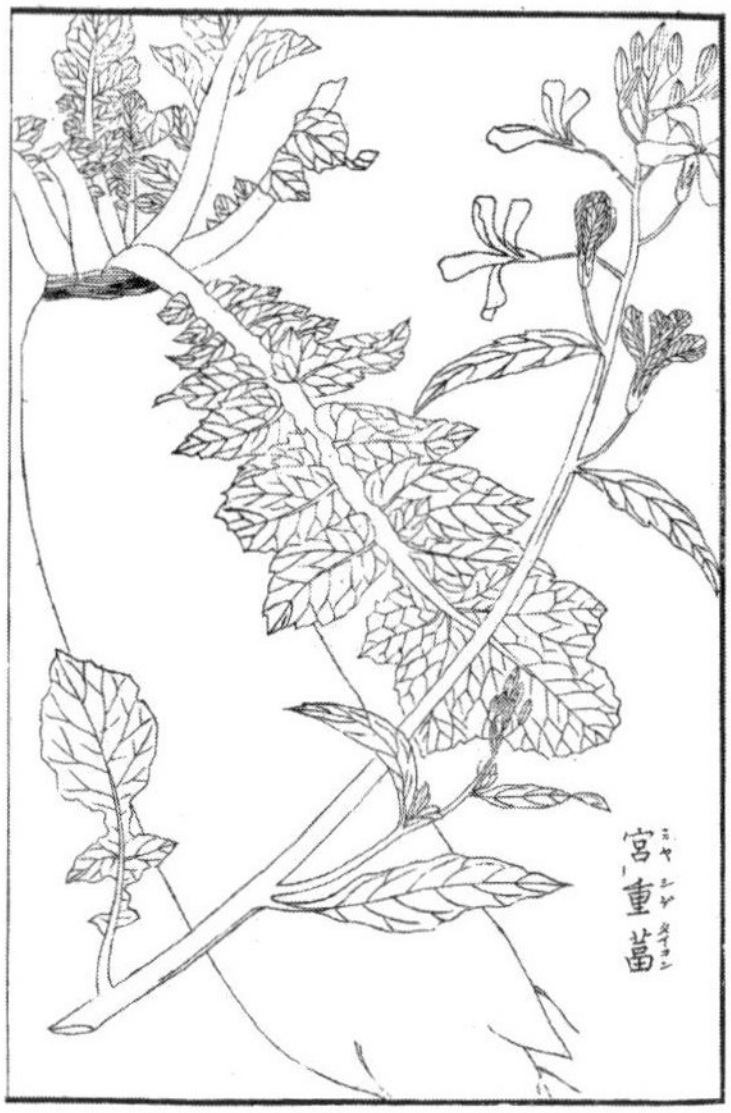

宮重大根（『成形図説』1804）

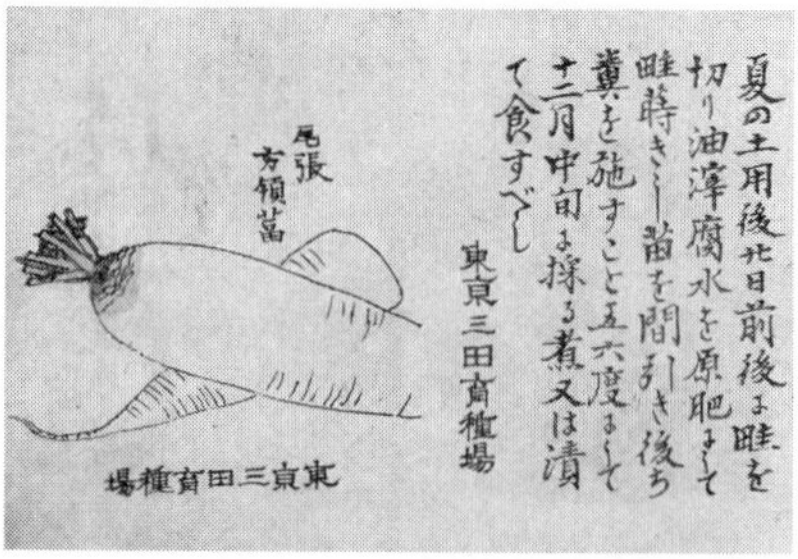

尾張方領大根（『穀菜弁覧 初編』1889）

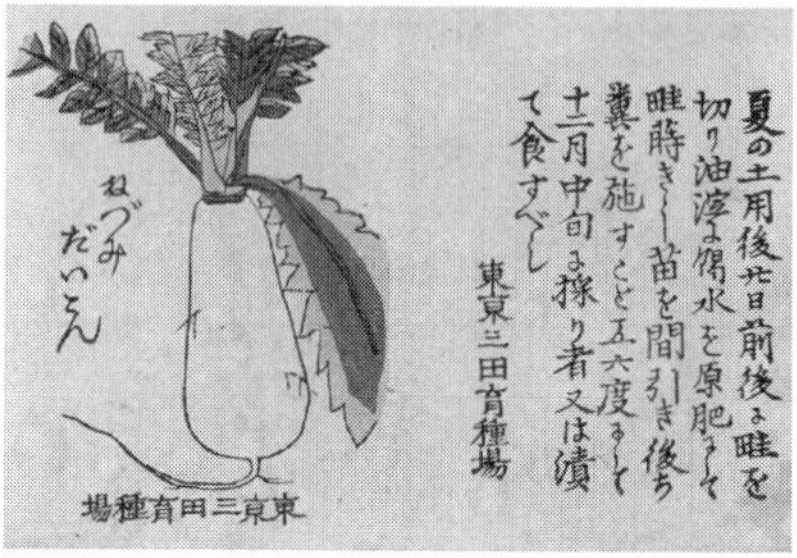

鼠大根（『穀菜弁覧 初編』1889）

熊沢三郎氏はその形質から、方領大根に近い尾張大根と、青首の華北系の品種とが交雑して宮重大根が成立したものとし、伊吹大根、鼠大根、辛味大根や長野県などに残っている華北系の地大根は、江戸時代の華北系大根と一連の品種であると推定している。

練馬大根　『東京府北豊島郡誌』によると、一六九〇年頃徳川綱吉公が尾張からダイコンの種子を求め、字桜台の地で試作させた。その結果重さ三貫目（約一一キロ）長さ四尺余（一・二メートル）のダイコンができたので地元に培養を命じ、爾来年々献上させた。なお安永年間に出た『武蔵演路』には上練馬の百姓又六が作り出したと記されているという。『本朝食鑑』には「江都近郊最美者多、就中根利間《ねりま》、板橋、浦和之産為勝」とあり、この地帯は当時ダイコンの産地だった。『食物知新』（一七二六年）には諸国名産として尾張大根などと共に武州練麻大根と記され、『古今要覧稿』には「近郊練馬清水村のもの、その名四方に知られたり」とある。

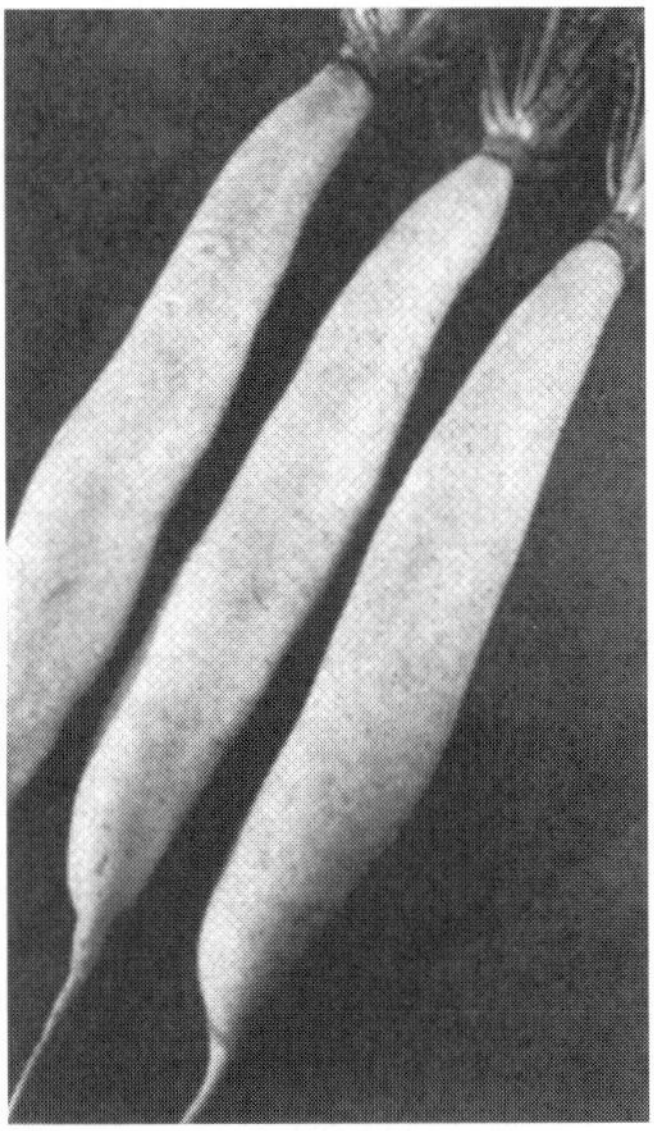
練馬大根

これらの記述からみて、練馬《ねりま》大根は一七一〇年前後に成立したと推定され、熊沢氏は尾張大根の中の方領大根と練馬地方の在来品種との自然交雑によったものとし、森健太郎氏は在来品種と華北系品種との交雑によったものとみている。

その後練馬は沢庵漬の普及と共にダイコンの大産地にな

練馬大根碑

り、練馬大根はダイコンを代表する品種として各地で栽培された。その間に尻細系と尻づまり系が分化し、他品種との交雑で理想、三浦大根など多くの品種が生まれた。現在は練馬大根誕生の地は市街化し、又六翁の菩提寺愛染院の山門の傍らに、関係者の持ち寄った沢庵漬の重石で作った台上に建てられた「練馬大根碑」だけが残っている。

守口大根　古くから宮の前大根として知られた品種で、『毛吹草』(一六三八年)に摂津天満宮前大根とあり、『農業全書』には「又宮の前大根として大坂守口の香の物にする細長き牙《は》脆き物あり」とある。『大和本草』にも形小にして長く河州守口ではこれを糟漬にするとある。このように守口大根の名は、漬物加工した守口の地名から出たもので、『成形図説』では守口大根と呼んでいる。

守口大根は細長いことで知られるが、『和漢三才図会』(一七一三年)には「長二尺許(六〇センチ)周可二一寸半一(四・五センチ)而本末均似二白紐一」とあり、当時の守口大根は現在より太く短かった。『有用植物図説』(一八九一年)には長さが八〇センチとあり、現在は一メートル以上、長いものは一・七メートルにもなる。このように根が以前より長くなったのは品種改良の成果だけではなく、耕土の深い岐阜市外の沖積地帯で深耕に努めた結果でもある。

守口大根は江戸時代には波多野大根と似た品種とみられた。熊沢氏は葉の形質などから尾張大根の中の方領大根に近縁の品種と推定している。

(4) 野大根と浜大根

わが国には古くから自生のダイコンがあり、人々から注目され、栽培化して利用した。『毛吹草』では山城の蓮台野大根、相模の秦野大根、近江の志賀山中大根、肥後の久保田野大根をあげ、『百姓伝記』では「はだの大根と云て相模国はだのに自然と生出る大根あり、皮厚くこわき大根なり、今は国々里々へ種をとりて畠につくる。大こんにはならずほそく長く出来る。七、八月に蒔て年を越、正二月までしぎ(ス)にならず、香のものにして風味よし」とあり、春先用のダイコンとして栽培していた。『農業全書』には小大根、伊吹菜、鼠大根が、『本朝食鑑』では信州景山と鼠大根をソバの具にするとあり、『大和本草』、『和漢三才図会』、『菜譜』、『食物知新』、『物類称呼』、『倭訓栞』にも同様の記述がある。『成形図説』では膽吹《いぶき》大根のほか日向財部《たからべ》の蓑《みの》原《はる》大根も自生し畑に植えるとして図を掲げている。伊吹大根については『近江輿地志略』(一七三四年)にも同様な記述がある（粕淵宏昭氏）。

これらの記述をみると、秦野大根や伊吹大根は自生もしたが栽培もされ、早春どり品種あるいは辛味大根として利用していた。熊沢三郎氏は日本のダイコン品種の成立過程を論じた中で、前掲の自生大根の名をあげ、関東方面の野生のものが波多野で栽培化されて二年子大根に進み、関西では時無大根になり、蓑原大根のような南九州の野生大根と栽培種との交雑で桜島大根が成立したものと想像され、波多野大根などは日本のダイコンの進化上重要な意義をもつものと記している。

これらの自生大根とは別に野大根の記録もある。『古今要覧稿』（一八四二年）に「こほね一名こおほね一名弘法大根、野蘿蔔、此種は西国及び陸奥会津等の野圃のほとり或は道傍にもおのれと生出るものにて、その茎葉すべて蘆菔に似て小、根もまた相似て長さ僅に四五寸、春時これを採て醃蔵し食うにその味美なり、また家圃に作る者もあるよし」とある。

守口大根（宮の前大根）
（『本草図譜』国立国会図書館蔵）

会津には現在も四郡にわたる広い地域に自生大根があり、弘法大根またはアザキ大根と呼び（折笠常弘氏）、弘法大師が残した救荒植物として凶作時や戦時中には利用した。弘法大根は隣接した山形県米沢市でも以前は群落をなして自生していた。また山形県庄内地方の藤島町では野大根、野良大根と呼ぶダイコンが自生し、『両羽博物図譜』（明治中期）にも野大根の図が載っている。これらの自生大根は庄内海岸の浜大根と区別しにくい。

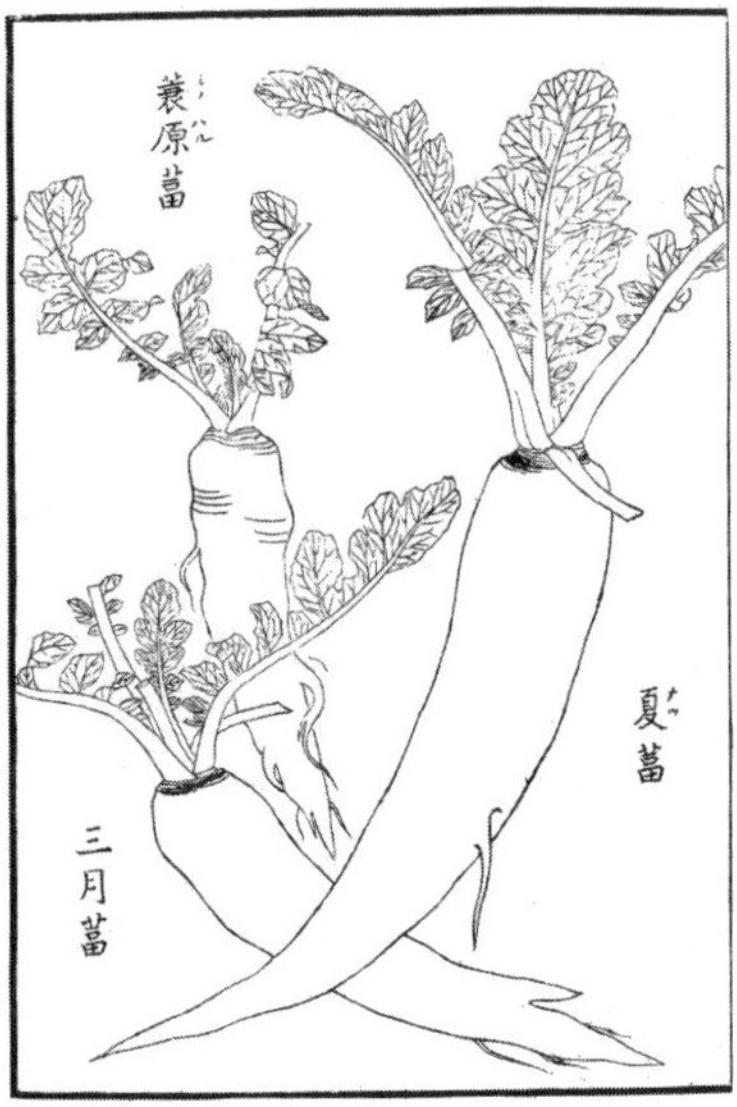

蓑原大根（左上『成形図説』1804）

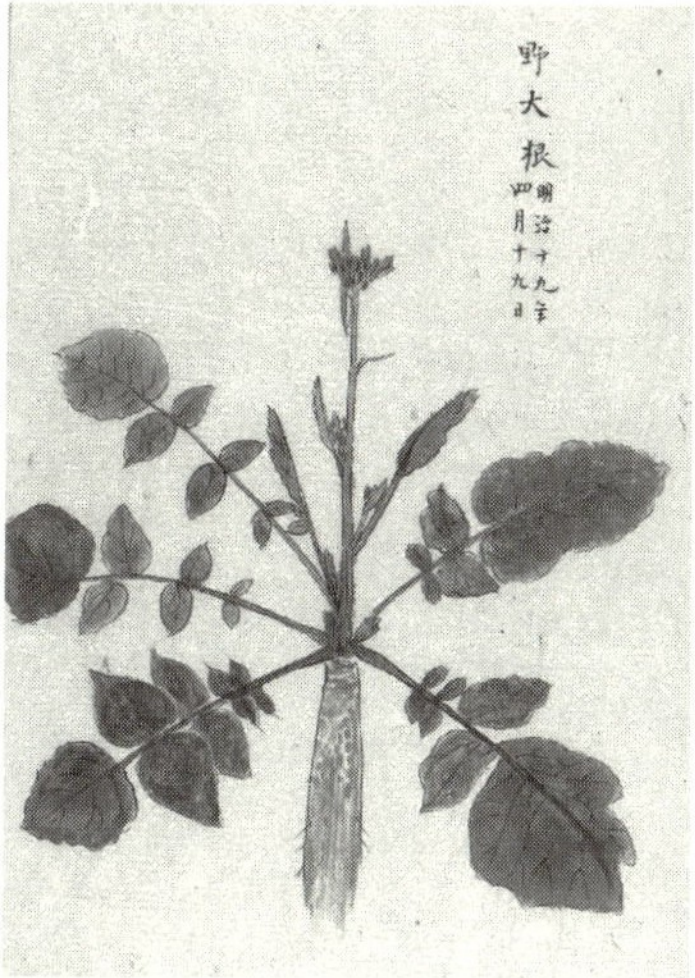

野大根
(『両羽博物図譜』酒田市立図書館蔵)

野大根

浜大根

浜大根、野大根は白花の栽培種と違い花は紫紅色で根はあまり太らない。自生大根の最大の特徴は莢が硬く節があり、成熟すると一粒ごとに落下し、種子は休眠性が強い。栽培大根は莢が軟らかで節がなく、種子をまけば間もなく発芽する。なお紫花と種実の脱粒性は白花、非脱粒性に対して遺伝的に優性の形質である。

植物分類学者は浜大根を栽培種の逸出したものとしている。中尾佐助氏も栽培植物の脱出野生化は簡単にいくものではないとしながらも、栽培種に優性突然変異がうまく重なりあって逆進化がおこり、その結果浜大根が生まれたものとみている。しかし浜大根は全国各地にみられ、さらにアジア、ヨーロッパと全世界に分布し、日本で栽培種から浜大根が成立したとは常識的にも考え難い。熊沢氏は野生大根には逸出のものと自生のものとがあるとし、また小大《こおほ》根《ね》の語に注目し、前記のように栽培品種との関係を推論している。

平安時代の『和名抄』では園菜として「温菘、和名古保禰、味辛大温無毒者也」とあり、『本草和名』では「温菘、和名古之、古保禰」とある。『東雅』には葍、ヲホネ、温菘、コホネとし、これは俗に細根大根というものの類と記している。

『大和本草』では野蘿蔔の項を設け、「『救荒本草』に曰く平陸に生ず、蔓菁に匪ず蘆菔の如し、之を求むるに難からず、烹て熟し易し、飢来て之を穫れば梁肉に勝れり、今案、西土の小大根相州の波多野大根是なり。西土の小大根は小なり。根細長く波多野大根は小ホネより大なり。別物一類也。共に野圃にも作る。二種共に脆美なり味辛し、根は地上に不出。常の大根に異り春蔬の佳品なり」と記している。

これらを総合すると、中国に野生し凶荒時などに利用した野大根が古い時代にわが国に伝わり、園菜として栽培されて全国に広まり、それが各地で野生化して野大根、浜大根になり、現在も生育しているものと推定できる。わが国への渡来が作物として導入したか、他の作物の随伴雑草として渡来し、渡来後コホネとして栽培化されたかは明らかでない。このコホネが栽培大根との交雑で二年子大根や桜島大根が成立したとすると、世界に誇る日本の多様なダイコン品種の成立にコホネが関与したことになる。現在見棄てられている浜大根についての研究は意義があり価値があるものと思う。

カブ（カブラ）

（1）起原と伝播、栽培状況

カブはヨーロッパの海岸に野生している。しかしそれは逸出品ともいわれる。カブの起原については一元説、二元説や多元説があり、シンスカヤは南ヨーロッパの地中海沿岸と西アジア、特にアフガニスタンを原生地とみている。いずれにせよカブとツケナはアブラナの変種であるので、アブラナの栽培地ではカブが成立した可能性がある。シンスカヤは世界のカブを七群に分け、葉が全縁で無毛な日本のカブをその中の一群としている。これは日本のカブが外国のカブと形質が違い、品種分化も進んでいるためである。

中国へは約二〇〇〇年前に伝わった。『斉民要術』では野菜の中で二番目に蔓菁（蕪菁）をあげ、その特性や栽培法、乾燥して漬物にする方法などを詳しく記述している。ただし中国では近年はカブはあまり栽培しない。

わが国では『日本書紀』に持統天皇の七年三月、天下に桑、紵、梨、栗、蕪菁《あをな》等草木を殖ることを勧め、五穀の助けとする詔を出している。『新撰字鏡』、『本草和名』では阿乎奈とし、『和名抄』では園菜に蔓菁、和名阿乎奈、蔓菁根、加布良とし、『類聚名義抄』では蔓発根カブラ、蕪菁アヲナ、蕪菁子ナタネと使いわけている。

『延喜式』では内膳司の巻に営蔓発一段種子八合、総単功三十二人半……と栽培概要が記され、供奉雑菜として蔓発四把、蔓発黄菜五斗、料塩三升、蔓根須須保利六石、蔓菁菹《あおなづけ》十石、蔓根搗《かぶらかち》五斗などと各所に記され、典薬の部には伊豫国から蕪菁子三升が納められと記されている。これらをみるとカブは当時園菜として栽培され、根も葉も漬物にされ、また種子は薬用にも用いられ、相当重要な野菜であったことがうかがえる。

カブは『日本書紀』にあるように穀類を助ける作物としても重視された、『農業全書』ではカブが重要な作物である理由として、第一に飢餓の際穀に混ぜるとよいとし、他の菜は久しく食べると健康を害するが、カブは多く、長く食べても病にならず顔色がよくなる。まして穀を加えて食べるとよいとし、たねを多く貯えおいて凶作の徴候があれば多くまいて難をのがれるように勧めている。また中国で漢の桓帝が凶作時にカブを作らせたことや、諸葛孔明が軍のさきざきでしばしの在陣でもカブをまかせたのでカブのことを諸葛菜と呼ぶとも記している。

八戸では天明の凶作時にダイコンとカブを栽培させたが（三二九頁参照）、東北地方では古くから常畑または焼畑で毎年カブを栽培し、根と葉は貯蔵して冬から春の食糧とした。焼畑栽培については後に述べるが、東日本の北方型の焼畑ではカブがよく作られ、それは南方型焼畑のイモに相当する重要な根菜であったらしい。冬の貯蔵法はいろいろ工夫され、芽が出ないように首を切ったりした。

カブはスズナと呼ばれ、春の七種の一つとされ、スズシロ（ダイコン）と共に重要な作物とされた。江戸時代の農書、『百姓伝記』、『農業全書』、『菜譜』などをみるとダイコンに次いで記述文が長く、品種名があげられ、すでに品種が分化していたことが知られる。例えば『毛吹草』では山城の内野蕪、摂津の蕪、陸奥の大蕪が、『農業全書』では天王寺蕪、近江蕪、『菜譜』では赤蕪、すわり蕪など、『成形図説』では酢茎、天王寺など一四の品種名をあげている。また山城地方誌の『雍州府志』では山蕪を、『芸備国郡志』では燕蕪、吉田蕪をあげ、山形県では温海蕪の記録（一六七二年）がある。

品種の数はその後もさらに増加し、また地方には名称をもたないような在来品種が数多く成立している。熊沢三郎氏らは昭和年代のわが国のカブ品種を一七品種群に分け、三一の代表品種と五六の類似品種をあげている。筆者も『野菜』で八〇余の在来品種について簡単に解説し、野菜試験場編集の『野菜の地方品種』では七八品種をあげている。

明治末以後のカブの栽培状況を農林統計の数値からみると、明治末頃の全国の作付面積はニンジン、ネギとほぼ同じ九〇〇〇ヘクタール前後であった。大正時代は大体一万ヘクタール作付けされ、昭和四〇年頃までは横ばい状態が続いた。全国の収穫量は大正年代の約一五万トンから昭和四三年頃は約二〇万トンまで増加した。しかしその後は作付面積が減少し昭和五五年は七六八〇ヘクタール、収穫量は約一九万トンとなっている。

カブ（『成形図説』1804）

栽培の多いのは千葉県の一二〇〇ヘクタール、埼玉県の六四〇ヘクタールで、他には目立つ栽培県はない。要するにカブは全国各地で万遍なく栽培されている。なおカブは漬物などに加工される量がかなり多く、昭和五二年の調査では出荷総量の六・六パーセントが加工されていた。

（注）平成二三年：作付面積は四九一〇ヘクタール、収穫量は一三万九四〇〇トン。栽培が多いのは千葉（一〇六〇ヘクタール）、埼玉（四六六ヘクタール）だが、ほとんど栽培のない県も多数ある。

（2）品種

主な品種　カブの品種は多く、各地に特産的な品種がある。そこで比較的よく知られた品種について簡単に特性などを記述する。

まず大野紅蕪は北海道亀田郡大野町を中心に道南一帯で栽培される丸カブで、根も葉柄も濃紅色になる。関西地方から入った品種で品質がよく、千枚漬などにされる。福井県大野市付近の原産と間違えられることが多いが、福井県の河内蕪（大野赤蕪）は葉柄が緑色である。

青森県の浅虫温泉の土産物にされた笊石《ざるいし》蕪は葉柄が緑色の紅カブで漬物にされた。岩手県には長カブが多く、遠野《とおの》蕪は根の地上部が緑色になる。山形県の温海《あつみ》蕪は紫紅色の丸カブで、本種については別項で述べる。なお山形県には自生のヒッチ蕪がある（一七四頁参照）。

東京近郊で栽培される金町小蕪は東京都葛飾区金町付近

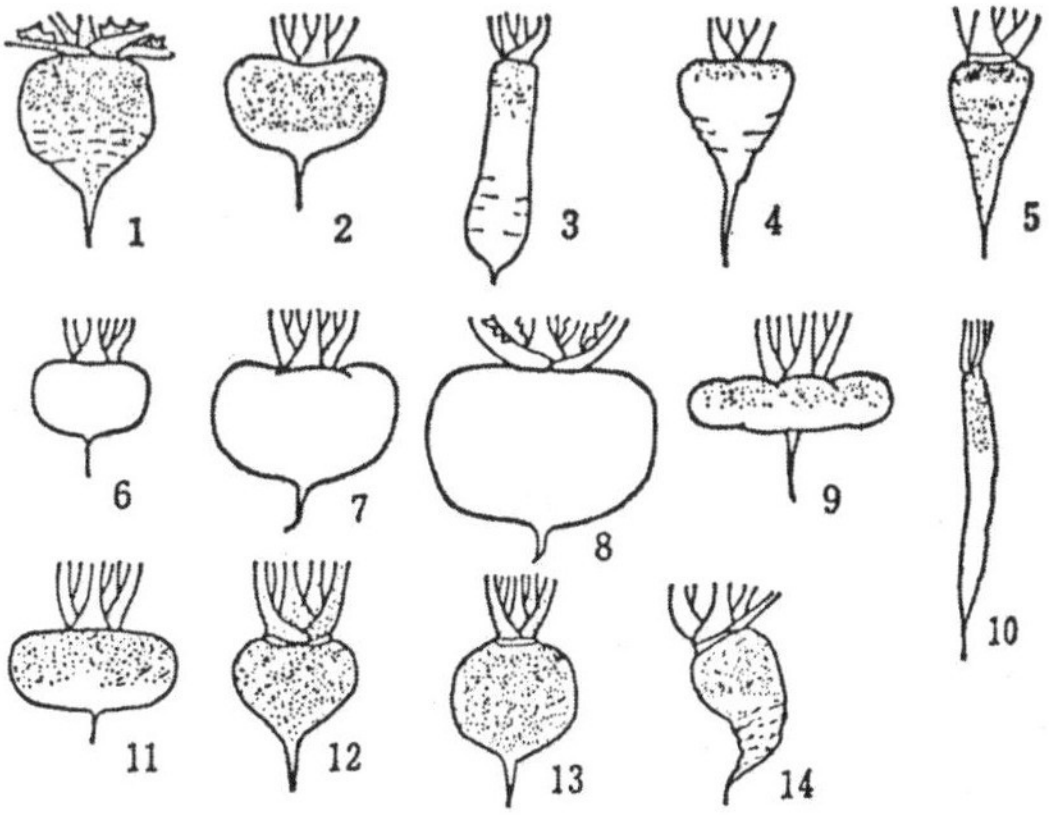

カブの品種
（秋谷良三氏『蔬菜園芸ハンドブック』養賢堂, 1963）
1. 札幌紫 2. 長崎赤 3. 長 4. 山内 5. 野沢菜
6. 金町 7. 天王寺 8. 聖護院 9. 近江 10. 日野菜
11. 大藪 12. 大野紅 13. 米子 14. 津田

河内蕪

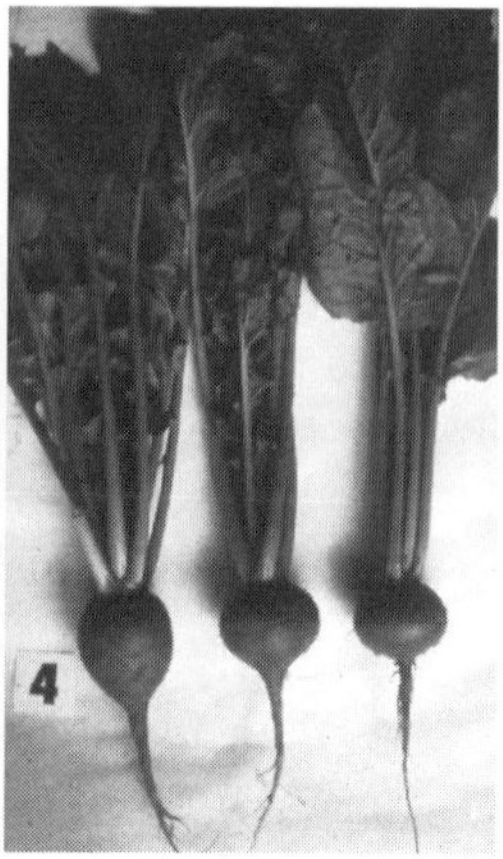

笊石蕪

ヒッチ蕪（山形県）

で栽培されてこの名が出た。根は純白で質は軟らかく、整った扁球形で美しい。茎立ちが遅く冬まき春どり栽培に適し、覆下《おおいした》（おいした）栽培が行なわれる。現在多くの系統があり、全国各地で周年栽培されている。

新潟県の寄居《よりい》蕪は三〇〇年ほどの歴史をもつ白い丸カブで、春まきに適し、現在はこの改良種の栽培が多い。岐阜県高山市付近の飛驒紅蕪は飛驒八賀《はちが》蕪という紫赤色のカブから突然変異で生まれた品種といわれ、この漬物の品漬《しなづけ》はよく知られている。中部地方の山間地帯には以前は焼畑カブが多く、八賀蕪も高山市の東の八賀郷の焼畑で栽培された。

石川県の金沢青蕪は青首の丸カブで、この地方の正月料理の蕪寿司《かぶずし》には欠かせないものになっている。なお北陸地方には本種に似た青首のカブ品種が多い。

滋賀県には色カブが多く、万木《ゆるぎ》蕪は四〇〇年以上の歴史をもつといわれる紅色の丸カブで、葉柄は緑色である。蛭《ひる》口《ぐち》蕪は葉柄も紅色、矢島蕪は紫紅色、彦根蕪は徳利形の長カブと多彩である。日野菜《ひのな》蕪はわが国では数少ない紫紅色の細長いカブで、漬物にされる。藩主蒲生貞秀侯がこのカブの漬物を後柏原天皇（在位一五〇一〜二六年）に献じたと伝えられる古い品種で、現在は三重県など各地で栽培されている。

京都は長く都であっただけに在来品種は多い。聖護院蕪は享保年間（一七二〇年頃）に近江蕪から生まれた品種とい

金町小蕪

飛驒紅蕪

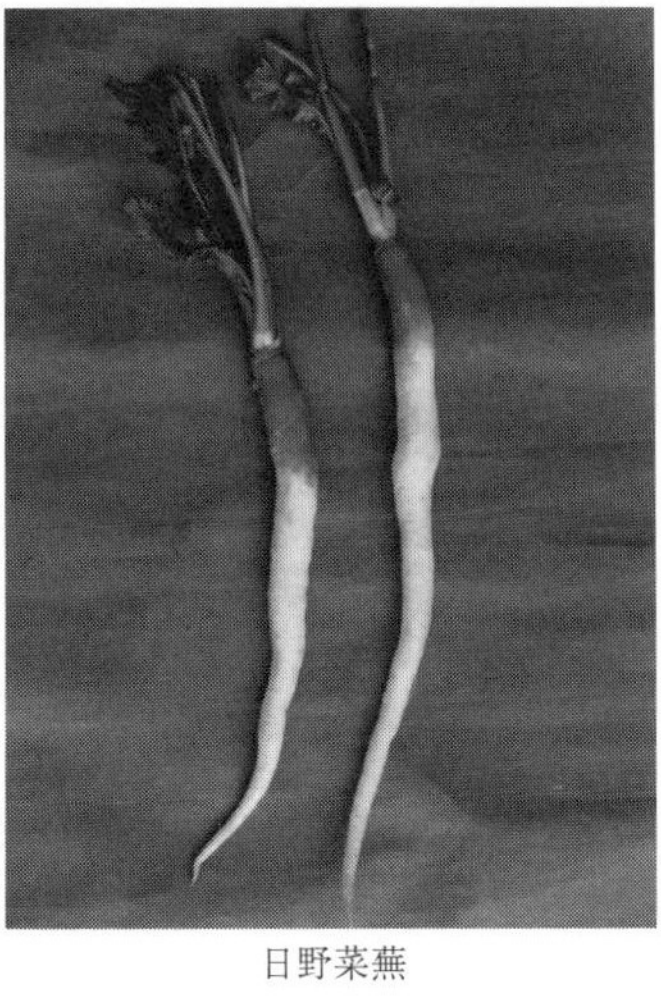

日野菜蕪

聖護院蕪

酸茎漬

米子蕪

津田蕪

われ、わが国で最も大形の白い丸カブである。晩生で品質がよい。京都名産の千枚漬にされ、この漬け方は天保年間に始められたといわれる。酸茎菜《すぐきな》も三〇〇年以上の歴史をもつ古い品種で、本種の来歴については諸説があり、高嶋四郎氏の『京野菜』に詳述されている。このカブを漬けたものがいわゆる酸茎《すぐき》で、上賀茂の冷涼な地で漬けたものは特有の酸味がある。

大阪には有名な天王寺蕪がある。本種は『農業全書』に記されている古い品種で、俳人谷口蕪村（一七八三年没）は天王寺に住んでいたので蕪村の俳号を用いたともいう。白い丸カブで生長が早く、全国的に普及し、尾張蕪、高知の谷口蕪など各地で類似品種が成立している。

山陰地方には色カブが多い。鳥取県の米子《よなご》蕪と島根県の飯島《はしま》蕪は葉柄も着色する紅丸カブで、島根県の津田蕪は地上部が倒れて曲り、根は牛角状になりやすく、地上部は紫紅色、地下部は白くて美しい。漬物用の品種で、本種から紅色の改良品種が育成されている。

愛媛県には伊予緋蕪がある。言伝えによると寛永一二年（一六三五）藩主松平定行侯が松山に転封した際、故郷からとりよせた日野菜蕪から生まれたもので、濃い紫紅色の丸カブは漬物用の品種である。

福岡県の博多据《すわり》蕪は切葉《きれは》天王寺蕪系の品種である。長崎赤蕪はオランダ貿易時代にヨーロッパから渡来した品種とされ、葉は有毛で欠刻があり、根の地上部は紫紅色の丸

天王寺蕪（『日本山海名物図会』より）

カブである。ツンベルグの『日本紀行』に記され、近くに木引《こひき》蕪などの類似品種がある。

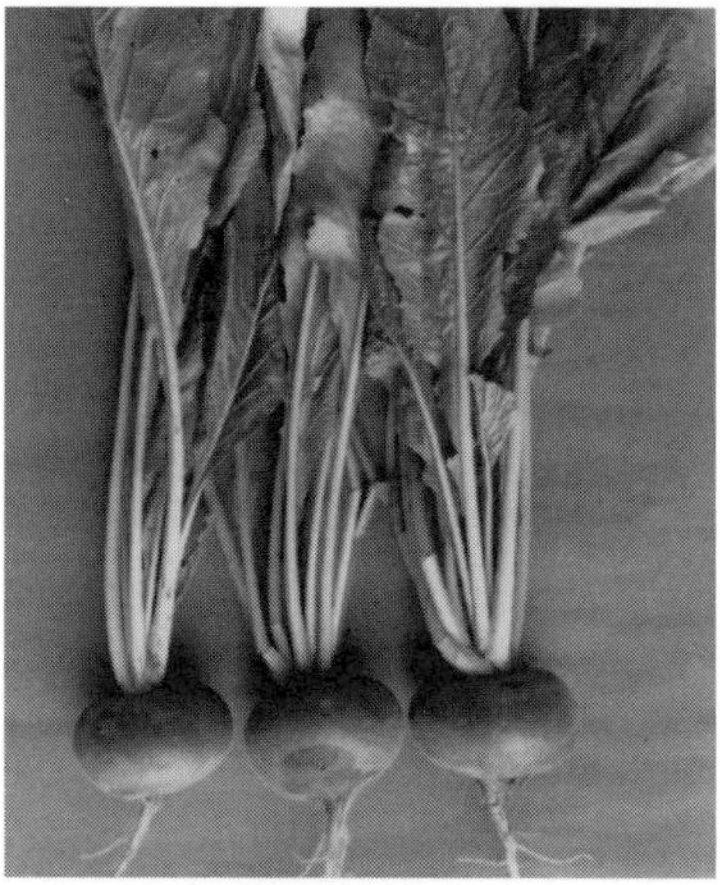
温海蕪（山形県）

庄内のあつみかぶ漬

温海蕪に関する古文書　温海蕪は山形県西田川郡温海町の山間の焼畑で古くから栽培される紫紅色の丸カブで、葉は開張性で毛があり、典型的な洋種系品種である。種子は温海温泉から五キロばかり山を上った一霞《ひとかすみ》集落で採種され、山形、新潟両県の山間地帯で栽培され、近年の自然食ブームにのって、無肥料、無農薬の焼畑栽培の温海蕪の漬物が東京の店頭に並べられている。

作物関係の古い記録は一般に少ない。特に野菜は年貢にされたわけでもなくあまりみられない。しかし温海蕪に関しては幸い多くの記録が残されている。これは温海蕪が庄内藩の特産品であったためと思う。

山形県西田川郡温海町の焼畑の温海蕪

現在までに知られた最も古い記録は寛文一二年（一六七二）の『松竹往来』で、庄内の産物の一つとして温海蕪の名がでている。これは『毛吹草』（一六三八年）の内野蕪、大蕪に次いで古い品種名の記録である。庄内産物として温海蕪の名は『庄内往来』（一七〇〇年頃）と『出羽風土略記』（一七六二年）にも載っている。

温海蕪については温海大庄屋の覚え書に再三記録されている。天明五年（一七八五）の覚書では、温海蕪百個を漬物用として納入するよう藩主からの仰せがあり、この頃時々同様な用命があったと付記されている。寛政四年（一七九二）には藩主らが江戸表に出仕するので温海蕪の新種《たね》ができたら早速役所にさし出すようにとのご用命があり、寛政一〇年（一七九八）には代官が検見で廻村する際の一七人の休泊の賄書で、米四升代二八八文、蕪代一三〇文、茶代六五文など、合計八貫九〇六文との控えが残っている。

文化二年（一八〇五）の覚えは比較的短いので全文を次にあげる。

覚（村々御用万年控）
一、三十、アツミ蕪、代銭百廿文、但、一ツニ付四文宛
一、銭百五十文　鶴岡迄雇賃
〆弐百七十文
右御用蕪代銭雇賃共被下置難有受取申処実正ニ御座候
以上
丑十一月文化弐丑　肝煎　弥治兵衛
加判　本間貞右衛門
古川平治右衛門様　御役所

弘化三年（一八四六）には江戸に登られるので温海蕪漬一樽を二一日までに差出すよう、なおこれは置漬《おきづけ》のつもりなので塩の量を調節するようにとのご用命があった。嘉永五年（一八五二）にも江戸に登る際納めた温海蕪の漬物一樽の

代金一貫一五〇文（内三六〇文は蕪買上代、七九〇文は塩、味噌、糀、樽代と漬方代）を代官所に請求した写しがある。また嘉永七年（一八五四）には温海蕪のあば漬五升入二樽を持参するようにとのご用命がある。

これらをみると温海蕪を塩、味噌、糀で漬けたあば漬を再三江戸に持参し、貯蔵期間に応じて塩の量は加減した。また種子を江戸に持参し江戸で栽培したようである。なお前記の代価をみると、当時カブ一個四文で、一八個で米一升の価に当り、運賃までみるとかなりの代価になる。これは当時温海蕪が相当珍重されたことを示している。

なおこれらの記録により、この洋種系のカブは明治以後に渡来したものではなく、非常に古い時代から焼畑で栽培されたカブであることが知られる。

（3）焼畑栽培とカブラライン

カブの焼畑栽培　東日本には焼畑でカブを栽培していることが多く、そのカブをカノカブと呼んでいる。筆者の従来の調査で山形県、福島県会津、岐阜、長野両県の北部、北陸地方の山間地帯では各地にカノカブ栽培がみられ、山梨、埼玉、秋田、岩手、滋賀県の一部でも以前カブの焼畑栽培が行なわれた。

これら各地のカノカブの栽培方法をみると、播種期など地方によって幾分の違いはあるが、栽培方法は驚くほど似ている。まず夏の土用頃予定地の灌木や草を刈り倒し、一〜三週間乾燥する。焼く前に周囲の部分は幅二メートルほど草を移して裸地にし、火が周囲にもえ移らないようにし、風のない日に山の上の部分から火入れをする。火は下にもえ広がるので焼き残しのないよう見廻り、もえ残りの木は集めて焼く。焼き終るとすぐに種子を散播《ばらまき》し、木の枝でたたいて種子と土と灰をまぜ雨を待つ。この際鍬で浅く耕す地方もある。

焼畑では無肥料が原則であるが肥料を少量施す地方もある。発芽後は株のこんでいる所を間引くだけで除草も薬剤散布もしない。焼畑では一年目は雑草はあまり生えてこない。晩秋頃、大きくなったカブから順次収穫する。

現在も焼畑栽培している山形県の温海蕪や、福井県の河内蕪などは、販売用の商品作物として栽培している。しかしこれは近年のことで、元来のカノカブは農家の自給用の重要な食糧であった。焼畑研究の権威である佐々木高明氏は焼畑のカブを菜園型作物としている。しかし民俗学者の宮本常一氏は佐々木氏がカブやダイコンにあまりふれていないのはそれが戦後の調査だからで、戦前はダイコンとカブは焼畑で作られた非常に重要な作物であったと述べている。同氏はまた、日本の焼畑には南方型と北方型とがあり、朝鮮半島から日本に伝わったとみられる北方型の焼畑ではヒエとソバが主体で、ダイコンとカブが非常に多く作られ、南方型の焼畑がアワとソバを主体とし、サトイモが組合わさっていることと対照的であると述べている。筆者も東日本の焼畑でのカブは、西日本の焼畑のサトイモに対応する根菜とみてきた。

従来焼畑というと九州など西日本の焼畑を中心にして調査検討がなされ、それらは東南アジアの焼畑に通ずるものとされている。そして東日本の北方型の焼畑はあまり検討されず、西日本の焼畑と同一視されている。

なお宮本氏は焼畑作物としてダイコンを主とし、カブを従としている。筆者の調査ではダイコンはむしろカブの代りに後に加わったものかと思う。カブの場合はカノカブと呼び、各地の焼畑地帯で独自に採種し、五ヶ山蕪、河内蕪などのようにその地名を冠した独特の品種が成立している。しかしダイコンでは焼畑栽培のための特別の品種はなく、他の地で採種した種子を用いて栽培していることが多い。

焼畑カブには紫紅色や紅色のいわゆる赤カブが多い。従来の稲作文化起原即日本文化起原論に対して畑作農耕文化論を進めている坪井洋文氏は、『イモと日本人』の中で、水稲耕作地で白色のコメ餅を儀礼食にするのに対し、焼畑農耕地域では火―アズキ―イモと赤色のものを儀礼食に用いていると述べている。焼畑で赤カブが栽培されるのは、赤カブに比較的寒さに強い品種があることばかりではなく、赤を神聖視する別の意味があるのかもしれない。

カブラライン　カブの焼畑栽培を行なっている地域は滋賀県伊香郡余呉町（現・長浜市余呉町）の山間地帯を西の端とし、北陸地方と中部地方の山間地帯から山形県と福島県会津に多く、秋田県南部、岩手県上閉伊《かみへい》郡あたりが北の端のようで、関東平野、東海地方と青森県以北ではみられなかった。

これらの焼畑カブはいずれも葉が開張性で毛があり、欠刻のあるものが多く、種皮型はB型で（一七二頁参照）、洋種系品種であると判断できた。なお現在焼畑で栽培されない東日本の在来カブも、その多くは洋種系かまたは洋種系品種の特性をある程度もつ中間型の品種であった。そして東日本にみられる和種系品種と認められる品種の多くは西日本から伝わった品種の後代と思われた。

これに対し関西を中心にして西日本で古くから栽培され

るカブは葉が立性で毛がなく、欠刻のない枇杷葉の品種が多く、種皮型はA型で、渋谷茂氏のいう和種系品種であった。

　このようにわが国のカブの品種分布をみると、西日本には和種系品種、東日本には洋種系品種が栽培され、両品種群の分布境界線は大体中部地方西側付近にひかれる。ただし東海地方、青森県以北は西日本型であるし、逆に山陰地方には洋種系品種が混在する。それでも巨視的にみれば文化圏を異にした東西日本に別の品種群が分布しているとみてよい。

　このような品種分布から中尾佐助氏は、この分布境界をカブララインと呼び、それは作物を外国からうけとったときの異なった系統を示すラインとし、このような研究、民俗植物学の提唱を『農業起原論』の結びにしている。カブの品種分布はこのように日本文化の形成に連なる問題であると思う。

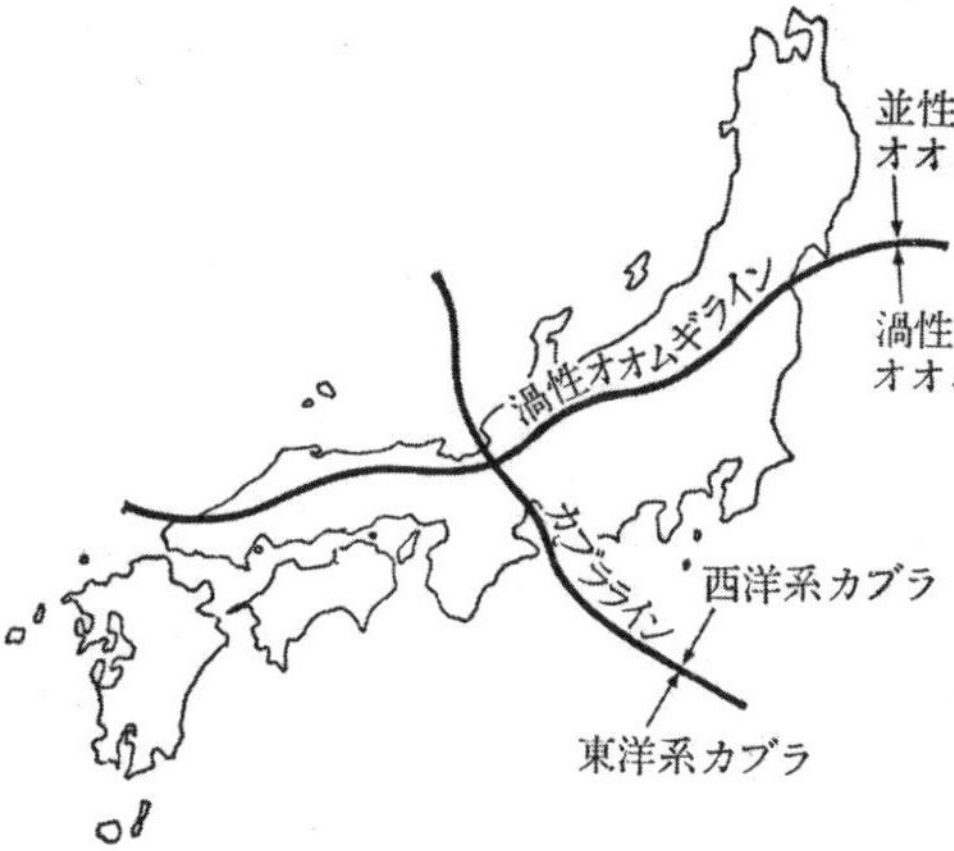

表日本と裏日本を分ける過性オオムギラインと東西を分けるカブラライン（中尾佐助氏，1967）

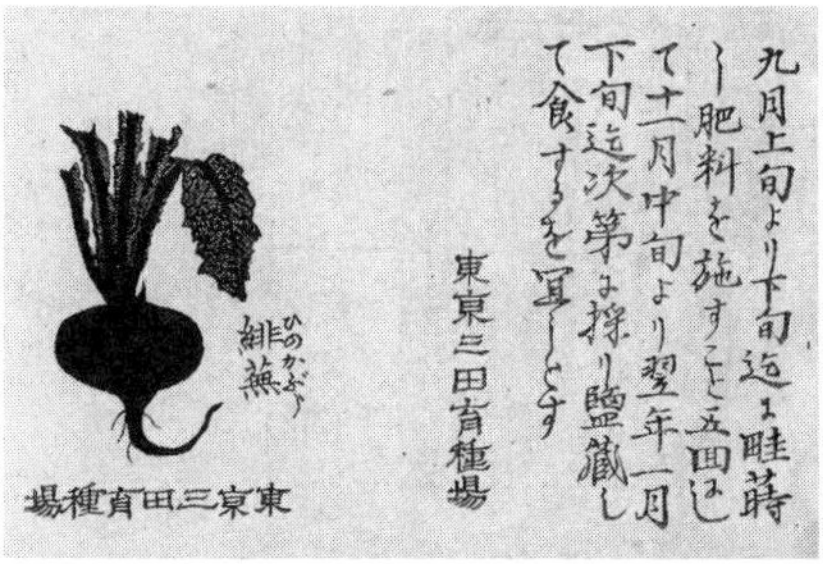

緋蕪（『穀菜弁覧 初編』1889，国立国会図書館蔵）

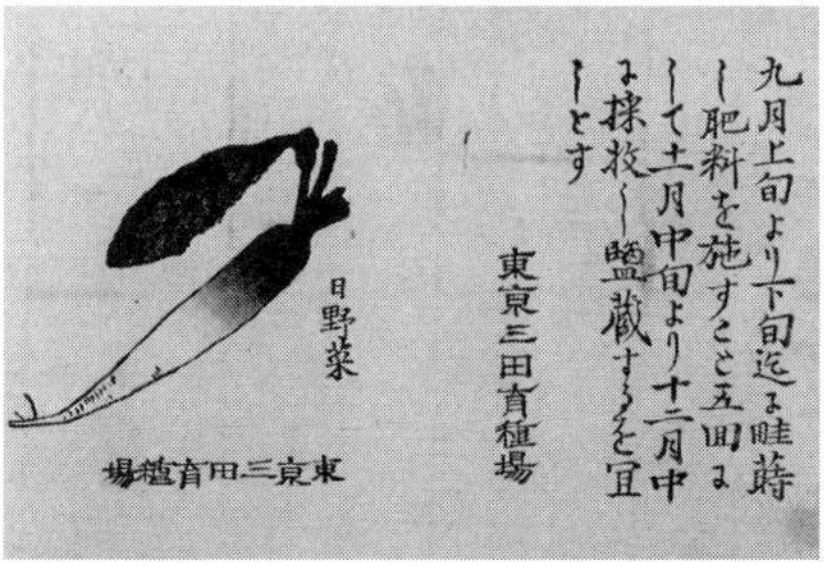

日野菜蕪（『穀菜弁覧 初編』1889，国立国会図書館蔵）

ニンジン

(1) 起原と伝播、栽培状況

ニンジンはセリ科の二年草でアフガニスタンの周辺に野生があり、野生品には紫赤色、黄色、白色個体などがみられ、この地域がニンジンの第一次原生地とされている。三世紀初めの書物にニンジンの記載があるといわれ、一〇世紀前後に近東地域に伝わり、小アジア西部でヨーロッパ型のニンジンが成立し、一五世紀までにヨーロッパ各地に伝わった。

ニンジンの品種改良は一五世紀以降オランダで始まり、一九世紀にはフランスでさらに進められた。アメリカには一七世紀初期に渡り、アメリカでも品種改良が行なわれた。

ニンジンが中国に伝わったのは一三世紀頃で、胡(西土)から来たダイコンとして胡蘿蔔とした。しかしこれは誤りで宋の時代あるいは後漢の一〇世紀の頃、中国では既に存在していたともいわれる。

わが国では『多識編』(一六一二年)に胡蘿蔔、今案世利仁牟志牟とあるのが最初で、おそらく一六世紀に中国から渡来したものとされている。ニンジンはわが国で古くから知られていた薬用のオタネニンジン(人参)と根の形が似ていたので、それと区別してセリニンジン、人参菜(『本朝食鑑』)と呼んだ。そして『和爾雅』ではセリニンジン、ニンジンとし、『重修本草綱目啓蒙』でもセリニンジン、ニンジン、ナニンジンなどとあり、やがて単にニンジンと呼ぶようになり、『百姓伝記』、『農業全書』、『大和本草』では胡蘿蔔をニンジンとしている。

ニンジンは当時渡来後間もない野菜であったが、『農業全書』では「是菜中の賞翫にて味性も上品の物なり、菜園にかくべからず」とし、『菜譜』では「菜中第一の美味なり、性亦尤よし」と栽培を勧め、かなり多くの字数をあてて記述している。そしておそらく比較的短い期間でニンジンは全国に普及し、主要な野菜の一つになり、農村における行事食にも用いられるようになったものと思う。

当時のニンジンはいわゆる東洋系の品種で、紫赤色の品種や白色の品種も各地で栽培されたらしい。

ヨーロッパ系のニンジンが渡来したのは江戸時代の後期

以降で、まず長崎に入り、それから長崎五寸などの品種が生まれた。

明治初期には欧米の品種を積極的に導入し、『舶来穀菜要覧』ではアメリカの六品種など九品種について解説している。北海道にはまた別に欧米から導入された。その後これらの欧米の品種からわが国の風土になじんだ品種があいついで育成され、東洋系の品種にとってかわり、現在残っている東洋系品種は金時だけになった。第二次大戦後は五寸ニンジンと呼ばれる短根品種が主体になり、ニンジン品種は大きく変った。

ニンジンの食用部分は組織的にいうと主に篩《し》部で、ダイ

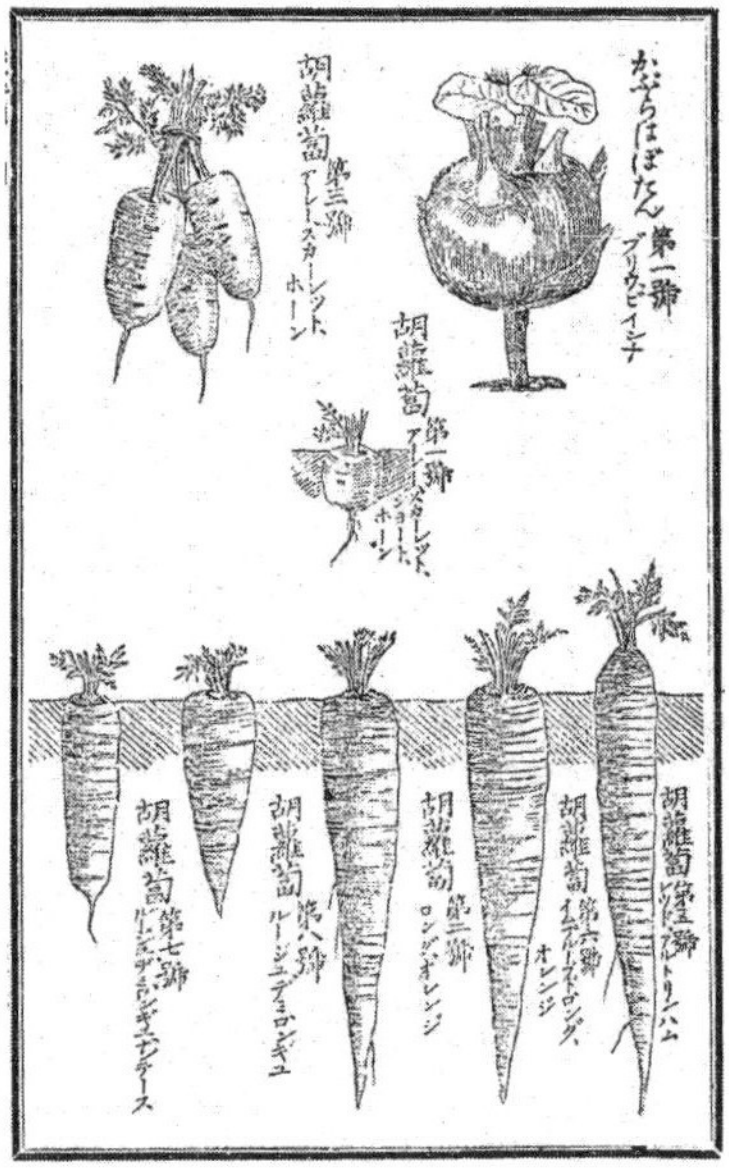

ニンジン（『舶来穀菜要覧』1886）

ニンジン（『成形図説』1804）

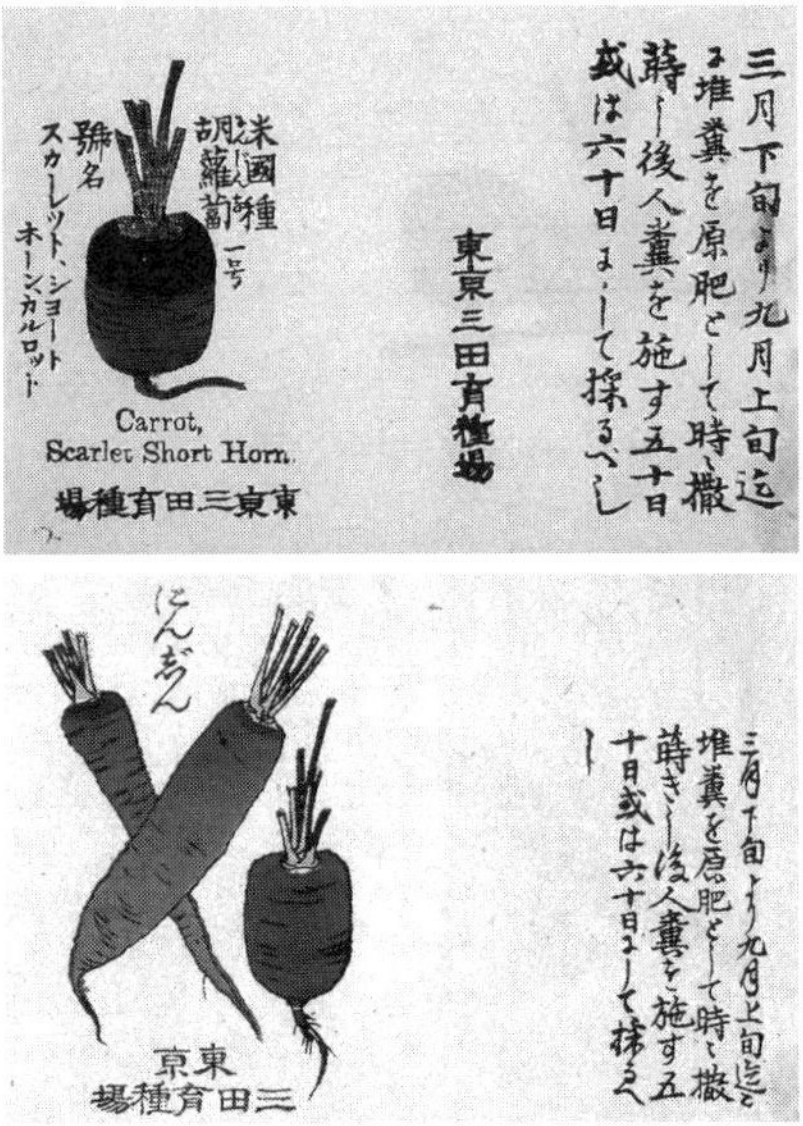

ニンジン（『穀菜弁覧 初編』1889，国立国会図書館蔵）

コンやカブの主な可食部である木部はニンジンでは芯に当る。芯は繊維質で幾分硬く色素は少なく、なるべく芯の小さいニンジンが好まれる。ニンジンに含まれる橙黄色の色素はニンジンの英名キャロットに因んでカロチンと呼ばれ、体内でビタミンAになる。そこでニンジンはビタミンAの含量が野菜中第一位で、栄養価値の高い野菜として消費が増大している。また糖分をも含んで甘い。しかし特有の香味があり、人により好き嫌いがある。

ニンジンは煮物やいため物など和、洋食に用いられ、紅色の野菜として食品に彩りをそえる。ニンジンは周年生産されるうえに貯蔵しやすく、冬期間の野菜としても貴重である。

明治以降の生産の動向を農林統計でみると、明治末から大正年代の作付面積は約九〇〇〇ヘクタール、収穫量は一〇万トン弱である。昭和に入ってから作付面積は増加し、昭和五五年は二万四一〇〇ヘクタールになっている。収穫量をみると昭和元年は一〇万トン、同三七年は三〇万トン、同四七年は五〇万トンを超し、昭和五五年は六〇万トン弱になっている。このようにニンジンの収穫量は戦後急速に増加した。

府県別の収穫量をみると、一〇万トンを超しているのは北海道と千葉県で、埼玉県がこれに次ぎ、愛知、茨城、長崎の三県も多い。生産時期別にみると全体の約半分は冬ニンジンで、春から夏の出荷量は幾分少ない。それでもニンジンはほぼ周年生産されている。

（注）平成二三年：作付面積は一万九二〇〇ヘクタール、収穫量は六一万七三〇〇トン。収穫量一〇万トンを超しているのは北海道と千葉県で、徳島、青森がこれに次いでいる。

（2）品種の移り変り

ニンジンの品種を大別すると東洋系（アジア系）と欧州系とに分けられる。東洋系の品種には野生種のように紫赤色や白色の品種もある。東洋系品種は中国で夏まき栽培で成立したもので欧州系に比べ抽苔をおこしやすい。ニンジンの抽苔はある程度の大きさになったニンジンが低温にあうとおこるもので、東洋系品種は比較的小苗でも低温にあうと抽苔する。

欧州系の品種は根が橙黄色で、根の長い品種もあるが、近年栽培されている品種の多くは根長が二〇センチ以下で、根の先まで太っている。なお春まきにしても抽苔は少ない。

江戸時代にわが国で栽培したニンジンは東洋系の品種で、当時の農書などに特性が記されている。例えば『重修本草綱目啓蒙』では根に赤黄白の三種ありとし、京、大坂のは帯紫赤黄、和州泊瀬と遠州産は深紫赤色で美味、京下鴨産は黄、木津村と江州産は白色を帯ぶと記している。しかし『百姓伝記』では「芯まで黄色に見えるもの味いよく白色なるもの紫色なるもの味いおとれり」とし、『農業全書』と『菜譜』でも黄なるをよしとすと黄色品種を勧めている。なお現在食用としては沖縄県の島ニンジン以外には白色品種は栽培されていないが、飼料用には大形の白色品種がある。

明治、大正時代の主要品種であった滝野川大長ニンジンは東洋系の品種で東日本で盛んに栽培された。また金時ニンジンは大阪の木津川付近で成立した品種といわれ、大阪ニンジン、京ニンジンとも呼ばれ、現在栽培されている唯一ともいえる東洋系の品種である。普通の欧州系の品種はカロチンを含み橙色であるが、金時はトマトと同じ色素のリコピンを含み紅色で、金時の名もこの色から生まれた。ただし、リコピンには、ビタミンAの効果はない。金時は肉質が軟らかで甘味があり、香味は独特で、関西から九州にかけて、西日本一帯で栽培され、正月料理には欠かせない野菜になっている。金時は春まきすると抽苔しやすく、土中水分が多いと根の表面の皮目が膨らんで疣《いぼ》状にな

沖縄の島ニンジン

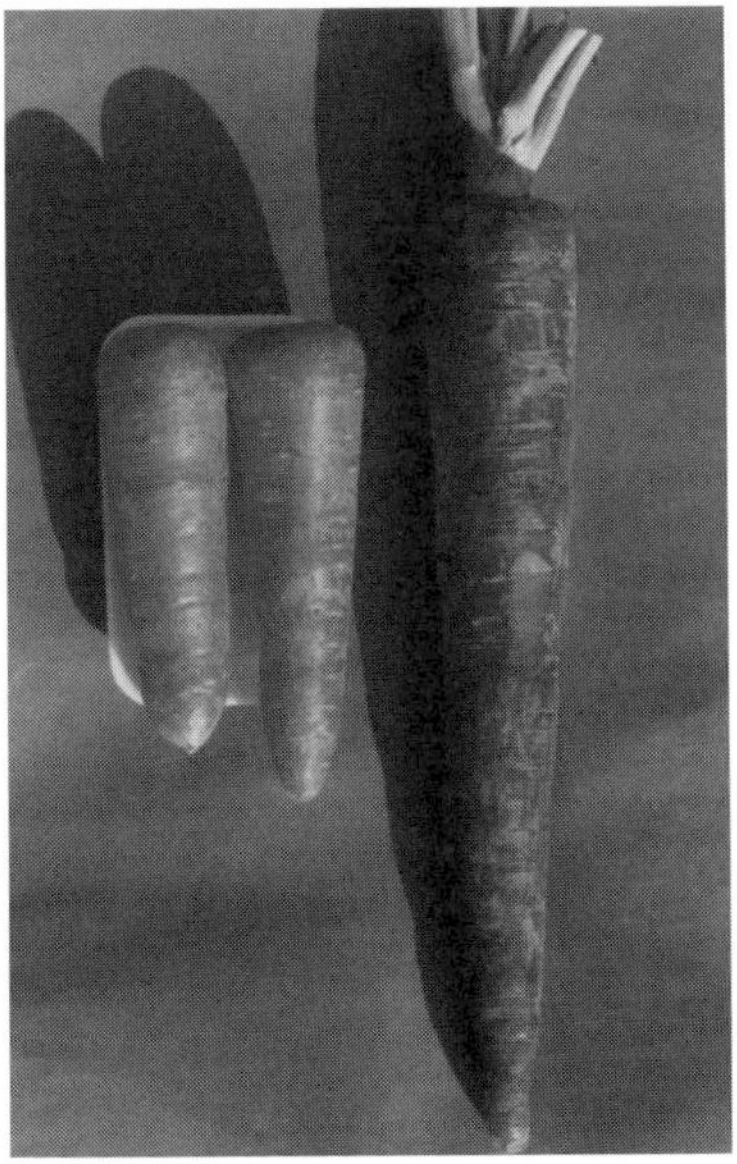
五寸ニンジン（左）と金時ニンジン（右）

りやすい。しかし金時は是非残しておきたい品種である。

昭和前期までの欧州系品種の代表格は国分《こくぶ》ニンジンと札幌大長の長ニンジンであった。国分ニンジンは仏国大長から群馬県で育成した品種で、根の長さが六〇～八〇センチの橙色品種で、芯は小さく品質がよく、関東地方を中心に全国各地で同系の品種が栽培された。

これとは別に『長崎聞見録』にある玉ニンジンのような根の非常に短い品種からいわゆる三寸ニンジン（三寸は九センチ）が生まれ、春まきの早出しや時無し栽培に用いられた。

戦後農業でも労働生産性を高める必要性が叫ばれ、ニンジン栽培では収穫労力の節減が検討された。この点から短根種であれば収穫から洗浄まで省力でき、葉を除けば選別が機械化もでき、従来の結束の方法でなくパック詰、ポリ袋詰めが可能になる。また消費者にとっても短根種は取扱いや調理がしやすい。そこで現在はいわゆる五寸ニンジンが主体になった。

五寸ニンジンにはチャンテネーから生まれた冷涼地むきの鮮紅五寸の仲間と、長崎付近で成立した長崎五寸、黒田五寸などの暖地向きの品種とがあり、近年はタマネギで行なわれているような雄性不稔系を利用した一代雑種も育成されている。また逆に寒さに強い冬越し五寸とか、生食に適する小形のミニニンジンも種苗カタログにのっている。

もちろん自給用や地方市場では以前からの長ニンジンが栽培されているが、出荷用のニンジンは、短根品種にすっかり変ってしまった。

玉人参と羊角人参
（広川獬若『長崎聞見録』1797）

ゴボウ【付】ヤマゴボウ

(1) 起原と伝播、栽培状況

ゴボウはキク科の二年草で野生種は中国北部からヨーロッパにかけて広く分布し、日本には野生しない。しかしゴボウを栽培化したのは日本で、ゴボウは、外国産の植物で日本で作物化した唯一の種類ともいえる。中国では古くから救荒植物や薬用として野生品を利用はしたが、野菜としては栽培しなかった。

欧米への伝播は遅く、有名なシーボルトによって文政四年（一八二二）オランダのライデン地方に伝えられ、その後欧州各国にも伝わった。しかし野菜として普及はせず、欧米人はゴボウをほとんど知らない。

わが国での最も古い記録は『新撰字鏡』の木の部の悪実、支太支須乃彌《きたきすのね》で、平安時代の薬物辞典『本草和名』には草の部に「悪実、一名牛蒡和名岐多伊須、一名宇末布々岐」とある。『和名抄』では野菜として牛蒡、本草云悪実一名牛蒡、和名岐多岐須、宇末布々岐《うまふふき》とある。

『延喜式』にはゴボウの名はみられず、前の記述も草または野菜（現在の山菜）として記されていることから、ゴボウは平安時代には栽培されず、薬草として扱われた程度であったと思われる。キタイス、キタキスの名は勢猛為《いきたけす》の意または硬い根の意といわれ、ウマフフキは旨蕗の意といわれている。

ゴボウの栽培が始まった年代については古島敏雄氏が『日本農業技術史』で検討している。同氏によると平安朝初期の農業事情を示す『延喜式』に多くの作物名がでているが、後年重要な野菜になったニンジンとゴボウの名はみられず、ゴボウは平安朝後期から鎌倉時代の初期以降みられるようになる。

例えば平安朝末期の宮廷の諸種の例法を記した『類聚雑要抄』に、鳥羽天皇の元永元年（一一一八）九月二四日宇治平等院御幸御膳の献立に海松、青苔、牛蒡、川骨、蓮根が干物五坏としてあがっている。鎌倉時代の名僧日蓮（一二八二年没）がその弟子に与えた書状の中にしばしば牛蒡の字がある。また文和元年（一三五二）正月六日の『祇園執行日記』には「堀川神人役㆓七種菜㆒」としてナツナ、ククタチ、牛蒡、ヒジキ、芹、大根、アラメがあげられている。さらに応永一二年（一四〇五）丹波大山庄の年貢公事の中に牛蒡と山牛蒡とがある。

江戸時代の農書や本草書をみると、ゴボウが重要な野菜とされていたことが推定できる。『農業全書』では畑の選定法、準備から始まり、タネまきでは「上を数遍かきならしうね作りし、横筋にても又ちらし蒔きにても薄くむらなく蒔きてこえをうち、土を覆う事五分ばかり、凡そたねを一段に一升の積りにて蒔く……」と栽培法を具体的に詳しく述べ、八幡牛蒡など品種にもふれている。

八幡牛蒡については『本朝食鑑』に「洛之鞍馬八幡村里有㆓肥大者㆒而爲㆑勝……」とあり、京都の地誌『雍州府志』には「八幡山東園村之産為㆓名産㆒、専称㆓八幡牛蒡㆒、園村去㆓八幡㆒半里許……」とある。当時八幡の放生会の儀式で食膳に上げた八幡巻は、現在の材料とは違っていたともいわれるが、八幡巻という独特のゴボウ料理に八幡牛蒡の名が残されている。なお現在京都特産野菜の一つである堀川牛蒡は、八幡牛蒡のあとをついでいるものかもしれない。

『成形図説』には「山城の八幡鞍馬、関東は武蔵岩槻《いわつき》、下野因幡《いんば》、常陸の土浦、筑紫は筑後の来目《くるめ》、大隅の麻尾、四国は伊豫の菅沢などの産をすぐれりとす」と産地をあげ、

ゴボウ（『成形図説』1804）

このほか関東では大浦牛蒡、下野の稲葉牛蒡、宮城県宮城郡の袋原牛蒡、上野の上州牛蒡、『甲斐国志』では窪八幡の切差村のゴボウなど著名な産地や品種が知られていた。

明治以降のゴボウの栽培状況を農林統計の作付面積でみると、明治四二年はダイコン、サトイモ、ツケナ、ナス、カボチャに次いで野菜中第六位で一万二四〇〇ヘクタール、昭和元年は一万五八〇〇ヘクタールと上位を占める重要な野菜であった。その後野菜の作付面積は人口の増加に伴って増加したが、ゴボウの作付面積は伸びなやみ、昭和四〇年代は一時二万ヘクタール弱になったがその後は減少し、昭和五五年の作付面積は一万三九〇〇ヘクタールで野菜中

第一七位に転落している。収穫量は昭和四〇年代の数年間三〇万トンを超したが近年は約二五万トンを前後している。

第二次大戦後の作付面積の減少は根菜類に共通する現象であるが、ゴボウは洋風料理にあわず、料理に手数がかかり、今後も消費増はあまり望めない。しかしゴボウは重要な野菜として儀礼食に用いられ、キンピラ、柳川鍋、たたきゴボウ、八幡巻など独特の和風料理もあり、今後も重要な野菜の一つとして栽培されるものと思う。なお西日本では若どりのゴボウの葉柄と根を葉ゴボウとして用いる習慣があり、このための品種もある。

現在生産の多いのは茨城、千葉、埼玉など耕土の深い関東の諸県で、群馬、愛知、宮崎の諸県がこれに次ぐ生産県になっている。

（注）平成二三年：作付面積は八八一〇ヘクタール、収穫量は一六万一八〇〇トン。主な産地は青森、茨城、北海道、千葉となっている。

（2）品種と変りもの

牛蒡根という言葉があるようにゴボウの根は細く長い。特に耕土の深い地では根の長いものが生産され、ゴボウは長いものが優秀なものと考えられてきた。耕土の深い関東地方の代表的な品種は滝野川牛蒡で、東京府北豊島郡（現豊島区）滝野川付近で生まれた。本種は根の直径は三センチ前後、長さは一メートル以上になり、品質はよい。しかし近年は掘取り労力の点からも消費者の立場からも根の短い品質が好まれている。といって大浦牛蒡のような短根品種は一般的でない。

関西地方は一般に耕土が浅く、ダイコンやネギにしても短い品種が成立している。ゴボウの場合も関西では根が短くて香りのよい白茎系が栽培され、また堀川牛蒡のような特殊な移植栽培法が生まれた。

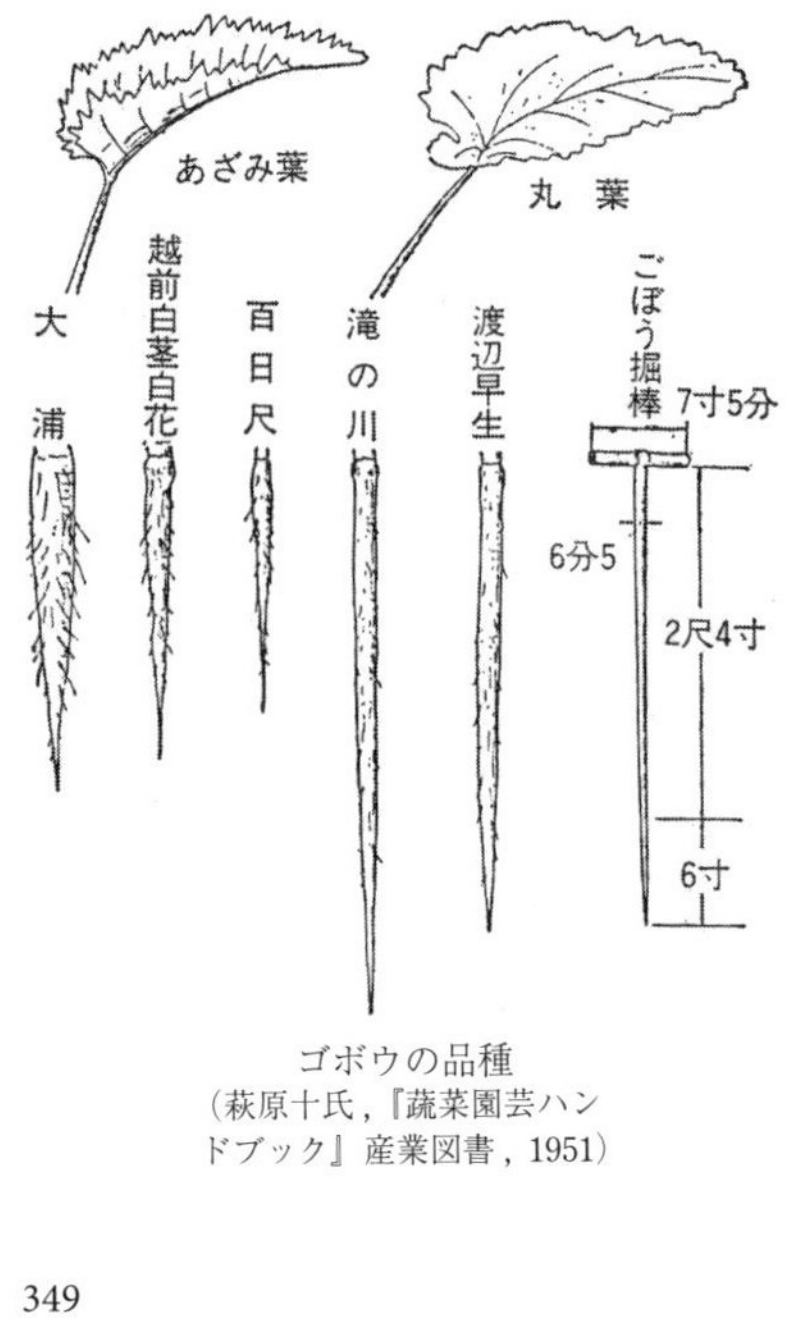

ゴボウの品種
（萩原十氏，『蔬菜園芸ハンドブック』産業図書，1951）

ゴボウの多くの品種は葉柄が赤紫色で花も赤紫色である。ゴボウにはこの色素をもたない白茎、白花の品種もあり、多くの場合白茎種は赤茎種より葉柄は軟らかい。そこで葉ゴボウには白茎の品種が用いられる。

ゴボウの葉は通常全縁で欠刻はほとんどない。しかし中には欠刻のある、いわゆる薊葉《あざみば》の品種がある。現在は福島県会津の薊牛蒡だけであるが、以前は、各地で栽培された。元来白茎と薊葉は赤茎と普通葉に対して劣性の形質で、両者の間で交雑させると次の世代は優性の赤茎、普通葉になる。

次に特殊な品種の来歴や特性をあげる。

大浦牛蒡 千葉県八日市場市大浦〔現・匝瑳《そうさ》市大浦〕で栽培する太いゴボウで、直径が一〇センチ以上になる。長さは六〇センチから一メートルほどで普通品種より幾分短い。平将門の乱の時代（九四〇年頃）すでに栽培されていたとの言伝えがあり、かなり古い品種である。江戸時代の『続江戸砂子』には「周り一尺或は尺一二寸にして大根よりも肥たり、すぐれて軟らかに甚好味也、輪に切て平皿に盛るに器を過たり、無類の佳蔬なり」とあり、また「下総の国土浦の牛蒡は周囲一尺八九寸に至る者あり」との記述もある。現在は有名な成田山新勝寺の精進料理に輪切りしたものが用いられ、大浦牛蒡は八日市場市の文化財に指定されている。埼玉県の梅田牛蒡もやはり短大なゴボウであったが、現在は栽培されていない。

堀川牛蒡 京都市堀川で栽培されたゴボウであり、現在も洛北地区で、栽培法が維持されている。京都では江戸時代から八幡牛蒡が有名であったが、堀川も当時からゴボウの産地であった。『雍州府志』には八幡牛蒡の記述に続けて「今京師北野並小山堀川所々産者亦為宜」とある。堀川牛

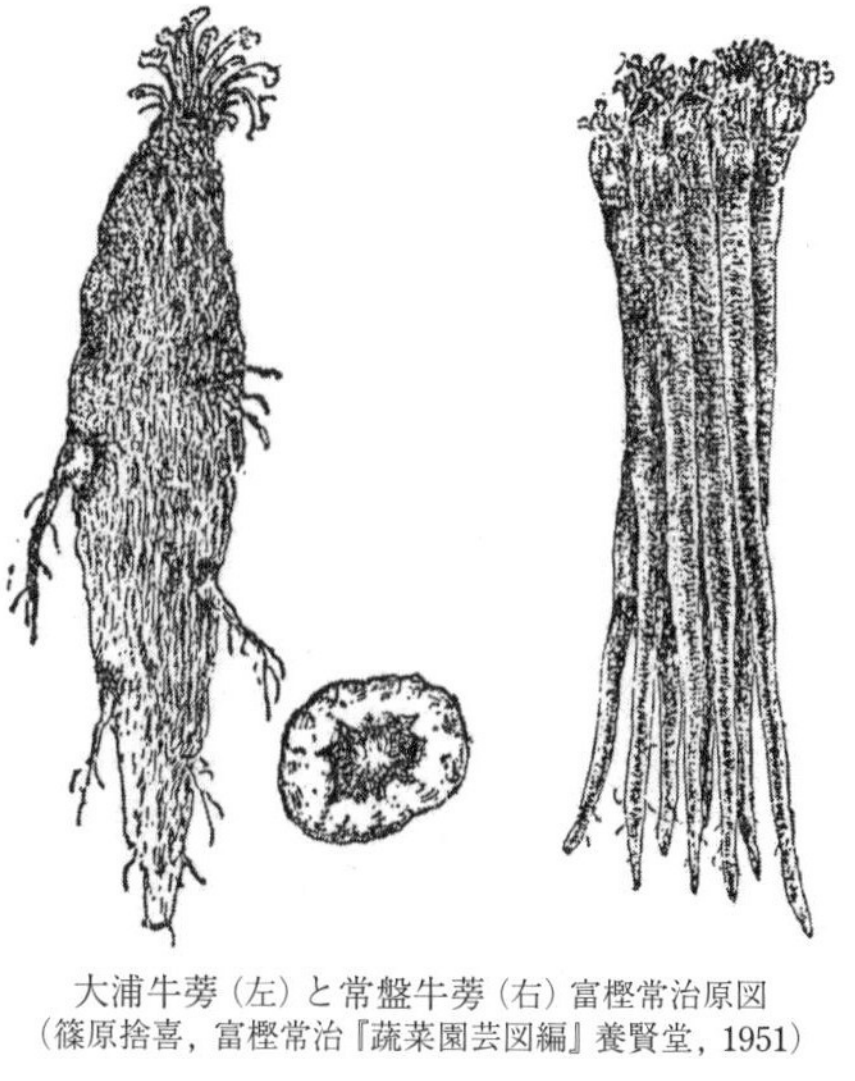

大浦牛蒡（左）と常盤牛蒡（右）富樫常治原図
（篠原捨喜，富樫常治『蔬菜園芸図編』養賢堂，1951）

蒡は聚楽第《じゅらくだい》を埋めた所に生じたゴボウと言伝えられ聚楽牛蒡と呼ばれ、古い歴史をもつ産地である。現在の堀川牛蒡は滝野川系とされるが、古くは八幡牛蒡の系統だったかもしれない。なお『成形図説』には「八幡辺に産するは短く太く尾に鬚根《ひげね》あり」とある。『農業全書』には「一説には八幡の牛蒡のたねは越前より取来り用ゆと云う」とあり、八幡牛蒡は越前白茎と同系の品種であったかもしれない。

　堀川牛蒡の特色はその栽培法で、九～一〇月に苗床に播種し、根が四五センチほどになる翌年の六月頃それを苗として本畑に斜めにねかせて植付け、肥培を続ける。根は先端が切れているのでこれ以上に長くはならず肥大し、先端から伸び出した側根も幾分肥大し、異様な形のゴボウになる。これは耕土の浅い地で考え出された栽培法で、根深ネギでも苗を斜めに植付け、いわゆる曲りネギを収穫する地方がある。移植栽培は近年ビートで行なわれているが、根物野菜としては堀川牛蒡以外にはまずみられない、この地独特の栽培法である。

越前白茎白花牛蒡

越前白茎白花牛蒡　福井県奥越地方大野付近で古くから栽培されてきた品種で、名前のように白茎、白花で葉柄は太くて長く、香りが高く、葉ゴボウとして各地で栽培される。以前の越前白茎牛蒡はわが国では珍しい薊葉の品種として知られ、戦後間もない頃の園芸書には薊葉として図や写真がのっていた。現在福井県で栽培、採種しているものは白茎ではあるが丸葉で、以前の白茎とは違っている。現在福井県下での普通栽培はわずかであるが採種は続けられ、タネは大阪、香川、愛知の葉ゴボウ産地に送られている。なお以前の八幡牛蒡は本種に近いものといわれ、また福井県下には現在もゴンボ祭やゴンボ講があり、ゴボウはこの地の重要な野菜になっている。

（3）薊葉ゴボウの系譜

越前白茎牛蒡の一つの特徴は葉の縁に欠刻がある薊葉である点にあった。薊葉の品種としては江戸時代からオロシアゴボウがあり、『本草図譜』の悪実、むまふぶきの項に「一種おろしやごぼう、此種近年魯西亜より来るという。葉は牛房に似て花叉《きれこみ》甚だ多く、薊葉に似て刺なく、根も牛房と異なることなし……」とし、薊葉の葉と赤い花などを図示している。

オロシアゴボウを石井勇義氏は昭和二三年長野県埴科《はにしな》郡埴生《はにう》村（現・千曲市）で栽培品として得、これを牧野富太郎氏は『牧野混々録』で報告している。久内清孝氏は昭和三六年千葉県習志野付近でみたという。

園芸関係者の記述としては下川義治氏の『蔬菜園芸』では薊牛蒡とし、「長野県小県《ちいさがた》郡西塩田村及び神科《かみしな》村と上田市などで栽培され、他府県にも往々見られる。本種は白茎で根は細長く肉質しまり、す入りなく外皮は滑らかで抽苔が遅く、三年目に開花するので三年牛蒡とも呼ばれる」と記述している。また喜田茂一郎氏は新潟県南魚沼郡城内村の薊牛蒡の名をあげている。

岐阜県高山市では古くから広瀬牛蒡と呼ぶ薊葉の白茎品種を栽培し（小坂慶一氏）、文化年間（一八一〇年頃）の『角《すみ》竹《たけ》文庫記録』の酒場歌に「八賀蕪、山田大根、広瀬牛蒡」と載っている（高山市史）ように古くからこの地方の特産品であった。

オロシアゴボウ
（『本草図譜』国立国会図書館蔵）

鳥取県日野郡内根雨町真住付近では大正初期には薊葉のゴボウが栽培されていた。『因伯《いんはく》の園芸』（一九一四年）に

「葉に深さ五分内外の欠刻を有し、根の外皮淡黄色、肉白くして香味佳良、普通一般にアザミ葉牛蒡と称し、在来種を改良せるものなりと」と記されている。現在は栽培されないが前の記述からみて当時のものは白茎であったと思われる。

現在栽培されている唯一の薊葉品種は、福島県の河沼郡会津坂下《ばんげ》町と塩川町付近でわずかに栽培している薊牛蒡であろう。葉に欠刻があり赤茎で、根は長く、肉質は軟らかで食味がよい。昭和初期には東京や大阪にも出荷したが、収量が他の品種より少ないので現在は業務用や自家用として栽培されている程度である。本種の来歴は明らかでない。

このように葉に欠刻のあるゴボウは福井県のほか鳥取、岐阜、長野、新潟、福島の各県で栽培され、それらは皆薊葉または薊牛蒡と呼んでいる。それらの中でオロシアゴボウと長野、福島両県のは赤茎赤花種で、根は普通品種とあまり変りないとしているが、福井、岐阜、長野の三県には白茎があり、越前白茎は根が短く原始型に近いように思われる。

ところで『農業全書』には丸葉でない切葉のゴボウの図が載り、文面からするとこれは八幡牛蒡である。しかも八幡牛蒡のタネは越前から取りよせたと記され、当時越前では越前白茎牛蒡のような品種を栽培していたのかもしれない。もしそうであれば、『本草図譜』にある近年魯西亜より渡来したというオロシアゴボウより以前から越前白茎牛蒡は栽培されていたもので、白茎の薊《あざみ》葉種と赤茎の薊葉種は別々に、大陸から北陸などの日本海地帯に渡来したものかも知れない。

【付】ヤマゴボウ（モリアザミ、ゴボウアザミ）

俗にヤマゴボウと呼ばれる野菜はモリアザミ一名ゴボウアザミの和名をもつ植物で、わが国中南部の山地に自生する。ゴボウと同じキク科の植物で、アザミの仲間である。なお岐阜県ではキクゴボウとも呼ぶが、キクゴボウはキバナバラモンジンという根菜の和名とされている。

モリアザミが野菜として利用されるようになった年代は明らかでないが、応永一二年（一四〇五）丹波大山庄の年貢公事の中に山牛蒡の字句がある。現在栽培の多い岐阜県などで栽培化した年代は比較的新しく、恵那郡本郷村の吉村喜代吉氏が文久二年（一八六二）近くの三ッ森山で本種の根の太っているのをみつけ採取したのが最初で、このことは美濃岩村藩の検見日記に記されている。当時は自生のものを採って食用にしていたが、明治に入ってから吉村喜代吉、常五郎父子によって栽培化され、普及も許られた。

現在は岐阜、長野、愛知三県を中心に東北地方や九州でも栽培され、主として味噌漬にしている。まだ品種はあまり分化していないが、三県の農業試験場などで検討され、たかねなどの品種が選抜育成されている。

なおヤマゴボウの和名をもつ植物はモリアザミとは全く別のヤマゴボウ科の外来種で、帰化植物として山野に自生もしている。有毒植物であるが商陸の名で薬用にされ、葉は食用にもなるといわれる。『百姓伝記』には山ごぼうを作る事として商陸の栽培法などを記している。

ヤマゴボウ

テーブルビート（火焔菜）

テーブルビートはフダンソウ、サトウダイコン（甜菜）と同じくベタ・ヴルガリス *Beta vulgaris* L. の変種で、アカザ科の二年草である。ビートの原産地はヨーロッパとアフリカ北部、あるいはシシリー島といわれ、バビロフは地中海沿岸地域を第一次原生中枢、近東を第二次中枢としている。ビートは二～三世紀から利用されたといわれ、一六世紀にローマから北欧諸国に伝わってから栽培が盛んになり、その後ヨーロッパ一帯に広まった。

製糖用の品種の改良は一八世紀の末頃から始まり、一八一一年にフランスで初めてサトウダイコン（甜菜）から製糖が始められた。飼料用のビートも食用のビートから多収性の品種として育成されたもので、甜菜も飼料用ビートも赤い色素はもたない。

テーブルビートがわが国に渡来したのは江戸時代初期と

思われ、『大和本草』（一七〇九年）にダイコンの一品種暹羅《シャムロ》大根として記されている。「暹羅大根其種自二暹羅一来る。京都にて近年隠元菜と云。葉大に根紅に内に赤白の暈紋あり。ウズのまいたるに似たりとてウズ大根とも云。葉の心も紅し。味甘し。冬栄う。これを蕓薹と云は非なり」と特性を記述している。『成形図説』には大根の品種として錦大根一名紅大根、また渦大根、あるいは暹羅大根などいうとして形状を記し、伊勢、尾張にて養うと記している。

食用ビートの多くの品種は根も葉も濃紅色で、この点から三河では錦大根、関西では珊瑚珠大根と呼ばれた。ビートは根の肥大生長の方法が特異で、同心円状にいくつもの形成層環が形成され、その結果根を横断すると同心円状に濃色部と淡色部がみられ、この点から渦大根、巻大根とも呼ばれた。また根を縦断すると火焔状に濃淡部があらわれる。明治初年の『舶来穀菜要覧』では火焔菜《さんごじゅな》として導入した三品種をあげ、欧米人は大いにこれを賞味し、生食や煮食やピクルスなどにするとして栽培法を述べ、球形品種と長形品種の図をあげている。しかし色が濃厚であることや幾分土臭さがあることなどからあまり普及しなかった。

東京都中央卸売市場の取扱高をみると、昭和二五～四〇年頃は年間約五〇トン扱っていた程度で、その後もあまり増加せず、昭和四五年頃以降はその他の洋菜に含められてビートの項目は消えている。

テーブルビート

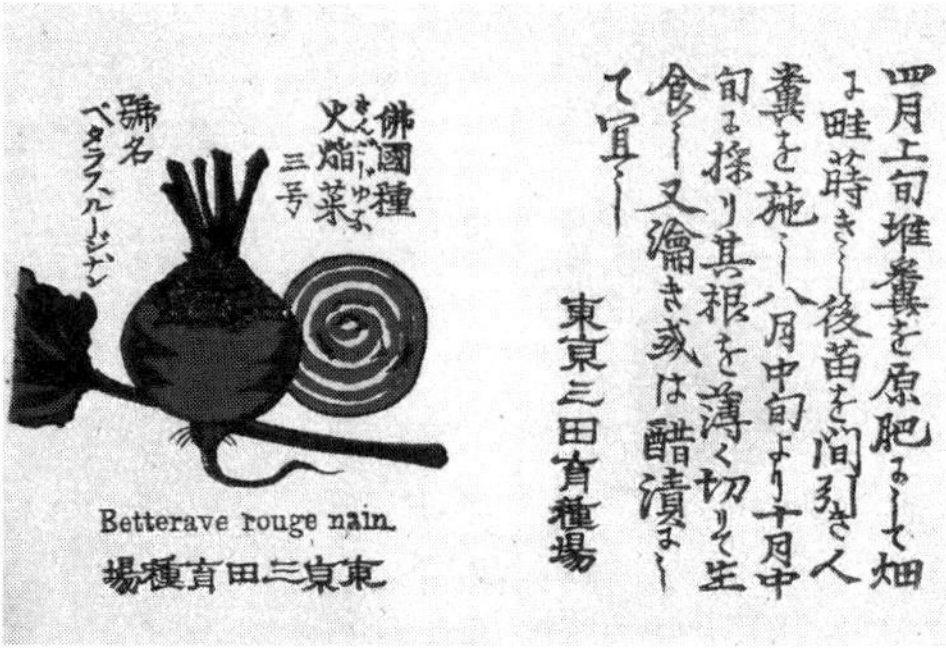

テーブルビート（『穀菜弁覧 初編』1889, 国立国会図書館蔵）

ビートはヨーロッパではごく普通の野菜で、サラダや煮物、酢漬、塩漬などに広く用いられ、ビートの色素は抽出されてビート・レッドの名で天然着色料としても用いられている。今後わが国でもサラダ類の普及に伴い。彩りをそえる野菜として一層利用されるようになるものと思う。

ルタバガ（仙台蕪、スウェーデンカブ）

ルタバガは洋種ナタネの変種で、根が肥大し、冷涼地で根菜として栽培される。ルタバガは中世紀の終り頃北欧または北アジアで洋種ナタネから突然変異により生じたものと考えられ、一六二〇年スイスで初めて記載され、一七世紀のうちにイギリス、フランスや南ヨーロッパに伝わり食用にされた。ルタバガは普通のカブに比べ首部が突出し、肉質は硬く耐寒性が強い。このように本種は冷涼地に適する作物で北欧で盛んに栽培され、ヨーロッパではスウェーデンカブと呼ぶようになった。

わが国では明治八年、瑞典蕪菁、ズエーデン、ズイデン、スイジンカブの名で三品種を導入し各地で試作した。別にアメリカから北海道に入り、明治三〇年頃から飼料作物として根室、釧路地方の農家で栽培するようになった。

これとは別に鍋島藩士島義勇の紀行文『入北記』

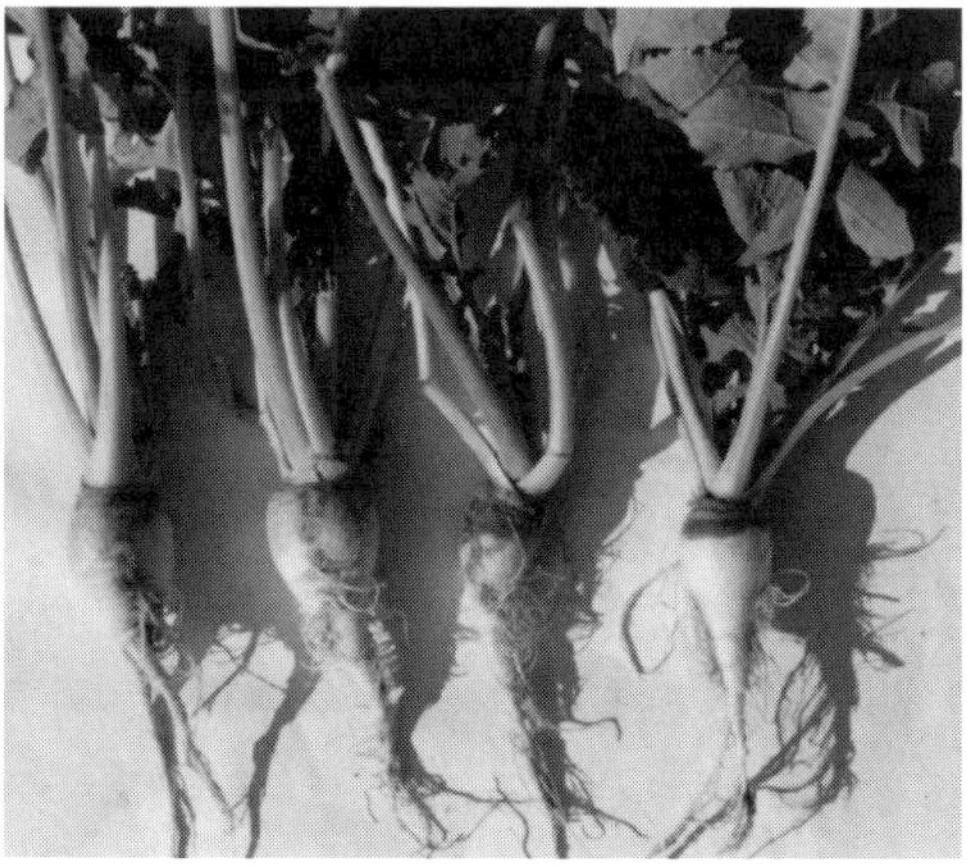
ルタバガ（仙台蕪）

（一八五七年）の北海道長万部《おしゃまんべ》の項に、「畠地に仙台蕪（一名仙台には無之由）盛に有之候、根を土人の食糧になす由、半日程煮候趣、雑と煮てはあたり候よし、此にかぎらず所々土人畠になほ多くこれを作る。……」との記載がある。この仙台蕪はルタバガで、北海道や東北地方では現在も栽培されている。

北海道農業試験場釧路試作場では大正元年からルタバガの品種比較試験を行なったが、この中に仙台蕪もあり、大正三年に仙台蕪も優良な飼料用品種として指定した。成績書にはこの品種の由来は不明だがせんだいかぶはスウェーデンカブの訛としている。仙台蕪は岩手県など東北地方でも栽培され、『東北の食習』（一九四七年）には北上山地北部で古くから仙台蕪を栽培していたことが記されている。

以上のようにルタバガは明治初年の導入以前、少なくも江戸時代後期以前に北海道または東北地方に渡来した。その経路、時期などは現在のところ明らかでない。なおセンダイカブの名称は軸が太く育つから、センダイとは大きい物の意、あるいはセンダイは先代で古くから栽培された物の意などといわれるが明らかでない。北海道のアイヌは本種をアタネと呼んでいる。

林善茂氏によるとアタネはアイヌにとって古来唯一の野菜で、根も葉も生のまま、あるいは乾燥して貯蔵し、肉類と一緒に煮たり単独に丸煮して間食にするなど、冬期間の主食の補いとされ、食生活上重要な野菜であった。なお仙台蕪は土地や気候の良否に左右されることが少ない不作知らずの作物で、凶作年に備えて救荒作物としても重視された。

岩手県では消化がにぶく腹ごたえするから冬の子供の間食にし、漬物にもし、一戸で馬に三〜四駄もとったという。

二つ割にしワラを通して煮るか蒸して、火棚に上げて乾燥したものを間食にした。岩手県の気仙地方では仙台蕪をヒエ、ムギ、ソバなどと混ぜて煮て主食とした。また甘味づけに用い蕪粥は美味なので嫁に食わすなともいわれた。

仙台蕪はす入りすることがなく春先まで貯蔵でき、春先には伸びた薹を茎立菜として用いた。

仙台蕪で注目されるのは岩手県でも北海道でもヒエ、アワ、キビ等の雑穀と混播して栽培していることである。

北海道のアイヌの栽培法は林氏によるとアワと混播するのが普通で、キビ、ヒエとの混播もするが単独で栽培することはない。アワの場合はアワ一升に対して仙台蕪種子を五勺（二〇分の一）混ぜ、浅く耕した畑に散播し、そのあとは樹枝を簡単に加工して作ったコマザライで掻き廻すだけで覆土は行なわない。この播種法は東日本の山間地帯の焼畑でカブを播く方法と非常に似ている。秋になってまずアワなどの穀類だけ刈りとると、仙台蕪はその後も肥大を続ける、そして晩秋のまだ地面の凍らないうちに仙台蕪を収穫する。

岩手県でも仙台蕪はヒエと混播した。近年はヒエを栽培しなくなったので仙台蕪の栽培も激減した。岩手県では北海道と違い、畦を作って混播し、アワ、ダイズと混播することもある。

わが国では作物を混播する例は少ない。カブでは岩手県北部でソバと混播し、石川県の白山山麓ではカブとヒエと混播する例がある。広島県の大田蕪は以前はアワかキビと混播するのが普通で、種子の割合はアイヌと同様二〇分の一であった。なお、白山山麓ではルタバガをエドカブと呼んでいる。

このように北海道でも岩手県でも同様な混播という栽培法が行なわれ、同様な利用法がみられている。このことは、両地域間で種子の伝播がなされただけではなく、仙台蕪に関する文化が伝わったとみてよい。東北地方北部には北海道と同様に内《ない》（アイヌ語の川、沢の意）のつく地名が多く、これは両地区が同一の文化圏であったことを示している。仙台蕪の栽培方法や利用法をみると、同一文化圏であった状態は比較的近年まで続いていたことが知られる。

二 芋 類

芋類は植物の茎葉や根が、翌年の生長のため栄養を貯蔵したもので、したがって、カロリー源食品として価値が高い。栄養を貯蔵する場所は種類によって違い、サツマイモでは根が肥大し、ジャガイモやサトイモでは茎が、ユリでは主として葉が肥厚し、栄養を貯蔵している。貯蔵栄養は通常デンプンであるが、キクイモのように主にイヌリンの場合もある。

芋類には熱帯、亜熱帯原産の種類が多く、それらの種類は寒さに弱い。そこで栽培は夏を中心に行なわれ、できたイモは低温にあわすといたみやすい。ただしジャガイモは冷涼な気候を好み、暑さにも弱い。

ジャガイモ（バレイショ）

(1) 起原と伝播、栽培状況

ジャガイモは世界的に主要な食用作物で、特に北ヨーロッパでは主食にされている。わが国でも北海道などでは主食に準ずる食品になっており、農林統計では野菜とは別にイモ類として扱ってきた。しかし一般に野菜として扱っているので、本書ではイモ類野菜の一つとしてとりあげた。

ジャガイモの近縁種は現在中南米に数多く自生している。栽培種のジャガイモは四倍体種で、南米のペルーとボリビアの両国にまたがるアルティプラノ高原のチチカカ湖周辺が発祥地と考えられ、わが国の田中正武氏らも栽培種の祖先と思われるものの自生を発見している。

ペルーやチリの古墳からはジャガイモの形の描かれた土器が出土し、この付近では六世紀より以前から栽培され、インカ文明のエネルギー源になったと考えられている。栽培種はその後周辺に伝わり、コロンブスの新大陸発見当時はメキシコからチリの南部でも栽培されていた。

ヨーロッパへのジャガイモの伝播はスペイン人によるもので、スペインのメキシコ征服の一五二一年以後、またはインカ征服の一五四〇年以後といわれ、一五八六年にはイギリスにも伝わった。ヨーロッパでは最初は珍奇な植物として栽培した程度であったが、やがて食用作物として価値の高いことが認められ、北ヨーロッパでは特に重要な作物になり、品種の改良も進められた。

アメリカへは一七世紀、インドには一六世紀に伝わり、東南アジアにも次第に広まった。

わが国には、オランダ人によって、ジャワ島のジャガトラ（ジャカルタ）から長崎に入った。その年代は慶長八年（一六〇三）とされたり、『長崎両面鏡』に天正四年（一五七六）南京芋長崎に来るというのが最初であるなど諸説がある。またこれとは別に北海道には寛政年間（一七九〇年頃）、ロシアからサハリン経由で伝えられた。

わが国では当時嗜好にあわずあまり栽培されなかったが、少しは飼料に用いられ、宝永の頃（一七〇四年頃）からは食用にも供された。その後天明三、六年と天保年間の何回もの凶作年に救荒作物として価値が認められ、また高野長英が『救荒二物考』（一八三六年）を著してソバとジャガイモの栽培、利用、効用などを記述したこともあって次第に普及し、普通の作物として栽培されるようになった。

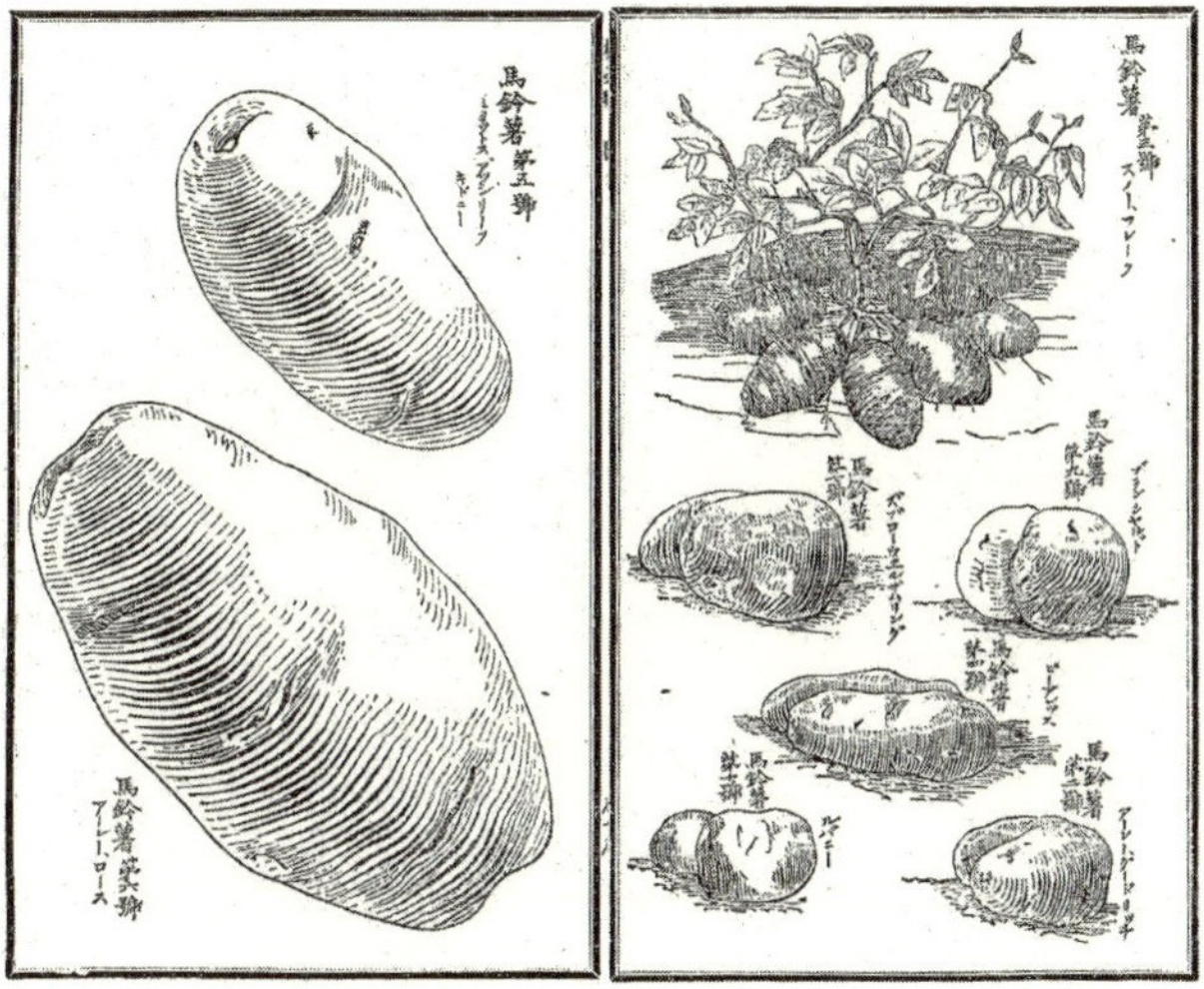

ジャガイモ（『舶来穀菜要覧』1886）

ジャガイモの普及はサツマイモに比べかなり遅れたが、これはサツマイモについては詳しく解説して栽培を勧めた

『農業全書』が、ジャガイモについては全く記述しなかったことも理由の一つではないかと思われる。

ジャガイモのわが国内での伝播については地方名と共に多くの言伝えが残っている。前掲の『二物考』では馬鈴薯、和名ジャガタライモとし、甲州イモ、チチブイモ、アップラ、清太夫イモ、八升イモ、テイゾウイモ等と別名をあげている。清太夫薯については「甲斐国に於て明和年間（一七七〇年頃）代官中井清太夫の奨励によりて早く該地に藩殖し、今に至るまで清太夫薯の名あり、是より信濃、飛驒、上野、武蔵等にも伝わりしにや、信州にては甲州薯と呼び、飛驒にては信州薯と唱う」と記されている。また飛驒高山の代官幸田善太夫は寛延元年（一七四八）信州からジャガイモを導入して栽培を奨励し、その後天保飢饉に大いに役立った。そこで住民はジャガイモを善太夫薯、お助け薯と呼んだという。

同様の言伝えは各地にあり、相模では安政年間田口甚三郎が甲斐から入れたとされ、新潟県魚沼三郡では天明、天保の飢饉の際に細民の常食になり、それ以来ジャガイモが広まったといわれ、陸前では天明の凶荒の際上野《こうづけ》から伝わり、土佐へは伊豫から、紀伊へは阿波から伝わったといわれている。

明治に入り欧米から多くの種苗が導入され、『舶来穀菜要覧』ではアメリカ、フランス、オーストリアから入れたアーリーローズなど三七品種を番号をつけて呼んでいる。この頃からジャガイモ栽培は定着し、明治一一年の全国の作付面積は九六三四町歩（ヘクタール）で、越後、信濃を筆頭に阿波、武蔵、大和、伊豫、豊後、岩代、能登、羽前で多く栽培された。その後栽培は急激に増加し、明治四〇年頃は作付面積が六万ヘクタールを超し、収穫量は六万トンほどになった。

大正五年の作付面積は約一〇万ヘクタール、昭和一〇年には一五万ヘクタール、同二〇年頃からは二〇万ヘクタールを超し、昭和二四年には二三万四五〇〇ヘクタール栽培され、第二次大戦前後は重要な食糧作物であった。

戦後食糧事情の変化と共に作付面積は減少し、昭和五五年は一二万三四〇〇ヘクタールになった。収穫量も昭和四〇年の四〇六万トン弱を最高としてその後は漸減し、昭和五五年は三四二万トンほどになっている。この生産高は全世界の生産高の約〇・一パーセントで、日本人の年間一人当り消費量一五キログラムは、旧東ドイツとポーランドの一八〇キロ、アメリカの五五キロに比べ非常に少ない。

都道府県別の栽培状況をみると、北海道が作付面積六万五〇〇〇ヘクタールと断然第一位で、二位の長崎県にしても五〇〇〇ヘクタール余りに過ぎず、全国の収穫量の七割以上は北海道で生産されている。

(注)平成二三年：作付面積は八万一〇〇〇ヘクタール、収穫量は二三八万七〇〇〇トン。北海道が全体の六五パーセント(作付面積五万三二〇〇ヘクタール)を栽培し、長崎県がそれに次いでいる。

(2) 名称、品種と栽培法

名称　ジャガイモはオランダ人によりジャガトラから伝えられ、ジャガタライモ、ジャワイモ、オランダイモと呼ばれた。馬鈴薯の名は江戸中期の本草学者小野蘭山の著書『耋莚小牘《てつえんしょうとく》』(一八〇八年)に初めて書かれたもので、ジャガイモの形からきている。『二物考』や『草本育種』、明治初年の『舶来穀菜要覧』など当時の書物には馬鈴薯(ジャガタライモ)として記され、農林統計には単に馬鈴薯と書かれている。このためいつの間にかバレイショが作物名のようになった。またジャガタライモはいつかジャガイモになり、現在は植物学界でも、作物学の分野でも正式和名はジャガイモとし、ジャガタライモとバレイショを別名としていることが多い。中国では洋芋、陽芋としているが、わが国では和名から爪哇薯の漢字名が生まれた。

前にもあげたようにジャガイモには地方名が多い。『農作物の地方名』では一〇二の地方名があげられ、『日本植物方言集』ではわずかの違いのものを含め二六二種類の名称をあげている。まずジャガタライモとバレイショは全国各地で用いられ、オランダイモは長崎と関西でみられる。主に東北地方に残っているアフラ、アブラ、アンプラ、カンプラの名は『二物考』にあるアップラ、オランダ語のアールドアップルから出た名と思われ、この本の著者高野長英の出身地仙台など東北地方に多い。東北地方と関西地方など広い範囲で用いられるニドイモと関東、中国地方に残るサンドイモは、一年に二、三度収穫できる意味であろう。中部地方の一部でいうセイダイモは清太夫薯から、関西、中国地方の八升イモと東北地方のゴショイモはタネイモの八倍または五倍とれる、つまり八升薯、五升薯の意であろう。上州薯、信州薯、甲州薯は伝えられた地名から出た。関西、中国両地方ではキンカイモと呼ぶが、これはキンカ(禿頭)に似ているところから出た名とされる。このほか理由不明の名も数多くある。

ジャガイモにはたくさんの品種がある。しかし実際に栽培されている品種の数は比較的少なく、品種の寿命は長い。

主な品種を次にあげよう。

男爵薯　現在ジャガイモといえば男爵《だんしゃく》を思い浮かべるほど普及し、ジャガイモを代表する品種である。豊円で芽が深く、粉質で食味がよく、栽培する立場からは早生で栽培がやさしく収量が多い。ただ大きくなりすぎると中に空洞ができやすく、ウイルス病、特に縮葉モザイックにかかりやすいことと、芽の深いことが欠点とされる。休眠性が強く長期間芽が出ないので貯蔵しやすいが、二期栽培の秋作の場合は催芽が必要である。

本種の成立過程は必ずしも明らかではない。現在多くの書物では明治四〇年頃北海道の川田龍吉男爵がアメリカから導入したアイリッシュ・カブラー Irish Cobbler（アイルランド系の靴直が、アーリーローズから変りものとして見出したといわれる品種）であるとしている。しかし明治初年に石別村の川田農場主川田男爵がアメリカから取寄せたとする説、明治四〇年頃亀田郡七飯《ななえ》村の農場主の川田男爵が英国カーターサットン商会から輸入したとする説、七飯村川田農場の成田惣次郎氏が育成したもので農場長の川田男爵に因み男爵薯と名づけたなど諸説がある。

現在はジャガイモの主要品種であるが、大正一五年発行の『下川蔬菜園芸』では八〇品種の名をあげて解説しているのに男爵薯の名はみられない。大正一一年発行の『蔬菜栽培講義』では品種解説の最後から二番目に男爵薯をあげ、「全国的に栽培範囲を拡張し他品種を圧迫しつつあるは男爵薯なり」と記している。このように本種は大正から昭和初期にかけて普及し、昭和一二年頃にはわが国の主要品種になった。

メークイン　大正五、六年頃イギリスから北海道に入った品種で、長楕円形で芽が浅く一目で見分けられる。男

男爵芋（上）とメークイン（下）

爵薯より黄色で肌が美しく、食味がよく、近年需要が増えている。ただし収量はやや少ない。農林番号のついている二六品種などわが国でも多くの新品種が育成され、ケネベックなど外国品種も戦後多数導入されたが、それにもかかわらず、このメークインと男爵薯は大正、昭和と栽培され続けている。共に寿命の長い品種である。

農林一号 男爵薯を母親に、デオダラを交配してわが国で育成された品種で、男爵よりやや平たく、皮は黄ばんで芽は少ない。デンプン含量が多く食味がよく、現在男爵についで多く栽培されている〔昭和四〇年頃には盛んに栽培されたが、近年は作付の減少が著しい〕。休眠期間が比較的短いので暖地の二期作にむいている。

栽培と利用 ジャガイモは寒さに弱く霜にあうと枯れるが、冷涼な気候が適している。そこで北ヨーロッパや北海道が主産地になり、北海道では四～五月に植付けて八～一〇月に収穫する。内地では夏をさけて春植え初夏どりか、初秋植え晩秋どりの栽培が行なわれる。後者がいわゆる二期作である。

ジャガイモは休眠が破れると芽が伸び出す。

ジャガイモは開花はするが通常結実しない。そこでタネイモを植付けて栽培する。近年種子で増殖する品種もあり、シード・ポテトなどと呼ばれている。そしてジャガイモ栽培の大敵となるウイルス病はタネイモから伝染することが多い。そこでウイルスの心配の少ない北海道の採種圃で生産されたタネイモが内地の春作に用いられている。

ジャガイモには休眠性があるので掘取り後数カ月間は室内においても芽が出ない。このため初夏どりの内地産のものは秋まで、秋どりの北海道産のイモは翌年春まで芽が出ないで市場に出廻り、利用者にしてみれば一年中若々しいイモがたべられる。そして休眠からさめると植付けなくとも芽が伸び出す。またソラニンという有毒物質を微量含み、特に新芽の部分に多い。

ジャガイモは多くのデンプンを含み栄養価が高く、周年出荷されて単価は比較的安く、和洋各種の料理に用いられ、大衆的必需食品になっている。また青果としてばかりでなく、デンプン製造など加工原料としても需要が多く、現在わが国の収穫量の半分以上が加工用に向けられている。店頭に並んでいる片栗粉は皆ジャガイモデンプンと思われる。本当のカタクリから作ったものはまずない。ジャガイモは、このほか飼料用などにも用いられ、輸入もされている。

サツマイモ（カンショ）

(1) 起原と伝播、栽培状況

サツマイモはヒルガオ科の宿根草で、一四九二年コロンブスがアメリカ大陸から持ち帰り、スペインのイサベラ女王に献ずるまではヨーロッパではしられていなかった。その後の調査でサツマイモは熱帯アメリカでは広く栽培され、またポリネシアなど太平洋の島々でも食用に供されていることが分り、このように地理的にも文化的にも隔たった両地域で栽培されていることから原産地と伝播に多くの関心がもたれた。

ドゥ・カンドルやバビロフは新大陸起原としたが野生種が発見されず、起原について定説はなかった。サツマイモ（イポメア・バタタス *Ipomoea batatas* Lam.）の染色体数は体細胞で九〇で、同属の野生種の染色体が三〇であることから一五を基本数とする六倍体とされていた。

サツマイモの起原については日本の研究者が目覚ましい業績をあげている。京都大学の西山市三氏らはメキシコで六倍体のイポメア・トリフィダ（*I. trifida* メキシコアサガオ）の野生を発見し、イモは形成しないがこのトリフィダのなかにサツマイモの祖先があると発表した。また、同氏は四倍体種と二倍体種との交雑でできた三倍体種の染色体を倍加して六倍体種も作った。

このトリフィダは栽培種の逸出ではないかとの反論があったが、その後田中正武氏らの一九七二年からの調査でメキシコ、グアテマラ地区の二〇カ所で多くのトリフィダの自生地が発見され、また四倍体のトリフィダも見出されてトリフィダ起原説が確認された。

おそらく野生六倍体の自生するメキシコ、グアテマラ地区で、根が小指大のトリフィダから突然変異で根の肥大するものが生まれ、それが栽培化されて選抜が加えられ、現在のサツマイモ栽培種が成立したものとされている。

サツマイモはメキシコからグアテマラ地域で紀元前三〇〇〇年以前に作物化し、紀元前二〇〇〇年頃にはペルーなど南アメリカに伝わったと推定され、おそらくインカ文化を築いた糧になったとみられている。

ポリネシアの諸島には一世紀前後に伝播したことが地方名の言語学的研究などから明らかにされ、伝播は人類によるものではなく、サツマイモの果実か種子の漂流によったものともいわれている。

一五世紀の末にスペインに伝わったサツマイモは一六世紀にはアフリカに、一七世紀にはヨーロッパの各地に伝わった。しかし熱帯性作物のためかあまり普及しなかった。アメリカ合衆国には一七世紀に伝わり、栽培が増加したのは二〇世紀になってからといわれる。

アジアでは一六世紀にスペイン人によりフィリピンとインドネシアに伝わり、中国には一五九四年陳振龍がルソン島から福建省に入れたのが最初といわれ、凶作をまぬがれる作物として金薯と呼ばれた。しかしそれ以前に刊行された『本草綱目』（一五九〇年）にサツマイモの記述がある。

わが国では沖縄の儀間《ぎま》親雲上《ぱひきん》が慶長一一年（一六〇六）中国福建から持ち帰ったのが最初で、琉球の中山王は一六九八年種子島に送り、同島で栽培し、宝永二年（一七〇五）薩摩に伝わった。また別に一六〇〇年頃ルソン島から薩摩の唐《から》港（坊津）に入りカライモと呼ばれたともいわれ、イギリス人ウィリアム・アダムス（三浦按針）が沖縄から平戸に伝え（一六一五年）、イギリス商館で栽培したのが内地での最初の栽培例ともいわれる。

『農業全書』（一六九七年）は未だサツマイモが普及しない時期の刊行であるが、蕃藷《あかいも》《りうきういも》として、五穀と同様食糧になる作物で一三の利点があるとして栽培を奨励し、サトイモ、ヤマノイモよりも多くの字数をあてて栽培法や中国での記述などを紹介している。『菜譜』でも記述しているが番薯《あかいも》と甘藷《かんしょ》と二種類にするなど当時はサツマイモの実体がよく知られていなかったらしい。

九州では当時鹿児島、長崎両県で普及し、一七三二年の蝗《いなご》の害による凶荒年にはサツマイモが多くの人々を救い、その事実は幕府にも伝えられた。この頃には東日本にも伝えられ一七二三年には八丈島で試作された。

関東での普及については青木敦書《あつのり》（昆陽）の業績がよく知られている。昆陽は将軍徳川吉宗公の命で長崎で蘭学を学んだが、その間にサツマイモを知り、その栽培を大岡越前守を通じて進言し、一七三五年サツマイモの栽培法などを記した『蕃薯考』を著した。昆陽は薩摩から種イモを取よせ、同年三月江戸の小石川薬園でサツマイモを試作し、その後上総国山辺郡不動堂村、下総国検見川と馬加村（現千葉市幕張）で試作したのをきっかけに、やがてサツマイモの名で各地で栽培されるようになった。

なおサツマイモのわが国への渡来と各地への伝播については『薩摩博物学史』（上野益三著、島津出版会、一九八二）や『黎明期日本の生物史』に詳述されている。

このようにサツマイモは、わが国に渡来後わずか三〇～四〇年で各地に知られ、幕末の頃には主要食糧になった地方もある。『日本農業技術史』によると、周防（山口県）の海岸地帯の大島郡油宇村では一戸当り三九七貫、雑穀換算で二石九斗八升を主食として用いており、五人家族とみれば当時の必要食糧の半分をサツマイモに頼っていたことになる。

明治一一年の統計をみると、作付面積では肥前が一万六四五三町歩（ヘクタール）で最も多く、肥後、薩摩、大隅、伊豫と続き、収穫量では伊豫、肥前、薩摩、大隅の順でこれらは一〇万貫（三七・五トン）を超している。なおイネの作付面積を一〇〇とした場合のサツマイモの作付面積は肥前、肥後は約二五、薩摩、大隅は六一、六四になっていた（『日本農業技術史』）。

農林統計でその後の栽培状況をみると、明治一一年に一五万ヘクタール弱であった全国の作付面積はその後急速に増加し、明治四一年には三〇万ヘクタールを超し、収穫量は三六一万トンになった。その後大正時代の作付面積は二九～三二万ヘクタールを一つのピークにして、その後昭和一〇年までは幾分減少し、二五〜二八万ヘクタールであった。

第二次世界大戦の勃発に伴う食糧不足からサツマイモの栽培が奨励され、作付面積は増加し、昭和二四年には四四万ヘクタールに達した。その後昭和二五年の統制撤廃後は食糧事情の好転とともに作付面積は減少し、昭和四一年には戦前の水準の二四万ヘクタール、昭和五〇年代は六万五〇〇〇ヘクタール前後に減少した。収穫量も昭和三〇年の七一八万トンをピークにその後急速に減少し、昭和五〇年代は一三〇万トン前後と一時期の五〜六分の一に減少している。それでもわが国の収穫量はアメリカの約二倍で、温帯の国としては世界でも上位生産国である。このうち市場出荷と加工むけがそれぞれ四五万トンである。栽培が多いのは鹿児島県で約五〇万トン収穫し、ついで茨城、千葉、宮崎県などで、主産地は関東以南である。

（注）平成二一年：作付面積は四万五〇〇ヘクタール、収穫量は一〇二万六〇〇〇トン。主な生産地は鹿児島が約四二万トン、ついで茨城、千葉、宮崎となっている。世界的にみると二〇〇八年（平成二〇）の統計では、中国が八五二〇万トンで全世界の生産量の七七パーセントを占めている。

（2）名称、品種と栽培法

中国名の甘藷（『本草綱目』）、蕃薯（『五雑組』）に対し、『和爾雅』、『農業全書』などは和名をリュウキュウイモ、アカイモとし、『物類称呼』では畿内ではリュウキュウイモ、東国ではサツマイモ、肥前ではカライモ、長崎ではリュウキュウイモ、チョウセンイモと記している。なおサツマイモの名は江戸幕府が薩摩から種イモを取寄せて青木昆陽に栽培させたところから生まれた名で、今は正式名になっている。『農作物の地方名』によると、近年でも西日本ではカライモ、リュウキュウイモの名が残っており、徳島県ではアカイモと呼んでいる。

品種　江戸時代にすでに品種が分化し、『成形図説』では赤芋、白芋などあげている。明治初年に農務局はサツマイモの品種は導入していないが、明治二八年広島県の久保田氏がオーストラリアから一品種を導入し三徳イモと命名した。この品種は白イモであるところから一般に源氏と呼ばれ、現在西日本で栽培されている。明治三三年には同氏によりアメリカから七福が導入された。

サツマイモは通常種子を結ばないので品種分化の機会は少ない。それでも従前からのサツマイモを栽培している間にすぐれた形質をもつ系統が選抜され、大正時代までに紅《べに》赤《あか》、太白《たいはく》、花魁《おいらん》などかなりの数の在来品種が成立した。紅赤は明治二九年頃埼玉県北足立郡大崎村の山田イチ氏が八房の中から突然変異個体として見出したもので、外皮は鮮紅色で美しく、肉色は黄色、粉質で食味がよい。この地方は江戸時代からサツマイモの産地として知られ、所沢の旧家には寛延年間（一七五〇年頃）のサツマイモ栽培に関する古文書がある。蒸し藷として特に好評を得て川越藷などと呼ばれ、関東地方を代表する品種になった。金時、千葉赤なども紅赤の系統で、近年育成されたベニコマチも紅赤に似てさらに作りやすい品種として栽培がふえている（現在では、その後に育成されたベニアズマなどが主流となり、ベニコマチは千葉県香取市栗源町の特産となっている）。

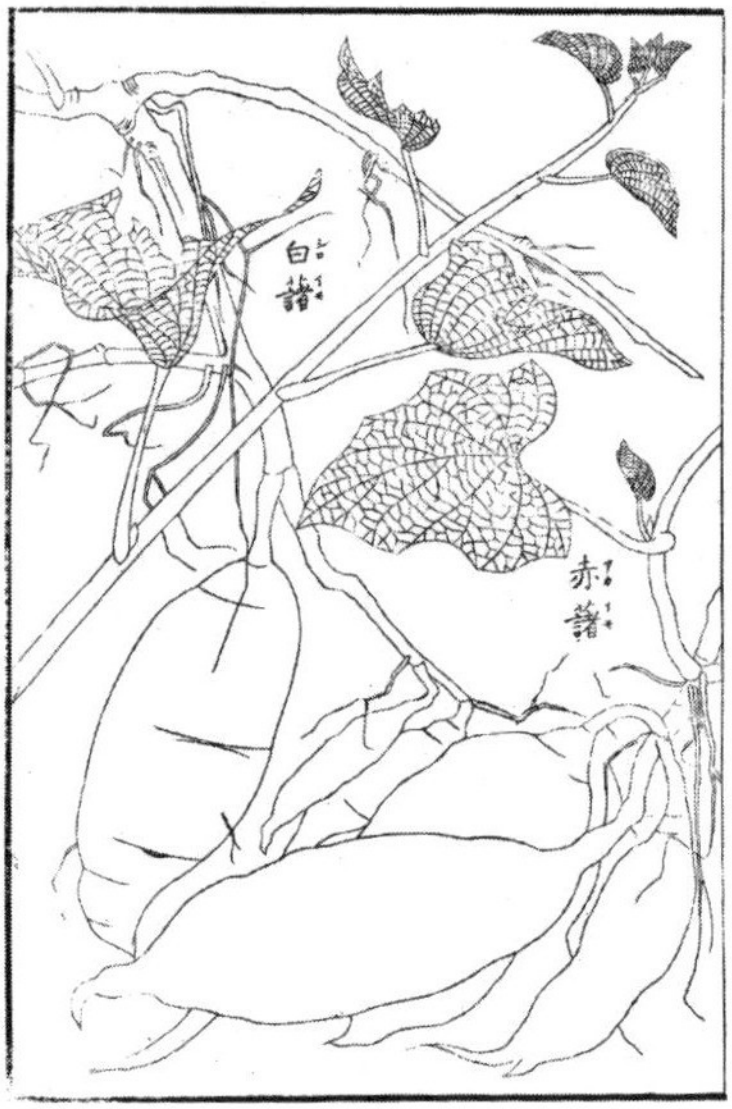

サツマイモ（『成形図説』1804）

第二次大戦中は食糧増産が第一であったため、品質は劣っていても多収性の沖縄一〇〇号が多く栽培された。その後農林省の研究機関などで多くの品種が育成され、その中の農林一、二号などは食用や加工用としてかなり栽培され、暖地ではコガネセンガンもかなり出まわっている。近年店頭に多く出る品種に高系一四号（コトブキ）がある。こ

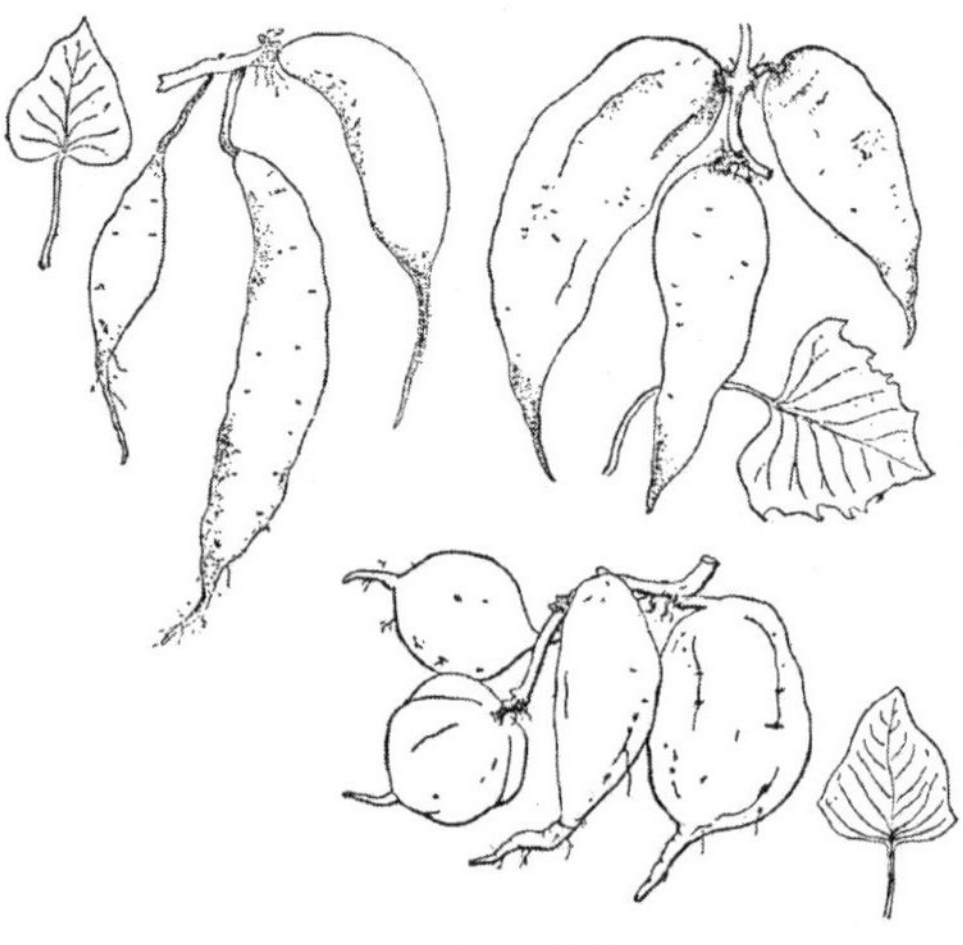
サツマイモの品種
紅赤（左）農林1号（右上）沖縄100号（右下）
富樫常治原図（『蔬菜園芸図編』養賢堂，1951）

れは昭和二〇年に高知県で発表した品種で、外皮は紅色で食味がよく、早掘り栽培にむいている。

特性と栽培法 サツマイモは通常結実しない。そこで春先にタネイモを床に伏せ込んで沢山の不定芽を出させ、この不定芽を苗として畑の畦に植付けて栽培する。苗はやがて不定根を出して活着し、次第に蔓を伸ばして畑一面を被うようになり、その茎葉の働きでできたデンプンが地下部の不定根に蓄積されてイモができる。茎葉はこのようにイモの肥大にとって大切なものであるが、窒素肥料や水分が多すぎると茎葉ばかり伸びてイモはさっぱり肥大しないことがある。この状態を俗に蔓ぼけと呼び、蔓ぼけにならないような栽培が行なわれている。

このため以前は伸びた蔓を反転させる蔓返しと呼ぶ作業が必ず行なわれた。蔓返しはすでに『成形図説』に記され、江戸時代から続けられた作業で、夏の重労働であった。昭和一〇年頃から蔓返しの栽培的意義が検討され、その結果、この作業はむしろ葉の光合成を妨げてイモの肥大を抑制することが明らかになり、現在は行なわれていない。この蔓返しの問題は、慣行法が必ずしもうのみにすべきではないことを示している。

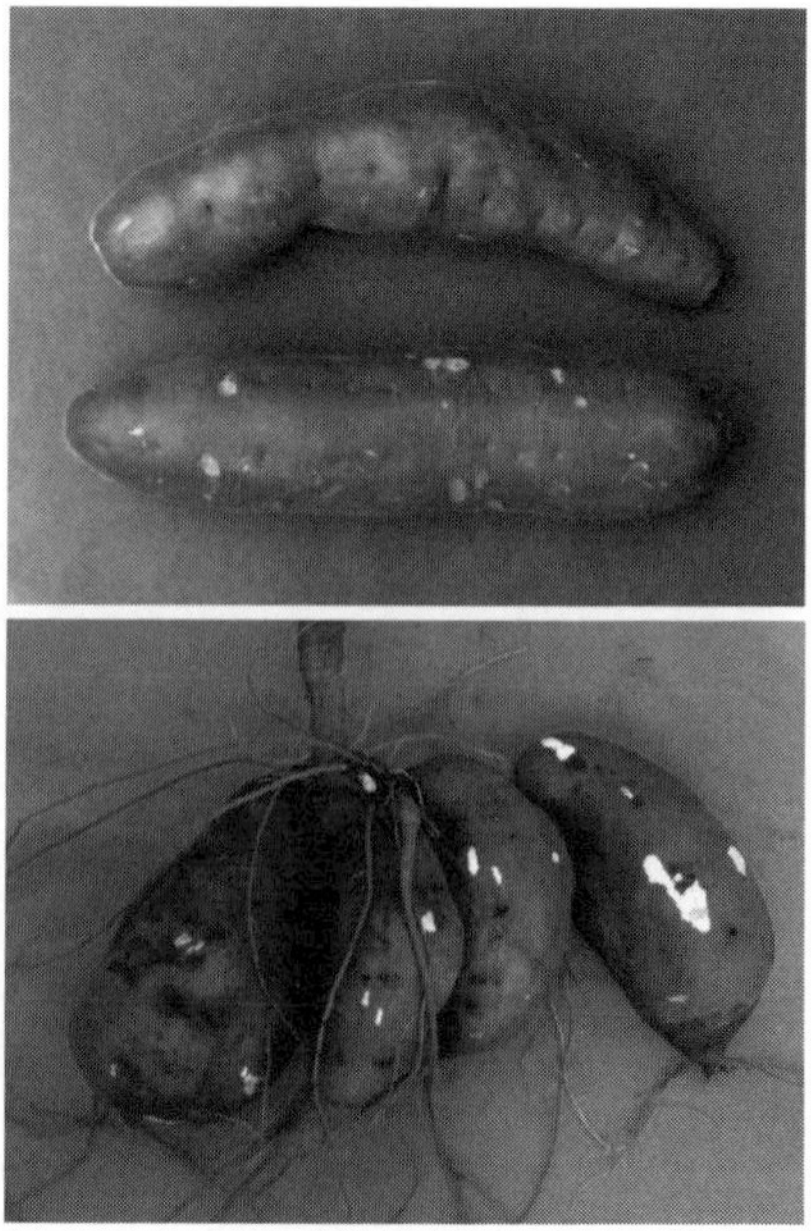
ベニコマチと農林10号

サツマイモは熱帯原産の作物で、わが国では暖地で生産が多く、東北地方の北部と北海道ではほとんど栽培されない。サツマイモの貯蔵の適温は一五度くらいで、一〇度以下になると凍らなくともイモは自然に腐り、このため冷涼地ではタネイモの貯蔵がむずかしい。また各家庭で貯蔵する場合も冷蔵庫に入れると腐敗を早める。

近年はまた、早掘りむきのベニアズマやビタミンAの含有量の多い橙色の品種なども育成されている。

サトイモ

(1) 起原と伝播、日本への渡来

サトイモなどサトイモ科の植物で、イモを食用にするものを総称してタロイモと呼んでいる。タロイモは新旧両大陸の熱帯地方を中心に野生し、利用されている。タロイモにはクワズイモなど沢山の種類があるが、最も重要な作物はコロカシア属 *Colocasia* のサトイモ類で、この中にサトイモとハスイモがある。サトイモ類は比較的低温条件に対する適応性が強く、暖帯から温帯地方にまで栽培地域が広がっている。

サトイモの原産地はインドとする説、東南アジア説などあり、バビロフはインドとこれに接する中国南部を原産地としている。中尾佐助氏によると、東南アジア諸国では半栽培のものが逸出したとみられる自生品がいたるところでみられ、葉柄が紫赤色のものも混っている。またマレー半島の高地には、葉柄が緑色で匍匐枝の先に子芋がつくサトイモが水湿地に自生している。これらからみて、サトイモは元来暖温帯性の陰湿地の植物で、中国南部を中心にヒマラヤ、東南アジアの山地林に自生したもので、それらのうち、ある亜種群が中国南部で栽培化され、作物化されたものが南太平洋、インド、東南アジア、中国、日本などに伝播したものとしている。なおハスイモはジャワからビルマにかけて野生し、子芋は匍匐枝の先につき、硬くて小さく食用にならず、葉柄がもっぱら野菜として利用される。

中国へはサトイモは紀元前に伝わり、二世紀には品種の記載があり。『斉民要術』では魁芋は子芋ができないと八

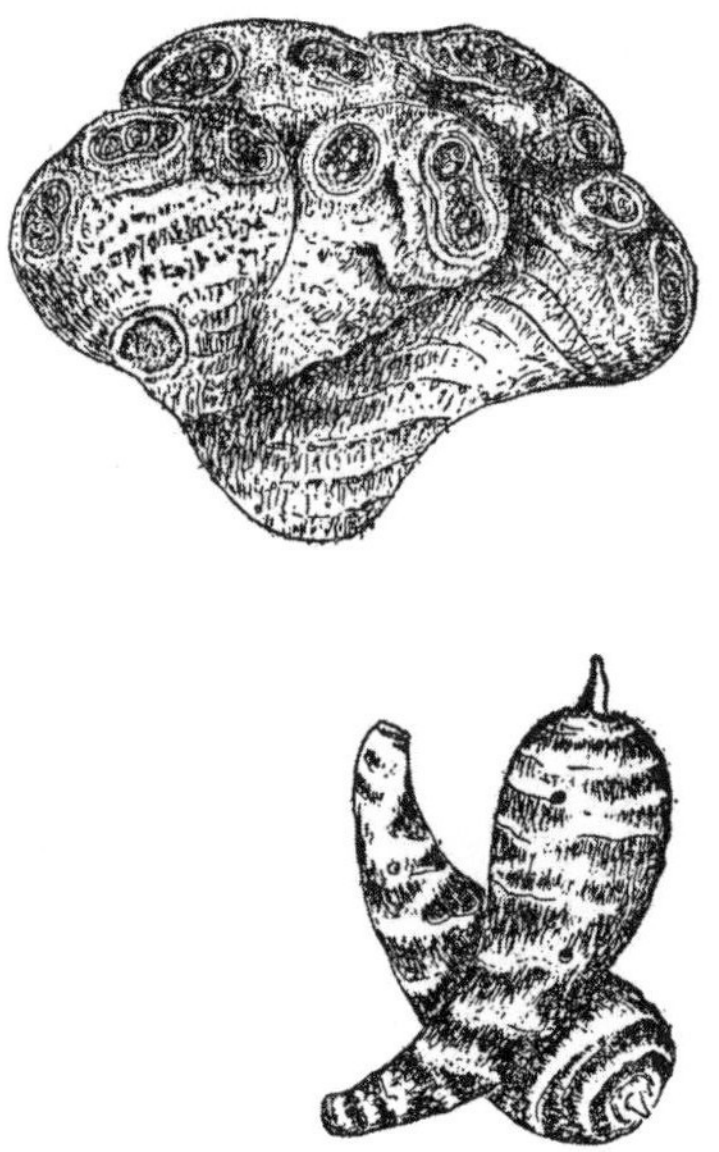

八つ頭（上）と海老芋（下）
富樫常治原図（『蔬菜園芸図編』養賢堂，1951）

つ頭のような品種をもあげ、栽培法を述べ、飢饉を救い凶年を過す一助になるとして栽培を奨励している。

西方のエジプトには一世紀頃伝わり、その後ヨーロッパ、アフリカに伝わった。サトイモは元来水湿に恵まれた暖地で順調な生育をするもので。太平洋地域では重要な食糧作物になっているが、欧米諸国ではあまり普及していない。

わが国への渡来の時期や経路は明らかではないが、現在温泉地などに自生する弘法芋は、縄文時代中期に半栽培の原始型のサイトモが渡来し、各地に広がったものの残存物といわれる。そしてサトイモはイネの渡来よりむしろ古い時代に、照葉樹林文化の構成要素の一つとしてわが国に渡来したものといわれている。

『万葉集』巻一六には荷葉《はすのは》を詠む歌として「はちすははかくこそあれも　おきまろが　いえなるものは　宇毛之葉にあらし」とある。『新撰字鏡』には蘋芋二字伊毛、『本草和名』には菓の部に芋、野芋、青芋、紫芋、連禅草、九百芋、魁芋など多くの漢名をあげ、和名以倍都伊毛としている。『和名抄』では「以閉都以毛、葉は荷に似てその根食すべし、蔌　以毛加良。以毛之、俗に芋柄の二字を用ゆ、芋茎也」とある。『延喜式』には営芋一段種子二石、総単功三五人……とサトイモの栽培法の概要を記している。また供奉雑菜として芋茎二把、芋六合、芋子四升などとあり、寛平年中（八九〇年頃）の『東大寺要録』にも芋子一升代米五合などと記されている。これらをみると、平安時代前期にはサトイモは栽培され、イモと葉柄とが食用にされ、いくつかの品種の存在が知られていたことがわかる。

弘法芋

(2) サトイモと習俗

サトイモは古くから農耕儀礼や儀礼食に多く用いられている。例えば坪井洋文氏は『イモと日本人』の中で、正月料理にサトイモを用いる習慣が全国各地に残っていることを多くの事例をあげて述べている。また本間トシ氏はサトイモが正月あるいは八月一五日に儀礼食として用いられる習慣が関東以西に多く残っていることを報告している。

八月一五日にサトイモを月に供える習慣は全国的にみられ、これは畑作行事としてのイモの収穫儀礼であったといわれる。このように正月やハレの日の儀礼食として、また秋の収穫儀礼に広く用いられることは、サトイモが古来コメと並んで重要な作物であったためばかりではなく、わが国に、稲作文化よりもむしろ古くから、雑穀とイモ文化ともいうべき照葉樹林文化が伝わっていた、その名残とも考えられている。

ただし『本朝食鑑』には「近世八月十五夜賞レ月者、必以下芋子青連莢豆一而煮食、九月十三夜賞レ月者、以二芋子着二薄皮一者上称二衣《きぬ》被《かつぎ》一、与二生栗一煮食、正月三朝以二芋魁《かしら》一入二雑煮中一而倶賞レ之、上下家家為二流例一也」とあり、この習慣は近世始まったように記している。なお芋頭は人の長に立つ頭の義とされ、イモは男女の間柄、あるいは子を産むの義で子孫の繁栄を象徴するめでたいものとされている。

本間トシ氏によると、儀礼食としてサトイモを用いることは関東以西に多く、東北地方ではヤマイモを儀礼食に用いることが多いという。しかし東北地方でもサトイモは儀礼食などに用いられている。また山形県の内陸地方では秋になると川原でサトイモなどを煮て食べる芋煮会が以前から行なわれ、これは芋煮祭の変形したものといわれている。秋田県内でも婦人達が山野で同様な行事を行なっている。

サトイモはイモばかりでなく、葉柄を乾燥させた芋柄、ズイキも儀礼食に用いられることが多い。京都市北野天満宮のズイキ祭や、西日本の各地で行なわれる秋の祭にはズイキ御輿がよく加わる。

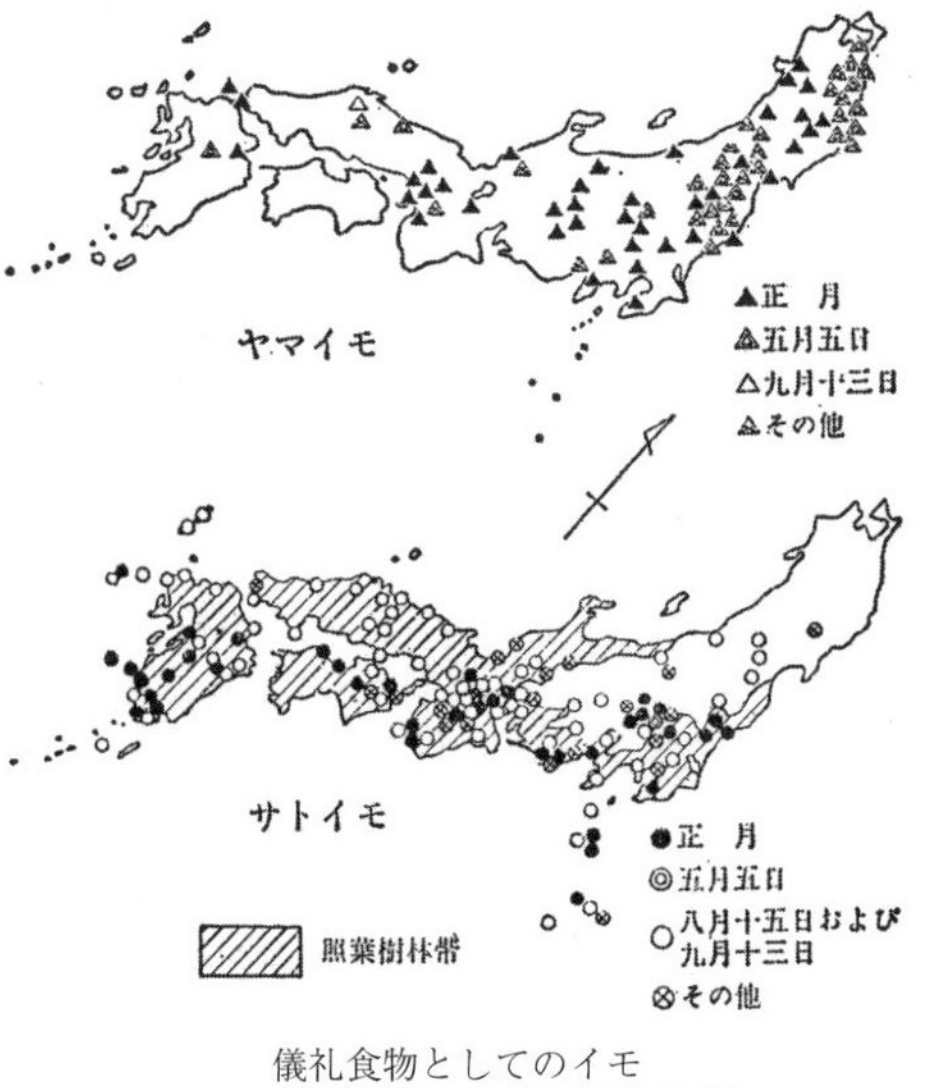

儀礼食物としてのイモ
本間トシ原図（佐々木高明『稲作以前』日本放送出版協会，1971）

(3) 栽培状況

サトイモが重要な作物になっていたことは江戸時代の農書からも知られる。『百姓伝記』には里芋の種其数多しとしてとうのいも、蓮いもなどは親芋型でずいきも味がよく、島いもなどは子芋は多いが味はよくなく、はじかみいもなどは子芋が多くずいきも味がよいと、品種名ばかりでなく品種群をも記している。また七、八月には土寄せをすることと、山に近いところでは草を刈って施し、海に近い所では海草をとって肥料にすることを勧めるなど、栽培法を述べ栽培を奨励している。

『農業全書』では連作を嫌うなど土地の選び方から始めて、栽培法をこと細かに記述し、品種にもふれ、芋は凶作知らずの物で、菜の中にて取分け穀を助くる物なり、土地の余分ある所では多く作るよう栽培を勧めている。『大和本草』でも湿地を好み、山中の農家は多く植えて粮とし飢を助けるよう栽培を勧め、青芋、黒芋、ホラ芋、唐芋、蓮芋などの品種をあげている（次頁の表参照）。

明治以降の栽培状況を農林統計からみると、明治四二年の青芋《さといも》の全国の作付面積は約五万七一〇〇ヘクタールで、野菜ではダイコンの九万九〇〇〇ヘクタールに次ぎ、第三、四位のツケナとナスの二万ヘクタール弱よりとび抜けて多い。しかし大正元年の六万二〇〇〇ヘクタールをピークとしてその後の作付面積は漸減し、昭和初めは約五万ヘクタールで収穫量は約六〇万トンであった。

その後戦時中は一時栽培が増加したが、戦後は再び減少を続け、昭和五五年の全国の作付面積は三万一七〇〇ヘクタール、収穫量は四五万八三〇〇トンである。栽培状況を府県別にみると、千葉県の四二六〇ヘクタールの他には三〇〇〇ヘクタール以上の作付の県はなく、宮崎、栃木、鹿児島の各県が比較的多い県になっている。なお北海道では経済栽培はなされず、青森県でも栽培は少ない。

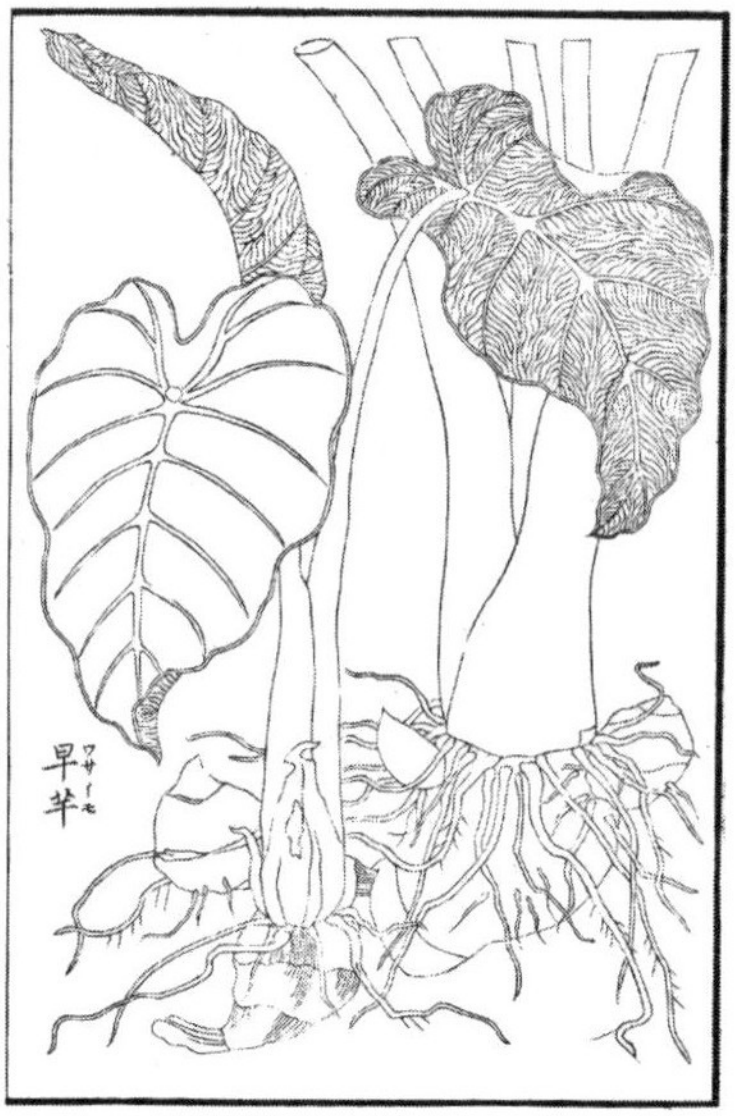

サトイモ（早芋『成形図説』1804）

サトイモは古くから主要な作物とされ、わが国の食生活上欠かせない野菜で、煮食や和え物にするほか衣被《きぬかつぎ》や芋棒など独特の料理に用いられ、葉柄も煮食や和え物などに用いられる。しかし近年の洋風の食事にあわないことなどから消費量は停滞している。

（注）平成二三年：作付面積は一万三六〇〇ヘクタール、収穫量は一七万一三〇〇トン。主な生産地は千葉（一七六〇ヘクタール）、宮崎（一二六〇ヘクタール）、次いで埼玉、鹿児島となっている。

（４）品種

サトイモは通常種子を稔実しない。それでも品種の数は多く、ハワイだけでも二〇〇以上の品種があるという。サトイモには元来変異性があるためか中国の『斉民要術』でもすでに一四種ありと記され、わが国の江戸時代の農書でもかなり多くの品種名をあげている。例えば『成形図説』では「凡そ芋に早中晩の属、水旱《たはたけ》の二種あり、其品数十名にして」と早芋、鶴児芋、美賀志伎芋などの品種をあげ、その特性を述べている。

昭和二五年に園芸試験場を中心にしてサトイモの在来品種を調査した。その結果いくつかの台湾の品種も含め全国で二〇五の在来品種が集められた。この中には異名同種と

江戸時代のサトイモの品種
（熊沢三郎・二井内清之氏 1965 年に『百姓伝記』を追加）

百姓伝記（1682）	大和本草（1709）	成形図説（1804）	本草図譜（1828）	熊沢三郎（1955）
島いも，青から，ゑごいも	青　芋	霜芋，島芋，根芋，蘞芋	青茎，えぐいも，あおから	蘞　数
くりいも，はすいも	蓮芋，栗芋		くりいも	蓮葉芋
	鶴の子	早芋，鶴の子		石川早生，土垂
	黒　芋	黒　茎	くろいも，くろから	黒　軸
はじかみいも？つくみいも？		あかいも	みやこいも，みずいも，たけいも	赤　芽
とうのいも，十里いも？	唐芋（白芋），赤芽，ほら芋	真芋，紫芋	紫芋，あかがら	唐　芋
		赤鸛芋	九面芋，やつがしら	八つ頭
		美賀志伎芋		みがしき
		白芋，苔の芋	くろいも，はすいも	蓮　芋

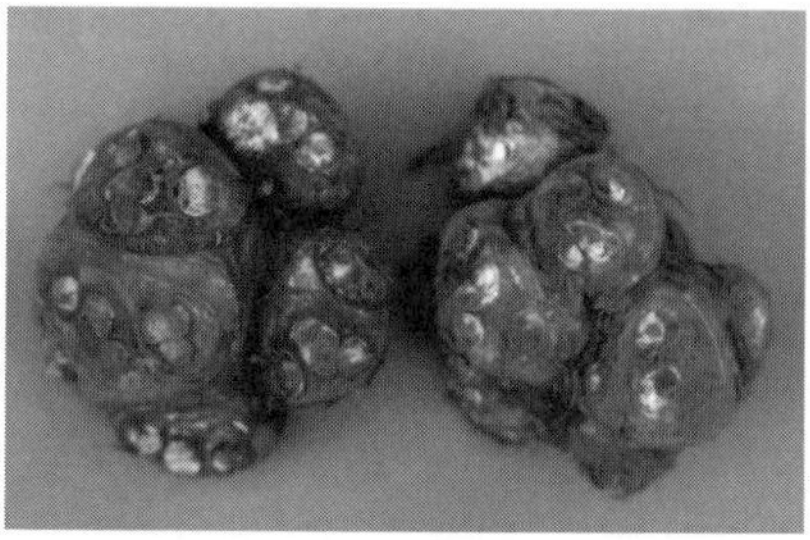

八つ頭

思われるものもあり、結局一五品種、三二系統と外国の七品種にまとめた。

　サトイモはどの部分を主に利用するかで親芋用品種、子芋用品種、親子兼用品種と葉柄用品種に大別できる。サトイモでは頂芽の葉が地上に出て開くとその基部の茎は肥大して親芋になり、親芋の側芽が地上部に葉を開かず肥大すると子芋になる。中には八つ頭のように側芽がほとんど全部葉を開く品種があり、この場合は株全体が親芋化して塊状になる。八つ頭は食用のほか、夏、水盤に植えて葉をたくさん出させ、鉢物として観賞されている。親子兼用種の

石川早生

土垂芋

唐芋《とうのいも》群は葉柄にえぐみがない。なお唐芋や同じ群の女芋《めいも》の子芋を特に大形に育てたものはその形からエビ芋と呼ばれ、エビ芋を棒鱈と煮た芋棒は京都の名物料理になっている。子芋用の石川早生の子芋は小形の球形で、皮つきのまままむしたいわゆる衣被《きぬかつぎ》に向いている。子芋用品種として古くから土垂《どだれ》が知られている。しかし同じ土垂の名でもかなり形質の違った系統もある。セレベスは昭和一〇年玉利幸次郎氏がセレベス島（スラウェシ島）から導入した品種で、大形で食味がよく近年栽培が多い。このほか暖地型の筍芋も近年は店頭に出ている。

サトイモの葉柄や葉にはたいてい蓚酸石灰が多く含まれ、エグ味が強い。しかし唐芋などのようにエグ味がほとんどない品種があり、それらの葉柄を剝皮して乾燥させたものがいわゆるズイキで、随時ゆでて酢の物、和え物などに用いられる。昔、加藤清正は熊本城の畳にズイキを入れて籠城の際の非常食にしたという。なおハスイモはサトイモに近縁の別の種で葉柄を食用にする。暖地性の野菜で、四国、九州などで栽培される。

葉柄は根芋としても利用される。根芋は若い葉柄を軟化したもので、享保三年（一七一八）の野菜などの早出しの限界を定めた徳川禁令には「ねいもは三月節より」とあり、当時からサトイモの軟化栽培が行なわれたことが知られる。

サトイモには染色体数が二倍体の品種と三倍体の品種があり、体細胞で二倍体種は二八、三倍体種は四二である。子芋用の石川早生や符芋は二倍体種で、唐芋、セレベスなどは三倍体種である。野生種にも三倍体のものが見出されており、三倍体種は恐らく二倍体種の減数分裂の異常から生じたものと考えられている。二倍体種は開花すると種子ができる。しかし現在実生で勝れた品種は生まれていない。

ところでサトイモは通常開花しない。親芋を植えたりジベレリン処理で開花を促進する方法も考えられている。

セレベス

サトイモの花

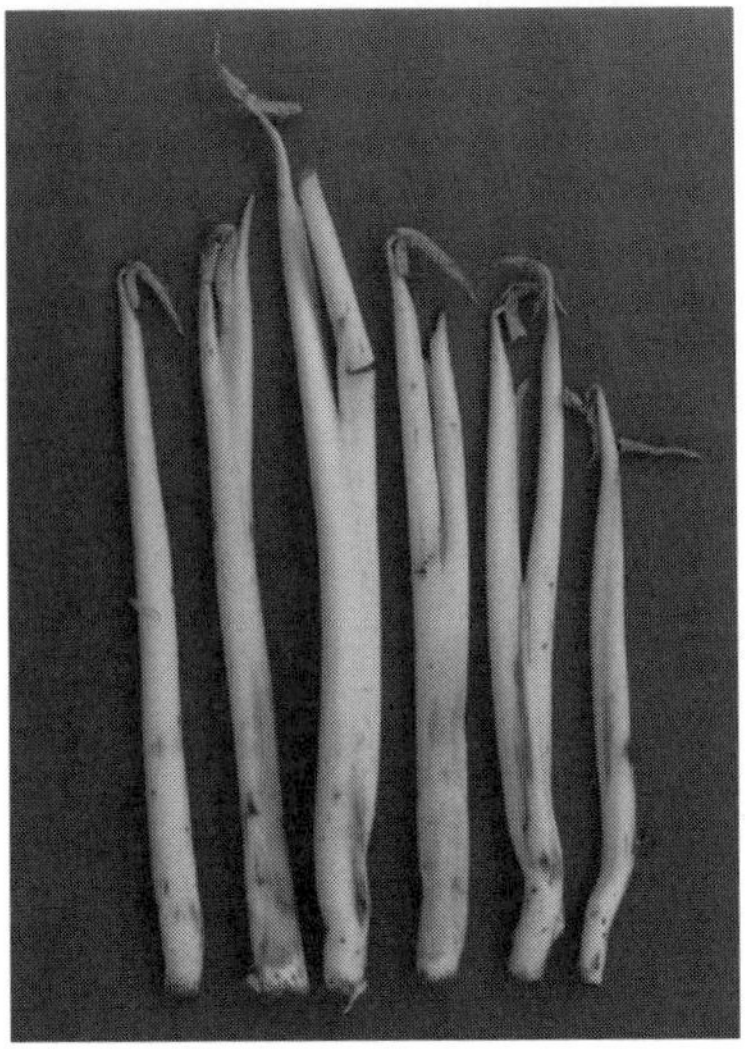

根芋

（5）田芋と水芋

沖縄県の田芋　サトイモは元来水湿の多い地が適する野菜で、水をはって栽培することがある。沖縄の田芋（水芋）は鹿児島県の薩南諸島から台湾にいたる南西諸島で栽培され、緩やかに水の流れる所でよく生育し、畑状態では順調に生育しない。沖縄本島では湧水に恵まれた緩やかな傾斜地の宜野湾市の大山付近に三〇ヘクタールほどの産地がある。内地のサトイモ栽培では秋に掘上げたイモを保温して貯蔵し、翌春タネイモとして植付けるが、沖縄の田芋は植えたまま冬を越し、随時葉をかいて葉柄を食用にしている。イモは正月や盆の儀礼食に欠かせないもので、植付けて一〜二年目に収穫する。食用にするのは親芋で、蒸したものが市販される。多くは葉柄が淡緑色のいわゆる白茎系であるが、赤茎のものもある。沖縄の田芋は台湾水芋の系統と思われ、南西諸島は田芋列島ともいえる。

　沖縄田芋の沖縄式の栽培北限は鹿児島県の南部、薩南地方とされている。もちろん秋掘上げて保温貯蔵し春に植付ければ東北地方でも栽培できる。

　研究者の中にはこのような栽培方法との関係を考慮に入れないで、栽培北限を論じている場合がある。

　沖縄田芋は取穫すると直ぐに蒸すか煮て出荷し、生で出荷はしない。田芋は約三四パーセントのデンプンを含み、このデンプンは加熱すると粘性を増す独特のもので、煮た田芋は餅化しやすい（金城須美子氏他）。そこで田芋は暮から正月にかけての収穫祭に、また盆など季節の節目や家族の命日などに、練ったり搗《つ》いたりして食べることが多い。

沖縄の芋田（金城須美子氏撮影）

　これらの点から田芋餅は米の餅や団子に先行する原型とみられている。事実田芋はいわば棒一本で耕作できる原始的な作物で、種子島やトカラ列島など、田芋作から水稲作に変わった所は多いが、水稲から田芋に変わる例はほとんどない。なお南西諸島では田芋以外のサトイモを近年まで焼畑で栽培していた。この場合も焼畑のサトイモは陸稲やアワなどの畑作物に先行する作物とみられている。これらの民俗学的な事実は下野敏見氏などによって調べられている。

沖縄以外での田芋栽培　田芋の栽培は沖縄や南西諸島以外でもみられる。佐賀市北川副町山津で栽培する山津水芋は水田で栽培され、佐賀県の特産野菜になっている。本種は台湾水芋の系統と思われ、大正一一年の園芸試験場の調査では佐賀水芋として出ている。本種は明治初期に導入したものといわれ、大正時代は赤茎とされているが現在は主に青茎である。五月中旬に種イモを植付け一一月初めに収穫し、イモは粘質で主に葉柄を利用する。福岡、佐賀、広島、岡山の諸県など九州と中国地方ではこのほかみがしき芋や溝芋を水田で栽培していた。

伊豆七島の一つ八丈島では水芋一名沖縄芋、大東芋と呼ぶ青茎種を風当りが少なく年中水が流れている湿地で栽培している。水芋は冬も枯れず生育を続け、一部自生化もしている。食用にするのは菊芋に似た親芋で、粘り気が強く味がよい。本種は明治三五年頃八丈の人たちが南大東島の開拓に参加した際導入したものといわれている（金田弘則氏）。

タイモの名はこのほか全国各地に残っている。『農作物の地方名』では愛媛、高知、香川、山口、岡山、兵庫、和歌山、大阪、京都、滋賀、岐阜、福井、富山の一三府県の一部に田芋の名があり、昭和四七年の植物の方言調査では、前記の他山形、奈良、静岡、岩手でもタイモと呼んでいる。また東北や九州にあるオカイモ、ハタケイモの語も田芋に対する呼び名であろう。これらをみると田芋、つまり水田でのサトイモ栽培は各地で行なわれたとみえる。

山形県の柄取芋　山形県庄内地方とその周辺では以前からサトイモを湛水状態で栽培し、柄取芋《からとり》と呼んでいる。これは唐芋群の一系統で主に葉柄を利用し、カラトリ芋、茎

山形県の柄取芋

出荷された柄取芋の葉柄

取芋、ズイキ芋などと呼び、庄内地方を二分する最上川の北側では青茎系を、南側では主に赤茎系を栽培している。青茎系は赤茎系から突然変異で生まれたものとみられ、山形田芋とも呼ばれる。

　以前は通し苗代の跡に畦を作って栽培したが、近年は通し苗代がなくなり、柄取芋の栽培は少なくなった。柄取芋は名前のように葉柄の利用が主であるが、親芋と子芋も食べる。庄内地方では正月の雑煮など儀礼食としても用いられ、葉柄はズイキとして保存食にもされている。この柄取芋は古くからあったといわれるが、庄内で栽培されるようになった時期や理由は明らかではない。なお明治初年の戊辰戦争の後、庄内は鹿児島県と交流が多かった。詳しくは拙書『北国の野菜風土誌』をみられたい。

自生の水芋　種子島など南西諸島には野生化したサトイモがある。それは渓流の浅瀬に自生し、川芋または水芋、エグ芋、シマ芋、エンカ芋と呼ばれ、子芋は長い匍匐枝の先に着く。中尾佐助氏はこの長い匍匐枝をもつ特性を野生種の特徴としている。熊沢三郎氏は沖縄青茎として写真で匍匐枝の状態を示している。エグ芋は人は食べず、家畜の飼料には用いている。

八丈島の小川に自生する川芋

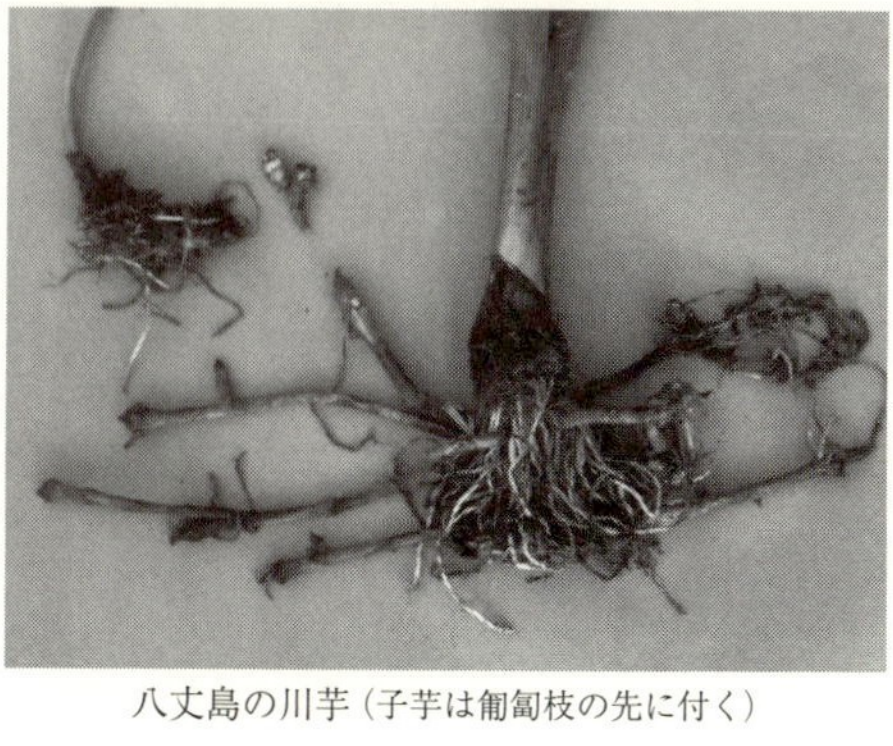
八丈島の川芋（子芋は匍匐枝の先に付く）

　八丈島でも川芋と呼ぶ種類が以前から沢の水溜りや近くの崖などに自生していた。本種は青茎で水芋に似たイモはエグく、凶作年などには半日ほど煮たりあぶったりして食べたという。芋柄は食べられ、戦時中は軍に供出もした。

　現在も八丈島の東南海岸に近い数カ所に、わずかに赤い色素をもつ青茎の川芋が自生し、洞輪沢《ほらわざわ》では水芋の栽培田にも侵入している。この川芋はその自生状況からみて、後述の弘法芋と同様古い時代に八丈に伝わり、不便な渓流などに残存したものかと思う。なお八丈島では古くからさまざまの型のサトイモ品種が栽培され、重要な食用作物として周年利用され、現在もそれらの在来品種が数多く残されている。

前に述べた自生芋は栽培される田芋とは別種とされているが、その来歴や類縁関係は明らかでない。タイの野生サトイモを調査した中尾佐助氏は、エグ味が強く現在利用されていない自生種は、古い時代に半栽培の状態であったサトイモの逸出したものとみている。そして佐々木高明氏は次にあげる弘法芋も同系のものとしている。なお熊沢氏らは匍匐枝をもつ種類を沖縄青茎と呼んだ。

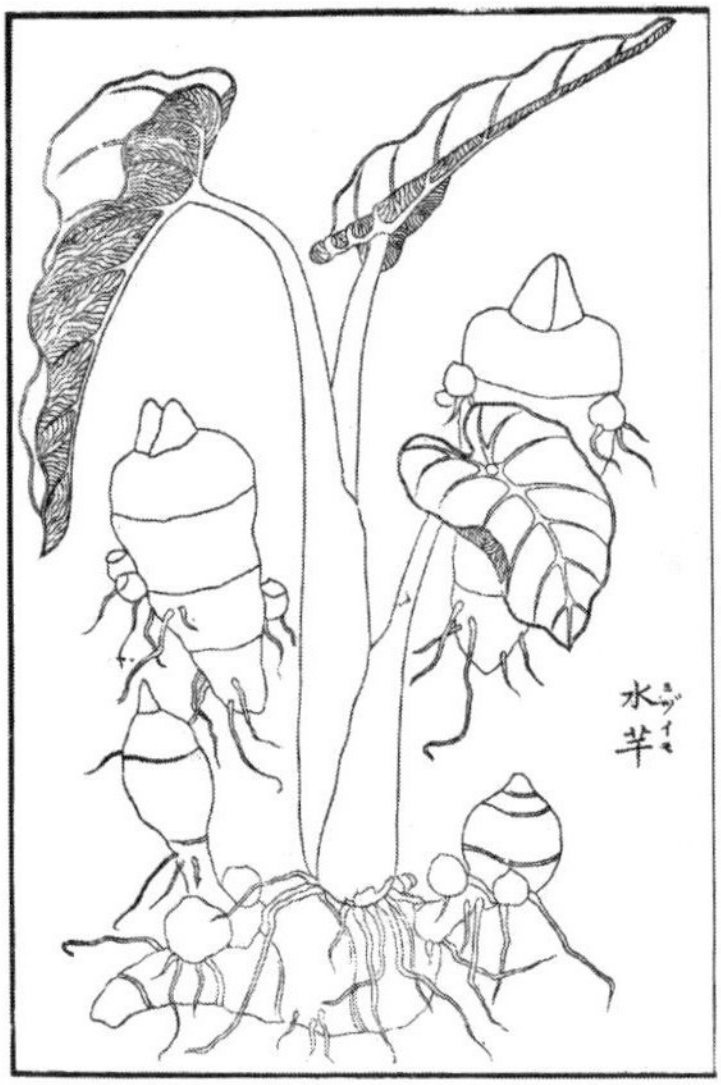

ミズイモ（『成形図説』1804）

石芋伝説　全国各地に石芋、毒芋、弘法芋の伝説がある。その多くは弘法大師に因む話である。例えば千葉県船橋市西海神の石芋については「海神町にあり、往時一老婆の芋を煮るを見て空海法師その施を求む。老婆慳貧。この芋は石にて食われずと答う。後一日中煮れども煮えず、因て怒て傍の池に投ずるに年々葉を生ずるもその根は食用に耐えずと」と文化七年（一八一〇）の『葛飾誌略』にある。

石芋伝説はこの他下総香取郡井戸山、上総安房白浜青木

イシイモ（『成形図説』1804）

村、武蔵久良岐郡金沢、甲州西山梨郡大宮林、越後国西蒲原郡、岩代国会津、美作国勝田郡古吉野村、伊豫国温泉郡潮見村、同西条など、土佐国蹉跎岬などにある（溝口健也氏による）。

これらの石芋と呼ばれた植物が総て同一種類とは限らぬが、伊豫と上総の石芋はその記述からクワズイモと思われる。『成形図説』では芭蕉芋、水芭蕉、ベコノシタをあげ、『本草図譜』ではクワズイモを毒芋の類としている。

一方佐々木高明氏によると、長野県小県郡の沓掛温泉と鳥取県東伯郡関金温泉の弘法芋は野生型のサトイモである。おそらく中国の江南地方で半栽培の状態で食用に供されていた野生サトイモが、現在よりも温暖であった縄文時代にわが国にもたらされ、各地に伝わって広く食用に供された。その後寒冷化などの不良条件で温泉地のような恵まれた地以外のものは失われ、前記の弘法芋はこのわずか残った残存作物であろうと同氏は推論している。

ナガイモ

(1) 起原と名称

ナガイモの属するディオスコレア属 *Dioscorea* には六〇〇ほどの種があり、この中で食用に供されているものが五〇種ほどある。一つの属でこれほど多くの食用種をもつ例は他にみられない。これらは総称してヤムイモ類と呼ばれている。わが国で栽培しているのは主にナガイモ *D. opposita* であるが、ダイジョ *D. alata* も少しは作られ、近年は野生のヤマノイモ *D. japonica* の栽培も試みられ、以前はカシュウイモ *D. bulbifera* も栽培された。また山菜としてはトコロ *D. tokoro* の塊茎も食用に供されている。

名称の混乱　ナガイモはヤマノイモとかヤマイモと呼ばれることが多く、名称が混乱している。学名にしても近年は前記の *D. opposita* が多く用いられるが、以前は *D.*

batatas とされ、現在もこの学名を用いている人もある。

ヤマノイモは山野に自生する *D. japonica* の正式の和名で、『作物学用語集』やイモ類に詳しい中尾佐助氏や堀田満氏も *D. japonica* をヤマノイモ、ヤマイモ、自然薯《じねんじょ》とし、栽培種の *D. opposita*（*D. batatas*）をナガイモとしている。しかし『野菜大事典』や『園芸作物名編』では *D. opposita* をヤマイモ（別名ヤマノイモ、ナガイモ）とし、農林省統計表では最初はヤマイモ、近年はヤマノイモとしている。なお並河功氏と熊沢三郎氏は *D. alata* を含めたディオスコレア属のイモ類の総称をヤマノイモとし、*D. batatas* は薯蕷の漢名を用いて和名を用いていない。

名称の混乱は以前からの考え方の混乱も原因している。わが国園芸学の草わけである福羽逸人氏は、ヤマノイモの自生のものを利用するときはジネンジョと呼び、園圃に栽培する場合はナガイモというと記している。また『黎明期日本の生物史』では、ヤマノイモは中国原産で、平安時代にはすでに日本で栽培され、ヤマイモは日本に自生する植物としている。このように名称は混乱しているが、本書では自生種はヤマノイモ、栽培種はナガイモとした。

ナガイモの中には長形のイモのできる長薯、平型で銀杏の葉の形をした銀杏薯、塊形のイモのできる大和《やまと》薯群とがある。仏掌薯はイモの形から出た名で、銀杏薯に似ている。江戸時代の農書では仏掌薯をつくねいもと呼んでいる。大和薯群には凹凸が多く白色の伊勢薯と、外皮が黒ずんで球形の丹波山の芋がある。ナガイモのもつ粘質物は大和薯群が最も強く、長薯は水分が多く粘り気は少ない。

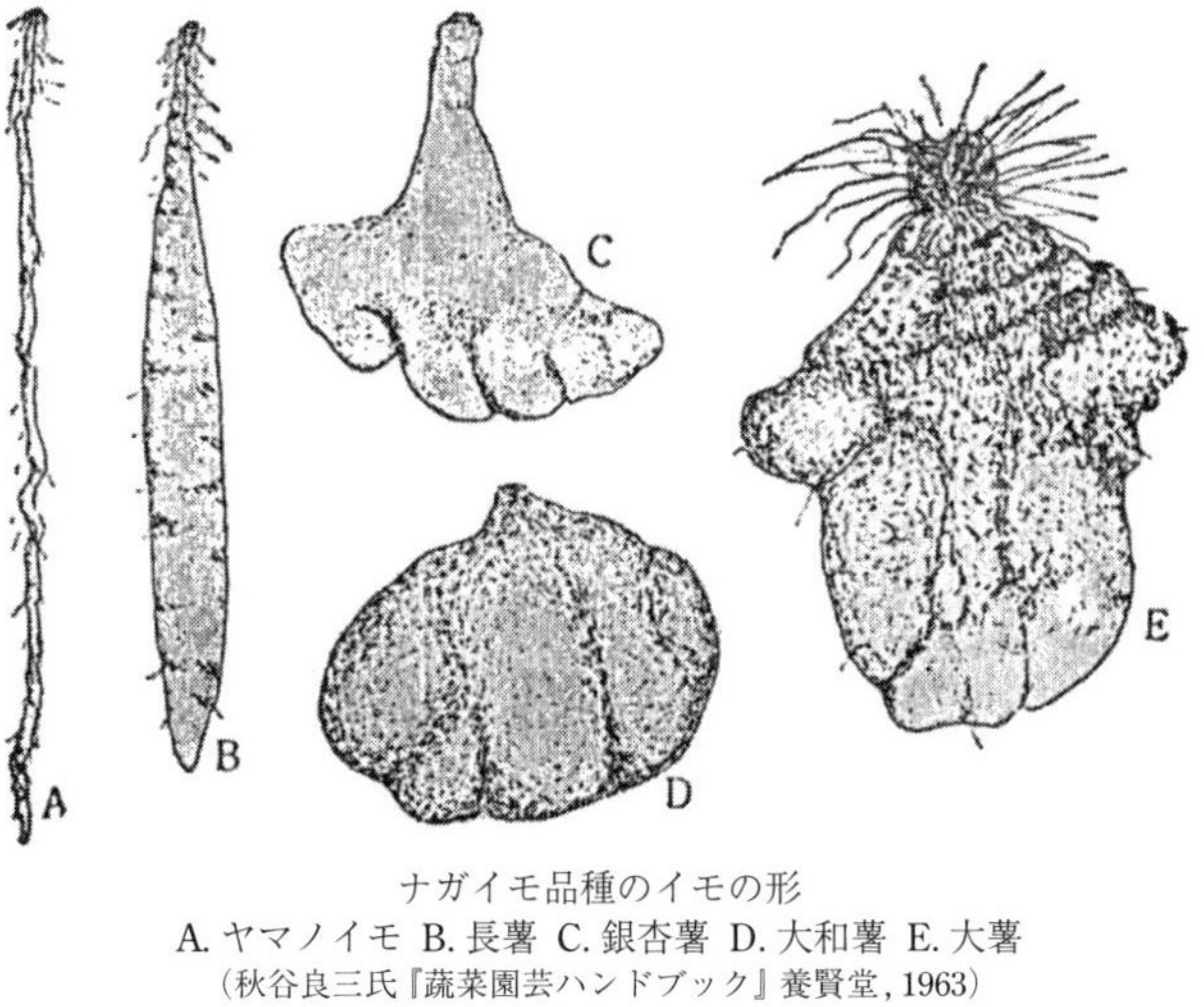

ナガイモ品種のイモの形
A. ヤマノイモ B. 長薯 C. 銀杏薯 D. 大和薯 E. 大薯
（秋谷良三氏『蔬菜園芸ハンドブック』養賢堂, 1963）

ダイジョ（大薯）はイモの形や色がさまざまで紫紅色のものもあり、通常五〜一〇キログラムになり粘り気は強い。ヤマノイモは山野に自生しイモは細長い。粘り気は強く、乾燥して薬用にされる。

カシュウイモ（何首烏）はケイモ（黄独）とも呼ばれ、イモは球形で太い根がついている。『菜譜』では近年中夏（中華）より来た何首烏とは違うと記しているが、これはクズイモ（荳薯）と間違えたのかもしれない。なお変種のニガカシュウは野生している。

トコロ（草薢）は『菜譜』に記述され、現在も東北地方では苦い塊茎を嗜好品的に用いている。

原産地と伝播　ナガイモの原産地は中国南西部の高地、雲南地方とされ、中国では紀元前三世紀の夏、周の時代から栽培された。その後中国全土に伝わり、現在は華北と旧南満州で多く栽培され、華中には少なく、華南ではほとんど栽培されていない。朝鮮半島一帯と日本で栽培され、ナガイモは東洋独特の野菜である。一八四八年フランスに伝わったが、ヨーロッパでの栽培はごく少ない。

わが国では『新撰字鏡』では署預、山伊毛、『本草和名』では署預一名山芋、和名夜萬都以毛、俗云山乃以毛、『和名抄』では山芋とあり、『延喜式』では大膳の部に薯蕷三根半、根長一尺径一寸などとある。並河功氏は上にあげた書物の薯蕷は日本に野生するヤマノイモと混同したのではないかとも疑われるとしている。しかし当時遣唐使など中国との交流もあったので、中国原産の薯蕷が当時から栽培されたとする者もある。しかし『延喜式』で、内膳司で耕作した作物の作業別の所要労力などを記載している二五種類の作物の中に、芋と、蕗、水葱《なぎ》、芹《せり》、蘘荷《みょうが》など野生品を栽培化したものも含まれているのに薯蕷は入っていない。当時自生のヤマノイモを全く利用しなかったとは考えられず、根長一尺径一寸もヤマノイモに似ており、並河氏の意見が妥当と思われる。

ヤマノイモとナガイモとを区別した記述として『和爾雅』（一六八八年）の「薯蕷《やまのいも》、山薬、野山薬《じねんじょう》俗云自然生」があげられる。『和爾雅』より前に出た『百姓伝記』（一六八二年）にはやまのいもは昔は山にあったとし、長いもとつくねいもはいくつかに切って灰をつけて植え、長いもは山に植えるとある。『農業全書』にもつくねいもの栽培法があり、『大和本草』、『菜譜』にも山薬《やまのいも》（薯蕷）と別に仏掌薯《つくねいも》をあげ、「蔓葉は山薬に同じ、根は山薬の如くして不レ長薑のごとし、是亦薯蕷の類也 長き山薬より味淡し、つくねいもに二種あり、一種は其根色少黄にして味不レ好、一種宇治芋と云あり、色白く味好しく山いものごとし」と記している。

前記のように一七世紀後半にはつくねいもが栽培され、長いもの言葉もみられる。しかし「山薬、薬には山に生ずるを用ゆべし、圃につくるはあしし」など長薯とヤマノイモとの区別は不明確で「甘藷をつくねいもと訓ずるは非なり」ともある。『成形図説』では棒芋《つくねいも》、杵芋《きね》、銀杏芋などの品種名と図も記載し、『重修本草綱目啓蒙』では家に栽《う》ゆるものをナガイモ一名マイモというとし、いちょうがた、だいこくいもなどの品種をあげている。

ヤマイモ（『成形図説』1804）

なお『農業全書』など当時の農書では、薯蕷について多くの字数を費して栽培法など詳しく記述し、穀物を助けるものとして、また利潤あるものとして栽培を勧めている。

以上のようにナガイモの渡来の時期は明らかではないが、一七世紀には各地で栽培され、その後品種分化はいっそう進んでいる。

なおナガイモは野生するヤマノイモから生じたとする考え方が中国でも日本でも園芸学者の間に古くからある。しかし染色体数をみると、栽培種は体細胞で一四〇であるのに対しヤマノイモは四〇で、全然別の種である。ただし近年ヤマノイモの中には染色体数が六〇、八〇、九〇、一〇〇などの染色体をもつものも見出されている。

ダイジョ（大薯、ダイショ）はインドからインドシナ半島一帯の原産で、野生種は知られていない。紀元前に東南アジア一帯に広まり、一六世紀にはアフリカやアメリカに伝わり、現在世界各地で栽培されている。

沖縄と奄美《あまみ》大島では紫紅色の品種が以前から栽培され、コウシャイモ（拳芋）などと呼ばれていた。昭和一七年宮村為雄氏が台湾から福岡県に入れたことから、熊沢三郎氏はこれに為薯《ためいも》と命名している。近年九州では各地で栽培され、福井県でも栽培がある。

ヤマノイモは中国、日本に野生し、古くから薬用あるいは食用として山どりのものが利用された。わが国では古くから重要な食品として儀礼食にも用いられ、イモ粥は貴族間の貴重な食品とされた。『農業全書』など江戸時代の農書にはヤマノイモの栽培のことが記され、現在もヤマノイモの栽培は行なわれている。例えば金沢市北部の森本川流域で栽培している加賀本長薯は、約二五〇年前に近くの医王山からとって来たヤマノイモの改良種といわれている。近年はまた静岡県や岡山県などでイモの形成を誘導するパイプを用いたヤマノイモの栽培が行なわれている。

(2) 栽培と用途

ナガイモは雌雄異株で雄花と雌花とは別の株に着く。ヤマノイモにも雌株と雄株があるが、ナガイモの中の長薯は通常雄株だけ、大和薯と銀杏薯では雄株は少ない。そこで開花しても結実することは少なく、稀に結実しても多くは粃である。それゆえイモを切ってタネイモにするか、蔓につくムカゴ（肉芽）で増殖している。ごく稀に生ずる種子をまくと親とは違った形質の株を生じやすい。近年長薯の雌株が北海道大学で見出され、この系統に結実した種子から生じた実生の特性が調査されている。今後このような実生からすぐれた新品種が生まれるものと思う。

遠いアメリカ大陸で生まれたジャガイモとサツマイモの起原は、日本人の研究者によって明らかになろうとしている。東洋原産のナガイモの起原の解明も期待される。

ナガイモは蔓性の作物で、支柱を立てて栽培する。蔓の葉のわきにできる球形のムカゴと地下にできるイモは同質の器官で、ムカゴも蔓に着けたまま地中に埋めておくとイモのように長くなる。

ヤマノイモのムカゴは古くから薬用や食用にされた。『本

銀杏薯の果実（左）と種子（右）
ナガイモ花粉の発芽適温は30℃で熱帯原産説を裏付けている。矢沢進氏は雲南のヤマノイモに多くの変異体のあることを報じている。

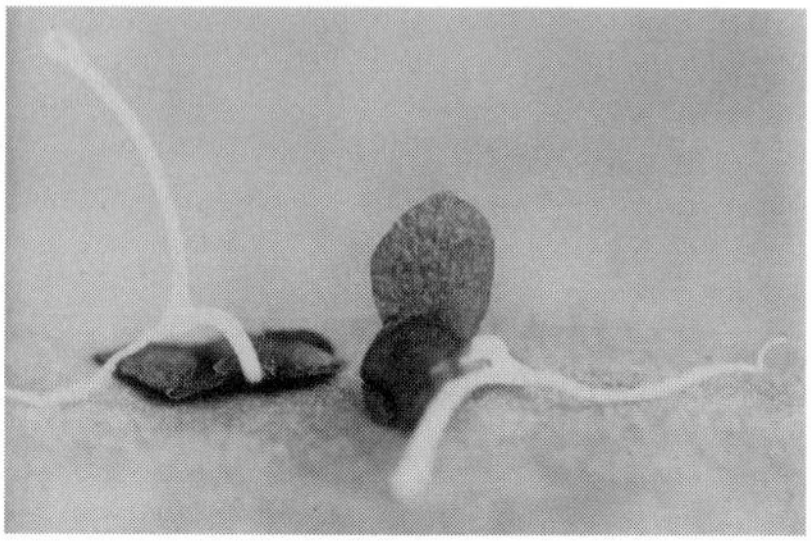

銀杏薯の種子の発芽

草和名』では零餘子和名奴加古、『和名抄』では沼加古と記され、『延喜式』には越前国から署預子が上納された記録がある。『重修本草綱目啓蒙』ではヌカゴ、ムカゴ、ガコ、イモカゴなど一三種の地方名をあげ「山薬の実なり、食用に良とす」などと記している。

ムカゴを植えておくと一年で小さいナガイモができる。そこで一、二年培養したものをタネイモにして栽培すると販売用のナガイモができる。ムカゴは蔓が垂れ下ると下った部分にできやすく、ムカゴがたくさん着いて大きくなると、それだけ地下のイモの肥大は劣ることになる。

イモは茎の肥大したものであるが、ジャガイモやサトイモと違い茎と根との中間的なもので、担根体という人もある。イモの上部を切って植付けると定芽があるのですぐ芽が出る。イモの下の部分も適当に切ってタネイモとして植付けると、定芽がなくともやがて不定芽ができて蔓が伸び出す。茎葉はタネイモの栄養で生長し、蔓がある程度伸びた頃から新しいイモがタネイモの傍らにできる。

ナガイモはデンプンやビタミンCを多く含み、栄養価値

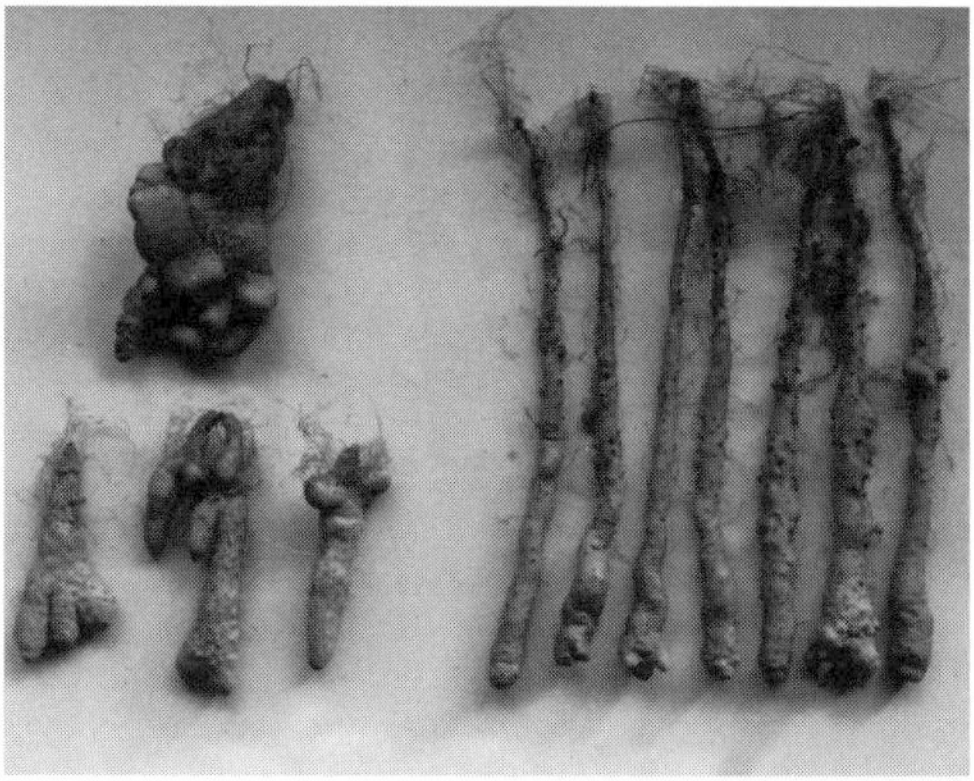

銀杏薯の実生（左上が親）

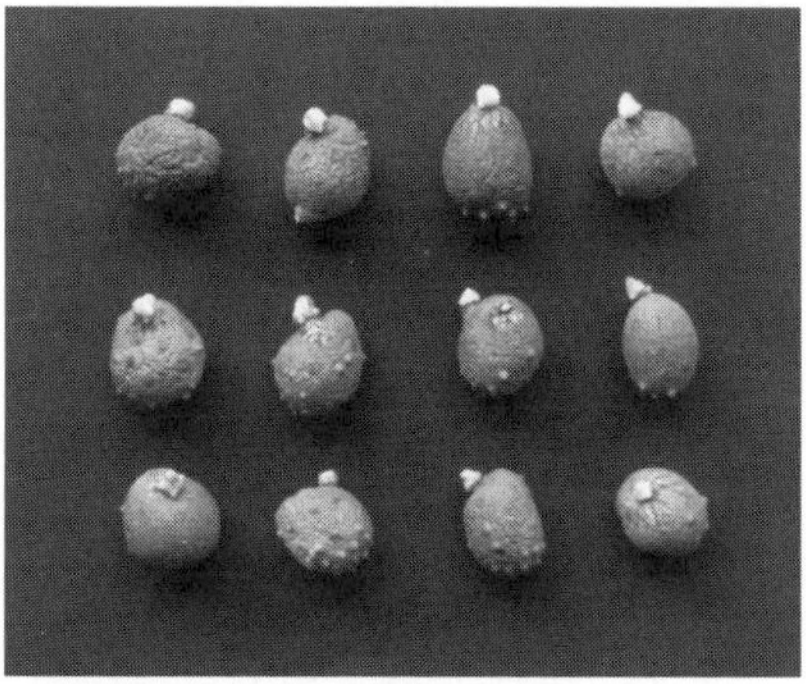

ムカゴ

ヤマノイモのムカゴ

が高く、しかもアミラーゼを含んでいて消化を助ける。独特の粘質物を含み、おろしてトロロとし、千切りにして酢の物にする。長薯は大和薯や銀杏薯より粘り気が少ない。

ナガイモは食用のほか薬用や滋養強壮剤として古くから用いられ、平安時代はイモ粥として貴族の間で用いられた。ナガイモはまた製菓原料として和菓子製造に用いられ、カマボコ、ハンペン、雁もどき、そばなどの添加物などとして用途は広い。

ナガイモには褐変物質を含み、傷ついて組織が空気に触れると褐変する。新イモに特に多く、秋冬になると少なくなる。

ナガイモの栽培状況が農林統計に載るようになったのは昭和四五年からで、ヤマイモとして全国の作付面積は五九九〇ヘクタール、収穫量は一〇万三五〇〇トンであった。その後栽培は増加し、昭和五三年は八七三〇ヘクタールで約一七万トンを生産した。昭和五五年はこれよりやや少なく八〇〇〇ヘクタール弱で一三万四〇〇〇トンの収穫量であった。このうち半分以上は長薯で、銀杏薯の作付面積は関東地方を中心に約二〇〇〇ヘクタール、大和薯は関西の耕地の浅い水田地帯を中心に一〇〇〇ヘクタール以下と推定されている。

店頭のナガイモ

ナガイモの生産の最も多いのは青森県で、近年は全体の三〇～三五パーセントを占め、茨城、長野、北海道の道県がこれに次いでいる。埼玉県は銀杏薯の、兵庫県は丹波山の芋の産地で共に二〇〇ヘクタール以上の栽培県になっている。丹波山の芋は江戸時代初期から栽培されたといい伝えられ、幕府に献上した記録があり、明治初年から県外出荷が始められた。

(注) 平成二三年（ヤマノイモ）：作付面積七五一〇ヘクタール、収穫量一六五万九〇〇トン。青森県と北海道で全国の七割以上を生産している。

ハス（蓮根）

（1）起原と伝播、日本への渡来

ハスは古来仏教と関係の深い植物として広く知られている。また観賞用として栽培されたが、地下茎、いわゆる蓮根や種子や葉を食用にするためにも栽培された。

ハスは地質時代からユーラシア大陸全域とオーストラリアに分布したスイレン科の水生植物で、わが国でも各地からハスの化石が出ている。また一九五一年千葉県検見川の約二〇〇〇年前と思われる泥炭層から発芽力のあるハスの種子が出土し、これから生育したハスは発見者の大賀一郎氏に因んで大賀バス、または古代バスと呼ばれ、これから増殖されたハスが現在各地で桃色の花を咲かせている。なおこのハスは花粉粒の状態などからみて、現在のハスとは違う特殊なハスであるといわれている。

ハスの栽培はインドと中国で始まったとみられ、その後東南アジア、アフリカなどに広まり、エジプトでは紀元前四～三世紀にハスの記録がある。中国では『詩経』に名が載り、『爾雅』（紀元前四〇〇年頃）に記述され、揚子江沿岸地帯で多く栽培され、地下茎、葉、実などはそれぞれ別の名で呼ばれた。

わが国では『古事記』の雄略天皇の条に、赤猪子の歌として「くさかえの　いりえの波知須《はちす》　はなはちす　みのさかりびと　いとしきろかも」と詠まれ、『常陸風土記』（七一三年頃）にもハチスと出ている。『万葉集』には一三巻相聞歌に詠二荷葉一歌として三首あり、蓮葉《はちすは》、蓮《はちす》、蓮荷《はちすば》の字句があり。この他にも一カ所ハチスとある。

ハスは当時観賞用として栽培され、特に一茎二花の双頭蓮は瑞祥として注目された。『日本書紀』では欽明天皇の七年（五四六）七月「瑞蓮生於剣池一茎二花」とあり、また皇極天皇の三年（六四二）六月、光仁天皇の宝亀八年（七七七）六月、清和天皇の貞観一二年（八七〇）七月にも同様の記録がある。

平安時代の書物をみると、『本草和名』には「藕実一名蓮、蓮華、扶容、和名波知須乃実」とあり、『和名抄』では「藕和名波知須乃波比……在二泥中一者也、茄其茎、和名波知須乃久木、蓮謂レ房也、的謂二蓮中子一也」とあり、中国にならっ

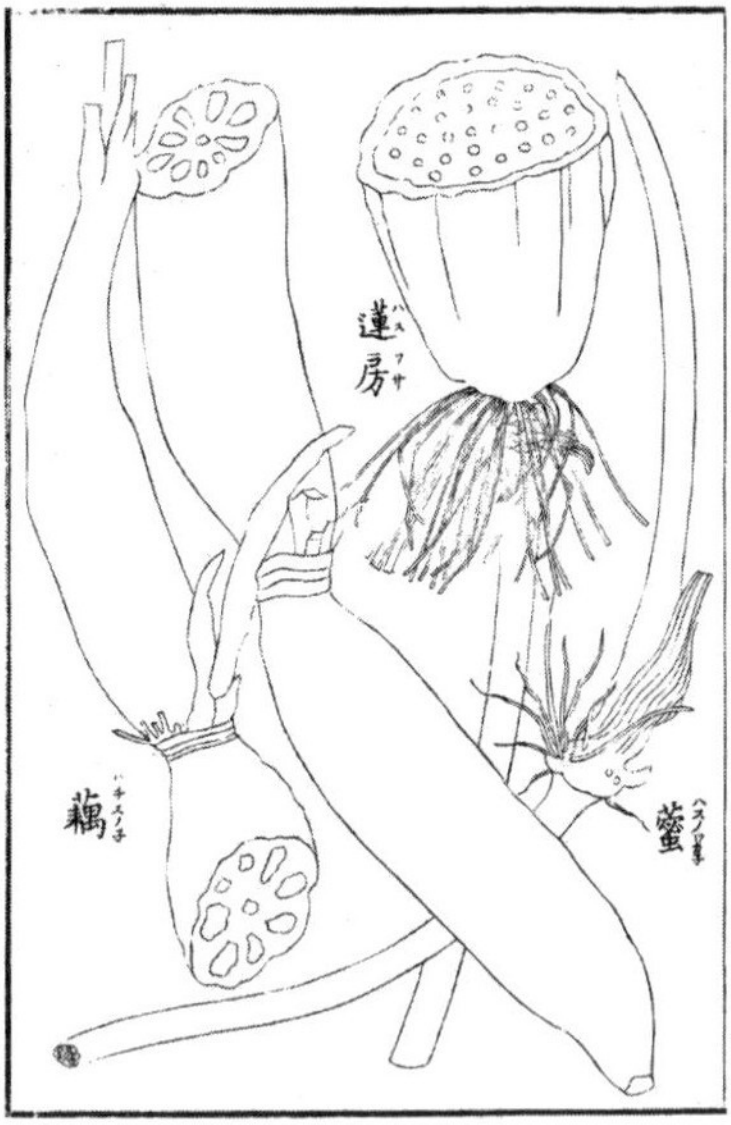

ハス（『成形図説』1804）

て藕（ハスノネ、地下茎）、茄（ハスノクキ、葉柄）、蓮（ハスの果実）、的（ハスの種子）と別の名で呼んだ。なおハチスというのはハスの種子の抜けた果実が蜂の巣の形に似ているところから出た名で、後にハチスーハス、蓮がこの植物の名になった。

『延喜式』には内膳司の供養料として荷藕《はちすのね》半節、蓮子《はちすのみ》の語句や荷葉、稚葉七十五枚、波斐四把半、壮葉七十五枚、蓮子廿房、稚藕七十五条が河内国から進ぜられた記録がある。

慈覚大師は承和一四年（八四七）中国から帰国の際蓮根用の品種を持ち帰り、奈良の当麻寺に植え、このハスはその後各地に広まったといわれる。しかし平安時代のハス栽培は蓮根をとることが主ではなかったらしい。『延喜式』にはハスと同様に水中で栽培するジュンサイ（奴奈波）を、『本草和名』では菜として、『和名抄』では菜蔬としてあげ、ヒシも『和名抄』には水菜として三豆不不木の和名をあげ、コオホネも『本草和名』に菜として、『和名抄』には水菜として加波保禰と記されている。しかしハスは実は菓として、その他は蓮として記され、菜としては記されていない。

（2）栽培状況

蓮根用のハス栽培が広まった年代は明らかでないが、元永元年（一一一八）宇治平等院御幸御膳の献立に川骨、蓮根などが記されている。また鎌倉時代初期（一二二三年）宋に渡り、帰国後越前に永平寺を開いた道元禅師は、帰国に際し蓮根を持ち帰ったといわれる。このように何回か中国から導入したハスの中に蓮根用に適する品種もあったものであろう。

江戸時代の農書をみると、当時ハスは食用として重要視されていた。まず『百姓伝記』では水草の最初にあげ、品種、食べ方や、ハスは粮の助けになり雑穀と合わせ餅について食べることなど記している。

『農業全書』では「水草の中にてならびなき物なり、実と根は食にし、薬とし、其余品々皆薬なり」として栽培法を詳しく述べ「近年は唐蓮多し、根を取るにも花を賞するにも唐蓮をうゆるにしかず」と中国種の栽培を勧めている。

当時のハスの利用法について、『古今要覧稿』には、ハスの若い葉を刻み飯にまぜたものを蓮飯《はすめし》といい、またハスの葉で飯を包み、葉は薬用にし、葉の中央に葉柄に向って孔をあけ、葉上に注いだ酒を葉柄から飲むと薬になるといわれ、越後では生の地下茎をたべ、味がよいなどと記述している。なお蓮飯については慶長九年の記録にも酒の席で蓮葉飯をとったことが記されている。

中国からのハスの導入は明治九年にも行なわれ、ハスの栽培は明治中期以降盛んになり、作付面積は大正以降さらに増加した。明治四二年の統計をみると、全国の作付面積は一七五〇ヘクタール、収穫量は約一万七六〇〇トンであった。当時最も栽培の多かったのは東京府の二〇〇ヘクタールで、東京の足立区には昭和一〇年代まではハス田が多かった。その後大正一一年には全国の作付面積は三〇〇〇ヘクタール、収穫量は四万トンを超し、その後も戦時中を除けば作付面積は増加し続け、昭和五五年は六一七〇ヘクタール、収穫量は八万五七〇〇トンになっている。

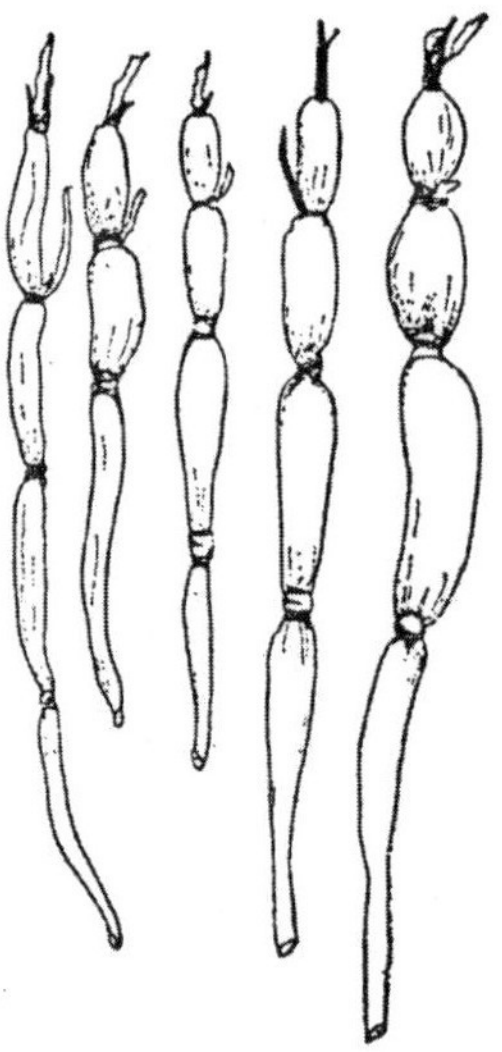

主要品種の蓮根（左から）
小節，天王，上総，備中，支那白花
秋谷良三（『蔬菜園芸ハンドブック』
養賢堂，1963）

府県別の栽培状況をみると、茨城県の一九〇〇ヘクタールが断然多く、徳島、愛知、山口、新潟、佐賀の各県が三〇〇ヘクタール以上で、今後稲の転作作物にも考えられよう。

（注）平成二三年：作付面積は四〇二〇ヘクタール、収穫量は五万八四〇〇トン。茨城県が二万七六〇〇トンと全国の四七パーセントを占め、次いで徳島、佐賀、愛知、山口となっている。

（3）品種と栽培法

ハスには蓮根を食用にするための栽培のほか観賞用の栽培がある。観賞用の栽培の場合は花の色、形、弁数などの変った品種が注目される。江戸時代には花バスの品種を記載した蓮譜が何回も出版され、一〇〇以上の品種が記載さ

蓮根

れている。

野菜としてのハスは中国種と在来種とに大別され、それぞれにかなり多くの品種があり、各産地ではその地独自の在来品種を栽培している例も多く、ハスの品種分布は複雑である。中国種といわれる品種は一般に蓮根が太く、節の間が短く、肉は厚くて歯切れがよく、市販されている多くは中国種である。

ハスは三節ほどついたタネバスを三、四月にハス田に植付ける。タネバスの先の芽はやがて葉を水上に出し、地下茎は枝分れしながら伸び、葉を開き、夏から秋にかけて地下茎の先の三節ほどが肥大する。これを秋から冬に掘り上げるので、泥の中での植付けや収穫は楽な作業ではない。近年はビニール被覆による早出し栽培も行なわれ、貯蔵品も含め周年出荷されている。出荷量の最も多いのは一二月、最も少ないのは七月である。

蓮根はデンプンを含みビタミンC含量が多く、独特の歯ざわりがあり、あげ物、煮物、酢の物など各種の和風料理に用いられる。蓮根には一〇個ほどの通気孔があり、見透しが利くめでたい食物として慶祝日の食物によく用いられる。

クワイとクログワイ

クワイはオモダカ科の野菜で、オモダカの変種とされている。オモダカは日本を含むアジア一帯の水湿地に自生する宿根草で、地下の匍匐枝の先端にできる球茎が食用になる。クワイの栽培は中国で始まり、五世紀には記録があり、華中で栽培が多く製粉もされていた。クワイは普通のオモダカより球茎が大きく紫青色をしている。近年さらに大形で白色のクワイが中国から伝わり、これをシロクワイ、普通のクワイをアオクワイと呼んでいる。漢名の慈姑は、慈姑が多くの子供に乳を与えているように多くの新球のできるところから出た名といわれる。

大阪で吹田《すいた》グワイと呼んでいるのはオモダカに近いもので、小形であるが味はよい。オモダカは水田雑草であるが、これによく似たアギナシはオモダカと違い葉のわきに小球が着き匍匐枝は生じない。

クログワイはカヤツリグサ科の多年草で、日本と朝鮮半島南部に野生し、地下の球茎が食用になる。現在栽培されるのはクログワイと同じ属のオオクログワイで、中国から渡来したものである。

クワイとクログワイはわが国では古くから食用にされ、栽培もしたと思われる。しかし名称が混乱している。

『万葉集』一〇巻に、「君がため 山田の沢に恵具《ゑぐ》摘むと雪消《ゆきげ》の水に裳の裾濡れぬ」とあるが、このゑぐはクログワイだといわれる。

平安時代の『本草和名』では菓の部に「烏芋一名籍姑、和名於毛多加、一名久呂久和為」とあり、『和名抄』では芋の部に「烏芋、和名久和井、水中に生じ沢瀉の類也」と

クワイの球根の着生状態
（齋藤隆『農業及園芸』巻55, 1980）

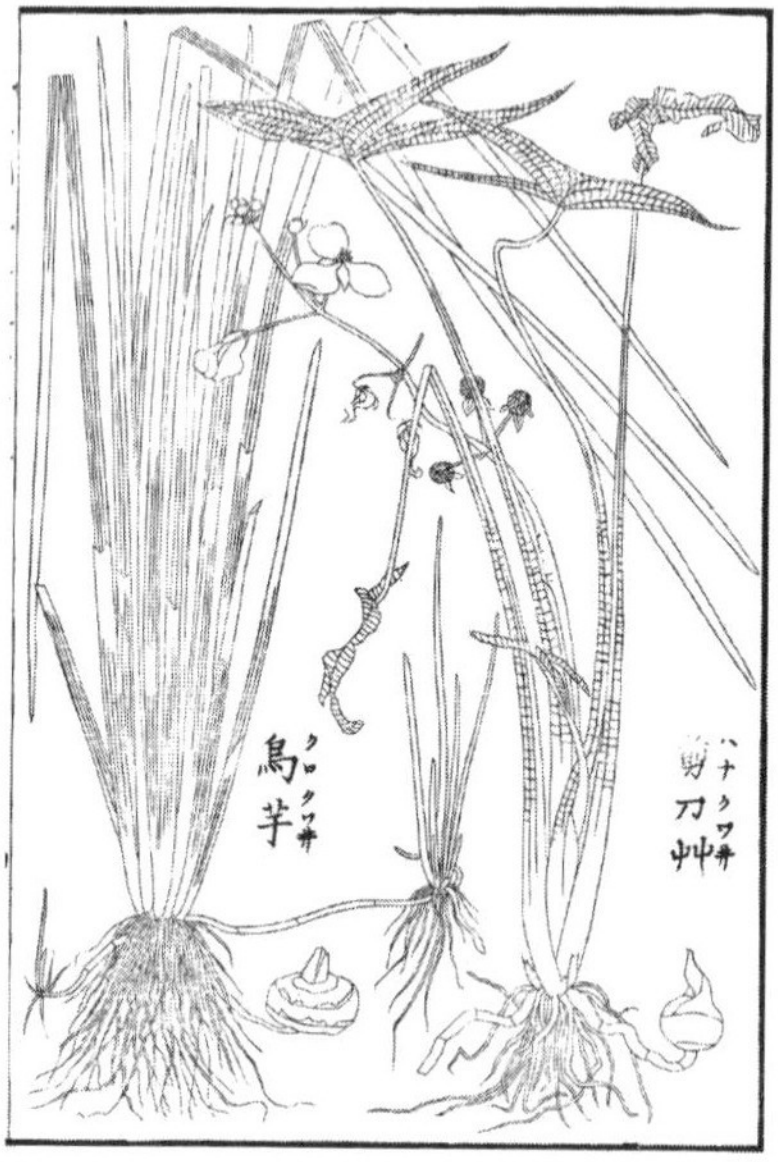

クログワイ（『成形図説』1804）

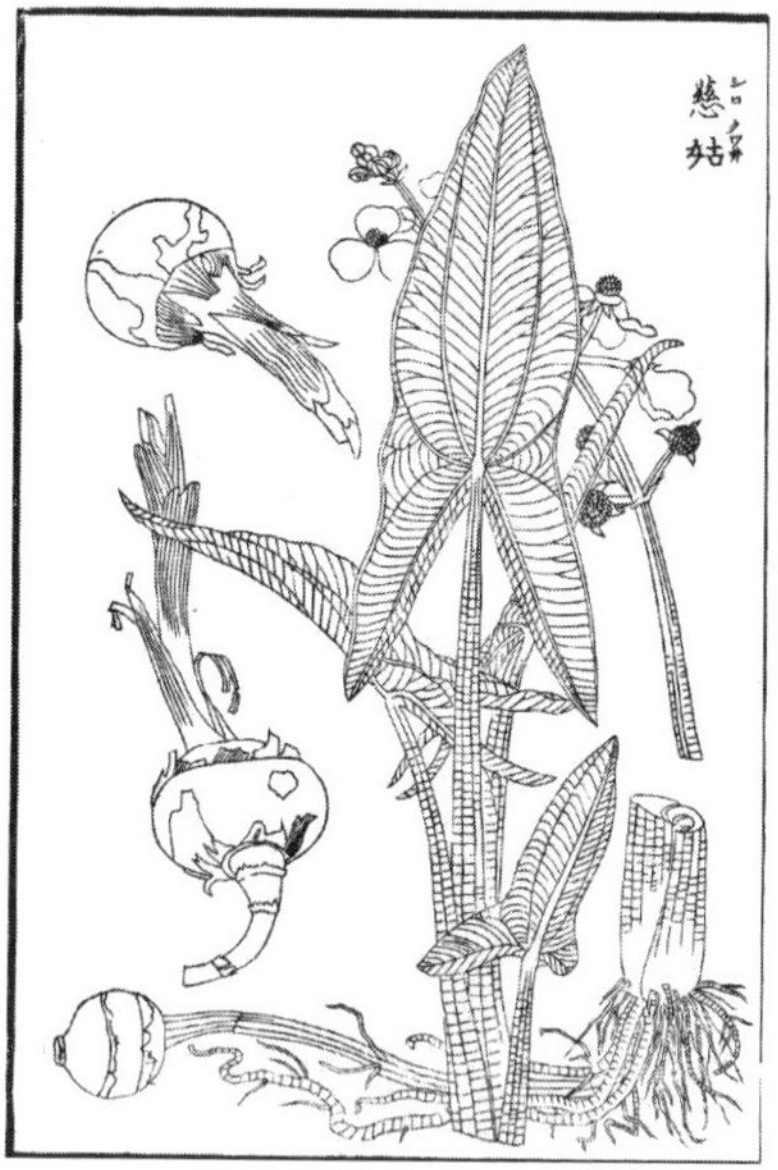

クワイ（『成形図説』1804）

ある。また『延喜式』では典薬の部に大和国から納進した三八種のものの一つとして沢瀉、当帰各四斤、近江国から沢瀉三斤、若狭国から沢瀉六両などが記されている。これらをみると当時食用や薬用にされた沢瀉《おもだか》、クワイ、クログワイの名称は混乱し、正確な品名は不明である。

　名称の混乱は江戸時代まで続いている。『和爾雅』では烏芋はクログワイ、慈姑はシロクワイ、オモダカとし、『本朝食鑑』では慈姑は於毛多加で根を臼久和井と称すとし、『東雅』では沢瀉、ナマキ、烏芋　クワヰとし、沢瀉をオモダカと読むのは誤りで、古くオモダカといったのはシロクワイ、慈姑草としている。

クワイ

クログワイ

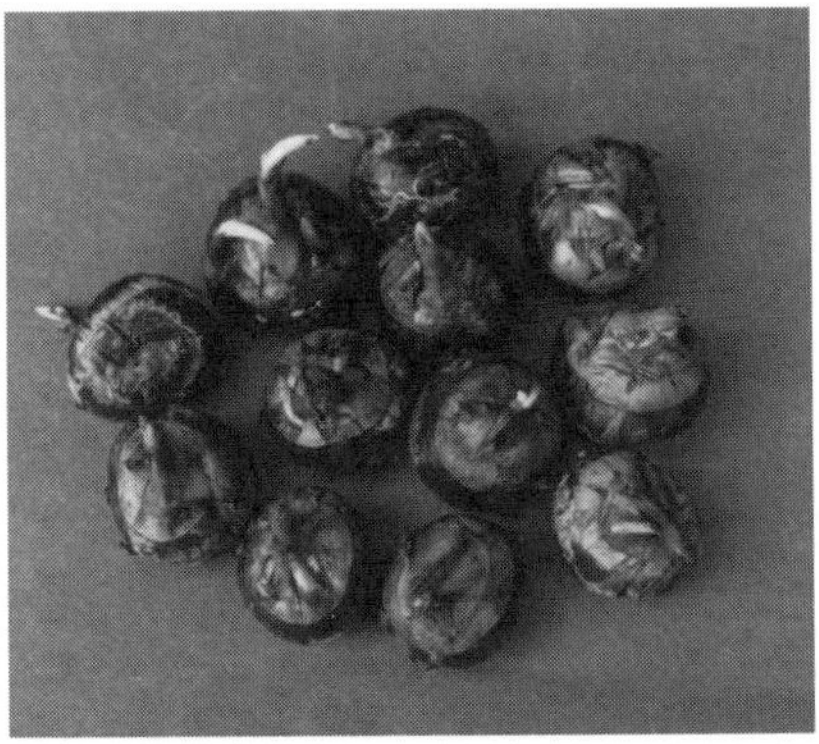

オオクログワイ

オオクログワイ缶詰

『百姓伝記』では白くわいの葉おもだかに似、黒ぐわいの葉畳《たたみ》おる藺《い》の如し、と正しく区別し、ゆでたりいったりして食べるとある。『農業全書』でも慈姑をクワイ、烏芋はクログワイとし、両者の図をあげ、クワイについては是泥中の珍物也とし、土地の選び方や栽培法を詳しく述べている。

『重修本草綱目啓蒙』では慈姑、クワイとし、「一種オモダカあり、一名ハナグワイ、葉の形状クワイに異ならず、只瘠小なり、一種千葉のものは根狭小食用に堪えず。摂州吹田村（吹田）で多くうえるマメグワイ、スイタグワイというものは二、三月京師で売られハカリグワイともいう。一種細葉のオモダカは池沢に自生す、烏羽絵グワイ、一名アギナシと云う」と記している。

中国では古くからクログワイを食用にし、中国漢代の字書の『爾雅《じが》』には鳬茈《くし》の名があり、『斉民《さいみん》要術』（五三〇年頃）では中国以外の地の物産の一つとして記され、一一世紀の『図経本草』には二種類ありとし、『日用本草』（一三世紀）には小形のものは鳬茈、大形のものは地栗と呼ぶと、大小の二種あることを記している。そして現在は大形のオオクログワイが荸薺《ほっせい》一名烏芋《うう》、一般には馬蹄《まてい》の名で、南部を中心に盛んに栽培されている。馬蹄は雲南省などでは生のまま、または煮たものが市販され、また缶詰にして輸出し、各種の料理に用い、またデンプンにしても利用されている。

明治四二年のクワイの全国の作付面積は約二八〇ヘクタールで、このうち約半分は埼玉県であった。大正一一年には幾分増加して三一〇ヘクタール、収穫量は約一五〇〇トンで、埼玉県が最も多く、京都、東京、大阪、新潟の府県でも栽培された。戦後栽培は復活したが生産は近年漸減し、昭和五五年の作付面積は二三二ヘクタール、収穫量は二九六〇トンである。

近年の生産状況を東京都中央卸売市場の取扱高でみると、昭和三九年は年間に約四〇〇トン、昭和四五年は三三〇トン、昭和五五年は二四〇トンと逐年減少している。取扱高の約八割は一二月に出荷されたもので、一月から年間少しずつは出荷されている。生産の約八割は埼玉県南部の湿田地帯で、新潟県などイネと混作している所もある。

クワイはめでたいものとされ、正月に用いられるほか縁起物として周年祝いの料理に用いられる。デンプンを含み、甘味と独特のほろ苦さがある。

(注) 平成二二年：作付面積五〇ヘクタール、収穫量四五一トン。広島と埼玉の二県で全国の九割弱を生産している。

ユリネ

ユリネとして食用にされているのはコオニユリ、オニユリ、ヤマユリなどで、一種類の植物ではない。

ヤマユリはもともと本州の近畿地方以北に野生し、現在は九州から北海道まで広がっている。食用として新潟県などで栽培されたが、ウイルス病に罹りやすく、球の貯蔵がむずかしいなどの理由で栽培は少ない。

江戸時代に食用として栽培されたのは主にオニユリ(巻丹)で、本種はアジア大陸に広く分布し、中国では古くから食用として栽培した。『本草綱目』にユリは荊州の山谷に多く生じ、陰乾して利用すると記しているが。その種類は明らかでない。呉耕民氏によると近年は山東省萊陽と南京郊外がユリの産地である。

わが国では現在園圃に植えられるばかりでなく、路傍などに自生もする。これらのオニユリは中国から導入したものが逸出し人里植物になったものとされている。本種は花茎上に珠芽が着き容易に増殖し、栽培は容易で、少し苦いが食味は悪くない。

コオニユリはアジアの温帯から亜熱帯の草原などに広く野生するもので、わが国にも自生している。本種は苦味がなく、現在食用ユリとして栽培されているのは大部分本種とオニユリとの雑種で、コオニユリとして扱われ、北海道では和田ユリなどと呼ばれている。

わが国での古い記録としては、『古事記』の神武天皇の項で、狭井河に行幸した時その河辺にユリが多くあったので、山由理の本来の名、佐韋に因んでその川を佐韋（狭井）河と呼んだとある。

『万葉集』では巻八に夏の相聞歌として大伴坂上郎女の「夏のぬの　しげみにさける姫由理の　しらえぬこひは　くるしきものを」がある。また一八巻にはユリを詠みこんだ歌三首があり、佐由利能波奈、佐由理婆奈、佐由利波奈と書かれている。これらをみると、当時ユリは花として知られていたことが分かる。

平安時代の書物では『新撰字鏡』、『本草和名』、『和名抄』とも草の部に百合、和名由利、由里としてあげている。『本草和名』は薬物辞典であるが『延喜式』にはみられず、当時食用や薬用としてはあまり用いられなかったのではないかと思われる。

江戸時代の農書や本草書では、食用と薬用とは区別して記述している。

『農業全書』では関東ゆり、薩摩ゆりと呼ぶ白花のユリを薬種として用いたとある。関東ゆりは多分ヤマユリ、薩摩ユリはテッポウユリであろう。食用としては「茎高く、葉の間に黒き子を生じ、五六月紅黄花を開き、花の上に黒胡麻をまきたる如き黒点あり、是巻丹《おにゆり》なり」とし、オニユリについて栽培法を述べ、「民家にも必ずうゆべし、民の食を助けて飢饉をすくう」と栽培を奨励している。

巻丹（『本草綱目』重訂版 1875）

ユリネ

コオニユリ

ヤマユリ

『大和本草』では「巻丹は百合に非ず、薬に用うべからず、只食すべし」とオニユリの栽培について記し、『草木六部耕種法』ではユリ（おそらくヤマユリ）は栽培が困難なので、野生のものをとって食用にすると記している。『重修本草綱目啓蒙』では薬用は山中自生のヤマユリで、薬店で扱うのは皆巻丹で苦く、細葉の巻丹《おにゆり》（おそらくコオニユリ）は苦くないと記している。

明治末頃の全国の作付面積は約七〇〇ヘクタール、大正末頃は七一五ヘクタールで収穫量は約三四〇〇トンと幾分増加している。しかしその後栽培は減少し、昭和一〇年頃は三六〇〇～四〇〇〇ヘクタール、昭和三三年は約二〇〇〇ヘクタール、昭和五五年は二四五ヘクタールで二三八〇トンになった。その九五パーセント以上が北海道で生産されている。

東京都中央卸売市場の取扱高をみると、昭和三九年は二二トン。同四五年は四四トン、同五五年は五八トンと逐年増加している。それでもその量はクワイの約四分の一で大衆向き野菜とはいえない。取扱高の約半分は一二月の出荷で、冷蔵物などが周年出荷されている。

ユリ根はデンプン質で独特の香りと味があり、茶碗蒸し、丸煮、あんかけ、金とんなど高級な和風料理に用いられ、主に業務用として珍重されている。

（注）平成二二年（食用ユリ）：作付面積一〇九ヘクタール、収穫量一五九八トン。そのほぼすべてを北海道で生産している。

チョロギ

中国華南または華北の原産といわれ、古くから栽培され、八世紀の『本草拾遺』に記述がある。しかしこれは別の種類ハンゴンソウの記述だともいわれる。『救荒本草』にも記されているが不明確な点もある。『本草会編』と『本草綱目』で草石蚕、甘露子として記している。

チョロギはシソ科に属する宿根草で、地下茎の先が念珠状に肥大し、これが食用にされる。そこで念珠茎の形から土蛹、地蚕、草石蚕などの名が生まれた。

わが国では『多識編』で初めて記しているが、これは中国の文献の紹介で、現物は当時みなかったらしい。チョロギがわが国に渡来後の記述としては『遠碧軒記』（一六七六年）が最初と思われ、ついで『農業全書』、『菜譜』などで記述している。『農業全書』では甘露子《かんろし》（ちょうろぎ）、草石蚕《そうせきさん》、地瓜児《じくわじ》として形態や栽培法を述べ、「料理色々あり。珍しき物なり、蜜に漬けみそに蔵して甚だよき物なり」と用途をあげ、「唐の地にては多く作り飢を助くると記せり。土地広き所にては多く作りて飢を助くべし」と栽培を奨励している。

これらの記述をみると、チョロギは一七世紀の後半にわが国に渡来し、次第に広まったもので、主要野菜にはならなかった。

チョロギの名は『言海』では朝露葱の義かとし、喜田茂一郎氏は朝鮮語のミミズのチョロギ、チョロンイの転訛で、地下茎の形から出た名としている。また千代老木、長老芋、長老貴の字をあて、おめでたい食品としている。

ヨーロッパへは一八八二年フランスとイギリスに伝わり、当時フランスに留学中の福羽逸人氏は一八八五年ベルサイユ園芸学校で試作し、現地では将来重要な蔬菜になると考えられ、市場でもみられたと記している。その後南北アメリカにも伝わり、ジャパニーズ・アーティチョーク Japanese artichoke の名で栽培され、サラダ、バターいため、シチューなどにされた。一時はかなり増産したが近年はそれ程栽培していない。

チョロギは形態が珍しく独特の香味があり、梅酢漬、砂糖漬や旨煮にされ、クワイや黒豆と共に正月のお節料理として用いられる。

　現在チョロギの特産地は知られていないが大分県の竹田地方では三〇〇年も前から栽培を続けているといわれる。現在も各家庭で自家用とするばかりでなく、出荷用として十数ヘクタール栽培している。また収穫したチョロギは各種の漬物に加工し、長老喜の名で販売している。

　チョロギは近年珍しい野菜として雑誌などでも紹介され、種苗カタログにものるようになった。

チョロギ
富樫常治原図（『蔬菜園芸図編』養賢堂, 1951）
チョロギは, 中国の華南に野生があるが, 耐寒性が強く冷涼地でも容易に越冬し, 土質は選ばず, 病虫害はほとんど発生しない。念珠茎は各種の漬物にされ, また茶碗蒸しの具, 汁の実, 煮物などにすると独特の歯ざわりと味とをもっている。

チョロギ

V

古典野菜

園芸界では以前からマツバランやイワヒバのような、日本で古くから栽培し、観賞してきた園芸植物を古典園芸植物と呼んでいる。本書でいう古典野菜はこれとは別のもので、奈良・平安時代のような古い時代に利用され、古典に記載されながら、現在一般には栽培も利用もほとんどされていない、フユアオイやアザミのようなものを古典野菜と呼んだ。したがって、ナスやネギのように、古くから重要な野菜として利用され、現在も主要な野菜として広く栽培されているものは除外した。

これらの中には現在山菜として広く利用されているものや、タラノキとサンショウのように、作物化が進んでいるものもある。またマコモ、カンゾウ、ウマゴヤシ、ナズナなどは、中国では野菜として普通に栽培されており、それらは日本でも栽培化の可能性がある。

蕨（ワラビ）

(1) 利用と栽培の歴史

ワラビは世界各地の温帯から熱帯まで広く分布し、若い葉を食べる習慣はヒマラヤ中腹、ネパールから中国南部に及び、中国、朝鮮半島、日本など東洋で広く利用している。

わが国では正倉院文書にも蕨の名が見られる。たとえば天平六年（七三四）の造仏所作物帳に「蕨五千二百九十六把直《あたい》一貫三百廿四文、文別四把」とある。当時ワラビは三月～四月に食用にされ、その価格は野菜の中では概して安価であった。

『万葉集』巻第八には『万葉集』の中での傑作といわれ、よく知られている志貴皇子《しきのみこ》の御歌

石激《いはばし》る　垂水《たるみ》の上のさ蕨《わらび》の
　萌え出づる春に　なりにけるかも（一四一八）

など、ワラビを詠んだ二首がのっている。

このようにワラビは、奈良時代には広く利用されていた。平安時代の『新撰字鏡』では草として蕨をあげ、和名をワラヒとし、『本草和名』では菜として蕨菜、和名ワラヒ、『和名抄』では野菜の一つとして薇蕨、和名ワラヒ、「初生無葉而可㆑食㆑之……」と記している。これをみると当時は野生のものを採って菜として利用した。『延喜式』の内膳司の巻をみると、漬年料雑菜の条に、「蕨二石、料塩一斗、……右清㆓春菜㆒料」と記され、ワラビは菜として食べ、春季に漬物にし、貯蔵して利用した。

鎌倉時代の『古今著聞集《ここんちょもんじゅう》』（一二五四年）には、「花山院の山のわらびあまり人のぬすみければ……」とあり、当時ワラビはある程度保護されていたことが知られる。

また江戸時代の農業事情を記した『親民鑑月集』では、ワラビは二、三、四月に採って食べ、一一、一二月に根をとる野菜の一つとしている。この根からはワラビ粉、デンプンをとって利用したものであろう。同じく江戸時代の『農業全書』では山野菜の一つとしてあげ、ワラビとゼンマイは山中に生じたものをとるもので、田圃に作るものではないとし、生の物より塩漬けしたり乾燥して貯蔵したものが味がよく、乾したのは秋田のものが軟らかで味がよいと記している。

ワラビ(『本草綱目』重訂版 1875)

『毛吹草』では信濃、出羽、但馬、紀伊を干し蕨の産地としてあげ、『本朝食鑑』では山焼きするとワラビが多く生えることや、ワラビの根から粉をとり、餅を作ることなどを記している。また江戸時代中期の諸国産物調べの資料をみると、多くの藩や地区で菜《さい》の一つとしてワラビをあげている。これらをみると、ワラビは当時野菜として広く用いられていたことが知られる。

同様の事情は明治以降も続き、やがて都市近郊ではワラビの促成栽培が行われるようになり、園芸書ではワラビを野菜の一つとしてあげるようになった。そして第二次世界大戦の戦中と終戦直後は野菜が不足し、ワラビなどの山菜は大いに利用された。

戦後は野菜の生産が増加してワラビなどの山菜の必要性は減少したが、自然食を求める風潮から山菜ブームがおこり、ワラビの需要は増加し、中国やソ連などから輸入するようになり、国内では観光ワラビ園が開設され、早出し栽培が始まり、栽培が増加している。そして昭和五七年からは農林水産省の小物野菜の生産統計にワラビとゼンマイが載るようになった。それによると昭和六三年の全国の作付面積は三三六ヘクタールで、昭和五七年の値よりは少ないが同五九年以降は漸増し、山形県での栽培が多い。

(2) 特性と栽培

ワラビはウラボシ科の多年生シダで、葉は冬は枯れる。近年はさらに細かく分類し、ワラビ科とする者が多い。

ワラビは、ワラビ科ワラビ属の大きな種で、世界各地に広く分布し、分布地域に応じて幅広い変異がみられ、それらは現在二亜種一二変種に分類されている。日本に分布するのはワラビ *Pteridium aquilinum* (L.) Kuhn ssp. *aquilinum* var. *latiusculum* Underw. だけで、ワラビは日本のほかユーラシア大陸と北アメリカにも分布している。

ワラビは日本全国の山野に生える多年生のシダで、地下茎は地中を長く伸び、黒色でデンプンを含む。根のデンプンはワラビ粉と呼んでワラビ餅などにして食べ、また上質な糊の原料にする。デンプンをとったあとの繊維は水に強く、ワラビ縄として利用している。葉は二～三回羽状複葉で、好条件では長さが二メートル以上にもなり、若い拳状の時期は軟らかで味がよい。ただしアクが強いので葉柄の硬い部分は除き、灰をふりかけて湯を注ぎ、一昼夜ほどアク抜きをしてから水洗いし、ゆでて浸し、和え物、煮つけなどにする。

ワラビの成分含量は四訂食品成分表から載るようになった。ワラビはカリウムの含量が比較的多い。なおビタミンB1を分解する酵素アノイリナーゼと微量の発癌物質を含み、家畜に多用するとビタミンB1欠乏症をおこす恐れがある。人の場合は料理の際にアク抜きをするし、食べる量も多くないのでまず問題はない。

ワラビは日当りがよく乾燥気味の所に生え、肥えた土地でよく生長する。早出し栽培の場合はなるべく太い根茎を床に伏せこみ、一五～二〇度に保つと次々に萌芽する。

ワラビ（『成形図説』1804）

ワラビ

蔣、薦（マコモ、菰、茭白、茭筍）

（1）栽培と利用の歴史

中国では紀元前三世紀の『爾雅』に菰は菜として記され、菰は古くから栽培されたらしい。現在中国では菰は茭白または茭筍と呼び、華中、華南を中心に広く栽培され、マコモ黒穂菌の寄生によって肥厚した白色の茎、いわゆる茭筍を野菜として利用し、茭筍は日本にも輸出している。

わが国ではマコモは、宝亀二年（七七一）の正倉院文書に「十五文蔣十五把直《あたい》」、宝字四年の文書には「六文買薦子十二把」と記され、この蔣と薦はともにコモで、現在のマコモとみられている。

『万葉集』巻第三と巻第七には

飼飯《けい》の海の　水面《には》よくあらし刈薦《かりごも》の
　乱れ出づ見ゆ、海人《あま》の釣り船（柿本人麻呂　二五六）
三島江《みしまえ》の　玉江の薦《こも》を標《し》めしより
　おのがとぞ思う　いまだからねど（一三四八）

の二首の歌があり、コモは奈良時代には一般によく知られていた。

平安時代の『和名抄』には草として「菰、本草云菰一名蔣、和名コモ、一名茭草、食経云菰首味甘冷、コモフツロ、一名コモツノ」と記されている。また『延喜式』の掃部《かもん》の巻には「蔣沼一百九十町刈江蔣一千圍」とあり、内膳司の巻には「粽《ちまき》料蔣《こも》六十束」三月一〇日より五月三〇日まで供料と記され、当時マコモは五月五日の節日などにつくる粽《ちまき》を包む材料としても用いられたようである。

室町時代の『庭訓《ていきん》往来』では菜者《さいもの》の一つとして薦子蒸物《こものこのむしもの》を繊蘿蔔《さんろふ》、煮染牛房《にじめのごぼう》などとともにあげている。

このようにマコモは、日本ではわずかにその茎を菜として利用した程度であるが、中国では古くから重要な水生蔬菜として栽培し、利用し続けている。そこで本書では、マコモを古典野菜の一つとした。

江戸時代の『本朝食鑑』では水菜の一つとして菰、マコモをあげ、古訓コモとし、特性などを記し、五月五日には葉茎をとって角粽を作り、七、八月には葉茎を刈って席《むしろ》を造り、実はサムコメと呼び、餅を作り、根は薬に入れるなどと記している。『書言字考節用集』（一四八〇年頃）では菰の項で別名蒋草とし、真薦《まこも》は俗字だとしている。『重修本草綱目啓蒙』では水草の一つとし、コモ、マコモ、カスミグサ（古歌）、チマキグサ（仙台）、カツボ（越後）などの地方名をあげ、その特性を述べ、花後に結ぶ実をハナガツミと云うと記している。

江戸時代の多くの農書ではマコモをとりあげていないが、『百姓伝記』では水草の巻で「まこも」の項を設け、水があたたかなころ根をほり、五本三本宛稲を植えるように、どろのうちへ足でふみ込む、などと栽培法を記して、「二月の比《ころ》まこもたけと云て、若芽の出るをとりてゆでさわし、汁にもあへものにもして喰う。粮の助けとなる。味いよきものなり。」と記している。

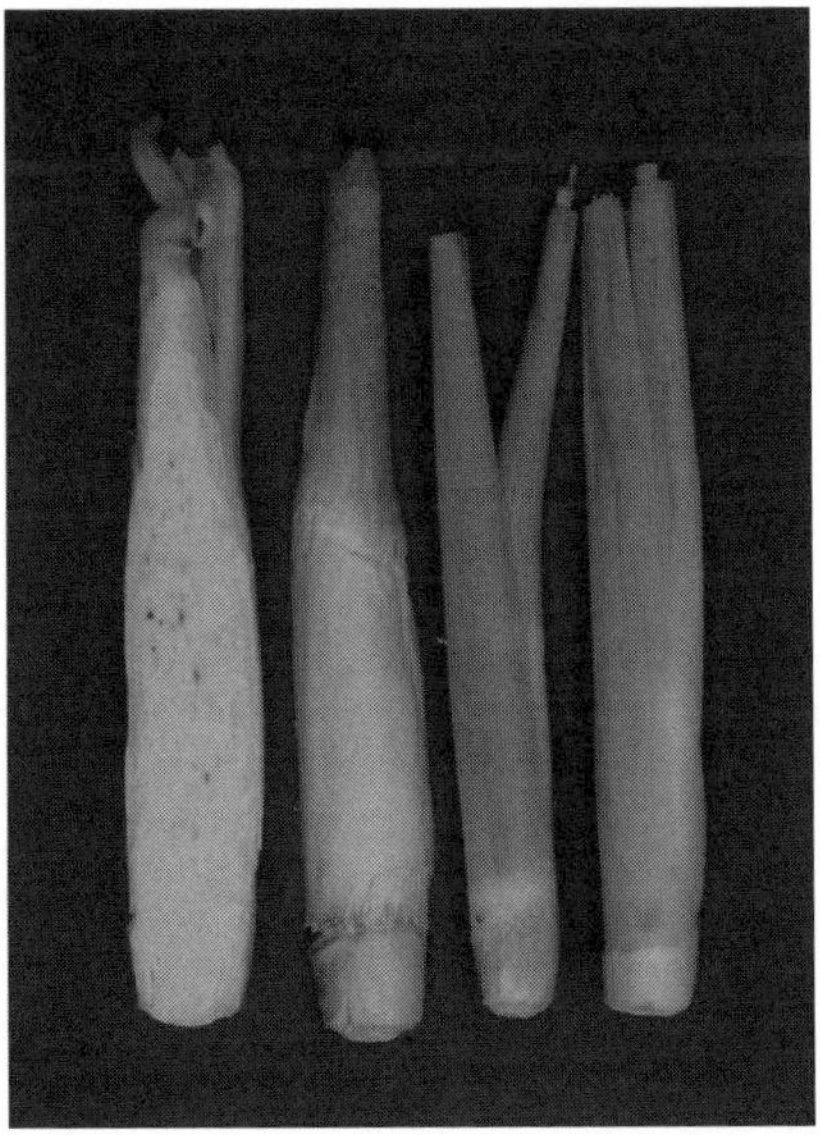

マコモ

山形県の庄内地方ではマコモをガツギと呼び、昭和三〇年頃までは田植すぎの六、七月に株を採って葉を除き、中の芯を生で、または餅につきこんで食べた。白い芯芽は軟らかで、独特の香りと甘味があり、ガツギ餅は早苗饗《さなぶり》の頃の行事食にされていた。なおガツギと越後のカツボの呼び名は、コモの古名のカツミから転じたものと思われる。

わが国でもこのようにマコモを食用にしていた。しかし日本のマコモは中国のヒロハマコモとは違って黒穂病菌は通常寄生せず、いわゆる茭筍は得られない。このため本格的に栽培することはなかった。

第二次世界大戦後中国野菜ブームがおこり、茭筍が中国と台湾から輸入され、中国名などさまざまの名で市販された。この点から農林水産省は茭筍の呼び名が混乱しているとして、その統一名称をマコモとした。

(2) 種類と特性

マコモは浅い湖沼や溝などに生えるイネ科の多年草で、イネに似た形態をしているがイネより大きい。日本、シベリアから中国の華南まで広く分布する。

中国で栽培する種類は葉の幅が五～六センチと広いヒロハマコモで、これをマコモ ***Zizania aquatia* L.** とは別の種（*Z. latifolia* Turcz.）とする学者や、マコモの変種とする者もある。北村四郎氏はヒロハマコモはマコモ（*Z. latifolia* Turcz.）の一系統としている。

ヒロハマコモはマコモ黒穂菌が内在し、この菌が若い茎で増殖すると茎は四、五節で伸張を停止し、通常三節ほどが菌癭になり、幼い茎は直径が二～三センチに肥厚し、白色の筍状になる。日本ではこれをコモヅノとかマコモダケと呼び、中国では茭筍と呼んでいる。茭筍は内部も乳白色で軟らかく、味は淡白で、油いためや肉類と料理すると独特の風味がある。なお茭筍は収穫が遅れたり、採取後日数が経過すると、やがて黒色の部分ができ、食べられなくなる。この黒変したものは漢方薬で用い、以前は眉墨に用いたり、婦人が歯を染めるオハグロに用いた。

マコモの芽は菰菜、黒穂菌の寄生しない茎は雄茭と呼び、ともに軟らかで食べられる。中国では種実を古くから菰米《くみ》と呼んで食用にし、今でも正月に食べる習慣が残っているようである。

日本に野生するマコモは黒穂菌が寄生することは少なく、また寄生してもあまり肥大しないで間もなく黒変し、食べるほどには肥厚しない。時に結実し、それをハナガツミという。

北アメリカとカナダには一年生のマコモ（*Z. palustris* L., *Z. aquatica* L.）が野生し、古くから先住民がその種実を食用にした。現在もワイルド・ライスとかインディアン・ライスと呼んで食用にし、むしろ高級な料理に用いられている。この種実は脱粒しやすいので、アメリカやカナダでは小舟に乗って株の間を行き来し、棒で穂をたたいて舟の中に脱粒させ、種実を採取するという。

カナダで販売されているワイルド・ライス

（3）栽培法

茭筍は中国と台湾では重要な水生蔬菜の一つで、中国では華中と華南で栽培が多い。中国では秋一回収穫できる単季茭（一熟茭）と、年二回収穫できる双季茭（二熟茭）とがあり、それぞれに多くの品種が分化している。マコモは温暖な気候を好み、生育初期の適温は二〇度前後、幼茎の生育期は二五度前後といわれる。有機質に富む肥沃な地が適し、イネのように水をはって栽培する。

栽培に当っては優良株を選び、春に株分けして苗を育て、草丈が四〇センチほどになったころ、苗を株間一メートルほどに植付け、その後水深の調節、施肥、枯葉とり、病虫害防除などを行う。株は植付け後一三〇日のころから茎が肥大し、収穫が始められる。

マコモは一作すると地下茎が縦横に繁茂するので、一作後は地下茎を処理するため一年休作する。

近年はわが国でも暖地の休耕水田などで栽培の気運が高まり、特産にしようという動きが各地でみられるようになった。

水葱（ナギ、コナギとミズアオイ）

（1）栽培と利用の歴史

天平六年（七三四）の文書には水葱《なぎ》二六五〇束、天平一一年の写経司解には「水葱七九束、価銭八三文」など、正倉院文書には水葱について多くの記載があり、その価格は野菜の中では低廉な部類であった。また宝亀二年（七七一）の文書には「請自西薗」とか殖所とあり、水葱は当時栽培されていたことが知られる。利用時期は文書の記載からして四月から九月にかけてで、中でも六～八月が最盛期であった。

『日本書紀』には天智天皇の一〇年、天皇が近江宮で崩じられたときの歌に、水葱《なぎ》の下、芹の下……とある。また『万葉集』にはナギを詠みこんだつぎの四首があり、当時ナギは苗床で育てられたこと、現在の群馬県伊香保のあたりでも栽培していたことや、ナギは羹《あつもの》にするなどして食べていたことなどが知られる。

春霞 春日《かすが》の里の殖《うえ》小水葱《こなぎ》
苗なりといひし 枝《え》はさしにけむ（巻三 四〇七）

上毛野《かみつけぬ》 伊香保の沼に殖《うえ》小水葱《こなぎ》
かく恋ひむとや 種《たね》求めけむ（巻一四 三四一五）

苗代の古奈伎がはなを衣《きぬ》にすり
なるるまにまに あぜかかなしけ（巻一四 三五七六）

ひしほすに 蒜《ひる》つきかてて鯛願う
われになみせそ 水葱のあつもの（巻一六 三八二九）

平安時代の『和名抄』では、水菜の一つとして水葱をあげ、「水菜可食也。和名奈木」とある。『新撰字鏡』と『本草和名』には草として「前菜一名水葱、和名ナキ」とあり、ナギは当時野生していたことが分かる。

『延喜式』の内膳司の巻の供奉雑菜の条には、「日別一斗、水葱四把、五、六、七、八月」とあり、漬年料雑菜の条には「水葱十石料塩七升、糟漬小水葱一石料塩一斗二升汁糟五斗、右漬二秋菜一料」とある。また耕種園圃の条では、「営水葱一段苗廿圍、総単功五十三人……」と、京都乙訓郡の水田でのナギの栽培状況を記している。これをみると当時ナギは苗代で苗を育て、五月に植付け、一段当り五三人と比較的多くの労力をかけて栽培し、収穫は三回に分けて行った。

このように奈良、平安時代にはナギは相当重要な菜の一つであったとみられる。しかしその後重要度は低下し、利用することは少なくなったようである。

鎌倉時代以後の資料は少ないが、『宇治拾遺物語』（一二一五年頃）をみると、西京の京へ出る道の近くに「なぎ」がたくさん生えている所があり、有名な聖《ひじり》と呼ばれた人が道すがら、そのなぎをとって食べたことが記されている。

江戸時代に書かれた『親民鑑月集』や、『農業全書』などの農書にはナギの名はみられない。しかし『菜譜』（一七一四年）では水菜類の一つとして浮薔《なぎ》をあげ、「生なる茎を食す。又六七月に取て、熱湯につけ乾しておさむ。用る時、湯につけて、醤に和して食す。花を沢桔梗と云。夏秋ひらく。色桔梗のごとし。」とあり、当時ナギは重要な野菜ではなかったにしても、一部の人たちは生で、また乾燥貯蔵して食べていたことが知られる。俳書の『毛吹草』では八月の詞の一つに「こなぎ」をあげている。

なお『花譜』では浮薔は古歌にいうナギで、水中に生じ「水あふひ」とも沢桔梗ともいい、その花は桔梗に似ているなどと記している。

ナギはこのように古くから広く利用されてきたが、明治以降は野菜としての栽培はまったくなく、摘み草としても利用されない。

(2) コナギとミズアオイ

奈良、平安時代の水葱《なぎ》は現在のコナギかミズアオイであるが、そのどちらかは明確でない。前に記した『菜譜』と『和漢三才図会』と『大和本草』では水葵をナギとし、『牧野日本植物図鑑』でも、葉を食用にした菜葱《なぎ》はミズアオイだとしている。東南アジア各地の食用水生植物について解説した湯浅浩史氏は、フィリピンとボルネオで野菜として市販しているコナギはくせがなく軟らかで味がよく、またミズアオイの若芽と花も食べられるなどと記した後、万葉集に詠まれているナギはミズアオイとする説が有力であるとしている。なおコナギの名は小形のナギの意で、この点からいうとミズアオイがナギであるともいえる。

これに対し作物の起原について詳しい中尾佐助氏は奈良、平安時代に重要な野菜であったナギはコナギであるとしている。

ところで江戸時代の本草書などをみると、コナギとミズアオイとの区別は明確でなかった。『重修本草綱目啓蒙』では蔛草は『和名抄』のナギ、古歌のコナギで、水アフヒの小なるものとし、「大なるものをミヅアフヒと云、一名ナギ」でこれが『和漢三才図会』の浮薔だとしている。『和爾雅』(一六八八年)と『動植名彙』(一八二七年)でも同様な記述がみられ、ミヅアフヒは栽培品があるだけで自生品はみられないと記している。なお現在でも『日本国語大辞典』では、ナギを①コナギの古名、②ミズアオイの異名とし、仙台ではミズアオイ、新潟、福井ではコナギをナギと呼ぶ、と記している。

これらのことからみて、奈良、平安時代にはコナギとミズアオイとは厳密に区別はせず、ともにナギと呼んだものと思われ、本書では両種をナギとした。

ミズアオイ(左)とコナギ(右)

（3）ナギの特性

ミズアオイ *Monochoria korsakowii* Regel et Maack とコナギ *M. vaginalis* Presl var. *plantaginea* Solms-Laub. は、ともにミズアオイ科の一年草で、東南アジアから中国のほぼ全域、朝鮮半島から日本のほぼ全域に分布し、水田などに生え、ミズアオイは観賞用として人家でも栽培する。

コナギとミズアオイは、イネの渡来に随伴して中国南部方面から日本に渡来した、いわゆる史前帰化植物の一つとみられ（前川文夫氏）、イネと同様に春から初夏に発芽して夏に開花結実し、秋には枯れる。

近年各地の遺跡の土壌中の雑草種子の調査から、この考え方の正しいことが証明されている。たとえば北九州の板付遺跡など、縄文時代末期以降の、イネの籾《もみ》や花粉の見出された所では、必ず多数のコナギの種子が見出され、さらに古い遺跡など、イネの栽培されないと思われるところではコナギの種子は見出されない。

コナギは近年まで典型的な水田雑草の一つとしてよく知られていた。しかしこの植物は除草剤に弱く、近年は除草剤が広く使用されるので、休耕田のような除草剤を用いない所でなければみられない。筆者は東京都小石川の後楽園内の、徳川光圀が農民の辛苦の労を嗣子綱條らに教えるため設けたという、都会の中の水田でコナギを入手した。

コナギ、ミズアオイとも日当りのよい所を好み、夏の高温期に盛んに生育し、寒さには弱く、霜にあうと枯れる。晩春種子の発芽後数本の側枝を生じ、コナギは披針形、ミズアオイなどは心臓形の鮮緑の葉を互生する。茎葉は多肉で光沢があり、無毛、軟らかでくせがなく食べられる。

コナギは八月中・下旬、ミズアオイは九月上旬に茎を包む葉鞘の間から花序を抽出し、開花する。コナギの花梗は葉より短く、花は直径一・五センチほどで碧青色、半開きであるが、ミズアオイの花梗は葉よりも長く、花は径三センチほどで六花被は水平に開き、色はコナギより淡い。ともに太陽が昇ると開花し、日没前に閉じる一日花である。なお苗の大小に無関係にほぼ同一期に開花し、おそらく花芽の分化と開花が短日条件で進む短日植物であると思われる。

両種とも、開花結実後は花梗の一側がとくに生長して花梗は曲り、果実は水面に近づき、この特性は、同じミズアオイ科のホテイアオイ（属は異なる）に似ている。コナギの果実は成熟後も開裂しないが、ミズアオイの三角錐形の果実はやがて小花梗基部から離脱し、成熟した果実は開裂して種子を出す。

種子は湿った状態で越冬することで発芽しやすくなり、

乾燥状態で貯蔵した種子は、春に播種しても発芽しにくい、なおこれらの植物の種子の発芽条件については、小林央往氏らが検討している。

（追記）前記のホテイアオイは、属は違うが同じミズアオイ科の多年生水草で、アジアの熱帯から暖帯に広く分布し、東南アジアでは若い葉と膨らんだ葉柄を時に食用にする。本種はウォーター・ヒヤシンスと呼んで金魚鉢などで培養し、過剰栄養の湖沼の改良にも利用され、岡山県では酒や食品への加工も試みているという。

ミズアオイの果実と種子

萱草（カンゾウ類）

(1) 利用と栽培の歴史

カンゾウ類（ワスレグサ属植物）は東アジアの温帯に広く分布し、中国では古くから薬用と食用にした。『詩経』（前七七〇年頃）には諼草と記され、諼は忘れるの意といわれる。『本草綱目』では「嫩葉を蔬となす、これを食すると昏然酔が如く、よって亡憂と呼ぶ」と記され、わが国ではこの点からワスレグサと呼んだ。中国では現在、若い芽を乾燥した花蕾（金針菜）を菜とし、各種料理に用い、また輸出もしている。

わが国では『万葉集』に萱草《わすれぐさ》を詠みこんだ歌四首がある。

萱草《わすれぐさ》　わが紐《ひも》につく　香具山の
古りにし里を忘れぬがため（大伴旅人　巻三　三三四）

萱草　わが下紐につけたれど
醜《しこ》の醜草《しこぐさ》　言《こと》にしありけり

カンゾウ（『本草綱目』重訂版 1875）

（大伴家持　巻四　七二七　このほか巻一二の三〇六〇、三〇六二）

萱草《かんぞう》は『和名抄』では草としてあげ、一名忘憂、和名ワスレグサ、俗にクワンソウというとあり、この植物は後代の諸資料からみて、現在のカンゾウ類、ワスレグサ属植物である。

『延喜式』の典薬寮の巻の供殖薬用二五種に「麻黄、丹参、地黄、萱草……」と記され、カンゾウは当時薬用とした。ただし同書の全国各地から上納した薬物を記した諸国進年料雑薬の条には萱草の名はみられず、萱草は重要な薬ではなかったようである（佐渡国などから上納した甘草はまったく別の、マメ科の多年草である）。

ノカンゾウ

『延喜式』では内膳司の巻の供奉雑菜の条などにも萱草の名はみられず、野菜として用いられた形跡はない。なお『枕草子』では、「前栽にくわんざうという草をませ結いて、いとおほく植えたりける」とあり、萱草は園地に植える植物として用いられた。室町時代の『尺素往来』でも、夏の花の一つに萱草をあげている。

このようにワスレグサは、奈良、平安時代から一般に知られていたが、野菜としての記録は見当らない。しかし、中国では現在普通の野菜として栽培し利用しており、日本でも江戸時代以来野菜として食用に供してきた。そこで本書では古典野菜の一つとした。

江戸時代の農書である『親民鑑月集』では、正月食べる菜の一つにくわんぞうを記している。しかし植付け時期と種とり時期は記載がなく、おそらく野生品を利用したものと思う。『農業全書』などではあげていないが、『菜譜』では萱草の項を設け、「春の初、苗わかき時、切て食うべし。きれば又生ず。夏秋にいたれば不レ堪レ食ニ。」と記し、『佐渡志』(一八一〇年頃)ではクワンゾウをギボナと呼び、初生のとき賤民採て菜とす、と記している。現在佐渡では各地にゼンテイカ(ニッコウキスゲ)の群落があり、江戸時代にはこれらを食用にしたものと思われる。

享保・元文の諸国産物調べの資料をみると、残存している四二国のうち下野、佐渡、信濃、筑摩、飛騨、壱岐、筑前では萱草を菜の一つとしてあげている。また『和漢三才図会』では、鬼萱草、姫萱草、黄萱草、筋萱草、禅庭花《ぜんていか》と種類をあげている。『重修本草綱目啓蒙』では、キスゲなど数種あるとして地方名をあげ、一重の種類は食べられ、千弁(八重)の種類は食すと人を殺すとし、中国では開花直前の蕾を乾燥したものを黄花菜とか金針菜と呼んで販売し、食用にしていると記している。

その後日本では栽培の記録はみられない。しかし北海道各地、とくに東海岸地方では、古くからアイヌが群生しているカンゾウの花蕾を採り、乾燥するか塩漬けにしたものを汁の実などにしている。山形県酒田市の飛島《とびしま》では、この島に生えているトビシマカンゾウの花蕾を汁の実や浸し物にし、観光客の食膳にのせている。

現在関西と関東の市場ではカンゾウの若芽の芯に近い三〜五センチの部分をとり出し、高級野菜として扱い、主に業務用として市販している。なお中国や台湾から輸入した金針菜は、通常「ユリの花」の名で中華料理材料店や観光地で販売している。

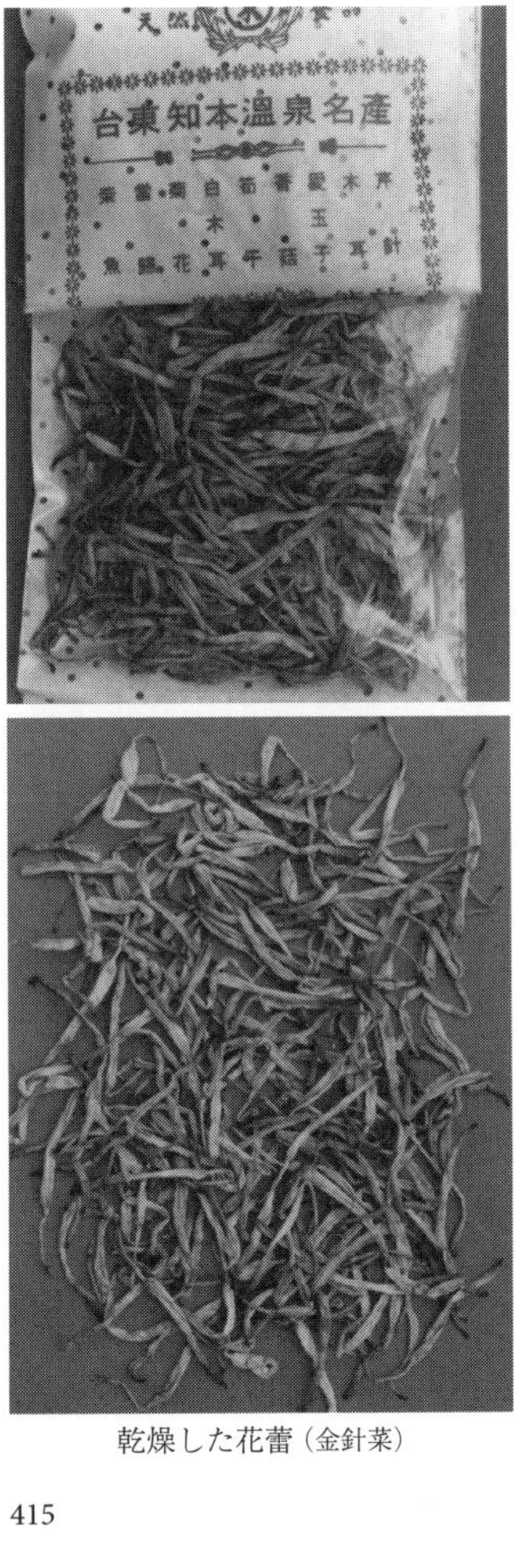

乾燥した花蕾(金針菜)

ヤブカンゾウの若葉

ノカンゾウ

ヤブカンゾウ

（2）種類と特性

カンゾウ類とはユリ科ワスレグサ属の多年草の総称で、日本には一〇種ほど生育している。いずれも葉は線形で中肋で折れ、二分の一の葉序で規則正しく両側に開張し、扇状になる。初夏に一メートル前後の花茎を伸ばし、ユリに似た六花被の数花をつける。花はその日のうちにしぼむ一日花で、この点からデイリリーと呼ばれる。秋に霜にあうと地上部は枯れ、肥大した貯蔵根をもつ株で越年し、耐寒性は強い。

日本に野生する種の中で、ゼンテイカ（ニッコウキスゲ）は各地の亜高山帯に群生し、お花畑を形成し、夏には観光客の目を楽しませている。ノカンゾウ *Hemerocallis fulva* L. var. *longituba* (Miquel) Maxim. は本州以南に分布し、原野や路傍などの湿り気の多い地に生え、花は橙朱色をしている。ヤブカンゾウ *H. fulva* L. f. *kwanso* (Regel) Kitamura は中国からの渡来種と考えられ、人里近くに生え、株は大型、花は朱赤色の八重で、観賞用として人家にも植えられる。俗に有毒だといわれるが、芯芽と若い葉は食用に供され、早春には店頭で市販されている。ユウスゲは野生もするが園内に植えられ、花は一重の淡黄色で、夕刻に開花し、翌日午前中にしおれる。

カンゾウ類は種類がかなり多いばかりでなく、花形と花色が豊富で、種間交雑で多くの観賞用種が育成されていて、デイリリーと呼んで近年日本でも栽培されている。

カンゾウ類は元来は水湿の多い肥沃地で順調に生育する。生育適温は一四～二〇度といわれ、暑さにも寒さにも強い。中国では四〇センチほどの株間で数株ずつ植え、三年目から本格的な収穫をはじめ、一五年ほどで株を更新する。五月末ごろ花茎が抽出し、六月初旬ごろから花蕾の収穫をはじめ、六月末から七月上旬までが収穫の最盛期になる。

花蕾は開花直前のものを早朝つみとり、乾燥する。このさい一度むしてから日乾すると茶褐色、むさないで日乾したものは橙黄色になり、この乾燥した花蕾を金針菜と呼んでいる。

金針菜は煮物、炒め物やスープ、酢の物などにすると円やかな甘味とぬめりがあり、独特の風味をもっている。金針菜はホウレンソウの二〇倍の鉄分を含み、ビタミンAとCの含量も多く、中国では古くから船員が航海のさいには、お茶と金針菜とを携行するものといわれている。

蘭（アララギ）

（1）利用と栽培の歴史

天平一一年（七三九）の写経司解には蘭十把、天平勝宝二年（七五〇）の藍園進文には蘭二把とか蘭一把の記載があり、これらの正倉院文書からみて、蘭は奈良時代には野菜として利用され、また園で栽培されていたことが知られる。

ところで蘭が現在の何という野菜であるかは、必ずしも明確でない。平安時代の『本草和名』では、蘭蒿草の名を菜としてあげ、和名をアララキとし『延喜式』での記載では、後世のふり仮名かも知れないが蘭はアララギとしている。しかし『和名抄』では蘭は草類の一つとしてあげ、和名フチハカマとし、藤袴の字をあてている。

『延喜式』の大膳の巻の園韓神祭雑給料の条には、「春冬并同蘭十把」、内膳司の巻の供奉《ぐぶ》雑菜の条には、「蘭二把、自二正月一迄二十二月一」、漬年料雑菜の条には、「蘭葅《にらぎ》三斗、料塩二升四合、楡一升二合、右漬二秋菜一料」と記載されている。これをみると、蘭はほぼ年間を通じて利用された野菜で、秋には漬物にもしていた種類であったことが知られる。

『饅頭屋節用集』（一四九六年）では蘭葱、『倭訓栞《わくんのしおり》』（一七七七年）では蘭は荒々葱とし、ともにアララギと読み、これはネギの類としている。近年の『日本国語大辞典』では、アララギはノビルの古名とし、『日本書紀』の允恭《いんぎょう》天皇二年二月の条に、「いでとじ　その蘭　一茎《ひともと》……」とあることを紹介している。

ネギ類の呼び名では現在も混乱がみられ、関東市場では小ネギをアサツキ、株分かれするネギをワケギと呼び、九州や沖縄ではワケギなどをヒルと呼ぶことが多い。『延喜式』の記載などをみると、蘭は年間を通じて利用され、この点からみると、蘭はアサツキとも思われる。しかし本書では従前の記載などから蘭はノビルとした。なお『古事記』の神功皇后の条に、「いざ子ども　怒昆流《ぬひる》つみにひるつみにわが行く道のかぐわし……」の歌があり、このヌヒルはノビルだといわれる。

江戸時代の農書『親民鑑月集』では、二月に食べる野菜と三月に食べる野菜の一つにノビルをあげている。なお八月に植える野菜としてもノビルの名をあげているが、多くの場合はノビルは野生品を採って利用したものと思う。『農業全書』などその他の農書ではノビルについては記していない。江戸中期の諸国産物調べの資料を見ると、伊豆と加賀ではノビルを菜の一つにあげている。また『かてもの』（一八〇二年）では「苗根をとりゆびき食ふ。又かて物とす」と記すなど、救荒食物の書籍には大抵記され、野生のノビルは広く利用されたようである。

ノビルは明治以降も摘み草的山菜として広く利用された。しかし野菜としては栽培されなかった。近年自然食ブームから山菜がもてはやされる時代になり、千葉県や山形県などで栽培が試みられ、三、四月には山菜の一つとして店頭で市販されている。

（２）特性

ノビルは北海道から九州までと中国大陸に分布するユリ科の多年草で、畑や路傍に生え、ときに栽培する。学名は *Allium gray* Regel. とされていたが、現在は *A. macrostemon* Bunge が正しいとされている。染色体数が二倍体（2n=16）の系統から六倍体（2n=48）の系統まであり、九州、四国と西日本には四倍体系（2n=32）、中国地方から中部地方とその周辺には五倍体系（2n=40）、東北地方と北海道には六倍体系が分布し、全般的には東北に進むほど、高次の倍数体が生育している（栗田正秀氏）。なお日本に野生しているノビルは、もともとの野生種なのか、古代に農作物とともに日本に渡来し、日本で野生化したものか、明らかでない。

ノビルは晩秋に芽を出し、春には直径一～二センチ、栽培したものは三センチほどの白色の鱗茎を地下に形成し、この鱗茎と葉を食べる。五月ごろ花茎を抽出し、五〇～八〇センチの花茎上に多数の珠芽と淡紫紅色の花をつけ、まれに結実する。通常子球と珠芽で増殖し、増殖率は大きい。なお子球は牽引根を外側に伸ばし、その収縮作用で子球は親株から離れる特性をもっている。この現象はアリウム・ネアポリタムで知られているように、生育地の拡大と種属の増殖に役立っている。なお鱗茎と葉は軟らかく、独特の風味をもち、ゆでてぬたなどにして食べる。

ノビル（外側の球は内側に引かれて移動）

ノビルの花

薢、野老（トコロ）

（1）利用と栽培の歴史

正倉院文書には天平宝字八年（七六四）芼（薢の俗字）二升、三〇文の記録がある。この薢は現在のトコロで、当時食用に供されその代価は野菜としては最も高価なものの一つであったことが知られる。

『古事記』の景行天皇の条には、「なづきの田の　稲幹《いながら》に　稲幹に　はひ廻《もとほ》ろふ　薢葛《ところづら》」の歌があり、『万葉集』には

皇祖神《すめがみ》の　神の宮人《みやびと》の冬薯蕷葛《ところづら》
いや常《と》きじくに　吾《わが》かへり見む（巻七　一一三三）

と、「ところづら　とめ行きければ……」とトコロを詠みこんだ高橋虫麻呂の長歌（一八〇九）がある。このようにトコロの名は、当時一般に広く知られていた。

平安時代の『新撰字鏡』には草として「芚、和名トコロ」、『本草和名』には草として「萆薢、オニドコロ」、菓としてあげた薢は和名トコロとし、『和名抄』には芋の類として「薢、トコロ、味苦小甘無レ毒、焼蒸充粮、黄薢其根黄白而味苦者也」と解説している。『延喜式』の大膳の巻の仁王経済供養料の菓菜料に「署預、芼各二合」別の所に「薢四菓、好物料」とあり、典薬の巻の諸国進年料雑薬の条には、「萆薢、地楡……各二斤」と記され、当時トコロは果実的野菜として食用にされ、また薬用にもしたことが知られる。また『枕草子』には、名恐ろしきもの、としておにところ、むばら、とあり、オニドコロの名は当時から一般に知られていた。

室町時代の『下学集』（一四四四年）には草木として「萆薢、トコロ、世俗皆謂二野老一也」とあるが、『庭訓往来』では、野菜として、薯蕷、野老、山葵などをあげていて、当時食用にしていたことが知られる。

江戸時代初期の俳書『毛吹草』では二月の詞の一つに野老《ところ》をあげ、名物の巻では河内の芹谷と武蔵の津久美の野老を名産品としてあげている。このようにトコロは当時一般によく知られた食品であった。江戸中期の農書『親民鑑月集』では、正、二月と、九月から一二月に食べる菜の一つとしてトコロをあげ、さらに二月に植える菜としてもトコロをあげている。また『本朝食鑑』でも、家圃に植え、掘りとったトコロを祝いに用いたと記している。このよう

にトコロは、野生のものを採るばかりでなく、栽培もしていた。

『農業全書』にはトコロの記述はないが、『和漢三才図会』では蔓草としてあげ、肥えたものは甘藷の如く黄色で節があり、長い鬚《ひげ》が多く、味は苦甘相半ばし、煮て食べると甚だ佳く、山中自生のものは肉やせ、味甚苦く、薬用にすると記している。享保二〇年の諸国産物調べの資料をみると、庄内、下野、越前、尾張、壱岐など約三分の一の藩（国）で菜の一つにトコロを記している。

天明六年（一七八六）の幕府のお触れによると、浅草の与市という者が、トコロの根で割麦《わりむぎ》か葛粉《くずこ》のようなものを作り、食物や糊にする方法を工夫し、官許を得て諸州に売り出した。上杉藩で上梓した『かてもの』（一八〇二年）では、トコロは横に切りよく煮て流水に一夜浸せば苦味は去る。また灰水《あく》にてよく煮、二夜ほど水にさらし、粮物にする、と記している。こうして苦味を除いてから飯に炊きこんだり餅につきこんだりした。

明治以降はトコロを栽培した記載はみられない。しかしトコロは根茎の形状から古来野老と呼ばれ、現在も正月には床の間に飾り、長寿を願う風習をもつ地方がある。山形県の庄内地方では、戦後になっても老人は、山採りのトコロの根茎を嗜好食品とし、市販もされていた。

トコロ
（『和漢三才図会』）

オニドコロ

カエデドコロ

(2) 種類と特性

現在トコロはオニドコロ *Dioscorea tokoro* Makino の別名とされている。わが国には同じ属のキクバドコロ、カエデドコロなど、本種に類似した数種が野生し、その中でオニドコロとヒメドコロ（*D. tenuipes* Fr. et Sav. エドドコロ）の根茎が食用と薬用に供される。

オニドコロはヤマノイモ科ヤマノイモ属の蔓性多年草で、葉は心臓形で互生する。雌雄異株で、黄緑色の花は穂状につき、果実は三枚の翼をもち、膜質の翼に囲まれた種子を結ぶ。地下の根茎は多肉、不整形の円柱状で、多数のひげ根をもち、苦味が強い。この根茎は諸病に薬効があるといわれ、また嗜好的食品として利用されている。

羊蹄（シノネ、ギシギシ）

(1) 利用と栽培の歴史

正倉院文書をみると、神護景雲四年（七七〇）の銭用帳に「一百五十文羊蹄三斗直、斗別五十文」などの記録があり、羊蹄は奈良時代には菜として利用され、その価格は野菜類の中では低廉な部類であった。また宝亀二年（七七一）の文書には「羊蹄六斗買、一斗自二西薗一請三月中」とあり、当時羊蹄は栽培もされ、三月ごろ食用に供されていたことが知られる。

平安時代の『新撰字鏡』と『本草和名』では、草として羊蹄をあげ、和名をシノネとしている。しかし『和名抄』では野菜として羊蹄をあげ、「一名羊蹄菜、和名シフクサ、一名シ」とし、当時羊蹄は野生のものを採取して菜としたことを示している。

『延喜式』の内膳司の巻の供奉雑菜の条には、「羊蹄四把、

四、五、八、九、十月」とあり、羊蹄は盛夏季を除き、春から秋まで菜とされたようである。また乾羊蹄を大嘗祭の際、阿波国から献上したとの記録があり、羊蹄は乾燥して貯蔵し、冬季間も利用した。

この羊蹄は現在のギシギシとされ、羊蹄はギシギシの漢名である。そしてギシギシの古名のシブクサは、その味が渋いこと、酸っぱいことから出たといわれ、略してシと呼んだ（『日本釈名』一六九九年）。『和訓栞』（一七七七年）をみると、「羊蹄は今俗にギシギシまたはスイトウと呼ぶ」と記され、『重修本草綱目啓蒙』の羊蹄の地方名をみると、シブクサ（阿州）、シノハ、シノベ（南部、津軽）と、古名とそれに近い名のほか、ギシギシ（京）、ギジギジ（讃州）の名があり、

ギシギシ（『本草綱目』重訂版 1875）

ギシギシの名は京都の地方名、方言から出たものといわれている。

江戸初期の俳書『毛吹草』ではしのね（ぎしぎしの花）を五月の詞の一つにあげている。しかし、江戸中期の『親民鑑月集』や『農業全書』などの農書では、羊蹄に関する記載はみられず、享保年間（一七一六〜三六）の諸国産物調べの資料でも羊蹄、シブクサの名はみられない。また本草書では羊蹄の根茎が疥癬《かいせん》などに薬効があることが記されているだけである。しかし凶作時のために救荒植物のことを記した『かてもの』（一八〇二年）などには、和大黄《ぎしぎし》、一名羊蹄は、嫩芽と若葉をとり、ゆでて水に浸し、苦酸味をとり、醤油で和えたり、かて物として食べると記されている。

近年出版の多い山菜の書物では、ギシギシは大抵あげていて、葉は比較的軟らかなので、ゆでてマヨネーズなどで和えたり、浸し、汁の実や漬物にすると記している。

(2) 種の特性

ギシギシ *Rumex crispus* L. ssp. *japonicus*（Houtt.）Kitam. は、全国各地の原野や路傍など、湿地に生えるタデ科の多年草で、根は粗大で黄色、茎は直立し、草丈は六〇センチ以上になり、茎上に夏日緑色の小花を総状につける。葉は

長楕円形で、若い葉は食べられる。なお新芽は粘質物に包まれ、食べるとジュンサイに似た口ざわりをし、この点から本種はオカジュンサイとも呼ばれる。

　本種の根は黄色で太く、和大黄とも呼ばれた。また根はエモジンを含み、緩下作用があり、根の汁液は疥癬にも薬効があるといわれ、根茎はシノネと呼んで薬に用いられる。本種と同じ属のノダイオウや、北海道のオオギシギシなども、同様に山菜として利用される。またユーラシア大陸原産のナガハギシギシや、ヨーロッパ原産のアレチギシギシなど、ギシギシに近縁な帰化植物も、戦後急速に生育地を広げている。これらも食べられ、根には緩下作用がある。

ギシギシ

蓼（タデ）

（1）栽培と利用の歴史

　タデについては天平宝字二年（七五八）の正倉院文書に蓼十七把とあり、奈良時代にはタデは香辛菜として利用された。『万葉集』には、

　わが宿の　穂蓼《ほたで》古幹《ふるから》採《つ》み生《おほ》し
　　実になるまでに　君をし待《ま》たむ（巻一一　二七五九）
　小児《わらは》ども　草はな苅りそ　八穂蓼《やほたで》を
　　穂積《ほづみ》の朝臣《あそ》が　腋《わき》くさを刈れ（巻一六　三八四二）

の二首があり、タデは人家近くに植えられていた身近な植物であったと思われる。また巻第一三でも長歌（三二三〇）の中で「……水蓼《みずたで》を穂積《ほづみ》に至り……」と、水蓼を穂積という地名の枕言葉のように用いている。これらをみると、当時は穂蓼が多く用いられていたことが知られる。

　平安時代の『新撰字鏡』では草として蓼をあげ、和名タテまたはタラとしている。また『本草和名』では菜として蓼をあげ、和名タテとし、また草の部で水蓼、和名ミズタデをあげ、当時タデの野生種も知られていたが、菜として食用に供されていたことが知られる。『和名抄』では葷蒜の類として蓼、和名タテをあげ、食経云、青蓼人家恒食レ之、又有紫蓼矣、と中国の文献を引用し、青蓼と紫蓼の二種類のあることを記している。

『延喜式』では大膳の巻に、干蘭、干蓼各一把、内膳の巻の供奉雑菜の条に、日別蓼十把、自四月迄九月、漬年料雑菜の条には蓼 葅《にらぎ》四斗、料塩四升、楡一升六合、右漬二秋菜一料、と記され、平安時代には晩春から秋まで利用するばかりでなく、漬けたり乾燥して保存もしたことが知られる。また『延喜式』の典薬の巻の、諸国進年料雑薬の条には、摂津国の項に蓼子、蜀椒各三升、とあり、当時タデの種子は薬用としても用いられた。

伊豫の農業事情を示した江戸中期の『親民鑑月集』では、二、三、四月に植える野菜、五月に食べる野菜と九月に食べる野菜の一つに蓼と蓼穂をあげている。また種類、品種を記述した巻三では、唐蓼、青蓼など六種類の名をあげ、九、一〇月に種《たね》をとって二月にまき、中でも雪の下と呼ぶ種類は他の種類よりも遅くまき、総じて虫の食いやすいものなので、他の作物が被害をうけないように人家から遠い畑がよいと記している。また『百姓伝記』では、蓼には早、中、晩生種があり、早生は三月中旬に早くも穂が出るなどと記している。また俳書『毛吹草』では八月の詞の一つに穂蓼をあげている。

『農業全書』では山野菜の一つとして蓼の項を設け、「正、二月に水辺の湿地にうゆべし、たね色々とあり、茎葉共赤く葉丸長きは和らかにして取分け辛し」と記し、大分県境の彦山のものは、茎葉が青く、辛味が少なく、秋に大きい穂を多数出し見事で、名産品とされると記している。また江戸中期の諸国産物調査の資料をみると、北海道の松前か

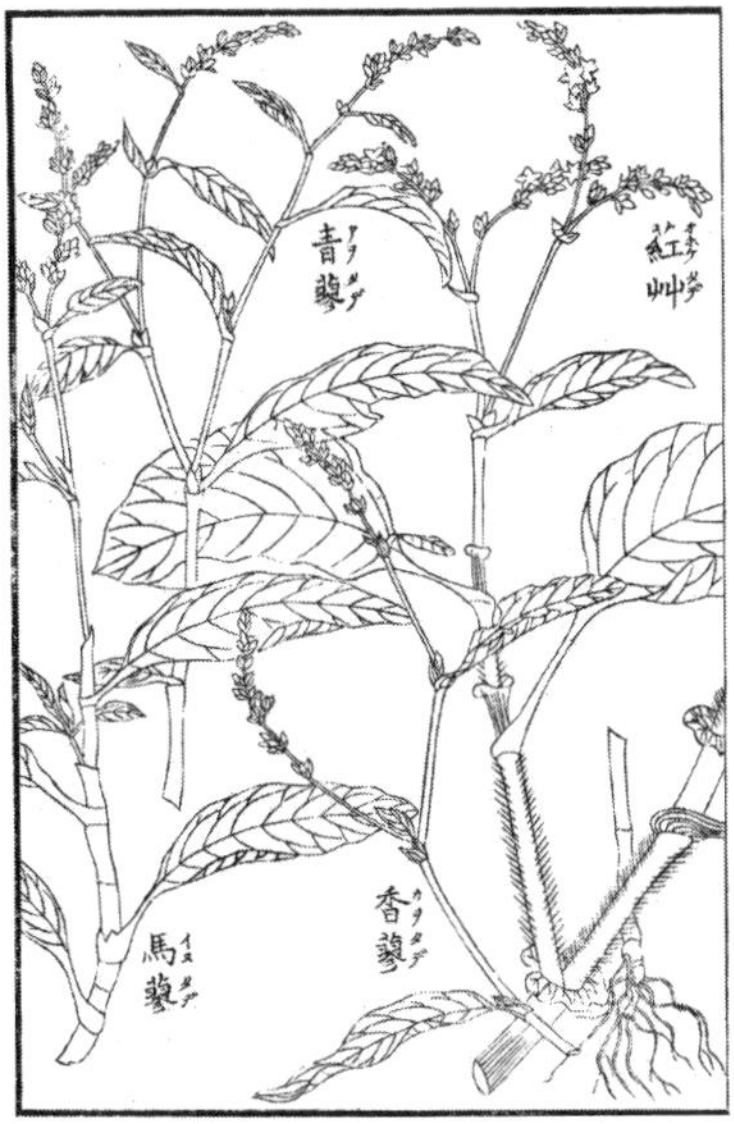

タデ（『成形図説』1804）

ら伊豫、日向まで、多くの藩でタデを菜の一つとしてあげている。

　このようにタデは、古来その茎葉をいわゆる穂蓼として香辛料にしたようである。室町時代の料理書の『四条《しじょう》流庖丁書《りゅうほうちょうしょ》』（一四八九年）をみると、「総じて蓼できぬれば、何魚にても蓼ス良也」と記されているように、スズキなどの魚の膾《なます》には蓼酢が用いられた。

　蓼酢とは、本葉が四、五枚生じ、二〇センチほどに伸びた緑色のタデの茎葉を、飯とまぜてすりつぶし、酢とだしでのばしたもので、現在でもアユの塩焼きなどには欠かせないものになっている。タデの茎葉は笹蓼として市販されているばかりでなく、蓼酢の製品も市販されている。

　現在刺身のつまとして広く用いられているのは、紅色または緑色の貝割れ葉を利用する芽タデであるが、このような芽タデの利用はかなり後代になってからと思われる。

(2) 種類と栽培法

　タデ科は三〇属八〇〇種を含む大きな科で、この中のタデ属にも多くの種があり、日本の野生種として北村四郎氏の図鑑では変種を含めて六一、牧野富太郎氏の図鑑では四九種をあげている。野菜として利用するヤナギタデ（ホンタデ、マタデ、*Polygonum hydropipper* L.）は東洋の原産で、亜熱帯から温帯にかけて広く分布し、日本では各地の川沿いの地や湿地などに野生している。

　本種の葉は広い披針形で、夏から秋に白〜淡紅色の小花をつけ、濃褐色の果実を結ぶ。本種の葉にはタデオナールとポリゴデオールという辛味成分を含み、防腐性と抗菌性があり、本種は古くから生魚にそえる香辛野菜とされた。

　本種は変異性に富み、葉形と色彩などの変わった次のような変種があり、変種はその特性に応じ、芽タデとか笹タデなどとして利用されている。

　ムラサキタデ（ベニタデ、アカタデ、var. *viridipurpureum* Makino）若葉と双葉は鮮やかな紫紅色で、双葉を芽タデとして刺身、とくに白身の魚のつまにする。

　アオタデ（var. *laetevirens* (Makino) Nemoto）大形で葉は濃緑色で、双葉を赤身の魚のつまにする。辛味は比較的少ない。笹タデとしても用いられる。

　アザブタデ（エドタデ、var. *fastigiatum* Makino）葉は披針形で全体に小さく、茎葉を笹タデにする。

　ホソバタデ（サツマタデ、var. *maximowiczii* (Regel) Makino）葉は線状、子葉は赤紫色で、葉を辛味料とする。

　野菜としてのタデには、若い双葉をつまにするいわゆる芽タデと、三〇センチほどに伸びた茎葉を香辛料にするいわゆる笹タデとがあり、それぞれに応じた栽培法がとられる。

タデは採種直後の種子には休眠性があり、一斉に発芽させることが重要な芽タデの栽培では、深い休眠期の種子は用いられない。そこで休眠性をもたないアイ ***P. tinctorium* Lour.** を代りに用いることがある。しかし藍染めに用いるアイは、形状は似ていても辛味がなく、つまとしては品質が劣る。

芽タデの栽培の場合は川砂で床を作り、床上に種子をばらまきし、うすく覆土する。夏は播種後七〜一〇日、冬は二五〜三〇日で、双葉が十分開き、本葉が出る前に地際から刈りとる。芽タデは紅色の色調が商品性を左右するが、この色素はシアニジン系の花青素で発現には光が関与し、とくに赤色光の影響が大きい。タデの生育適温は二〇〜二三度であるが、色素の発現には一〇度前後の低温が適する。肥料、とくに窒素肥料を施すと紅色が淡くなる。そこで無肥料で栽培し、直射光線をあて、乾燥気味で生育させる。

芽タデは主に業務用に用いられる。

アオタデ

ベニタデ

虎杖（唐丈、イタドリ）

(1) 利用と栽培の歴史

虎杖については、天平勝宝二年（七五〇）の浄清所解に、「蕨漬一椀、唐丈（虎杖）漬一椀」とあり、奈良時代には虎杖を漬物にして利用した。『日本書紀』の反正《はんぜい》天皇の条に、「時に多遅《たちひ》の花落ちて井の中に有り、因りて太子の名《みな》と為す、多遅の花は今の虎杖《いたどり》の花なり、故れ称《たた》へまうして多遅《たち》比瑞歯別《ひみつはわけの》天皇《めすらみこと》と謂ふ」とあり、虎杖を古くはタジヒと呼んだ。

平安時代の『新撰字鏡』では草の部で虎杖根をあげ、和名をイタトリとし、当時から根を薬用に用いた。『本草和名』では草として「虎杖、一名酸菜、苦杖、イタトリ」とし、食用にも用いたことがうかがえる。ただし『和名抄』でも草として虎杖、イタトリとし、野菜として扱ってはいない。

しかし『延喜式』の内膳司の巻の清年料雑菜の条では、「虎杖三斗料塩一升二合、右漬二春菜一料」と記され、当時虎杖は春の菜として漬物にした。

『枕草子』ではイタドリは虎の杖と書くとあり、一般の人たちもイタドリの名を口にしていたものと思われる。

これらの記載からみて、奈良、平安時代の虎杖（唐丈）は、現在のイタドリとして間違いないものと思われる。なお虎杖の名はその茎に虎の斑のような斑紋があり、茎は真直で長く、アカザのように杖にするからといわれ、イタドリの名は、根を薬用にし疼《いた》みとりの意とか、茎の表皮から糸状の繊維がとれるので糸取りの転じたものといわれる。

江戸中期の農書の『親民鑑月集』には、三月に採って食

イタドリ（『本草綱目』重訂版 1875）

べる野菜の一つにイタドリが記されているが、植付けの月の記載はない。おそらく採取品を利用したものであろう。江戸中期の諸国産物調べの資料をみると、米沢、佐渡、伊豆七島などでイタドリを菜の一つにあげている。『和漢三才図会』では湿草としてあげ、金剛山のものはよく生長し、高さ三、四尺になり、小児が茎を折り皮を剝いで食べ、味酸いと記している。また『毛吹草』では三月の詞の一つにいたどりをあげている。『重修本草綱目啓蒙』ではヤマタケ、カハタケなど多くの地方名をあげ、古名はタチビといい、深山のものは長大で茎圍三、四寸、高さ丈余、中空で竹の如く酸あり、など特性を記している。なお『救荒本草抜粋』など、救荒食物に関する書物では大抵とりあげ、茎葉は茹で、水に浸し和え、麦或は米に炊き込みかて物にす、などと記されている。近年芽が山菜の一つとして市販されている。

　虎杖は丹治家などの家紋になっている。丹治氏はもと丹治比といい、この名は虎杖の古名タジヒから出たといわれる。河内国丹治郡が発祥の地で、丹下、丹地、多治比なども丹治家の一族で、同様に虎杖の家紋を用いている。

（2）特性と近縁種

イタドリ *Polygonum cuspidatum* Sieb. et *Zucc.* はタデ科の多年草で、全国各地の山野に生育する。茎は直立し、その表面には虎の皮に似た紅紫斑がある。夏に茎の上部に多数の白色の小花を総状につける。雌雄異株で、雌株では花後翼のある果実を結ぶ。

　順調に生育したものは、茎が太くて軟らかく、生でも食べられる。茎葉には酸味があり、煮食し、また漬物にして貯蔵し、野菜の不足する時期に利用する。

虎杖紋

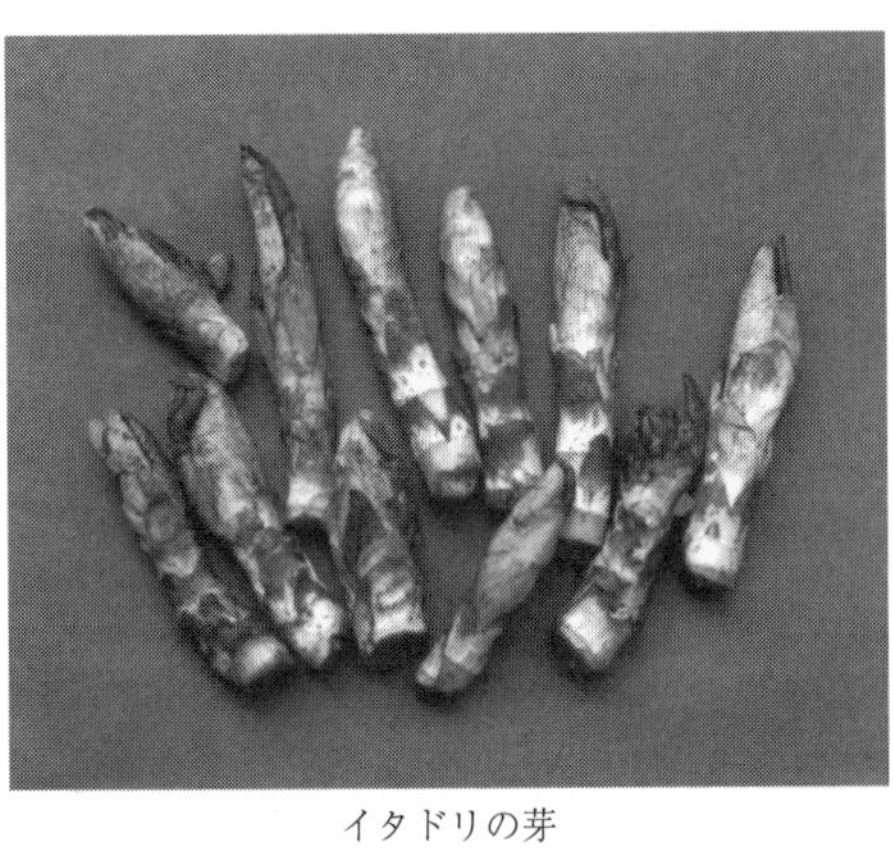

イタドリの芽

イタドリ

根茎は太く、虎杖根《こじょうこん》と呼び、利尿剤、健胃剤などにする。東北地方と北海道にはオオイタドリ、八丈島にはハチジョウイタドリという大形の近縁種が分布し、これらの近縁種もイタドリと同様に食べられる。

藜（アカザとシロザ）

（1）利用と栽培の歴史

アカザは正倉院文書などの奈良時代の記録にはみられない。平安時代の『新撰字鏡』では、草として藜、阿加坐とし、『和名抄』では野菜として「藜、和名阿加佐、蓬蒿之類也」と記している。このようにアカザは平安時代には身近な雑草として知られ、野生品を採取して菜とした。有名な鎌倉時代末期の随筆『徒然草』では五八段に、「紙の衾《ふすま》、麻の衣、一鉢《いっぱつ》のまうけ、あかざのあつ物、いくばくか人の費《つい》えをなさむ」とあり、アカザの吸い物は粗末な食物のたとえにされている。

このようにアカザは、古くから菜とされたので、本書では古典野菜の一つとした。

江戸中期の『親民鑑月集』では、作物の分類の巻でアカザ、ホウレンソウの項を立て、アカザは九月に種《たね》をとり二月に植え、四月から葉を菜として用い、九月には実を食用にした。月々の作業の巻では二、四月に植付ける野菜、四、九月にとって食べる菜の一つにアカザの名をあげている。『百姓伝記』では戦菜《せんさい》の巻でアカザの項を設け、アカザには大アカザ、山アカザなど種々あるが、大アカザは茎葉が大きく軟らかく、九、一〇月に採種して二月から播種し、発芽後適宜つみとるとし、一ヵ月に二、三回播種しても皆生え出るなどと、栽培法を記している。なお『毛吹草』では五月の詞の一つにあかざをあげている。

『農業全書』では菜の類の一つに藜をあげ、『本草綱目』の記述などを紹介している。しかし特別に植えなくとも自然に生えるもので、下品の菜だとし、栽培法は記していない。『本朝食鑑』と『重修本草綱目啓蒙』では柔滑菜としてあげ、春に下種し、若い茎葉を蔬とし、果実もまた野人は蒸して食う、と記している。しかし同時に、去年植えた地には自生すると記し、主に野生したものを採取して利用したことが知られる。江戸中期の諸国産物調べの資料をみると、大部分の藩がアカザを菜の一つとしてあげている。また『かてもの』には、「葉をゆびき浸し物にし、また粮となして食す」とあるなど、救荒食物に関係する書物では、大抵アカザをとりあげている。

明治以降もアカザは栽培されていないが、山菜の書物では大抵アカザをあげ、現在も一部の人々はアカザの若い茎葉をとって利用している。

（2）種類と特性

アカザ *Chenopodium album* L. var. *centrorubrum* Makino はアカザ科に属する一年草で、シロザ *C. album* L. の変種とされている。しかし一般にはシロザを含めてアカザと呼んでいるので、ここではそれに従った。なお『多識編』では藜と灰藋（アオアカザ）は別種としている。アカザはユーラシア大陸の温帯地方の原産で、現在は

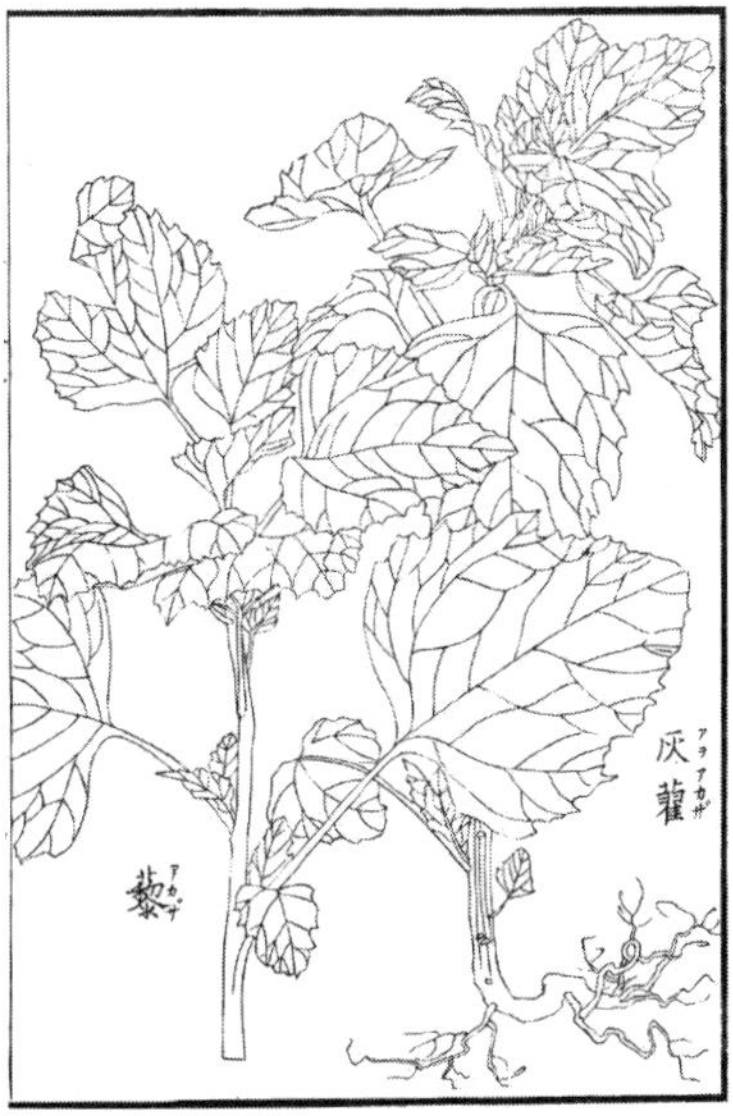

アカザ（『成形図説』1804）

世界中に広く分布する。近縁種のコアカザはヨーロッパ原産の植物で、古代にムギ類に随伴して渡来した史前帰化植物の一つとみられている。アカザも中国から伝わった雑草と考えられているが、縄文時代の遺跡から種《たね》が出土し、古くから日本に野生していたことが知られる。

アカザは至る所の畑や路傍に生えるごく普通の畑地雑草で、茎は分枝しながらよく生長し、好条件では一・五メートル以上にもなる。葉は三角形で、若い間は球状の細胞で被われ、シロザの球状細胞は無色なので、葉は淡緑色、アカザの球状細胞はベタレイン系の紅色色素を含み、若い葉は紅色を呈する。夏に小花をつけ、秋には小さい球果となる。アカザは好窒素植物として知られ、この点から肥えた地でよく生長する。

アカザの若い茎葉は、日本ばかりでなく、各地で食用にしている。たとえばインドでは葉を野菜とし、また種実を穀物とし、薬にもする。南米のペルーでは、種実は穀類を補う重要な食物になっている。アカザの若い葉は、表面の球状細胞をよく洗い流したのち、ゆでて浸し物、和え物などにし、また乾燥して貯蔵したものは、水でもどしてから料理する。果実は佃煮などにして食べる。

主茎を乾かしたものは、軽くて丈夫なので老人の杖にする。葉のしぼり汁は虫の毒を消し、茎葉を焼いた灰は染物の際の媒染剤に用いられる。

わが国にはコアカザ、カワラアカザなど同属の種類が野生し、これらもアカザと同様に食べられる。

アカザ

シロザ

馬歯莧（馬莧、ウマビユ、スベリヒユ）

（1）利用と栽培の歴史

『万葉集』の巻第一四にあるつぎの歌のいわい蔓《づら》は、スベリヒユであろうといわれる。

入間路《いりまじ》の　大家《おおや》が原のいはゐ蔓《づら》
　引かばぬるぬる　吾《あ》にな絶《た》えそね（三三七八）

しかしスベリヒユを食用にした記録は奈良時代にはみられない。平安時代の『和名抄』では、野菜類の条で莧のつぎに馬莧をあげ、「別有一種布地而生葉至細微俗呼為馬歯莧　宇萬比由《うまひゆ》」と記している。この馬歯莧は、『重修本草綱目啓蒙』で、ウマビユ、スベリヒユ、スベリヒャウ（佐渡）と記しているように、現在のスベリヒユで、これによると平安時代にはスベリヒユは野生していて、人々はそれを採取して菜としたことがわかる。

なお『本草和名』では菜として莧、ヒユをあげ、その項の中で「馬莧、一名馬歯莧」と記し、両者を同種のように扱っている。同様の混同は『類聚名義抄《るいじゅみょうぎしょう》』（平安末期）のような平安時代の書物ばかりでなく、江戸時代の『和爾雅』（一六八八年）、『東雅』（一七一七年）、『物類称呼』（一七七五年）、『倭訓栞』（一七七七年）などの著名な書物でも、馬歯莧は莧の項の中で解説している。

『親民鑑月集』では、野菜の分類の部分で莧類の項を設け、その中で唐莧、赤莧、すへり蔓、青莧などをあげ、すへり莧は八月に種をとり、その他の莧は九、一〇月に種をとり、二月にまき、四月より葉を用ゆと記している。『農業全書』でも馬莧の項は設けず、莧の項の中で馬歯莧《すべりひゆ》にふれ、

ウマビユ（左、『成形図説』1804）

「葉馬の歯のごとく、其性又莧に似たれば馬歯莧と書けり」と記している。ただし「是莧の類にあらず」と宮崎安貞は両者を明確に区別している。

江戸中期の諸国産物調べの資料をみると米沢、佐渡、紀伊、長門など約半数の藩でスベリヒユまたはヒョウを菜の一つとしてあげている。ただしこれらの多くは、野生品を採取して菜としたものと思われる。

『救荒野譜』に「紅白二種あり、夏に入り茎葉を採り沸湯にくぐらせ、日乾し冬用ゆ」とあるなど、救荒食物関係の書物に記され、現在もスベリヒユは山菜の書物には大抵記されている。

(2) 特性と近縁種

スベリヒユ *Portulaca oleracea* L. はヒマラヤ西部の原産といわれるスベリヒユ科の一年草で、陸稲などに随伴して渡来した史前帰化植物の一つと考えられている。生活力が強く、現在は人里雑草として全世界の温帯から熱帯にかけて、耕地や路傍などの陽地に広く野生している。

茎は地面を這い、よく分枝し、茎の先端部は斜めに立ち上る。葉はヘラ状楔形で無毛、紫赤色を帯びることが多い。全草が多肉質で耐旱性が強く、引き抜いてもしばらくは枯れない。夏に黄色の小花をつけ、果実は球形の蓋果で、成熟すると上半部がとれ、黒い細かい種子をおとす。

スベリヒユ

本種はゆでて浸しや和え物にし、また乾燥して貯蔵したものは水でもどし、各種料理に用いられる。独特の酸味とぬめりがあり、珍味とされている。

変種のタチスベリヒユ *P. oleracea* var. *sativa* DC. は大形、立性、草丈は二五〜四〇センチ、時には五〇センチにもなり、この点からオオスベリヒユとも呼ばれる。

本種は野生のスベリヒユから野菜として改良したもので、一六世紀の前半からフランスやイタリアで記載され、その後ヨーロッパ諸国、インド、東南アジアなどで栽培されるようになり、イギリスなどでは種子が市販されている。

インドでは現在普通の野菜で、二月ごろ播種し、播種後四〜五週のころ、一五センチほどに伸びた茎葉を刈りとり、灌水しておく。茎葉はまた伸びてくるのでその後二週間おきぐらいに収穫できる。茎葉はヨーロッパでは生食し、東洋では煮食が多い。中国では本種を㹠耳草と呼んで薬用にする。

日本では明治末ごろ導入したが普及せず、現在はほとんど栽培されていない。

蘩蔞（ハコベ、コハコベ）

(1) 利用と栽培の歴史

正倉院文書など奈良時代の記録にはハコベの名はみられない。平安時代の『新撰字鏡』には草として「蔞　ハクヘラ」、『本草和名』には菜として「蘩蔞、和名波久倍良」とあり、『和名抄』には野菜として「蘩蔞　和名八久倍良、味酸平無毒者也」と記している。これらをみると、平安時代にはハコベは野外に野生し、それを採取して菜として食用にした。

ハコベは南北朝時代の国文学者で歌人の四辻善哉《よつつじよしなり》左大臣の詠んだ春の七草の歌にその一つとしてあげられ、正月七日の七種粥《ななくさがゆ》に用いられ、江戸時代には庶民も七種粥を食べるようになった。

江戸初期の『料理物語』には、「はこべをきり、もみあらひ、三月大こんなどくはへ入、是《これ》もみそにて仕立《したて》候」と、はこべじるの作り方を記している。なお『東雅』（一七一七

ハコベ

年）では穀蔬の類として「蘩蔞　ハクヘラ、今俗にハコベ」とし、ハクヘラは蘩蔞の音の転じたものに似ており、韓地方言の転じたものにも似ていると記している。

『農業全書』ではハコベの項はないが、『百姓伝記』では蕺菜《せんさい》の一つとしてハコベの項を設け、大葉と小葉の二種があり、土地を嫌うことがなく湿地でもよく育ち、軒下や垣ぎわに種をまいておけば、冬春葉を摘んで食べられると記している。江戸中期の諸国産物調べの資料をみると、ハコべを菜の一つとしてあげている藩が多い。『重修本草綱目啓蒙』には繁蔞、ハクベラ、ハコベとし、アサシラゲ（加州、羽州）、ヒヅル（雲州）、ヘンヅル（若州）など、多くの地方名をあげ、「庭際、路傍に甚多し」とし、形態と特性を述べている。なお古くからハコベを粉にして塩を混ぜ、これを歯磨きに用いた。

明治以後はハコベの栽培はみられない。ただ野生のものを春の摘み草とし、催乳作用があるとして、ゆでて浸しや和え物にして食べる人もある。なお小鳥が好んで食べるので、ヒヨコグサと呼んで小鳥の飼にする。

（2）特性と近縁種

ハコベ *Stellaria media*（L.）Villars はナデシコ科の二年草で、ヨーロッパから中国大陸と日本各地に分布する。ムギ類に随伴してヨーロッパから中国を経由し、古い時代に日本に渡来した史前帰化植物の一つとみられている。典型的な人里植物で、各地の路傍や耕地に生育する。

ハコベの茎はよく分枝して地面を這い、一株で五〇センチ四方ほどに広がる。本種の葉は対生し、長さは二～三センチで、やがて白い五弁で二深裂する小花をつける。

ハコベはコハコベともいい、命名規約からみるとコハコべが正しい和名だともいわれる。ハコベ属には多くの類似種があり、『原色日本植物図鑑』では一八種をあげており、それらも食べられる。また属は違うが、ハコベより大形のウシハコベも人里植物として路傍などに生育し、これも食べられる。

蓴（ヌナワ、ジュンサイ）

⑴ 利用と栽培の歴史

蓴についての記録は正倉院文書中に数多くみられる。たとえば天平宝字八年（七六四）の銭用帳には「六十二文蓴六升」、宝亀二年（七七一）には「一貫文蓴二斗直、斗別五百文、十六文根蓴八把直、卅文買蓴根廿把直」などの記録がある。これをみると蓴は斗升、根蓴は把で計量され、蓴の価格は現在と同様、他の菜に比べ高価であった。なお根蓴の単価は高くも安くもなく、中位であった。そして蓴の利用時期は三～五月、根蓴は一二月か閏一二月であった。

また『古事記』をみると、応神天皇が太子仁徳帝に酒を賜った際詠まれた

みずたまる　依網《よきみ》の池の　堰杭《いぐい》うち……
蓴《ぬなは》くり　はへけくしらに……

の歌があり、『万葉集』の巻七には

わが情《こころ》　ゆたにたゆたに浮き蓴《ぬなは》
岸《へ》にも沖にも　寄りかてましじ（一三五二）

の歌がある。これらからみて、奈良時代には蓴を菜《さい》として食用にしていたことが知られる。

平安時代の辞典『新撰字鏡』には草として、『本草和名』には菜として、『和名抄』には菜蔬の中の水菜類の一つとして蓴をあげ、「和名沼奈波、水菜也 自三四月至七八月通名糸蓴味甜体軟 霜降以後至二月名環蓴味苦体渋」と記している。『延喜式』の大膳の巻の下では「根蓴一把漬菜料」とあり、当時は根、地下茎も漬物にして利用したようである。

室町時代の『下学集』（一四四四年）に初めて蓴菜、ジュ

ジュンサイ（『成形図説』1804）

ンサイとあり、『倭訓栞』《わくんのしおり》（一七七七年）によると、ヌナハ（ヌナワと発音）は沼縄の意で、ぬめりがある根と葉柄が長いことから、これを縄《なわ》にみたてたもので、滑縄説もあり、俗に漢名の蓴菜の漢音からジュンサイというと記されている。

これらの記述からみて、奈良時代からヌナワと呼んで菜とした蓴は現在のジュンサイであることは間違いない。なお当時は野生品をとって食用にしたものと思われる。

中国では『詩経』（前八世紀）に茆《ぼう》とあるのが蓴《じゅんさい》だとされ、『斉民要術』（五三〇年頃）には栽培法が記され、古くから利用されてきた。中国では東北地区など各地に分布しているが、とくに杭州の西湖のジュンサイは品質が優れているといわれ、瓶缶詰にして外国にも輸出してきた。

わが国でも古くから利用し、江戸時代には簡単な栽培も始められた。『農業全書』では山野菜の条で蓴の項を設け、形態と食べ方などを述べている。『百姓伝記』では水草集の条で、ジュンサイを作る事、の項を設け、塩気のある池川や水の流れの早い所は適しないなど、適地と特性、食べ方などを述べている。また『菜譜』では「ところてんの如し。煮て食う。もろこしにて、蓴羹《じゅんこう》を賞す。毒なしといえども性冷にしてよからず。本草に、酢に和してくらえば、骨痿《なゆ》るといえり。」と食べることをあまりすすめていない。

ジュンサイ

（2）特性と利用

ジュンサイ *Brasenia schreberi* J. F. Gmel. はスイレン科の水生多年草で、アジア諸国、インド北部、アフリカ、オーストラリアなど、ヨーロッパ以外の温帯地域に広く分布し、日本でも北海道を含む全国各地に生育する。

ジュンサイの地下茎は池沼の泥中を這い、春暖かになると地上茎が伸び出す。葉柄は長く、展開した葉身は楕円形の楯形で、葉肉中に気室があって葉は水に浮き、上面は緑色、裏面は紫色をしている。未展開葉は両側から巻いて巻き物状で、寒天様物質で被われている。夏に紅紫色の花を水面で開き、花後結実する。若い葉と芽は独特のぬめりと風味があり、酢の物などにして食べる。

ジュンサイは水が清く、しかも古い池沼でなければ順調に生育しないといわれる。また生育しても池沼によってジュンサイの品質が異なるといわれ、古くから良質のジュンサイのとれる池が知られていた。一説によると、有機物が多く、やや酸性（pH4～5）の池沼が生育に適するという。また水深が三〇センチ以下の浅い池沼や、あまり深い池では生育せず、これらの点からジュンサイの栽培はむずかしく、もっぱら自生品を採取して利用してきた。

秋田県山本郡山本町〔現・三種町〕では昭和四五年からジュンサイ田を設け、人工増殖による栽培を始め、精農家の努力などで成功し、栽培面積は増加して近年一六〇ヘクタールを超え、全国一のジュンサイ産地になった。

ジュンサイは水温が一〇度になる頃から生長を始め、二〇～二五度で茎葉の生長は最も進み、水温の変化は少ない方がよい。通常五～六月から八～九月までに二、三回収穫し、収量は六～七月が最も多い。秋田県では幅九〇センチ、長さ二メートルばかりの箱舟にのり、小さな長柄の鎌で若い芽と葉を刈りとる。若芽は生でも食べられるが、多くは煮てから冷却し、瓶詰にして出荷する。消費は関西地方が多い。

ジュンサイは酢の物、辛子和え、すまし汁や酒の肴などにして、独特の口ざわりと風味から食通の人に賞味され、古くから各地で利用されたことからミズトロロ、ナメリクサなど地方名が多い。近年栽培が行われるようになったことから昭和五九年以降生産状況が園芸統計に載るようになった。昭和六三年の作付面積は二一五ヘクタール、収穫量は九三八トンで、この中の約九割は秋田県の山本町〔三種町〕で生産されている。

（注）平成二二年：作付面積六九ヘクタール、収穫量一九三トン。そのうち秋田県で五三パーセント、青森県で三九パーセントが生産されている。

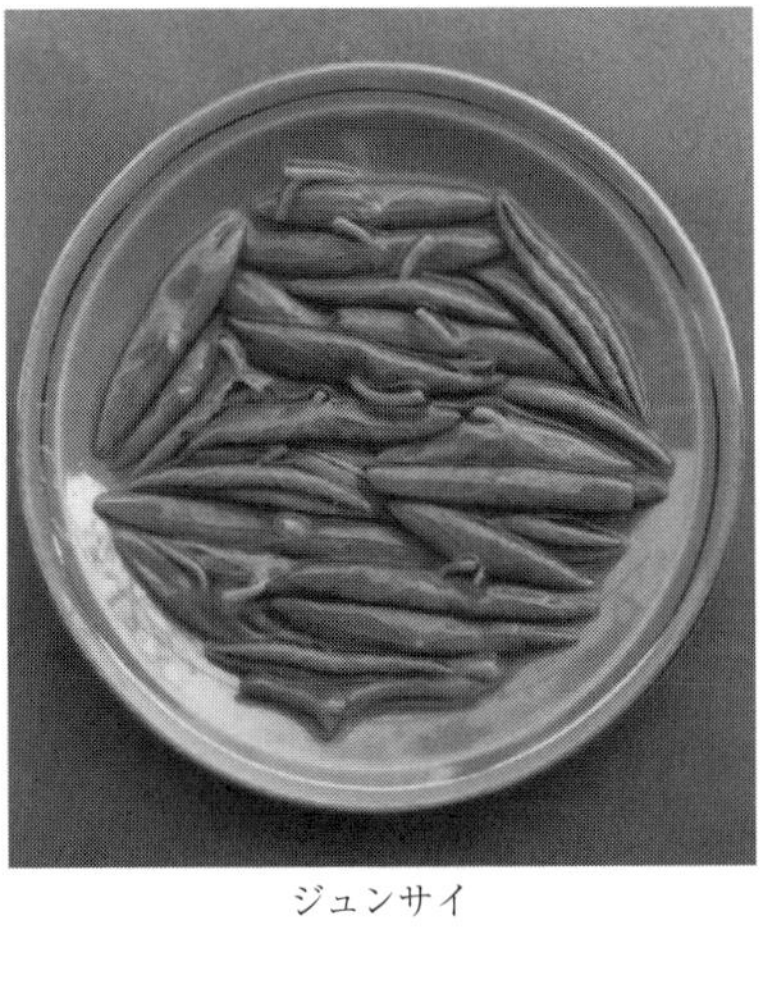

ジュンサイ

骨蓬（荊骨、川骨、萍蓬草、カハホネ、コオホネ）

(1) 利用の歴史

天平宝字六年（七六二）の正倉院文書に、「奴縄一荷許、宜芹一荷許、川骨一荷許、物一駄」とあり、川骨は奈良時代にはジュンサイやセリと同様、野菜として利用した。また天平宝字四年の銭用帳には「廿四文荊骨十五節直」、同六年の銭用帳には「二百文買荊骨根五十節直」とあり、この荊骨と荊根もカハホネと思われる。『延喜式』の大膳の巻には「荊骨一節、節長二尺好物料」とあり、荊骨にはカハホネと仮名がつけられている。

『本草和名』には菜として骨蓬の項をあげ、「和名加波保祢」とあり、『和名抄』では水菜の一つに「骨蓬、加波保禰、味鹹、大冷無レ毒、根如二腐骨一、花黄色茎頭著レ葉者也」と記している。

このようにカハホネは奈良、平安時代にはその根茎と若芽を菜として食用にした。

室町時代には正月一五日に食べる粥に青苔、牛蒡と河骨を添えたとの記載がある。

コオホネ

江戸時代初期の『大和本草』では、水草として萍蓬草をあげ、カハホネとし、葉は芋の葉に似て厚く、一茎一花など特性を記し、本種は性よく血を収めるので、外医と女医が好んで用いると、薬効をもつことを記している。

また『本朝食鑑』では水菜として萍蓬草、カハホネをあげ、当時カワホネは食用と薬用に供されていたことが知られる。『箋注和名類聚鈔』によると、飢饉の年などは根茎をハスの根茎のように粮《かて》にした。『親民鑑月集』などの農書や、救荒食物関係の書物では本種をとりあげていないが、享保二〇年の諸国産物調べの資料をみると、筑前で「かうほね」をジュンサイとともに菜として記載している。

前記の川骨や萍蓬草が現在のコオホネであることは、前記の書物や『重修本草綱目啓蒙』などの特性の記載などからみて、間違いない。なお同書では、ヒメカハホネやオカカハホネの変種についても記載している。

（2）特性と近縁種

コオホネ ***Nuphar japonicum*** DC. はスイレン科の水生多年草で、北海道西南部以南の温暖帯の、小川や池沼に野生する。葉は長楕円形で長さは二〇～三〇センチ、水面上に抽出する。夏に花茎を水上に抜き出して黄色い多弁の花を開く。

和名は本種の根茎が白骨状をしているところから出たものといわれ、薬店ではこの根茎を川骨《せんこつ》と呼んで薬にしている。食用に供したのは地下茎と若い茎葉と思われるが、明治以後は本種を食用にした記録は見当らない。なお現在和名はカワホネではなくコオホネとされている。

コオホネの品種にベニコオホネ、同じ属の種としてヒメコオホネ、オゼコオホネ、オグラコオホネなどがあり、日本各地の池沼に生育している。

芡（鶏頭草、ミズブキ、オニバス）

（1）利用と栽培の歴史

奈良時代にはミズブキ（オニバス）を菜《さい》とした記載はみられない。平安時代の『新撰字鏡』では草として「芡、和名水不々支《みずふふき》」と記しているが、『和名抄』では水菜としてあげ、「爾雅注云芡、一名鶏頭草、其實似㆓鳥頭㆒故以名㆑之、和名三豆布々木《みつふふき》」とあり、平安時代には菜として利用した。『延喜式』の内膳司の巻の漬年料雑菜の条では、「芡一石五斗、料塩一斗五升、米七升五合、右漬㆓秋菜㆒料」と記され、当時は秋に塩蔵して随時利用した。

室町時代の『尺素往来』では点心の菜として生蘿蔔《しょうろふ》、冬瓜、藕根《はすのね》などとともに酸芡《みつふき》をあげている。

江戸時代の『箋注和名類聚鈔』（一八二七年）では、水中に生じ葉がフキに似ているので水フフキ（フフキはフキの古名）と名づけられたことなど、本種の特性を述べ、葉が荷《はす》に似て大きく、皺と刺があるので鬼荷《おにばす》の名を得たと記している。

『農業全書』などの農書では、ヒシについては記述しているが、本種については記載がみられず、享保の諸国産物調べの資料でも、本種の名は見当らない。

しかし『大和本草』では水草として芡實（ミヅブキ、オニバス）の項をあげ、茎葉の形態などを記述し、苞の形鶏頭の如く鶏頭菜というと名の由来を述べている。そして種子の内部は白色で、粉にすると米粉のようで甘美、薬とし、無毒で食べて性よく、凶飢を助けるとしている。また若い葉柄は剝皮して食べ、地下茎は食べると芋のようだと、食品としての利用法を記し、池塘に多く植えよと栽培を奨励している。

(2) 特性と利用

現在本種の和名はオニバスとされている。オニバスはインド、中国と日本の南半部に野生し、中国では古くから栽培した。現在は南部を中心に栽培され、品種が分化し、糯《もち》性の南方系と、粳《うるち》性の北方系とがある。また野生種に近い有刺系と、大果で種子数の多い改良された無刺系とがあり、また紫花系、白花系と野芡の三群に分類することもある。

オニバス

オニバス *Euryale ferox* Salisb. はスイレン科の一年生水草で、池沼で生育する。根茎は太くて短い。葉は数葉で叢生し、初めの葉はほこ形、その後の葉は円形で、直径が二〇センチから大きいものは三メートルにもなり、気室があって水面に浮ぶ。葉の表面は深緑色、裏面は紫紅色で、葉脈上に刺がある。夏に径四センチほどの花を水面上に抽出し、昼間開花し、花後球形で刺のある漿果をつける。果肉には多肉質の仮種皮で被われた種子があり、たとえば蘇州紫花系では一五室ばかりの果実内に一四〇粒ほどの種子がある。種皮は黒色で硬く、胚乳は白色で炭水化物を七六パーセント、タンパク質九・八パーセント、脂肪〇・三パーセントを含んでいて栄養価に富み、食用に供される。

オニバスの生育には水深が六〇センチほどの池が適し、通常は育苗した苗を五月上、中旬に植え、九月中、下旬から、七〜八日おきに六回ほど収穫する。

種子中の胚乳をとり出して粉にし、これを煮るなどして食べる。また若い葉柄と地下茎も野菜として利用される。

近年日本ではオニバスの生育地が減少し、本種の絶滅が危念されている。

茎立（ククタチ、クキタチ）

(1) 利用と栽培の歴史

天平宝字八年（七六四）の銭用帳に、「茎立十把卅文、三月」とあり、茎立は早春に用いられた。また『万葉集』の巻一四の東歌《あずまうた》には、茎立を詠みこんだつぎの相聞歌がある。

　上毛野《かみつけぬ》　佐野《さの》のくくたち折りはやし
　吾《あれ》は待たむゑ　今年来《こ》ずとも　（三四〇六）

これをみると現在の群馬県の佐野のあたりでも、茎立を採って料理して食べたことが知られ、奈良時代には茎立菜は全国各地で広く用いられていた。

平安時代の『和名抄』では菜羹《さいこう》類の一つとして蘴をあげ、「和名久々太知　俗ニ茎立ノ二字ヲ用ユ、蔓菁ノ苗也」と解説し、アオナの若芽をククタチと呼んで、春先に食用にしていたことが知られる。『延喜式』の内膳司の巻の供奉雑菜の条には、「茎立四把、二、三月」とあり、『拾遺和歌集』

茎立菜

（二〇〇七年）の中にも「くくたち」の語があり、茎立は普通の菜として広く知られていたようである。

江戸時代の『倭訓栞』（一七七七年）では、くくたちとは「薹《たい》心をいう、茎立の義也」とあり、俳書『毛吹草』の四季の詞の条では、正月の詞の一つに水菜、鶯菜とともに茎立をあげている。また『農業全書』では蕪菁《かぶらな》の項の中で「くくたちを折りて料理とし……」と記している。また、『百姓伝記』では蕺菜《せんさい》の一つとしてくくたちの項目を設け、だいこん、かぶら、からしのつぎにあげ、八、九月にまいて正、二月まで使う、と記している。このように江戸時代には普通の野菜として栽培されていた。

現在も各地で茎立菜と呼ぶツケナを栽培し、早春に花茎と葉を食用にしている。これは奈良時代以来栽培してきた茎立の後代か、その改良種と考えられる。

中国ではニンニク、ニラなど各種の野菜で花茎を食用にする習慣があり、ツケナでも紅菜苔《こうさいたい》や菜芯《さいしん》など、いくつかの品種が栽培されてきた。近年中国野菜としてこれらの品種が導入され、少しずつ栽培されている。またアブラナと洋種ナタネの花茎をナバナ（菜花）と呼んで食用にするようになり、茎立菜の仲間は近年身近な野菜として広く利用されている（一六五頁「ツケナ」の項参照）。

薺（ナズナ）

(1) 利用と栽培の歴史

平安時代の『和名抄』では野菜として薺をあげ、「和名奈《な》都《つ》那《な》、崔禹錫食経云、薺蒸煮噉レ之」と解説し、『新撰字鏡』には草として薺をあげているが、『本草和名』では菜としてナズナをあげている。また『延喜式』の内膳司の巻では供奉雑菜の一つとして「薺四升、正、二、十一、十二月」と記され、冬から早春に用いられた。平安後期の『枕草子』の六六段には「草は……なづな……」とあり、当時ナズナは一般にもよく知られていた。

南北朝時代の国文学者で歌人の四辻善哉《よつじよしなり》左大臣の詠んだ春の七草の歌には「せり、なずな、ごぎょう、はこべら、ほとけのざ、すずな、すずしろ、これぞ七草」となずなはその一つにあげられている。

平安時代の七種粥《ななくさがゆ》は、米、粟、稗、黍など七種の穀物の粥を正月一五日に食べる行事であったが、江戸時代以前から、芹、薺など七種類の野菜を加えた粥を正月七日につくり、これを食べて邪気を払う行事として定着した。この習慣は現在も広く行われている。

伊予の農業事情を示す江戸時代中期の『親民鑑月集』では、ナズナは四月に種をとり、八、一二月にまいて一一月から正月に食べる野菜とし、ナズナは栽培していた。『農業全書』では、菜の類の一つとして薺をあげ、これは植えなくとも畠や道端に生えるので、とって羹《あつもの》や和え物、浸し物にするが、種子をとってまいたものはとくに味がよいと記している。江戸中期の諸国産物調べの資料をみると、

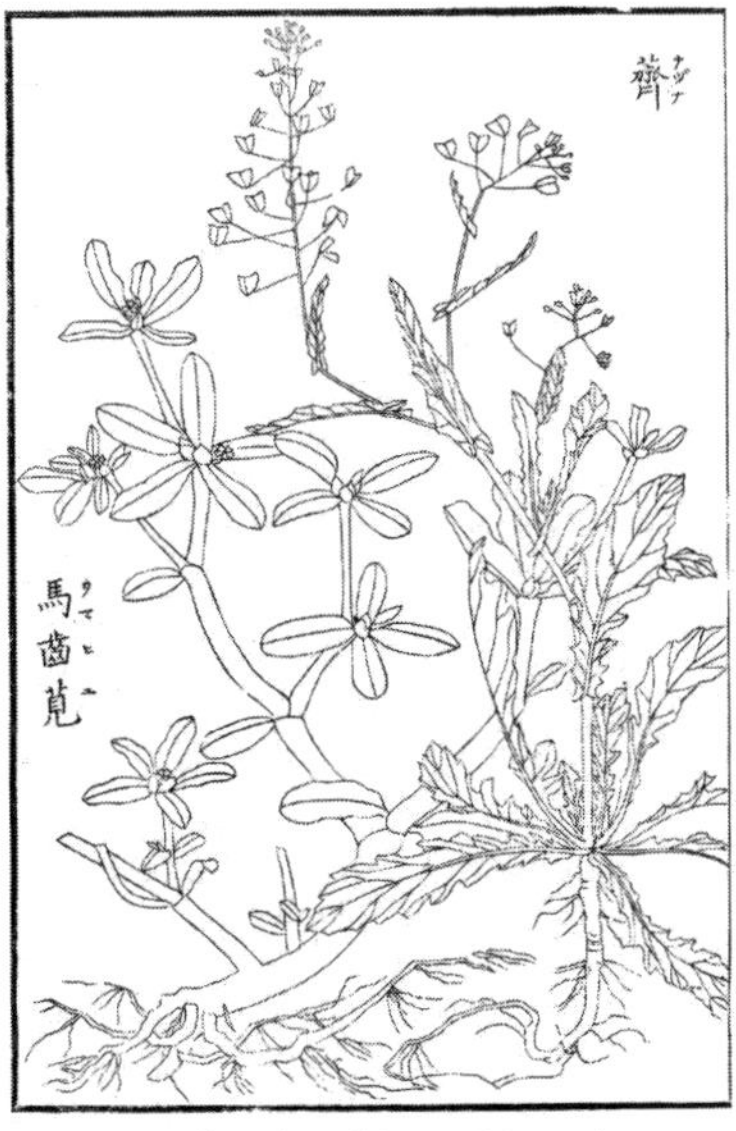

ナズナ（右、『成形図説』1804）

菜の一つとしてナズナをあげている藩が多く、当時ナズナは広く食用とされ、また栽培もしていたものと思われる。しかしその後栽培はみられなくなり、明治以降の園芸書ではナズナを野菜としてはあげていない。

近年になり、中国野菜の一つとしてナズナが栽培されるようになり、農林水産省はこの統一名称を食用ナズナとした。

（2） 特性と栽培

ナズナ *Capsella bursa-pastoria* (L.) Medik. はアブラナ科の越年一年草で、原産地のヨーロッパからムギ類に随伴し、古代に中国を経由して日本に渡来した史前帰化植物の一つと考えられている。奈良時代以前から食用にはしていたと思われるが、『万葉集』や正倉院文書には記載がなく、おそらく重要な食品ではなかったものと思われる。

晩秋に発芽し、根出葉は開張して地面に接し、晩春から初夏に花茎を出し、白い小花を開き、倒三角形の莢果をつける。葉は通常深裂し裂片に耳片があるが、葉のきれ込みが浅く、裂片に耳片がなく、全体が大形のものがあり、牧野富太郎氏はこれを変種オオナズナとしている。近年中国野菜として栽培されるナズナには、葉の欠刻の少ないオオナズナ型の板葉種が多いが、欠刻の深いナズナ型の花葉（散葉）系もある。なおナズナは果実の形が三味線の撥《ばち》に似ているので、俗にペンペン草と呼ばれる。

ナズナ

ナズナは耐寒性が強く、生育適温は一二～二〇度といわれ、春と秋に栽培し、抽薹前に収穫する。ナズナは比較的小形で栽培はやさしく、家庭菜園に適し、ビタミン類やカルシウムに富み、栄養価値が高い。ナズナはくせがなく、ゆでて和え物、浸しや炒め物などにして食べる。

苜蓿（オオイ、ウマゴヤシ）

(1) 利用と栽培の歴史

苜蓿はウマゴヤシの漢名で、古い時代に日本に渡来し、野菜として利用された。奈良時代の記録はみられないが、平安時代の『本草和名』では苜蓿を菜の一つとしてあげ、和名を於保比乃美《おほひのみ》とし、『和名抄』では苜蓿を野菜としてあげ、和名を於保比《おほひ》（オオイと発音）とし、「蘇敬本草注云苜蓿、茎葉根並寒者也」と解説している。また『医心方』（九八四年）でも苜蓿、オホヒノミとし、種実は薬用にもしたようである。これらの記載からみて、苜蓿は古典野菜の一つとした。

日本の植物分類学者は、苜蓿は明治初年に渡来したムラサキウマゴヤシ *Medicago sativa* L. の漢名で、ウマゴヤシ *M. hispida* L. の漢名は野苜蓿だとし、そのウマゴヤシは江戸時代に日本に渡来したと記述している（牧野富太郎 一九七三年、北村四郎他 一九六一年）。そしてこの考え方がかなり一般化し、たとえば『日本国語大辞典』では、『和名抄』で苜蓿（ウマゴヤシ）の和名を於保比としていることを記しながら、ウマゴヤシは江戸時代に渡来したものと解説している。

ウマゴヤシは欧州南部原産のマメ科の多年草で、古い時代に旧世界の各地に伝わり、インドその他で野菜とされた。中国では漢の武帝の時代に、張騫《ちょうけん》が大宛国から天山路を経て、前一二六年に馬、葡萄とともに苜蓿を導入したことが『史記』（前九七）の大宛列伝に記されている。中国ではその後苜蓿を菜として栽培し、牧草として利用し、長江下流地域などでは野生化している（岩佐俊吉『熱帯の野菜』一九八〇年）。

『本草綱目』では菜の一つとして苜蓿をあげ、『神農本草経』（五五〇年頃）と『食療本草』（七一二年）の解説などを引用し、一年に三回刈取りができることや、二月に苗を生ずるなどと栽培法を述べ、古くから緑肥、飼料と食用にしたことを記している。

そして現在の利用状況であるが、『中国蔬菜栽培学』によると、苜蓿 *Medicago hispida* Gaerth は南部の各省では緑肥作物として栽培し、また蔬菜用の改良種を菜苜蓿、金花菜または草頭と呼んで栽培し、茎葉を食用にしている。

ウマゴヤシ（『本草綱目』重訂版 1875）

そして上海など華中と華北の各地では栽培されたものが市販されている。

　このように苜蓿の植物名と、その日本への渡来時期は誤解されていることが多い。

　なおムラサキウマゴヤシは中国では紫苜蓿と呼ばれ、緑肥として利用し、また蔬菜として食用にも供している。この紫苜蓿は一名蓿草とか苜蓿とも呼ばれているという。

　以上の記述で明らかなように、苜蓿はウマゴヤシとみてよいものと思う。ウマゴヤシはわが国には平安時代以前に渡来し、『和名抄』で園菜ではなく野菜としていることからみて、当時すでに野生化し、その野生品を採取して菜としたものと思われる。ただし『延喜式』では苜蓿の名はみられず、当時それほど重要な野菜ではなかったものと思われる。

　つぎに苜蓿の古名のオオイの語源は明らかでないが、現在の和名のウマゴヤシは「馬肥し」で、本種が上質な飼料であることを示している。現在のところこの名は、『倭訓《わくんの》栞《しおり》』（一七七七年）の牟《む》の条に、「苜蓿、ムマゴヤシ、一名ゲゲバナ、ゲゲナ」と出ているのが最初らしい。なおゲゲナはゲンゲ（レングソウ）に似た菜の意味と思われ、当時も本種を食用にしたことが知られる。

　『重修本草綱目啓蒙』（一八四四年）では柔滑菜の一つとして苜蓿をあげ、オホヒ、ムマゴヤシとし、三月小花穂を出し黄色花をつけ、花後莢を結び、莢は巻曲して柔刺あり、などとその特性を要領よく記述し、当時ウマゴヤシの名が一般に用いられたことが知られる。

　江戸中期の全国一斉の産物調査の際の『筑前国産物帳』（一七三六年）をみると、菜類の最後にゴゼナがあり、「処々田野に生ず、嫩時食すべし、一枝三葉百脈根に似たり、三月細黄花を開き小莢を結ぶ、扁にして旋転す、刺あり、初青く老れば黒し」と解説し、図を示している。この記述と図をみれば、ゴゼナは明らかにウマゴヤシで、当時北九州ではウマゴヤシを採取して食用にしていたことが知られる。

岩崎常正の著わした『救荒本草通解』（一八一六年）には、苜蓿《むまごやし》は苗葉を煮食し、或は主食に混じて食べると記されている。しかし江戸時代の農書などには野菜としての記載はみられない。なお近年多く出版されている山菜の書物にもウマゴヤシは記されていない。

（2）ウマゴヤシとムラサキウマゴヤシ

このように平安時代以前から菜として利用したウマゴヤシは、中国では現在も野菜として栽培しているが、日本では明治以降はほとんど食用にしていない。そして現在は同じ属のムラサキウマゴヤシを、モヤシとして盛んに利用するようになった。

ムラサキウマゴヤシは、中央アジアの原産で、ペルシャ語で最良の草を意味するアルファルファと呼ばれ、前五世紀のペルシャ戦争の際ギリシャに伝わり、ローマ帝政時代にイタリアからスペインに伝わった。現在はアルファルファまたはルーサンの名で、牧草として広く栽培され、インドや東南アジアでは若い茎葉と花を野菜とし、飢饉の際は穀類に加えて糧にしているという。

日本には明治七年頃、開拓時代の北海道にアメリカから伝わり、牧草として栽培され、その後各地で土着し、現在は各地の路傍などに帰化植物として自生している。

近年サラダ食の普及に伴い、各種のモヤシやカイワレダイコンが見直されている。その一つとして欧米諸国でも利用しているアルファルファのモヤシが、日本でも市販されるようになった。四訂食品成分表によると、アルファルファのモヤシはビタミンCとA効力が高く、タンパク質、ミネラルなども豊富な食品とされている。このモヤシは細くわずかの青臭さと苦味があるが、サラダやサンドウィッ

ゴゼナ（ウマゴヤシ『筑前国産物帳』1736）

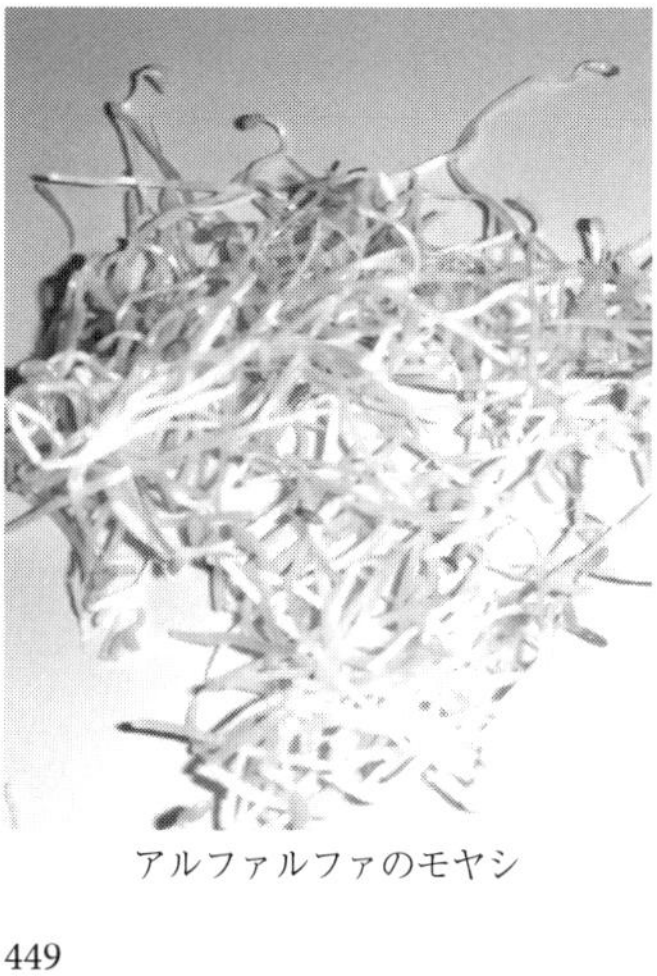

アルファルファのモヤシ

ムラサキウマゴヤシ

チの具、刺身のツマや油炒めにするなど、近年は家庭料理にもかなり広く用いられるようになった。なおインドや東南アジアでは、若い茎葉と花をスープに入れて煮食し、また乾燥貯蔵して随時用いているという。

ムラサキウマゴヤシは、茎が地上を這うウマゴヤシと違い立性で分枝し、紫色、時に黄色の花を開き、螺旋状の莢には刺がなく、これらの点でウマゴヤシと容易に区別できる。

また同じ属のコメツブウマゴヤシ ***M. lupulina* L.** も江戸時代に渡来し、帰化植物として各地に自生し、緑肥や飼料として利用され、時に全草を煮食する。本種は全体に小形で軟毛があり、黄色の花は穂状に集まってつく。中国の天藍苜蓿、黒莢苜蓿は本種といわれる。

(3) ウマゴヤシの栽培

ウマゴヤシ類は石灰質土壌を好み、海浜などの乾燥地でもよく生育し、栽培はやさしい。

食用のウマゴヤシを中国では菜苜蓿と呼び、長江付近では野菜用として栽培し、常熟種（江蘇省）、東台種（浙江省）などいくつかの品種が分化している。

苜蓿は元来冷涼な気候を好む作物で、一二〜一七度が生育の適温といわれ、耐寒性はかなり強い。そこで春作と秋作との作型があり、秋作は七月中旬〜九月下旬に播種し、八月中旬〜三月下旬に収穫し、春作は二月下旬〜六月上旬に播種し、四月上旬〜七月下旬に収穫する。種子の発芽をそろえるため、種子は温水にしばらく浸し、浮んだ種子は棄て、沈んだ種子を畦に散播する。花は三月下旬に開花し、種子は六月下旬ごろ採種する。

菜苜蓿は栄養価値の高い野菜で、カロチンとリボフラビンの含量は野菜中最高といわれる。

椒（ハジカミ、サンショウ）

(1) 利用と栽培の歴史

福井県の鳥浜貝塚からは縄文時代のサンショウ類（主にイヌザンショウ）の種子が三〇〇〇粒も出土している。また三世紀の日本の状況を記した『魏志倭人伝』には、薑、橘、椒、蘘荷はあるも、以て滋味となすを知らずとあり、椒は古くから利用されていた。

椒については天平六年（七三四）の造仏所作物帳に椒子、天平一〇年の文書には若椒、宝亀二年（七七一）の奉写一切経所告朔解に蜀椒二升の記録があり、奈良時代にはよく用いたらしい。蜀椒は『和名抄』の薑蒜の部に「和名ナルハシカミ、フサハシカミ、生二蜀郡一故以名レ之」とあり、当時はクレノハシカミ（薑）に対し、ナルハシカミ（実を結ぶハジカミ）、フサハシカミ（房状に結実するハジカミ）と呼んだものであろう。そして椒子はサンショウの実（果実）、若椒はサンショウの若い葉とみられる。

サンショウの利用時期は文書には四～七月とあり、『新撰字鏡』には「蜀椒八月採実陰干家椒也」とある。『延喜式』の供奉雑菜の条には「蜀椒二合、三四月稚葉、五六月子」とあり、若い葉は春、実は初夏から夏に用いた。なお奈良時代の価格の記録をみると、蜀椒一升はほぼ米一升の値に相当し、蜀椒は菜としては高価な部類に属していた（関根真隆氏）。

なお蜀椒と秦椒は菜としてよりも薬用として広く用いられた。秦椒は『本草和名』ではカハハシカミ、『延喜式』の典薬の巻ではコブシハシカミと呼んでいる。

『延喜式』の典薬の巻の諸国進年料雑薬の条をみると、山城国では蜀椒一斗二升、大和国では蜀椒二斗など、蜀椒（ナルハシカミ）は全国の五四国中四〇国で上進していた。また播磨国では秦椒（コブシハシカミ）一升五合、蜀椒三升など、山陽道の播磨、美作、備前と南海道の紀伊、阿波、土佐の六国では、蜀椒と秦椒をあげている。

『農業全書』や『和漢三才図会』などでは、秦椒は普通のサンショウ、蜀椒はアサクラザンショウとしている。

アサクラザンショウは但馬《たじま》国朝倉（兵庫県養父《やぶ》郡八鹿《ようか》町今滝、俗称朝倉谷）原産のサンショウで、『国花万葉記』（一六九七）

で名物としてあげられ、品質がよく、出石《いずし》藩では乾燥した実を嘉永六年（一八五三）まで毎年幕府に献上した。アサクラザンショウはその後丹波に移し植えられ、丹波でも栽培した。現在アサクラザンショウは接木で増殖し、実サンショウ用として栽培されている。

『延喜式』の典薬の巻をみると、蜀椒は但馬を含む全国各地から納進され、蜀椒をアサクラザンショウ、秦椒は普通のサンショウとするのは妥当でない。牧野富太郎氏は、蜀椒はサンショウ、秦椒はフユザンショウとしている。なお中国には日本のサンショウは野生せず、したがって漢名はない。中国に野生しているのはイヌザンショウとカホクザンショウなどで、現在中国では青サンショウを秦椒、花ザンショウを蜀椒と呼んでいるという。

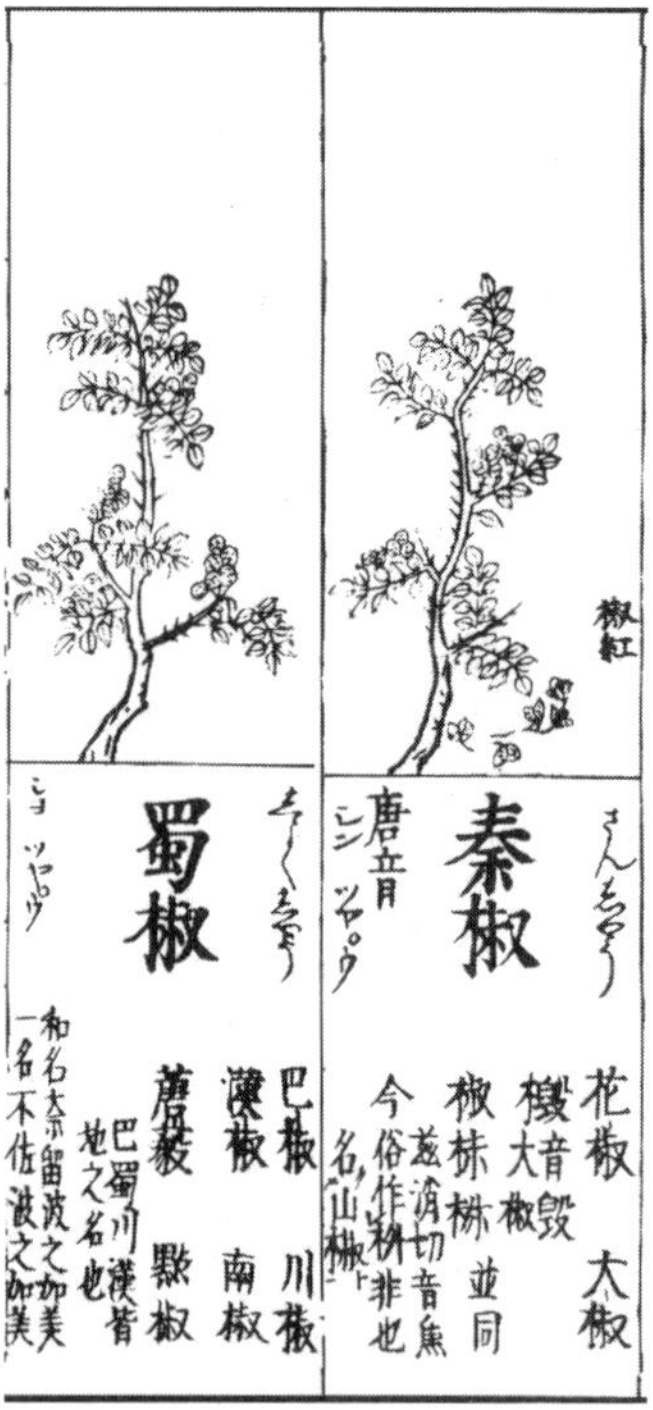

サンショウ（『和漢三才図会』）

室町時代の『庭訓《ていきん》往来』では三月の書状の中で、鞍馬の木の芽漬を菜の一つにあげ、江戸時代の『和漢三才図会』ではサンショウの芽を木の芽と呼び、料理のツマ、和え物や田楽《でんがく》に用い、緑色の果実を青ザンショウと呼んで香辛料にしたと記している。また『重修本草綱目啓蒙』ではサンショウの雄花を花ザンショウ、実を実ザンショウ、皮を細かく刻んだものをカラカワ、山椒皮と呼び、雄木が多く用いられ、日光産のものが辛味が強いと記している。『農業全書』では菓木之類で山椒の項をあげ、凡そ山椒は料理の

サンショウ

香味を助け、魚の毒を殺す効果があり、魚のあつものには必ず用ゆべしとし、栽培法と漬山椒、干山椒の作り方などを述べている。

愛知県海部《かいふ》郡甚目寺《じもくじ》村〔現・あま市〕では、明治一〇年新居屋の山田良蔵氏が京都からサンショウの促成技術を導入して産業化し、明治末にはナス、キュウリにつぐ愛知県の三大促成野菜の一つになった。近年は埼玉県や京都府などで施設を用い、株を冷蔵するなどの方法をとりいれて周年生産している。

（2）特性と栽培

サンショウ *Zanthoxylum piperitum* DC. はミカン科の落葉低木で、北海道から九州まで各地の山地に生え、また家庭にも植えられている。樹高は三メートル以上になり、よく分枝し、この材はスリコギに用いられる。葉は互生し奇数羽状複葉で、葉柄の基部両側に刺がある。雌雄異株で夏に淡黄緑色の花をつけ、果実は球形で秋に赤熟し、開裂して黒色の種子を出す。

サンショウの辛味の主成分はサンショオール、香りの成分はジペンテン、シトロネラールなどの精油で、若い葉、果実、皮などが香辛料とされ、また健胃、整腸作用をもち漢方薬として用いられる。

まず若い葉は「木の芽」と呼び、料理のツマ、香料として広く用いられている。また花は花ザンショウ、未熟果は青ザンショウ、熟果は実ザンショウと呼んで料理のツマに、果実は漬物や佃煮にもする。また熟果の果皮は砕いて七味トウガラシの香料にし、粉末にした粉ザンショウは魚などの香料に、樹皮を乾燥したカラカワは汁物の吸い口や薬用にし、種子の油は香料や薬用にする。

サンショウ栽培では用途にしたがって樹種を選定する。サンショウの一品種であるアサクラザンショウは、刺がなく、果実は大きくて実が着きやすい。そこで果実を目的とした栽培ではもっぱらアサクラザンショウの雌木を用いる。つぎに花ザンショウ用の場合は雄木を用い、葉を「木の芽」として収穫しようとする場合は、出葉数が多く、香りと辛味の強い在来種が用いられる。そして在来種は実生で増殖するが、アサクラザンショウは実生では特性が変異しやすいので、もっぱら接木で雌木を増殖している。

ヤマアサクラザンショウは普通のサンショウとアサクラザンショウとの中間的な品種で刺が短い。しかし実用的に優れた特性はなく栽培はされていない。

葵（冬葵、アオイ、フユアオイ）

(1) 利用と栽培の歴史

中国では葵を古くから食用にした。『詩経』（前七七〇年）には七月に葵と菽《まめ》を煮る、と記され、長沙市郊外の馬王堆遺跡（前一世紀頃）からは葵の種子が出土している。また『斉民要術』（五三〇年頃）では蔬菜類の最初に葵をあげ、百菜の王として特性と栽培法などを記述している。

現在も中国では冬寒菜または冬葵の名で栽培され、とくに南部で多く栽培し、長沙では丸葉系と紅葉系、重慶では大葉系などの品種が分化し、冬から早春の野菜として利用している。また朝鮮半島では普通の野菜として栽培され、粥やスープなどにして食べている。なお日本のアオイの名は、朝鮮語の阿郁《あうく》から生まれたのではないかといわれる。

わが国では天平六年（七三四）の造仏所作物帳に、「葵百七十把直八十五文、文別二把」、天平宝字四年（七六〇）の文書には「廿文買葵三十把直」などと記され、奈良時代には栽培した品を売買していた。この価格は当時の他の菜と比較するとやや低廉な生菜で、葵はごく普通の生菜であったと思われる。

『万葉集』の巻一六には

梨《なし》棗《なつめ》黍《きみ》に粟《あわ》つぎ　這ふ葛《くず》の
後も逢はむと　葵《あふひ》花咲く（三八三四）

の一首があり、葵などここに名寄せした食物は、普通に食膳に出るものであったと思われる。

平安時代の『新撰字鏡』には草として「葵、阿保比」、『本草和名』には菜として「冬葵子、阿布比乃美」、『和名抄』には園菜として「葵、和名阿布比、味甘寒無毒者也」と解説している。また『延喜式』の大膳の巻の斎会《さいえ》供養料の条では、「葵半把」、内膳司の巻の供奉雑菜の条では、「葵四把、五八九十月」とあり、耕種園圃の条では、葵一段の営みには種子二升を用い八月にまき、総労力三一人と栽培方法を記している。この記載をみると、管理作業は比較的単純な作物であった。なお典薬寮の巻では葵子《あふひのみ》が摂津で五升、近江四升、美濃一斗五升、阿波から五升上納していたことが記され、種子は薬用に供されていた。

この葵は『重修本草綱目啓蒙』に「冬アフヒ、葵菜、藤菜、古は食用、五菜の一、遠州江海浜に多く生ず、近年山城多く栽ゆ」とあるように、江戸時代には冬アオイと呼ばれた。しかし野菜としての利用は少なかったとみえ、『農業全書』では、菜としてではなく薬種として冬葵子《とうきし》をあげ、一一月に播種し夏結実した後刈取ると記し、図を掲げている。

オカノリはフユアオイの変種で、葉に切れ込みがあり葉縁が波うっていて質が軟らかい。江戸時代に漢種が渡来したとの記録があり、これがオカノリかもしれない。なおフユアオイから縮葉系が生ずることや、その逆の場合もあるという。享保二〇年の諸国産物調べの資料をみると、壱岐でフユアオイ、南部藩でオカノリを菜として記している。現在八戸市蕪島ではフユアオイが野生しているが、これは江戸時代のオカノリが野生化したものかも知れない。

明治以降の園芸書ではフユアオイについて記述しているものは少ない。戦後出版された『野菜園芸大事典』ではオカノリの項を設け、戦時中までは岡山、広島、神奈川の三県で園地の縁などに少量植栽していたが、現在は栽培はみられないとし、特性などを簡単に記している。近年福井県では冬のハウス利用野菜として栽培している農家があり、東京都江戸川区にも栽培農家がある。

フユアオイがヨーロッパに紹介されたのは一六八三年で、アメリカではホールドマロー（輪生しているアオイ）と呼んでいる。フランスでは本種の若い葉が美しいとして料理のツマに用いているという。

（2）特性と栽培

フユアオイ（オカノリ、*Malva verticillata* L.）はアオイ科の越冬一年草で、アジア、アフリカ、ヨーロッパの温帯から亜熱帯にかけて広く分布し、路傍などに生育し、中国全土、

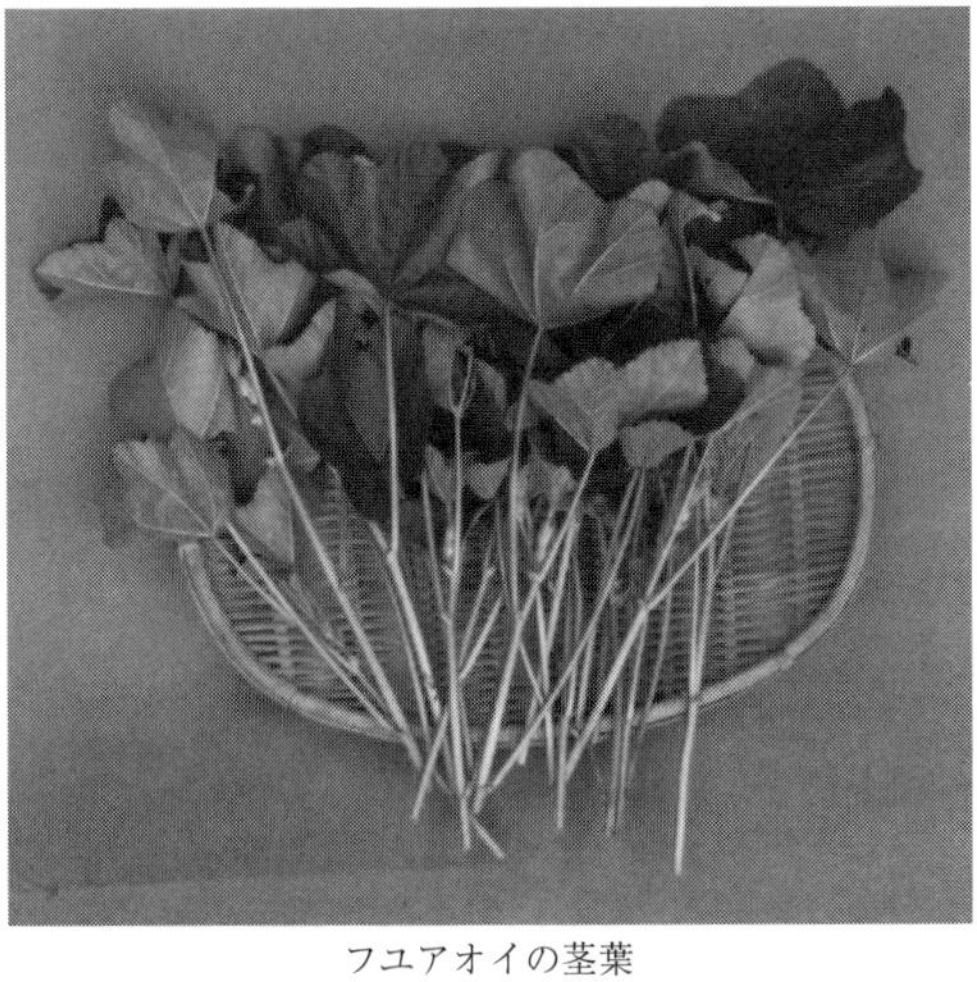

フユアオイの茎葉

インド、西アジアから朝鮮半島までの、広い地域で栽培されている。

茎は直立して一メートル以上になり、数本の側枝を生ずる。葉は互生し掌状葉で、やがて淡紅色か白色の小花をつけ、花後偏球形の果実を結び、成熟後開裂する。直根は太く移植栽培はしにくい。

フユアオイはアオイ科植物としては寒さに強く、北陸地方では戸外での越冬は困難であるが、関東地方では戸外で越冬し、冬も緑色を保つ。フユアオイの名はこの点から出たものと思われる。種子は二〇度では五日、七・五度では八日で発芽する。耐暑性もあるが、高温強光下では葉の硬化が速く、冷涼で湿り気のある所が栽培に適する。土壌に対する適応性は広く、元来陽地を好む。

中国では南部で多く栽培し、揚子江付近では八～一一月に直まきし、適宜間引き、播種後四〇日頃の、草丈が二〇センチ、葉が一〇枚程度の頃、軟らかい芯葉を摘み、冬から早春の緑葉野菜としている。日本では栽培は少ないが、福井県では九月中頃にハウス内に播種し、一〇月中頃から収穫し、東京都下では周年栽培し、若い葉を一枚ずつ摘みとり、業務用に用いている。

フユアオイの若い茎葉はゆでるといくぶんぬめりがあり、汁の実や浸し物、和え物にし、また肉料理にも用いる。葉は乾かしてもむと海苔に似た食品になり、この点からオカノリと呼んだ。韓国では粥やスープにし、粥にする場合はまずゆでてゆで汁を捨て、水洗いし、醤油か唐辛子味噌で味をつけ、米を加えて炊く。

種子は径二ミリばかりの腎臓形で、冬葵子として利尿剤、緩下剤などとして用いる。

芰、菱（ヒシ）

(1) 利用と栽培の歴史

菱は第三紀には北半球に広く分布し、日本でも各地で化石が見出されている。中国では揚子江に近い浙江省の河姆渡遺跡（前四〇〇〇年頃）から菱の果実片が出土し、『周礼』（前八世紀以前）や『爾雅』に薐として記載されている。現在も揚子江流域など華南では、デンプン資源として多く栽培し、また養魚との関係で注目されている。

わが国でも福井県の鳥浜貝塚（縄文前期）や京都、滋賀、千葉県の縄文時代後、晩期の遺跡から菱の果実片が出土し、菱は古い時代から食糧とされていたことが知られる。

『古事記』の応神天皇の段にはヒシガラの語があり、『万葉集』にはつぎの二首がある。

君がため　浮沼《うきぬ》の池《いけ》の菱採《ひしと》ると
わが染《し》めし袖　濡れにけるかも（巻七　一二四九）

豊国《とよくに》の　企玖《きく》の池なる菱の末《うれ》を
採《つ》むとや妹《いも》が　御袖《みそで》ぬれけむ（巻一六　三八七六）

これをみると当時菱をとるのは主に女性の仕事であった。

平安時代の『新撰字鏡』では草として芰、比志、菱とあり、野生品を採取して利用したと考えられる。『和名抄』では果実的野菜である蓏《ら》の一つとして菱子をあげている。『延喜式』の大膳の巻の諸国貢進菓子の一つに丹波の国の菱子が記され、内膳司の巻の供御月料には「橘子菱子各二斗二升五合」とある。

『庭訓往来《ていきんおうらい》』と『尺素往来《せきそおうらい》』には菓子（果物）の一つとして菱があり、室町時代にも菱は上等の嗜好食品にされていたことが分かる。

『親民鑑月集』では九月と一〇月に取食する野菜、一〇月に種をとる野菜、正月と二月に植付ける野菜の一つに菱をあげ、江戸時代初期のころ、伊豫（愛媛県）では菱を栽培し、食用に供していた。

江戸時代初期の俳書『毛吹草《けふきぐさ》』には、河内、三河の岩堀と若狭が菱の産地として記されている。『農業全書』には菱の項はないが、『百姓伝記』には菱を植る事の項を設け、角《つの》が二つの種類が実が多く、鬼菱は味が劣るとし、冬から春に採って生のまま、またはゆでて剝皮し、飯や粥に入れると糧の助けになると記している。

佐賀県では以前から水栗と呼んで食用にしていたが、大正時代に中国の上海から牛角紅菱を導入し、有明海に近い佐賀市付近の水路などで栽培した。福岡県北部の企救《きく》（玖）地方（門司と小倉両地域を含む旧郡名）は、『万葉集』にでている菱の産地であったが、現在は県南の佐賀市に近い三潴《みずま》郡大木町付近の水路（クリーク）で主に栽培され、関東地方にも出荷している。

（2）特性と栽培法

ヒシ *Trapa bispinosa* Roxb. var. *iinumai* Nakano はアカバナ科に属する水生の一年草で、変種のイボビシ、大形で刺の鋭いオニビシ、葉柄の長いメビシ（トウビシ）、小形のヒメビシが日本に分布している。なおヒシの分類は学者によって意見が違い、ヒシをアカバナ科ではなくヒシ科を独立させる者、オニビシをヒシの変種とする者と別の種とする者などがある。ヒメビシは小形で北海道にも分布し、アイヌは古くからペカンペと呼んで薬用にし、阿寒湖のマリモはこの湖に棲みたがったヒシが作ったという伝説が伝えられている。

ヒシは中国では華南を中心に広く栽培され、多くの品種が分化し、一部品種は日本にも伝えられている。中国では刺の数と有無から栽培種を四角種、両角種と無角種に大別し、また色から青菱と赤菱とに分け、多くの品種が分化している。前にあげた佐賀県で導入した上海産のヒシは赤菱で、とくに肥大し、俗にオタフク菱と呼んでいる。

ヒシの果実

ヒシの実（果実）は完熟すると茎から離脱し、池底の泥中で年を越し、翌春温度が上昇すると発芽する。根には地中根と水中根とがあり、茎は直立し分枝して水面に現われ、三角形で気室をもつ水上葉を放射状に展開する。夏に白色の花を水面上に開き、花後結実する。果実は水面下で発育し、果皮は硬く、四枚の萼は四または二個の鋭い刺になる。果内には種子ができ、その子葉には炭水化物四〇、タンパク質五・八、脂質〇・五パーセントを含み、栄養価値が高い。

若い果実は青皮を剝いて生食し、成熟した果実はあく抜き後ゆでて食べ、蒸してから乾かして粉にし、菱飯や各種料理や菓子の材料にする。ヒシの実はまた解毒作用や胃病に薬効があるとして薬にもされる。

ヒシはあまり深い池沼や水深の変化する池では生育が悪く、水深が一メートルあまりの場合生育がよい。気温と水温も生育に関係し、年平均気温が一六度以上の暖地でよく生育し、冬の訪れの遅い場合収量が多い。この点から日本では主に九州で栽培されている。

中国では水中に吊して貯蔵した種実を四月上旬に播種するか、九〜一二月に苗床に播種して育苗した苗を初夏に植付けて栽培する。秋九月頃になると実が成熟してくるので、わが国では、ハンギと呼ぶタライにのって、長柄の鋏で実を収穫する。

中国ではヒシの生えている池は魚の好むプランクトンが多く、養魚に適しているとしている。

太羅（多羅、桜、楤木、タラノキ）

(1) 利用と栽培の歴史

宝亀二年（七七一）の奉写一切経所解には「多羅六升」とか、「太羅二斗一升」とあり、また宝字八年（七六四）の銭用帳には「多羅四升、卅二文」とあるなど、正倉院文書には多羅についての記載がかなり多い。その利用時期は三月頃で、その価格は野菜の中では高価で、当時も食用価値の高い食品であったことが知られる。

平安時代になって、『和名抄』には木として「桜、和名太良、小木叢生有刺也」、『本草和名』には「桜子　和名多良」とあり、また平安中期の『和泉式部続集』（正集五巻に続く二巻もの）の中に、

又尼のもとに たらといふ物わらびなどやるとて、
　見せたらはあはれともいへ君が為
　　はなをみすてておふるわらびを

と詠まれている。

江戸時代中期の『親民鑑月集』にはタラの名はみられないが、『大和本草』には雑木の部で、楤《だら》木の見出しをあげ、「木にハリ多し、枝なし、其梢の上に葉生ず、其葉わかき時食すべし、味よし、小木なり、高四、五尺、本草にのせたり」と記している。『和漢三才図会』でも「楤木俗にタラノキと云、『和名抄』の桜は非なり」として『本草綱目』の「山人折二取頭一茹食謂二之吻一頭一」の記述を紹介している。江戸時代には一般にタラノキと呼び、『重修本草綱目啓蒙』では、タロウノキ、ダラ（防州）、タロウウド、トリトマラズなど多くの地方名をあげ、山野に多く嫩芽はウドの如く美味だと記している。しかし栽培はされず、いわゆる農書には出ていない。江戸時代中期の諸国産物調べでは、尾張領木曽、信濃国筑摩郡と下野国でタラ、タラノヘヒをあげている。

昭和時代になってタラの芽は味がよいことから山菜として重用され、戦後はとくに山菜ブームで乱獲された。タラノキは元来芽の数が少なく、その芽を全部とるとその木は枯死し、乱獲のためタラノキが絶滅した地方もある。山形、宮城両県では昭和四〇年代からタラノキの栽培化を始め、切った枝を加温した室内に伏せ込んで早出しする方法を開発した。また山梨県農試八ヶ岳分場では、タラノキの栽培化について研究を始め、三～五月に根挿しすると比較的容易に増殖できること、この苗の幹の低い部分から枝が出るよう剪定すると翌年から収穫でき、三年目で成園になること、枝の冷蔵などで不時栽培が可能なことなどを逐次明らかにし、またタラノキ栽培で問題になる刺の少ない系統の育成に成功した。またタラノキの若い葉柄組織を用いた組織培養で、多数の苗木を短期間で増殖する方法も研究されている。

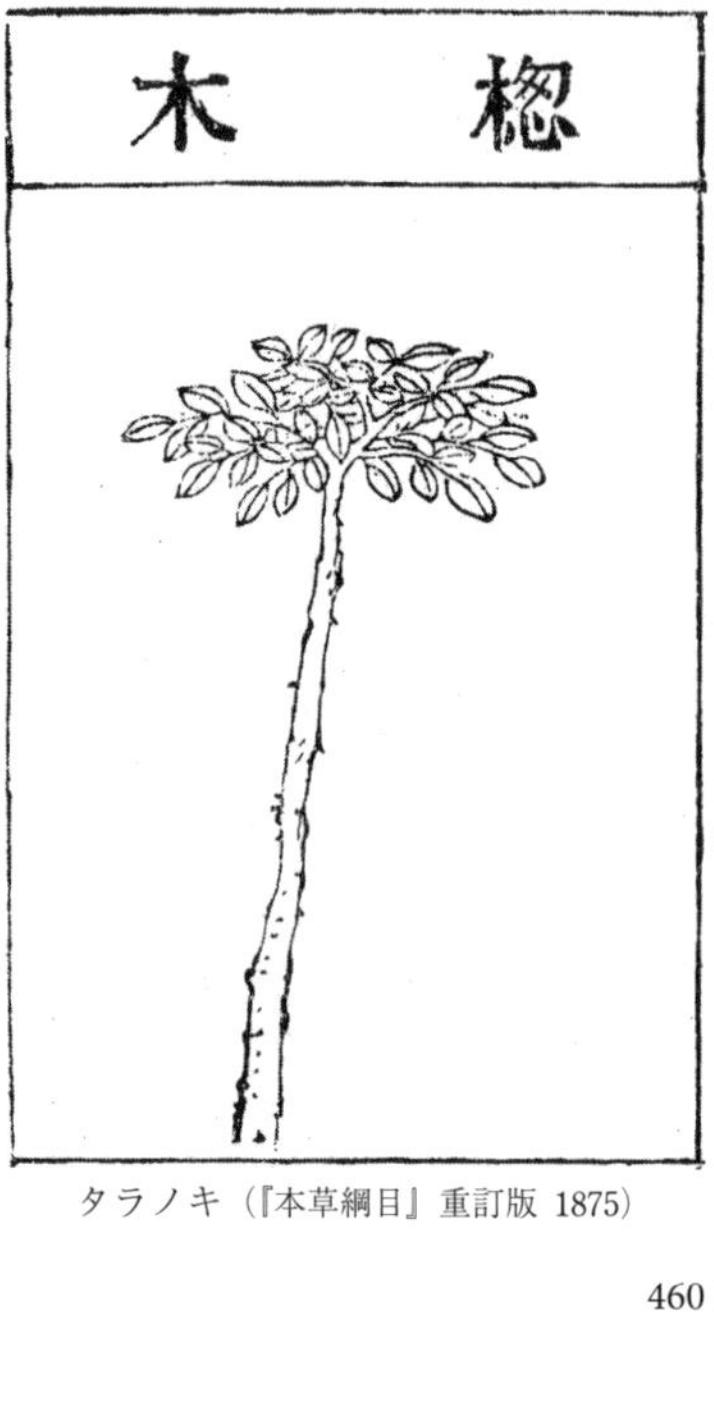

タラノキ（『本草綱目』重訂版 1875）

このような研究によってタラノキの栽培化は進み、昭和五七年からは栽培状況が園芸統計に載るようになり、それによると昭和六一年以降の全国の作付面積は約三〇〇ヘクタール、収穫量は五〇〇トンを超え、ハウス栽培も盛んに行われている。近年栽培の多いのは青森、山形、福島県と山梨県などである。

（2）特性と栽培

タラノキ *Aralia elata* Seem. は日本、朝鮮半島、中国北部、サハリンなどに分布するウコギ科の落葉小高木で、日本では全国各地の日当りのよい山野に生える。幹は直立し、四〜六メートルほどになり、分枝は少なく、枝葉の全面に大小の鋭い刺がある。葉は二回羽状複葉で枝の頂部に叢生する。夏に枝の頂部に花序を生じ、黄白色の小花をつけ、液質の果実は秋に黒熟する。

タラノキの芽

展葉前の嫩芽《どんが》には特有のこうばしさと香りがあり、山菜の王といわれ、てんぷら、フライ、和え物などにする。材は杓子などの材料にされ、樹皮は腎臓病の薬になる。漢名の楤木は厳密にはシナタラノキで、日本のタラノキにあてるのは誤りだといわれる。

タラノキは陽樹で日当りのよい地が適し、苗は初冬か早春に一平方メートルに一株ほどの割合で植え、肥培すると三年目頃から収穫できる。嫩芽は一〇センチほど伸びた頃にとるが、側枝の芽は残して夏に繁らせ、翌年も収穫できるようにする。

タラノキにはキモンタラノキやフウリンタラノキと呼ぶ、葉に斑の入る品種があり、これらは観賞用として栽培される。

蘇良自（ソラシ）

(1) 来歴と種名の同定

天平宝字四年（七六〇）の正倉院文書に、「卌八文買蘇良自三薗直《あたい》、薗別十六文」とあり、蘇良自は奈良時代に菜として用いられ、その価格は普通であった。『延喜式』の内膳司の巻の漬年料雑菜の条には、「蘇蘿自六斗、料塩二升五合」とあり、耕種園圃の条には、「営蘇良自一段、種子三石五斗、惣単功三十五人、……」とその栽培概要を記している。このように蘇良自は奈良、平安時代に菜として栽培され、販売もされていた。

ところでそのソラシが現在の何であるか、その種名は明確でない。関根真隆氏は『和名抄』で和名をササハソラシまたはソラシとしている藁本を、『延喜式』ではカサモチまたはサハソラシと呼んでいることから、蘇良自は藁本、カサモチであると比定し、カサモチは山ウドのような味がする由であると述べている。

カサモチ *Nothosmyrium japonicum* Miq. はセリ科の多年草で、中国から渡来した植物とされ、近畿地方と東京付近で野生化し、現在は植物園などで稀にみられる（牧野富太郎氏）。

カサモチの葉は羽状複葉で初夏に花茎を生じ、茎は紫色をおび、草丈は一メートル程で、夏に白色の小花をつけ、根茎を頭痛や風邪の薬にする。カサモチの語源は不詳で、藁本を本種にあてるのは誤りともいわれる。

ところで藁本であるが、『和名抄』では草類とし、園菜や野菜とはしていない。また『延喜式』の内膳司の巻には菜として蘇良自（蘇蘿自）の名があるが、典薬の巻には雑薬の一つとして藁本の名が各所にあり、蘇良自の名はみられない。この点からみて、蘇良自と藁本とは同一種とは認めにくい。なお牧野富太郎氏は藁本をカサモチの漢名とするのは誤用だと述べている。

『重修本草綱目啓蒙』では芳草類の一つとして藁本をあげ、『延喜式』などでカサモチとかサハソラシと呼んだことを述べ、「今漢種を伝へ栽ゆる者多し」とし、葉はヤマゼリに似、茎は紫色などと特性を記したのち、乾燥した根が馬の尾のように紫色の物が本物で、ワサビデと呼ばれる藁本はヤブニンジン、川芎《せんきゅう》様のはオオバセンキュウ、白芷に似て小さく、葉が尖り、セリの葉に似て枝の多いのはスズカゼリ（シラネセンキュウ）の根で藁本ではないと、類似品の多いことを記している。

古島敏雄氏は、幕末の人、畔田伴存の『古名録』では、「『新撰字鏡』に茹、曽良自、似芹可食、子大如麦著二人衣一」とあるとの説を紹介し、蘇良自を胡蘿蔔《にんじん》にあてていると記している。なお『新撰字鏡』には「茇苦菜也、苔白花也、曽良自」とあり、これから曽良自はニガナともいわれる。

また藁本とまぎらわしいものに白芷がある。『本草和名』では草の類の白芷の和名をカサモチ、一名サハウド、ヨロヒクサとし、『和名抄』でも草類の白芷を「一名白芝、和名カサモチ、ヨロヒグサ」としている。

『延喜式』の典薬の巻には、藁本と白芷とは別の薬種として各所に記載されている。たとえば諸国進年料の雑薬の条では、白芷は全国で一五国、藁本は一一国から納進され、大和国では藁本八斤と白芷一八斤を納めるなど、大和、下総、近江、丹波、但馬、出雲、備中では両種の名をあげている。これらの記述からみて、両者が別の薬種であることは明白である。

藁本も白芷も江戸時代には栽培され、とくに白芷はよく栽培されたらしい。たとえば『大和本草』には中国産が優れ、山城や大和では栽培するが中国産に及ばずとある。『農業全書』では薬種の一つに白芷の項を設け、唐の物と倭の物があり、山城では栽培し、春に播種し、翌春に株を植付けて九、一〇月に肥大した根を掘り上げ、洗って乾燥する、と栽培法を記し、図を掲げている。なお『重修本草綱目啓蒙』では、奥州南部の自然生が最良と記している。

この白芷が現在の何かについても諸説がある。北村四郎氏らはヨロイグサ一名オオシシウド *Angelica dahurica* (Fisch.) Benth. et Hook. を中国の白芷とし、本種は本州中国地方、九州、朝鮮半島、満州に分布し、各地の薬草園で栽培されるとしている。しかし牧野富太郎氏らはハナウド *Heracleum lanatum* Michx. の漢名が白芷で、本種は関東地方以西、四国、九州、朝鮮半島、中国北部に分布しているとしている。なお藁本と間違えられるオオバセンキュウとシラネセンキュウは、ヨロイグサと同じシシウド属 *Angelica* で、アシタバやハマウドも同じ属の植物である。これらはいずれもセリ科の多年草で、セリ科特有の揮発油を含み香りがある。

以上のように藁本はカサモチ、白芷はヨロイグサまたはハナウドに比定されるとしても蘇良自をカサモチとする根拠は乏しい。

　なおカサモチも白芷も、明治以降は野菜として栽培されたことはないようである。

荇（アサザ）

(1) 利用の歴史

　荇については天平宝字四年（七六〇）の銭用帳（決算書）に「十五文荇一斗五升直《あたい》」とあり、この価格は当時の菜類の中では普通の価格であった。『和名抄』では水菜としてあげ、「荇、再雅注云荇菜、和名阿佐々、叢㆓生水中㆒葉円在㆑端長短随㆓水深浅㆒者也」と解説している。

　このように荇は奈良、平安時代には菜として用いられた。また『医心方』（九八四年）では凫葵、阿佐々とあり、アサザは食用と同時に薬用ともされた。

　『箋注和名類聚鈔』によると、中国では江南で多く食用にされ、『図経本草』（一〇六二年）や『本草綱目』（一五九〇年）では、本種は蓴（ジュンサイ）と同様に水中でよく繁り、夏に黄白色の花を開き、棠梨《とうり》のような果実をつけ、中に細かい種子があるなどと特性を記しており、中国では古くから食用や薬用にした。

『日本釈名《しゃくみょう》』（一六九九年）では、草として荇をあげ、「小草也、蓴に似たり」と特性を述べ、アサザの名は本種が水の浅い所に生じ、「黄花さく草也、あさざき也」と記している。しかし江戸時代以降、荇を食用にしたことや栽培をしたとの記載はみられない。牧野富太郎氏は、本種の漢名を莕菜とし、食用や栽培についてはは触れていない。

アサザ *Nymphoides peltata* O. Kuntze はリンドウ科に属する多年草で、湖や池に生じ、茎は水底の泥中にあり、葉は長い葉柄で水面に出る。展開した葉の質は厚い。夏に黄色の花を水面に開き、結実し、中に細かい種子がある。

アサザの花

龍　葵（コナスビ、イヌホオズキ）

（1）利用の歴史と種の同定

天平勝宝二年（七五〇）七月の藍園送進文に「蘢葵拾五把」、同年六月の送進文には「龍葵葉六把」の記載がある。このように龍葵は奈良時代には園で栽培され、六、七月頃茎葉を利用した。しかし龍葵が現在の何であるかは、必ずしも明確でない。

平安時代の『本草和名』では菜として「龍葵　一名苦菜、和名古奈須比《こなすひ》、一名久佐奈須比《くさなすひ》」とし、『和名抄』では野菜類として「龍葵、本草云龍葵、和名古奈須比、味苦寒無毒者也」と記している。

また『延喜式』の内膳司の巻の漬年料雑菜の条には、漬二春菜一料の一つに「龍葵味葅《こなすびのあまにらぎ》六斗、料塩四斗（升？）八合、楡三升」、漬二秋菜一料の一つに「龍葵葅六斗、料塩六升、楡二升四合、龍葵子漬三斗、料塩九升」とあり、春には葉を、秋には茎葉と実を漬物にしたことが知られる。

　奈良時代の食生活を調査した関根真隆氏は龍葵の和名がコナスビであることから、サクラソウ科のコナスビではないかとしている。しかしコナスビは草丈が二〇センチ足らずの多年草で、江戸時代以降食用にした形跡はない。

　江戸時代の書物では、龍葵をナス科のイヌホオズキとみているものが多い。たとえば『大和本草』では「龍葵　雑草類、コナスビ、一名イヌホオズキ、一名ヒタイホオズキ」とし、小形で円い果実を汗瘡にはれば癒ゆる薬草だとしている。『重修本草綱目啓蒙』では、「龍葵、イヌホオズキ、一名コナスビ、ウシホオズキ」とし、原野や人家に自生し、果実は成熟後紫黒色になるなど形状を詳述し、葉、果実と根は外家（外科?）の要薬なりと記している。

　また岩崎常正の『草木育種《そだてぐさ》』（一八一八）では、「龍葵、薬品、イヌホオズキ」として特性を記した後、「実はとりまきし、又春蒔て生じ易し、糞水を澆ぐ時は別て勢よし、又畦へ蒔てもよし」と栽培法を述べている。これをみると本種は薬種として栽培していた。

　江戸時代の農学者が参考にした中国の『農政全書』の蔬部をみると、葵、蜀葵のつぎに龍葵をあげ、「俗名苦菜、然非茶也、葉円花白子若牛李子、生青熟黒、李時珍曰、龍葵龍珠一類二種也、処々有之、四月生嫩苗、時可食、柔滑、漸高二三尺、茎大如薊、五月後開小白花、結子、味酸亦可食」とあり、この解説はイヌホオズキの特性に大体似ている。近年中国の本草書の農書の中の野菜について検討した杉山直儀氏も、龍葵はイヌホオズキと同定している。

　イヌホオズキ ***Solanum nigram* L.** はナス科の一年草で、各地の原野や路傍に生え、草丈は二〇～九〇センチになる。夏に白色の花を房状につけ、その花はナスに似ているがナ

イヌホオズキ

スより小さい。果実はホオズキに似て液質で球形、径六～七ミリで、成熟すると黒色になる。イヌホオズキの果実は有毒で麻痺成分を含み、催眠と鎮痛の薬として用いられる。この点からみるとこれを食用にしたことには疑問もある。

元来ナス科植物には、ナス、ジャガイモなど重要な食用作物がある一方、ハシリドコロなど有毒植物も多い。しかしクコの若い茎葉は食用とし、トウガラシの茎葉もハトウガラシとして佃煮などにして食べる。またホオズキは『古事記』と『日本書紀』に、八俣《やまた》の大蛇《おろち》の赤い目の形容としてアカカガチの名で出ているが、『百姓伝記』では蔬菜耕作集の中で、ホオズキの栽培法を述べている。また『備荒本草図』ではホオズキは葉をゆでて食べ、実は生で食べるとあり、外国ではホオズキの変種の食用ホオズキを栽培し、果実を生食、煮食し、また漬物にして利用している。

イヌホオズキは有毒植物ではあるが、少量であれば問題はなかったものか、あるいは薬用として利用したものか、何かの形で奈良、平安時代には食用に供していたのかもしれない。

莪蒿（莪、ウハギ、ヨメナ）

(1) 利用と栽培の歴史

神護景雲四年（七七〇）の銭用帳（決算書）に、「五貫三百五十文莪五石三斗五升直《あたい》、斗別一百文」とあり、この価格は蕨や芹などと同程度で、菜としては低廉な部類であった。なお莪は『新撰字鏡』では和名をウハギとしている。ウハギは『万葉集』の巻二の柿本人麻呂のつぎの歌に詠みこまれている。

妻もあらば　採《つ》みて食《た》げましさみの山
野の辺《へ》のうはぎ　過ぎにけらずや（二二一）

また巻一〇の春の雑歌にもある。

春日《かすが》野に　煙立つ見ゆ娘子《おとめ》等《ら》し
春野のうはぎ　採《つ》みて煮らしも（一八七九）

このようにウハギは奈良時代には採んで煮て食べる野草として、広く利用されたことが知られる。

平安時代の『本草和名』では、草の部で「草蒿」、菜の部で「薺蒿菜一名莪蒿」としてあげられ、和名はともにオハキとしている。『和名抄』では野菜の一つとして薺蒿の項目をたて、「和名於八木、食経云薺菜、一名莪蒿、状似艾草而香作羹食之」と解説し、『医心方』（九八四年）などでもオハキとして記している。

また『延喜式』の内膳司の巻の漬年料雑菜の条には、「薺蒿一石五斗、料塩六升、右漬二春菜一」とあり、オハキ（ウハギ）は春に採って塩漬けにした。しかし本種を栽培した形跡はなく、おそらく野生品をとって利用したものであろう。

江戸時代の『和訓栞』（一七七七年）では、ウハギは今いうヨメガハギで、ヨメナともいい、畿内ではオハギ、近江ではハゲというとし、『大和本草』の巻五では、菜蔬として蘆蒿の項目を設け、これはヨメガハギなりとし、「野圃家園ニ不用人力而叢生ス、有香気秋花ヲ開キ似野菊」と記している。これらの記述からみて、奈良、平安時代のウハギ、オハギは現在のヨメナと同定されている。

『親民鑑月集』では七、八月に種をとり、正月に植え、正月～四月に食べる野菜の一つにヨメガハギ、ヨメナをあげている。しかし『農業全書』では山野菜としても記していない。享保二〇年（一七三五）の諸国産物調べの資料をみると、大部分の藩（領）でヨメナを菜の一つとしてあげている。

ヨメナ

江戸時代と明治以降に著わされた救荒植物の書物ではヨメナをあげているが、園芸作物としてあげたものはみられない。戦後の山菜ブームで多くの山菜に関する書籍が刊行され、それらでは必ずヨメナとその近縁種、たとえばオオバヨメナ、ユウガギク、ノコンギク、ヤマシロギクなどを紹介している。

（2）特性と栽培

ヨメナ ***Kalimeris yomena*** **Kitam.** はキク科の多年草で、北村氏はカリメリス属（ヨメナ属）にしている。しかし多くの分類学者はシオン属 ***Aster*** としている。

ヨメナは地下茎が地表近くを横に這い、その先端から新しい株を生じ、この若い芽が食用に供される。草丈は一メートルほどで、葉は互生し、夏秋に淡紫色の頭花をつける。

本種と近縁種は特有の爽やかな香りがあり、浸し、汁の実などにして食べる。

排水のよい陽地が適し、地下茎を五〜六センチに切って植付けて増殖する。栽培はやさしい。

ヨメナの花

薊（葪、アザミ）

（1）利用と栽培の歴史

天平宝字四年（七六〇）の造金堂所解案には「三百廿八文買葪七十四圍」、宝亀二年（七七一）の奉写一切経所解には「葉葪二石二斗」とあり、薊《あざみ》は奈良時代以前から食用にされていた。葉薊は束、把でも数えたが石斗で示したものもあり、ばらでも扱われたらしい。その価格は菜の中では最低の部類で、薊は大衆的な菜であったものと思われる。また葉薊一斗を塩四合で漬物にした宝亀二年の記録や、古漬薊一椀などの記録があり、薊は漬物にし、一年以上もおいた古漬けも食用にした。しかしこれが栽培品かどうかは明らかでない。

平安時代の『新撰字鏡』には草として「薊、阿佐彌」、『本草和名』でも菜としてではなく草として「大小薊根、和名阿佐美」として大小二種類を記している。『和名抄』では園菜類で薊をあげ、「音計、和名阿佐美、味甘温令人肥健、大小薊葉並多刺」と解説し、また野菜類で大薊をあげ、「和名夜萬阿佐美、生二山谷間一者也」と、二種類を別々に記している。また『延喜式』の内膳司の巻の耕種園圃の条では、薊一段を営むには「種子三石五斗、総単功四十四人」など と作業別の所要労力を記し、三年に一度植え替えて株を更新したことなどが記載されている。

室町時代の『下学集』（一四四四年）などでは、草木としてではあるが薊菜をあげ、アザミと読み、当時食用にしたものと思われる。

江戸時代の農書などをみると、薊は当時重要な野菜ではなかったにしても、野菜として栽培していた。たとえば『農業全書』では、山野菜の一つとして小薊をあげ、菜にするのは葉が広く、刺がなく軟らかで、菜園で作ったもので、茹《ゆ》でて和え物や浸しものなどにする。薊は新しい血をまし性のよい物なので、菜園の端などに作るべしと栽培を勧めている。また、四国宇和島付近の農業事情が記された『親民鑑月集』では、薊は二月中に植え、三、四月と九、一〇月にとって食する野菜の一つとされている。

『百姓伝記』ではあざみを作る事として、薊には姫薊と鬼薊があるとし、姫薊の栽培法を述べ、二～六月に葉をかき、糧《かて》によし、と記している。また『菜譜』と『大和本草』では園菜として小薊《あざみ》と苦芺《さわあざみ》を別項であげ、「大薊葉皺《おにあざみはにしわみ》、小薊ハ葉不レ皺《アラ》」の『本草綱目』の記述を紹介し、小薊は葉若きとき煮てあえ物にし味よし、大薊は鬼アザミと云う、若きとき葉を食す、苦芺は小にしてはりなし、味小アザミの如し、沢辺に生ず、性あしからず、食うべしと記している。

享保二〇年（一七三五）の諸国産物調べの資料をみると、佐渡、信濃、筑前、壱岐、対馬で薊、米沢、飛騨、備中では薊菜、周防と長門では鬼薊と苦芺（サワアザミ、ヒメアザ

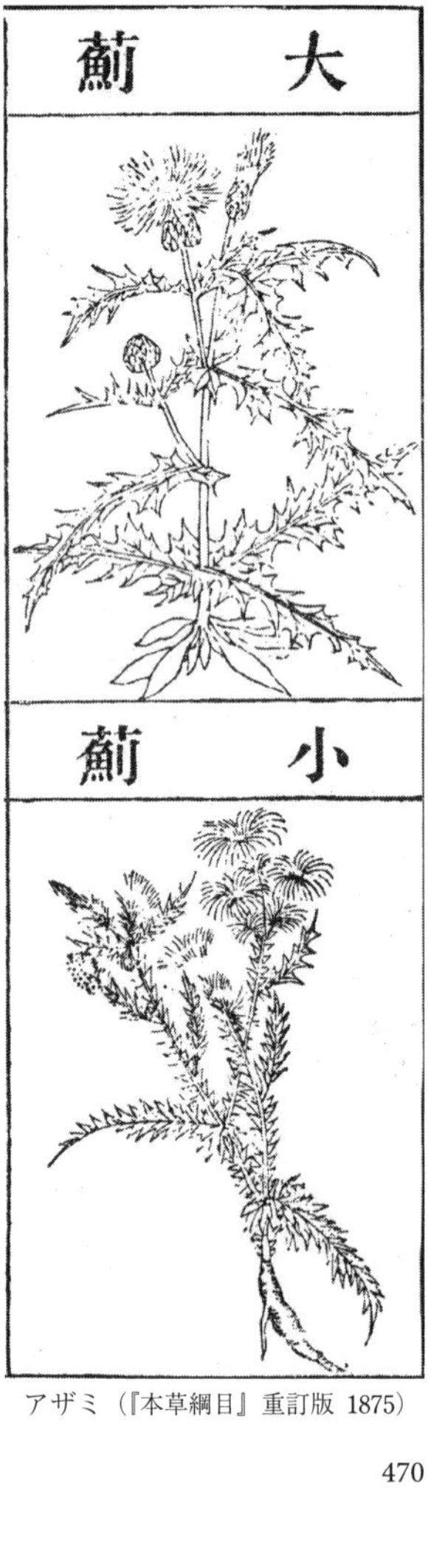

アザミ（『本草綱目』重訂版 1875）

ミ、アザミナ、メアザミ）を菜として併記している。この他江戸時代の本草書などでも薊について記している。

しかし明治以降は栽培はされず、ただ山菜として野生品を食用にしている。ただし、根を食用にするモリアザミはヤマゴボウなどの名で栽培し、その漬物が市販されている。

（2）奈良、平安時代の薊の種の同定

キク科アザミ属 *Cirsium* 植物は温帯地域に広く分布し、わが国では主に中部地方以北の陽地に生育している。わが国には約八〇種が自生しているといわれ、海岸から高山の上部にまでみられる。これらはいずれも多年草で、春に新葉を生じ、やがて花茎を抽出して夏秋に紫紅色、稀に白色の頭状花をつける。多くの種類は葉に深い欠刻があり、葉などに鋭い刺をもつ。

山菜として食用にする種が多く、『山菜全科』によると、タチアザミ、ナンブアザミとダキバヒメアザミは主に茎を、サワアザミは葉と茎、ハマアザミとオニアザミは若い茎葉と根、フジアザミとモリアザミは主に根を利用する。なおキツネアザミ、チョウセンアザミ、キクアザミなどはその形態からアザミと呼ばれるが、アザミ属植物ではない。

奈良、平安時代に栽培した薊と、野生を採取して食用にした大薊が現在の何であるか、それを明示した資料はみら

ハマアザミ

オニアザミ

フジアザミ

れない。しかし野生品を利用した大薊はおそらく現在山菜として利用しているオニアザミなどで、一種だけを特定したものではなかったと思われる。

つぎに、栽培した薊も単一種とは限定できないが、おそらく『菜譜』などで記しているサワアザミだと思われる。ただしサワアザミは現在伊吹山以北に分布するといわれ、これが正しいとすると、西日本では東日本に野生するサワアザミの株を移し植えたとみなくてはならない。なお『草木図説』によると、本種はマアザミと呼ばれ、現在若い葉を食べる数少ないアザミになっている。

サワアザミ ***Cirsium yezoense***（**Maxim.**）**Makino** は大形の多年草で、葉はうすく、刺針はごく小さく、ふれてもあまり痛くなく、栽培に適している。夏に一～二メートルの花茎を出し、秋に紅紫色の頭花を横向きに開く。

茎は皮を剝き葉をそのままゆでて浸しや和え物にする。日本海側を代表する食用アザミで、ナアザミとかオンナアザミと呼ぶ地方もある。

長野県下ではサワアザミを油炒めにし、身欠きニシンと一緒に煮て食べる。上水内《かみみのち》郡鬼無里《きなさ》村〔現・長野市鬼無里〕では、山どりのサワアザミの茎葉を塩蔵したものをアザミ漬と呼び、故郷《ふるさと》便として全国各地に送っていた。

モリアザミは根を食用にするため栽培され、ゴボウアザミ、ヤマゴボウ、三瓶《さんべ》ゴボウなど、産地によって呼び名が違っている（三四七頁「ゴボウ」の項参照）。

モリアザミ
（"De Historia Stirpium" 1542）

茶（オオツチ、オオドチ、ノゲシ）

（1）利用の歴史

茶の名は天平六年（七三四）の造仏所作物帳に雑菜として「茶三千三百三十六把直一貫一百十二文文別三把」と記され、また天平宝字二年（七五八）の写経所解には生菜として記され、茶は奈良時代には菜として用いた。その利用時期は三～九月で、とくに七、八月に多く、価格は菜の中では低廉な部類に属し、食用的価値は比較的低かったと思われる。

平安時代の『新撰字鏡』では草として「茶、和名於保土《おほと》知《ち》」、『和名抄』では野菜として「茶、音途、和名於保都知《おほつち》、苦菜之可食也」と解説し、『本草和名』では「苦菜、一名茶草、和名ニカナ、ツハヒラククサ」と記され、関根真隆氏は茶の和名をオホツチとしている。

しかし室町時代の『庭訓往来』では、茶をヲヲトチと読み、菜の一つとし、また茶苣をチシャと読んでいるものもある。江戸時代初期の俳書『毛吹草』では、七月の季節の言葉の一つとして茶《おおどち》の花をあげ、茶は古くからオオツチまたはオオドチ、オオトジと呼ばれていたようである。

『農業全書』では山野菜の一つに苦菜の項を設け、図を掲げ、「にがな一名茶《と》といい、古より名ある菜なり、風味も蒲公英に類せる物なり」とし、薬効などを述べ、「菜園の端に少々作るべし」と栽培を勧めている。

茶が現在の何であるかについて、関根真隆氏は、明確ではないが強いていえば現在のノゲシまたはニガナであろうとしている。『重修本草綱目啓蒙』では苦菜をウシアザミ、ノゲシとし、「葉は薊葉に似て刺なく、茎葉を切れば白汁を出す」とノゲシと思われる記載をし、牧野富太郎氏はノゲシの漢名は苦菜としている。また『農業全書』に掲げられた苦菜の図は、現在のニガナよりもむしろノゲシに似ている。近年中国の本草書と農書の中の野菜について調査した杉山直儀氏は、苦菜と苦苣はノゲシ ***Sonchus oleraceus* L.** であるとしている。

これらの諸点からみて、奈良、平安時代から江戸時代まで、茶と呼んで主に野生品を利用したものは、現在のノゲシとみてよいものと思う。ただし『毛吹草』の季語の月とはいくぶんくい違っている。

本種は江戸時代にはある程度栽培されたものと思われるが、明治以降は栽培された形跡はみられない。牧野富太郎氏はノゲシの苗は食用にすると記しているが、近年の山菜の書物にはあまり記されていない。

ノゲシはキク科の越冬一年草で、全国各地の路傍や荒地などに生える。葉はアザミに似ているが刺はなく、軟らかで、茎葉を切ると白い乳液が出る。春先に高さ一メートルほどの花茎を出し、やがて茎上に黄色の頭状花をつけ、この点からアキノノゲシに対し、本種はハルノノゲシとも呼ばれる。

ノゲシ

Ⅵ 結び

新品種育成と在来品種

日本の野菜について、起原、伝播、わが国への渡来から近年の栽培状況までその推移をみて来ると、その間の品種の成立、改良の重要さがしみじみ感じられる。勿論栽培技術の進歩、収穫後の輸送、加工法や流通問題など、栽培をめぐる多くの問題も重要であるし、今後はあとでふれる諸外国との関係も大きい問題になると思う。それにしても野菜栽培の現在までの進歩は、品種改良の成果に負う点が大きい。

品種改良といえば最近遺伝子工学などといって、遺伝子の組み換えや細胞融合など、全く新しい手法によって、いままで地球上に存在しなかったような新しい作物を創造することが検討され、P4施設などの建設が現実の社会問題になっている〔一九八三年現在〕。細胞融合法とは二種類の植物の細胞をばらばらにして一つずつ取り出し、細胞膜を融かして裸の細胞、プロトプラストとし、これらの接合によって新しい植物を作る方法で、今までにもジャガイモとトマトの細胞の融合によってポマトと呼ばれる新しい植物が生まれている。それらは確かに将来のために必要な研究であろうが、性急な考えで進めると大きい間違いをおこしかねないように思われる。

地球上の植物はそれぞれの生息場所で万《まん》の単位で数えるほどの年数を過している。作物にしても千《せん》年単位の歴史をもち、品種にしてもかなりの年数をかけて成立し、栽培し続けられている。その間にその地域の気象条件や季節の移り変わりに適応したものとして生き続けているわけで、不適応のものは他の適する条件の地に移ったか、または死滅している。

例えば日本のような温帯に生息する植物は、冬は寒さで傷まないように休眠するものが多い。休眠は秋の短日と低温で休眠に入る性質があることでおこるもので、これらの植物は通常冬のさらに低温な条件を経過すると休眠から覚める性質をもっている。夏が高温で乾燥する地中海気候型の植物であるタマネギやニンニクなどが、春の温暖長日条件で休眠に入り、夏の高温条件で休眠から覚めるのと対照的である。これらの性質をもつことで植物は不良環境から回避している。

さらに局地気候に対する適応がある。庭先の人に踏まれるところで元気よく生育する人里植物は、「雑草のように」といわれるように踏みつけられても力強く生長しているが、もしその植物を樹の下の日の当らない場所に移すと枯れてしまうことが多い。反対にクマガイソウなどは樹陰で順調に生育し、夏に直射日光の当る所では一年で枯れる。

またカタクリなど早春季植物と呼ばれる仲間は、広葉樹の下で生育し、早春に芽を出し、落葉した樹木の下で春先の日光を受けてデンプンを形成し、それを種子や地下の球根に貯蔵する（このデンプンが本当のカタクリ粉）。そして広葉樹が葉を展開し、樹下にほとんど直達光が当らなくなる頃にはカタクリは葉が枯れ、長い夏の眠りに入り、もしこの時期に直射光線が当って地温が高くなる場所では、カタクリは弱るか枯れる。このように植物には場所により、また季節によりすみわけをしている種類もある。

作物の場合は、環境条件をある程度調節して栽培するので、違う地方原産の種類でも栽培できる。例えば地中海周辺地区原産のダイコンやタマネギなどもわが国では秋作物として、あるいは春作として栽培している。それでも日本のように雨が多く、特に梅雨のある国では、中近東原産のメロンなどは病害が発生して順調に生育しない。そこでわが国ではいわゆる温室メロンとして施設内で栽培する、この場合の温室は、温かくする意味よりも雨の降らない室内で栽培するところに大きい意味がある。

生物は皆その両親の性質をうけ継いでいる。ところで従来地球上に存在しなかった全く新しい作物が生まれた場合、それは独自の環境要求性をもつと思われ、その植物を自然条件下で栽培するまでには相当長期間環境条件との関係を確かめる必要があろう。

また生物は単独に生きているのではなく、他の生物との相互関係の下で、いわゆる生態系の中の一生物として生存している。生長を助ける土壌微生物などもあるし、反対に病害、害虫と呼ばれる生物もある。さらに害虫の天敵もあるし病原微生物の活性も季節的に変化する。現在地球上に生息している植物はそれらの生態系の中で生存してきたもので、不適応の種は絶滅したものであろう。そのような生態系への適応を確かめるためには相当長い年月が必要だと思う。一時は地球上のカやハエのような害虫を絶滅させるかなどといわれたＤＤＴとＢＨＣは、逆に人間の健康を害する物質として現在日本では使用を停止している。従来地球中に存在しなかった物質、あるいは生物については余程注意して検討しなくてはいけないものだと思う。生物の場合人工の培養室ですぐれていても圃場で同様に優秀とは限らない。

この点、従来から栽培されてきた種類あるいは品種は、長年にわたる栽培によって適応性が確かめられている。在来品種は単にその地域の環境条件だけでなく、嗜好など人間生活との関係でも淘汰が行なわれてきた。近年育成された品種で華々しくデビューしながら数年で姿を消す品種もあるし、ジャガイモの男爵のように百年近くも王座を維持している品種もある。

野菜は現在一代雑種万能の時代で、在来品種は見すてられていることが多い。それでも味の勝れている点などで注目されていることもある。在来品種はそれぞれが独特の特性をもっていて、もしその品種が失われれば、その品種特有の遺伝子は地球上から失われ、それを再現することは非常にむずかしい。また在来品種は本書でみてきたように、その野菜の現在までの経緯、歴史を物語る生き証人である。このように遺伝子源としても文化財としても貴重な在来品種は次第に失われている。近年有形、無形の文化財の保護保存が計られている中で、農作物については関心が薄いように思う。

施設栽培と露地栽培

近年野菜は施設内での栽培が多い。施設栽培は農家の立場からいうと面積当り収入が多く、経営上有利とされ、特に経営規模が小さい農家では資本拡大の一つの方法として施設化が進んでいる。消費者の側からみると、施設栽培によって各種の野菜が周年食べられるようになった。米飯やパンが毎日必要であるように、野菜も周年不足なく食べられることが望ましい。それでも近年施設栽培に対する批判が強い。旬が失われたとか、施設栽培の野菜は栄養価値が低いとか、エネルギーの無駄使いだなどと、農業の専門家と称する人まで非難していることがある。

勿論農業、園芸は大地の上で営まれる生産業で、土と太陽を離れたやり方は例外的なものだと思う。そうはいっても栽培管理とは元来環境の制御で、自然のままということではなく、古くから苗作りなどは温床のような施設の中で行なってきた。問題は環境の制御、変更の程度だと思う。

私たちは一年間に約一一〇キログラムの野菜を食べている〔平成一五年の統計では一〇四キログラムに減少している〕。そしてこの九割近くは普通畑から生産されたもので、施設栽培が非常に増加したとはいっても、ハクサイ、ダイコン、キャベツのような主要野菜は普通畑で生産されている。

野菜の研究者達には施設栽培に目を向けている人が多い。確かに施設栽培には新しい問題が多く、検討する必要も大きい。しかし国民の消費する野菜の九割を生産する露地野菜に対する関心も忘れてもらっては困ると思う。

ところで近年は逆に自然農法とかいって、無肥料、無農薬を提唱している人たちがいる。しかし作物は原始林の植物とは違って同じ場所から毎年一、二回も生産物を収穫し、収穫物の含む栄養（それが人間の栄養にもなるわけであるが）を畑から持ち去っている。もしそれに十分見合うだけの対策、施肥をしなければ、それは略奪農法である。

作物は生き物であり病害もあれば害虫もつく。人間は薬漬けといわれるほど薬を用いるのに野菜に薬は絶対用いないというのはどうであろうか。もちろん人の場合と同様、薬を使わないですむような健康管理は大切である。それでも農薬によって他への伝染を防ぐこともできる。いうまでもなく農薬は厳重な検査を経た物でなければいけないし、正しい使用法がとられなければならない。特に合成農薬の場合は人に対して無害なだけではなく、他の生物、土壌微生物を含め、生態系全体に対しても害の少ないものでなくては困る。確かに自然農法は肥料や農薬の過度な使用に対する警鐘ではあるが、それも適度でないと困る。

過去から将来へ

本書では各野菜の起原から現在までの発展と移り変りの状況を見て来た。これら過去の事実からすぐに将来を推測できるものではないが、現在までの事実は将来のことを考える参考にはなると思う。

近年注目されることの一つは野菜消費量の減少である。一方では野菜の保健上からの必要性がいわれてはいるが、インスタント食品や生食の増加などで野菜の消費量は減少している。

第二は輸入野菜の問題で、現在アメリカからはカンキツ類、牛肉と共にトマトジュースなども貿易自由化が要求されている（トマトジュースは平成元年に、牛肉・オレンジは平成三年に輸入自由化された）。タマネギは以前から積極的に輸入していたし、カボチャは近年ニュージーランドなどから相当量輸入している。これらのような貯蔵性と輸送性の高い野菜の輸入は今後増加するであろう。

軟弱野菜は国内産が外国産と競争した場合有利であるが、それでもレタスなどは輸入もあるという（平成二四年：台湾とアメリカから国内生産の二パーセントに当たる約一万トンを輸入）。ダイコンやハクサイのような重量当り単価の安い野菜は以前は東日本と西日本との間でもあまり輸送されなかった。現在はこれらの野菜もかなり遠方まで運ばれている。それにしても鮮度が重要視される軟弱野菜と、重量当り単価の安い野菜は輸入が考えにくい。

わが国は外国に比べ野菜は生物《なまもの》という感覚が強く、加工品に頼ることは少ない。しかし今後は冷凍物や場合によっては缶詰も利用が増加するかもしれない。

いずれにせよ今後は、野菜の栽培に関係する技術者も農家も、外国を含め、広い視野で物事を考えなくてはならないように思う。

あとがき

野菜は生物《なまもの》という性格が強く、穀類に比べると国内産の野菜が外国産のものと競合することは比較的少ない。それでも近年は輸入品が次第に増加している。これら野菜生産の第一歩である野菜の種子は、その大部分が一代雑種で、その多くは国内で育成されたものである。それにもかかわらず種子そのものは、近年は外国で採種することが多く、国内で採種したものは、野菜種子全体の半分かそれ以下だといわれている。このような状態では、やがて品種の育成や原種の採種も外国に依存する状態を招くかも知れない。

近年種子戦争という言葉が生まれ、日本の農業は外国の巨大企業が育成し採種した種子に征服される時代が来るのではないかと懸念され、野菜でもその危険があるといわれている。私たちはそれに太刀打ちできるよう、研究開発と、外国からの遺伝子の導入、同時にわが国で開発し維持してきた品種、遺伝子の調査と維持に努める必要がある。ところで現実は栽培品種の統一の陰で、在来品種は目に見えて失われており、在来品種の調査と維持はこの意味から急務といえる。

筆者は三〇年ばかり前から野菜在来品種の調査と維持の必要性を唱えてきたが、本書もこのような筆者の考え方を根底において、日本の野菜の現在までの姿を見て来た。なお記述は各種類ごとの頁数の関係もあって要点だけに止めた。このため特にツケナ、カラシナ、ダイコン、カブ、サトイモ、ナガイモなどについては解説が不十分で、舌足らずになった点が多かった。本書は八坂安守氏のお勧めもあってとりまとめたもので、執筆から印刷にあたっては八坂書房の皆様からいろいろとお力ぞえをいただいた。ここに厚くお礼を申し上げたい。

なお本書は先人や諸先輩の資料をもとにまとめたもので、主な単行本は巻末にあげた。しかし学術雑誌などにのせられた論文、記事は省略させていただいた。また本書で使わせていただいた図や写真には原著者名または出典を明記したが、参考文献としてはあげなかったものもある。これらの方々にはご寛恕をいただきたく、またお礼を申し上げたい。

昭和五十八年四月　　　　青葉　高

参考文献（五十音順）

青木恵一郎著『さくもつ紳士録』中公新書（一九七四）

青葉高著『北国の野菜風土誌』東北出版企画（一九七六）

同　『野菜・在来品種の系譜』法政大学出版局（一九八一）

秋谷良三編著『蔬菜園芸ハンドブック』養賢堂（一九六三）

朝日新聞社編『世界の植物』（一九七五〜一九七七）

石黒嘉門編『愛知県園芸発達史（野菜編）』愛知県園芸発達史編さん会（一九八一）

井上頼数著『蔬菜採種法各論』朝倉書店（一九五〇）

岩佐俊吉著『熱帯の野菜』養賢堂（一九八〇）

ヴァヴィロフ著 中村英司訳『栽培植物発祥地の研究』八坂書房（一九八〇）

内海一雄著『わさび』文化生活研究会（一九二八）

園芸学会編『園芸学用語集・園芸作物名編』養賢堂（一九七九）

大塚初重・戸沢充則・佐原真著『日本考古学を学ぶ（1）日本考古学の基礎』有斐閣（一九七八）

織田弥三郎著『セリ』農山漁村文化協会（一九七九）

賈思勰著／西山武一・熊代幸雄訳『斉民要術』（五三〇頃）東京大学出版会（一九五七）

貝原益軒著『花譜・菜譜』（一七一四）翻刻版：八坂書房（一九七三）

同　『大和本草』（巻五）（一七〇九）

ギィヨ著／徳田陽彦訳『栽培植物の起源』八坂書房（一九七九）

喜田茂一郎著『蔬菜の研究』西ケ原刊行会（一九三七）

木原均・盛水・筑波他著『黎明期日本の生物史』養賢堂（一九七三）

北村四郎・村田源・小山鐵夫共著『原色日本植物図鑑』（草本編上・中・下）保育社（一九六一）

草川俊著『野菜博物誌』日本経済評論社（一九八〇）

熊沢三郎著『蔬菜園芸各論』養賢堂（一九六五）

小井川潤次郎著『八戸の四季』北方春秋社（一九六一）

越谷吾山編『物類称呼』（一七七五）翻刻版：八坂書房（一九七六）

呉耕民著『中国蔬菜栽培学』科学出版社（一九五七）

幸田成友校訂『古事記』岩波文庫（一九三八）

最新園芸大辞典編集委員会編『最新園芸大辞典』誠文堂新光社（一九六九）

佐々木高明著『照葉樹林文化の道』ＮＨＫブックス（一九八二）

山東農学院主編『蔬菜園芸学各論』（北方本）農業出版社（一九七九）

篠原捨喜著『甘藍類』産業図書（一九四八）

清水大典著『山菜全科』家の光協会（一九七七）

下川義治著『蔬菜園芸』（上・中・下）成美堂（一九二六）

神宮司庁編『古事類苑』（植物部）同刊行会（一九二七）

白井光太郎著『植物渡来考』岡書院（一九二九）
杉本嘉美著『京都蔬菜の来歴と栽培』育種と農芸社（一九四七）
関根真隆著『奈良朝食生活の研究』吉川弘文館（一九六九）
曽槃・白尾国柱編『成形図説』国書刊行会（一九七四）
高嶋四郎著『原色日本野菜図鑑』保育社（一九八二）
同　『京野菜』淡交社（一九八二）
高橋治他著『農業技術大系　野菜編』（五）農山漁村文化協会（一九七四）
竹内卓郎編『改訂増補舶来穀菜要覧』大日本農会三田育種場（一八八六）
田中正武著『栽培植物の起原』ＮＨＫブックス（一九七五）
中国農業科学院蔬菜研究所主編『中国蔬菜栽培学』農業出版社（一九八七）
塚本洋太郎監修『園芸植物大事典』（一～六）小学館（一九八八～一九九〇）
坪井洋文著『イモと日本人』未来社（一九七九）
土井忠生他編訳『邦訳日葡辞書』岩波書店（一九八〇）
ドゥ・カンドル著／加藤儀一訳『栽培植物の起原』岩波文庫（一九五三）
東京都中央卸売市場業務部普及課『東京都中央卸売市場年報』東京ジェーピー（一九八一他）
中尾佐助著『栽培植物と農耕の起源』岩波新書（一九六六）
同　『農業起原論』〈森下・吉良編『自然―生態学的研究』〉中央公論社（一九六七）
並河功著『蔬菜種類編』養賢堂（一九五二）
西山市三編著『日本の大根』日本学術振興会（一九五八）
日本作物学会編『作物学用語集』養賢堂（一九七七）
日本植物友の会編『日本植物方言集（草本類篇）』八坂書房（一九七二）
『日本書紀（訓読）』（中）黒板勝美編　岩波文庫（一九四三）
日本大辞典刊行会編『日本国語大辞典』小学館（一九八一）
農耕と園芸編『ふるさとの野菜』誠文堂新光社（一九七九）
農務局育種部編『舶来穀菜目録』（一八八三）
農林省統計調査部編『農作物の地方名』農林統計協会（一九五一）
農林統計協会編『ポケット園芸統計』農林統計協会（一九八二他）
農林水産省経済局統計情報部『ポケット農林水産統計』農林統計協会（一九八一他）
平野正章著『やさい風土記』毎日新聞社（一九七六）
古島敏雄著『日本農業技術史』古島敏雄著作集第六巻　東京大学出版会（一九七五）
同　校注『百姓伝記』（下）岩波文庫（一九七七）
福羽逸人著『蔬菜栽培法』博文館（一八九三）

星川清親著『栽培植物の起原と伝播』二宮書店（一九七八）
牧野富太郎著／前川・原・津山編『新日本植物図鑑』北隆館（一九七三）
増井貞雄著『フキ』農山漁村文化協会（一九七九）
宮崎安貞編録『農業全書』（一六九七）土屋喬雄校訂　岩波文庫（一九三六）
宮本常一著『日本文化の形成講義二』そしえて（一九八一）
盛永俊太郎・安田健編著『江戸時代中期における諸藩の農作物』日本農業研究所（一九八六）
八鍬利郎著『アスパラガス』農業技術大系野菜編追補　農山漁村文化協会（一九七八）
同『北海道のタマネギ』農業技術普及協会（一九七五）
野菜園芸大事典編集委員会編『野菜園芸大事典』養賢堂（一九七七）
野菜試験場育種部編『野菜の地方品種』（一九八〇）
同『野菜の保存品種』（一九八一）
山口彌一郎著『東北の食習』河北新報社（一九四七）
山口文芳・吉田・滝口編『野菜ガイドブック』女子栄養大学出版部（一九八二）
山崎峯次郎著『香辛料』（一）エスビー食品株式会社（一九七三）
横木国臣・上野良一著『ワサビ』農山漁村文化協会（一九七九）
李時珍撰／甘偉松増訂『新校増訂　本草綱目』広業書院（一九七四）
渡辺正著『にんにく健康法』光文社（一九七三）
渡辺実著『日本食生活史』吉川弘文館（一九八四）
Boswell, V.R. : *Our vegetable travelers*（1945）

古事類苑などから引用した古文献（年代順）

歴史書

『古事記』太安万侶（七一二）現存する日本最古の歴史書
『日本書紀』舎人親王他（七二〇）現存する日本最古の編年体の歴史書
『万葉集』大伴家持（八世紀）現存する日本最古の歌集
『新撰字鏡』昌住（八九八～九〇一）平安前期の漢和辞典
『本草和名』深江輔仁（九一八頃）平安前期の本草書、薬物辞典
『延喜式』藤原時平（九二七）平安中期の法典
『和名類聚抄（和名抄）』源順（九三一～九三八）平安中期の漢和辞典
『類聚名義抄』法相宗の僧侶（未詳）平安末期の漢和辞典
『庭訓往来』玄恵法印?（一三九四～一四二八）室町前期の初等教科書
『下学集』未詳（一四四四）室町中期の百科辞書
『節用集』未詳（一四六九～八七）室町中期の国語辞書

『尺素往来』一条兼良（一四八一以前）室町中期の教科書
『多識編』林道春（一六一二執筆）『本草綱目』に和訓を付した本草書・辞典
『新刊多識編』林道春（一六三一）『多識編』の増補版
『料理物語』未詳（一六四三）江戸前期の料理書
『毛吹草』松江重頼（一六四五）江戸前期の俳書
『百姓伝記』未詳（一六八二頃）江戸中期の農書
『雍州府志』黒川道祐（一六八四）江戸中期の京都の地誌
『和爾雅』貝原好古（一六八八）江戸中期の国語辞書
『本朝食鑑』人見元徳（必大）（一六九七）江戸中期の食物本草書
『農業全書』宮崎安貞（一六九七）刊本としての日本最古の農書
『親民鑑月集』土居水也（一七〇二〜三一）以前は戦国時代に作成された日本最古の農書とされていた。
『大和本草』貝原益軒（一七〇九）江戸中期の代表的本草書
『和漢三才図会』寺島良安（一七一三）江戸中期の図入り百科事典
『菜譜』貝原益軒（一七一四）江戸中期の農書、栽培指導書
『東雅』新井白石（一七一七）江戸中期の語学書、辞典
『物類称呼』越谷吾山（一七七五）江戸後期の方言辞書
『本草綱目啓蒙』小野職博（蘭山）（一八〇三）、『重修　本草綱目啓蒙』梯南洋増訂（一八四四）江戸後期の本草書
『成形図説』曽槃・白尾国柱（一八〇四）江戸後期の農書
『甲子夜話』松浦静山（一八〇四〜一七）江戸後期の洒落本
『草木育種』岩崎常正（一八一八）江戸後期の草木培養法を記した園芸書
『古今要覧稿』屋代弘賢（一八二一〜四二）江戸後期の類書
『草木六部耕種法』佐藤信淵（一八三二）江戸後期の作物栽培育種を記した農書
『倭訓栞』谷川士清（一七七七〜一八八七）江戸後期の国語辞書
『草木図説』飯沼慾斎（一八五六〜六二）、『増訂草木図説』牧野富太郎再訂増補（一九〇七〜一三）江戸後期の本草書

＊　＊　＊

『斉民要術』賈思勰（五三〇頃）中国古代の基本的農書
『本草綱目』李時珍（一五九六頃）中国・明代の代表的本草書
『農政全書』徐光啓（一六三九）中国・明代末期の農書

索　引

＊ゴシック数字は項目としての掲載を表す。

【カ】

【キ】

【ク】

【ケ】

【コ】

【サ】

【シ】

【ス】

【セ】

【ソ】

【タ】

【チ】

【ツ】

【ヌ】

【ネ】

【ノ】

【ハ】

【ヒ】

【フ】

【ヘ】

【ホ】

【マ】

【ミ】

【ム】

【メ】

【モ】

【ヤ】

【ユ】

【ヨ】

【ラ】

【リ】

【ル】

著者紹介

青葉　高（あおば たかし）

1916 年 埼玉県生まれ
1937 年 千葉高等園芸学校卒業
1964 年 山形大学農学部教授
1976 年 千葉大学園芸学部教授
1982 年 退官
1989 年 勲三等旭日中綬章受章
農学博士。専攻：蔬菜園芸学
1999 年 1 月死去

主な著書：
『北国の野菜風土誌』東北出版企画、1976
『野菜―在来品種の系譜』（ものと人間の文化史 43）、法政大学出版局、1981
『日本の野菜―果菜類・ネギ類』（植物と文化双書）、八坂書房、1982〔青葉高著作選 I〕
『日本の野菜―葉菜類・根菜類』（植物と文化双書）、八坂書房、1983〔青葉高著作選 I〕
『菜果春秋―野菜・果物』（食の昭和史 5）、日本経済評論社、1988（共著）
『野菜の博物学』（ブルーバックス）、講談社、1989
『野菜の日本史』八坂書房、1991〔青葉高著作選 II〕
『野菜の博物誌』八坂書房、2000〔青葉高著作選 III〕

日本の野菜文化史事典

2013年 9月25日　初版第1刷発行
2018年 7月25日　初版第2刷発行

著　者　青葉　高
発行者　八坂立人
印刷・製本　モリモト印刷(株)

発行所　(株)八坂書房
〒101-0064 東京都千代田区神田猿楽町1-4-11
TEL.03-3293-7975　FAX.03-3293-7977
URL.: http://www.yasakashobo.co.jp

ISBN 978-4-89694-160-9

万葉植物文化誌

木下武司著　万葉人は、なぜ、花を愛でたのか？　これまでの万葉植物考証学に欠けていた中国古典本草学をもとに、江戸以来、先学たちの諸説を再検証。千二百年の昔に綴られた万葉植物と人・文化とのかかわりを、独自の視点で語る。春の野にスミレを摘んだ赤人は、持病の薬を集めていた！　万葉人の意外な素顔にせまる渾身の一冊。　A5　6500円

暮らしを支える植物の事典　衣食住・医薬からバイオまで

A・レウィントン著／光岡祐彦・他訳　石鹸や化粧品から航空機のエンジンオイルや宇宙船の断熱材まで、現代生活はさまざまな形に加工された植物によって支えられている。それぞれの製品にどのようにかかわっているのかを具体的な品物をあげながら、わかりやすく解説。絶滅の危険にある植物、遺伝子組み換えと農薬問題、企業の世界戦略に翻弄される少数民族の話など、資源としての植物に関する話題を満載。　A5　4800円

仏典の植物事典

満久崇麿著　仏教と植物の深い関わりを読み解く貴重な文献！　三大霊樹（ムユウジュ、ボダイジュ、サラノキ）をはじめ、天から降りそそぐ喜びの五天華、ハス、パンノキ、マンゴー、ビャクダンなど仏教の聖典や密教・護摩の儀式に現れる植物について、その象徴性と仏教的生活文化とのかかわりを実地踏査と文献渉猟により探る。収録植物約280種。写真・図版250余点。　A5　2800円

ヴァヴィロフの資源植物探索紀行

N・I・ヴァヴィロフ著／木原記念横浜生命科学振興財団監訳　20世紀初頭、農学者・植物学者である著者が、パミールの高地からアフガニスタン、アフリカの奥地、日本・朝鮮、そして南北アメリカへと、資源植物を求めて巡り歩き書き残した見聞録。　菊判　4660円

（価格は本体価格）